同花顺炒股软件实战从入门到精通

龙马金融研究中心 编著

人民邮电出版社
北 京

图书在版编目（CIP）数据

同花顺炒股软件实战从入门到精通 / 龙马金融研究中心编著. -- 北京 : 人民邮电出版社, 2020.12（2022.8重印）
ISBN 978-7-115-54913-6

Ⅰ. ①同… Ⅱ. ①龙… Ⅲ. ①股票投资－应用软件－基本知识 Ⅳ. ①F830.91-39

中国版本图书馆CIP数据核字(2020)第180460号

内容提要

本书旨在帮助读者快速掌握同花顺炒股软件的使用方法和实用操作技巧。

全书分为 4 篇，共 29 章。第 1 篇【入门篇】主要介绍了炒股的基础知识、同花顺软件的安装与运行、软件功能和沪港通等。第 2 篇【精通篇】主要介绍了同花顺软件的使用方法、操作技巧，以及手机炒股等。第 3 篇【秘籍篇】主要介绍了炒股必备的 3 大技法和同花顺的 5 大决策秘籍等。第 4 篇【实战篇】主要介绍了同花顺软件的实战应用，包括 K 线 9 招经典实战策略、买卖实战决策秘籍、怎样在实战中找到黑马、高手炒股的常胜战法、股民必知的股市动荡原由和买卖实战中的决策要领等。

本书适合广大股票投资爱好者学习使用，也可以作为大专院校相关专业或股票投资培训班的教材或辅导用书。

◆ 编　　著　龙马金融研究中心
　责任编辑　李永涛
　责任印制　马振武
◆ 人民邮电出版社出版发行　　北京市丰台区成寿寺路 11 号
　邮编　100164　　电子邮件　315@ptpress.com.cn
　网址　https://www.ptpress.com.cn
　北京天宇星印刷厂印刷
◆ 开本：787×1092　1/16
　印张：27　　　　　　2020 年 12 月第 1 版
　字数：691 千字　　　2022 年 8 月北京第 5 次印刷

定价：99.90 元

读者服务热线：(010)81055410　印装质量热线：(010)81055316
反盗版热线：(010)81055315
广告经营许可证：京东市监广登字 20170147 号

前 言

伴随着经济的迅猛发展，人们的理财观念也逐步成熟，股票正在被大众所热衷和追逐。为满足广大股民的学习需要，我们针对不同读者的学习能力，总结了多位炒股高手、高级股市分析师及投资专家的经验，在同花顺炒股软件出品方的大力技术支持下，精心编写了这本《同花顺炒股软件实战从入门到精通》。

本书主要内容

本书是一本从入门到精通的炒股指南，它将教会您炒股软件的操作技巧、炒股的买卖技法以及行情分析的必备技能，还将告诉您炒股实战中买卖决策的科学依据，堪称股民必备秘籍。书中在介绍炒股软件的基础知识及具体操作时，均以具体的案例为基础，并在必要的地方兼顾了其他知识的补充，以满足不同领域读者的需求。

本书特色

❖ 零基础、入门级的讲解

无论读者是否从事股票投资行业，是否接触过炒股软件，都能从本书中找到最佳的起点。本书入门级的讲解，可以帮助读者快速地从新手向高手行列迈进。

❖ 精心排版，实用至上

双色印刷既美观大方，又能够突出重点、难点。精心编排的内容可使读者将所学知识进一步深化理解、触类旁通。

❖ 实例为主，图文并茂

在讲解过程中，每一个知识点均配有实例辅助讲解，每一个操作步骤均配有对应的插图。这种图文并茂的方法，使读者在学习过程中能够直观、清晰地看到操作的过程和效果，便于读者理解掌握。

扩展学习资源下载方法

使用微信关注“职场精进指南”公众号，发送“54913”后，将获得资源下载链接和提取码。将下载链接复制到任何浏览器中并访问下载页面，即可通过提取码下载本书的扩展学习资源。

创作团队

本书由龙马金融研究中心策划编著，孔长征任主编，赵源源任副主编。

在此书的编写过程中，我们竭尽所能地将最好的讲解呈现给读者，但也难免有疏漏和不妥之处，敬请广大读者不吝指正。若读者在学习中遇到困难或疑问，或有任何建议，可发送邮件至 liyongtao@ptpress.com.cn。

龙马金融研究中心

目 录

第 1 篇 入门篇

第 2 篇 精通篇

第 3 篇 秘籍篇

第 4 篇 实战篇

赠送资源

- 赠送资源 1　100 招炒股实战秘技电子书同步教学视频
- 赠送资源 2　100 页 PPT 版股票投资必修课
- 赠送资源 3　73 条新股民常见疑难问题解答电子书
- 赠送资源 4　24 个股票基本技术指标详解电子书
- 赠送资源 5　10 个股票实战技术指标洋解电子书
- 赠送资源 6　190 个电脑炒股盈利秘技电子书
- 赠送资源 7　同花顺快捷键操作指南电子书
- 赠送资源 8　同花顺炒股软件指标电子书
- 赠送资源 9　股票代码速查手册电子书
- 赠送资源 10　基金投资入门及盈利秘技电子书
- 赠送资源 11　期货投资入门及盈利秘技电子书

第1篇

入门篇

炒股

第 1 章　新股民开户交易指南

在战争中既了解敌人，又了解自己，百战都不会失败；不了解敌人而只了解自己，胜败的可能性各半；既不了解敌人，又不了解自己，那只有每战必败的份儿了。投资股票也是如此，如果投资者两眼一抹黑，就很可能会投资失败。

1.1 入市前的准备

想让股市成为自己的“摇钱树”，投资者就必须首先了解股市的“习性”。本章就来介绍股民入市前必知必会的基础知识。

1.1.1 对股票建立基本认识

听说周围的朋友、同事又在股市中赚了一大笔，任何人的心中都多少会泛起一丝波澜。股票市场作为一个高风险与高收益并存的市场，投资者若想推开市场大门，就必须先做一些炒股前的准备工作。

投资者首先需要了解的就是最基础的证券和交易知识。其实投资股票很简单，就如同投资者日常购物一样。购物购买的是实物等产品或服务，而投资股票购买的则是股权，是一种虚拟资产。与购物不同的是，购物一般用于消费，而投资股票则可以从中获取利润，当然也有可能会亏损。所以，投资者要对投资的股票有一定的认识。

- 股票是一种股权。
- 股票交易有固定的交易场所，在我国内地主要是上海证券交易所和深圳证券交易所。
- 投资者需要通过证券公司才可以买卖股票。
- 股票要在规定的时间才可以买卖。每周有固定的交易时间，在交易时间之外，投资者均不可以买卖股票。
- 股票买卖的单位有限制，单笔买卖必须是一手的整数倍，一手等于 100 股。最少可以购买 100 股。

上述只是最简单的证券基础知识，有助于投资者对股票建立最基本的认识。相关的证券知识与交易知识还有许多，在后面的章节我们将进行更详细的介绍。

1.1.2 炒股是如何赚钱的

常言道“无利不起早”，投资者进入股市主要是获取收益，那么炒股究竟是如何使投资者赚钱的呢？主要有以下三个方面。

1. 分红获取利润

上市公司赚钱时，会根据投资者所持有的股份，分配利润给投资者，这就是股利分红，主要分红方式有现金和股票份额两种。但如果该公司没有赚钱，投资者是不会获得股利分红的。

例如，李明买入 1 000 股万科 A，在持有该股票一段时间之后，万科 A 宣布除息[1]，李明就可以获得相应的分红利润。

2. 依靠股差获取利润

在投资股票的过程中，投资者主要依靠股差获取利润。当投资者所投资的某只股票的需求量大于供给量时，股票的价格就会上涨，这时就能低买高卖，赚取买入和卖出股价间的差额，实现收益。

例如，王珊出资 2 万元买入 8 000 股某只股票，买入价格为 2.5 元，之后该股票一度拉升至 3.6 元，那么王珊卖出后获利多少呢？如果不计交易费用，通过股差获益 = 8 000×（3.6 - 2.5）=8 800（元）。

3. 投资股指期货获取利润

资金实力较雄厚的投资者在投资股票获取利润的同时还可以投资股指期货。股指期货简称期指，是指以股价指数为标的物的标准化期货合约，双方约定好在规定的时间按照事先确定的股价指数的大小，进行标的指数的买卖。我国的股指期货主要指沪深 300 股指期货。

股指期货的投资方式有别于股票，投资者在买卖股指期货时，不仅可以先买入再卖出，还可以先卖出股指期货再买入。前者被称为多头开仓，后者被称为空头开仓。由于股指期货交易所需资金量很大，所以基本上只有机构投资者和一些资金雄厚的投资人参与。

例如，A 机构认为未来上证指数要下跌，于是在股指期货 5 000 点时卖出股指 80 张合约，合计人民币 1 800 万元。当股指下跌至 4 000 点时，再买入 80 张股指期货合约，盈利 2 400 万元。计算公式为：（5 000 - 4 000）×300×80=2 400（万元）（股指期货 IF 合约每变动一个点位为 300 元）。

1.1.3 炒股是如何赔钱的

既然可以通过炒股赚钱，也一定会有人炒股赔钱。股市上有句谚语“十人炒股，一赚两平七赔”。这也就说明，有更多的投资者在股票市场上是赔钱的。为什么会出现炒股赔钱的情况呢？主要是由于以下几点造成的。

1. 成也股差败也股差

许多未曾涉股的投资者在周围人的影响下也步入了股市，于是“一入股市深似海，从此金钱是路人”。看着周围人都在大牛市中挣得盆满钵满，新手在未经历过系统学习和模拟盘操练的基础上就一头扎入股市中，想不赔钱都难。新人入市，最喜欢追涨杀跌。例如，李兰看到中国电建一直上涨，从 7 元一直涨至 16.5 元，她认为该股很有前途，还会再涨，于是在 18 元时终于按捺不住，投资 9 000 元买进 500 股。结果万万没想到，该股票最高冲到 19.9 元之后一路狂跌，李兰实在是承受不了了，最终以 14 元的价格卖出中国电建，最终亏损 2 000 元，亏损比例为 22%。结果，李兰卖出中国电建之后，该股股价反弹至 17 元，这就是典型的追涨杀跌。

2．频繁操作，提高交易成本

有些投资者妄想能够把握住股市中每一次上涨的机会，希望利润能够最大化，于是天天交易，甚至每天多次买卖，结果越频繁操作越亏损。交易频繁容易亏损是因为频繁操作容易迷失方向，难以长期保持理性的心态对待资本市场。而且频繁的买卖所付出的交易成本过高，结果到最后沦为纳税大户和券商[1]的打工仔。

3．股票种类过多，操作杂乱无章

许多投资者认为鸡蛋不应该都放入同一个篮子里，于是在刚入市的时候喜欢买许多只（10 只以上）股票，并且在每一只股票上所投入的资金并不多。由于买入的股票数量太多太杂，导致投资者无法潜心研究一只股票，从而难以做到精心管理。在行情震荡上扬的时候，容易出现一半涨一半跌，无利可图的结果。当遇到大盘猛跌时，个股纷纷跟随大盘脚步猛跌，此时投资者在卖股票时就会顾此失彼，导致利润回吐甚至亏损。

4．放大杠杆，融资炒股

有些投资者把股票市场当成“提款机”，每日做着发财梦，不管是牛市、熊市还是震荡市，都想方设法融资、贷款炒股。由于贷款需要还本付息，并且扩大融资比例，风险被放大，所以心理承受压力过大，特别容易被很小的震荡所影响，从而导致追涨杀跌。

例如，张亮自有本金 50 万元，在证券公司开通融资融券[2]业务之后，本金 50 万元买成平安银行，然后用这 50 万元的股票做抵押，融资 60 万元，再次买入平安银行。如果平安银行股价上涨 10%，张亮将获利 11 万元，相对于其本金来说一下盈利 22%，赚钱效应一下被放大 1.2 倍。相反，若股价下跌 10%，将亏损 11 万元，亏损比例占其原有资金的 22%。若股价下跌 45%，张亮将血本无归。

提示

切忌用生活开支费用、养老费、贷款资金炒股。

1.1.4 股票交易的时间

股票交易时间主要涉及两个方面，即交易日和每个交易日的交易时间。

1．交易日

股票交易日是指能够进行股票交易的日期。交易日通常在工作日，而国家法定的节假日和周末，股市都休市不交易。例如，2015 年端午节假期是 2015 年 6 月 20 日至 2015 年 6 月 22 日，因此股市休市三天。

1　券商就是指证券公司。

2　融资融券是指投资者向具有融资融券业务资格的证券公司提供担保物，借入资金买入证券（融资交易）或借入证券并卖出（融券交易）的行为。

2．每日交易时间

通常情况下，每个交易日的交易时间分为以下几个时段。

上海证券交易所交易时段

时间段	交易时段	投资者可以进行的操作
9:15—9:20	集合竞价时间	可以进行申报，也可以撤单
9:20—9:25	集合竞价时间	可以进行申报，不能撤单
9:25—9:30	集合竞价时间	既不能申报也不能撤单
9:27	集合竞价产生开盘价	既不能申报也不能撤单
9:30—11:30	上午连续竞价阶段	可以进行竞价申报，也可以撤单
13:00—15:00	下午连续竞价阶段	可以进行竞价申报，也可以撤单

提示

集合竞价就是在当天还没有开盘之前，你可根据前一天的收盘价和对当日股价的预测来输入股票价格，在集合竞价时间里输入计算机主机的所有单，按照价格优先和时间优先的原则计算出最大成交量的价格，这个价格就是集合竞价的成交价格，而这个过程被称为集合竞价。

深圳证券交易所交易时段

时间段	交易时段	投资者可以进行的操作
9:15—9:20	集合竞价时间	可以进行申报，也可以撤单
9:20—9:25	集合竞价时间	可以进行申报，不能撤单
9:25—9:30	集合竞价时间	既不能申报也不能撤单
9:27	集合竞价产生开盘价	既不能申报也不能撤单
9:30—11:30	上午连续竞价阶段	可以进行竞价申报，也可以撤单
13:00—14:57	下午连续竞价阶段	可以进行竞价申报，也可以撤单
14:57—15:00	收盘集合竞价时间	不可以进行竞价交易的撤单

1.1.5 股票交易的场所

股票交易场所是依据国家有关法律，经政府证券主管机关批准设立的集中进行股票交易的有形场所。我国的股票证券交易所，主要有上海证券交易所、深圳证券交易所和香港联合交易所等。

上海证券交易所创立于 1990 年 11 月 26 日，同年 12 月 19 日开始正式营业。一大批国民经济支柱企业、重点企业、基础行业企业和高新科技企业通过在上海证券交易所上市，既筹集了发展资金，又转换了经营机制。许多权重蓝筹股[3]都在上海证券交易所上市，股票代码均以 600 开头。2018 年 11 月 5 日，上海证券交易所设立科创板并试点注册制。

深圳证券交易所成立于 1990 年 12 月 1 日。2004 年 5 月，中小企业板正式推出；2006 年 1 月，中关村科技园区非上市公司股份报价转让开始试点；2009 年 10 月，创业板正式启动。深圳证券交易所全力支持中国中小企业发展，推进自主创新国家战略实施。深圳市场的小盘股居多，股票代码均以 00 开头，创业板以 300 开头。

3　蓝筹股是指稳定的现金股利政策对公司现金流管理有较高的要求，通常指那些经营业绩较好，具有稳定且较高的现金股利支付的公司股票。蓝筹股多指长期稳定增长的、大型的、传统工业股及金融股。

2019 年 1 月 11 日消息，因业务发展需要，深圳证券交易所将在中小企业板“002001~002999”证券代码区间使用完毕后启用“003000~004999”证券代码区间。“003000~004999”代码区间启用后，中国证券登记结算有限责任公司对原用于沪市市值配售的 178 个股票代码增加时间标识，以区分沪市市值配售代码和中小企业板股票代码。

香港联合交易所有限公司简称 SEHK，是香港证监会认可的交易公司，以在香港建立和维持股票市场为目标。香港的证券交易历史悠久，1891 年香港经纪协会成立，香港开始有正式的证券交易市场。经历过多轮牛市、股灾与 1998 年亚洲金融风暴，香港证券市场渐趋成熟。2014 年 11 月 17 日，沪港通的开通让内地投资者也能够敲开港股的大门。

2018 年 4 月 24 日，港交所发布 IPO 新规，允许双重股权结构公司上市，允许尚未盈利的生物科技公司赴港上市。作为此次 IPO 改革的重点，同股不同权成为关注焦点。2018 年香港市场新股融资额再次荣膺全球榜首。

提示 2017 年 12 月 1 日，《公共服务领域英文译写规范》正式实施，规定证券交易所标准英文名为 Stock Exchange。例如，上海证券交易所的英文翻译为：Shanghai Stock Exchange。

1.1.6 炒股工具——电脑

网上炒股与柜台交易、电话委托的炒股方式相比，具有很大的优势，只要有电脑和网络即可买卖股票，而电脑则成为必不可少的工具。本节将介绍台式电脑和笔记本电脑的相关知识。

1. 台式电脑

股市中的行情瞬息万变，几秒就可能让投资者错失绝佳买卖点。如果此时电脑出现问题，就可能会承受一定的损失，因此投资者对电脑的配置要有一定的要求。除了硬件外，在软件方面也要有一定的标准，投资者要尽量选择当下较为普遍的操作系统。为了能够保障个人信息安全，投资者还应该给电脑安装合适的杀毒软件。除此之外，炒股需要长时间盯着电脑屏幕，选择一款优质的显示器，对眼睛也是一种极大的保护。对于台式电脑的硬件配置，这里给投资者一些建议。

- 显示器：最好选择品质好、对眼睛刺激小的 LED 显示器。
- CPU：炒股软件对 CPU 的占用不大，因此对 CPU 的规格要求不高，现在的双核 CPU、四核 CPU 都可以使用，投资者可按照自己的需要配置。
- 主板：建议投资者选择稳定性强的主板。
- 内存：由于股票市场的行情瞬息万变，因此对于时间要求十分严格，建议投资者选择 2 GB 或以上的内存。
- 电源：为了提高电脑的稳定性，建议投资者选择高品质的电源，而超专业的投资者则可以选择使用双电源。
- 键盘鼠标：建议投资者选择反应灵敏的感光鼠标和知名品牌的键盘。

如果有一定的经济基础，则电脑的配置越高越好。因为投资股票不是游戏，只有做好充分的准备，才有打胜仗的可能。

2. 笔记本电脑

笔记本电脑与台式机差别不是特别大，一般情况下，同样配置的笔记本电脑，其运行速度要慢于台式机。不过笔记本电脑具有便携的特点，投资者可以在任何有网络的地点查看股市的行情，把握股市最新动态。

网上炒股不要求笔记本电脑配置很高，但在稳定性和散热设计方面有特殊的要求，具体的配置要求如下。

（1）由于投资者要连续看盘，连续使用的时间较长，因此笔记本电脑的散热性要好。

（2）由于要关注众多的股票信息，建议投资者选择屏幕较大的笔记本，而不要选择很小的迷你本。屏幕越大，对行情的显示越清晰，有助于投资者把握行情。

（3）由于投资者可能在没有电源的地方使用笔记本，所以笔记本的续航能力要强。最好在不插电的情况下可以保证运行 5 小时以上。

1.1.7 炒股工具——智能手机

随着信息技术与互联网技术的不断发展，智能手机与人们的日常生活已经紧密联系在一起，手机炒股这种方式也越来越受到股民的欢迎。虽然电话委托和网上交易已经为股民完成交易提供了许多便利，但是这两种终端的固定性导致其在操作上具有很大的局限性。而手机炒股则不同，只要在网络覆盖的范围内，并且手机下载了相关券商的行情交易客户端，就能够随时随地登录客户端查看行情、做交易，在便捷性方面手机可谓更胜一筹。除此之外，与高额的宽带费用和电话费相比，手机炒股的交易成本也较低。

投资者若想要用智能手机炒股，首先需要一台配置合适的手机。可以是 iOS 操作系统的智能手机，或者安卓操作系统的智能手机。不同品牌、不同型号的手机， 在运行速度与兼容性等方面各不相同。建议投资者结合自身情况，尽量选择内存大、配置高的高端智能手机。

1.1.8 炒股工具——股票分析和交易软件

除了电脑和手机之外，投资者还需要选择一款合适的股票分析软件。通常情况下，证券公司会为在本公司开户的投资者提供股票分析和交易软件。同时，网络上也有许多免费软件，投资者可以根据自己的需要下载和使用。下面简单介绍目前市面上较普及的几款软件。

1．同花顺

同花顺是一个功能强大的资讯和交易平台，它具有交易快、数据全、性能优的特点，深受股民欢迎，可以提供行情显示、行情分析和交易等功能。该软件还有许多特色板块：经典指标自定义，让股民自由选择，自主定义；模拟炒股，让股民学习高手操作，演练实战技巧；加入揭秘主力买卖指标，为股民降低股市风险。

同花顺软件免费提供独家个股资金流向、主力增仓数据，其全新上线的数据中心、研报中心两大平台精选财经资讯。同花顺股票软件基础功能正在稳步提高，资讯越来越准， 行情更新速度越来越快，功能越来越全。

进入同花顺软件界面，最新动态信息及分析等都能在菜单栏中找到；工具栏的实用工具可以帮助投资者进行决策分析；自应用是股民根据自己的操作习惯自行添加的应用；分时图和行情报价可以显示个股以及大盘的最新进展情况。

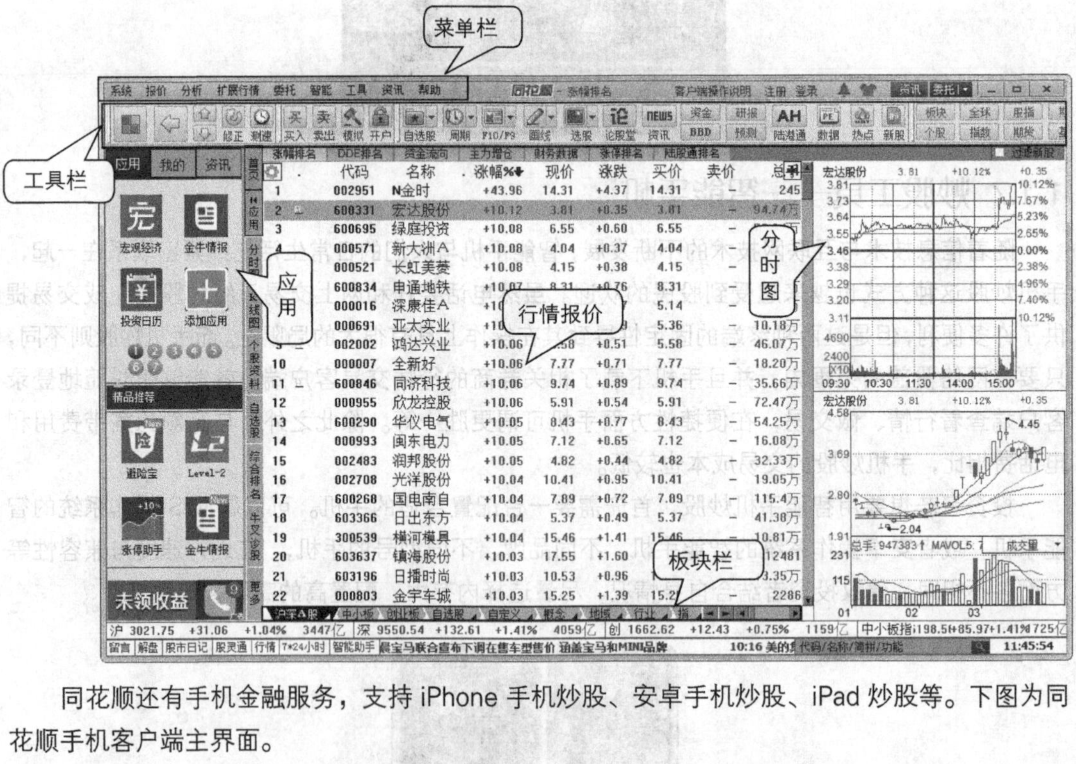

同花顺还有手机金融服务，支持 iPhone 手机炒股、安卓手机炒股、iPad 炒股等。下图为同花顺手机客户端主界面。

2．通达信

通达信软件是证券公司广泛使用的炒股软件，集合了各类证券分析软件的优点，功能强大，操作方便，界面清晰。通达信软件能够展示实时和全面的股指行情以及及时的信息资讯，为投资者了解股市、熟悉市场规则提供了一个完善的互助平台。此外，它为投资者建立金融理念、培养投资策略提供了优化的环境，可以帮助新股民尽快成为炒股达人。

打开通达信软件后，投资者看到的是行情报价界面。在不同的板块下，界面中间显示出不同股票的最新行情，边角是各类实时财经资讯和便捷小工具。

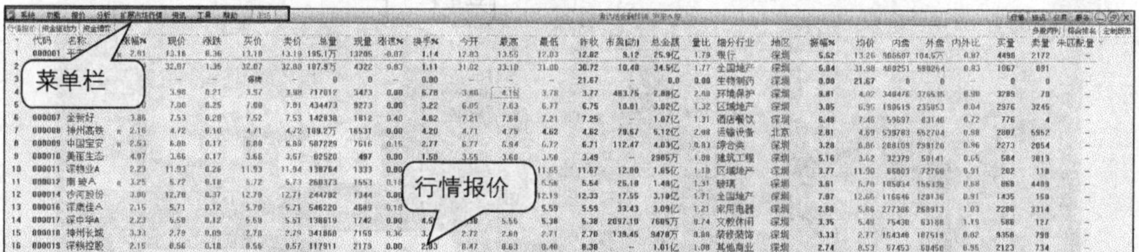

通达信手机客户端拥有强大的技术分析工具、完整的基本面数据、开放的接口和智能化操作以及个性化功能，是一套用来进行行情显示、行情分析并同时进行信息即时接收的证券信息

平台。通达信手机版的行情交易系统功能完善、操作简单，不仅支持日常交易、融资融券交易，还支持开放式基金的认购、申购、赎回。下图为通达信手机客户端主界面。

3．大智慧

大智慧软件是一款设计精细的操盘软件，界面风格及操作均符合用户使用习惯。该软件系统稳定，操作便捷，支持股指期货行情；支持沪、深 Level 2 十档行情，透视交易细节；独创 DDE 决策选股分析系统、BS 点买卖决策平台，为投资者提供参考。它具有详尽的机构研究报告和券商晨会纪要，大智慧资深专家每日发布黄金内参报告，确保其资讯更全更细。

大智慧软件界面主要由菜单栏、板块栏、大盘指数、自选股、行情资讯等几个部分构成。

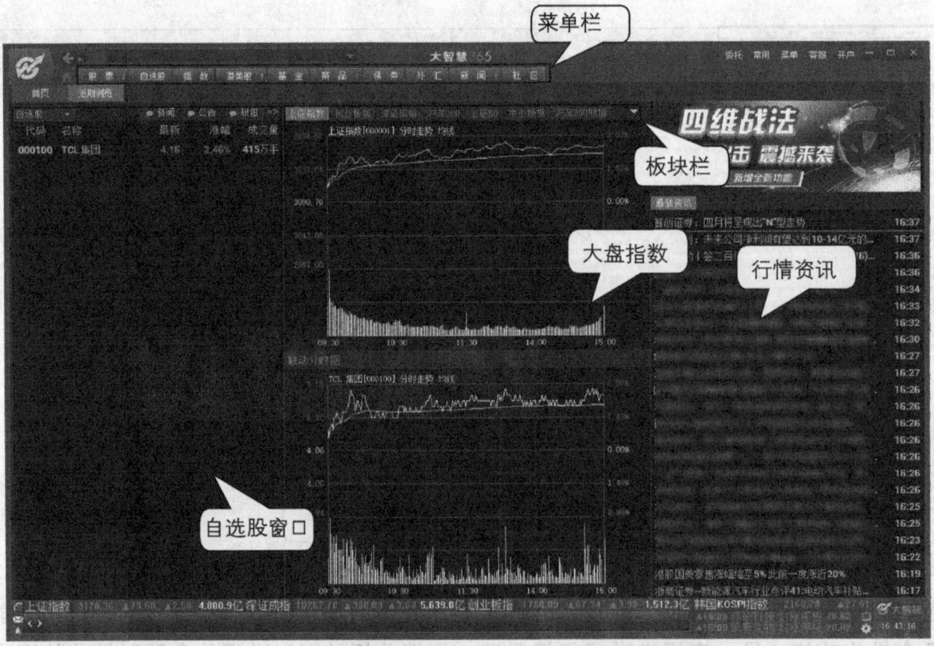

与同花顺和通达信一样，大智慧软件也有手机版。大智慧手机版是针对手机 PPC 的操作习

惯独立设计、开发而成的，其界面表现形式、用户操作习惯与大智慧互联网版非常相似，用户无须花费过多的时间就能很好地掌握大智慧手机 PPC 版的操作，下图为大智慧手机客户端主界面。

1.2 办理开户手续

去哪里开户，这是投资者首先需要知道的问题。选择一个好的证券公司开户，不仅可以得到良好的个性化服务，也可以节省交易成本，增加投资收益。本节为投资者就如何选择券商、开户需要准备的资料、手机开户等问题进行一一解答。

1.2.1 选择券商

现在证券公司数量繁多，面对众多的证券公司，投资者究竟该如何选择呢？下面就为投资者介绍在选择证券公司时应当考虑的几大问题。

1．选择券商

投资者一般难以直接判断证券公司的规模，但是可以从证券公司营业网点的多少、员工的人数等方面协助判断。如果考虑开户的证券公司是上市公司，则可以从股本的规模、财务指标大致看出其规模与实力。规模越大的证券公司，一般服务越专业、全面。

2．服务质量

有一些证券公司对客户的售后服务几乎为零，客户开户之后，几乎不会主动去和客户联系，不能帮助客户解决投资中常见的问题，投资者不要选择这样的券商开户。一般可以从券商经纪人团队规模、股民学校、平日的资讯推送等方面来大致判断一家券商的后续服务能力。

3．业务是否多样化

证券公司可以提供的业务多种多样，要注意券商是否可以从事证券市场上所有品种的交易，如 A 股、创业板、ST 风险警示板、股指期货、融资融券、个股期权、新三板、特别转让等交易。注册资金少的券商所能够开展的交易业务很受局限，即使能够开展一些特殊业务，其服务质量也与有实力的证券公司无法比拟。

4．交易成本

交易成本即开户之后交易的手续费，俗称佣金。证券公司一般是按资金量、交易量等数据来给客户定佣金的高低，资金量大、交易量大的用户就更拥有谈判资格。一般情况下，大公司的佣金水平会比小公司略高，不过也不能一概而论，所谓货比三家，只有多问问，多打听才能找到最适合自己的。目前一些券商已经放低手续费至万分之三的水平甚至更低，高于这个水平线的，可以忽略。

5．资讯推送

服务好的证券公司会在每个交易日开盘之前就前一天收盘后的资讯进行收集整理与分析，例如，即将发行的新股都有哪些、央行的降息降准信息等。

6．营业部位置

证券公司营业部是证券公司组织架构的一部分，投资者想要开户需要到营业部进行办理。对于营业部的选择要看个人的情况，通常可以就近选择营业部。找营业部地址很简单，先在券商的官网上查询营业部，然后进入单个营业部页面中，一般会有详细地址和交通方式等介绍。

> **提示** 投资者需要注意证券公司的交易平台是否流畅，之前曾出现过一些券商的交易系统崩溃导致投资者无法交易的事件，因此投资者有必要提前了解该方面的信息。

1.2.2 开户需要准备的材料

依据开户的主体不同，投资者可分为个人投资者和机构投资者，二者在开户时所应准备的材料有所不同。

1．个人投资者

个人投资者需要携带本人有效身份证（年满 18 周岁）以及银行卡，到相关的证券营业厅登记机构办理开户手续。

2．机构投资者

机构投资者需要携带的材料较多，具体如下。

（1）年检过的营业执照副本原件，留复印件并盖公章 (2 份）。

（2）法人组织机构代码证副本原件，留复印件并盖公章 (2 份）。

（3）法人代表及经办人身份证原件，留正反面复印件并盖公章（2 份）。

（4）税务登记证副本原件，留复印件并盖公章（国税、地税各 1 份；如已经两证合一，则出示合并的税务登记证即可）。

（5）公章、法人人名章、财务章（如客户不能将上述三项印鉴带出，则需按要求将全部资料填写完整并加盖印鉴；但是对于新开股东卡，客户必须携带公章，新开股东卡复印件上需要加盖公章）。

（6）关于控股股东或实际控制人的证明材料 1 份，最好是填写附表，同时附公司章程或会计师事务所出具的验资证明中涉及的关于股东出资比例的内容的复印件（如果出具附件实在有困难，就以附表为准）。

（7）股东卡原件及复印件，复印件需加盖公章（如客户无股东卡，需填写《机构注册申请表》，并交 900 元现金办理；如客户已有股东卡，则无须填写《机构注册申请表》）。

（8）开户许可证，留复印件并盖公章。

1.2.3 营业厅和网上营业厅开户

1．营业厅开户

自 2015 年 4 月 3 日起，允许投资者一人开设多个证券账户，投资者可以在多家证券公司开设账户，每个账户指定一家证券公司。所以新老客户均可以去心仪的证券公司开设证券账户。老客户若已经开通融资融券交易账户，需要先撤销已开通的融资融券交易账户， 再去其他证券公司开户。

个人投资者去营业厅办理 A 股开户流程如下。

（1）选择一家证券公司。

（2）持本人身份证和银行卡去证券公司的业务网点办理开户手续。

（3）开设相应的证券账户卡（或称股东卡）。

（4）填写开户申请书，签署《证券交易委托代理协议书》，开设资金账户。

（5）如要开通网上交易，还需填写《网上委托协议书》，并签署《风险揭示书》。

（6）到银行卡所属的银行，出示《客户交易结算资金银行存管协议书》，办理资金的第三方存管。

具体开户流程如下图所示。

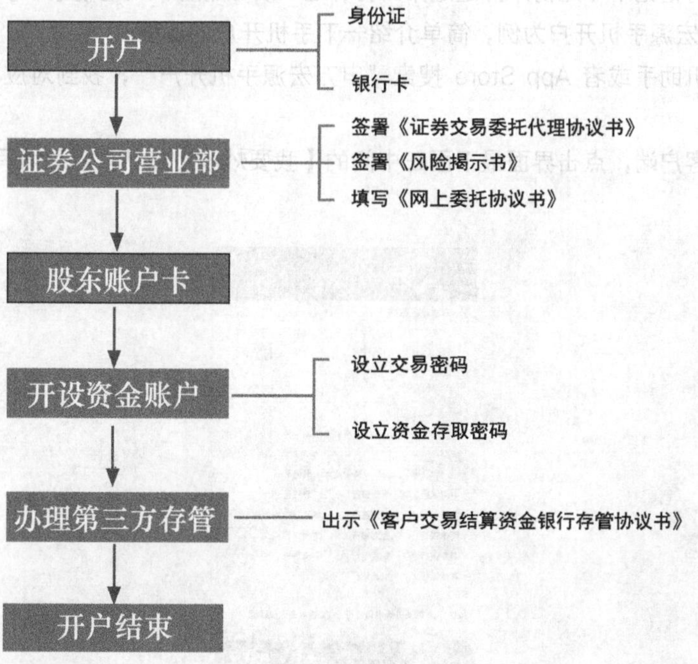

2．网上营业厅开户

现在各大证券公司都支持网上开户业务，投资者足不出户就可以开设证券账户，这为投资者带来了不少便利。网上开户不局限在证券公司的营业部，也不局限在交易所交易时间，在任何地点都能开户。

虽然不用去营业网点办理开户，但是实际上网上开户还是有很多细节需要注意，投资者在登录网上营业厅自助办理开户时也会碰到很多问题。首先要注意的是，网上开户有一定的条件限制。例如，休眠激活、休眠注销重开这种情况，网上是不能办理的。另外，开通创业板权限，网上也是不能办理的。

投资者若想通过网上营业厅开户，则需要先准备开户所需的材料，包括中华人民共和国第二代居民身份证（年满 18 岁）、银行借记卡（之前未开通过第三方存管）以及手机、带摄像头和耳麦的电脑等。以下是通过网上营业厅自助开户的流程。

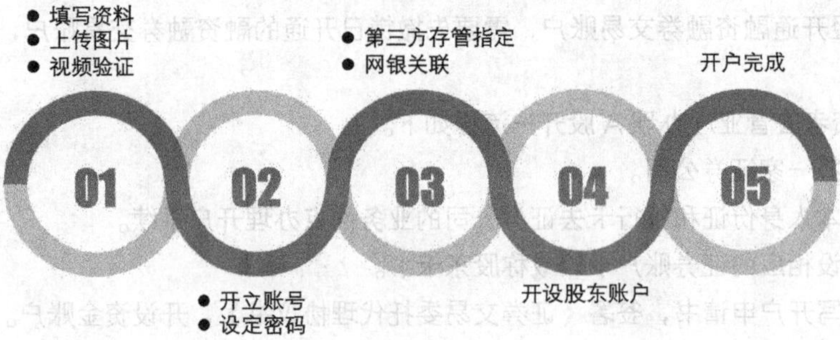

1.2.4 手机开户

伴随着智能手机的普及，越来越多的证券公司开始开发手机证券开户 App。投资者若想采用手机客户端开户，需要先准备开户所需的材料，包括中华人民共和国第二代居民身份证（年满 18 岁）、银行借记卡（之前未开通过第三方存管）和带摄像头的智能手机。

下面以申万宏源手机开户为例，简单介绍一下手机开户的流程。

（1）用手机助手或者 App Store 搜索“申万宏源手机开户”，找到对应的应用程序，选择下载。

（2）打开客户端，点击界面最下面正中间的【我要炒股】按钮。然后填写手机号，等待接收验证码。

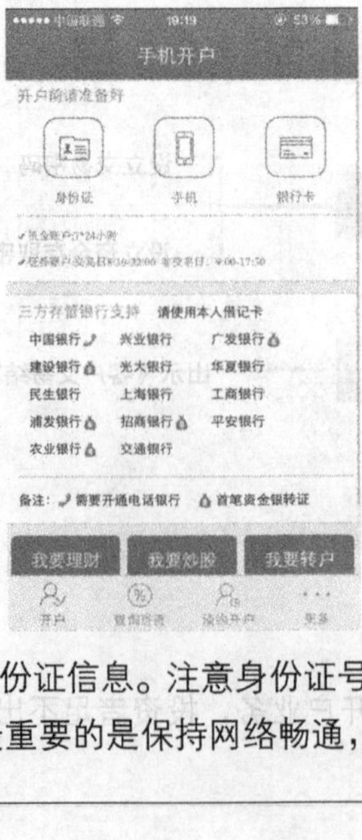

（3）上传身份证图片，核对身份证信息。注意身份证号码一定多检查一遍，以免出现纰漏。

（4）视频验证。视频验证时最重要的是保持网络畅通，最好是连接 Wi-Fi 进行，环境不要太暗，否则视频验证工作人员看不清投资者。

（5）验证完毕后选择下载数字证书，这里需要设置一个数字证书密码，两次输入要一致。

（6）签署开户协议，选择开户营业部，投资者可以根据自己所在的城市和区域选择相应的营业部。

（7）在进行完风险测评并签署风险揭示书后，设置第三方存管，选择一家银行作为第三方存管银行，输入银行卡密码和银行存留手机号即可。

特别方便的一点是，如果没有足够的完整时间开户，用零星的碎片时间也可以进行手机开户，只要重新登录手机开户客户端，输入上一次的验证手机号码进行校验，就可以回到上次开户环节。

手机开户流程如下图所示。

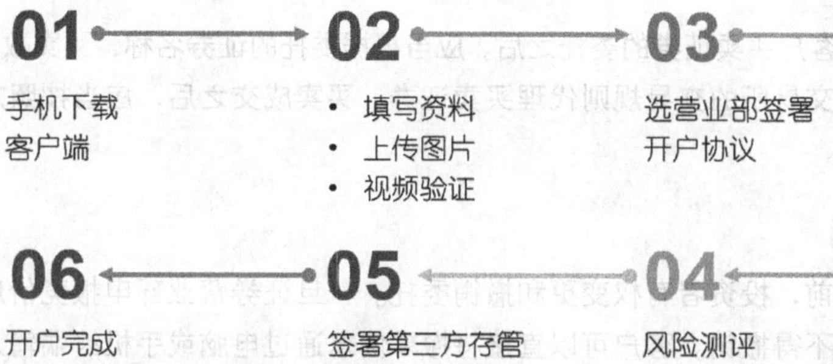

1.2.5 银行卡及资金安全

投资者在投资股票时不可以直接用银行借记卡内的资金购买股票，而是需要将银行借记卡与资金账户关联，先把资金从银行卡划转至资金账户内，然后再利用资金账户内的钱买股票。

1．什么是第三方存管

“第三方存管”是指证券公司客户证券交易结算资金交由银行存管，由存管银行按照法律、法规的要求，负责客户资金的存取与资金交收，证券交易操作保持不变。

2．第三方存管的办理

原来办理第三方存管手续需要投资者本人先在营业部开具《客户交易结算资金银行存管协议书》，然后拿着《客户交易结算资金银行存管协议书》和身份证去银行进行现场签约。现在，如果是用手机开户，则可直接通过手机客户端开通第三方存管，无须投资者再去银行办理。投资者也可以登录想签约的银行网上营业厅，自助办理第三方存管的签约。若网上办理或者手机办理有误填、漏填情况发生，再去营业部开具《客户交易结算资金银行存管协议书》，然后去银行进行现场签约。

> **提示** 银行进行现场签约的时间为每个交易日 9:00—15:00，在此时间之外不予办理，投资者去银行办理时要掌握好时间。

1.3 股票交易流程——办理委托

投资者开户完毕之后，即可参与上海 A 股与深圳 A 股的交易，这需要按照沪深两市的交易规则进行委托申报。

1.3.1 股票买卖的委托程序

投资者开户完成后的第二日就可以进行股票买卖。投资者买卖的委托程序分为委托受理、委托执行和委托撤销三步。

1. 委托受理

证券公司在收到客户委托之后，首先将对投资者的身份、委托内容、委托卖出的证券数量以及委托买入的资金余额进行审查。经查验符合要求之后，才能接受委托。

2. 委托执行

证券公司接受客户买卖证券的委托之后，应当根据委托的证券名称、买卖数量、出价方式、价格等，按照证券交易所的交易规则代理买卖证券。买卖成交之后，应当按照规定制作买卖成交报告单交付客户。

3. 委托撤销

在委托成交之前，投资者有权变更和撤销委托。一旦证券营业部申报竞价成交，买卖就已经成立，成交部分不得撤销。客户可以直接将撤单信息通过电脑或手机终端输入证券交易所交易系统，办理撤单。对客户撤销的委托，证券公司必须及时将冻结的资金或证券解冻。

1.3.2 股票买卖委托的内容

股票买卖委托的内容主要包含基本委托内容和上海、深圳证券交易所证券买卖申报价格的规定两部分。

1. 基本委托内容

投资者买卖股票时，向证券公司下达的委托指令主要包括：证券账号、日期、品种、买入卖出方向、委托数量、委托价格、时间、股票名称、股票代码。下图为股票买入和卖出的主要界面。

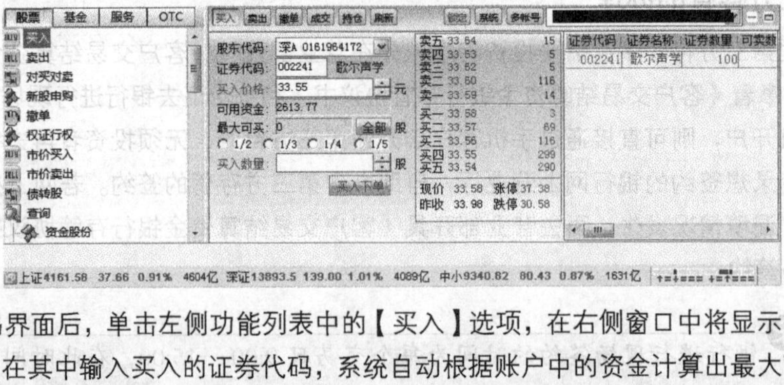

打开交易界面后，单击左侧功能列表中的【买入】选项，在右侧窗口中将显示买入的界面，如上图所示，在其中输入买入的证券代码，系统自动根据账户中的资金计算出最大可买入数量。投资者输入买入数量和买入价格后，单击【买入下单】按钮即可。

单击左侧功能列表中的【卖出】选项，在右侧窗口中将显示卖出的界面，如下图所示。

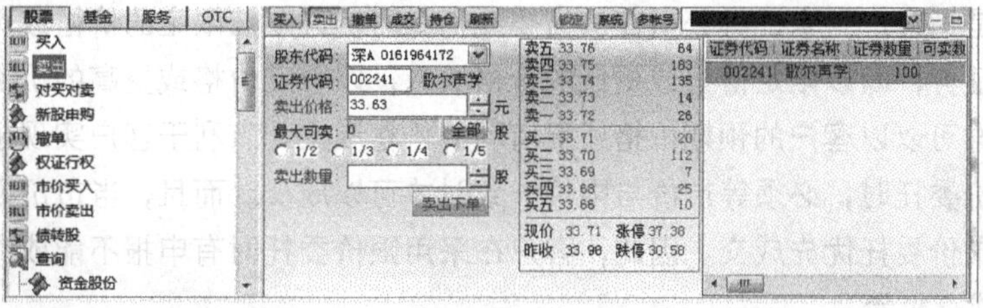

依据《上海证券交易所交易规则》和《深圳证券交易所交易规则》，两家证券交易所通过竞价交易的证券买卖申报数量和单笔申报最大数量见下表。

证券交易所竞价交易的证券买卖申报数量

交易内容	上海证券交易所	深圳证券交易所
买入股票、基金、权证	100 股或其整数倍	100 股或其整数倍
卖出股票、基金、权证	余额不足 100 股的部分应一次性申报卖出	余额不足 100 股的部分应一次性申报卖出
买入债券	1 手或其整数倍	10 张或其整数倍
卖出债券	1 手或其整数倍	余额不足 10 张部分应当一次性申报卖出
债券质押式回购交易	100 手或其整数倍	10 张或其整数倍
债券买断式回购交易	1 000 手或其整数倍	

证券交易所竞价交易的单笔申报最大数量

交易内容	上海证券交易所	深圳证券交易所
股票、基金、权证交易	不超过 100 万股	不超过 100 万股
债券交易	不超过 1 万手	不超过 10 万张
债券质押式回购交易	不超过 1 万手	不超过 10 万张
债券买断式回购交易	不超过 5 万手	

2. 上海、深圳证券交易所证券买卖申报价格的规定

从委托价格限制形式来看，可将委托分为市价委托和限价委托。

市价委托是指客户向证券公司发出买卖某种证券的委托指令时，要求证券公司按照证券交易所当时的市场价格买进或者卖出证券。市价委托的优点是没有价格上的限制，证券公司执行委托指令比较容易，成交迅速且成交率高。下图为市价买入的交易界面。

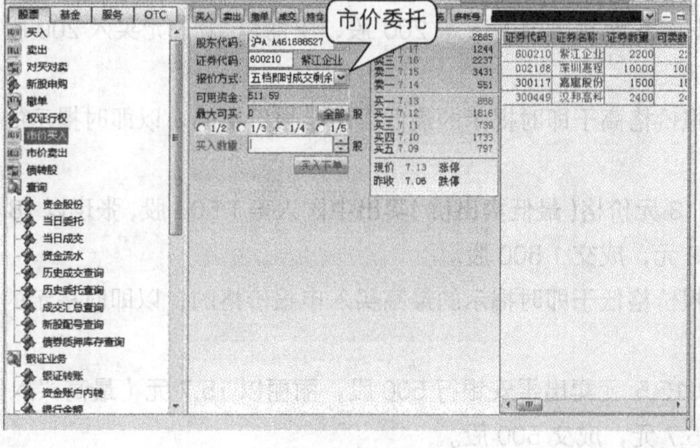

限价委托是指客户要求证券公司在执行委托指令时，必须按限定的价格或比限定价格更有利的价格买卖证券，即以限定价格或更低的价格买入，以限定价格或更高的价格卖出。限价委托的优点是证券可以以客户的预期价格或更有利的价格成交，有利于客户实现预期投资计划。但是，采用限价委托时，必须等市价与限价一致时才可以成交。而且，当市价委托和限价委托同时出现时，市价委托优先成交。因此，客户在采用限价委托时有申报不能成交的可能，也许会错失很好的成交机会。

1.3.3 股票买卖的委托手段和方式

投资者在买卖股票时，要进行下单委托，可以根据证券商所提供的设备条件，采用不同的委托方式报单，如下图所示。

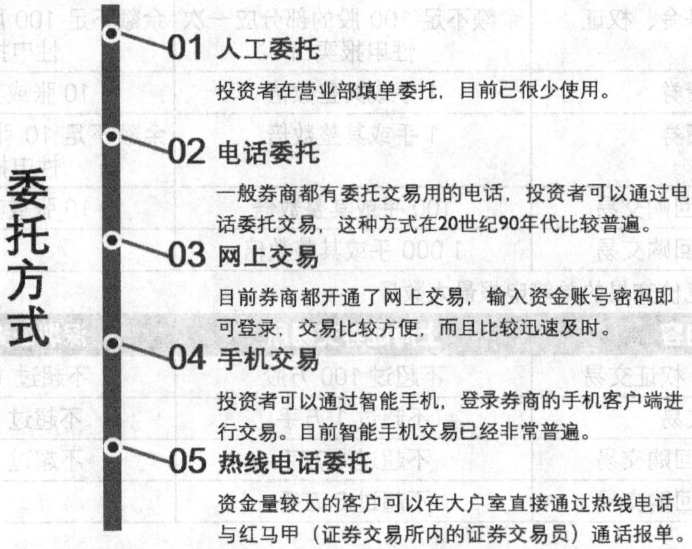
委托方式
01 人工委托
投资者在营业部填单委托，目前已很少使用。
02 电话委托
一般券商都有委托交易用的电话，投资者可以通过电话委托交易，这种方式在20世纪90年代比较普遍。
03 网上交易
目前券商都开通了网上交易，输入资金账号密码即可登录，交易比较方便，而且比较迅速及时。
04 手机交易
投资者可以通过智能手机，登录券商的手机客户端进行交易。目前智能手机交易已经非常普遍。
05 热线电话委托
资金量较大的客户可以在大户室直接通过热线电话与红马甲（证券交易所内的证券交易员）通话报单。

1.3.4 为什么委托价和成交价不一致

沪深证券交易所目前采用两种竞价方式：集合竞价和连续竞价。投资者在 9:30— 11:30、13:00—15:00 之间的买卖申报都属于连续竞价。连续竞价时，交易系统对每一笔买卖委托进行自动撮合，成交价格的原则如下。

（1）买入价与卖出价相同，该价格就为成交价格。

例如，李三以 10.5 元卖出中国远洋 200 股，王丽以 10.5 元买入 200 股，最终成交价格为 10.5 元，成交 200 股。

（2）买入申报价格高于即时揭示的最低卖出申报价格的，以即时揭示的最低卖出申报价格为成交价格。

例如，李兰以 18 元价格（最低卖出价）卖出中国人寿 1 500 股，张琪以 18.5 元买入 1 500 股，最终成交价格为 18 元，成交 1 500 股。

（3）卖出申报价格低于即时揭示的最高买入申报价格的，以即时揭示的最高买入申报价格为成交价格。

例如，张强以 15.5 元卖出平安银行 500 股，丽丽以 15.7 元（最高买入价）买入 500 股，最终成交价格为 15.7 元，成交 500 股。

1.3.5 集合竞价成交

集合竞价是指在交易日没有开盘之前，投资者根据对当日股市的预测进行委托买入， 在集合竞价时间内录入电脑主机的所有单将按照价格优先和时间优先的原则计算出最大成交量的价格，这个价格就是集合竞价的成交价格，而这个过程被称为集合竞价。集合竞价确定成交价的原则如下图所示。

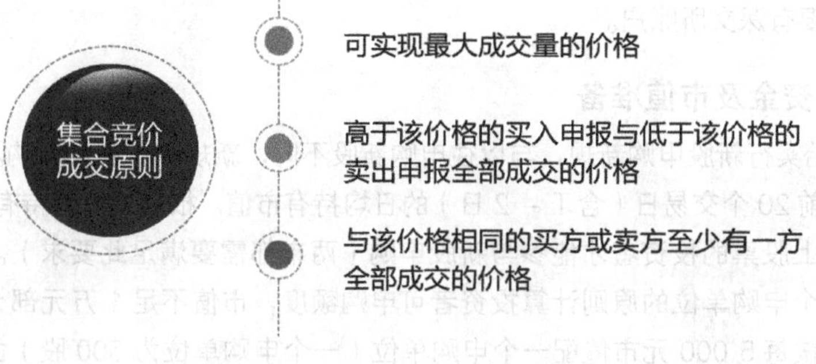
集合竞价成交原则
可实现最大成交量的价格
高于该价格的买入申报与低于该价格的卖出申报全部成交的价格
与该价格相同的买方或卖方至少有一方全部成交的价格

> **提示**
> 集合竞价未能成交的委托并不会被废除，而是直接进入竞价阶段。

1.4 风险较小的炒股方式——打新股

股票交易在二级市场进行，而新股申购是在一级市场进行的。通俗来讲，就像消费者一般从经销商那里购货，打新则是消费者直接从生产商那里购货。省去了中间环节和成本， 自然风险小收益高。本节主要介绍与新股相关的知识。

1.4.1 新股的发行方式

股份公司发行新股常用的方式有网上申购和网下发行。网上申购是通过证券交易所的交易平台进行的，投资者可以比照常规 A 股交易的方法进行操作；网下发行一般针对法人投资者。

1.4.2 新股申购的注意事项

个人投资者在进行申购时，需注意以下事项。

（1）投资者必须持有市值 1 万元以上的非限售 A 股股份和足额的资金，才能参与新股网上申购，而且沪、深两个市场市值不能合并计算，沪、深证券账户只能申购本市场新股， 并需在申购前存入足额申购资金。

（2）证券市值是指 T – 2 日（T 日为申购日，下同）日终投资者持有的非限售 A 股（包括主板、中小板和创业板）股份市值，包括融资融券客户信用证券账户的市值和证券公司转融通担保证券明细账户的市值，不包括 B 股股份、ETF、基金、债券或其他限售 A 股股份的市值。投资者持有多个证券账户的，将合并计算账户市值。

（3）投资者参与网上公开发行股票的申购，以该投资者的第一笔申购为有效申购，一个投资者只能用一个证券账户进行一次申购，其余申购将被系统自动撤销。新股一经申报，不得撤单。同一天有多只股票发行的，该可申购市值额度对投资者申购每一只股票均适用。

（4）所持股票 T – 2 日市值确定后，可以在 T – 1 日或 T 日将 T – 2 日持有的市值卖出，资金可用于 T 日申购新股。

1.4.3 新股申购的流程

1．证券账户准备

通过证券公司开立证券账户，申购上交所股票需要有上交所证券账户，并做好指定交易，申购深交所股票需要有深交所账户。

2．新股申购资金及市值准备

自 2015 年开始实行新股申购新规，与以往申购新股不同，新规定按市值申购。投资者持有的市值指 T – 2 日前 20 个交易日（含 T – 2 日）的日均持有市值。根据投资者持有的股票市值，持有市值 1 万元以上股票的投资者才能参与新股申购（两市都需要满足此要求）。上海市场按每 1 万元市值配一个申购单位的原则计算投资者可申购额度，市值不足 1 万元部分不计算可申购额度。深圳市场按每 5 000 元市值配一个申购单位（一个申购单位为 500 股）的原则计算投资者可申购额度，不足 5 000 元的部分不计入申购额度。同一天有多只股票发行的，该可申购市值额度对投资者申购每一只股票均适用。

投资者可以在资金的新股申购一栏查看沪深市场的申购配额。

新股的申购时间：沪市申购时间为 9:30—11:30，13:00—15:00；深市申购时间为 9:15—11:30，13:00—15:00。

操作流程主要包括以下几步。

（1）申购步骤。

在证券账户上操作，下单方式与买入股票相同，单击【买入】选项，在证券代码栏中填入申购代码，填写买入数量，数量必须为 1 000 股（或 500 股）的整数倍。然后，单击【买入下单】按钮。下单后，到当日委托里看一下，如果有刚才的下单记录，则这笔申购就完成了。申购后，相当的申购金额就会冻结，要到 T+3 日资金才会解冻。如果中签了，比如中了 500 股，这 500 股的发行价所对应的金额就转成股票显示在持仓里了，其他金额则回到投资者的资金账户中。

（2）申购结果查询。

① 投资者申购（T 日）。

申购当日（T 日）按《发行公告》和申购办法等规定进行申购。

② 资金冻结、验资及配号（T+1 日）。

申购日后的第一天（T+1 日），由结算公司将申购资金冻结。16:00 前，申购资金需全部到位，结算公司配合交易所指定的具备资格的会计师事务所对申购资金进行验资，并由会计师事务所出具验资报告，交易所以实际到位资金作为有效申购进行配号（即 16:00 后按相关规定进行验资、确认有效申购和配号）。

③ 摇号抽签、中签处理（T+2 日）。

申购日后的第二天（T+2 日），公布确定的发行价格和中签率，并按相关规定进行摇号抽签、中签处理。

④ 资金解冻（T+3 日）。

申购日后的第三天（T+3 日）公布中签结果，并按相关规定进行资金解冻和新股认购款划付。一是投资者根据 T+3 日得到的配号，查询证监会指定报刊上由主承销商刊登的中签号码，如果自己配号的后几位与中签号码相同，则为中签，不同则表示未中。每一个中签号码可以认购 1 000 股或 500 股新股。二是直接查询自己账户内的解冻后资金是否有减少或者查询股份余额是否有所申购的新股，以此来确定自己是否中签。

1.5 购买创业板股票

创业板又称二板市场，是与主板市场不同的一类证券市场，专为暂时无法在主板上市的创业型企业、中小企业和高科技产业企业等需要进行融资和发展的企业提供融资途径和成长空间的证券交易市场。创业板股票是对主板 A 股市场的重要补充，在证券市场也有着重要的位置。投资者如果想在牛市当中跑赢大盘，有必要介入一只创业板的股票。

1.5.1 开通创业板业务

投资者想要买卖创业板的股票首先要开通创业板业务。投资者在开立证券账户和资金账户之后就可以选择开通创业板业务。创业板业务要求投资者必须本人携带身份证去证券公司营业部现场办理。投资者在新开资金账户的当日即可办理创业板业务。

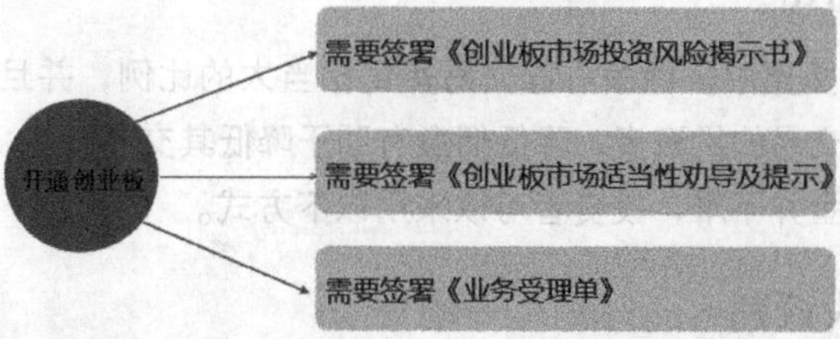
开通创业板
需要签署《创业板市场投资风险揭示书》
需要签署《创业板市场适当性劝导及提示》
需要签署《业务受理单》

1.5.2 购买创业板股票

具有两年以上交易经验的客户在签署创业板业务两天之后才可以买卖创业板股票，不具备两年以上股票交易经验的投资者在签署创业板业务五天之后才可以买卖创业板股票。具体交易方式与上证 A 股并无区别。创业板股票的代码均以 300 开头。创业板股票的买卖流程与主板市场的股票买卖流程一致，在此不再做详细介绍。

1.6 炒股手续费详解

天下没有免费的午餐，天下也没有免费的市场，投资者在进行股票买卖交易的时候并不是免费的，需要支付一定的交易费用。本节将为投资者介绍股票交易费用的相关知识， 以便于投资者准确认识交易成本。

1.6.1 炒股需要支付的费用

投资者在买卖证券时需要支付各种费用和税金，这些费用按收取机构可分为券商费用、交易场所费用和国家税金。目前，投资者在沪深两市买卖 A 股、基金、债券需要缴纳的各项费用有开户费、印花税、交易佣金、转户费用等。

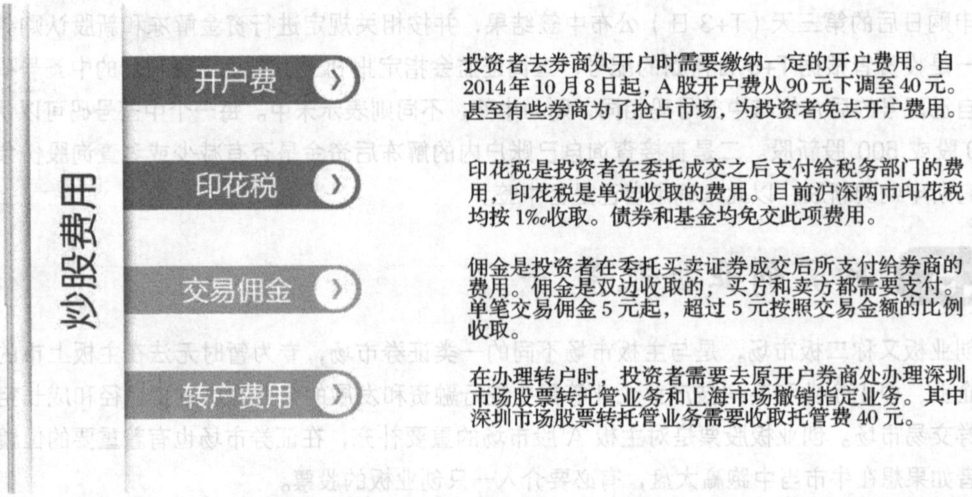
炒股费用
开户费
投资者去券商处开户时需要缴纳一定的开户费用。自2014年10月8日起，A股开户费从90元下调至40元。甚至有些券商为了抢占市场，为投资者免去开户费用。
印花税
印花税是投资者在委托成交之后支付给税务部门的费用，印花税是单边收取的费用。目前沪深两市印花税均按1‰收取。债券和基金均免交此项费用。
交易佣金
佣金是投资者在委托买卖证券成交后所支付给券商的费用。佣金是双边收取的，买方和卖方都需要支付。单笔交易佣金5元起，超过5元按照交易金额的比例收取。
转户费用
在办理转户时，投资者需要去原开户券商处办理深圳市场股票转托管业务和上海市场撤销指定业务。其中深圳市场股票转托管业务需要收取托管费40元。

例如，小张买卖股票的时候单笔交易额达到 4 万元，佣金比例为 0.3‰，印花税比例为 1‰，则小张需要支付 12 元的佣金交易费用和 40 元的印花税。之后小张卖出 1 万元的股票，由于交易佣金按比例计算单笔不满 5 元，交易费用则按 5 元收取，由于印花税是单边征收， 所以不需要再交印花税。

1.6.2 如何降低佣金

在所有的股票交易费用中，佣金占据交易费用相当大的比例，并且只有佣金是可以和证券公司商谈的。对于短线交易的投资者，降低佣金有助于降低其交易成本，少花冤枉钱。

其实，想要降低佣金并不难，投资者可以采用以下方式。

1. 与证券经纪人谈判

证券公司的佣金是按照投资者的交易量收取的，资金量大的投资者和资金量小但交易活跃的投资者均可以和自己的证券经纪人就佣金的费率进行商谈。

- 资金量大的投资者。资金在 50 万元以上就属于证券公司的大客户，证券公司对大客户门槛会有所下降，投资者可以找自己的证券经纪人要求其降低佣金比例。证券公司一般会为大客户开出 0.25‰的佣金费率。
- 资金不大但是短线交易频繁的投资者。该类投资者给证券公司提供的手续费贡献甚至可能超过资金量大的投资者。因此此类交易者也可以和自己的证券经纪人谈判，证券公司一般会要求该类客户保证每月的交易量，在此交易量之上可以按较低的费率收取佣金。

2．从网络上自助开低佣金证券账户

经常使用股票软件或者经常查看财经网站和股票贴吧的投资者，会在网络上、手机炒股软件上发现一些低佣金开户的广告，也可以自助在网络上开通低佣金费率的证券账户。

1.6.3 低佣金不是唯一

值得投资者注意的是，不仅要看佣金费率高低，也要综合考虑券商的服务实力。如果投资者是在网上开通的低佣金证券账户，那么只可以在该账户里买卖上证 A 股和深证 A 股。由于创业板需要投资者到营业部现场办理，所以网络上不可以开通创业板业务，投资者也就无法取得买卖创业板股票的资格。此外，投资者也不可以在网络上开通融资融券业务。

综上所述，建议投资者在当地的证券公司开立证券账户的同时开通创业板业务，然后在网络上开通一个低佣金费率证券账户，在低佣金账户里面买卖沪深 A 股，在当地证券公司开通的证券账户里买卖创业板股票。

1.7 转户与销户

投资者如果想要换一家券商或者不想再进行股票投资，可以去营业部办理转户与销户手续。

1.7.1 证券转户流程及注意事项

投资者在交易一段时间之后，如果认为自己所签约的券商实力不够强、服务不够好，可以选择去其他证券公司新开户或者转户。如果投资者之前没有开通过融资融券账户，可以直接携带身份证和一张未曾签订第三方存管协议的银行卡去其他证券公司新开证券账户；如果投资者已经在原证券公司开立融资融券账户，则需要先撤销融资融券账户，再办理转户手续。具体的转户流程和须知如下。

1．个人投资者 A 股证券转户需携带的资料

（1）证券账户本人的中华人民共和国居民身份证原件。

（2）证券账户卡原件。如果丢失可以到原券商处补办。

2．个人投资者 A 股证券转户流程

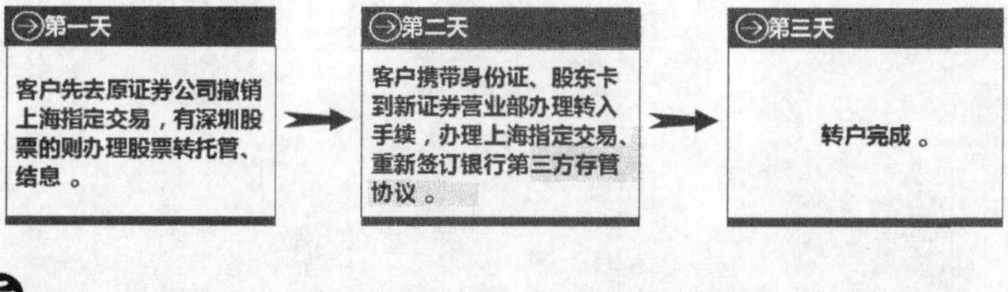

第一天
客户先去原证券公司撤销上海指定交易，有深圳股票的则办理股票转托管、结息。
第二天
客户携带身份证、股东卡到新证券营业部办理转入手续，办理上海指定交易、重新签订银行第三方存管协议。
第三天
转户完成。

提示

投资者办理转户的时间必须是周一至周五 9:00—15:00。

3. 个人投资者 A 股证券转户须知

（1）证券转户第一天当日不能有以下操作。

① 当日有股票成交。

② 当日委托过（有撤销也不行）。

③ 证券账户有负数未解决。

④ 处于新股认购期内。

⑤ 当日有银证转账。

⑥ 国债回购交易中。

（2）深圳股票转托管操作需要注意以下事项。

① 深市 A 股当日买入的或停牌的可以办理转托管，深市 B 股当日买入的需 T+3 日才可以办理转托管。

② 深市新股申购中签但未上市的不可办理转托管。

③ 转托管股票 T+1 日转入客户账户。

④ 深圳 B 股转托管境内居民个人所购 B 股不得向境外转托管。

⑤ B 股配股权证不允许办理转托管。

4. 证券转户流程微调

证券转户客户先去新营业部办理开户，再去原证券营业部办理转户，该转户流程同样有效，手续相同，只需待原证券营业部撤销上海指定交易后，由新证券营业部在系统内加进上海指定交易即可。

1.7.2 证券销户

投资者证券销户必须由本人携带身份证、银行卡、股东卡（股东卡丢失可补打印）在交易时间内去原来开户的券商营业部办理，投资者领取并填写《销户申请表》即可。关于证券销户，投资者应注意以下几点。

（1）销户当天不能有股票交易。

（2）销户前一天把除股票外的现金转到银行。

（3）如果投资者销户是为了去新券商开户，则一般不建议投资者去营业部办理销户，股票账户不用放着即可，两年后就会被休眠，对投资者不会造成什么影响。如果投资者销户是为了注销融资融券账户之后去新券商处开户，则首先需要在原券商处办理融资融券账户销户， 七日之后再办理证券账户销户，然后才可以去新券商处新开证券账户。

第 2 章 股票的基础知识

想要在资本市场实现理想，就要从眼前打基础的小事做起。基础不打牢，地动又山摇，理想再美好也终将会化作泡影。不盈利事小，引火烧身的结局才令人悲伤。为了降低入市风险，投资者首先要了解股票的基础知识。

2.1 为什么购买股票

随着生活质量的提高，广大民众的腰包也渐渐鼓了起来。善于理财的投资者会考虑如何更好地利用这些暂时不用的闲置资金。不同的人有不同的投资方式，有些人喜欢把这些资金买成不动产，有些人喜欢把这些资金用来买黄金，有些人喜欢把这些资金买成银行理财产品，还有一些人会把这些资金用来投资股票市场。

究竟为什么会有人把闲置资金买成股票？买股票的好处又有哪些？

从本质上来讲，买某只股票就是把钱投资到某一公司，当该公司的股东。与购买债券及银行储蓄存款相比较，这是一种高风险行为，但与之相随的是给人们带来更大的收益。所以一些投资者正是看中了高收益，才会踏进证券市场的大门。

具体来讲，买股票的好处主要有以下几点。

投资门槛较低	对于一般的小资金量投资者而言，真正投资一家上市企业，成为其股东，有一些门槛限制
有可能获得上市公司的回报	上市公司在盈利的年份达到某一标准必须向投资者分红利、送红股
获取股差收益	能够在股票市场上低买高卖，获取股票价差收益
享有股本扩张所带来的收益	在上市公司业绩增长、经营规模扩大时，投资者通过送股、资本公积金转增股本、配股获取收益
投资金额具有弹性	与房地产或者期货相比，投资股票并不需要太多资金。投资者可选择自己财力可负担的股票介入
十分容易变现	投资者急需用钱时，只要股票不停牌或者跌停，都能在当天卖出股票，在下一个交易日将资金转出
抵御通货膨胀	在通货膨胀时期，投资好的股票可以规避货币贬值的风险，从这方面来看具有保值的作用

2.2 认识股票

投资股票并不是一件简单的事情，股市并不是所有投资者的“提款机”。投资者首先要了解什么是股票及股票的特征有哪些，真正明白股票的含义、本质和属性。

2.2.1 什么是股票

股票是股份公司发行的所有权凭证，是股份公司为筹集资金而发行给各个股东作为持股凭证并借以取得股息和红利的一种有价证券。每股股票都代表股东对企业拥有一个基本单位的所有权。股东有权按公司章程从公司领取股息和分享公司的经营红利。

股票作为一种所有权证书，最初是采取有纸化印刷方式的，如上海的老八股[1]。时至今日，随着电子技术与信息技术的发展与应用，电子化股票应运而生。电子化股票没有纸面凭证，而是将有关事项存储于电脑中，股东只持有一个股东账户卡，通过电脑终端可查到持有的股票品种和数量，这种电子化股票又称为无纸化股票。目前，上海证券交易所和深圳证券交易所上市的股票均采取这种方式。

在证券市场中，发行股票的公司根据不同投资主体的投资需求，发行不同种类的股票。人们通常所说的股票是指在上海、深圳证券交易所挂牌交易的 A 股，这些 A 股也可称为流通股、社会公众股、普通股。除此之外，还有 B 股[2]。

2.2.2 股票的特征和作用

股票主要具有以下特征。

（1）不可偿还性。股票是一种无偿还期限的有价证券，投资者一旦认购了股票，就不能再要求退股，只能到二级市场卖给第三者。股票的转让只意味着公司股东的改变，并不减少公司资本。而其股价在转让时受到公司收益、公司前景、市场供求关系、经济形势等多种因素的影响。所以说，投资股票是有一定风险的。

（2）参与性。股东有权出席股东大会，选举公司董事会，参与公司重大决策。股票持有者的投资意志和享有的经济利益，通常是通过行使股东参与权来实现的。股东参与公司决策的权利大小，取决于其所持有的股份的多少。从实践看，只要股东持有的股票数量达到左右决策结果所需的实际多数时，就能掌握公司的决策控制权。

例如，某上市公司一共 1 亿股，流通盘[3]7 000 万股，张华持有该股票 6 000 万股，则张华持该公司 60% 的股份，属于绝对控股，并且是第一大股东。在召开股东大会时，张华具有该公司决策的控制权。

（3）收益性。股东可以凭其持有的股票，从公司领取股息或红利，从而获取投资的收益。至于股息或红利的多少，则取决于该公司的盈利水平和公司的盈利分配政策。股票的收益性，还表现在投资者通过低价买入和高价卖出获得价差收入。

以格力电器公司股票为例。如果在 2008 年 10 月投资 241 元买入该公司股票 100 股，到 2015 年 6 月 30 日便能以 63.9 元的市场价格卖出 100 股，赚取超过 25 倍的利润。在通货膨胀

1　上海老八股是指最早在上海证券交易所上市交易的八只股票。

2　B 股的正式名称是人民币特种股票。B 股是以美元或者港币计价，面向境外投资者发行，但在中国境内上市的股票。现在 B 股的投资主体限制已经放开，国内的公民也可以开通 B 股账户。

3　股份公司发行的股票总股本分流通股和非流通股。流通盘是指股票能在二级市场进行交易的流通量，投资者在股票市场也只能买卖流通盘股票，描述单位为万股。

时，股价会随着公司资产价格上升而上涨，从而避免资产贬值。因此，股票被视为在高通货膨胀时期优先选择的投资对象。

（4）流通性。股票的流通性是指股票在不同投资者之间的可交易性。流通性通常以可流通的股票数量、股票成交量及股价对交易量的敏感程度来衡量。可流通股数越多，成交量越大，价格对成交量越不敏感，股票的流通性就越好，反之就越差。

（5）价格波动性和风险性。作为证券市场上的交易对象，股票与商品一样，有自己的市场行情和市场价格。股票价格会受到诸多因素的影响，如公司经营状况、供求关系、银行利率、大众心理等。所以股价波动有很大的不确定性，也正是这种不确定性，有可能会使股票投资者遭受损失。价格波动的不确定性越大，投资风险也越大。因此，股票是一种高风险的金融产品。

例如，白酒行业在我国一直属于高利润行业，但是在 2012 年 11 月，行业中很有名气的酒鬼酒被爆“塑化剂事件”，一时间白酒板块出现跌停潮，机构纷纷抛售股票，即使是贵州茅台这样的企业，也于 11 月 19 日跌停。之后的一年多时间，白酒行业迎来了一波熊市大跌行情。如果投资者不合时机地买入了白酒行业的股票，就会导致严重损失。以贵州茅台为例，该股从 2012 年 11 月 19 日的开盘价 166.39 元跌至 2014 年 1 月 10 日的阶段性最低点 83.77 元。

对于发行者而言，股票的作用主要有以下四点。

（1）股票是筹集资金的有效手段。

股票最基本的作用就是筹集资金。上市的股份制公司可以通过发行流通股，在二级市场进行流通，进而可以将短期资金通过股票转让的形式衔接为长期资金，为企业的进一步发展提供所需的资金。没有上市的股份制公司也可以发行股票，投资者可以在证券市场之外的场外交易市场（例如，银行、证券公司等）对该公司的股票进行认购。这些股份制公司发行股票的主要目的也是为企业进一步发展筹集所需的资金。

（2）通过发行股票来分散投资风险。

无论是哪一类型的企业，都会有经营风险存在。尤其是一些高新技术产业，由于产品的技术工艺尚未成熟和稳定，市场前景不明朗，在企业经营过程中，其风险就更大。这前景难以预测的企业，当发起人不愿承担所面临的所有风险时，就会想方设法地让他人与之共担风险。发行股票组建股份制公司就是分散投资风险的好办法。即使投资失败，各个股东所承受的损失也非常有限。

（3）通过发行股票来实现创业资本的增值。

在证券市场上，股票的发行价应当与企业的经营业绩相联系。当一家业绩优良的企业发行股票时，其发行价要高出其每股净资产许多，若碰到二级市场的火爆行情，其溢价往往能达到每股净资产的 2 ~ 3 倍或者更多。而股票的溢价发行又使股份公司发起人的创业资本得到增值。例如，2015 年 3 月 24 日上市的暴风科技（300431），上市开始交易之后 29 个交易日均“一字涨停”，公司股价上翻 20 倍，持有该公司股票的原始股东资产也就上翻 20 倍。

（4）通过股票的发行与上市，来宣传公司形象。

在牛市行情中，有更多的人参与到股票投资当中。此时，股市就成为舆论的一个热点， 各大媒体每天都会实时报道股市资讯，无形之中也就提高了上市公司的知名度，起到了免费的广告宣传作用。

2.3 股票常见分类

股票按其票面形态、投资主体、上市地点、性质的不同，分类也有所不同。投资者应当区别不同种类的股票，选择适合自己的投资策略组合。

2.3.1 按票面形态分类

股票按票面形态进行分类，可分为记名股、无记名股、面值股和无面值股。

1．记名股

记名股在发行时，票面上记载有股东的姓名，并记载于公司的股东名册上。记名股票的特点是，除持有者和其正式的委托代理人或合法继承人、受赠人外，任何人都不能行使其股权。此外，记名股票不能任意转让，转让时，既要将受让人的姓名、住址分别记载于股票票面上，还要在公司的股东名册上办理过户手续，否则转让不能生效。这种股票有安全、不怕遗失等优点，但是转让手续烦琐。记名股若需要私自转让（例如，继承和赠予等），必须在转让行为发生后马上办理过户手续。

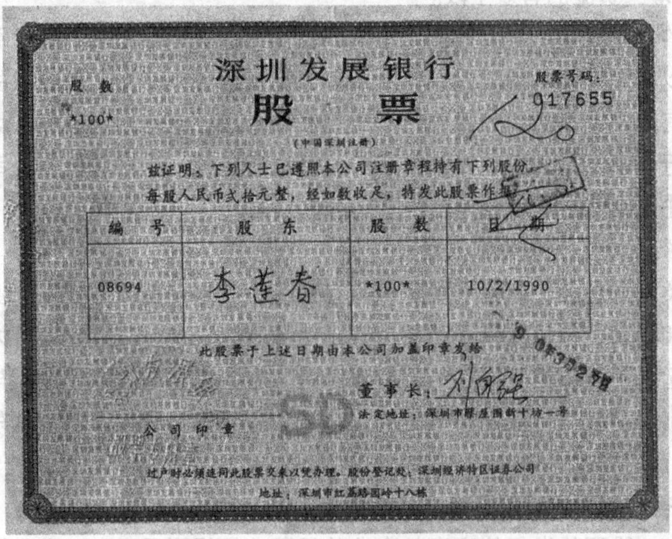

2．无记名股

无记名股在发行时，在股票上不记载股东的姓名。持有者可自行转让股票，任何人一旦持有便可享有股东的权利，无须再通过其他方式证明自己的股东资格。这种股票转让手续简便，但也应该通过证券市场的合法交易实现转让。

3．面值股

有票面金额股票，简称金额股票或面额股票，是指在股票票面上记载一定的金额，如每股人民币 100 元、200 元等。金额股票给股票定了一个票面价值，这样就可以很容易地确定每一股份在该股份公司中所占的比例。

4. 无面值股

无面值股也称比例股票或无面额股票。股票发行时无票面价值记载，仅表明每股占资本总额的比例。其价值随公司财产的增减而增减。因此，这种股票的内在价值总是处于变动状态。这种股票最大的优点就是避免了公司实际资产与票面资产的背离，因为股票的面值往往是徒有虚名，人们关心的不是股票面值，而是股票价格。发行这种股票对公司管理、财务核算、法律责任等方面要求极高，因此只有在美国比较流行，而不少国家根本不允许发行。

2.3.2 按投资主体分类

我国上市公司的股份可以分为国有股、法人股和社会公众股。

国有股：国有股是指有权代表国家投资部门或机构以国有资产向公司投资形成的股份，包括以公司现有国有资产折算成的股份。由于我国大部分股份制企业都是由原国有大中型企业改制而来的，因此，国有股在公司股权中占有较大的比重。

法人股：法人股是指企业法人或具有法人资格的事业单位和社会团体以其依法可经营的资产向公司非上市流通股权部分投资所形成的股份。目前，在我国上市公司的股权结构中，法人股平均占 20% 左右。根据法人股认购的对象，可将法人股进一步分为境内发起法人股、外资法人股和募集法人股三个部分。

社会公众股：社会公众股是指我国境内个人和机构，以其合法财产向公司可上市流通股权部分投资所形成的股份。

2.3.3 按上市地点分类

按照上市地点分类，国内外的股票可分为以下几类。

股票种类	基本信息	投资主体
A 股	人民币普通股票，由我国境内的公司发行，供境内机构、组织或个人（不含港、澳、台投资者）以人民币认购和交易的普通股股票	年满 18 周岁的个人投资者、国内的机构投资者、中国证监会规定的其他投资人
B 股	人民币特种股票，以人民币标明面值，以外币认购和买卖，在境内（上海、深圳）证券交易所上市交易	外国的自然人、法人和其他组织，我国香港、澳门、台湾地区的自然人、法人和其他组织，定居在国外的中国公民，中国证监会规定的其他投资人

续表

股票种类	基本信息	投资主体
H 股	注册地在内地，上市地在香港的外资股	中国机构投资者、国际资本投资者
N 股	在美国纽约（New York）的证券交易所上市的外资股票	境外投资者、国内投资者
S 股	在新加坡 (Singapore) 证券交易所上市的股票	境外投资者、国内投资者
L 股	在伦敦（London）证券交易所上市的股票	境外投资者、国内投资者

2.3.4 按性质分类

1．优先股

优先股是股份制公司发行的在分配红利和剩余财产时比普通股具有优先权的股份，是与“普通股”概念相对而言的。优先股是无期限的有权凭证，优先股的股东一般不能在中途向公司要求退股。

优先股主要有以下几个主要特征。

01 优先股通常预先定明股息收益率。由于优先股股息率事先固定，所以优先股的股息一般不会根据公司经营情况而增减，而且一般也不能参与公司的分红，但优先股可以先于普通股获得股息。对公司来说，由于股息固定，所以不影响公司的利润分配。

02 优先股的权利范围较小。优先股股东一般没有选举权与被选举权，对股份公司的重大经营无投票权，但在某些情况下可以享有投票权。

03 如果公司股东大会需要讨论与优先股有关的索偿权，则优先股的索偿权先于普通股， 而次于债权人。

2．普通股

普通股是随着企业利润变动而变动的一种股份，是股份公司资本构成中最普通、最基本的股份之一，是股份企业资金的基础部分。

普通股的投资收益（股息和分红）在购买时不进行约定，而是事后根据股票发行公司的经营业绩来确定。公司的经营业绩好，普通股的收益就高；反之，若经营业绩差，普通股的收益就低。普通股是股份公司资本构成中最重要、最基本的股份，也是风险最大的一种股份，但又是股票中最基本、最常见的一种。在我国证券交易所上市的股票都是普通股。

3．后配股

后配股是在利益或利息分红及剩余财产分配时比普通股处于劣势的股票，一般是在普通股分配之后，对剩余利益进行再分配。如果公司盈利巨大并且后配股的发行数量很有限， 则后配股的股东可以获取很高的收益。公司发行后配股，一般所筹措的资金不能立即产生收益，因此投资者的范围会受限制。

后配股一般在下列情况下发行。

公司为筹措扩充设备资金而发行新股票时，为了不减少对旧股的分红，在新设备正式投用前，将新股票作后配股发行。

企业兼并时，为调整合并比例，向被兼并企业的股东交付一部分后配股。

在有政府投资的公司里，私人持有的股票股息达到一定水平之前，把政府持有的股票作为后配股。

2.3.5 ST 股和 *ST 股

ST(Special Treatment) 股，即“特别处理”股。该政策针对的对象是出现财务状况或其他状况异常的上市公司。1998 年 4 月 22 日，沪深交易所宣布，对财务状况或其他状况出现异常的上市公司股票交易进行特别处理，由于是“特别处理”，所以在简称前冠以“ST”，因此这类股票称为 ST 股。如果某一只股票的名字加上 ST，就是给股民一个警告，该股票存在投资风险，但这种股票风险大收益也大。

*ST 意味着该股票有退市风险，需要警惕。如果上市公司向证监会递交的财务报表显示连续 3 年亏损，就有退市的风险。投资者在投资此类股票时需要特别谨慎。该类股票有退市的风险，但即使退市也并非意味着不可以交易，投资者可以到证券公司进行柜台交易。2015 年 1 月 31 日，上交所在《风险警示板办法》（以下简称《办法》）中增加了参与退市整理期股票交易的投资者适当性的内容。《办法》规定，个人投资者参与退市整理股票交易的，应当具备 2 年以上的股票交易经历，并且以本人名义开立的证券账户和资金账户内的资产（不含通过融资融券交易融入的证券和资金）在人民币 50 万元以上。不符合以上规定的个人投资者，仅可卖出已持有的退市整理股票，但不得买入。

深交所则规定，要求参与退市整理期股票买入交易的投资者必须具备两年以上交易经验和人民币 50 万元以上的证券资产规模。

提示 长期看 ST 股票的波动率比市场基准的波动率要低；ST 股票在牛市初期及牛市末期能够跑赢市场基准，中途会交替上升；在熊市初期能跑赢大盘，但是在长期熊市中，ST 股票会大幅跑输市场基准。因此可以结合市场特征进行投资，在牛市初期和末期可以持有 ST 股票，在熊市初期可以在对冲市场风险的基础上持有 ST 股票，而长期熊市则不要投资 ST 股票。

2.3.6 股票常见代码意义

用数字表示的股票代码有不同的含义。股票代码除了区分各种股票，也有其潜在的意义，例如，600××× 是上交所上市的股票代码，6006×× 是最早上市的股票。一个公司的股票代码跟车牌号差不多，能够显示出这个公司的实力以及知名度。

根据上交所“证券编码实施方案”，股票代码采用 6 位数编制方法，前 3 位数用于区别证券品种，具体如下表所示。

代码	股票品种
001×××	国债现货
110×××、120×××	企业债券
129×××、100×××	可转换债券
201×××	国债回购
310×××	国债期货
500×××、550×××	基金
700×××	配股
710×××	转配股
701×××	转配股再配股
720×××	红利
730×××	沪市新股申购
735×××	新基金申购
737×××	沪市新股配售
080×××	深市新股配售
900×××	沪市 B 股
200×××	深市 B 股
600×××、601×××、603×××	沪市 A 股
000×××、002×××、300×××	深市 A 股、深市新股申购
002×××	深市中小板股票
300×××	深市创业板股票
580×××	沪市权证
031×××	深市权证
150×××	股票型指数基金

2.4 股票市场与股票发行

投资者一般熟知的股票交易市场实际上是股票流通的二级市场，而股票的发行市场被称为一级市场。投资者想要认购新股或者买卖股票必须在股票市场进行。

2.4.1 了解股票市场

股票市场是指已经发行的股票转让、买卖和流通的场所，包括交易所市场和场外交易市场两大类。由于它是建立在发行市场基础上的，因此又称作二级市场。股票市场的结构和交易活动比发行市场（一级市场）更为复杂，其作用和影响力也更大。

股票市场最早起源于荷兰的阿姆斯特丹，1602 年荷兰人在阿姆斯特河大桥上对东印度公司股票进行交易。后来在美国成立了史上第一家正规的股票市场。股票市场是一个国家或地区经济和金融活动的晴雨表，一国的经济处于良好发展态势，股票市场也会是一派生机盎然的景象，一旦股票市场走弱，实体经济也必定受其牵连。

2.4.2 证券机构

证券机构是指依法设立的从事证券服务业务的法人机构。在我国，证券机构主要包括证券交易所、证券公司、证券业协会、证券登记结算机构、证券监督管理机构等。

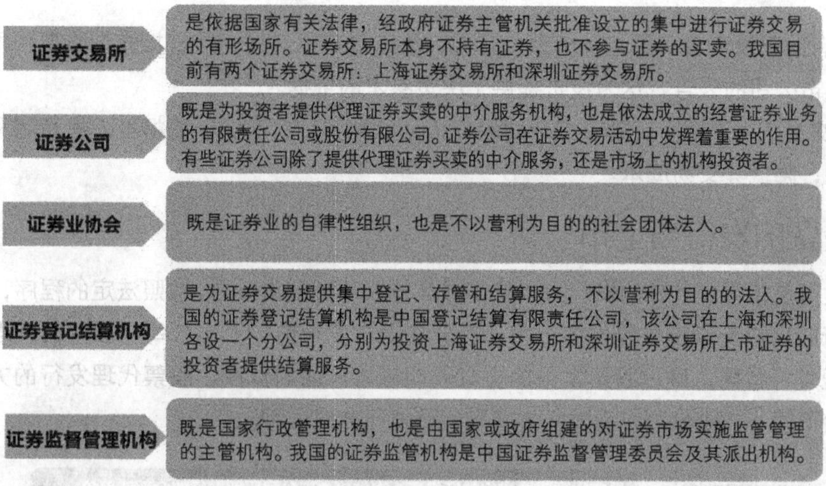
证券交易所
是依据国家有关法律，经政府证券主管机关批准设立的集中进行证券交易的有形场所。证券交易所本身不持有证券，也不参与证券的买卖。我国目前有两个证券交易所：上海证券交易所和深圳证券交易所。
证券公司
既是为投资者提供代理证券买卖的中介服务机构，也是依法成立的经营证券业务的有限责任公司或股份有限公司。证券公司在证券交易活动中发挥着重要的作用。有些证券公司除了提供代理证券买卖的中介服务，还是市场上的机构投资者。
证券业协会
既是证券业的自律性组织，也是不以营利为目的的社会团体法人。
证券登记结算机构
是为证券交易提供集中登记、存管和结算服务，不以营利为目的的法人。我国的证券登记结算机构是中国登记结算有限责任公司，该公司在上海和深圳各设一个分公司，分别为投资上海证券交易所和深圳证券交易所上市证券的投资者提供结算服务。
证券监督管理机构
既是国家行政管理机构，也是由国家或政府组建的对证券市场实施监管管理的主管机构。我国的证券监管机构是中国证券监督管理委员会及其派出机构。

2.4.3 股份公司为什么要发行股票

股份公司如果需要资金为公司谋发展，有两种融资途径：一种是向银行或他人借贷，这属于间接融资；另一种是发行股票吸引投资者直接投资股票，这属于直接融资。对国家来说，投资者进行直接投资更为有利，因为这样既可以由整个社会来承担投资的风险，国家又能从中得到税收。此外发行股票能够起到筹集资金的作用，一方面，可以将社会公众手中闲置零散资金集中起来发挥作用，如用在国家鼓励发展的行业上去；另一方面，股份制公司更能从集资中得到好处，因为不管股东持有多少股票，只能将其转让，而不能退股， 这样通过发行股票募集到的资金就成为公司的资本，而不受股东的影响。此外，发行股票使企业获得的是直接投资，降低了融资成本。

上市的股份公司通过发行股票把企业、大股东、小股东紧密联结在一起，股份公司要向全体股东负责，并且要受到社会和全体股民的监督。这样有助于促使上市公司加强经营管理，提高企业效益。因为企业的效益越好，股票的价格就越高，对投资者的吸引力也越大。股份公司发行股票为闲置的资金找到了一条投资途径，它把人们手中零散的资金都集中起来，整合成有效的生产资金，让闲置的资金也有用武之地，在提高资金使用率的同时也推动了社会生产力的发展。从其他发达经济体的经验来看，股份制公司是市场经济的重要组成部分。虽然现在世界上各个发达国家的公司和企业各有特色，但是大型的企业基本上都采用股份制的模式。我国若想在社会主义市场经济的道路上走得更长久，发展股份制是必经之路。

2.4.4 股票上市对投资者有什么好处

股票上市不仅有利于企业本身，也对投资者有许多好处。具体的有利因素主要有以下几点。

（1）股票的流通性较好。股票的流通性越好，投资者的购买意愿就越强。如果股份公司的股票没有上市，知晓该公司的投资者就很有限，该公司的股票流通性将受到局限，不利于通过买卖该公司股票获取股差收益。

（2）增强了公司信息的透明度。有利于投资者获取上市公司的经营及财务方面的信息，了解公司的真实状况，从而有助于投资者做出正确的投资决策。

（3）成交价格更透明。上市股票的买卖，需经买卖双方“讨价还价”，只有在买进与卖出报价基本一致时方能成交，所以证券交易所里的成交价格远比场外市场里的成交价格更加公平合理。

（4）有助于投资者了解趋势信息。目前，投资者可以通过网络直接查询股票的即时信息，及时获取上市公司的公告，这为投资提供了决策参考的依据。

（5）交易成本透明。证券交易所对经纪人所收取的佣金有统一的标准。投资者和证券经纪人可以谈判，降低其交易成本。

2.4.5 股票的发行与上市

股票发行是指符合条件的发行人以筹资或实施股利分配为目的，按照法定的程序，向投资者、原股东发行股份或无偿提供股份的行为。股票在上市发行前，上市公司与股票的代理发行证券商签订代理发行合同，确定股票发行的方式，明确各方面的责任。股票代理发行的方式按发行承担的风险不同，一般分为包销发行方式和代销发行方式两种。

包销发行 ➡ 是由代理股票发行的证券商一次性将上市公司所新发行的全部或部分股票承购下来，并垫支相当于股票发行价格的全部资本。

代销发行 ➡ 是由上市公司自己发行，中间只委托证券公司代为推销，证券公司代销证券只向上市公司收取一定的代理手续费。

股票上市是指已经发行的股票经证券交易所批准后，在交易所公开挂牌交易的法律行为。股票上市是连接股票发行和股票交易的“桥梁”。在我国，股票公开发行后即获得上市资格。上市后，公司将能获得巨额资金投资，有利于公司研发新产品，拓展新业务。新的股票上市规则主要对信息披露和停牌制度等进行了修改，增强了信息披露的透明性，是一个很大的进步，尤其是重大事件要求公司细化、持续披露，有利于普通投资者了解公司的最新信息，抵消部分信息不对称的影响。

2.4.6 股票发行价与溢价发行

股票发行价格是股票发行时所使用的价格，也是投资者认购股票时所支付的价格。它与股票面额可以是一致的，也可以是不一致的，通常由发行公司根据股票面额、股市行情及其他有关因素决定。股票的发行价格主要有平价发行、溢价发行、折价发行、时价发行等。本节将主要介绍平价发行与溢价发行。

1．平价发行

平价发行亦称面额发行或等价发行，是指股份公司在发行股票筹措资本时，直接以每股的票面金额作为发行价格。例如，股票面额为 20 元或 100 元，则代表每股发行价格也为 20 元或 100 元。这种发行价格对发行公司而言，其所得资本与公司股本是一致的。

采用平价发行的优点是：股票发行时价格不受市场波动的影响；发行费用较低；股票容易推销，发行公司能够稳妥地筹集到资金。平价发行的缺点则主要是缺乏市场弹性，不能针对市场的股票价格波动水平，及时、合理地确定股票发行价格，从而使那些资信高、经营业绩好、股票容易销售的发行公司无法以自身优势获得发行的溢价收益。平价发行一般在股票初次发行或在股东内部分摊增资的情况下采用。

2. 溢价发行

溢价发行是指股份公司在发行股票时以高于股票面额的价格发行。例如，某股票面额为 10 元，发行价格为 50 元。溢价发行是一种对发行公司十分有利的发行价格形式。它能够让发行公司在发行股票的过程中获得一笔创业利润，使所筹资本高于公司股本。目前，许多国家新上市的股票一般都是采用溢价发行的价格形式，发行公司所获得的溢价收入列入资本公积金。

2.4.7 买壳上市和借壳上市

买壳上市：是指非上市公司购买一家上市公司一定比例的股权来取得上市的地位，然后注入自己的有关业务及资产，实现间接上市的目的。一般而言，买壳上市是民营企业的较佳选择。

借壳上市：是指一家私人公司通过把资产注入一家市值较低的已上市公司，得到该公司一定程度的控股权，利用其上市公司地位，使母公司的资产得以上市。通常该壳公司会被改名。

2.4.8 中概股回归

概念股是与业绩股相对而言的。业绩股需要有良好的业绩支撑。概念股则是依靠某一种题材（如资产重组概念、智慧城市概念等）支撑价格。

中国概念股就是外资因为看好中国经济成长而对所有在海外上市的中国股票的总称。中国概念股是相对于海外市场来说的，同一个公司可以在不同的股票市场分别上市，所以，某些中国概念股公司也可能在国内同时上市。

在 2015 年之前，由于中国证券监督管理委员会对上市公司有各项硬性规定，许多高科技股份公司达不到证监会的要求，为了满足融资需求，这些企业只得选择到国外市场上市。例如，许多互联网企业纷纷选择去美国纳斯达克证券交易所上市。对于互联网企业来讲，虽然美国发行证券对公司业绩没有硬性要求，流程简单，但是去美国上市也有其不良之处。在美国上市的公司估值一般较低，因为中国和海外的互联网公司商业模式无法完全对比，所以中国概念股公司都觉得自己的价值被低估，无法享受到国内的资本市场红利。外加盈率低、融资规模小、监管严格等因素，许多在国外上市的企业也在纷纷考虑回归国内市场。

自 2015 年年初以来，互联网公司受到了政府的高度重视，政府提出制订“互联网 +”行动计划，希望依靠互联网来提升传统产业的效率，期待“能源互联网”和“工业互联网”这些概念能够逐渐落地，最终通过“大数据”“云计算”这些概念发挥更大的对于传统行业的改造作用，因此提出鼓励没有盈利的互联网公司在境内上市，这使得回归中国资本市场成为一个时髦的选择。

2.4.9 股票的价格与价值

从政治经济学原理可知，任何商品的价格都要围绕其价值上下波动。股票也不例外，但是股票又不同于普通的商品，股票的价格还反映投资者对其的预期。

1. 股票价值

由于股票是虚拟资本的一种形式，因此它本身并没有价值。股票仅是一个拥有某种所有权的凭证。股票能够有价，主要有两方面的原因：一方面是因为持有股票的股东可以行使股东权利，参加股东大会并且对股份公司的经营决策施加影响；另一方面是投资者享有参与分红派息的权利，可以从中获得相应的经济利益。综上所述，股票的价值主要取决于公司本身的盈利能力和未来发展的前景。上市公司盈利能力越强，相应的股票价值就越高；上市公司盈利能力越差，相应的股票价值就越低。如果公司发展前景非常好，不断开发新市场，研发新产品，投资规模不断扩大，效益不断提高，就能够不断分红，那么股票自身的价值就越高，反之则越低。

2. 股票价格

虽然股票本身不具有价值，但它可以当作商品买卖，并且有一定的价格。股票价格又称为股票行市，是指股票在证券市场上买卖的价格。股票价格主要分为理论价格与市场价格。股票的理论价格，就是为获得股息、红利收入的请求权而付出的代价，是股息资本化的表现。股票的市场价格即股票在股票市场上买卖的价格。股票的理论价格并不等于股票的市场价格，二者之间有相当大的差距。股票的理论价格为预测股票市场价格的变动趋势提供了重要的依据，这也是股票市场价格形成的一个基础性因素。

2.5 股票与债券存蓄和基金有何不同

我国的金融市场为个人投资者提供了银行存款、投资债券和投资股票等多种理财方式。这些投资理财方式各有优劣，投资者可以结合自身的需求选择相应的理财方式。

2.5.1 股票与债券的区别

债券是一种有价证券，是社会各类经济主体为筹集资金而向债券投资者出具的承诺按一定利率定期支付利息，到期偿还本金的债权债务凭证，包括票面价值、到期期限、票面利率、发行者名称四个要素。债券具有偿还性、流动性、安全性和收益性四种特性。

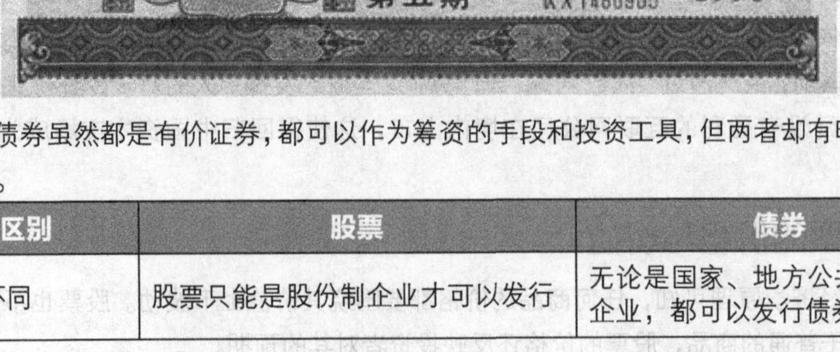

股票和债券虽然都是有价证券，都可以作为筹资的手段和投资工具，但两者却有明显的区别，如下表所示。

主要区别	股票	债券
发行主体不同	股票只能是股份制企业才可以发行	无论是国家、地方公共团体还是企业，都可以发行债券

续表

主要区别	股票	债券
收益稳定性不同	股票一般在购买之前不定股息率，股息收入随股份公司的盈利情况变动而变动	债券在购买之前，利率已定，到期就可以获得固定利息，与发行债券的公司经营获利与否无关
保本能力不同	股票本金一旦交给公司，就不能再收回。公司一旦破产，要结合公司剩余资产清查状况，投资者的资金有可能难以赎回	债券到期可连本带利都收回，如同放贷款一样
经济利益关系不同	股票表示的是对公司的所有权	债券表示的只是对公司的一种债权
权属关系不同	股票持有者有权直接或间接参与公司的经营管理	债券持有者无权过问公司的经营管理
风险性不同	股票不仅是投资对象，更是金融市场上的主要投资对象，其交易转让的周转率高，市场价格变动幅度大，可以暴涨暴跌，风险很大	债券只是一般的投资对象，交易转让的周转率与股票相比很低

2.5.2 股票与储蓄的区别

投资股票与储蓄存款这两种行为在形式上均表现为，货币所有人将一定的资金交付给股份公司或银行机构，并获取相应的利益。但两者在本质上是不同的，具体如下表所示。

主要区别	股票	储蓄
性质不同	股票是以资本信用为基础，体现股份公司与股票投资者之间围绕股票投资行为而形成的权利与义务关系	储蓄是一种银行信用，建立的是银行与储蓄者之间的借贷性债权债务关系
持有者法律地位和权利不同	股票持有者处于股份公司股东的地位，依法有权参与股份公司的经营决策，并对股份公司的经营风险承担相应的责任	存款人的存款行为相当于向银行贷款，处于银行债权人的地位，其债权的内容仅限于定期收回本金和获取利息，不能参与债务人的经营管理活动，对其经营状况也不负任何责任
投资增值的效果不同	股票是持有者向股份公司的直接投资，投资者的投资收益来自于股份公司根据盈利情况派发的股息红利	存款是通过实现货币的储蓄职能来获取货币的增值部分，即存款利息。这一回报率是银行事先约定的，是固定的，不受银行经营状况的影响
存续时间与转让条件不同	股票是无期的，只要股票发行公司存在，股东就不能要求退股以收回本金，但可以进行买卖和转让	储蓄存款一般是固定期限的，存款到期时存款人收回本金和利息。普通的储蓄存款不能转让，大额可转让储蓄存单除外
风险不同	股票投资行为是一种风险较高的投资方式，其投资回报率可能很高，但高回报率伴随的必然是高风险	银行作为整个国民经济的重要金融支柱，其地位一般说来是稳固的，很少会衰落到破产的地步。存款人存款后也不必像买入股票后那样要经常性地投入精力去关注它的变动

2.5.3 股票与基金的区别

从广义上说，基金是指为了某种目的而设立的具有一定数量的资金，主要包括信托投资基金、公积金、保险基金、退休基金及各种基金会的基金。人们平常所说的基金主要是指证券投资基金。投资基金是一种信托投资方式，它集中了投资者众多分散资金而交由专门的投资管理机构进行范围广泛的投资与管理以获取资金增值，投资者按出资比例分享收益并承担风险。

许多刚入市的投资者对基金和股票二者之间的认识不够充分，有些甚至认为购买股票和购买基金是一回事，其实二者是不同的，如下表所示。

主要区别	股票	基金
反映的经济关系不同	股票反映的是所有权关系，投资者在购买该公司的股票之后就成为其股东	基金反映的是信托关系，投资者在购买基金之后，只是成为其受益人，并没有股东的角色
所筹集的资金使用方式不同	股票属于直接投资工具，筹集的资金主要投向实业	基金属于间接投资工具，其筹集的资金主要投向有价证券等金融工具
投资收益与风险水平不同	股票的直接收益取决于发行公司的经营效益，不确定性强，风险较大，属于高风险高收益的投资品种	基金主要投资于有价证券，其收益可能高于债券，投资风险可能小于股票，是一种风险相对适中、收益相对稳健的投资品种

2.6 股票交易的单位

不同股票市场的股票交易规则也不同，我国A股市场对股票交易的最小单位及最小报价单位都有明确的规定，投资者要按照规定进行交易。

2.6.1 最小报价单位

最小报价单位是指证券买卖申报价格的最小变动单位。沪深两市的价格最小变动单位如下表所示。

上海证券交易所各品种价格变动最小单位

品种	上海证券交易所
A股、债券、债券买断式回购交易	0.01 元人民币
基金、权证	0.001 元人民币
B股	0.001 美元
债券质押式回购交易	0.005 元人民币

深圳证券交易所各品种价格变动最小单位

品种	深圳证券交易所
A股	0.01 元人民币
基金、债券、债券质押式回购交易	0.001 元人民币
B股	0.01 港元

例如，A 股票现价 5.01 元，李菲想要马上买入 A 股票，可以提高一个申报价格单位，以 5.02 元提交申报买入。按照价格优先原则，如果没有价位比李菲的价格更高的申报，将优先成交李菲的申报。

2.6.2 最小交易单位

沪深两市股票买卖申报最小交易单位均为一手，一手即为 100 股。账户因为送股等原因而出现不到 100 股的零散股数时，可以一次卖出。但是在买入时只可以按手数委托。

如果下单时遇到对方卖出股票不够买入数，如某投资者 A 下单买入 300 股，卖出方 B 因某些原因多出 30 股而一次卖出 230 股，若无其他报价时，投资者 A 就买入成交 230 股，另外 70 股没有成交。当然，这只属于个别案例。

2.7 股票指数

世界各国的股票市场除了有股票的价格走势外，也会根据所有股票或者具有代表性的股票编制不同的股票指数。股票指数反映的是某一市场或者某一类股票的整体趋势。投资者在投资股票的时候，可以结合股票指数的走势，调整相应的投资策略。

2.7.1 什么是股票指数

股票指数即股票价格指数，是描述股票市场总的价格水平变化的指标。它是选取有代表性的一组股票，对它们的价格进行加权平均，通过一定计算得到的。不同指数选取的股票和计算方法是不同的。

2.7.2 上证指数

在我国，上证指数是最重要的指数之一。上海证券综合指数简称“上证综指”，其样本股是全部在上海证券交易所上市的股票，包括 A 股和 B 股，它反映了上海证券交易所市场总体的波动情况。上证指数本身不可以交易，但是上证指数是中国股市大趋势的晴雨表，对于投资者而言意义重大。

上证综合指数以样本股的发行股本数为权数进行加权计算，计算公式为：报告期指数 =（报告期成分股的总市值 / 基期）× 基期指数。其中，总市值 =Σ（股价 × 发行股数）。成分股中的 B 股在计算上证 B 股指数时，价格采用美元计算。成分股中的 B 股在计算其他指数时，价格按适用汇率（中国外汇交易中心每周最后一个交易日的人民币兑美元的中间价）折算成人民币。

上证指数的指数代码为“000001”，投资者也可以使用快捷键，从键盘输入数字“03”，然后就可以快速查看上证指数的行情走势。

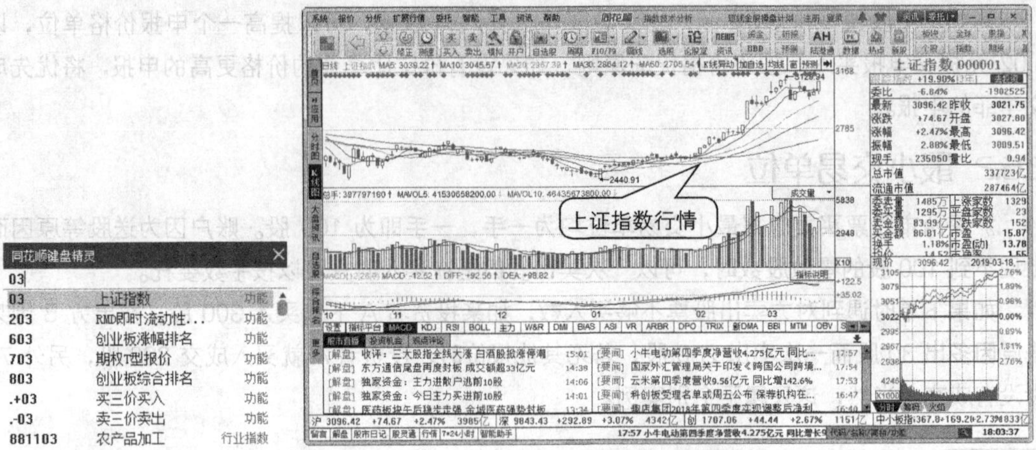

2.7.3 深证指数

深证指数是指由深圳证券交易所编制的股票指数，该股票指数的计算方法基本与上证指数相同，其样本为所有在深圳证券交易所挂牌上市的股票，权数为股票的总股本。由于以所有挂牌的上市公司为样本，其代表性非常广泛，与深圳股市的行情同步发布，是股民和专业人员研判深圳股市股票价格变化趋势必不可少的参考依据。

深证指数包括深证成指、深证 A 指、深证 B 指、深证综合指数，如下图所示。

深证成指：通过对从深圳市场的上市公司中挑选出来的40 家股份计算得出。
深证 A 指：通过其中的 A 指计算得出。
深证指数
深证 B 指：通过其中的 B 指计算得出。
深证综合指数：以深圳证券交易所挂牌上市的全部股票为计算范围，以发行量为权数的加权综合股价指数。

对投资者最具有参考价值的一般为深证成指，其指数代码为“399001”。投资者也可以从键盘输入“04”，使用快捷键快速查找到深证成指查看行情。

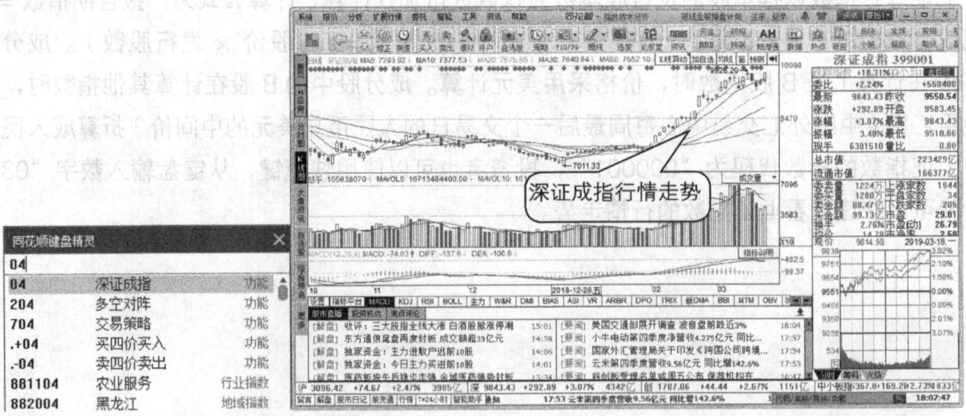

除此之外，深证 A 指的指数代码为“399107”，深证 B 指的指数代码为“399108”，深证综合指数的指数代码为“399106”。

2.7.4 上证 180 指数

上证 180 指数（又称上证成分指数）是上海证券交易所对原上证 30 指数进行调整并更名而成的，其样本股是在所有 A 股股票中抽取的最具市场代表性的 180 种样本股票，自 2002 年 7 月 1 日起正式发布。作为上证指数系列核心的上证 180 指数的编制方案，其目的在于建立一个反映上海证券市场的概貌和运行状况、具有可操作性和投资性、能够作为投资评价尺度及金融衍生产品基础的基准指数。

上证 180 指数与通常计算的上证综指之间的最大区别在于，它属于成分指数而不是综合指数。成分指数是根据科学客观的选样方法挑选出的样本股形成的指数，所以能更准确地认识和评价市场。而综合指数包含了市场上所有的股票，在反映市场状况上就存在不少缺陷。例如，目前上证综指采用全市场平均市盈率标准，将不少业绩差、规模小、股价过高的股票包含进来，导致市盈率较高。上证 180 指数的推出，将有利于推出指数化投资，引导投资者理性投资，并促进市场对“蓝筹股”的关注。

投资者可以通过键盘输入指数代码“000010”或者首字母缩写“SZ180”，快速查找到上证 180 指数来查看行情。

2.7.5 上证 50 指数

上证 50 指数是根据科学客观的方法，挑选上海证券市场规模大、流动性好的最具代表性的 50 只股票组成样本股，以综合反映上海证券市场最具市场影响力的一批优质大盘企业的整体状况。上证 50 可以作为价值蓝筹股的代名词，是反映主流机构持仓的风向标。上证 50 指数代码为“000016”。

2.7.6 沪深 300 指数

沪深 300 指数由沪深证券交易所于 2005 年 4 月 8 日联合发布，反映沪深 300 指数编制目标和运行状况，并能够作为投资业绩的评价标准，为指数化投资和指数衍生产品创新提供基础条件。目前，沪深 300 指数是我国股指期货的标的物，这也就意味着股指期货的走势紧紧跟随沪深 300 指数走势。

虽然沪深两个市场各自均有独立的综合指数和成分指数，并且这些指数在投资者中有较高的认同度，但市场缺乏反映沪深市场整体走势的跨市场指数。因此沪深 300 指数的推出切合了市场需求，适应了投资者结构的变化，为市场增加了一项用于观察市场走势的指标，也进一步为市场产品创新提供了条件。沪深 300 指数代码为“399300”。

2.7.7 创业板指数

创业板是专为暂时无法在主板上市的创业型企业、中小企业和高科技产业企业等需要进行融资和发展的企业提供融资途径和成长空间的证券交易市场，是对主板市场的重要补充。在创业板市场上市的公司大多从事高科技业务，具有较高的成长性，往往成立时间较短，规模较小，业绩也不突出，但有很大的成长空间。可以说，创业板是一个门槛低、风险大、监管严格的股票市场，但也是一个孵化科技型、成长型企业的摇篮。

创业板指数，也称为“加权平均指数”，就是以起始日为一个基准点，按照创业板所有股票的流通市值，一个一个计算当天的股价，再加权平均，与开板之日的“基准点”比较。创业板指数是整个创业板股票的风向标，投资者可以结合创业板指数判断其中的个股趋势行情。创业板指数代码为“399006”。

2.7.8 中小板指数

中小板块即中小企业板，是指流通盘大约1亿元以下的创业板块，是相对于主板市场而言的。有些企业的条件达不到主板市场的要求，所以只能在中小板市场上市。采用中小板企业的股票编制的成分指数就是中小板指。

中小板指全称为中小企业板指数，其初始成分股由前100只上市股票构成，此后需要对入围的股票进行排序，选出成分股。中小板指委托深圳证券信息有限公司编制、维护和管理，由深圳证券交易所发布，其指数代码为“399005”。

创业板指数、深证成指、中小板指数共同构成反映深交所上市股票运行情况的核心指数。

2.7.9 恒生指数

恒生指数是香港股市价格的重要指标，该指数由香港恒生银行全资附属的恒生指数服务有限公司编制，是以香港股票市场中的50只上市股票为成分股样本，以其发行量为权数的加权平均股价指数，是反映香港股市价幅趋势最有影响的一种股价指数。恒生指数由恒生银行下属恒生指数有限公司负责计算并按季检讨，公布成分股调整。

2.7.10 其他主要指数

（1）日经指数。是由日本经济新闻社编制公布的反映日本东京证券交易所股票价格变动的股票价格平均指数。该指数的前身为1950年9月开始编制的“东证修正平均股价”。

1975年5月1日，日本经济新闻社向美国道琼斯公司买进商标，采用修正的美国道琼斯公司股票价格平均数的计算方式编制。

（2）纳斯达克综合指数。是反映纳斯达克证券市场行情变化的股票价格平均指数，基本指数为100。纳斯达克的上市公司涵盖所有新技术行业，包括软件和计算机、电信、生物技术、零售和批发贸易等，主要由美国的数百家发展最快的先进技术、电信和生物公司组成，包括微软、英特尔、美国在线、雅虎这些家喻户晓的高科技公司，因而成为美国“新经济”的代名词。

（3）道琼斯指数。是世界上历史悠久的股票指数，它的全称为股价平均指数。通常人们所说的道琼斯指数是指道琼斯四组指数中的第一组——道琼斯工业平均指数。如果说纳斯达克指数反映的是美国的高科技、高成长性股票的综合指数，那么道琼斯工业指数反映的是美国股票市场上工业构成的发展情况。

2.8 股票的常见风险

股市风险是指投资者买入股票后在预定的时间内不能以高于买入价的价格将股票卖出，这将导致浮动亏损，如果以低于买入价的现价卖出股票，将会造成实际损失。股市的风险主要分为两类：系统性风险和非系统性风险。本节主要介绍系统性风险。

2.8.1 购买力风险

由物价的变化导致资金实际购买力的不确定性，称为购买力风险，或通货膨胀风险。一般理论认为，轻微通货膨胀会刺激投资需求的增长，从而带动股市的活跃；当通货膨胀超过一定比例时，由于未来的投资回报将大幅减少，货币的购买力下降，也就是投资的实际收益下降，将给投资人带来损失。

2.8.2 宏观经济风险

宏观经济风险主要是宏观经济因素的变化、经济政策变化、经济的周期性波动以及国际经济因素的变化给股票投资者可能带来的意外损失。宏观经济因素的变动，例如，经济体制的转轨、企业制度的改革、加入世界贸易组织、人民币的自由兑换等，会给证券市场的运作以及股份制企业的经营带来重大影响。

2.8.3 政策风险

经济政策和管理措施可能会造成股票收益的损失，这在新兴股市中表现得尤为突出。如财税政策变化，会影响公司的利润；股市的交易政策变化，也会直接影响股票的价格。此外还有一些看似无关的政策，如房改政策，也可能会影响股票市场的资金供求关系。

2.8.4 市场风险

市场风险是股票投资活动中最普通、最常见的风险之一，是由股票价格的涨落直接引起的。尤其在新兴市场上，造成股市波动的因素更为复杂，价格波动大，市场风险也大。

2.8.5 利率风险

在股票市场上，股票的交易价格是按市场价格，而不是按其票面价值进行交易的。市场价格的变化也随时受市场利率水平的影响。当利率向上调整时，股票的相对投资价值将会下降，从而导致整个股价下滑。

2.9 常见的股票术语

2.9.1 利空、利多

利空是指能够促使股价下跌的信息，如股票所属上市公司经营业绩恶化、银行紧缩、银行利率调高、经济衰退、通货膨胀、天灾人祸等，以及其他政治、经济、军事、外交等方面促使股价下跌的不利消息。

利多又叫利好，是指刺激股价上涨的信息，如股票所属上市公司经营业绩好转、银行利率降低、社会资金充足、银行信贷资金放宽、市场繁荣等，以及其他政治、经济、军事、外交等方面对股价上涨有利的信息。利多消息往往来自公司内部，如营业收入创新高、接获某大订单等。

2.9.2 洗盘、做多、做空

洗盘是常见的股市术语。洗盘可以出现在主力任何一个区域内，基本目的无非是为了清理市场多余的浮动筹码，抬高市场整体持仓成本。主力为达到炒作目的，会尽量让途中低价买进、意志不坚的散户抛出股票，以减轻上涨压力，同时让持股者的平均价位升高， 以利于达到牟取暴利的目的。洗盘、炒作是违规行为。

做多是股票、外汇或期货等金融市场术语，即看好股票、外汇或期货等未来的上涨前景而买入持有等待上涨获利。做多就是做多头，多头对市场判断是上涨，会立即买入股票，所以做多就是买入股票、外汇或期货等。

做空又称空头，既是一种股票、期货等的投资术语，也是股票、期货等市场的一种操作模式，与多头相对，理论上是先借货卖出，再买进归还。做空是指预测未来行情下跌， 将手中股票按目前价格卖出，待行情跌后买进，获取差价利润。其交易行为特点为先卖后买，实际上有点像商业中的赊货交易模式。这种模式在价格下跌的波段中能够获利，就是先在高位借货进来卖出，等跌了之后再买进归还。例如，预计某一股票未来会跌，就在当期价位高时将此股票（实际交易是买入看跌的合约）卖出，再到股价跌到一定程度时买进， 以现价还给卖方，产生的差价就是利润。

2.9.3 庄家、主力

庄家，指能影响金融证券市场行情的大户投资者。庄家通常会占有 50%以上的发行量， 但有时庄家控量不一定达到 50%，看品种而定，一般 10%至 30%即可控盘。 庄家通常是持有大量流通股的股东，庄家操作某股票时可以影响甚至控制它在二级市场的股价。庄家和散户是两个相对概念。股市坐庄、操作股价是违法违规行为。

主力，是指主要的力量，一般也指股票中的庄家，形容市场上或一只股票里有一个或多个操纵价格的人或机构，以引导市场或股价向某个方向运行。一般股票主力和股市庄家有很大的相似性。

2.9.4 集合竞价、连续竞价

集合竞价是指在股票每个交易日 9:15—9:25，由投资者按照自己所能接受的心理价格自由地进行买卖申请。

连续竞价，是指对申报的每一笔买卖委托，由电脑交易系统按照以下两种情况产生成交价：最高买进申报与最低卖出申报相同，则该价格即为成交价格；买入申报高于卖出申报时，申报在先的价格即为成交价格。

2.9.5 分红、配股

分红是股份公司在盈利时每年按股票份额的一定比例支付给投资者的红利，是上市公司对股东的投资回报。分红前需要按规定提取法定公积金、公益金等。通常股东得到分红后会继续投资该企业达到获取复利的目的。

配股是上市公司向原股东发行新股，筹集资金的行为。按照惯例，公司配股时新股的认购权按照原有股权比例在原股东之间分配，即原股东拥有优先认购权。

2.9.6 除权、除息、填权、贴权

除权指的是股票的发行公司依一定比例分配股票给股东，作为股票股利，会增加公司的总股数。例如，配股比率为 20/100，表示原持有 100 股的股东，在除权后，持有股数会增加为 120 股。此时，公司总股数增加了 20%。除权的股票会在除权当日暂时更改股票名称，改为“XR××”。

除了股票股利之外，发行公司也可分配“现金股利”给股东，此时则称为除息。当上市公司宣布上年度分红派息方案并获董事会及证监会批准后，即可确定股权登记日。在股权登记日交易后手中仍持有这种股票的投资者均有享受分红派息的权利。除息的股票会在除息当日暂时更改股票名称，改为“DR××”。

在除权除息后的一段时间里，如果多数人对该股看好，该只股票交易市价高于除权（除息）基准价，这种行情称为填权。例如，智能自控（002877）在2018年10月10日和11月20日，两次高送转填权后将原来的除权缺口完全填满。

贴权是指在除权除息后的一段时间里，交易市价低于除权（除息）基准价，即股价比除权除息日的收盘价有所下降。例如，天玑科技（300245）在2015年5月27日至7月20日之间的行情，该公司股票在除权之后一路下跌，属于明显的贴权行情。

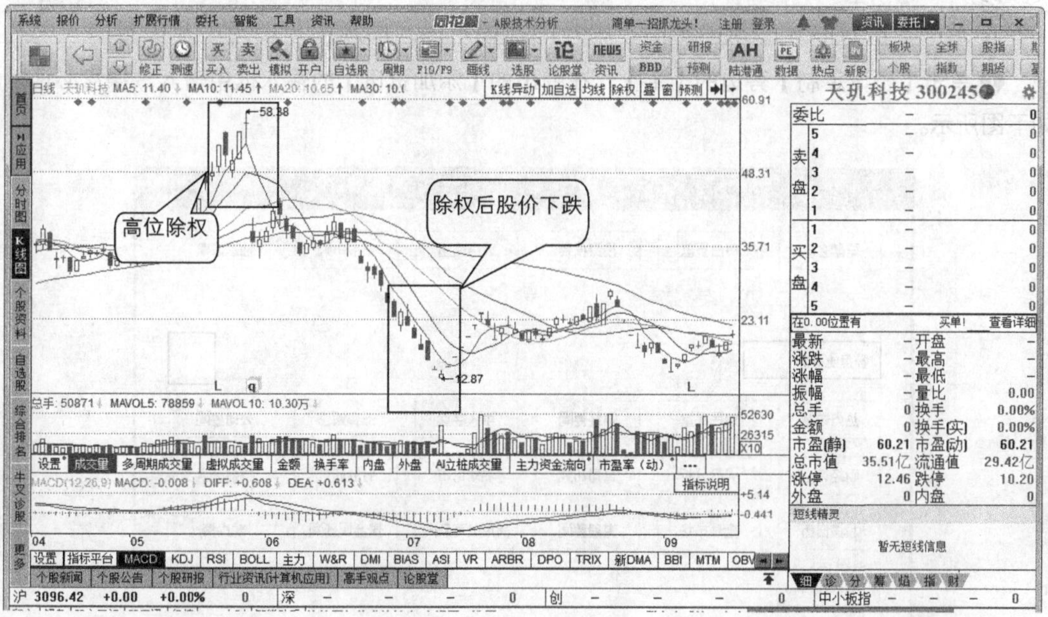

2.9.7 股权登记日

上市公司在送股、派息、配股或召开股东大会的时候，需要定出某一天，界定哪些主体可以参加分红、参与配股或具有投票权利，定出的这一天就是股权登记日。也就是说，在股权登记日这一天收盘时仍持有或买进该公司的股票的投资者，是可以参与此次分红、参与此次配股或参加此次股东大会的股东，这部分股东名册由证券登记公司统计在案，届时将所应送的红股、现金红利或者配股权划到这部分股东的账上。

选择同花顺软件的【资讯】➢【资讯定制】➢【操盘必读】菜单命令，即可查询即将除权除息的股票信息，如下图所示。

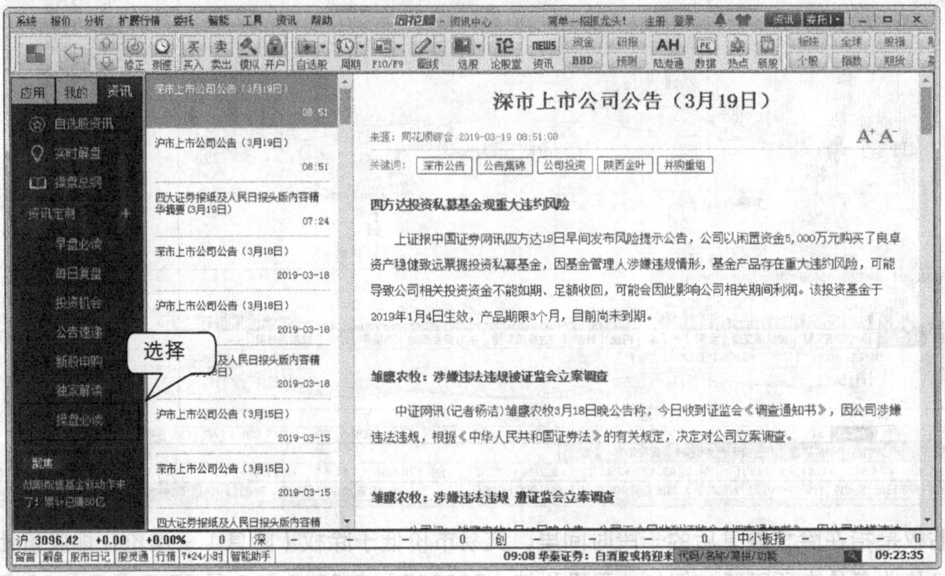

提示

如果【资讯定制】里没有【操盘必读】可以按以下步骤添加。

❶ 单击【资讯定制】旁边的【+】，在弹出的【添加资讯】的输入框中输入“操盘必读”，如下图所示。

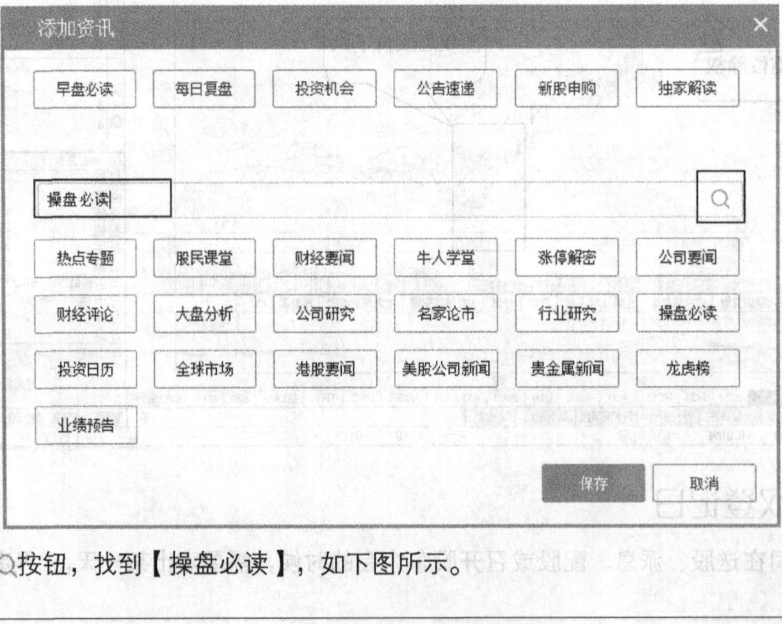

❷ 单击🔍按钮，找到【操盘必读】，如下图所示。

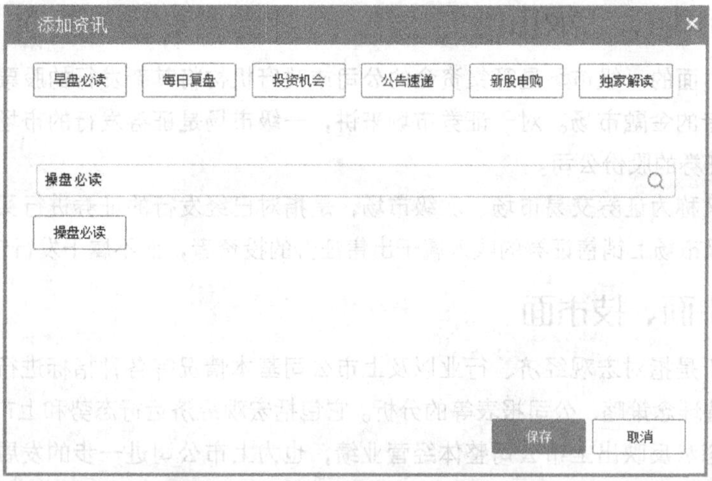

❸ 选择【操盘必读】，然后单击【保存】按钮，即可将【操盘必读】添加到【资讯定制】中，如下图所示。

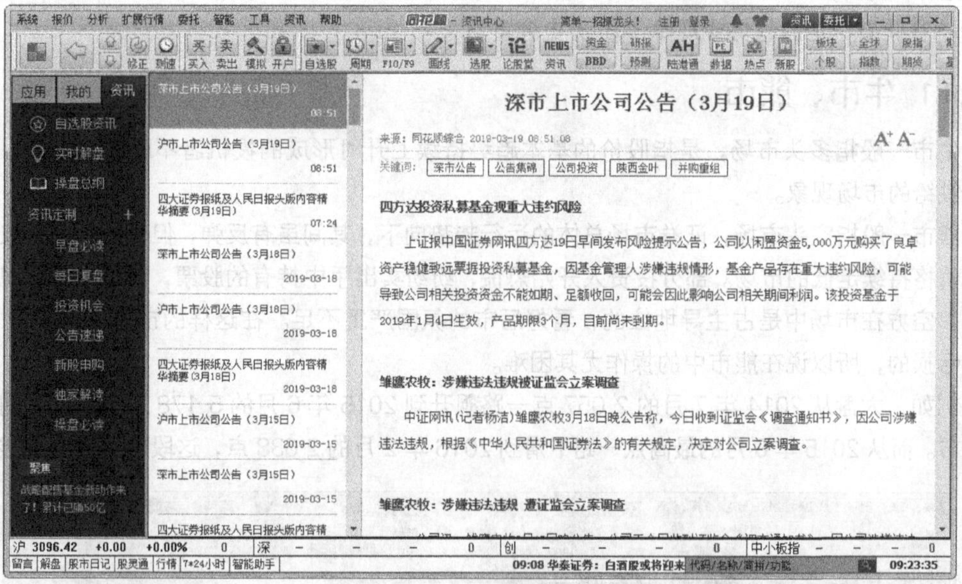

2.9.8 市盈率、市净率

市盈率是某种股票每股市价与每股盈利的比率。市场广泛谈及的市盈率通常指的是静态市盈率，通常用来作为比较不同价格的股票是否被高估或者低估的指标。用市盈率衡量一家公司股票的质地时，并非总是准确的。一般认为，如果一家公司股票的市盈率过高， 那么该股票的价格具有泡沫，价值被高估。当一家公司增长迅速并且未来的业绩增长被非常看好时，利用市盈率比较不同股票的投资价值时，这些股票必须属于同一个行业，因为此时公司的每股收益比较接近，相互比较才有效。

市净率指的是每股股价与每股净资产的比率。市净率可用于投资分析，一般来说市净率较低的股票，投资价值较高；相反，则投资价值较低。但在判断投资价值时，还要考虑当时的市场环境以及公司的经营情况、盈利能力等因素。

2.9.9 一级市场、二级市场

金融市场方面的一级市场是筹集资金的公司或政府机构将其新发行的股票和债券等证券销售给最初购买者的金融市场。对于证券市场来讲，一级市场是证券发行的市场，销售证券的收入属于发行该证券的股份公司。

二级市场又称为证券交易市场、次级市场，是指对已经发行的证券进行买卖、转让和流通的市场。在二级市场上销售证券的收入属于出售证券的投资者，而不属于发行该证券的公司。

2.9.10 基本面、技术面

基本面分析是指对宏观经济、行业以及上市公司基本情况等各种指标进行的综合性分析，包括对公司经营理念策略、公司报表等的分析。它包括宏观经济运行态势和上市公司基本情况。宏观经济运行态势反映出上市公司整体经营业绩，也为上市公司进一步的发展确定了背景，因此宏观经济与上市公司及相应的股票价格有密切的关系。上市公司的基本面包括财务状况、盈利状况、市场占有率、经营管理体制、股东构成、人才构成等方面。技术面指反映股价变化的技术指标、走势形态以及 K 线组合等。技术分析有三个前提假设：① 市场行为包容一切信息；② 价格变化有一定的趋势或规律；③ 历史会重演。

2.9.11 牛市、熊市

牛市一般指多头市场，是指股价的基本趋势持续上升时形成的投机者不断买进股票，需求大于供给的市场现象。

熊市一般指空头市场，证券市场总体的运行趋势向下，其间虽有反弹，但一波却比一波低，属于价格持续走低的市场。部分投资人开始恐慌，纷纷卖出手中持有的股票，都保持空仓观望。此时，空方在市场中是占主导地位的，看好后市的氛围严重不足。在这样的市场中，绝大多数人是亏损的，所以说在熊市中的操作尤其困难。

例如，大盘从 2014 年 7 月的 2 057 点一路飙升到 2015 年 6 月的 5 178 点，这段时间就属于牛市。而从 2015 年 6 月的最高点一路下滑到 2016 年 2 月的 2 638 点，这段时间就属于熊市。

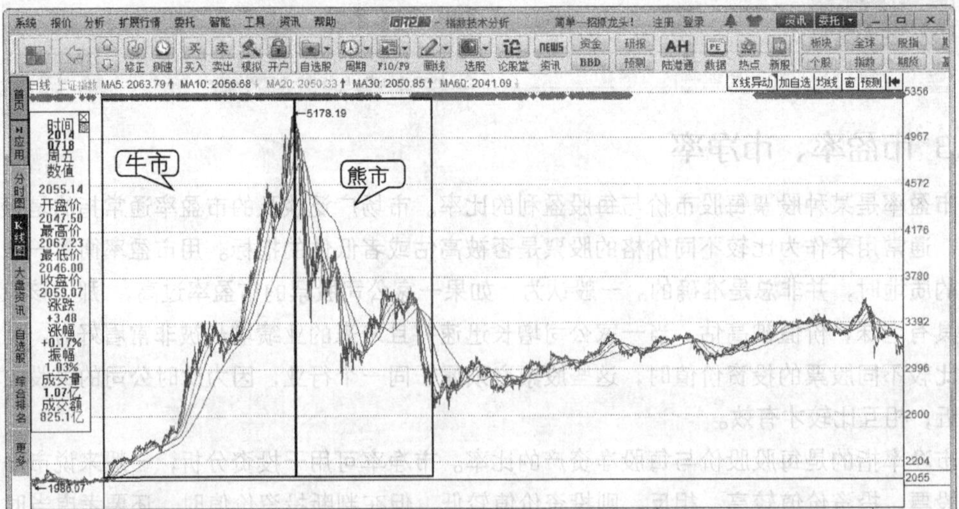

2.9.12 涨停板、跌停板

目前，我国的证券市场实行涨跌停板限制制度，普通 A 股、B 股、ETF 基金、LOF 基金等均有上涨和下跌的限制。

涨停板是指证券市场中交易当天股价的最高限度。涨停时的股价叫涨停价。我国证券市场的涨跌幅以 10% 为限，当日涨幅达到 10% 则称为涨停板。ST 类股的涨跌幅设定为 5%，上涨达到 5%即为涨停板。达到涨停板后，股票当日价格停止上涨，但非停止交易。涨停板又分为一般的涨停和“一字涨停”。一般涨停是指开盘价不是涨停价格，经过一天的交易，在收盘之前涨至涨停价。“一字涨停”是开市即封涨停的股票，势头较猛，只要当天涨停板不被打开，第二日仍然有上冲动力。下图为兰石重装（603169）2014 年 10 月至 12 月的行情。该股票在上市之后就一路“一字涨停”。

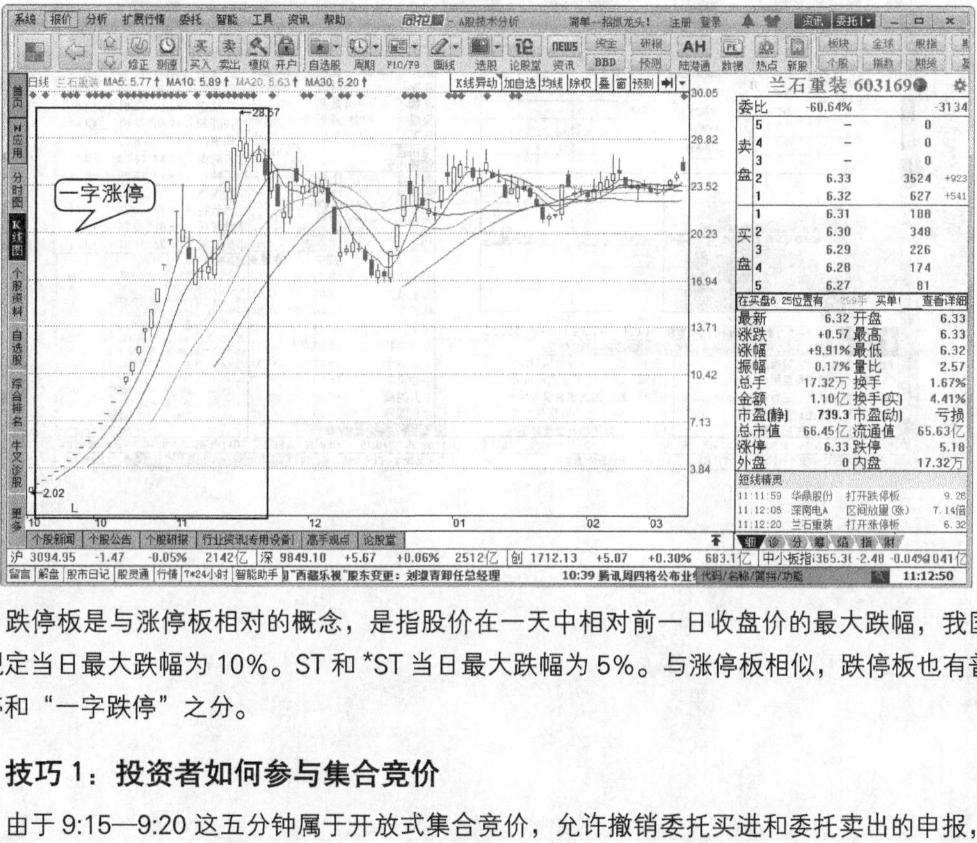

跌停板是与涨停板相对的概念，是指股价在一天中相对前一日收盘价的最大跌幅，我国目前规定当日最大跌幅为 10%。ST 和 *ST 当日最大跌幅为 5%。与涨停板相似，跌停板也有普通跌停和“一字跌停”之分。

技巧 1：投资者如何参与集合竞价

由于 9:15—9:20 这五分钟属于开放式集合竞价，允许撤销委托买进和委托卖出的申报，因此投资者看到的成交量有可能是虚假的。有些主力会在 9:15—9:30 撤单，然后把筹码成功地卖给投资者。因此投资者一旦发现主力有撤单行为，一定要马上跟着撤单。

如果投资者想要抢涨停板，9:20—9:25 这五分钟很重要。虽然此时投资者可以委托买卖，但是这五分钟撤单是无效的，买进委托都是真实的。投资者可以通过键盘输入“61”查看上海 A 股涨幅排名，输入“63”查看深圳 A 股涨幅排名。

投资者在 9:25—9:30 这五分钟可以委托买卖，也可以撤单，只是这五分钟主机不处理，如果投资者对自己手中股票的卖出有把握，资金在 9:25 就可以使用。投资者此时可以调仓换股，在 9:26 买进另一只看好的股票。

技巧 2：沪深股票型基金的投资方法

股票型基金与其他类型的基金相比波动幅度最大。如果基金投资的股票组合中有几只股票涨停，则该基金往往也会冲击涨停。当然，如果该基金投资的股票组合中有几只股票跌停，该基金往往也会跌停。因此，该类型的基金具有放大收益与亏损的功能。因此在牛市初期买入股票型基金，可以跑赢大盘，而在熊市当中则要远离。

如果投资者对某一个板块非常看好却不知道如何在该板块中选出牛股，可以买入该板块的股票型基金。常见的有军工 B、医药 B、信息 B、证券 B、新能源车 B 等。投资者可以通过股票分析软件查看相应的沪深股票型基金。例如，在同花顺软件中，单击【扩展行情】➤【基金】➤【沪深封闭式基金】即可查询到沪深股票型基金的信息。

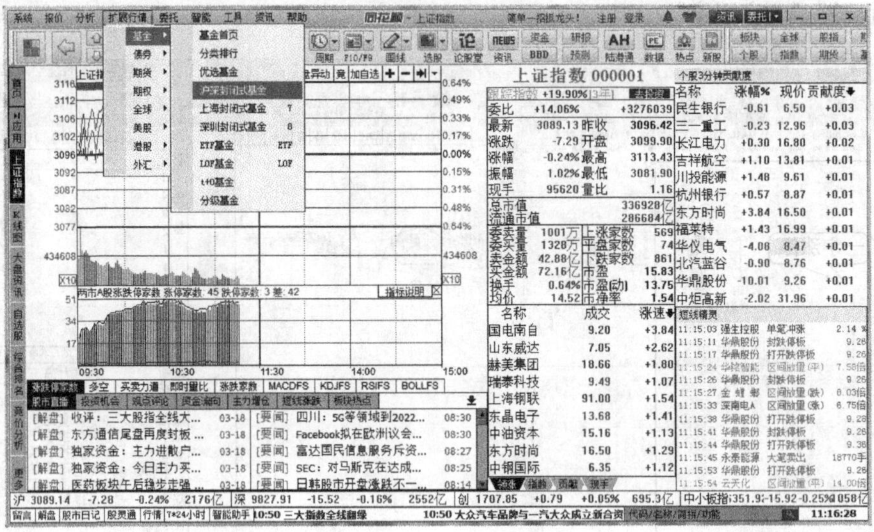

第 3 章 影响股价波动的主要因素

股市上涨还是下跌都有原因。从表面上看，证券市场上供求双方的博弈影响股票的走势；从宏观角度分析，国家政策对股市的影响最为直接。当然，国家政策并非引导股市走向的唯一因素，除此之外，股市还受到国内外经济环境、行业所处经济周期的阶段、证监会相关新政策、媒体的社论观点、机构和普通投资者的偏好等因素的影响。

3.1 宏观因素对股市的影响

对于股市走向的分析，投资者首先要从国际层面、国家层面等宏观视角对经济形势有个最初的大致判断。在对经济大环境有预判之后，再对个股进行筛选。

3.1.1 国家政策

国家政策主要包括财政政策、货币政策、产业政策等。投资者必须对国家政策动向保持关注，才能捕捉到市场热点。在了解国家政策影响的同时，关注国家政策变化，就能及时规避政策风险，捕捉到大的投资机会。

1．国家政策直接对股市的影响

我国的资本市场起步较晚，发展不够成熟，导致市场上投机的氛围较为浓厚，为了避免资本市场出现大起大落，尤其是让中小投资者可以逐步建立起成熟的投资理念，国家相关部委也会从政策方面对股市的暴涨暴跌进行相关调控。

例如，在 2015 年 7 月 A 股由于前期的不理智上涨，导致中小板、创业板和某些主板股票的估值过高，有些个股泡沫过于严重，市盈率甚至高达几百倍。因此在阶段性调整的时候，触及了场外伞形信托和配资公司的风险警示位，继而引发踩踏事件。由于股价继续下跌将可能会引发整个金融系统的系统性风险，所以我国当机立断，开展救市措施。证监会于 2015 年 7 月 8 日晚间发布公告称，从即日起 6 个月内，上市公司控股股东和持股 5% 以上股东（以下并称“大股东”）及董事、监事、高级管理人员不得通过二级市场减持本公司股份。上市公司大股东及董事、监事、高级管理人员违反上述规定减持本公司股份的，中国证监会将给予严肃处理。此举有效地约束了大股东和高管的套现行为，减轻了市场的抛压，提升了小股东的持股信心。沪指在 3 日内从 3 373.54 点快速反弹至最高 4 030.19 点。

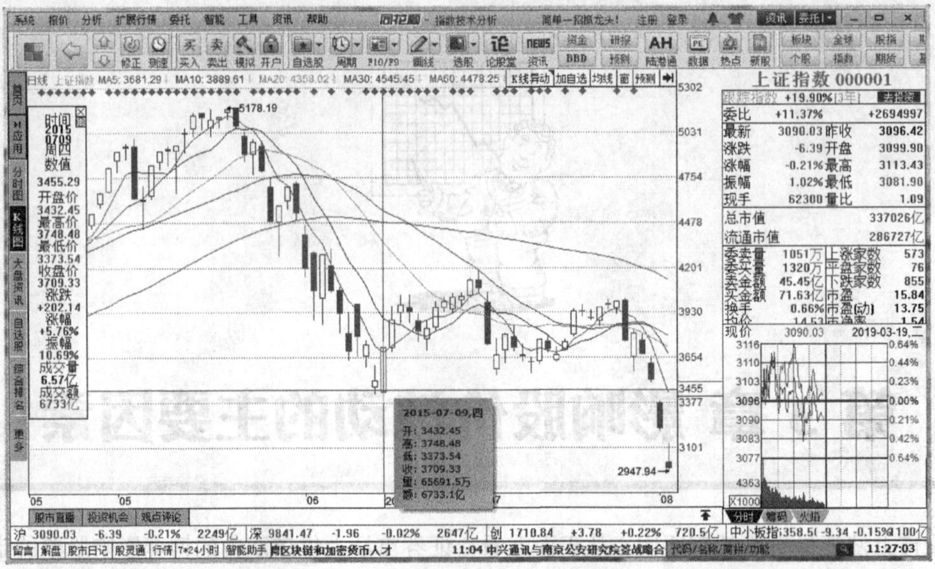

> **提示** 国家政策针对股市的变动一般都会带来股市的变动，如果有迹象显示国家可能出台利空的政策，就应该早早规避，空仓等待机会，绝不要抱侥幸心理；国家出台利好，如果引起股市快速波动，并且伴随量能的放大，可以做短线，实现收益最大化。

2. 货币政策对股市的影响

货币政策是央行调控宏观经济的基本手段之一。由于社会总供给和总需求的平衡与货币供给总量和货币需求总量的平衡密切相关，因此宏观经济调控的重点一定会立足于货币供给量。

货币政策对股票价格的影响为大众所周知。紧缩的货币政策会减少社会上的货币供给总量，不利于经济发展，不利于证券市场的活跃，增加企业的成本负担，并减少市场中的活跃资金总量，对股票价格上涨很不利。与之相反，宽松的货币政策会扩大社会上货币供给总量，对经济发展和证券市场交易有着积极影响，使企业融资成本相对降低，同时也为市场提供相对充裕的资金，为市场行情的开展提供充足的“弹药”。除此之外，货币政策对人们的心理影响非常大，这种影响对股市的涨跌又将产生极大的推动作用。

例如，2015 年 2 月 5 日起央行下调金融机构人民币存款准备金率 0.5 个百分点。同年 4 月央行第二次降准。各类存款类金融机构人民币存款准备金率下调 1 个百分点。下图为上证指数 2015 年 2 月至 4 月的走势，从图中可以看到，在宽松的货币政策下，股指维持着持续上涨的态势。

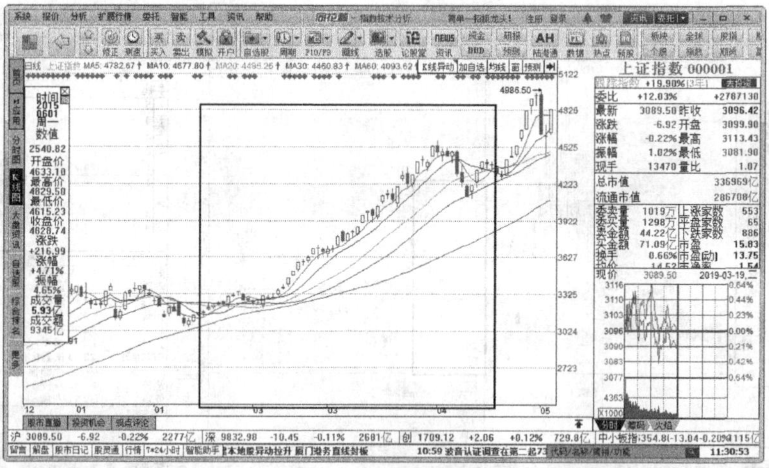

提示 货币政策也有长短之分，长期的货币政策主要和国家长期发展目标对应，短期的货币政策则以调节利率、稳定物价为目标。央行可以通过发行国债、调整存款准备金等方式对货币总量加以调整，以达到长期调整的经济目标。

3．财政政策对股市的影响

财政政策是政府调节宏观经济的另一有效手段。财政政策对股市影响也很大，其主要通过税收影响股市。一般来讲，税负越重，企业用于发展生产和发放股利的盈余资金就越少，相应的股民用于购买股票的闲置资金也越少。因而提高税率会打击投资者投资股票的热情，股民积极性下降，股票指数也会下跌。反之，宽松的财政政策会引导股价上扬。

例如，2019 年 1 月 4 日，中国人民银行决定下调金融机构存款准备金率 1 个百分点，此次降准将释放资金约 1.5 万亿元，加上即将开展的定向中期借贷便利操作和普惠金融定向降准动态考核所释放的资金，再考虑今年一季度到期的中期借贷便利不再续做的因素，净释放长期资金约 8 000 亿元。消息一出，大盘触底反弹，从 2 440.91 点迅速开始攀升。

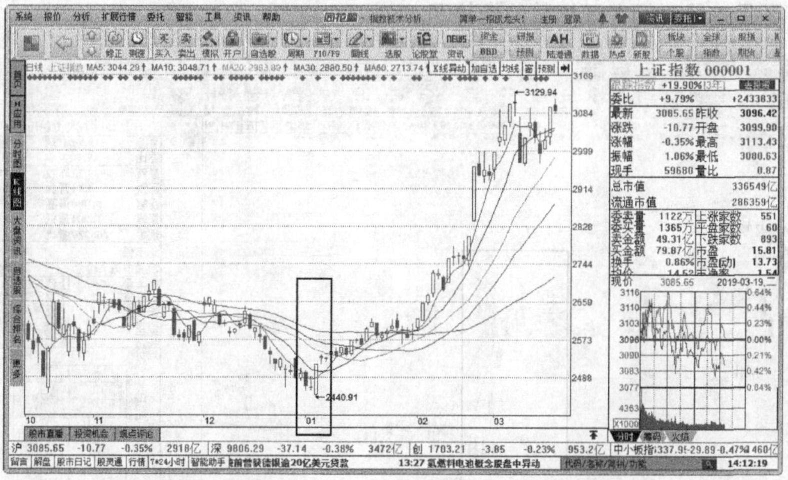

下图为金鸿顺（603922）在 2019 年 1 月 4 日后一段时间的走势。

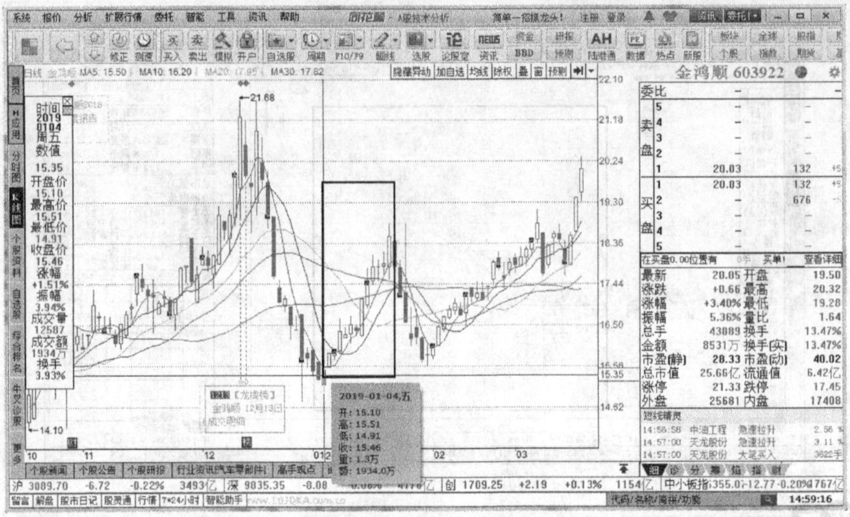

4．国家外汇政策对股市的影响

外汇行情与股票价格也有着密切的联系。如果一国政府实行货币升值的基本方针，股价就会上涨；反之，货币贬值，股价就随之下跌。虽然本币贬值有利于促进出口贸易，拉动实体经济增长，但一旦中长期贬值预期形成，本国投资的报酬率增长又不足以弥补本币贬值带来的损失，就会引发国内资金外逃，从而直接导致股市资金不足，引发股价下跌。

2015 年 8 月 11 日，中国央行宣布调整人民币对美元汇率中间价报价机制，做市商参考上日银行间外汇市场收盘汇率，向中国外汇交易中心提供中间价报价。

汇改当天，人民币汇率开盘大幅度贬值 1 136 个基点，一次性贬值接近 2%，在随后的几天里，人民币汇率连续贬值，3 天内贬值超过 3%。此举大大超出了市场的预料。“8・11 汇改”的影响之大，不光超出了市场的预期，也超出了央行自己的预期。人民币的连续贬值引发多个新兴市场国家，如哈萨克斯坦、俄罗斯、马来西亚、巴西、土耳其等货币跟随贬值，而且幅度更大，全球投资者担忧 1997 年东南亚金融危机重现。

从 8 月 11 日汇率中间价改革，截至 8 月 27 日，两周人民币对美元中间价比汇改前日下跌了 4.7%。下图是这段时间上证指数的走势图。

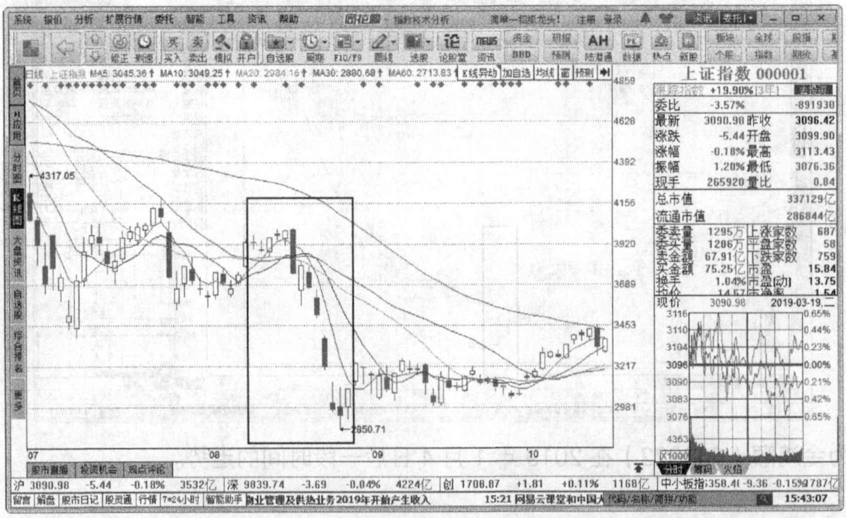

5. 国家利率政策对股市的影响

利率的变动对股市行情的影响最直接也最迅速。通常当利率下降时，除银行股之外的股票价格会上涨。反之，利率上升时，股票的价格就会下跌。

为什么利率的升降与股价的变化会呈上述负相关关系呢？主要有以下三个方面的原因。

（1）我国上市公司平均资产负债率较高，利率上升将直接增加公司的运营成本，并且利率上升还会使公司难以获得必需的资金。由此一来，公司就不得不削减生产规模，而生产规模的缩小又势必会减少公司的未来利润。因此，股票价格就会下降。反之，利率下降时股票价格就会上涨。

（2）利率上升时，投资者据以评估股票投资价值的折现率也会上升，股票价值因此会下降，从而导致股票价格相应下降。反之，利率下降时，股票价格就会上升。

（3）利率上升时，一部分资金从股市转向银行储蓄和债券，从而会减少市场上的股票需求，使股票价格出现下跌。反之，利率下降时，储蓄的获利能力降低，一部分资金就可能回到股市中来，从而扩大对股票的需求，使股票价格上涨。

例如，中国人民银行决定自2014年11月22日起下调金融机构人民币贷款和存款基准利率。金融机构一年期贷款基准利率下调0.4个百分点，降至5.6%；一年期存款基准利率下调0.25个百分点至2.75%。此次降息是2014年度首次降息，股市对央行的降息行为有明显的反应，上证指数从公布该降息消息时的2 495点一路上扬至阶段性高点3 404点。行情K线图如下图所示。

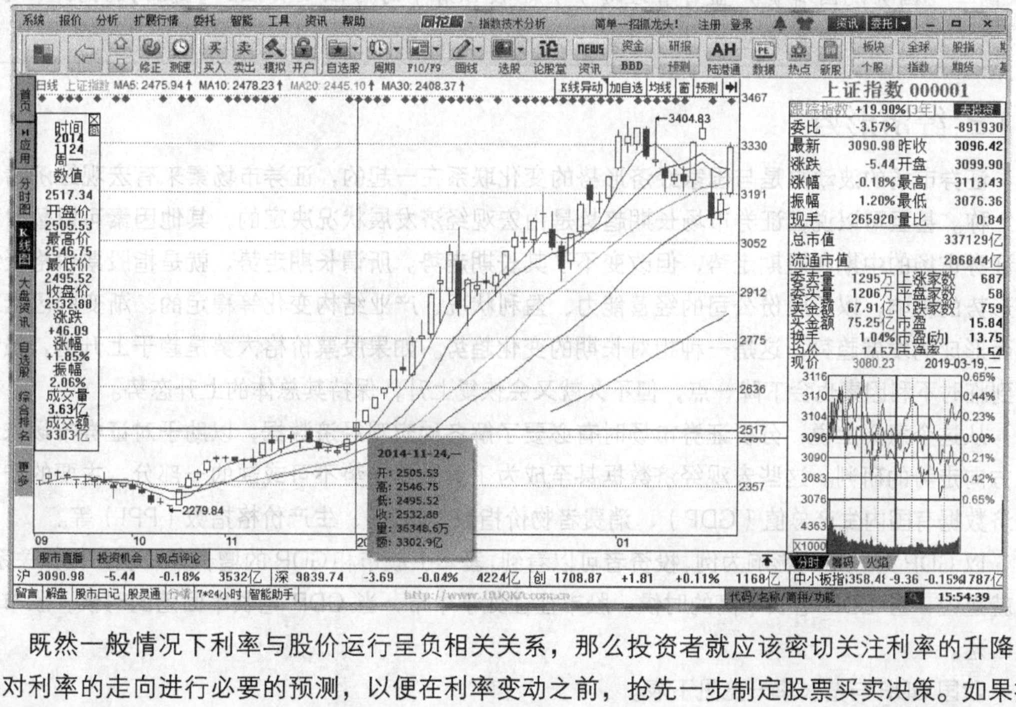

既然一般情况下利率与股价运行呈负相关关系，那么投资者就应该密切关注利率的升降，并对利率的走向进行必要的预测，以便在利率变动之前，抢先一步制定股票买卖决策。如果投资者想要了解市场上货币的宽松程度，可以登录上海银行间同业拆放利率网站，查看短期和长期的利率。

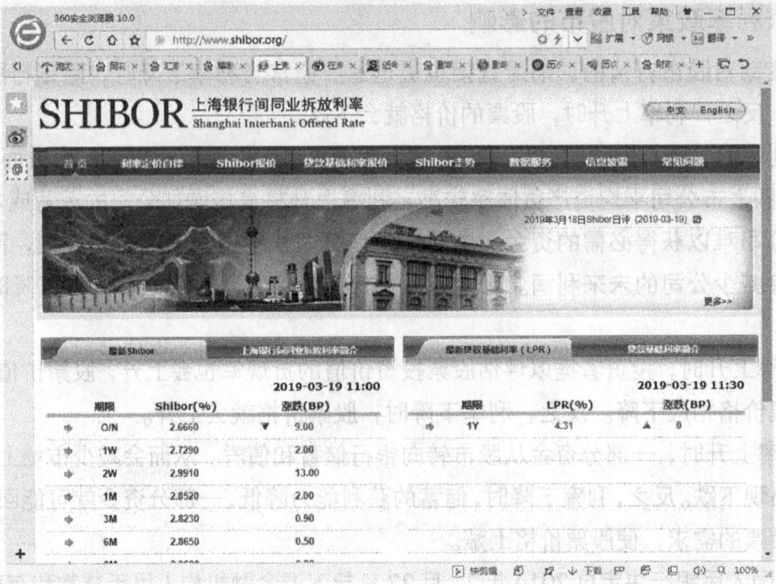

提示

对股市影响较大的国家机构主要有国务院以及财政部、中国人民银行、中国证券监督管理委员会、国家发展和改革委员会、工业和信息化部、商务部、国务院国有资产监督管理委员会。投资者平时可以多关注这些机构的网站，了解最新政策消息。

3.1.2 经济形势

证券市场的波动总是与国家经济形势的变化联系在一起的，证券市场素来有宏观经济晴雨表之称。甚至可以说，证券市场长期趋势是由宏观经济发展状况决定的，其他因素可以暂时改变证券市场的中期和短期走势，但改变不了其长期走势。所谓长期走势，就是指股票价格受经济形势的影响，以及股份公司的经营能力、盈利状况、产业结构变化等稳定的、渐变的因素决定而形成的发展趋势，这是一种相对长期的变化趋势。如果股票价格大势是趋于上升的，虽然遇到临时不利因素也会下降一点，但不久就又会恢复上升，保持其总体的上升态势。

从这个意义上说，分析证券市场时有必要了解各种宏观经济数据，以助于对证券市场未来大方向走势的研判。这些宏观经济数据甚至成为了解股票走势不可或缺的一部分。主要的宏观经济数据有国内生产总值（GDP）、消费者物价指数（CPI）、生产价格指数（PPI）等。

以 GDP 对股市的影响为例，投资者可以看到，基本上股市和GDP 的增长率呈现正相关关系。也就是说，当 GDP 增长率高的时候，股市往往处于牛市，当 GDP 增长率回落的时候，股市也会回落。

我国 GDP 与增长率一览见下表。

年份 / 年	GDP / 亿元	增长率 /%
2006	216 314.43	12.68
2007	265 810.31	14.16
2008	314 045.43	9.63
2009	340 902.81	9.21

续表

年份 / 年	GDP / 亿元	增长率 /%
2010	401 512.80	10.45
2011	473 104.05	9.3
2012	519 470.1	7.65
2013	568 845	7.67
2014	636 463	7.4
2015	689 052	6.9
2016	744 127	6.7
2017	827 122	6.9
2018	900 309	6.6

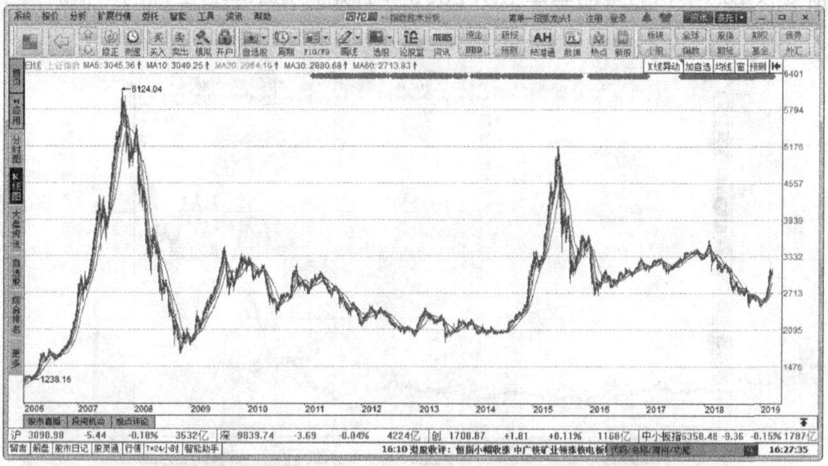

3.2 分红、价值、市盈率对股票价格的影响

如果说宏观经济环境对大盘有较大影响，那么对于个股来说，除了受宏观的国家政策和经济形势的影响之外，还受到企业本身的业绩影响。分红、企业价值、市盈率等财务指标均会影响个股的走势。

3.2.1 每年财报分红对股价的影响

上市公司每年都要公布年报，如果公布的年报盈利大幅增长，则企业会有分红计划。上市公司最常见的分红方式为股票股息分红和现金股息分红。

股票股息的分派从本质上讲对上市公司及股东并没有什么区别。例如，一家上市公司共有 1 亿股本，净资产 4 亿元，净利润 8 000 万元，则每股净资产是 4 元，每股收益是 0.8 元，净资产收益率是 20%。假设公司进行 10 送 10 的分红，则目前状况是总股本 2 亿股，净资产 4 亿元，年净利润 8 000 万元，每股净资产是 2 元，每股收益为 0.4 元，净资产收益率是 20%。这就相当于，原来上市公司有 100 元的钞票，现在变成了两张 50 元的钞票。股票股息的分派对上市公司并没有什么影响，但对二级市场的股价还是有一定影响的。

主要取决于以下两个因素。

1．投资者心理因素

由于股票进行除权之后，股价会按比例下降，这让原本很贵的股票变得便宜。原本 60 元的股票，10 送 10 之后变成了 30 元，有些投资者就会考虑购买。

2．投资者购买力因素

由于投资者的构成不同，我国沪深股市均规定每次交易最小单位是 1 手，就是 100 股。如果投资者想要购买股价为 250 元的贵州茅台（600519），那么就必须至少有 250×100=25 000（元）才可以购买。因此，对于投资资金有限的广大中小投资者来说，是买不起的。

除权对于股票短期和长期走势的影响是不同的。在牛市当中，股票除权之后往往上涨的概率较大，称为填权。当然，也有些主力利用除权进行出货。从长线角度来看，除权对于股价的影响不是很大。但是，对于绩优股来讲，每一次除权，都是下一次上涨的低点。以格力电器为例。

（1）前复权形态中格力电器基本上从 2006 年开始就处于单边上涨的行情。

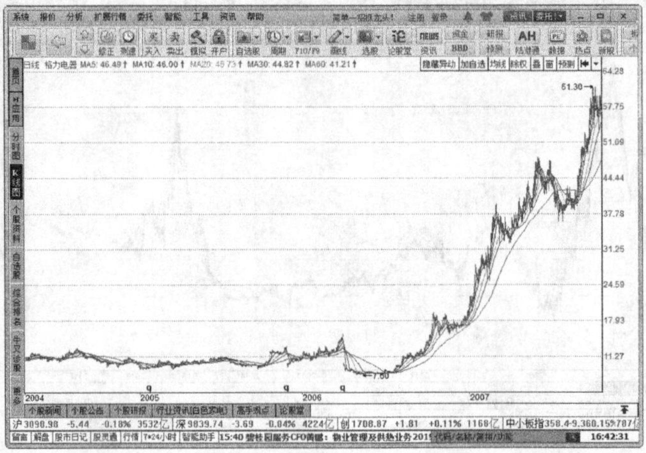

（2）除权形态中的格力电器每一次除权基本是下一轮上涨的低点。图中字母“q”就表示除权除息。

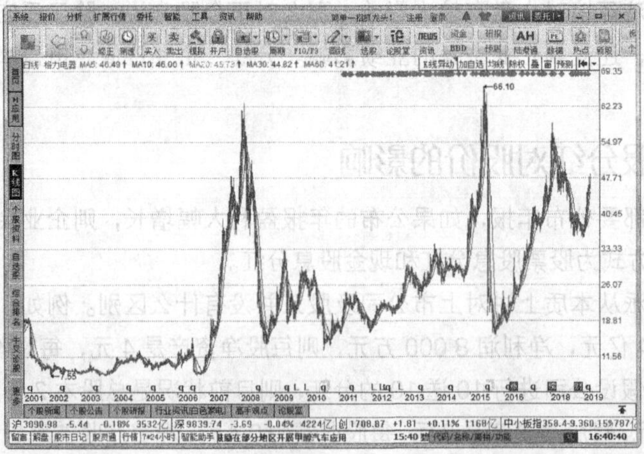

每到年底，各大公司开始纷纷发布自己的年报，其中有些公司本年财务报表巨幅盈利，将会对这些盈利进行现金股息分红。

由于大家更加认可的是按照市盈率对股票进行定价，而现金分红尽管降低了公司的净资产，但是对于每股净收益则没有任何影响。因此，一般进行现金分红的走势也都是填权走势。因为分红的比例都不会很大，所以除息的缺口一般也不会很大，基本不存在可套利的空间。对于上市公司而言，现金分红并不是越多越好。

企业的生命周期可以分为导入期、成长期、成熟期和衰退期四种。在不同的生命周期中，公司对现金的需求也是不同的。公司在导入期和成长期的阶段需要大量的投资，例如，购买生产线、增建厂房等。此时，上市公司不应该大比例分派现金，而在成熟期现金流较稳定的时候可以依据企业的发展方向，选择是否进行派现。当企业进入衰退期后，企业如果没有较好的项目进行投资，则应把现金分派给股东，由股东自行选择。

3.2.2 企业本身价值对股价的影响

大家对股票的价格都有一定的认识，但是上市企业本身的价值比较难以直观地了解。

企业本身的价值有账面价值、内在价值等。最常见的是采用 PE、PB 估值的方法来判断上市公司的价值。从理论上说，股票价格应该等于股票价值，但是股票的价格往往与其价值波动不一致。

由于上市公司自身的未来有不确定性，因此造成了其股票在资本市场上阶段性的波动。自 2013 年 7 月公布上海自贸区政策以来，上海本地股大涨，因为当时市场过于追逐上海自贸区板块，才使得投资者不论什么价格都敢于疯狂买入。然而，随着时间推移，投资者渐渐开始真正了解上海自贸区板块股票的价值，才明白太过看好其未来的发展。上海自贸区板块的股价已经远远偏离其本身的价值，因此这些股票的价格就出现了回归价值的泡沫破灭之旅。例如，外高桥（600648）曾是上海自贸区概念的龙头，在股价大幅翻升 5 倍之后出现大幅回落。

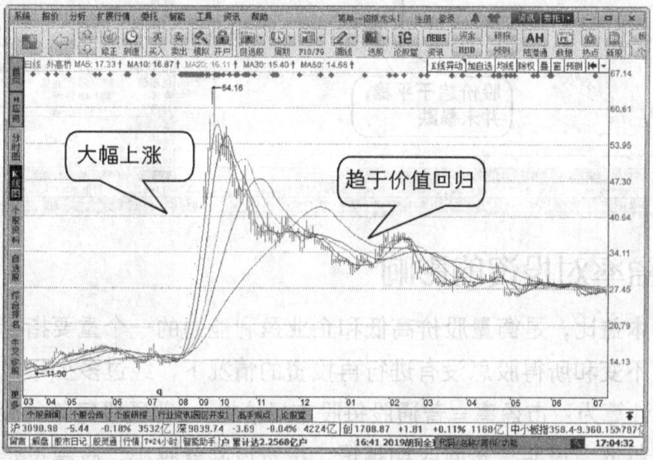

投资者不禁要问，那公司自身价值高的股票和炒作概念的股票能不能区分开？答案是肯定的，投资者可以通过多种方式区分出业绩优良的股票。首先，投资者可以搜索各个行业、各个领域的龙头企业，尤其是具有品牌效应的绩优股，例如，贵州茅台、格力电器、云南白药、双汇发展、宇通客车等知名企业。其次，参考一下上市公司的市盈率，如果市盈率过高，则不适合长期投资。最后，在上证指数处于阶段性调整时，考虑上市公司的技术走势是否抗跌。如果抗跌，则往往是上市公司有业绩支撑。题材股在股市大跌行情中往往站不住脚而一泻千里，而绩优股则表现得特别坚挺。以 2015 年 6 月中旬至 7 月上旬的大调整为例，上证指数从 5 178 点一路下跌至最低 3 373.54 点，18 个交易日，跌幅高达 34.8%。而贵州茅台（600519）在大盘最高点 6 月 18 日最高股价为 272 元，到大盘最低点的前一天跌至最低价 219.75 元，跌幅

19.2%。并且贵州茅台基本处于箱体震荡而不是单边下跌走势，这充分体现了绩优股抗跌的优点。

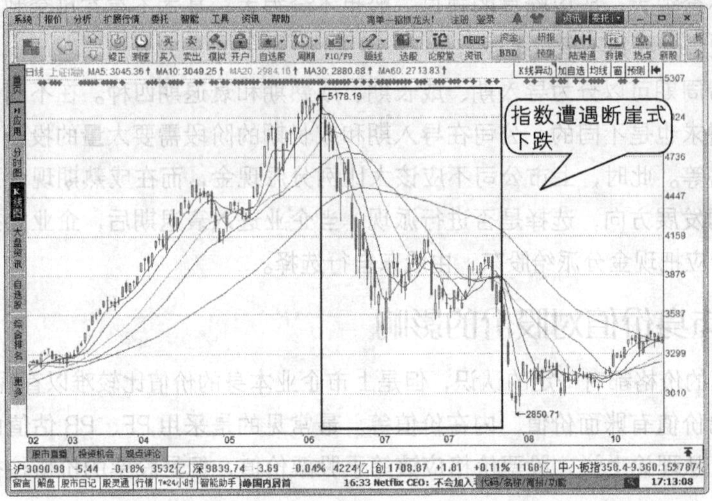

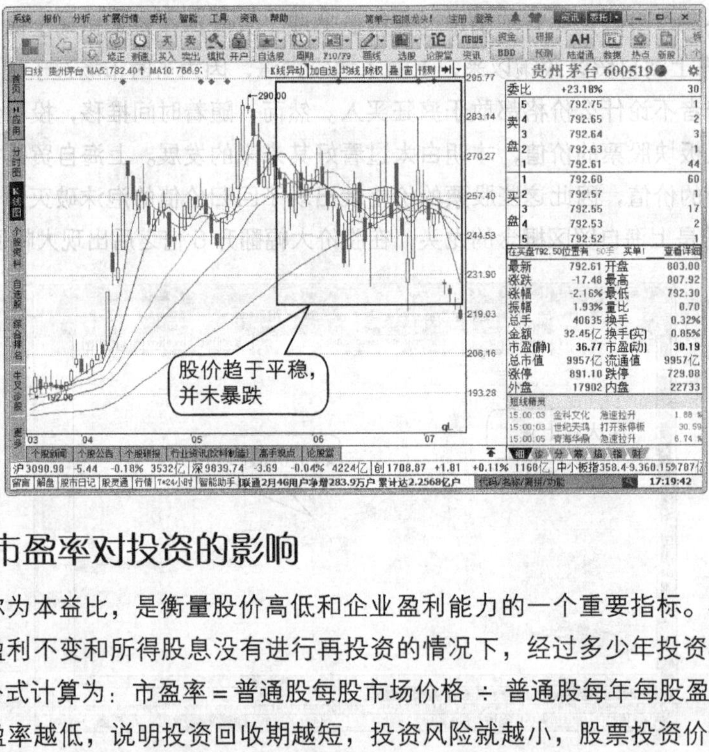

3.2.3 股票市盈率对投资的影响

市盈率又称为本益比，是衡量股价高低和企业盈利能力的一个重要指标。具体来讲，市盈率反映了每股盈利不变和所得股息没有进行再投资的情况下，经过多少年投资者可以通过股息全部收回。用公式计算为：市盈率 = 普通股每股市场价格 ÷ 普通股每年每股盈利。一般来说，某只股票的市盈率越低，说明投资回收期越短，投资风险就越小，股票投资价值越大；反之，则说明投资回收期越长，投资风险就越大，股票投资价值越小。

例如，股价同为 100 元的两只股票，其每股收益分别为 10 元和 2 元，则其市盈率分别是 100/10=10（倍）和 100/2=50（倍），也就是说，与当前的实际价格水平相差 4 倍。若企业盈利能力不变，这说明投资者以同样 100 元价格购买的两种股票，要分别在 10 年和 50 年以后才能从企业盈利中收回投资。

但是，由于企业的盈利能力是会不断改变的，投资者购买股票更看重企业的未来。因此，一些发展前景很好的公司即使当前的市盈率较高，投资者也愿意去购买。预期的利润增长率高的公司，其股票的市盈率也会比较高。例如，对两家上年每股盈利同为 10 元的公司来讲，甲公司市盈率是 30，乙公司的市盈率为 20，如果甲公司今后每年保持 20%的利润增长率，乙公司每年只能保持 10%的增长率，那么到第十年时，甲公司的每股盈利将达到 61.9 元，乙公司只有 25.9 元，因此尽管甲公司当前的市盈率高于乙公司，投资者若以同样价格购买这两家公司股票，对甲公司的投资能更早地收回成本。

投资者在同花顺软件中，按【F10】键即可对上市公司的市盈率进行查看。仍以贵州茅台（600519）为例，投资者进入其分时图界面之后，按【F10】键即可查看公司资料。

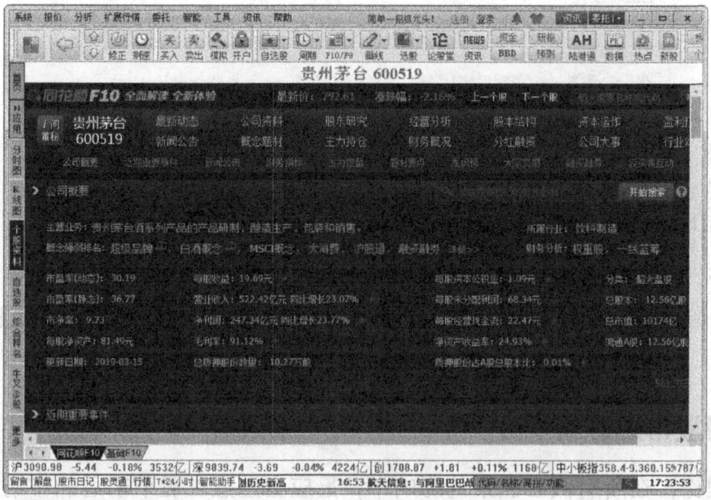

3.3 每年不同时间段对股市的影响

上市公司股票走势除了受到国家政策、经济形势等因素影响外，在不同的时间段，还会受到诸如年报或者节假日等影响。投资者有必要对年报行情和节假日行情有一定的认识。

3.3.1 每年财报前后股市走向

上市公司每年一季度必须公布上一年度的财务报表。如果当年的各项财务指标好于上一年度的财务指标，股价就会上涨。一般运营正常的情况下，企业的效益会一年比一年好。

所以出现了一个规律，在上市公司公布财务报表之前，投资者因预测上市公司会有好的表现而买入股票，供求关系导致股价有一定的上涨空间。时间段一般为当年的 12 月底至第二年三四月份。投资者以上市公司披露的公司财务报表作为概念来买卖股票，这就是所谓的年报行情。

当然，并非所有年报预增的公司都会得到市场的追捧而股价上涨。年报披露前有预披露，如果预披露的年报经营业绩有大幅度增长，此时股价可能会被炒作，等到正式年报披露的时候，股价已经涨到天上，这时会出现盈利盘兑现，引发股价下跌。一般爆炒的概念是业绩大幅度上升，或者预期有高分红高送配，因此投资者需要辨别利润增长的原因。最好的利润增长的原因是其原有主营业务的销售额增长，在提高技术含量的同时降低成本，从而扩大毛利率。其他因素也会引起利润的急剧变化，例如，出让资产、股权改变引发的会计记账的变化等。因此投资者还需要注意年报中的其他项目变化，例如，投资利润、主营业务利润、政府补贴、负债率等。投资者可以在巨潮资讯网（证监会指定信息披露网站）对所有上市公司的年报季报信息进行查询。

3.3.2 各大节日对相关股票的影响

除了年报外，节日对行情也有特殊的影响，如每年的春节、国庆节、元旦和其他假日等。我国每年休市时间最长的假期就是春节，因此春节对于我国证券市场的影响也最大， 其次是国庆节和元旦。

1. 春节对股市的影响

根据江恩理论，在所有假日因素的影响中，最应当注意圣诞节前后的市场变化，市场经常会在它前后发生变盘。而这一理论套用在中国证券市场，就是中国的股票往往会在春节前后发生变盘。因为年关将至，投资者对持股过年还是持币过年看法不一，因此容易发生变化。下表是 2005—2017 年春节前及后各 5 个交易日指数变化情况。

年份	指数变化情况	走势变化
2005 年	1 213.67—1 269.00—1 309.28	年前拉升，年后继续上涨
2006 年	1 223.35—1 258.05—1 282.66	年前小幅上涨，年后高位震荡
2007 年	2 730.39—2 998.47—2 831.53	年前大幅上扬，年后大跌
2008 年	4 457.94—4 599.70—4 664.30	年前大幅上涨，年后小幅上扬
2009 年	1 954.44—1 990.66—2 181.24	年前小幅震荡上扬，年后大幅上涨
2010 年	2 939.40—3 018.13—3 051.94	年前大幅上涨，年后震荡平缓
2011 年	2 677.43—2 798.96—2 899.24	年前大幅上涨，年后延续年前大涨势头
2012 年	2 244.58—2 319.12—2 330.41	年前大幅上涨，年后宽幅震荡
2013 年	2 419.02—2 432.4—2 314.16	年前震荡微涨，年后大幅下跌
2014 年	2 042.18—2 033.08—2 098.40	年前微跌，年后大幅上涨
2015 年	2 737.6—2 763.49—2 860.02	年前小幅上涨，年后大幅上涨

续表

年份	指数变化情况	走势变化
2016 年	2 688.85—2 763.49—2 860.02	年前大幅上涨，年后继续拉升
2017 年	3 123.14—3 159.17—3 183.18	年前小幅上涨，年后继续拉升

通过对历史数据的观察，投资者不难发现每年春节前 5 个交易日和节后 5 个交易日是春节因素爆发的时间窗口期。在这 10 天内，市场往往会出现较大幅度的上涨或下跌，进而有可能进一步改变市场趋势，值得大家重点留意。

2. 国庆节对股市的影响

国庆小长假的放假时间与春节长假的放假时间一样，再结合国庆节节日因素，因此其对市场的影响也是有目共睹的，仅次于春节对股市的影响。不过相对春节而言，国庆节对于市场的影响多为短期趋势的转折。由统计可知， 2008—2011 年、2013 年、2015 年的国庆节前的 5 个交易日以及节后的 5 个工作日，上证指数均发生了较大幅的涨跌，如下表所示。

年份	节前 5 个交易日（%）	节后五个交易日（%）	节后首个交易日（%）
2008	10.54	–12.78	–5.23
2009	–2.23	7.21	4.76
2010	2.47	8.43	3.13
2011	–3.04	3.06	–0.61
2012	2.93	0.9	–0.56
2013	–2.09	2.9	1.08
2014	2.34	–0.19	0.8
2015	–2.03	6.87	2.97
2016	–0.96	1.97	1.45
2017	–0.11	1.24	0.76

例如，上证指数 2010 年国庆前后均出现较为明显的趋势转折。2010 年 9 月 29 日，上证收盘指数为 2 734.81 点，由于受到国庆因素对市场的影响，在假期结束的第一个交易日就放量上涨，收出一根大阳线。在之后的第二个交易日又高开高走，收出一根跳空缺口的长阳线。股票走势发生转变，一路高歌，并于 2010 年 11 月 11 日涨至最高点 3 338.01 点。

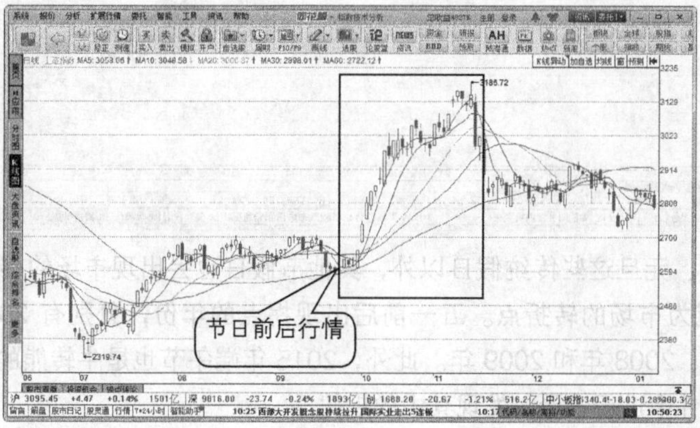

3. 元旦对股市的影响

每年的 12 月均是各大银行争夺资金的月份。对于银行来讲，央行经常会在 12 月检查储备金是否充足，而银行对员工也要进行年末考核。为了完成吸储任务，各大银行会使出各种手段与市场抢夺资金。因此元旦作为阳历新年的开始，对市场的影响也不容小觑，下表是 2008—2018 年元旦后 A 股表现。

年份	1 月沪指涨跌幅（%）	首个交易日涨跌幅（%）
2008	−16.69	0.21
2009	9.33	3.29
2010	−8.78	−1.02
2011	−0.62	1.59
2012	4.24	−1.37
2013	5.14	0.35
2014	−3.92	3.11
2015	−0.75	3.58
2016	−22.65	−6.84
2017	1.79	1.04
2018	5.6	1.24

例如，上证指数 2008 年元旦之后出现较为明显的牛转熊趋势转折。2008 年 1 月 14 日，上证指数收盘价为 5 497.9 点，由于受到元旦因素对市场的影响，再加上前期投资者对市场的疯狂追逐，市场存在大量的泡沫。因此在元旦后，股票走势发生转变。1 月 21 日的大阴线彻底刺穿 60 日均线，从此开始了为期长达 10 个月的大熊市，于 2008 年 10 月 28 日下跌至最低点 1 664.93 点。

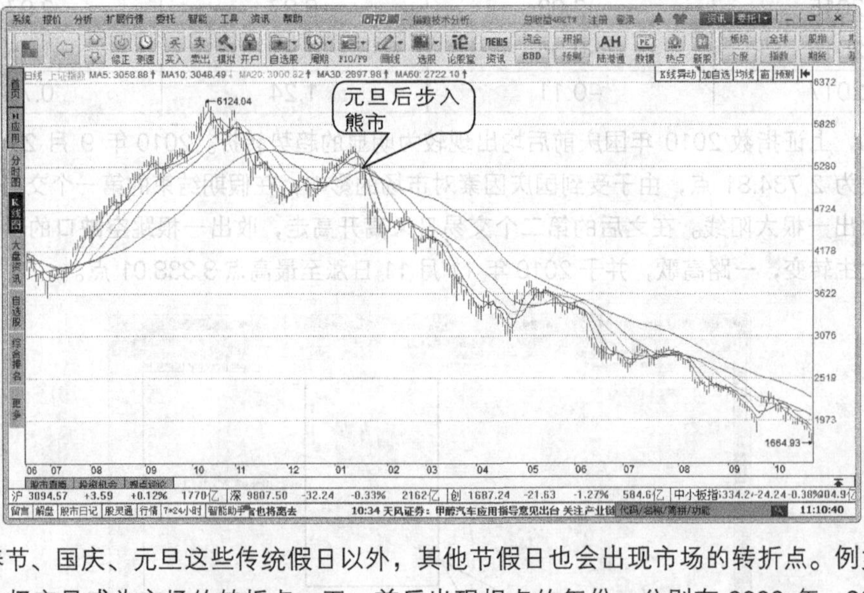

除春节、国庆、元旦这些传统假日以外，其他节假日也会出现市场的转折点。例如，劳动节前后也极容易成为市场的转折点。五一前后出现拐点的年份，分别有 2000 年、2002 年、2003 年、2006 年、2008 年和 2009 年。此外，2015 年端午节也是牛转熊的拐点。投资者可以在同花顺等股票软件中进行查看，发现其中的规律。

3.4 证监会新政对股市的影响

证监会全称中国证券监督管理委员会，是证券市场和期货市场的监管部门。因此，证监会的发声对中国的资本市场有着不容小觑的影响。证监会调控市场的手段多种多样，例如，增发新股、对券商两融进行调控、对场外配资业务进行清查等。

3.4.1 股票的供给

证监会对市场进行调控最重要的手段之一就是发行新股。新股发行上市又称为首次公开募股（英文缩写为 IPO），是指一家企业或公司（股份有限公司）第一次将它的股份向公众出售，增加股票的供给量。因此 IPO 会分流股市资金，加大股市供给。因为市场上的资金只有那么多，如果股票数量变多，平摊在每一只股票上的资金就相应要减少，因此短期内对股市造成利空已是确定无疑的。不过从长期的角度来看，增加新鲜血液，让更多优质公司上市，对股市长久健康发展是有利的，对于上市公司的发展也十分有利。

所以，在资本市场低迷的时候，证监会一般会让新股发行放慢甚至暂停。一旦股市活跃，新股发行就会加快，所以新股发行的节奏跟市场的阶段和环境有很大关系。我国历史上 IPO 暂停又开启大概有 9 次，具体时间、背景以及市场的表现如下表所示。

时间	背景	市场表现
1994 年 7 月 21 日—1994 年 12 月 7 日	指数出现最惨烈的暴跌	大盘没有应声上涨，而是一度快速跌落
1995 年 1 月 19 日—1995 年 6 月 9 日	市场上的资金大多集中在国债期货上，而股市因为缺乏资金则延续了 1994 年末尾的消沉	一度走出一波大幅度上涨行情，其后，市场重现弱势
1995 年 7 月 5 日—1996 年 1 月 3 日	上市公司首次出现业绩亏损	先后走出两波小幅上涨行情，但之后一路下滑直至 1996 年年初
2001 年 7 月 31 日—2001 年 11 月 2 日	国务院五部委联合发布《减持国有股筹集社会保障资金管理暂行办法》	短短四个月跌去了 700 多点，跌幅超过三成
2004 年 8 月 26 日—2005 年 1 月 23 日	中国证监会发布了《关于首次公开发行股票试行询价制度若干问题的通知》	虽然也出现了多次反弹，但是下降趋势十分明显，市场再度创出新低
2005 年 5 月 25 日—2006 年 6 月 2 日	启动股权分置改革试点工作	上证综指跌至历史低点 998 点，而当空窗期进入尾声时，股指开始大幅度回升，新的牛市随之来临
2008 年 9 月 16 日—2009 年 7 月 10 日	受金融危机影响全球股市齐下跌	疯狂一路下行之后，市场一度走出很大的一波反弹行情
2012 年 11 月 16 日—2013 年 12 月	连续 3 年成为主要经济体表现最差市场，监管层开展了号称“史上最严”的 IPO 公司财务大检查	指数在创出 1 949 点的低点后，开始为期两个月的反弹
2015 年 7 月—2015 年 11 月	市场波动较大，临时暂停 IPO 上市	股份从 2015 年 6 月的 5 000 点一路下跌至当年 8 月的 2 850 点

3.4.2 国家对股市的资金监管

证监会除了对上市公司新股发行进行强而有力的监督管理外，对于市场上的资金也有严格的监督管理措施。证监会对股市的资金监管主要有两个方面：一方面是对国内资金进行监管；另一方面是对国外资金进行监管。

证监会对国内资金进行监管，主要包括对券商融资融券开通资格的限定、融资融券担保品比例的调控、上市公司高管减持股票的限定、公募基金的审批与资金限定、私募基金的资金管理等。这些强有力的资金监管有助于调控证券市场行情的过度上涨和过度下跌，在有效地维护证券市场秩序的同时，也保障投资者的合法权益。

证监会监管国外资金有助于保证我国金融市场的安全和稳定。证监会对国外资金的监管，主要包括对 QFII、沪股通以及外资对基金公司的持股比例等进行监管。QFII 是指合格的境外投资者制度，是有限度地引进外资、开放资本市场的过渡性制度。证监会对其限制的内容主要有资格条件、投资登记、投资额度、投资方向、投资范围、资金的汇入和汇出限制等。沪股通是指投资者通过香港联交所证券交易服务公司，向上交所申报，买卖规定范围内的上海市场的股票。目前沪股通的总额度为 3 000 亿元人民币，每日额度为 130 亿元人民币。

3.5 媒体报道对股市的影响

在信息化的时代里，财经媒体既是财经类信息的传递者，又是公司负面新闻的揭露者。在现实生活中，社会大众主要是通过各种媒体获取相关信息。新闻媒体特别是财经媒体已经成为投资者获取财经信息的主要渠道，因此媒体对投资者的决策有着重要的引导影响。

3.5.1 官方媒体的社论导向

官方媒体承担着传达政府决策的重要职能。因此，股票市场对其所发出的声音十分敏感。虽然它们和其他媒体一样，也会发布日常的新闻报道，但是在股票市场上，却经常出现将权威媒体的日常新闻报道当作重大事件做出解读的情况。这种现象与股票市场的发展有直接的关系。

例如，2015 年 1 月 5 日，官方媒体称 2015 年的股市令人充满期待。在发文之时，上证指数位于 3 369.28 点，发文后的两个月，A 股市场进入上升通道的调整阶段。调整结束之后，开始了新一轮令人期待的上涨行情。随着成交量稳步增长，上证指数也稳步拉升至 4 500 点。

2015 年 4 月 21 日，官方媒体再次发表文章，称 4 000 点才是 A 股牛市的开端。此后 A 股经历短时间调整，从 4 000 点一路上扬，最高涨至 5 178 点。

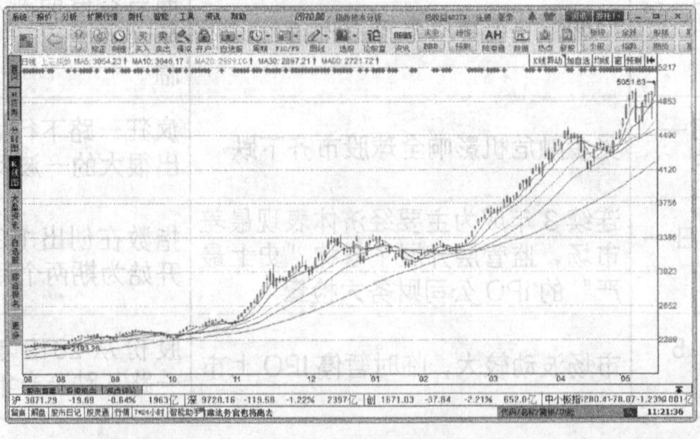

上述示例充分地说明了官方媒体的报道对沪深股市的影响。虽然股市的市场化程度正在逐步加深，但是市场仍然习惯于将官方媒体发表的报道、评论当作投资的重要信号进行解读。

3.5.2 财经媒体对相关企业的报道

2012年11月19日，21世纪网发表《致命危机：酒鬼酒塑化剂超标260%》，披露酒鬼酒“塑化剂超标”问题。酒鬼酒是我国高端酒品牌，被曝由上海天祥质量技术服务有限公司查出塑化剂超标2.6倍。针对此事，酒鬼酒公司却认为检测不够权威，甚至怀疑被检测的酒是否出自酒鬼酒公司。然而在二次公开检测中，湖南省质检局根据卫生厅标准检测出酒鬼酒塑化剂确实超标。11月20日，中酒协宣称国内所有企业的白酒都含有塑化剂，再一次引起了轩然大波，把舆论推上了制高点。中国白酒行业受此事件影响，没有停牌的白酒类上市公司遭遇资金打压，2012年11月20日早盘白酒股大跌之后，午后再度暴跌。

下图为酒鬼酒（000799）塑化剂事件之后的走势，先是断崖式连续跌停，然后是为期两年的熊市行情。

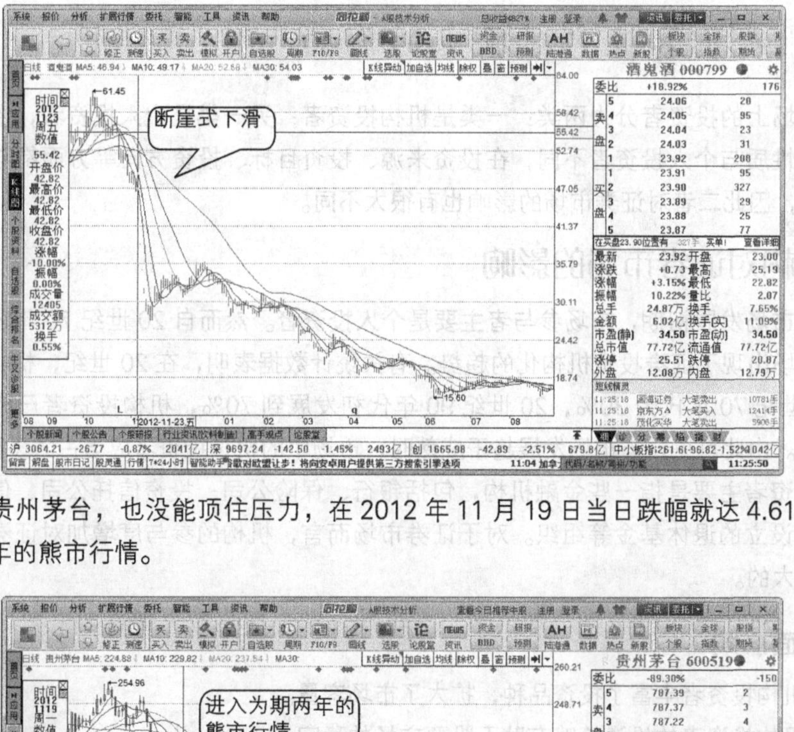

即使是贵州茅台，也没能顶住压力，在2012年11月19日当日跌幅就达4.61%，之后开始了为期两年的熊市行情。

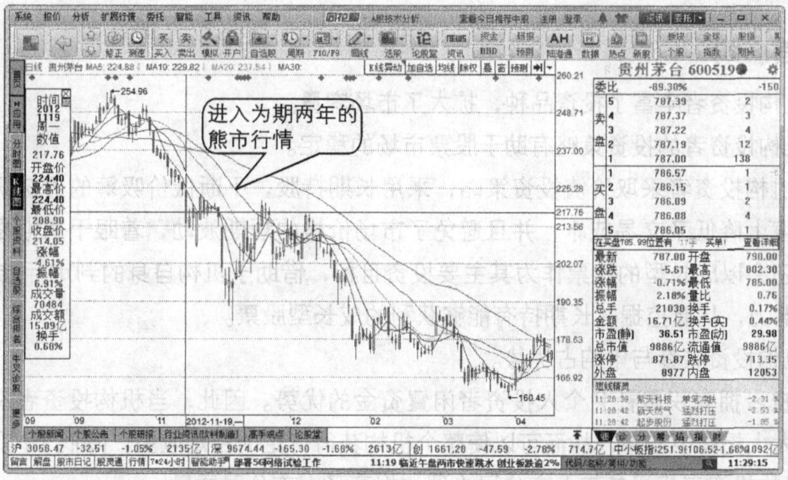

由此可见，财经媒体的报道，也会对股市中某一行业的股票产生极大的冲击。虽然对大盘

指数影响并不那么大，但是这种影响也不容小觑。除了上述酒鬼酒事件，还有“三鹿奶粉”事件曝光引发的国内食品板块普跌的现象。

3.5.3 外围指数 MSCI

美国明晟公司（Morgan Stanley CapitalInternational，MSCI）是美国著名指数编制公司，也是一家股权、固定资产、对冲基金、股票市场指数的供应商，编制了多种指数。其推出的 MSCI 指数广为投资人参考，全球的投资专业人士，包括投资组合经理、经纪交易商、交易所、投资顾问、学者及金融媒体均会使用 MSCI 指数。MSCI 指数是全球投资组合经理采用最多的投资标的。美林盖洛普调查显示，约 2/3 的欧洲大陆基金经理使用 MSCI 为指数供货商服务。

由于中国对海外投资者进入我国金融市场施行 QFII 和 RQFII 配额制度并且还有较多限制，所以 A 股被纳入世界主流的指数系统仍需跨越一定障碍。2015 年 6 月 9 日，MSCI 公司在日内瓦公布 2015 年全球市场分类评审结果，称中国 A 股处在纳入全球基准指数的轨道上。MSCI 公司在声明中明确宣布，将和中国证监会组建工作组帮助处理阻碍 A 股纳入的遗留问题。

3.6 机构和散户对股市的影响

证券市场上的投资者分为两类：一类是机构投资者；另一类是个人投资者，俗称散户。机构投资者的性质与个人投资者不同，在投资来源、投资目标、投资方向等方面都与个人投资者有很大差别，因此二者对证券市场的影响也有很大不同。

3.6.1 机构对证券市场的影响

在证券市场发展初期，市场参与者主要是个人投资者。然而自 20 世纪 70 年代以来，西方各国证券市场出现了证券投资机构化的趋势。有关统计数据表明，在 20 世纪，机构投资者市场份额在 20 世纪 70 年代为 30%，20 世纪 90 年代初发展到 70%，机构投资者已成为证券市场的主要力量。由此可见，当市场发展趋于成熟时，市场中的机构投资者应当占大多数。

机构投资者主要是指一些金融机构，包括银行、保险公司、投资信托公司、信用合作社、国家或团体设立的退休基金等组织。对于证券市场而言，机构的参与度增加对证券市场产生的影响是非常大的。

1．正面影响

（1）机构投资者丰富了投资品种，扩大了市场容量。

（2）机构投资者的投资策略有助于股票市场的稳定。

大部分机构投资者采取价值投资策略，采用长期持股，不断低价吸筹的方法获利。这种方法在很大程度上降低了交易成本，并且避免了市场价格的短期波动，着眼于长期投资。此外，机构投资者还会以成长型的股票作为其主要投资目标，借助于机构自身的判定标准，评估上市公司的成长潜力，从而挖掘并长期持有能够获利的成长型股票。

（3）机构投资者参与申购占优势。

机构投资者拥有积聚社会个人投资者闲置资金的优势。因此，当机构投资者投资于新股申购时，可以大大提高中签率，从而可以使整个机构获得一定的稳定收益，降低了风险。

（4）机构投资者积极参与上市公司治理，提高了上市公司质量。

2. 负面影响

（1）机构投资者的羊群行为。

由于信息不对称，机构投资者比个人投资者占据明显的信息优势，因此也在证券市场占据主导地位，引导股票走势。相反，个人投资者就处于信息劣势，面临投资风险高并且投资收益小的风险。

由于信息不对称，机构投资者也许会发生基于声誉的羊群行为。机构分析师的预测是否反映其真实观点或者仅仅是模仿他人，这对于委托人而言都是未知的。如果机构分析师的预测与他人不同，一旦预测出现错误，这将严重损害其职业声誉。即使预测正确，其声誉也不会增加，因为委托人会将其归于侥幸成功。如果机构分析师和他人在相同时间以相同的投资决策发生错误，声誉不会因此受到影响。因为委托人会将此错误归于事态发展的不可预见，与分析师判断能力无关。因此机构投资者会出现羊群行为。

（2）机构投资者的短视行为。

并非所有的机构投资者的策略组合都是长线策略，其中不乏专门做短线套利的机构投资者，这些投资机构一旦短线获利就会抛出手中的筹码。机构投资者的资金量很大，因此会给市场带来不小的抛压。此外，一只股票中会有若干个机构参与者，持有同一股票的机构参与者之间存在竞争压力，如果短线出货，机构之间会竞相出货。

（3）机构投资者的流动性压力为市场增加了不稳定性。

当市场出现特殊情况时，如爆发金融危机、重大利好公布或机构投资者的资金链出现问题时，机构投资者都会竞相卖出或买入股票，或者频繁更换股票，此时也会导致证券市场价格的不连续性和“雪崩效应”。

机构投资者与个人投资者相比还是更具有优势的，主要有以下几个方面。

（1）机构投资者具有专业化投资管理模式。

机构投资者资金实力较为雄厚，在对上市公司进行信息搜集分析与研究等方面都配备有专门部门，由证券投资专家对投资决策运作和投资理财方式进行管理。现在我国国内的证券公司，绝大部分有自己的证券研究所。个人投资者绝大部分投入的资金量较小，并且缺乏足够的时间去搜集信息、分析行情、判断走势，也缺少足够的资料数据去分析上市公司经营情况，容易受股票市场波动的影响，追涨杀跌。因此，从理论上讲，机构投资者的投资行为相对理性，投资规模相对较大，投资周期相对较长，从而有利于证券市场的健康稳定发展。

（2）机构投资者的投资组合策略更稳定。

由于证券市场的风险较高，并且机构投资者的入市资金比个人投资者多，因此其承受的风险就较大。为了尽可能地规避非系统性风险，机构投资者会设计投资组合策略，并按照策略执行。个人投资者由于资金较少，很难进行投资组合，因此其要面临的非系统性风险也较大，承担的风险也较高。

（3）机构投资者的投资行为更规范。

机构投资者是具有独立法人身份的经济实体，因此会有相应的监管部门对其进行监管，机构投资者的投资行为也更为规范，既遵守了证券交易的“公开、公平、公正”原则，又维护了市场的相对稳定。此外，机构投资者可以通过自律管理，从各个方面规范自己的投资行为。对于个人投资者而言，监管机构一般不进行监管，因此投资者的投资行为相对更为自由，但也更不规范。

3.6.2 散户对证券市场的影响

个人投资者有一个通俗的名字叫散户，因其资金量散、思想散而得名。与机构投资者不同，由于个人投资者资金小，难以形成规模效应，不能有效左右股价，加上散户具有贪婪、恐惧和后悔等弱点，使得个人投资者的投资行动散乱不一，难以形成规模。因此散户的资金对整个证券市场而言，影响不大。

金融市场较发达地区的主要股票市场的交易所和券商的数据表明，散户在股市的平均投资业绩明显低于大市表现。整个盘面处于下跌态势当中，散户往往亏损最多，一批又一批的散户割肉离场。事实上，由于资本市场的发展阶段和监管制度不完全一致，各国的散户们在资本市场中的表现也都不尽如人意，在很大程度上，都是缘于散户对自己的投资能力缺乏正确的认识，对于股票市场行情规律缺乏起码的了解。

但值得指出的是，散户在市场中的重要地位并不局限于他们自己的投资回报，更是直接影响到了市场监管层推进“公正、公开、公平”原则的进度。股票市场是自由度较高的市场，允许不同资金规模的投资者参与，这其中也不乏散户的身影。而监管层主要是保证所有的参与者在同一市场按照相同的规则进行交易。在股票市场，机构投资者和散户之间的博弈，从某种程度上讲，更像是大学生与小学生一起参加数学竞赛。其实，只有大学生之间进行比赛，才可以保障比赛结果的公正性。

只有当股票市场中没有散户存在，机构投资者之间短兵相接时，才能够真正地维持资本市场的价格。届时，机构投资者将会要求上市公司的信息披露更加透明化，减小由信息不对称所带来的股价波动。这时的股票市场没有了散户的踪影，机构投资者也不再有较强的动机操纵股价，或者散布传言欺骗散户。其实散户并没有真正地离开股票市场，而是将资金交给具有竞争力的机构投资者代为投资。只有这样，才可以避免成为机构投资者眼中的“鱼肉”。这样，股票市场也将更加公平与健康。

第 4 章 沪港通

沪港通这座中国内地资本市场与香港地区资本市场之间的桥梁，让上海股票市场和香港股票市场之间首次实现了互联互通。

4.1 认识沪港通

2007 年版的港股直通车其实就是沪港通的前身。2007 年中央提出“港股直通车”计划，但是因为内地的投资者在“港股直通车”计划宣布的第二天大批地涌入开户，令央行担忧内地投资者没有足够的风险意识，再加之美国次贷危机爆发导致全球金融海啸，“港股直通车”计划被迫被放弃。之后一直有落实港股直通车的传言，终于在 2015 年 11 月 17 日，连接两地的沪港通业务开通了。

4.1.1 什么是沪港通

沪港通是指两地投资者委托上海证券交易所（以下简称“上交所”）会员或者香港联交所（以下简称“联交所”）参与者，通过上交所或者联交所在对方所在地设立的证券交易服务公司，买卖规定范围内的对方交易所上市股票。中国内地登记结算公司是香港投资者的结算参与人，香港中央结算有限公司是内地投资者的结算参与人，为沪港通提供相应的结算服务。沪港通包括沪股通和港股通两部分。

沪港通的开放给我国内地的股票市场带来的意义非凡，它是我国内地资本市场对外开放的重要内容，一方面有利于加强香港与内地资本市场的联系，另一方面有助于推动资本市场双向开放，具有诸多的积极意义。

沪港通对我国内地证券市场的意义		
	有助于增强两地资本市场实力	沪港通的开通有利于通过全新的合作机制增强我国资本市场的综合实力，深化两地资本市场交流合作，扩大两地投资者的投资渠道，进一步提升在国际市场上的竞争力。
	有利于提升上海和香港的金融中心地位	沪港通的开通有助于提高上海及香港两地市场对国际投资者的吸引力，有利于改善上海市场的投资者结构，进一步推进上海国际金融中心建设。与此同时，有利于香港发展成为内地投资者重要的境外投资市场，巩固和提升香港国际金融中心地位。
	助力推动人民币国际化	有利于推动人民币国际化。沪港通业务既方便内地投资者直接使用人民币投资香港股票市场，也可增加境外人民币资金的投资渠道，便于人民币在两地的有序流动。

作为中国逐步开放资本市场的关键一步，沪港通主要有以下 5 个特点。

1．跨境结算

沪港通业务充分借鉴了市场互联互通的国际经验，采用较为成熟的订单路由技术和跨境结算安排，为投资者提供便捷、高效的证券交易服务。

2．双向开放

沪港通业务实行双向开放，内地投资者可以通过港股通买卖规定范围内联交所上市的股票，香港投资者则可通过沪股通买卖规定范围内上交所上市的股票。

3．双向人民币交收制度

沪港通业务实行双向人民币交收制度，内地投资者买卖以港币报价的港股通股票并以人民币交收，香港投资者买卖沪股通股票以人民币报价和交易。

4．额度管控

在试点初期，沪港通实行额度控制，即内地投资者买入港股通股票有总额度和每日额度限制，香港投资者买入沪股通股票也有总额度和每日额度限制。

5．股票有限

两地投资者通过沪港通可以买卖对方市场规定范围内的股票。

4.1.2 沪港通对 A 股的影响

沪港通的开通对港资的数额有限制，每日的 130 亿元限额与内地 A 股市场每天上千亿元的成交金额无法比拟，但是港资参与到上海资本市场对 A 股会有一定的影响。这些影响主要体现在以下几个方面。

1．资金流向 A 股市场更加明显

自从沪港通开通以来，A+H 股板块出现持续的 A 涨 H 跌格局，资金在沪港通正式启动前调仓迹象明显，海外投资者对 A 股的兴趣大于内地投资者对港股的兴趣，资金流向 A 股市场会较明显，沪港通对 A 股的正面影响要大于对港股的正面影响。

2．海外投资者对 A 股的兴趣更强烈

上海与香港证券交易所从在欧美、中东等地的全球路演中发现，海外机构对沪港通兴趣强烈。海外投资者对 A 股的兴趣更强烈的理由是：首先，A 股更能代表中国经济，而且估值更便宜；其次，

欲参与沪股通交易的资金更多；最后，海外投资者衡量个股的标准与内地不一样。

3．有助于树立投资者价值投资的理念

沪港通带给 A 股增量资金的背后，是一些具有国际背景的机构投资者。作为成熟市场的投资者，他们具有较合理的投资理念，尤其偏好优质蓝筹股。成熟的国际机构投资者的加入，将改变 A 股炒作之风，有助于重塑 A 股市场健康的投资理念。

总之，沪港通有助于健全证券市场机制，引入新的市场活力与理念，形成一个长期的制度安排，逐步实现中国资本市场的双向开放。伴随沪港通这一创新制度的推出，未来中国资本市场的改革无疑将加速前行。

4.1.3 沪港股票投资的相关差异

香港的股票市场与上海 A 股市场在制度和规则等方面存在一定的差异，内地的投资者在参与港股通投资之前，需要仔细了解下列差异，否则可能会面临诸多的风险。

1．沪港两地交易时间的差异

联交所的交易时间与 A 股市场有所不同，周一至周五为交易日，在交易日的 9:00—9:30 为开市前时段，9:30—12:00 为上午持续交易时段，13:00—16:00 为下午持续交易时段。需要投资者注意的是，在圣诞、新年、农历新年前夕，仅有半天交易。因此，港股通的投资者对此要特别留意，避免因忽视了两地交易时间差异而错失投资机会。

2．涨跌停板制度的差异

在 A 股市场，设有涨跌停板制度，因此，在每一个交易日内，股票价格的涨跌波动是在规定范围内的。在联交所市场，则不实行涨跌停板制度，因而股价波动可能相对更加剧烈，投资者应当充分注意到港股在价格剧烈波动时可能面临巨大损失的风险。

3．回转交易制度的差异

在内地 A 股市场，实行 T+1 交易制度（交易所买卖基金等少数产品除外），也就是说，投资者当天买入的股票，在第二天才能卖出。与此不同，联交所市场实行 T+0 回转交易制度，即投资者当天买入的股票可以当天卖出，因此，投资者可以在一个交易日内对同一只股票进行多次买卖交易。对于沪港两地市场的这方面差异，投资者有必要充分了解。

4．股票交收制度的差异

在 A 股市场，结算周期一般为 T+1 日，也就是当天卖出的股票，投资者在第二天就可以收到款项。与此不同，香港市场证券结算与经纪商之间的结算周期为 T+2 日，即投资者卖出股票后，至少需要 2 天才能收到此款项。此外，投资者在买入股票前应预先全数付款，在卖出股票前也必须有足额股份托管于有关股票经纪商。对于此项差异，投资者在参与港股通投资前，应当先向证券公司了解有关港股通股票收付和资金结算安排的相关事宜，做好流动资金管理。

5．整手股数的差异

在上海 A 股市场，每手交易单位统一为 100 股。但是，在联交所，上市公司可以自行设立不同数量的每手股票交易单位，对此并没有统一的规定。港股通投资者要特别留意，避免在不了解相关规则的基础上因交易单位错误而导致损失放大。

6. 股票报价显示颜色的差异

在内地 A 股市场，红色代表股价上涨，绿色代表股价下跌；与此不同，在联交所市场，股价上涨，报价屏幕上显示的颜色为绿色，股价下跌则为红色。对此，参与港股通的投资者还需特别留意，切记不同行情报价颜色显示的含义，避免因对此的误解而做出错误决定，并遭受损失。

7. 股票报价价位的差异

在香港联交所市场，不同港股股票的报价价位依据股价而定。股价越高，报价价位越大，投资者应了解联交所《交易所规则》规定的价位表，避免申报价格因不符合规定无法成交。

8. 停牌制度的差异

香港联交所规定，在交易所认为所要求的停牌理由合理而且必要时，上市公司方可采取停牌措施。此外，不同于内地 A 股市场的停牌制度，联交所对停牌的具体时长并没有量化规定，只是确定了“尽量缩短停牌时间”的原则，对此，港股通投资者要随时关注联交所及上市公司的相关公告，避免错失复牌后的投资机会。

9. 退市制度的差异

沪港两地股票市场均有退市制度。在 A 股市场，会根据上市公司的财务状况在证券简称前加 ST 及 *ST 等标记以警示投资者风险。但是，在香港联交所市场，没有风险警示板，联交所采用非量化的退市标准且在上市公司退市过程中拥有相对较大的主导权。这使得联交所上市公司的退市情形较 A 股市场相对复杂。港股通投资者应予以关注。

此外，香港市场在发行、上市、信息披露等方面的规则与内地市场存在差异，敬请投资者仔细阅读联交所《交易所规则》《上市规则》等有关规定，降低因对相关规则不了解造成的投资风险。

4.1.4 沪股通交易额度、交易对象

沪股通是指投资者委托联交所参与者，通过联交所证券交易服务公司，向上交所申报，买卖规定范围内的上交所上市股票。

1. 沪股通交易额度控制

沪港通业务实行总额度控制和每日额度控制，并对香港投资者投资上交所市场的单向总额度实施管理。在试点初期沪股通的总额度为 3 000 亿元人民币，每日额度为 130 亿元人民币。

2. 沪股通交易对象

试点初期，沪股通股票范围包括上证 180 指数、上证 380 指数成分股以及同时在上交所和联交所上市的发行人的沪股，其中 B 股暂不纳入，被实施风险警示的沪股也暂不纳入。截至 2018 年 3 月 30 日，沪股通累计有交易的股票 795 只，交易金额 4.3 万亿元人民币。

4.1.5 沪股通股票信息披露

沪港通的试点中规定，当持 A 股股权 5% 以上的股东或实际控制人持有股份或控制公司情况出现较大变化时，上市公司需就此进行公告和报告，拥有的权益需合并计算。当香港投资者通过沪股通使自身持股量上升到达到信息披露要求时，应依循法规履行报告及披露义务。

4.2 港股通交易简介

港股通是指投资者委托上交所会员，通过上交所证券交易服务公司，向联交所申报，买卖规定范围内的联交所上市股票。港股通的总额度为 2 500 亿元人民币，每日额度为 105 亿元人民币。

4.2.1 港股通交易股票规则、对象

1. 港股通交易规则

投资者买卖港股的交易时间应遵守联交所规定，具体的交易时间以及交易规则如下表所示。

时段	时间	交易规则
集合竞价时段	9:00—9:15	接受港股通投资者的竞价限价盘订单
对盘前时段	9:15—9:20	只接受竞价盘
对盘时段	9:20—9:28	投资者不得在交易系统内输入、更改以及取消买卖盘；已经存在的买卖盘会以买卖盘类别、价格及时间等优先次序对盘，在此时段确定每一只证券的最终开盘价
暂停时段	9:28—9:30	不能将买卖盘传递至联交所交易系统
连续竞价阶段	9:30—12:00 13:00—16:00	接受港股通投资者的增强现价盘订单
撤单时段	9:00—9:15 9:30—12:00 12:30—16:00	投资者可以在此时间段撤单

2. 港股通的交易对象

（1）港股通股票池中没有风险警示标记。

投资者在参与港股通交易时需留意，联交所交易股票一般而言并没有如内地市场在证券代号前加标记（例如，ST 及 *ST）以警示风险的做法。如果投资者想要了解某上市公司股票的风险，那么可以通过登录联交所“披露易”网站的方式查询相关公告。

有关上市公司的财务状况，投资者可以在“披露易”网站上，通过查询上市公司发布的业绩公告及财务报告的方式了解。另外，根据《上市规则》规定，上市公司有关公告 / 报告需载于其网站上至少 5 年。

有关上市公司以往是否被交易所公开披露或谴责，该上市公司是否已进入除牌程序的信息，投资者可以通过在“披露易”网站内的“上市公司公告”➤“进阶搜寻”的“标题类别”中选择“监管者发出的公告及消息”，翻查相关记录。

有关已停牌上市公司的每月报告，投资者可以登录“披露易”网站，在“交易所报告”栏目中查阅“每月有关长时间停牌公司之报告”，具体了解停牌 3 个月或以上的上市公司的每月报告。

（2）内地投资者买卖港股通股票持股比例限制。

现行香港特别行政区法例通常没有对单一投资者持股比例进行限制的相关规定，但是个别上市公司章程可能对投资者的持股比例有要求，因此，内地投资者参与港股通交易时，还应留意并遵从相关规定。

（3）投资者持有港股通股票超过一定比例需要披露。

根据香港特别行政区《证券及期货条例》规定，首次持有上市法团5% 或以上任何类别带有投票权的股份（香港上市法团可发行不带有投票权的股份）的个人及法团（该主体被界定为上市法团的大股东）必须披露以下相关信息。

①在该上市法团持有的带投票权的股份的权益及淡仓（即空头头寸）。

②所持有上市法团的股本衍生工具，包括大股东持有、沽出或发行的股本衍生工具，以及大股东行使、转让或不行使该衍生工具之下的权利，该权利可能导致股份会被交付持有人或由持有人交付他人。

③下列有关大股东权益及淡仓的变动。

a. 持股量的百分率数字上升或下降，导致大股东的权益跨越某个处于5% 以上的百分率整数。例如，大股东的权益由5.8% 增至6.3% 时，跨越6% 时需要披露其权益变动。

b. 大股东持有需申报的权益，而该股份权益的性质有所改变。

c. 大股东持有需申报的权益，并且在披露期间持有或不再持有超过1% 的淡仓。

d. 大股东持有需申报的权益，而淡仓的百分率数字上升或下降，导致大股东的淡仓跨越了某个处于1% 以上的百分率整数。

具体申报的时间为大股东在知悉上述事件的当日起3 个营业日内。在购买股份时，大股东通常应在订立有关购买股份的合约后3 个营业日内送交通知存档；售卖股份后，大股东通常需要在结算日后3 个营业日内送交通知存档。但是，《证券及期货条例》并未禁止该大股东在该3 日内买卖有关上市发行人的股份。

以上只能扼要地说明香港《证券及期货条例》的相关规定，无法详尽表述所有情形，因此，个别案例需视情形而定。

（4）大股东豁免申报其权益的情形。

在规定的情形下，大股东也可以豁免申报其新的权益。也就是说，尽管大股东取得了股份权益或不再持有股份权益，并且其权益的百分率水平跨越了某个百分率水平，但是在满足相应情形规定时，无须申报其新的权益。例如，大股东权益的百分率水平等于或低于其在“最后一次具报”时所申报的百分率水平，并且其在“最后一次具报”时所申报的权益的百分率数字与它自那时起的所有时间内的权益的百分率水平之间的差别，少于有关的上市法团属同一类别的已发行股本的0.5% 时无须申报其新的权益。

提示

投资者买卖港股通股票时禁止裸卖空。投资者买卖港股通股票时，当日买入的股票经确认成交后，在交收前可以卖出。投资者买卖港股通股票时不得参与香港市场的对盘系统外交易（类似于大宗交易）。

4.2.2 港股通股票信息披露

作为港股通的投资者，必须知道港股通股票信息披露的相关问题。

1. 投资者获取港股通股票披露信息的途径

沪港通业务不改变现有沪港两地市场监管架构和市场运行模式。其中，港股通股票的相关信息披露，直接适用联交所上市公司信息披露的相关规定。

内地投资者既可以通过登录联交所“披露易”网站获取上市公司披露的信息，也可以通过上市公司自设的网站等途径获取。至于上市公司自设的网站的网址，投资者可以通过查阅联交所网站的“网上联系”栏目获取。

2．查阅港股通股票以往发布的信息披露文件的方法

联交所上市公司披露信息的文件包括以下几类：公告及通告，通函，财务报表 / 环境、社会及管治资料，月报表等。通常，联交所上市公司在发布年报前，会预先披露全年业绩公告（属于公告及通告的一类）。其中，投资者较为关注的公司主要经营状况、财务数据均会在全年业绩公告中有所体现。

具体而言，投资者查询上市公司公告的方式有以下几种。

（1）从“披露易”网站内“上市公司公告”一栏内选择“进阶搜寻”查询上市公司的公告。具体操作时，投资者可在“现有上市证券”栏内输入股份代号或股份名称（繁体字或英文），在“标题类别”中选择“公告及通告”及“财务资料”，以查看该公司的董事会会议召开日期、业绩公告内容、股息分派详情等。

（2）在“披露易”网站上，从“交易所报告”栏目下的“董事会会议通知”及“证券持有人享有的权益（股息及其他）”中查阅近期公司发布的有关资料。

（3）登录联交所网站，在“中国证券市场网页”栏目下的“上市公司”中搜寻上市公司曾发布的公告和派息记录等。

下面就以中信银行为例介绍如何在披露易网站上查询港股的财务数据以及公告。

❶ 打开披露易网站。

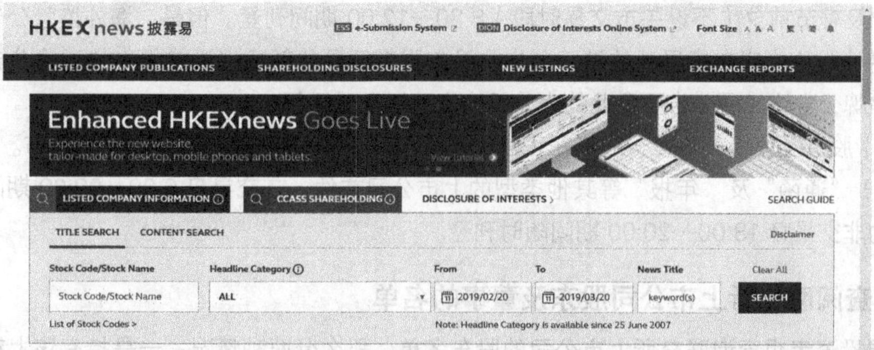

❷ 单击右上角的“简”，将网站切换为简体中文，输入中信银行港股代码“00998”，选择搜索起始日期和结束日期后单击【搜寻】按钮。

❸ 进入搜索结果页面，此时搜索出来的是该公司自搜索起始日期至结束日期止所有需披露的信息，包括年报、半年报、业绩公告、重大事项声明等。查询结果是按照时间排序的，最新的披露事项排列在最前面。

3. 港股通股票最新信息及公告刊登在“披露易”网站上的时间

根据规定，上市公司应当通过联交所电子呈交系统“披露易”网站发布公告。该系统的操作时间为每个交易日 6:00—23:00，以及交易日之前的非交易日 18:00—20:00。

提示投资者关注，不同类型文件在“披露易”网站上刊登的时间不尽相同。

（1）公告及通告不得在正常交易日 8:30—12:00 或 12:30—16:15 期间，或者在圣诞节前夕、元旦前夕及春节前夕（不设午市交易时段）8:30—12:00 期间刊登。但是，海外监管公告、没有附带意见的股价或成交量异动的澄清公告、没有附带意见的新闻报道或报告的澄清公告、短暂停牌或停牌公告这四项公告不受此约束，投资者可以及时了解。

（2）股息及业绩公告，一般应在正常交易日 12:00—12:30 或 16:15 收盘后公布。

（3）“通函”及“年报”等其他类型的上市公司文件，在交易日 6:00—23:00 期间及交易日之前的非交易日 18:00—20:00 期间随时刊登。

4. 查阅联交所上市公司股东及董事的名单

如果投资者想查询联交所上市公司的股东名单，那么分两种情况：一是持有该上市公司股票的投资者可以免费查询存放于公司股份过户处的股东名册；二是未持有该公司股票的投资者在向股份过户处缴付费用后，也可以查询该股东名册。

对于董事名单，投资者不仅可以在上市公司的年报或最近刊登的公告或通函中查看，也可到“披露易”网站上“交易所报告”下的“董事名单”栏目中下载，或者按照股份代号、上市公司名称或董事名称查找。

4.2.3 港股通股票的停牌、复牌和除牌

投资者除了要了解交易港股通相关的交易规则、信息披露之外，还需要对港股通股票的停牌、复牌和除牌有一定的认识。

（1）港股通股票是否会在交易时段内因为股价波动暂停交易？

尽管联交所市场没有涨跌停板制度，但仍有一套关于股价及成交量波动的市场监察机制。

如果联交所通过市场监察察觉到上市发行人的股价或成交量出现异常波动，或媒体刊登了

可能影响上市公司股价或交易的报道，或者市场出现了相关传闻，那么为了维持市场的公平有序，联交所会联系上市公司。上市公司必须立即对此做出回应，并履行《上市规则》中规定的持续披露义务，及时公布避免其股票出现虚假的相关资料，或者根据《证券及期货条例》第XIVA部条款规定应当予以披露的任何内幕消息，并确保这些资料能够公平发布。上市公司如果不知道有任何事宜或者发展会导致或者可能导致其股价或成交量出现异常波动，那么应当尽快通过“披露易”及其网站刊发公告说明情况。上市公司及时刊发了有关公告，则无须短暂停牌或停牌。

如果情况需要，例如，发现或怀疑有关股价或成交量的异动是由于泄露了某些根据《证券及期货条例》第XIVA部条款规定应予披露的内幕消息所致，那么上市公司应当立即公布相关资料或者根据《证券及期货条例》第XIVA部条款需披露的任何内幕消息。否则，上市公司股票可能被联交所短暂停牌或停牌，待公告发出后再恢复交易。

上市公司“股价或成交量异动”，是指一家上市公司的股价及（或）成交量出现了没有明显原因的异常表现。例如，大市下跌，但公司股价却大幅上涨，或者成交量突然大幅增加。至于股价或成交量的波动幅度是否属于“异常”，则由联交所参照有关股票的过往表现，或该股票所属行业的其他股票的表现，以及大市的整体情况等做出判断。

（2）联交所会主动将上市公司股票停牌或除牌吗?

联交所在其认为适当的情况及条件下可能会指令上市公司的股票短暂停牌、停牌或除牌。具体情况如：发行人（即上市公司）未能遵守《上市规则》的规定，且情况严重；发行人股票的公众持股量不足；发行人进行的业务活动或拥有的资产不足以保持其证券继续上市；发行人或其业务不再适宜上市。

对于主板上市公司而言，如果其停牌已经持续很长一段时间，但未采取足够行动以争取公司股票复牌，那么可能会导致除牌，即公司股票被摘牌。

其一，联交所可以根据主板《上市规则》第17项应用指引规定的程序将出现严重财务困难及/或未能维持足够业务运作下长期停牌的主板公司除牌。如果该上市公司的证券已停牌6个月或以上且又未能符合有关主板《上市规则》的规定，那么联交所将决定该公司是否需要进入除牌程序的第二阶段。进入该阶段的上市公司将有6个月的时间向联交所提交可行的复牌建议。如果上市公司未能在限期内提交可行的复牌建议，那么将会进入除牌程序的第三阶段。进入第三阶段除牌程序后，上市公司将有最后6个月向联交所提交可行的复牌建议。若发行人在该阶段期满时仍未能提交可行的复牌建议，上市公司的上市地位将会被取消，即被除牌。

其二，如果公司涉及被监管机构调查、存在会计失当、未能刊发财务业绩或内部监控严重不足等情形，以至于根据《上市规则》规定应停牌的，那么为维持市场公平有序及信息公开，该上市公司也将被停牌。

其三，联交所还可以根据主板《上市规则》第6.10条规定将主板公司除牌。例如，联交所认为该主板公司或其业务不再适合上市，那么联交所将刊登公告，公布该公司的名称，并列出限期，以便该公司在限期内对导致其不适合上市的事项做出补救。

例如，除主板《上市规则》第21章所界定的“投资公司”及主要或仅从事证券经纪业务的上市公司，无论是主板公司或创业板公司，如果公司全部或大部分的资产为现金或短期证券，那么联交所将视为其不适合上市并将其停牌。在停牌期间，如果该公司经营有一项适合上市的业务，那么可向联交所申请复牌。联交所会将其复牌申请视为新申请人提出的上市申请处理。如果在此情形下公司停牌持续超过12个月，或者在任何联交所认为有需要的其他情况下，联交所都有权取消该公司的上市资格。

（3）港股通股票停牌后，复牌流程是怎样的？

根据联交所《上市规则》规定，上市公司股票应当尽可能持续交易，因此，暂停交易只是处理潜在及实际出现的市场特殊情况的手段，即使必须停牌，那么停牌的时间也应尽可能缩短。

如果公司被联交所停牌，那么上市公司应向市场发出简短公告解释停牌的原因，以增加市场透明度。联交所也会在停牌期间与上市公司保持持续联络，并要求上市公司在股票复牌前发出公告。

具体的复牌程序将视情况而定，联交所保留附加其认为适当的条件的权力。一般情况下，当上市发行人发出适当的公告后，或当初要求其短暂停牌或停牌的具体理由不再适用时，联交所会让公司复牌；在其他情况下，短暂停牌或停牌将持续至发行人符合所有有关复牌的规定为止。

（4）联交所上市公司发布澄清公告后，其股票是否立即恢复交易？

联交所上市公司在公布了避免其股票出现虚假市场的任何资料或内幕消息之后，可在接下来的交易时段开始时恢复交易。相关公告应具备充足资料，以使得有关股票在公平及市场已广泛知晓相关信息的情况下恢复交易。

（5）投资者如何处理已停牌联交所上市公司的股票？

公司股票被联交所短暂停牌或停牌后，在停牌期间，投资者暂时不能再买卖。如果投资者持有该股票，那么应当密切留意上市公司通过“披露易”网站发布的最新公告，了解公司股票恢复交易的信息。如果主板及创业板上市公司已经被停牌 3 个月或以上，那么投资者可以通过“披露易”网站，在“交易所报告”栏目内查阅“每月有关长时间停牌公司之报告”，了解该上市公司的每月报告。

4.2.4 港股通投资的风险

对于内地投资者来说，即使十分了解港股通的交易规则等内容，依然要树立风险意识。除了投资者已经熟知的股价价差风险之外，还有许多其他要关注的风险类型。内地投资者投资香港市场可能面临如下几种主要风险。

1．市场联动风险

由于香港市场外汇资金可以自由流动，海外资金流动与港股价格之间表现出高度关联性，因此，投资者在参与港股市场交易时由全球宏观经济和货币政策变动导致的系统风险相对较大。

2．无涨跌幅限制的股价波动风险

由于港股市场实行 T+0 交易机制，且不设涨跌幅限制，加之香港市场结构性产品和衍生品种类相对丰富，因此，香港市场个股的股价受到意外事件驱动的影响而表现出股价波动的幅度相对 A 股更为剧烈。

3．个股的流动性风险

在香港市场，部分中小市值股票成交量相对较少，流动性较为缺乏，投资者持有此类股票，可能缺乏交易对手方，因此面临小量抛盘甚至导致股价大幅下降的风险。

除了上述港股通投资风险之外，投资者还需要注意以下事项。

（1）订单类型。

在试点初期，港股通投资者在联交所开市前时段仅能输入竞价限价盘，在持续交易时段仅能以增强现价盘进行买卖。

（2）额度控制。

试点初期，港股通总额度为 2 500 亿元人民币，每日额度为 105 亿元人民币。注意，额度统计口径为买卖相抵后的净流量。内地投资者应当充分了解因港股通额度控制可能造成的买单交易无法及时执行，从而遭受损失的风险。

（3）交易日。

香港与内地 A 股市场的交易日并不完全一致。沪港通在沪港两地均为交易日且能够满足结算安排时开通，投资者在参与港股通交易时需要充分了解。

（4）货币兑换。

作为港股通标的的联交所上市公司股票以港币报价，以人民币交收。因为港股通相关结算换汇处理在交易日日终而不是交易日日间进行，所以投资者需要关注由不同交易时间结算造成的汇率风险。

（5）投资标的。

投资者可能面临因为标的证券被调出港股通标的范围而无法继续买入的风险，以及由此可能遭受的经济损失。

4.3 港股通业务的开通与交易

由于沪港通对于内地的投资者而言，只能通过内地的券商交易平台开通港股通交易业务，本小节就针对港股通业务的开通资格，开通方法，选择券商、银行以及港币的兑换进行一一介绍。

4.3.1 港股通业务的开通资格

根据上海证券交易所要求，申请开通港股通业务需要具备以下条件。

（1）拥有沪市人民币普通股账户。

（2）机构投资者或者证券账户及资金账户资产合计不低于人民币 50 万元的个人投资者。

（3）熟悉香港证券市场相关规定，了解港股通交易的业务规则与流程。

（4）不存在严重不良诚信记录。

（5）不存在法律、行政法规、部门规章、规范性文件和业务规则规定的禁止或限制参与港股通股票交易的情形。

4.3.2 开通方法

港股通的开通方式主要有两种：一是通过券商的网上营业厅自助办理港股通业务；二是到原开户券商柜台现场办理港股通业务。

1．临柜办理流程

投资者可携带有效身份证明文件及沪深股东卡（若有）至开户营业部临柜办理。本节着重介绍沪港通业务的网上自助办理流程。

2．网上营业厅自助办理流程

（1）以申万宏源证券为例，投资者首先打开所在券商网上营业厅主页，输入资金账号和密码登录网上营业厅。

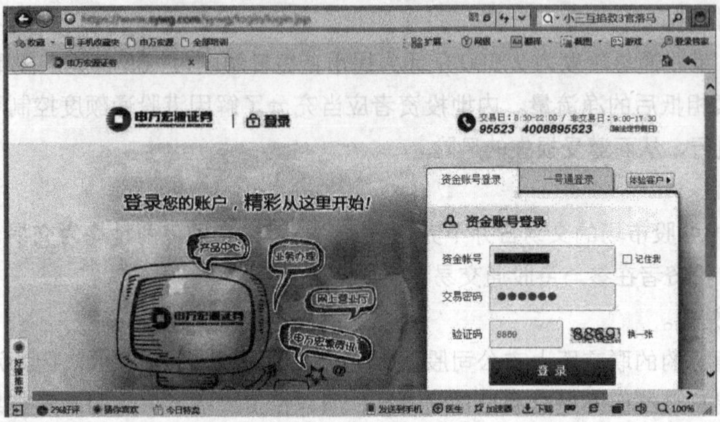

（2）单击【自助业务办理】选项进入自助业务办理中心页面。单击【全部业务】菜单栏内的【沪港通】选项，出现的页面如下图所示。

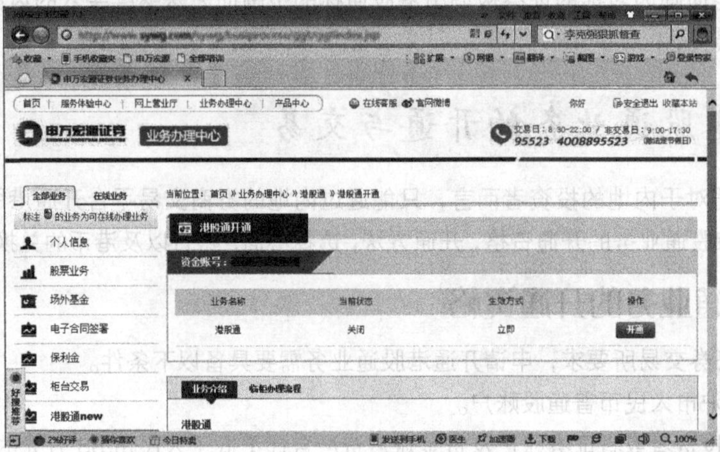

（3）单击黄色的【港股通开通】按钮，进入港股通开通页面。投资者首先要重新做风险承受能力测评。测评分数达到 60 分以上才可以开通港股通业务。

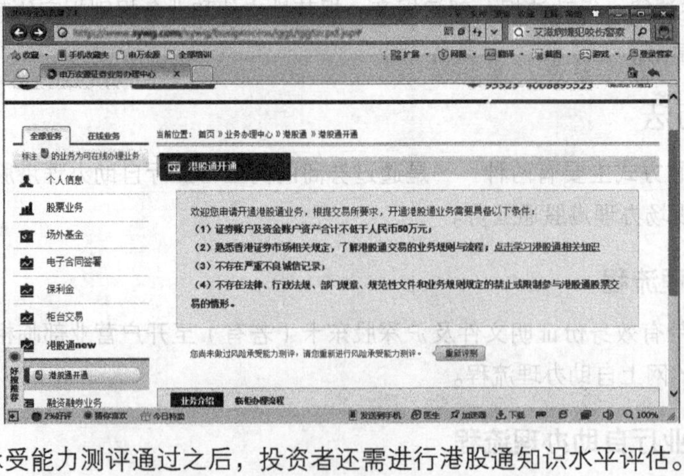

（4）风险承受能力测评通过之后，投资者还需进行港股通知识水平评估。评估结束后，投资者需要认真阅读《港股通委托协议》与《港股通交易风险揭示书》，阅读完毕之后在【我已阅读并同意以上所有协议】选项框上打对勾，然后单击【确认】按钮。

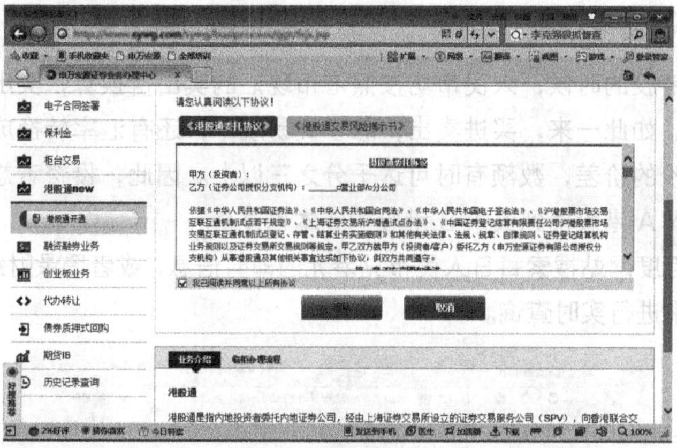

（5）页面自动跳转至已开通页面，单击【完成】按钮。

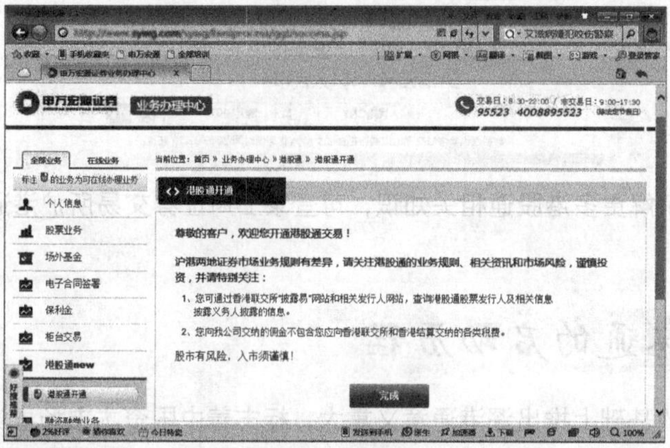

（6）查看自己的资金账户，状态为港股通开通状态。

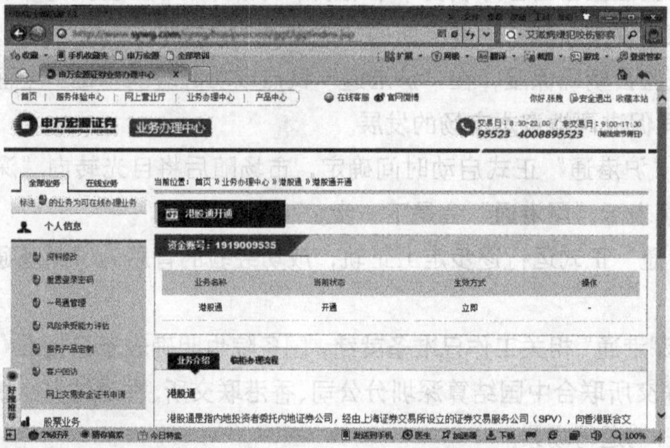

4.3.3 选择券商和银行

2014 年 11 月 17 日，上交所网站公布了首批获得沪港通业务资格的券商，首批共有 89 家券商入围。银河证券、广发证券、国泰君安、申万宏源、方正证券、信达证券、华泰证券、中原证券等获批开通沪港通业务交易权限。投资者如果是在上述券商处开立的人民币普通股账户，则可以直接开通港股通业务。相关的第三方存管签约银行为普通股资金账户的签约银行，投资者不必二次签约。

4.3.4 港币的兑换

投资者在买进港股的时候，人民币均按照港币现汇的卖出价换算，卖出的时候，按照港币现汇的买入价换算。如此一来，买进卖出，除了交易成本，还有汇率转换成本。投资者不要轻视汇率买进和卖出价的价差，数额有时可达千分之三以上。因此，投资者想要做港股的短线交易成本太大，从买入 A 港股换到买入 B 港股的成本也过高。

投资者可以在百度网站搜索每日人民币兑港元的即时信息，或者登录财经类网站（和讯网、新浪财经等）对汇率进行实时查询。

投资者若想要了解更多港股通相关知识，可登录上海证券交易所沪港通业务交易专区网站进一步了解。

4.4 深港通的启动历程

在沪港通成功的基础上推出深港通意义重大，标志着中国资本市场再法制化、市场化和国际化方面又迈出了扎实的一步。现将深港通的启动历程介绍如下。

2014 年 8 月中国证监会出台深圳资本市场改革创新方案以全面支持深圳发展，深圳金融办于 8 月 26 日明确表示深交所和香港联交所的“深港通”已报批。

2014 年 9 月证监会明确保湿，在“沪港通”试点成功经验的基础上全面支持深港两地交易所的深化合作，共同促进两地资本市场的发展。

2014 年 11 月“沪港通”正式启动时间确定，市场随后将目光转向“深港通”，香港财经事务及库务局也明确表示“深港通”会是下一步。

2015 年“沪港通”正式运行逐步走上正轨，成功经验的背后为“深港通”的发展奠定了良好的基础。

2016 年 8 月“深港通”相关工作已准备就绪，国务院也明确表示已批准《深港通实施方案》。

2016 年 11 月深交所联合中国结算深圳分公司、香港联交所、香港结算组织全网测试，模拟“深港通”业务开通首日的运行场景。

2016 年 12 月“深港通”正式启动，“深港通”的开通是两地资本市场进一步协同发展的历史性时刻。

第 5 章　走进同花顺炒股软件

5.1 认识同花顺炒股软件

同花顺是浙江核新同花顺网络信息股份有限公司推出的一款炒股软件，它是一个提供行情显示、行情分析和交易功能的股票软件，它分为免费 PC 产品、付费 PC 产品、平板电脑产品、手机产品等适用性强的多个版本。

同花顺软件具有以下特征。

（1）使用简单。

用直观的图标显示各类资金的持仓和变化，重点和活跃席位彩色标记醒目，模型、指标用图形曲线显示，浅显易懂。

（2）真实准确。

持仓数据准确，不用猜测各种资金的行为和动向，所有持仓数据直接来自交易所数据库，真实准确地反映了各类资金的交易状态。

（3）海量数据。

每天进行几十兆的数据更新，并提供一年以上的历史数据，深入地分析各种资金的历史交易习惯和交易行为。

（4）快速方便。

通过服务能快速地找到各种资金增仓的股票，快速了解基金的动态，快速找到资金关注的板块。通过席位搜索能快速找到自己关注的席位的历史交易情况。

（5）深度分析。

提供较完善的持仓数据和席位交易数据，是各种专业股民深度分析个股、指数和板块中各种资金行为的专业工具。

（6）研究专业。

同花顺为了使股民能更好地使用该软件，设计了众多的使用功能和分析模型，并为股民提供专业的售后服务。

5.2 同花顺的下载与安装

若投资者打算使用同花顺炒股软件网上炒股，需要下载并安装同花顺软件。

5.2.1 下载同花顺软件

同花顺软件的下载形式有两种，即在开户公司的网站下载和在同花顺官方网站下载。

1．在开户公司下载

很多证券公司都为投资者提供同花顺网上交易软件，投资者可以在开户的证券公司网站下载。投资者在东吴证券公司下载同花顺的东吴证券同花顺版网上交易软件的具体操作步骤如下。

❶ 在浏览器中输入东吴证券公司的网址，按【Enter】键，在打开的网站首页中单击【软件下载】按钮，进入软件下载导航页面。

❷ 在打开的【软件下载】导航页面中，选择下载手机版的还是 PC 版的，这里选择【PC 交易】，如下图所示。

❸ 在弹出的【软件下载】界面中单击【专用下单】按钮，然后选择同花顺软件下载即可。

2. 官方下载

如果开户证券公司没有提供同花顺交易软件的下载，或者投资者不喜欢开户公司提供的软件版本，也可以在同花顺官方网站下载。投资者在同花顺官方网站下载同花顺软件的具体操作步骤如下。

❶ 在浏览器中输入同花顺官方网站网址，按【Enter】键，进入同花顺官方网站。

❷ 单击【软件下载】按钮，在弹出的【下载中心】界面中单击【免费下载】按钮即可下载。

提示

默认下载的是PC版的，如果想下载手机版的，向下拖动滚动条，在【手机产品】栏中选择相应的产品下载即可。

5.2.2 计算机系统要求

软件成功下载后，需要先检查安装同花顺软件的计算机的系统配置，系统配置至少需要达到下表中的要求。

CPU	Intel 酷睿 i3-4150 以上
内存	2 GB 或更大的内存
硬盘	高于 500 GB 的可用硬盘空间
操作系统	Windows 7/8/10 等
显示器	1 920x1 080 分辨率的 LED 显示器
其他配置	鼠标 1 个、键盘 1 个

5.2.3 安装同花顺软件

在计算机配置允许的情况下，投资者可以对下载的软件进行安装，安装同花顺软件的具体操作步骤如下。

❶ 双击下载的同花顺安装程序图标，弹出【欢迎使用同花顺安装向导】界面，单击【下一步】按钮，如下左图所示。

❷ 在弹出的【选择安装位置】对话框中单击【下一步】按钮，或单击【浏览】按钮并选择软件安装目录，然后单击【下一步】按钮，如下右图所示。

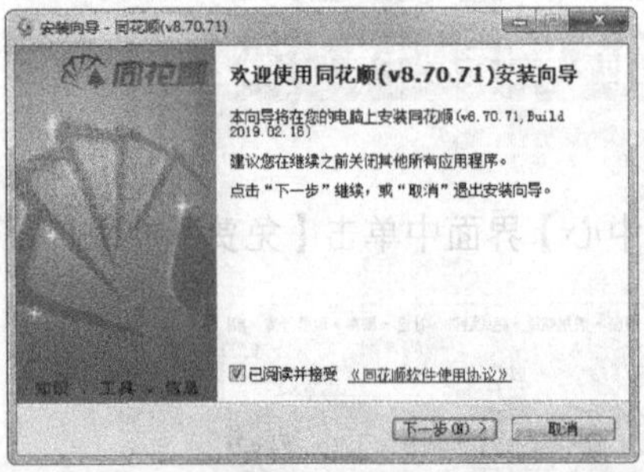

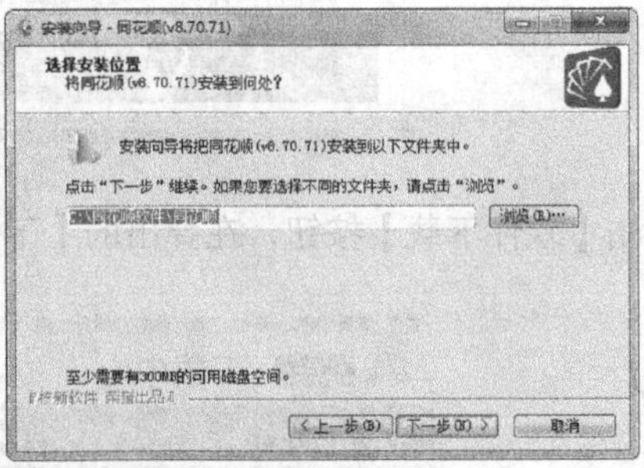

❸ 在弹出的【选择附加任务】对话框中选择需要的附加任务，单击【下一步】按钮，如下左图所示。

❹ 弹出【正在安装】对话框，等待安装完成，如下右图所示。

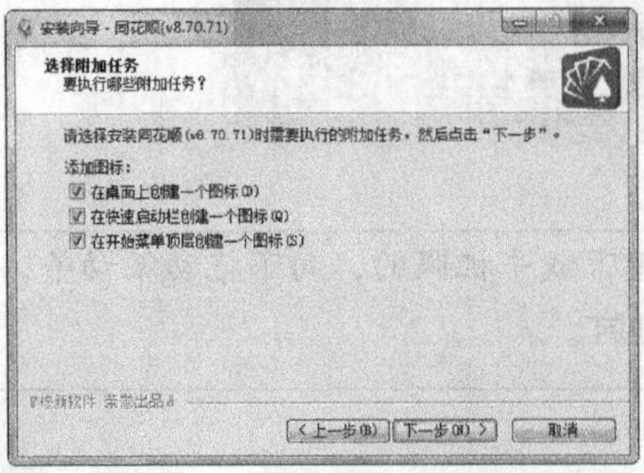

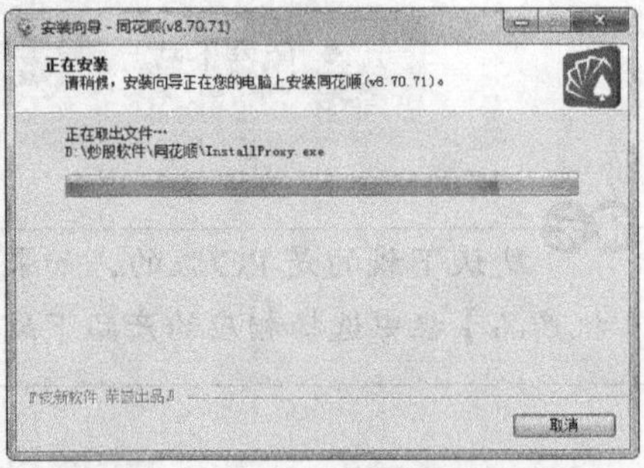

❺ 安装完成之后会自动弹出下图所示的对话框。如果还没有成为同花顺的会员，可以单击【15 秒免费注册会员登录】，如果已经有账号，可以单击【已有账号登录】直接登录同花顺。

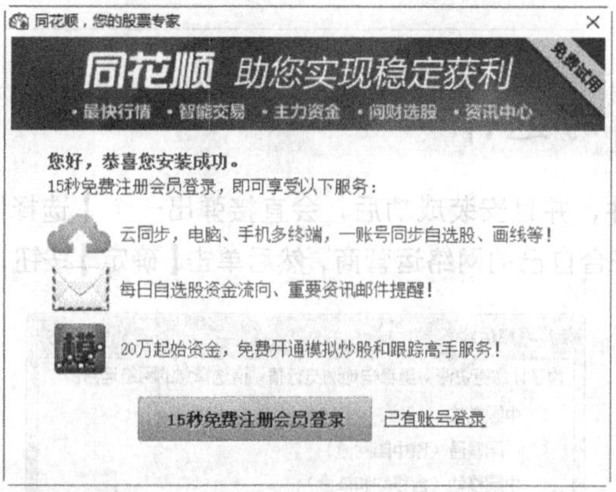

5.2.4 卸载同花顺软件

卸载同花顺软件的具体操作步骤如下。

❶ 单击屏幕左下方的【开始】按钮，在弹出的面板中单击【控制面板】图标，如下左图所示。

❷ 打开控制面板，然后在 Windows 控制面板中单击【程序】按钮下的【卸载程序】链接，如下右图所示。

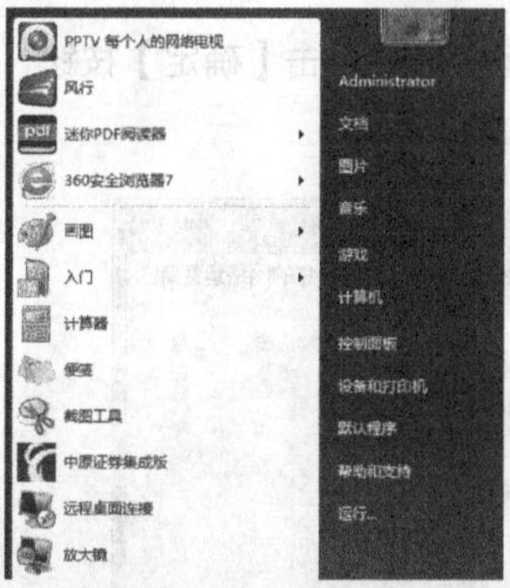

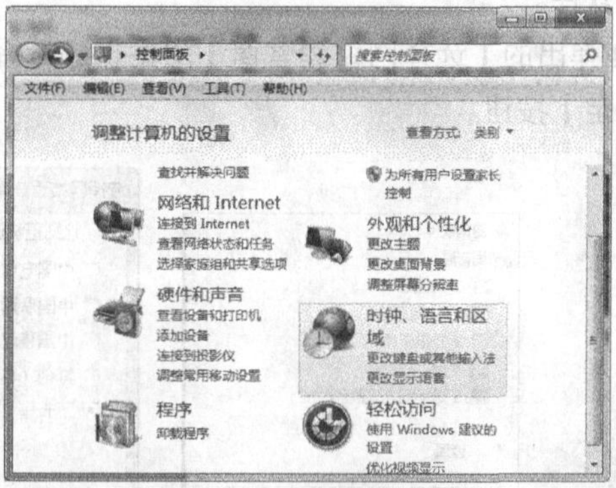

❸ 在弹出的【卸载或更改程序】窗口中选择需要卸载的程序“同花顺”， 双击此按钮或者右键单击此按钮即可进行卸载。

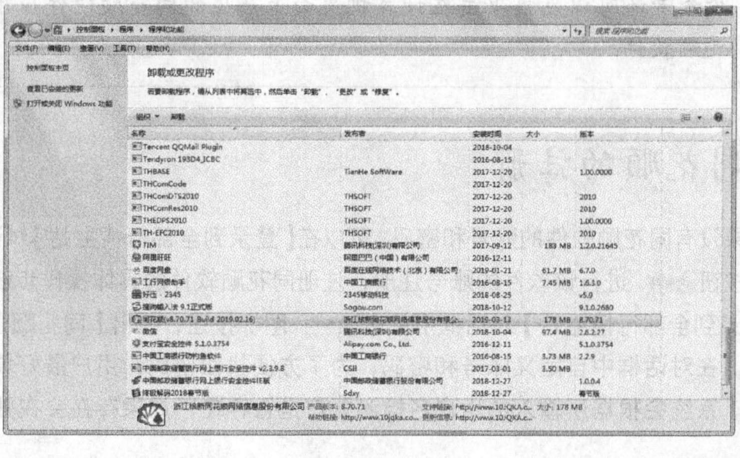

提示 计算机已经安装 360 软件管家的投资者也可以在【软件卸载】中找到【同花顺】，点击右侧【卸载】按钮卸载同花顺软件。

5.3 同花顺的运行

首次安装同花顺软件，并且安装成功后，会直接弹出一个【选择网络运营商】对话框，在这个对话框中选择一个符合自己的网络运营商，然后单击【确定】按钮，就可以进入同花顺软件。

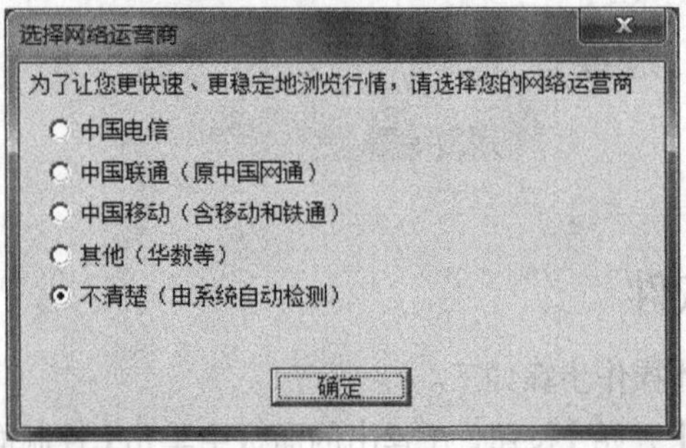

不是首次安装，投资者需要运行同花顺软件，也可以按以下步骤进行。

❶ 投资者可以直接选择【开始】➢【所有程序】➢【同花顺】➢【1－同花顺】菜单命令启动同花顺软件。

❷ 在弹出的【选择网络运营商】对话框中选择网络运营商并单击【确定】按钮，或者直接单击【确定】按钮。

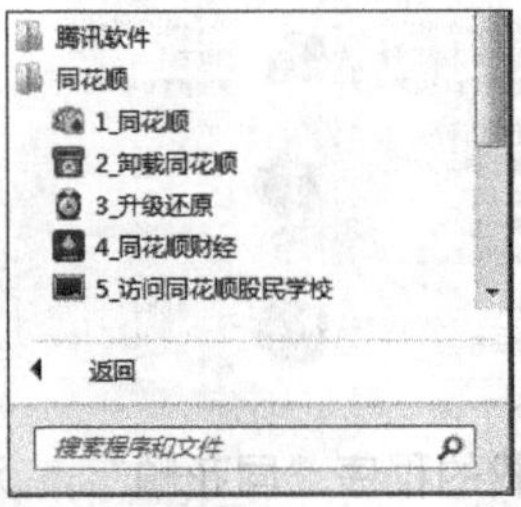

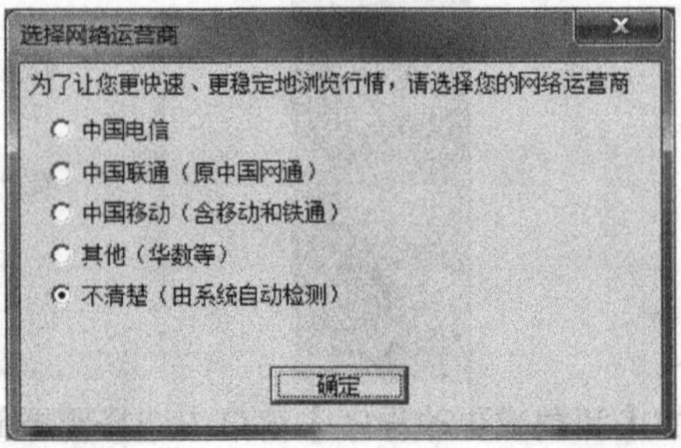

提示 投资者还可以直接单击在计算机桌面上产生的同花顺软件应用程序图标启动同花顺软件。

5.4 同花顺的注册

投资者如果没有同花顺软件的账号和密码，可以在【登录到全部行情主站】对话框中单击【免费注册】图标按钮免费注册进行该软件的账号注册，注册同花顺软件的具体操作步骤如下。

❶ 在【登录到全部行情主站】对话框中单击免费注册图标按钮，弹出【同花顺注册】对话框，如下左图所示。在对话框中自定义账号和密码，为了方便找回密码，用户最好填写手机号码和安全邮箱地址。系统会根据所输入的用户名检测账户是否存在，如果存在会在账号后面出现红

色字体“很抱歉，该账号已经被注册，您可以尝试其他账号，如手机尾号或幸运数字等”。如果不存在则可以看到 ✔ 标志。

❷ 填写完毕之后单击【立即注册】按钮系统将提示“恭喜您注册成为同花顺会员！”。用户可以绑定邮箱或者手机，以便于更便捷地使用，如下右图所示。

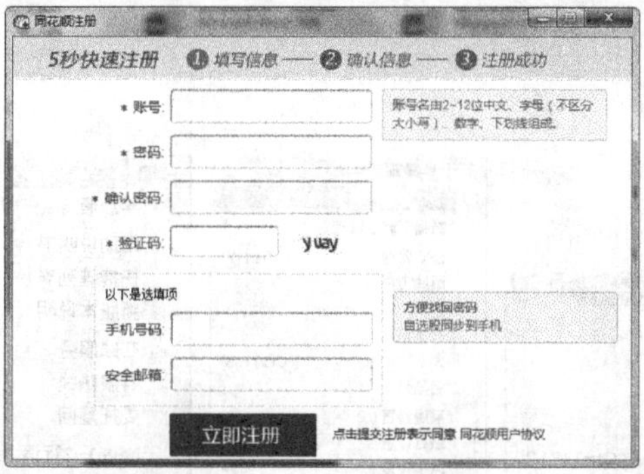

❸ 单击【账号登录】，系统将自动弹出登录窗口，并使用上一步注册的账号登录软件，至此系统用户注册完毕。

5.5 同花顺软件界面简介

同花顺的界面窗口主要包括标题栏、菜单栏、工具栏、资讯窗口、主窗口、左信息栏、盘口数据和指数条等几大模块，如下图所示。

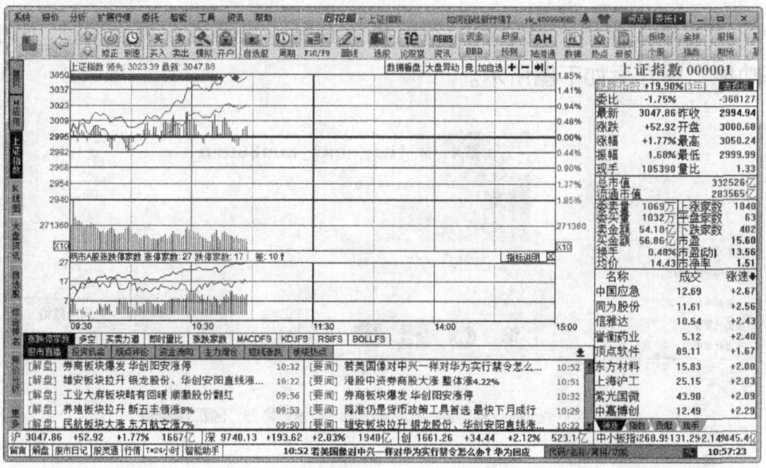

1. 菜单栏

菜单栏位于同花顺工作界面最顶端的左侧，包括系统、报价、分析、扩展行情、委托、智能、工具、资讯和帮助等多个栏目，菜单栏展开后如下图所示。

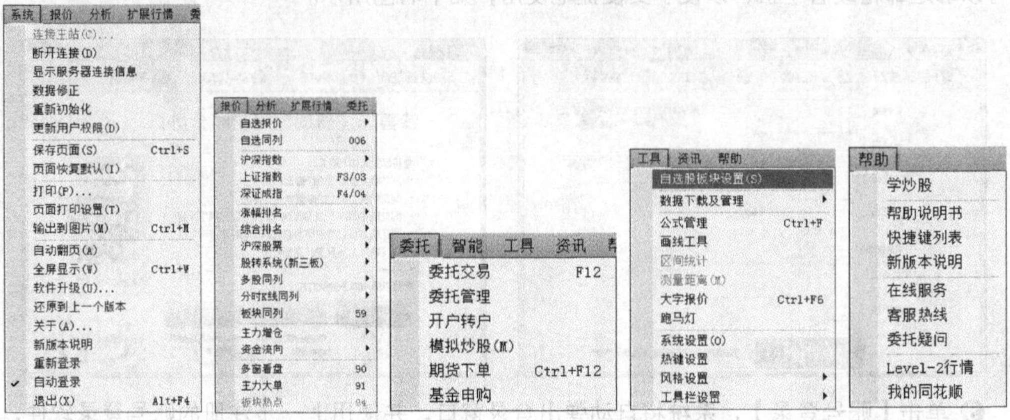

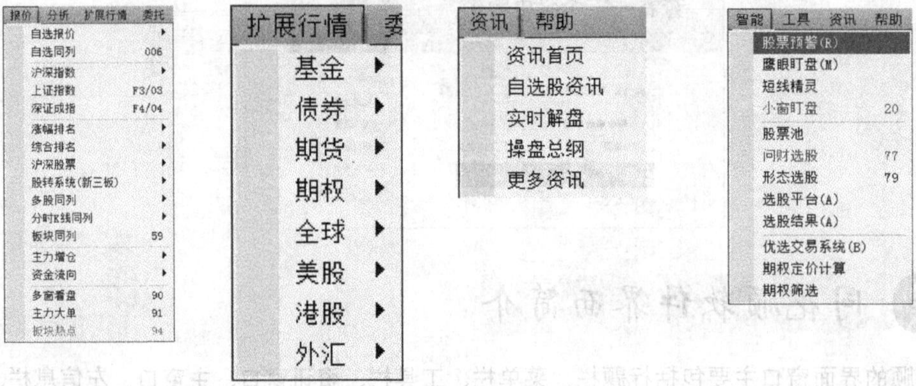

2. 标题栏

标题栏位于同花顺工作界面最顶端的菜单栏的右侧，显示当前页面名称、用户名，并提供资讯、委托等功能，展开后如下图所示。

【用户名】：单击用户名可以看到用户当前的状况，最下面一行图标是当前用户所参与的应用。单击头像可以对用户的基本信息进行编辑，如性别、入市时间、个性简介等，如下图所示。

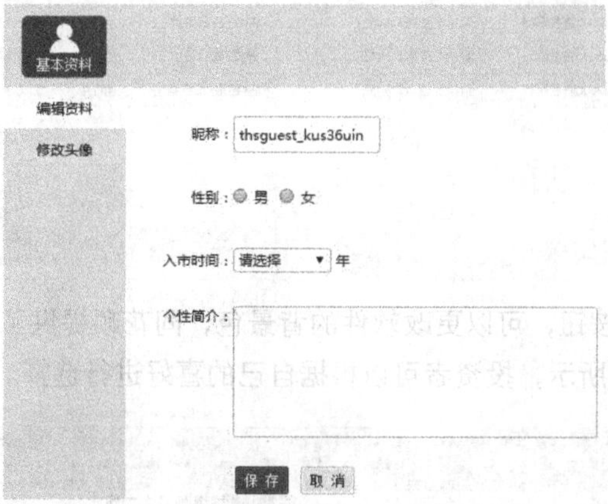

单击按钮，将进入用户的个人中心页面。用户可以在这里看到自己的动态、粉丝人数、财富点账户余额、好友等信息，如下图所示。

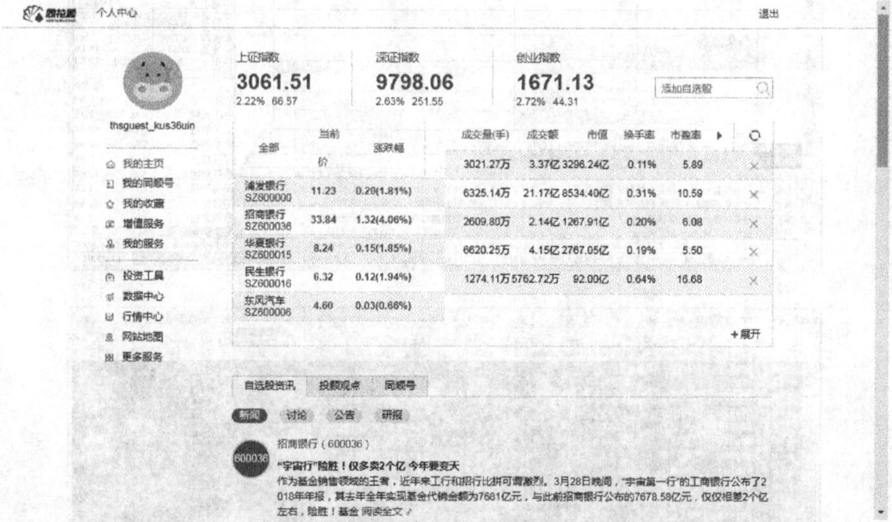

单击按钮，即可进入论股堂，投资者可以在此平台上各抒己见，表达自己对股市及个股的看法，也可以与其他会员进行自由交流。

单击按钮，即可进入同花顺炒股圈子。在这里投资者可以对股票信息进行讨论，也可以阅读专业分析师的股票评论文章，还可以在T策略中查看股票高手们的投资策略。

单击按钮，将进入同花顺博客页面。投资者不仅可以在这里查看最新博文与人气博主博客，还可以在这里观看直播与名家访谈。

单击按钮，将进入模拟炒股页面，对股票感兴趣又持谨慎态度的潜在投资者可以在这里模拟炒股。

【股票预警】：单击按钮，会弹出股票预警对话框，在该对话框中，可以添加预警的股票，如下图所示。

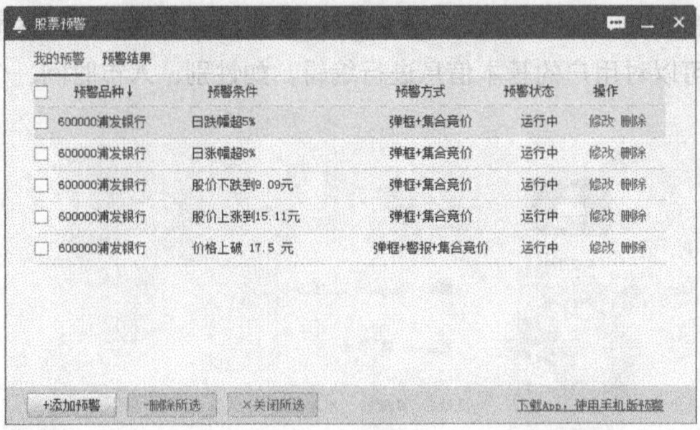

【换肤】：单击按钮，可以更改软件的背景色，同花顺提供了黑色和白色两种背景色。两种背景色的对比如下图所示，投资者可以根据自己的喜好进行选择。

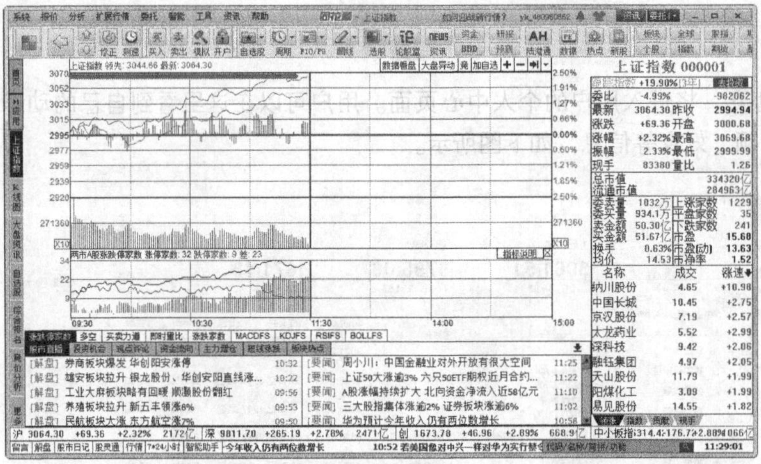

提示

换肤后，需要重启软件才能生效。

【资讯】：单击资讯按钮，可以查看当日同花顺精选资讯，这里有每日要闻、现货、基金、社区、热点等分类新闻。

【委托】：单击委托旁边的，可以选择模拟炒股和委托管理等业务。

3．工具栏

工具栏位于菜单栏和标题栏之下、主窗口之上的位置，右键单击可选择是否隐藏工具栏。工具栏包含应用中心、数据修正、买入卖出、模拟炒股、开户等功能，如下图所示。

【应用中心】：单击按钮，弹出常用的功能列表，如下图所示。单击【添加应用】按钮，可以添加新的应用功能。

【返回】：单击按钮，可以返回上一页面。

【上翻 / 下翻】：单击 / 按钮，可以对行情报价、分时走势图或 K 线走势图进行向上 / 向下翻页查看。

【修正】：在查看当前的数据时，如果发现数据不全或有错误，单击该按钮可以对数据进行修正。

【买入 / 卖出】：在登录委托程序后，单击买入 / 卖出按钮，可进行买入 / 卖出操作。

【周期】：在 K 线走势图中，单击该按钮可以在弹出的列表中选择 K 线的分析周期，即每一根 K 线所包含的时间长度，如下图所示。

同花顺的 K 线周期包含 1 分钟线、5 分钟线、15 分钟线、30 分钟线、60 分钟线、日线、周线、月线、季线和年线 10 种，下图分别是 30 分钟线和日线。

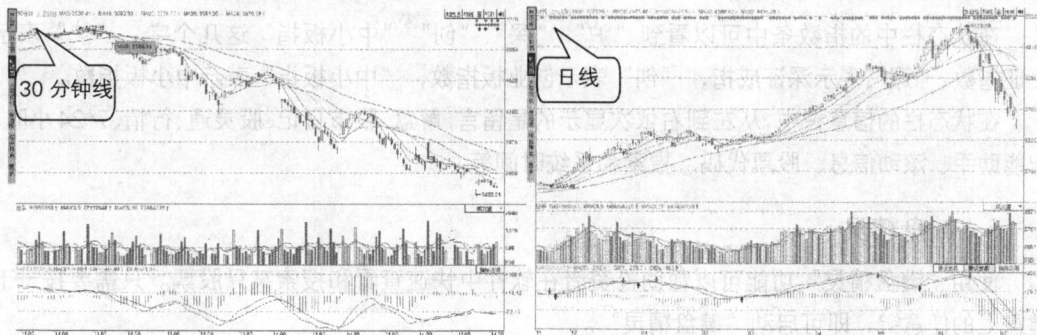

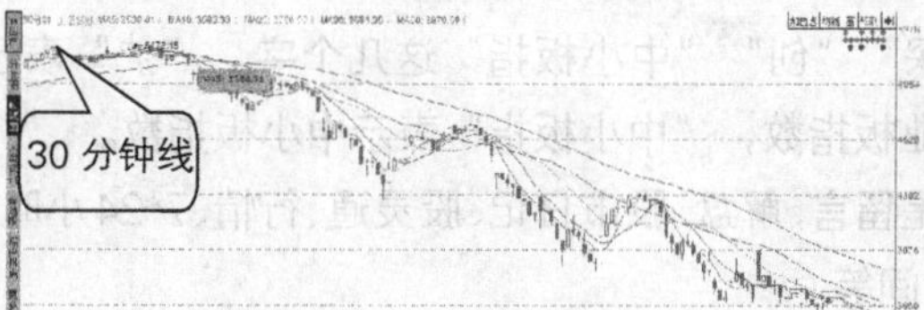

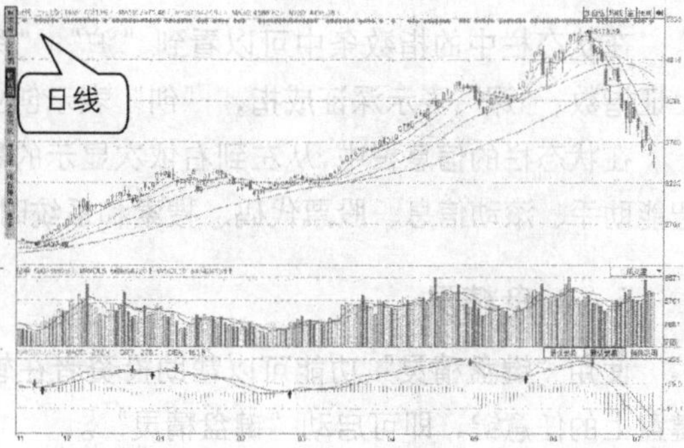

【自选股】：单击该按钮可以进入投资者自己设置的自选股行情报价页面。

【画线】：单击该按钮可以打开【画线工具】菜单栏，如下图所示。画线工具供投资者在分时走势图或 K 线走势图中画线使用。

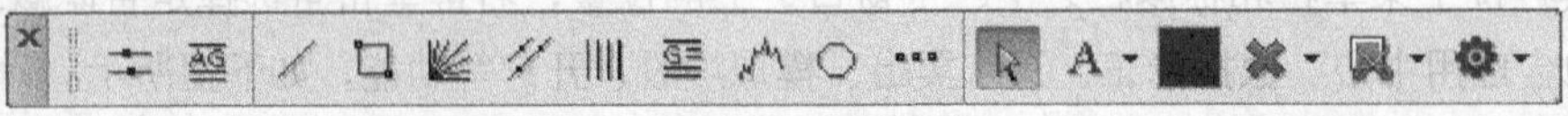

【选股】：单击旁边的下拉箭头，可以从问财选股、快捷选股、股票筛选器和形态选股等智能选股中选择一种来选股。

【新股】：单击该按钮，可以查询新股申购、中签，上市新股等各类数据，帮助投资者在新股上市时获得理想的新股收益。

【陆港通】：陆港通是沪港通＋深港通的合称，沪（深）港通是指投资者委托内地证券公司，经由上海（深圳）证券交易所设立的证券交易服务公司，向香港联交所申报买卖规定范围内的两所上市股票。

单击陆港通按钮，弹出陆港通页面，该页面包括陆股通、港股通、个股机会和 AH 股对比等选项，如下图所示。

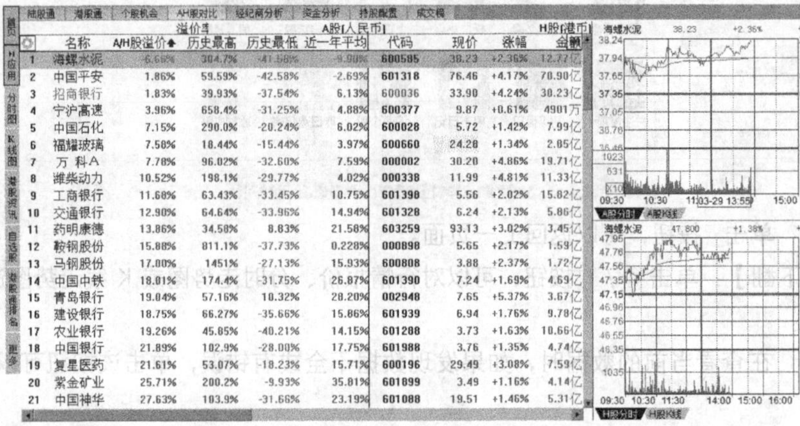

	名称	A/H股溢价	历史最高	历史最低	近一年平均	代码	现价	涨幅	金额
1	海螺水泥	-6.66%	304.7%	-41.58%	-9.90%	600585	38.23	+2.36%	12.77亿
2	中国平安	1.86%	59.59%	-42.58%	-2.69%	601318	76.46	+4.17%	70.90亿
3	招商银行	1.83%	39.93%	-37.54%	6.13%	600036	33.90	+4.24%	30.23亿
4	宁沪高速	3.96%	658.4%	-31.25%	4.88%	600377	9.87	+0.61%	4901万
5	中国石化	7.15%	290.0%	-20.24%	6.02%	600028	5.72	+1.42%	7.99亿
6	福耀玻璃	7.58%	18.44%	-15.44%	3.97%	600660	24.28	+1.34%	2.85亿
7	万 科A	7.78%	96.02%	-32.60%	7.59%	000002	30.20	+4.86%	19.71亿
8	潍柴动力	10.52%	198.1%	-29.77%	4.02%	000338	11.99	+4.81%	11.33亿
9	工商银行	11.68%	63.43%	-33.45%	10.75%	601398	5.56	+2.02%	15.82亿
10	交通银行	12.90%	64.64%	-33.96%	14.94%	601328	6.24	+2.13%	5.86亿
11	药明康德	13.86%	34.58%	8.83%	21.58%	603259	93.13	+3.02%	3.45亿
12	鞍钢股份	15.88%	811.1%	-37.73%	0.228%	000898	5.65	+2.17%	1.59亿
13	马钢股份	17.00%	1451%	-27.13%	15.93%	600808	3.88	+2.37%	1.72亿
14	中国中铁	18.01%	174.4%	-31.75%	26.87%	601390	7.24	+1.69%	4.69亿
15	青岛银行	19.04%	57.16%	10.32%	28.20%	002948	7.65	+5.37%	3.67亿
16	建设银行	18.75%	66.27%	-35.66%	15.86%	601939	6.94	+1.76%	9.78亿
17	农业银行	19.26%	45.85%	-40.21%	14.15%	601288	3.73	+1.63%	10.66亿
18	中国银行	21.89%	102.9%	-28.00%	17.75%	601988	3.76	+1.35%	4.74亿
19	复星医药	21.61%	53.07%	-18.23%	15.71%	600196	29.49	+3.08%	7.59亿
20	紫金矿业	25.71%	200.2%	-9.93%	35.81%	601899	3.49	+1.16%	4.14亿
21	中国神华	27.63%	103.9%	-31.66%	23.19%	601088	19.51	+1.46%	5.31亿

4. 状态栏

同花顺的状态栏主要由指数条和信息栏两部分组成。其中，指数条位于状态栏的第一行，主要用来显示上证指数、深证成指、创业板指数和中小板指数以及涨幅、成交金额等；而信息栏位于状态栏的第二行，主要是用来显示滚动条、解盘、股市日记、股灵通及行情等信息，如下图所示。

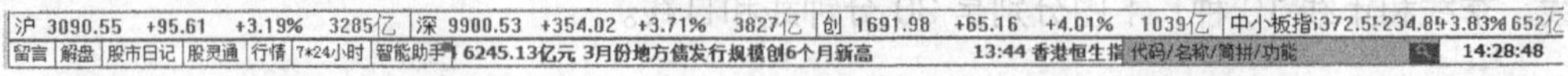

在状态栏中的指数条中可以看到“沪”“深”“创”“中小板指”这几个字。“沪”表示上证指数，“深”表示深证成指，“创”表示创业板指数，“中小板指”表示中小板指数。

在状态栏的信息栏中，从左到右依次显示的是留言、解盘、股市日记、股灵通、行情、7*24小时、智能助手、滚动信息、股票代码、搜索和系统时间等。

5. 键盘精灵

使用“键盘精灵”功能可以帮助投资者在软件中快速查看和搜索某只股票。只需要按一下键盘上的任意键，即可启动“键盘精灵”。

键盘精灵启动后，可以输入中英文和数字来搜索相应的股票，如输入数字“6”，可以显示当前代码中以“6”开头的所有股票，如下图所示。

双击选中的股票（或选中后按【Enter】键），即可打开与之相关的页面进行查看，例如，选中“600016”民生银行，显示的民生银行相关走势和信息如下图所示。

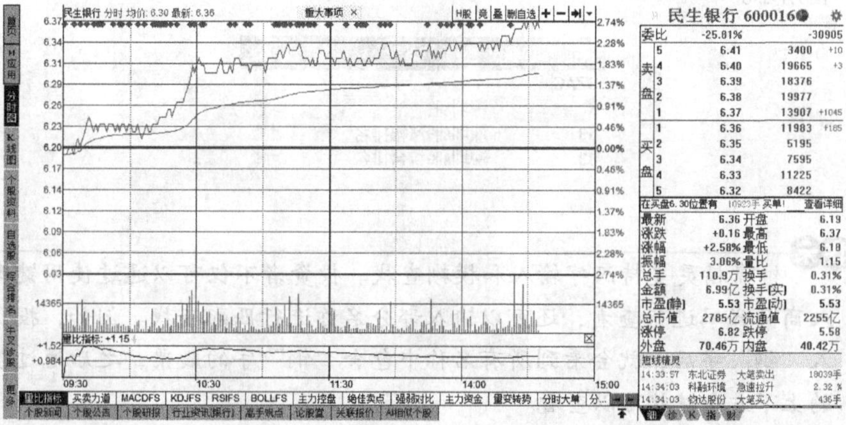

提示：除了通过输入相关字母和数字查找外，还可以通过输入板块拼音缩写或输入技术指标的中英文名字，来查看相关板块股票或技术指标的信息。此外，输入“61”后按【Enter】键，可查看“上证 A 股涨幅排名”。

5.6 同花顺主界面看盘

同花顺的主界面是同花顺软件的核心部分。在同花顺的主界面中，投资者不仅可以看到各个交易所、商品、基金等市场报价情况，还可以看到大盘的分时走势图、大盘的 K 线走势图、个股的分时走势图、个股的 K 线走势图等。

5.6.1 市场行情报价

投资者可以通过同花顺的【报价】菜单来查看市场行情报价，也可以使用键盘快速进入所需的报价窗口。例如，进入深圳 A 股报价窗口，可以使用键盘直接输入“3”，并按【Enter】键，或者直接输入“SZAG”并按【Enter】键，如下图所示。

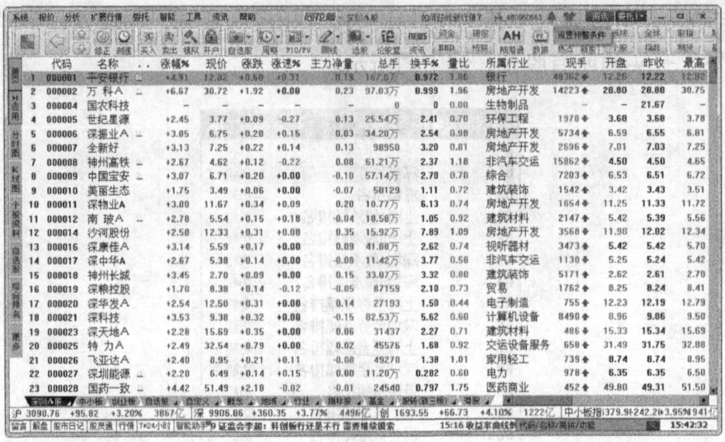

投资者可以使用键盘直接输入商品的代码、名称或名称的汉语拼音首字母来搜索对应的商品（股票、基金、债券、指数等），输入完毕后，直接按【Enter】键便可进入相关的行情报价窗口，如下图所示。

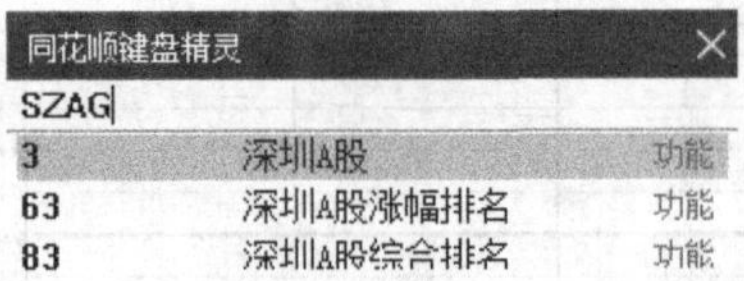

提示

键盘精灵支持汉字输入和模糊查找。投资者不仅可以通过使用键盘直接输入商品代码进行查看，还可以输入部分名称进行匹配查找。例如，投资者在输入“钢”字后，就会看到所有名称中包含“钢”字的股票，之后通过按键盘中的上下方向键就可以查看。

同花顺的市场行情报价窗口主要包含一个横向列表选项卡和一个纵向列表选项卡。其中，纵向列表选项卡位于行情报价窗口的左侧，主要包括【分时图】【K线图】【个股资料】【自选股】【综合排名】等几个选项卡。单击不同选项卡，系统会进入不同的界面。例如，投资者在市场行情报价窗口中选择【万科A】后，单击【分时图】选项卡便可进入万科A股的【分时图】界面。

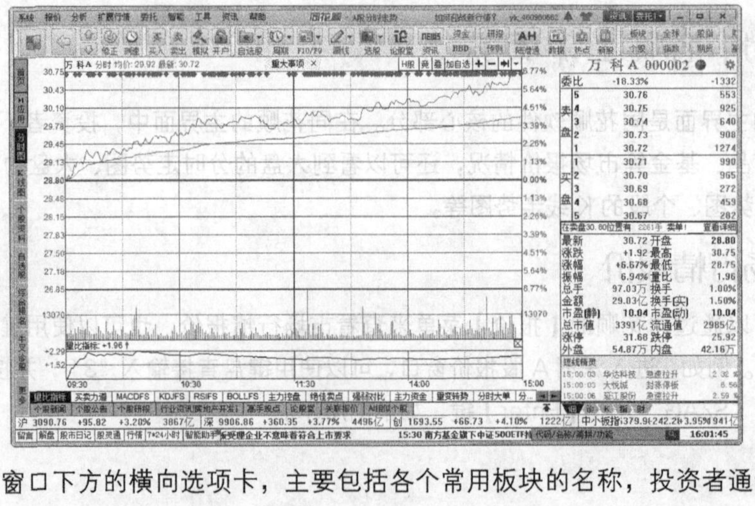

行情报价窗口下方的横向选项卡，主要包括各个常用板块的名称，投资者通过单击横向选

项卡中的各个选项，可以快速切换到不同的板块报价窗口。在横向选项卡的一些选项卡中，可以看到◢图标，它表明在这个选项卡的下面还有其他内容，单击并在弹出的菜单中选择便可直接进入。例如，当投资者要查看【ETF 基金】时，下方的横向选项卡中并没有【ETF 基金】板块选项卡，但却有【基金】板块选项卡，此时单击【基金】选项卡中的◢图标，在弹出的菜单中选择【ETF 基金】便可打开【ETF 基金】的行情报价窗口，如下图所示。

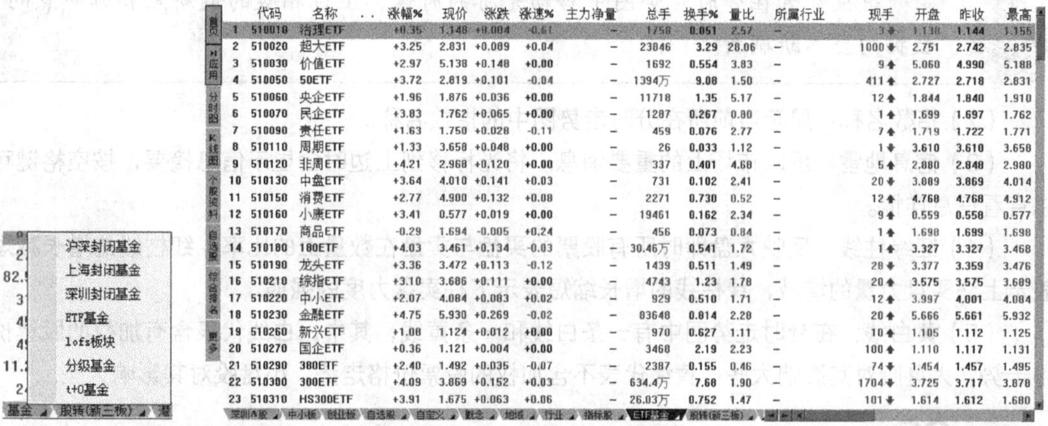

在市场行情报价窗口中，投资者可以看到股票的代码、名称、涨幅、现价等行情统计数据信息。单击某一项的名称时，股票行情报价的数据信息将会按照该项目排序。例如，在深圳 A 股的行情报价窗口中，单击【总手】项目名称，【总手】项目名称的右侧会出现⬇图标，表示当前是按照【总手】数目由高到低降序排列。

再次单击【总手】项目名称，【总手】项目名称的右侧会出现⬆图标，表示当前是按照【总手】数目由低到高升序排列。

5.6.2 大盘分时走势

大盘一般指上证指数或深证成指。投资者使用键盘直接输入“03”，并按【Enter】键可直接进入上证指数分时走势图；使用键盘直接输入“04”，并按【Enter】键可直接进入深证成指分时走势图。下图所示为上证指数的分时走势图。

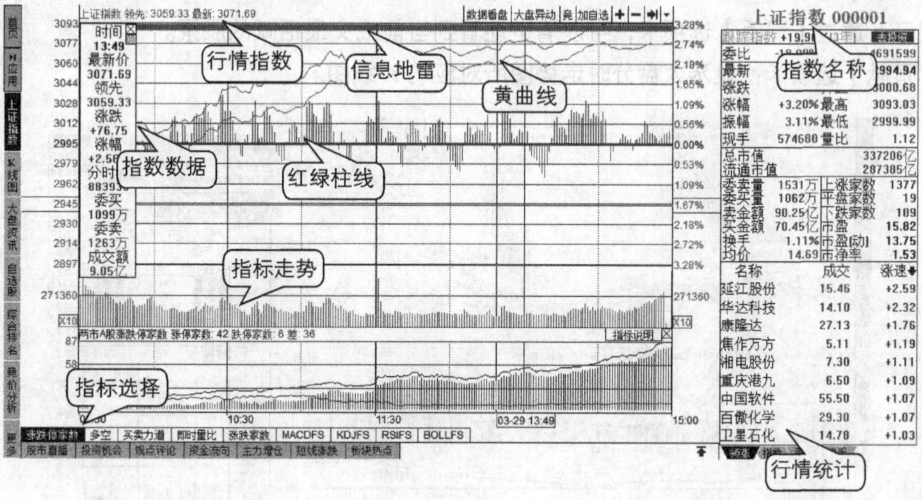

下面对上图中所标注的各模块进行详细说明。

（1）行情数据：位于行情分时走势图顶部的左侧，用来显示分时图及各个指标的最新数据，如上图所示为“上证指数 领先：3059.33 最新：3071.69”。其中，“上证指数”表示当前为上证指数大盘，“3059.33”表示当前分时走势图中上证指数的领先点位，“3071.69”表示当前分时走势图中上证指数的最新点位。

> **提示** 当投资者在分时走势图中移动光标的时候，上证指数的最新点和领先点的数据均会不断刷新。

（2）指数名称：显示当前所在分时走势图中的指数名称。

（3）信息地雷：反映市场上的重要消息。将光标移到上边时会显示信息摘要，按空格键可以查看信息详情。

（4）红绿柱线：反映大盘即时所有股票的买盘与卖盘在数量上的比率。红柱线的增长减短表示上涨买盘力量的增减，绿柱线的增长缩短表示下跌卖盘力度的强弱。

（5）黄白线：在分时走势图中有一条白线和一条黄线，其中，白线代表含有加权的股票价格走势，大盘股对其影响大些；黄线代表不含加权的股票价格走势，小盘股对其影响大些。

> **提示** 指数上涨时，黄线在白线上面表示小盘股涨幅更大，反之则表示大盘股涨幅更大。当指数下跌时，黄线在白线下面表示小盘股跌幅更大，反之则表示大盘股跌幅更大。

（6）指标数据：显示每一时期内的成交数据，该数据随光标的移动而不断刷新变化。

（7）指标走势：代表相对应指标的走势变化。

（8）指标选择：由一组选项卡组成，包括【涨跌停家数】选项卡、【多空】选项卡、【买卖力道】选项卡、【即时量比】选项卡、【涨跌家数】选项卡等。

（9）行情统计：显示市场中涨跌、涨幅、现手、总手、委买量、委卖量、市净率等行情信息。

【指数】选项卡：统计与上证指数相关的上证 180、A 股指数、B 股指数、基金指数等信息。

【领涨】选项卡：显示股票的快速涨幅排名信息。

【现手】选项卡：显示所有股票最近一笔成交的手数并进行排名。

提示：通过【现手】选项卡，可以清楚地看到当前成交最活跃的股票。

【贡献】选项卡：显示大盘分时走势图所对应的 K 线图。

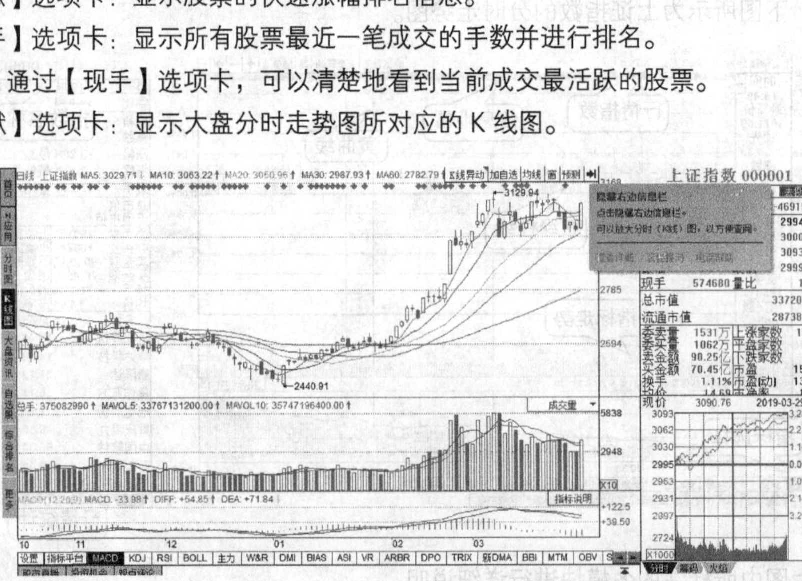

> **提示**
>
> 查不到某一种选项卡时，可单击◄►按钮进行调整查看。

5.6.3 个股分时走势

投资者使用键盘直接输入个股的简称或代码，并按【Enter】键就可直接进入个股的分时走势图。例如，使用键盘直接输入“600036”或者输入“ZSYH”，并按【Enter】键可进入招商银行的分时走势图，如下图所示。

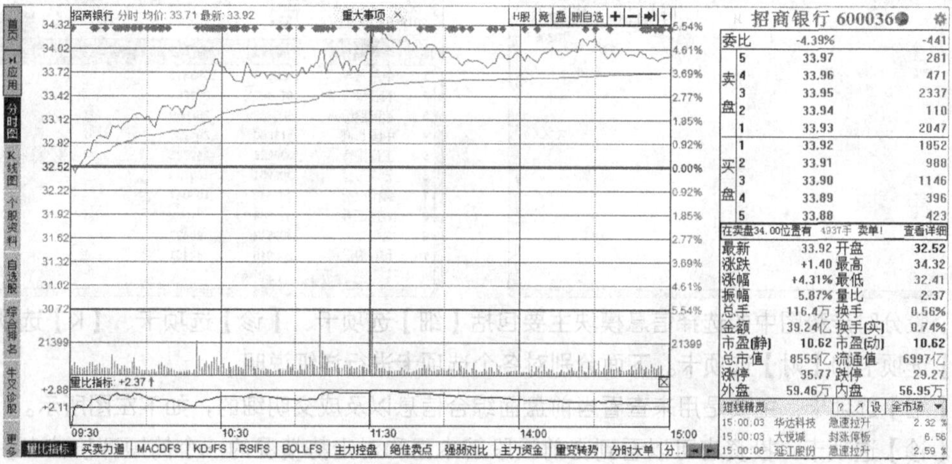

个股分时走势图中的行情数据、信息地雷、黄白线、指标数据、指标走势、指数名称、行情统计等功能与大盘分时走势图中的功能类似，这里就不再进行过多阐述。下面对个股分时走势图中的短线精灵模块和选择信息模块进行说明。

短线精灵模块主要是为投资者提供个股中最近出现异动的股票信息，单击右下角【短线精灵】界面的↗，弹出【短线精灵】的完整界面，如下左图所示。

在短线精灵模块中单击【？】按钮?，会弹出【短线精灵使用说明】对话框，如下右图所示。

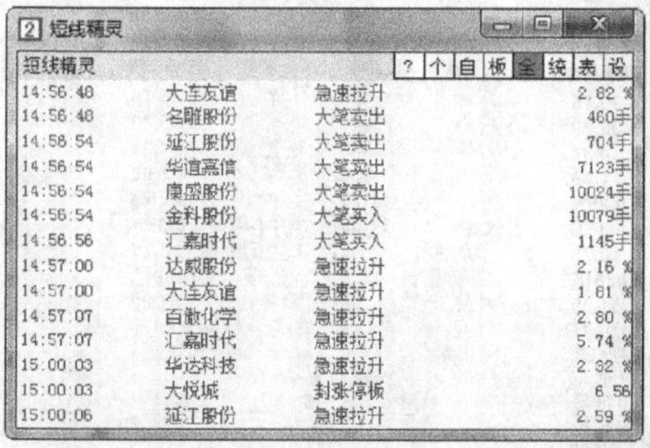

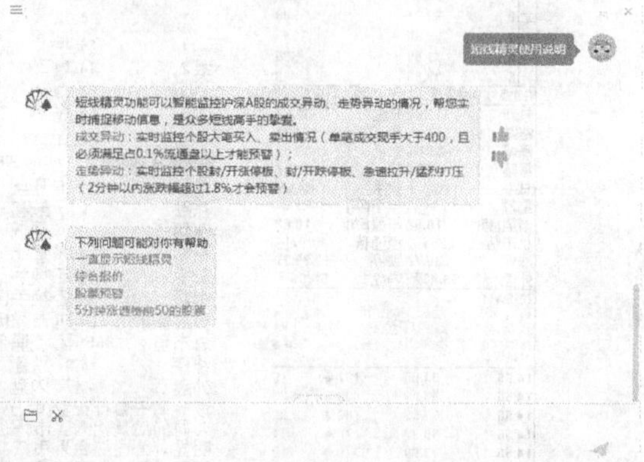

在短线精灵模块中单击【全】按钮全，可以查看全市场中的个股条件预警信息。

在短线精灵模块中单击【个】按钮个，可以查看当前代码个股的条件预警信息，如下图所示。

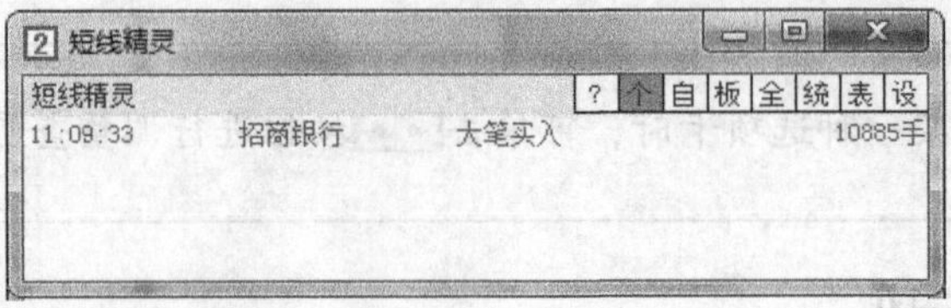

在短线精灵模块中单击【统】按钮 统，可以查看当前代码个股当天的行情，如下左图所示。

在短线精灵模块中单击【表】按钮 表，将打开【短线精灵统计】窗口，可以对全市场中个股的行情进行排序来选股，如下右图所示。

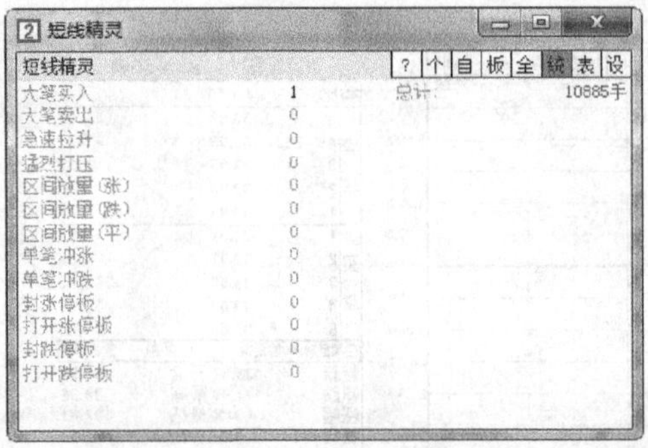

个股分时走势图中的选择信息模块主要包括【细】选项卡、【诊】选项卡、【K】选项卡、【指】选项卡和【财】选项卡。下面分别对各个选项卡进行详细说明。

【细】选项卡：主要是用来查看当前盘面综合信息以及成交明细的，如下左图所示。

【诊】选项卡：投资者可以看到当前该股基本面和对走势情况的一个简短评价信息，如下中图所示。

【K】选项卡：可以在查看当前盘面综合信息的同时查看其所对应大盘的K线走势，如下右图所示。

【指】选项卡：可以在分析个股行情的同时查看其所对应大盘的 K 线走势和分时走势，如下左图所示。

> **提示** 当个股走势与大盘出现巨大差异时，表示这只股票肯定出现了异常，投资者此时就需要倍加注意该股的走势。

【财】选项卡：可以用来查看该股票的各项重要财务信息，如下右图所示。

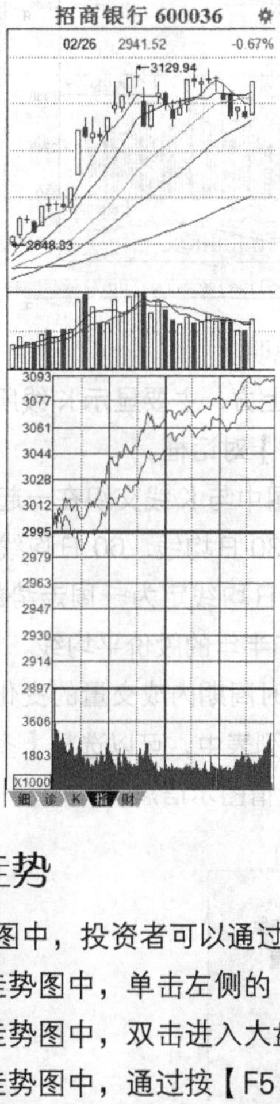

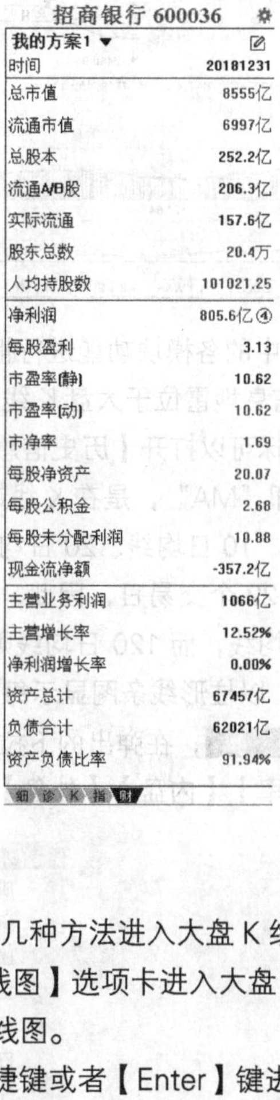

招商银行 600036

我的方案1

时间	20181231
总市值	8555亿
流通市值	6997亿
总股本	252.2亿
流通A/B股	206.3亿
实际流通	157.6亿
股东总数	20.4万
人均持股数	101021.25
净利润	805.6亿④
每股盈利	3.13
市盈率(静)	10.62
市盈率(动)	10.62
市净率	1.69
每股净资产	20.07
每股公积金	2.68
每股未分配利润	10.88
现金流净额	-357.2亿
主营业务利润	1066亿
主营增长率	12.52%
净利润增长率	0.00%
资产总计	67457亿
负债合计	62021亿
资产负债比率	91.94%

细 诊 K 指 财

5.6.4 大盘 K 线走势

在大盘的分时走势图中，投资者可以通过以下几种方法进入大盘 K 线图。

（1）在大盘分时走势图中，单击左侧的【K 线图】选项卡进入大盘 K 线图。

（2）在大盘分时走势图中，双击进入大盘 K 线图。

（3）在大盘分时走势图中，通过按【F5】快捷键或者【Enter】键进入大盘 K 线图。

> **提示** 使用【F5】快捷键，可以在大盘分时走势图、大盘 K 线图两个界面之间进行循环切换；使用【Enter】键可以在大盘分时走势图、大盘 K 线图和行情报价三个界面间循环切换。

（4）除了从大盘分时走势图进入大盘 K 线图外，可以使用键盘直接输入大盘的简称或代码，并连续按【Enter】键，直至进入大盘 K 线走势图为止。

例如，使用键盘直接输入“SZZS”，并按【Enter】键便可进入上证指数的 K 线走势图，其界面如下图所示。

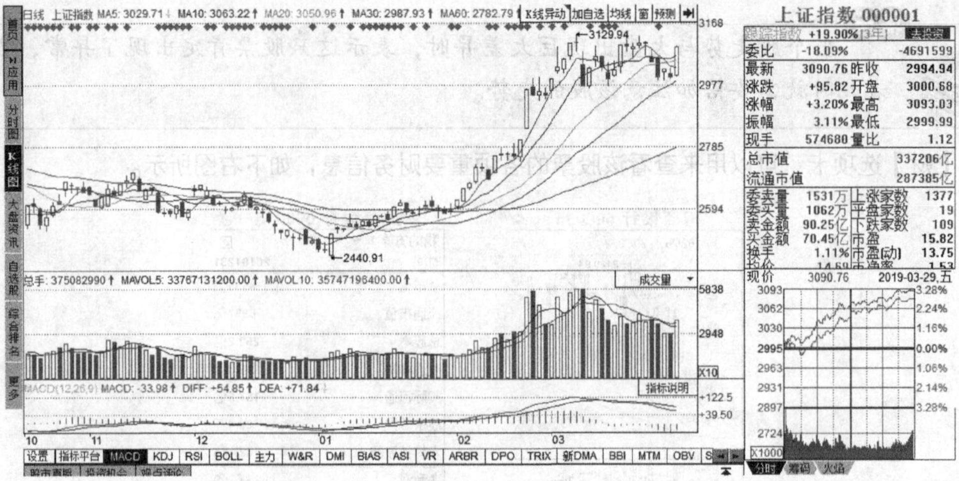

下面对大盘 K 线图中的各模块功能进行相关说明。

（1）信息地雷：信息地雷位于大盘 K 线图的上方，主要显示 K 线所对应时期的重要信息，单击每一个信息地雷图标可以打开【历史信息地雷】对话框。

（2）均线：均线即“MA”，是在 K 线走势图中与 K 线交织在一起的一系列线条。系统均线可以设置为 5 日均线、10 日均线、20 日均线、30 日均线、60 日均线和 120 日均线。每周有 5 个交易日，每月约有 22 个交易日，因此，将 5 日均线定为一周走势的股价平均线，20 日均线定为一个月的股价平均线，而 120 日均线则是指半年的股价平均线。

（3）成交量变化：以柱形线条图显示每个分时周期内成交量的变化情况，单击右侧的【成交量】按钮 成交量 ，在弹出的下拉菜单列表中，可以选择【多周期成交量】【虚拟成交量】【金额】【换手率】【内盘】【外盘】等行情图示信息。

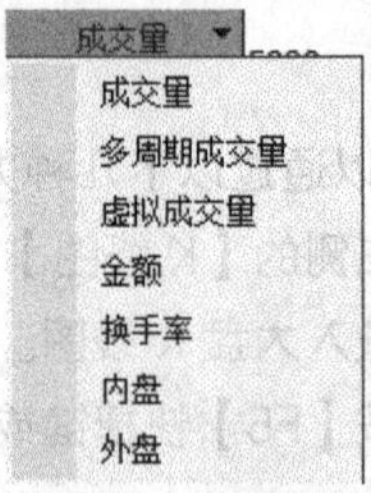

在成交量变化走势图中，双击空白部分可以将成交量变化走势图放大。

提示

再次双击空白部分可还原。

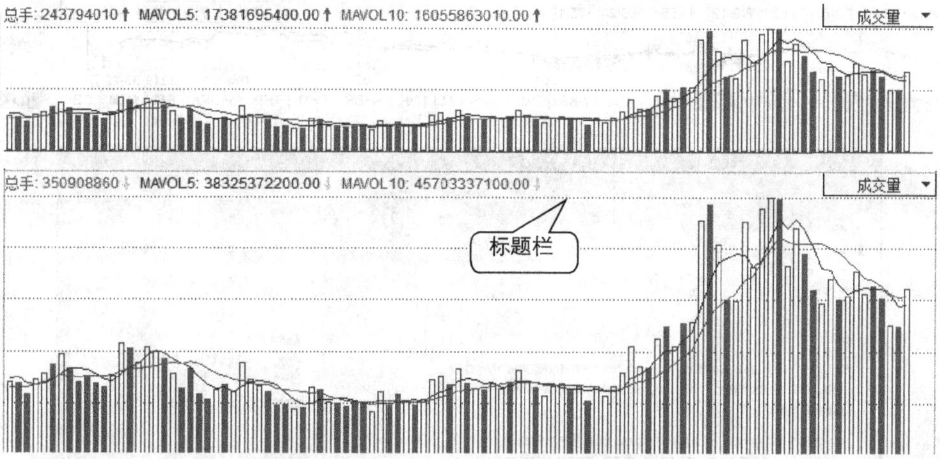

在成交量走势图中，双击成交量走势图标题栏的任一位置，在打开的【技术指标参数设置－成交量】对话框中，可以对曲线的参数进行设置。

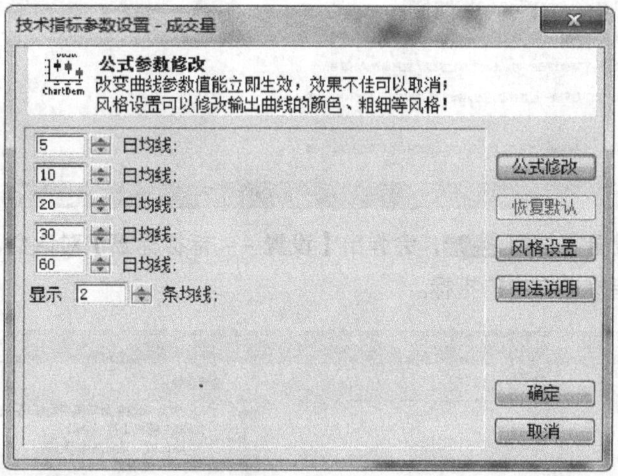

（4）多指标选择：通过单击不同的选项卡，可以查看 MACD（指数平滑异同移动平均线）指标、KDJ 指标（随机指标）、RSI 指标（相对强弱指标）、ASI 指标（振动升降指标）、OBV（能量潮）指标等众多指标走势图。

单击右侧的【指标说明】按钮 指标说明，可以查看当前所选指标选项卡的指标使用说明，例如，选择【RSI】选项卡并单击【指标说明】按钮，将会弹出 RSI 指标的【指标说明】对话框，如下图所示。

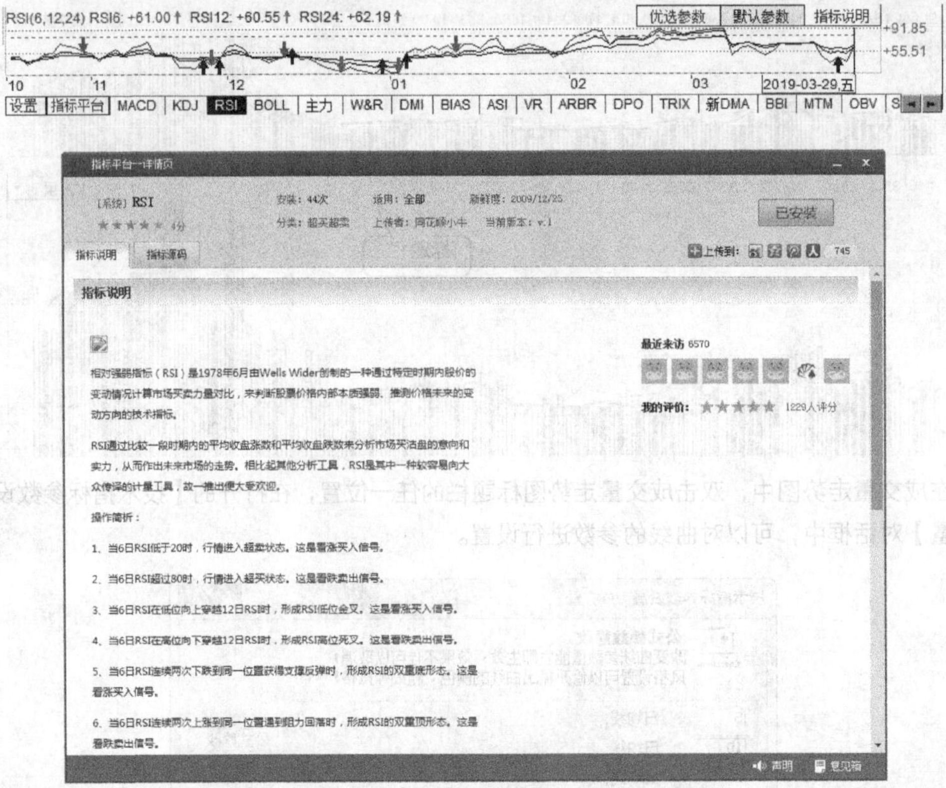

单击左侧的【设置】按钮 设置，会弹出【设置 -- 指标标签】对话框，在该对话框中可以设置大盘 K 线图多指标选择中的指标。

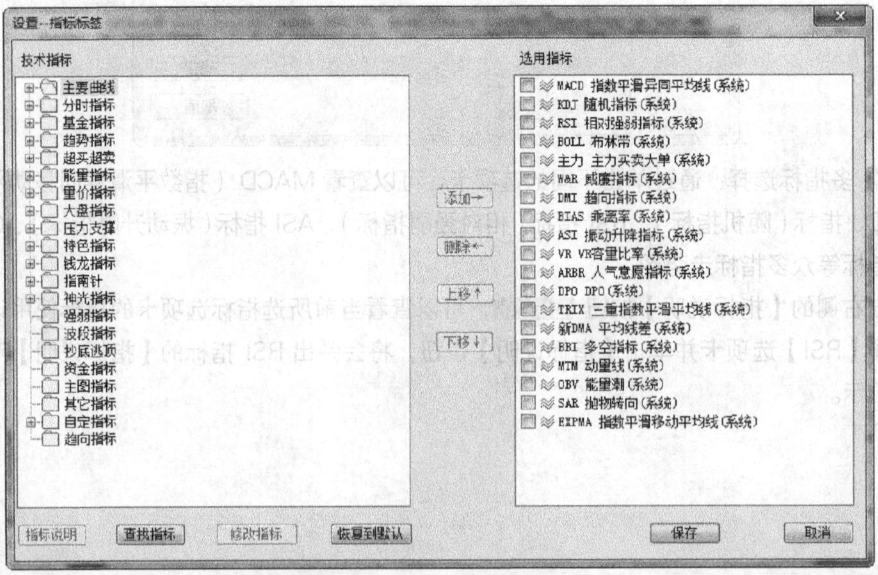

（5）指数名称：显示当前所在 K 线走势图的指数名称。

（6）行情统计：显示市场中涨跌、涨幅、现手、总手、委买量、委卖量、市净率等行情信息。

（7）选择信息：选择信息模块中包含【分时】【筹码】【火焰】3 个选项卡。【分时】选项卡显示大盘的分时走势图，【筹码】选项卡显示筹码分布图，【火焰】选项卡是显示火焰山图，如下图所示。

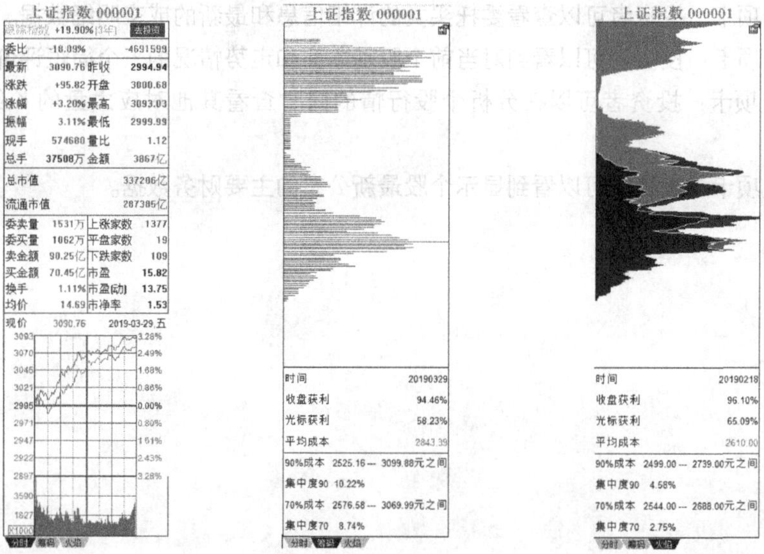

在大盘 K 线走势图中，按【F8】快捷键可以在不同周期的 K 线中顺序切换，利用下表所示的快捷键可以快速在不同 K 线周期间切换。

K 线周期	对应快捷键	K 线周期	对应快捷键
1 分钟	M1 + Enter	日线	D + Enter
5 分钟	M5 + Enter	周线	W + Enter
15 分钟	M15 + Enter	月线	MO + Enter
30 分钟	M3 + Enter	季线	S + Enter
60 分钟	M6 + Enter	年线	Y + Enter

5.6.5 个股 K 线走势

投资者可以从个股分时走势图中直接进入个股 K 线走势图，也可以使用键盘直接输入个股代码或名称，按【Enter】键快速进入个股 K 线走势图。下图所示为【招商证券】个股 K 线走势图。

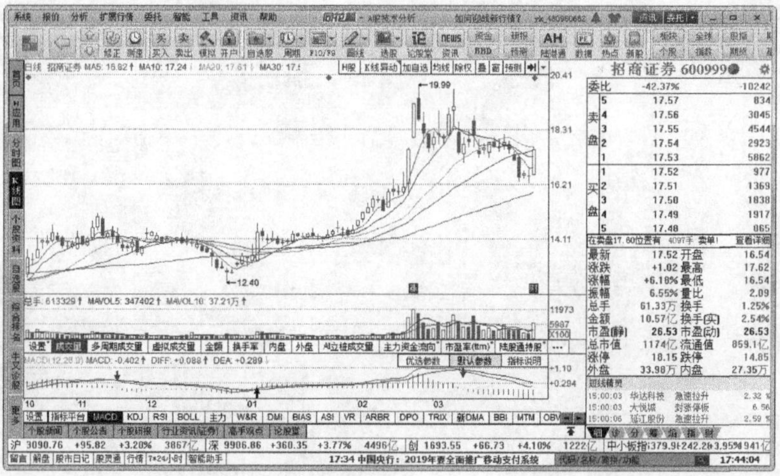

在【选择信息】模块中，与大盘 K 线走势图对比，会发现多出了【细】选项卡、【诊】选项卡、【指】选项卡和【财】选项卡，下面分别介绍这 4 个选项卡的功能。

【细】选项卡：投资者可以查看委托买卖的详细信息和最新的成交明细数据。

【诊】选项卡：投资者可以看到对当前个股基本面和走势情况的一个简短评价信息。

【指】选项卡：投资者可以在分析个股行情的同时查看其他对应大盘的 K 线走势和分时走势。

【财】选项卡：投资者可以看到显示个股最新公布的主要财务数据。

第2篇
精通篇

第 6 章　认识【系统】菜单

同花顺的【系统】菜单包含连接主站、断开连接、显示服务器连接信息、数据修正以及重新初始化等菜单项。

6.1 连接主站

连接主站也就是连接到行情主站，只有连接到主站，投资者才能对大盘进行实时的观察，才能接收到最新的股市快讯。

连接主站已经在连接网络之后自动选择，无须单击，即可直接连接到主站，观看到实时股市动态。

倘若单击【断开连接】，那么再次连接主站可按如下步骤操作。

❶ 选择【系统】>【连接主站】菜单命令。

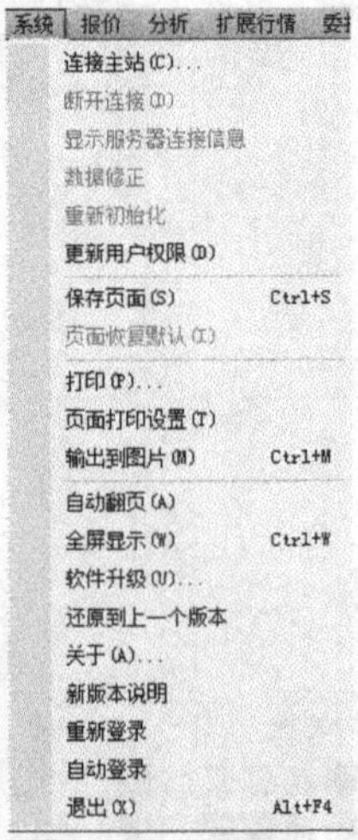

❷ 在弹出的【登录到全部行情主站】对话框中单击【选择最快行情主站】按钮 选择最快行情主站 。

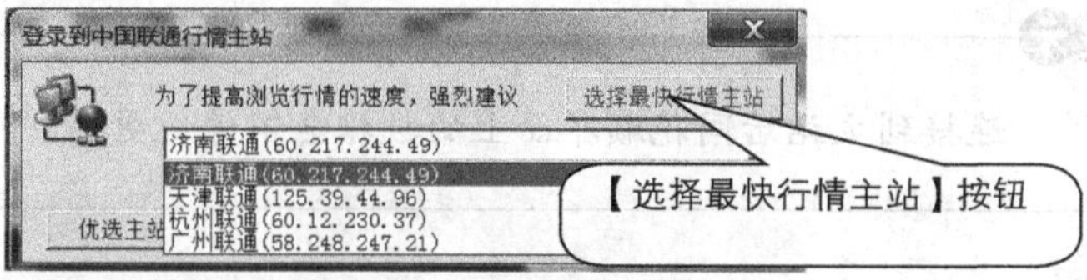

❸ 在弹出的【选择最优行情主站】对话框中，选择最优行情主站。

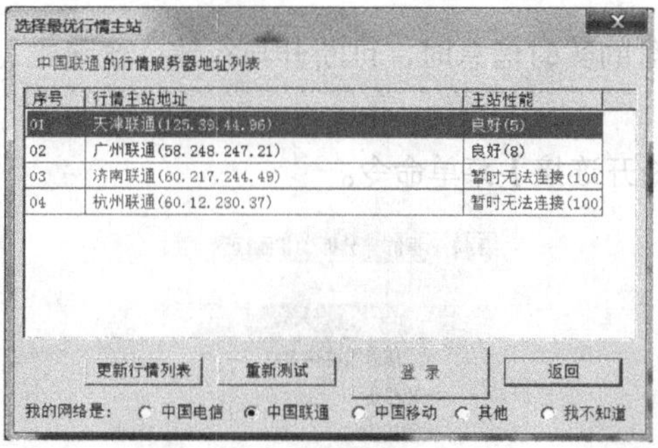

提示

单击【优选主站】按钮 优选主站 ，也可选择最优行情主站。

❹ 根据最优行情主站列表，返回到【登录到全部行情主站】对话框，在下拉列表框中选择最优主站并单击【确定】按钮。

提示

通信设置的作用是对已经选择过的各项再次核实，或者更改其他一些联网信息。

❺ 进入同花顺的操作页面，如下图所示。

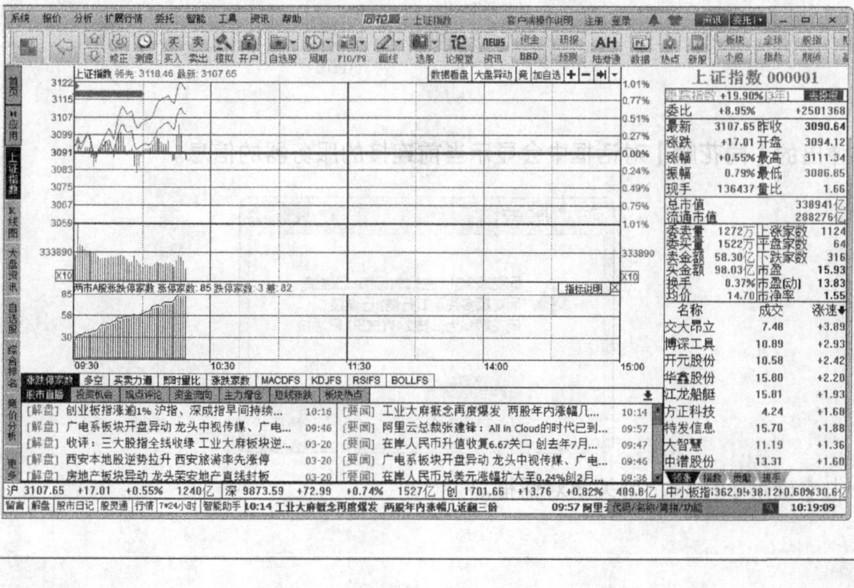

提示

连接到主站后同花顺界面上的数据会不停地更新。

6.2 断开连接

投资者不需要接收大盘的实时信息时，可断开与行情、资讯主站的连接。断开连接的具体操作步骤如下。

❶ 选择【系统】➤【断开连接】菜单命令。

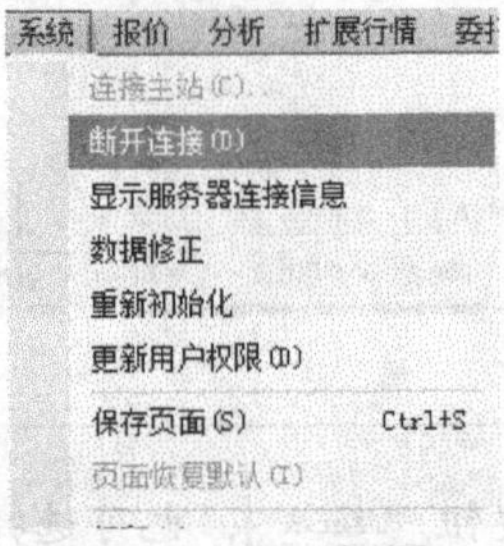

❷ 这时投资者不能接收行情主站的实时信息，页面上的行情数据不再发生变化。

6.3 显示服务器连接信息

【显示服务器连接信息】菜单项可以显示当前连接的服务器的信息。投资者至少需要连接 1 台行情服务器和 1 台资讯服务器。

查看服务器连接信息的具体操作步骤如下。

❶ 选择【系统】➤【显示服务器连接信息】菜单命令。

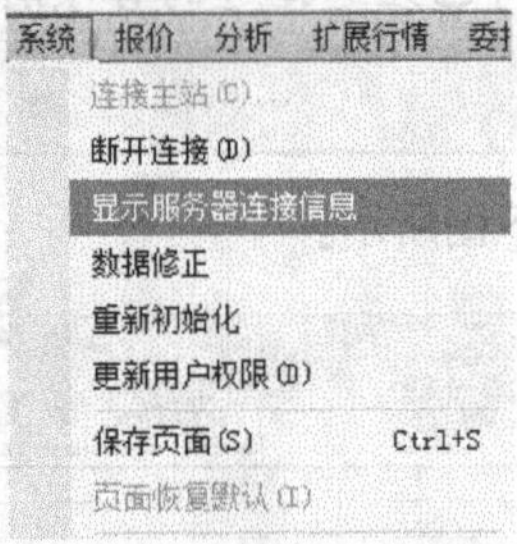

❷ 在弹出的【同花顺】对话框中会显示当前连接的服务器的信息。

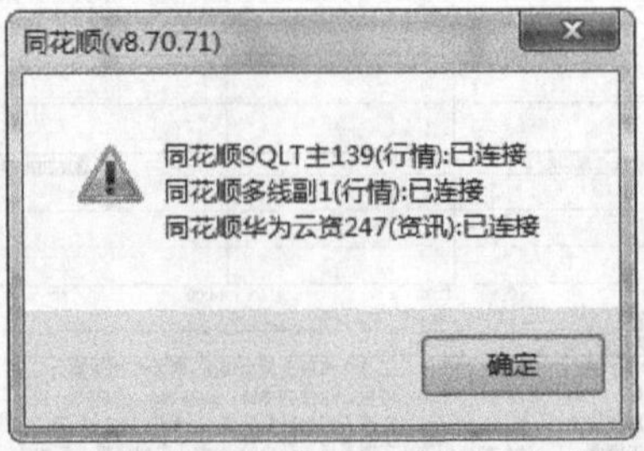

❸ 单击【确定】按钮，可关闭对话框。

6.4 数据修正

当前价格数据发生非常规性改变时，或者发现数据不全、有误时，选择【数据修正】选项，系统就会将自动更新出的最新行情数据发送到本地的电脑上。

选择【数据修正】的具体操作步骤如下。

❶ 选择【系统】➤【数据修正】菜单命令。

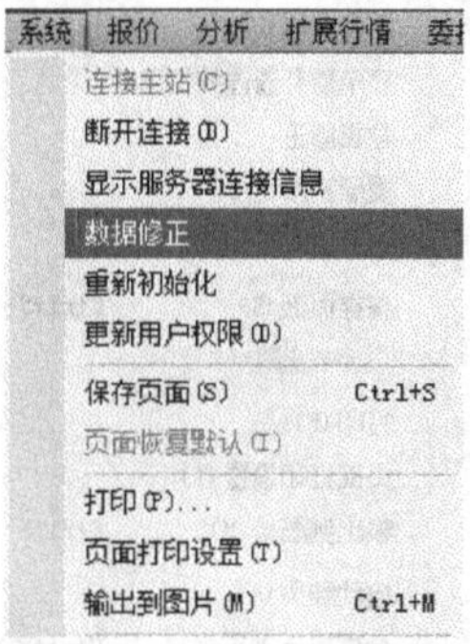

❷ 系统将自动更新出最新的行情数据并发送到本地的电脑上。

6.5 重新初始化

当股票名称发生非常规性改变（如个股因为重组而改名）时，投资者需要单击此选项，系统将自动更新出最新的股票名称列表。

进行重新初始化的具体操作步骤如下。

❶ 选择【系统】➤【重新初始化】菜单命令。

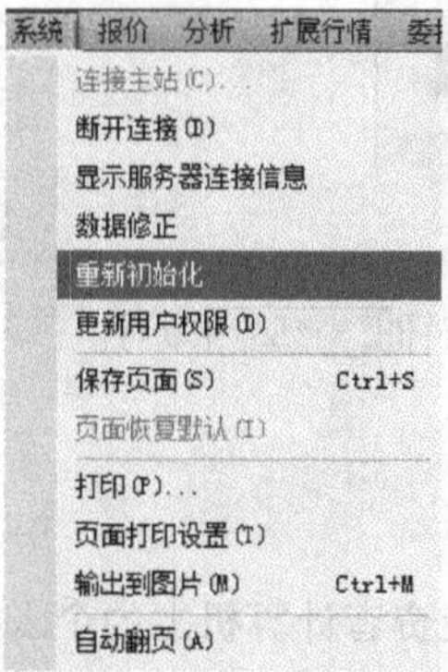

❷ 弹出【重新初始化】进度条，系统将自动更新出最新的股票名称。

6.6 软件升级

升级的作用是将程序升级到最新版本，以便体会更优质的服务。

同花顺软件的升级都以模块的方式实现，即只升级需要升级的那个模块，而不是下载整个程序。

提示 投资者应避免在交易时选择【软件升级】，升级后显示最新的界面，之前的交易界面不再显示，如果投资者正在交易，交易会出现停滞，甚至不成功。

选择【软件升级】的具体操作步骤如下。

❶ 选择【系统】➢【软件升级】菜单命令。

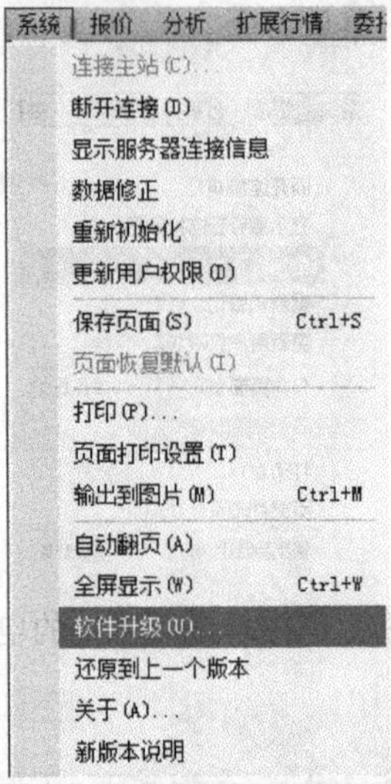

❷ 弹出【自动升级】对话框，如下图所示。

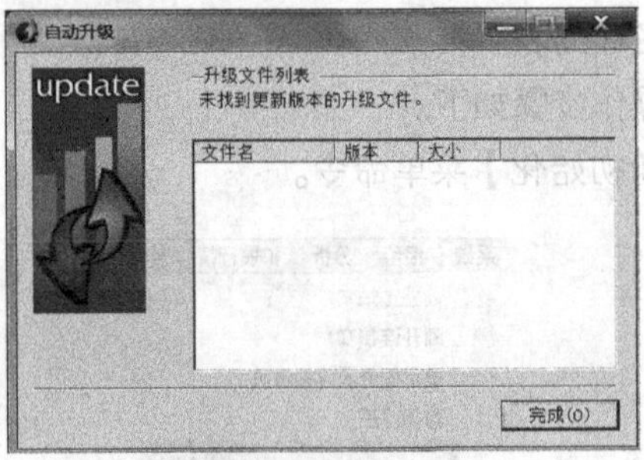

❸ 升级完成后，单击【完成】按钮 完成(O) 即可。

6.7 更新用户权限

更新用户权限可以更新存储在投资者计算机上的个人权限信息。当投资者开通了新的同花顺服务时，投资者就需要更新用户权限以使用所开通的新功能。

提示 投资者应避免正在炒股或者交易时更新用户权限信息，因为更新用户权限后，所设置的一些选项会随着用户权限的更新，恢复为最初状态。

更新用户权限的具体操作步骤如下。

❶ 选择【系统】➢【更新用户权限】菜单命令，如下图所示。

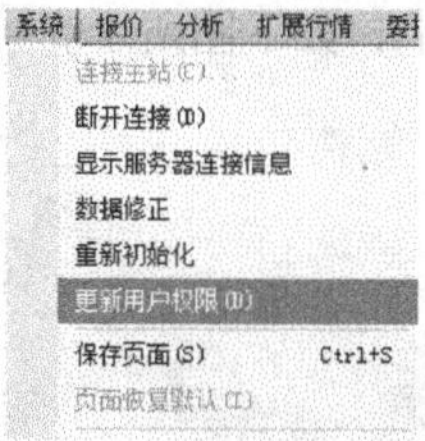

❷ 弹出【认证】对话框，更新完成后自动关闭对话框。

6.8 保存页面

保存页面即保存投资者对当前页面所做的修改。投资者调整了当前页面中显示的内容后，可以单击【保存页面】菜单项进行保存，确保下次进入时会看到同样的界面。

例如，保存浦发银行的【个股全景】页面的具体操作步骤如下。

❶ 打开软件，使用键盘直接输入【浦发银行】的代码“600000”，然后按【Enter】键，进入浦发银行的【分时图】页面。

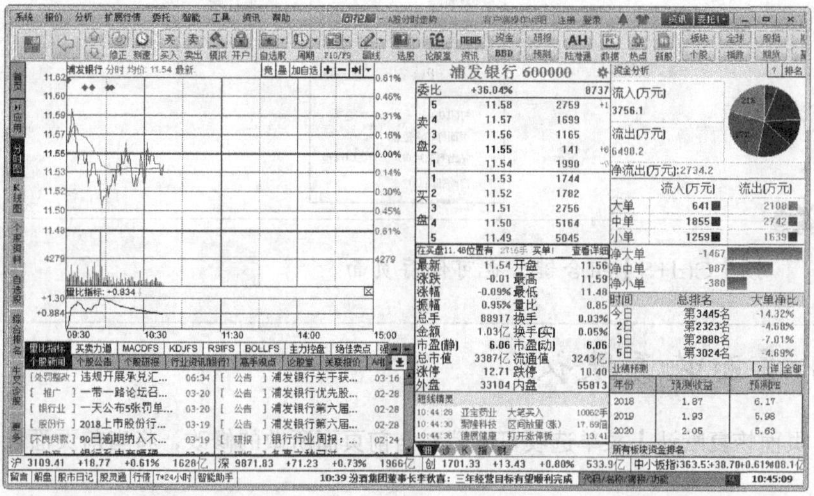

❷ 选择【分析】➤【个股全景】菜单命令，进入浦发银行的【个股全景】页面。

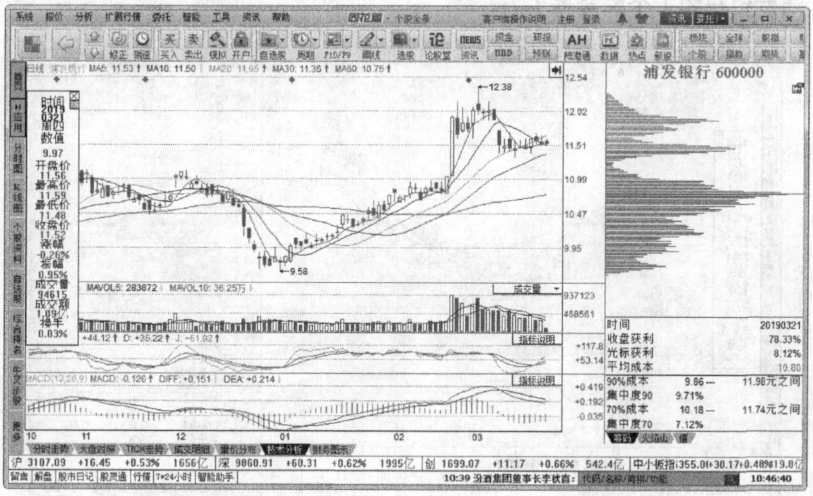

❸ 单击页面右下角的【值】选项卡，如下图所示。

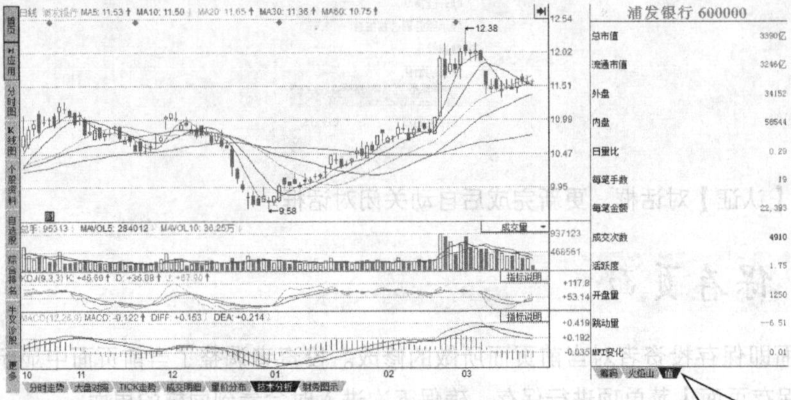

【值】选项卡

❹ 选择【系统】➢【保存页面】菜单命令，如下图所示。

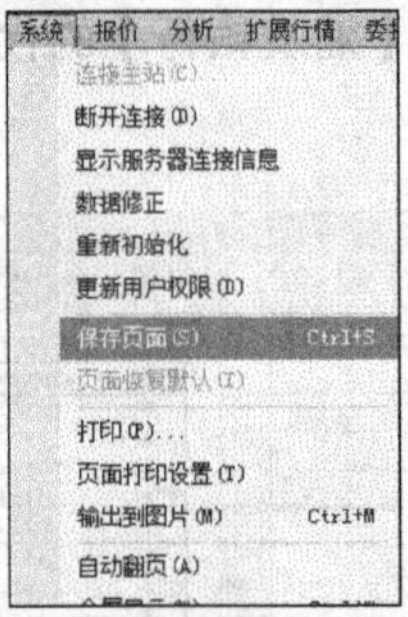

提示

按【Ctrl+S】组合键，也可保存页面。

6.9 页面恢复默认

选择【页面恢复默认】菜单选项可取消对当前页面所做的修改，将当前页面恢复成系统默认的样式。

例如，取消对浦发银行的【个股全景】页面的设置的具体操作步骤如下。

❶ 进入浦发银行的【个股全景】。

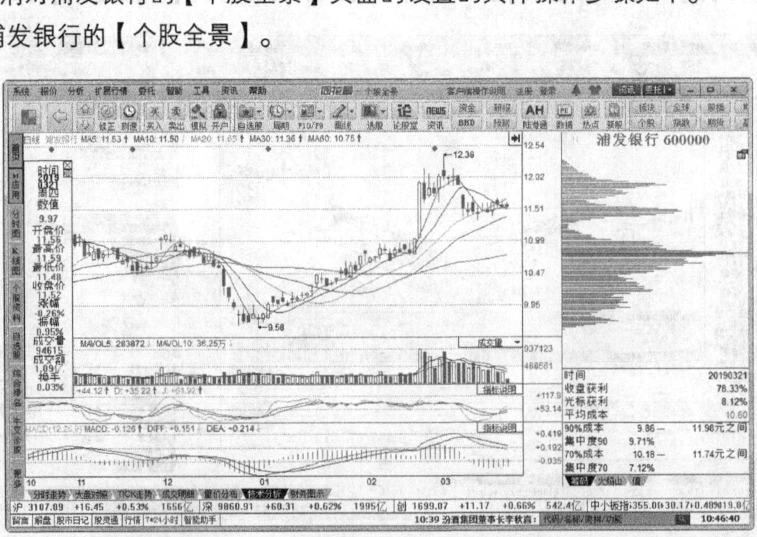

❷ 选择【系统】➢【页面恢复默认】菜单命令，如下图所示。

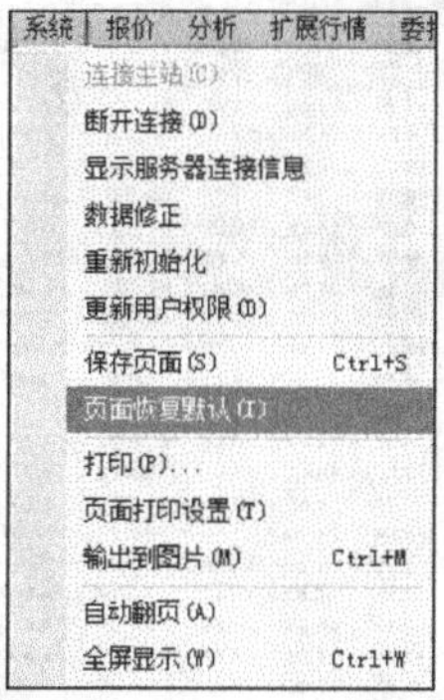

❸ 弹出【同花顺】对话框，如下图所示。

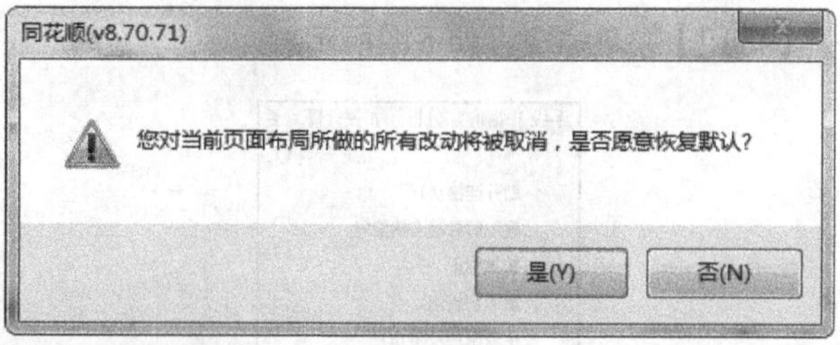

❹ 单击【是】按钮，即可恢复为系统默认样式。

6.10 打印

投资者安装了打印机，且需要将当前页面显示的内容、市场行情报价、分时走势图、K 线图等打印保存时，可选择【打印】菜单项进行打印。例如，打印【沪深 300】页面的具体操作步骤如下。

❶ 打开软件，在下方选择【指标股】➢【沪深 300】选项卡。

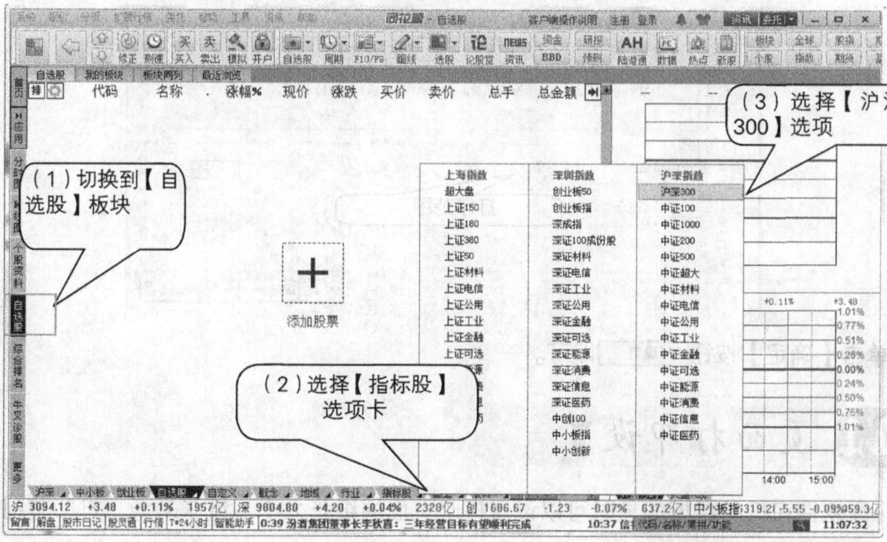

❷ 打开【沪深 300】页面，如下图所示。

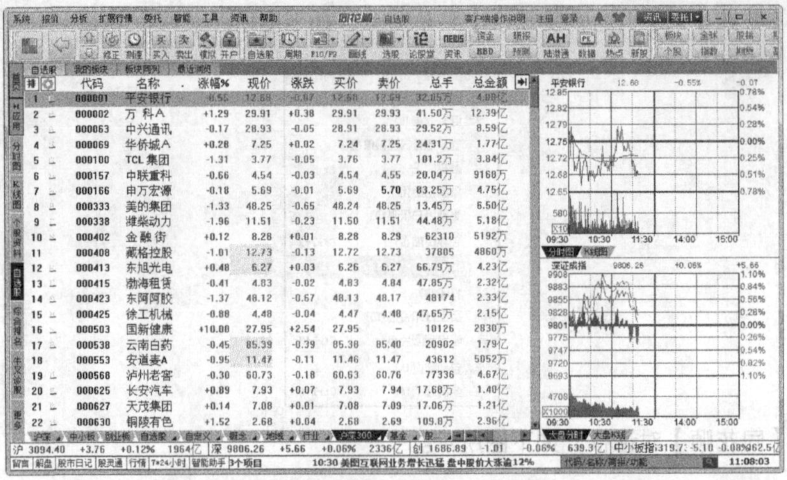

❸ 选择【系统】➤【打印】菜单命令，如下图所示。

❹ 在弹出的【打印】对话框中选择所要连接的打印机、打印范围，并设置打印份数，如下图所示。

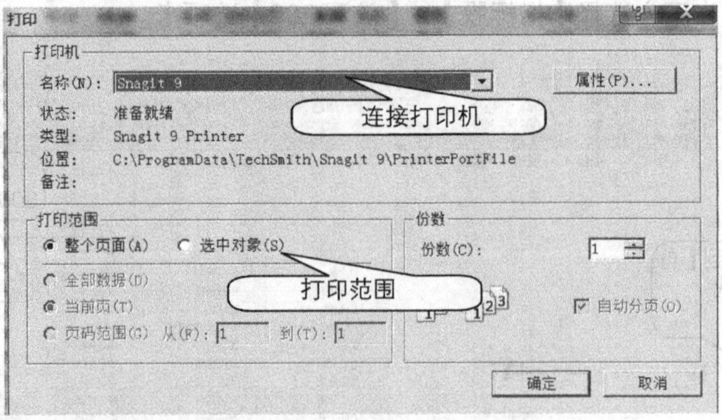

❺ 单击【确定】按钮 确定 即可。

6.11 页面打印设置

同花顺软件在打印数据信息时可以设置打印页面的纸张大小、纸张来源、打印范围、页眉/页脚内容、方向以及边距等属性。

例如，对南方航空的【个股资料】页面进行打印设置的具体操作步骤如下。

❶ 打开软件，使用键盘直接输入南方航空的代码“600029”，然后按【Enter】键，进入南方航空的【分时图】页面。

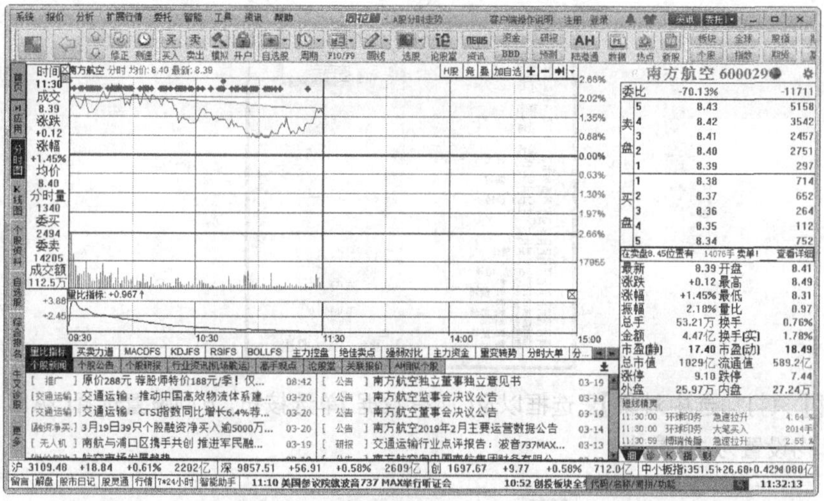

❷ 选择【分析】➢【个股资料】菜单命令，进入南方航空的【个股资料】页面。

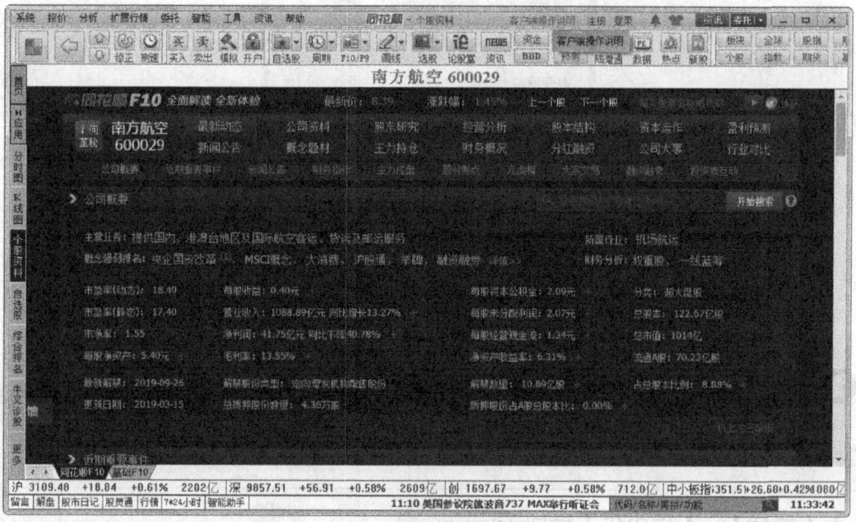

❸ 选择【系统】➢【页面打印设置】菜单命令。

❹ 在弹出的【页面设置】对话框中单击【大小】列表框右侧的▼按钮，弹出下拉列表，选

择纸张大小为【A4】，如下图所示。

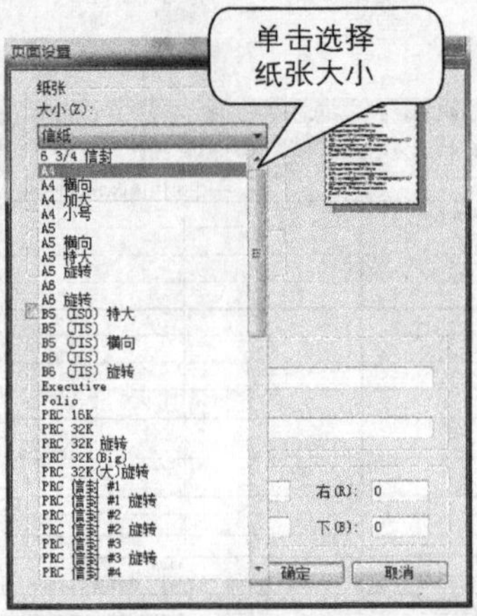

❺ 选中【只打印选中对象】复选框以及【所有数据】单选按钮，方向设置选择【纵向】单选按钮，【页边距】均设置为 10 毫米。

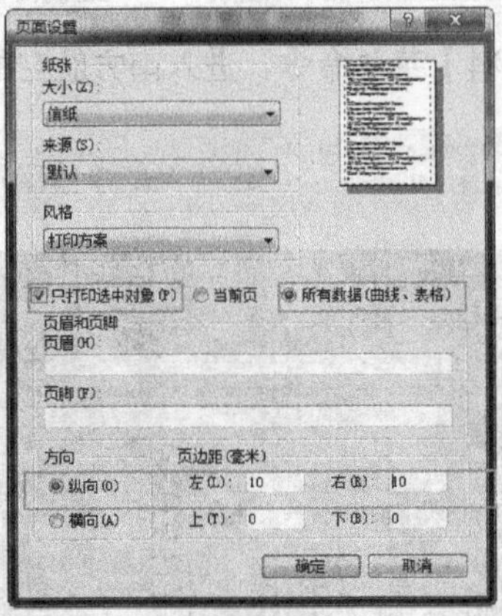

提示

在打印范围里面选择了“所有数据”后，需要“刷新数据”或者将相关内容看一遍才能打印出来。例如，要将表格从第一页翻到最后一页。

❻ 单击【系统】➤【打印机】按钮 打印机(P)... 。

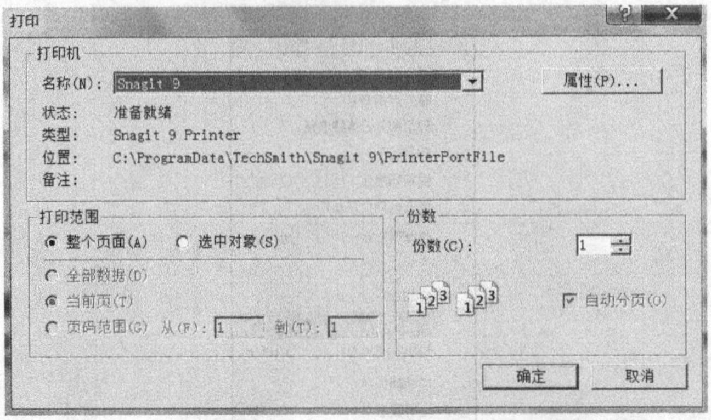

❼ 单击【名称】列表框右侧的 ▾ 按钮，在下拉列表框中选择“Snagit 9”，如下图所示。

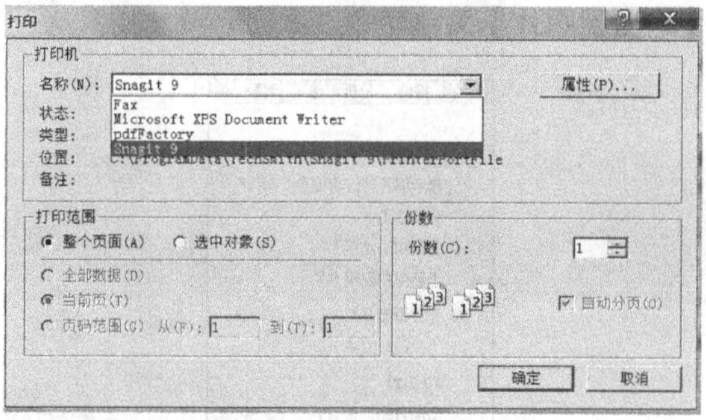

❽ 单击【确定】按钮 确定 ，完成打印任务。

6.12 输出到图片

保存当前页面的方法除了打印外，另一个就是选择【输出到图片】菜单命令，将当前页面保存为BMP或JPG格式的图片。例如，将南方航空【个股资料】页面输出为图片，其具体操作步骤如下。

❶ 打开软件，使用键盘直接输入南方航空的代码“600029”，然后按【Enter】键，进入南方航空的【分时图】页面。

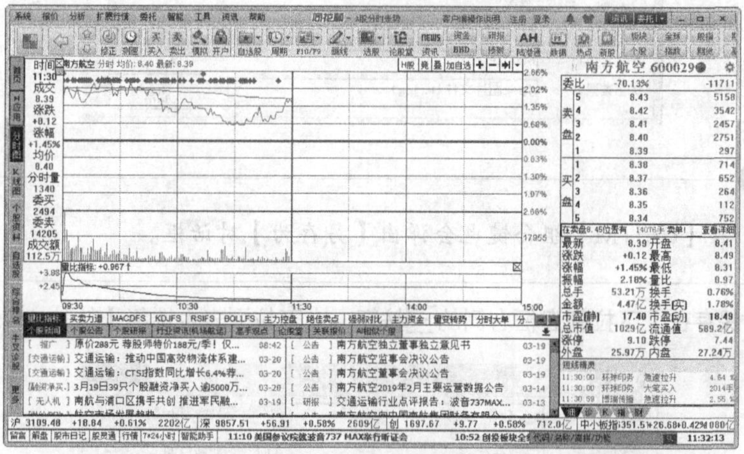

❷ 选择【分析】➢【个股资料】菜单命令，进入南方航空的【个股资料】页面。

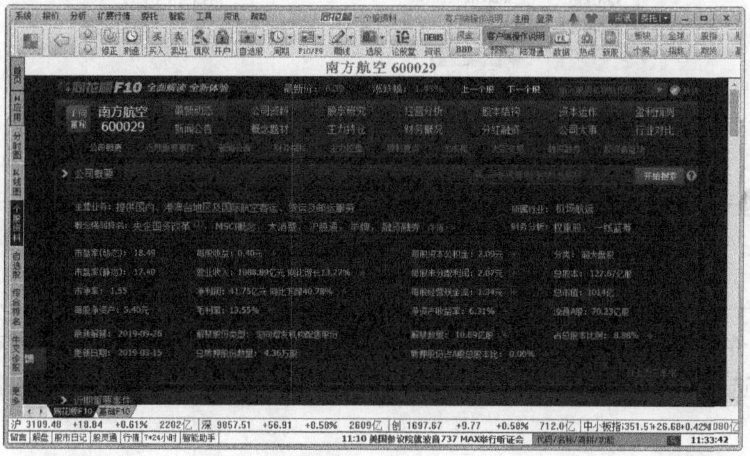

❸ 选择【系统】>【输出到图片】菜单命令。

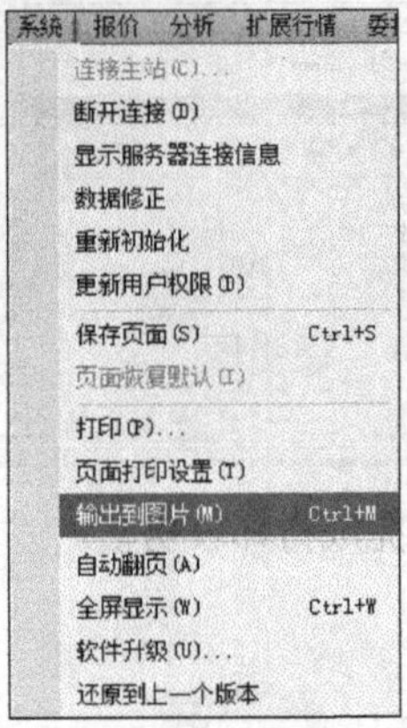

❹ 弹出【另存为】对话框。

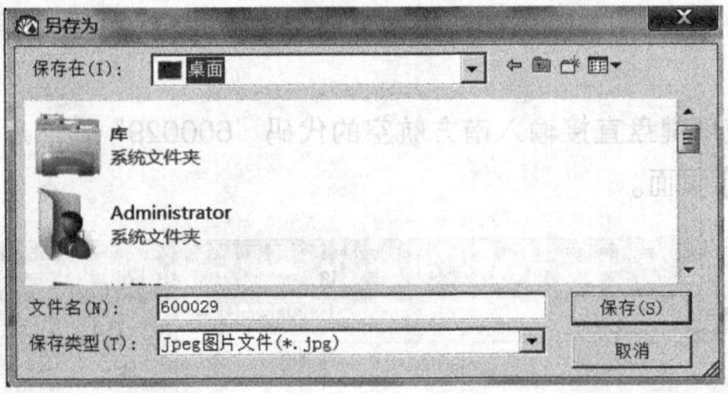

提示

按【Ctrl+M】组合键也会弹出【另存为】对话框。

❺ 单击【保存在】下拉列表框右侧的▼按钮，在下拉列表中选择【软件（D:）】。

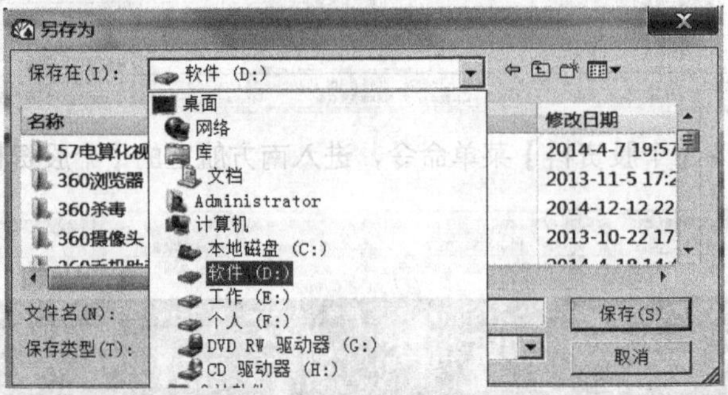

提示

投资者可以根据需要选择图片的保存路径。

❻ 在【文件名】文本框中输入“60029”，然后单击【保存类型】下拉列表框右侧的▼按钮，在下拉列表中选择“Jpeg 图片文件”，单击【保存】按钮保存(S)，完成图片的保存。

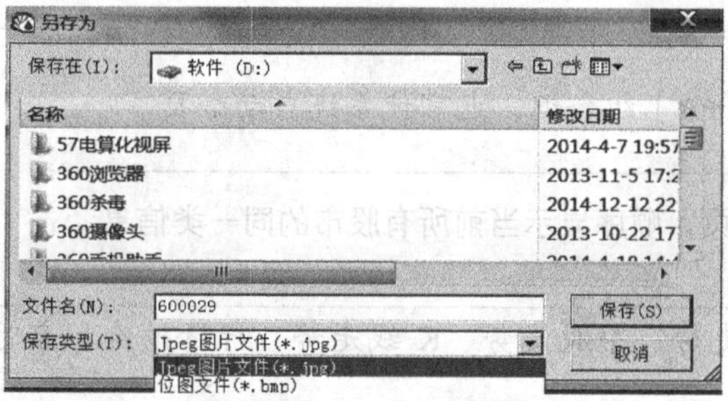

❼ 双击保存的图片可进行预览，如下图所示。

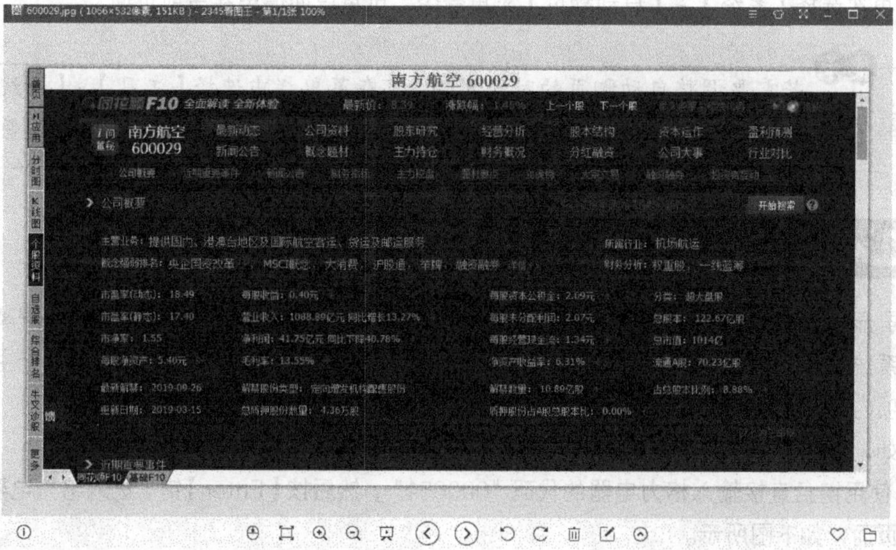

6.13 自动翻页

选择【自动翻页】后系统将自动翻页。可以在【工具】菜单下的【系统设置】中设置自动翻页的时间间隔和翻屏方式。使用自动翻页的具体操作步骤如下。

❶ 选择【系统】➢【自动翻页】菜单命令。

> **提示**
> 按【Ctrl+A】组合键，也可使系统自动翻页。

❷ 系统开始自动翻页，顺序显示当前所有股市的同一类信息。

> **提示**
> 在大盘走势、个股走势、K 线走势、行情报价和分时走势页面中均可实现自动翻页。

❸ 再次选择【系统】➤【自动翻页】菜单命令，可将界面停留在当前页面。

> **提示**
> 若需要调整自动翻页的时间间隔，可在菜单栏中选择【工具】➤【系统设置】菜单命令，在弹出的【系统设置】对话框中选择【其他设置】项进行设置。

6.14 全屏显示

全屏显示模式能增加投资者的可视面积，避免被任务栏中其他信息打扰。在全屏幕显示模式下，系统将自动隐藏菜单栏和工具栏。单击屏幕左下角的【菜单】按钮，即可显示主菜单里面的各项内容。

例如，全屏查看格力电器的【分时图】页面的具体操作步骤如下。

❶ 使用键盘直接输入格力电器的代码“000651”，然后按【Enter】键，进入格力电器的【分时图】页面，如下图所示。

❷ 选择【系统】➤【全屏显示】菜单命令，即可全屏显示格力电器的【分时图】页面。

提示

按【Ctrl+W】组合键，也可打开格力电器【分时图】的全屏模式。再次按【Ctrl+W】组合键，可退出全屏模式。

6.15 退出

退出同花顺时，投资者可以直接单击同花顺窗口右上角的【关闭】按钮☒，也可以使用【Alt+F4】组合键，还可以选择【系统】➤【退出】菜单命令。使用【退出】菜单命令退出同花顺的具体操作步骤如下。

❶ 选择【系统】➤【退出】菜单命令，如下图所示。

❷ 在弹出的【退出】对话框中会提示投资者是否退出软件，单击【退出】按钮，可以直接退出同花顺软件。

提示 如有其他账号，可以选择切换账号登录，如不想退出，可单击【取消】按钮返回到股票操作界面。

第 7 章　认识【报价】菜单

通过【报价】菜单投资者可以对所关注股票的各种变化清晰了解，并可以利用某些数据对股票进行排序，从而方便、快速地捕捉到强势、异动的股票。

7.1 沪深指数

沪深指数包含了沪深指数、沪深指数对比、上证系列、上证分类、深证系列和深证分类等各种沪深指数数据。例如，查看【沪深指数】报价数据的具体操作步骤如下。

❶ 选择【报价】➢【沪深指数】➢【沪深指数】菜单命令。

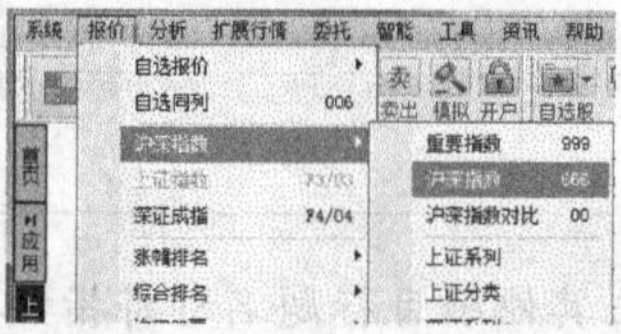

提示 投资者使用键盘直接输入“666”，然后按【Enter】键，也可以打开【沪深指数】报价页面窗口。

❷ 打开的【沪深指数】报价的详细分析页面如下图所示。

❸ 单击项目标题名称“现价”时，“现价”的右侧将会出现⬇图标，表示系统将指数按照“现价”降序排列。

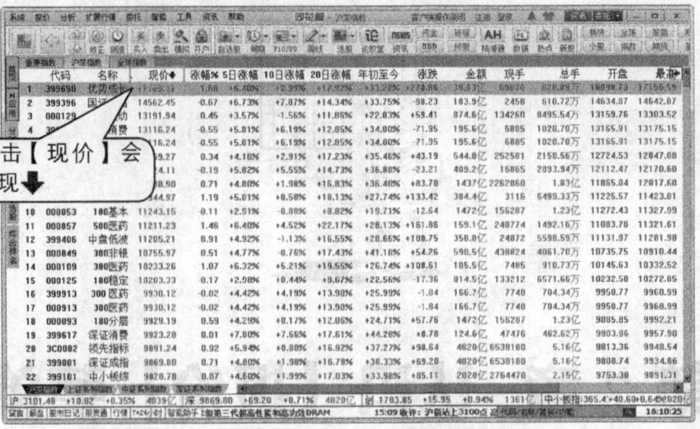

❹ 再次单击“现价”，“现价”右侧将出现⬆，表示将指数按照“现价”升序排列，如下图所示。

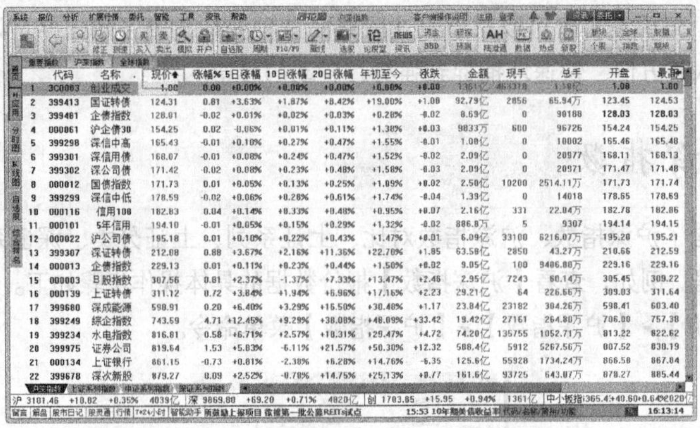

提示

投资者也可以单击其他项目标题名称将指数排序，查看股票指数信息。

❺ 双击【沪深指数】报价页面中的任意一种指数，便可打开该指数的分时走势图窗口。例如，双击【深成指R】，系统将进入深成指R的【分时图】窗口。

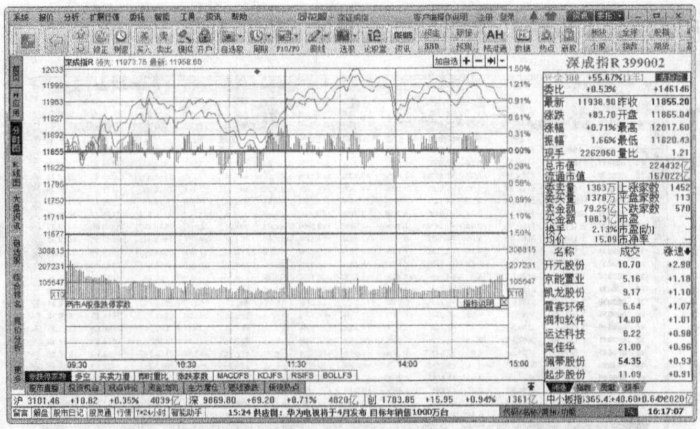

❻ 单击【K 线图】选项卡，将显示深成指 R 的 K 线走势图页面。

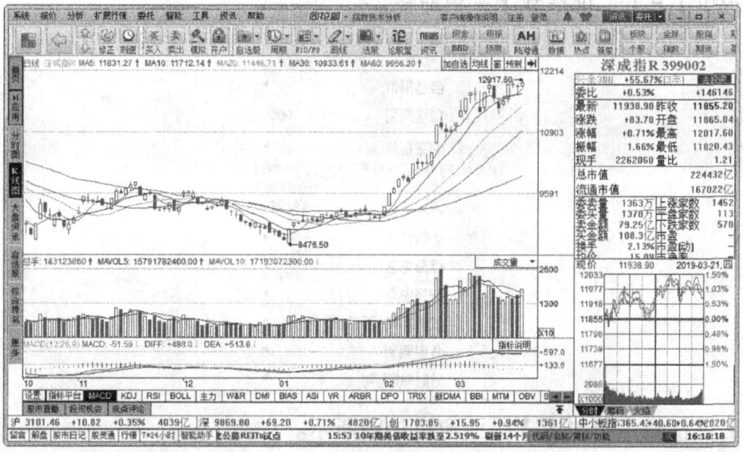

提示：投资者使用键盘直接输入投资股票的代码同样会弹出分时走势图的详细页面。

查看【沪深指数对比】报价数据的具体操作步骤如下。

❶ 选择【报价】➢【沪深指数】➢【沪深指数对比】菜单命令。

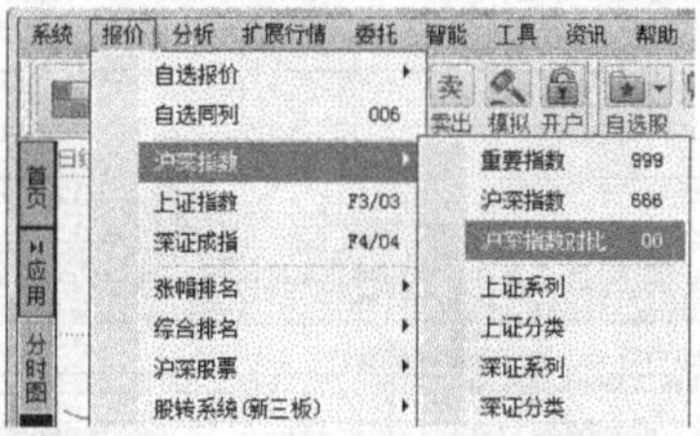

提示：投资者使用键盘直接输入“00”，然后按【Enter】键，也可以打开【沪深指数对比】的页面窗口。

❷ 打开【沪深指数对比】的分时走势页面窗口。

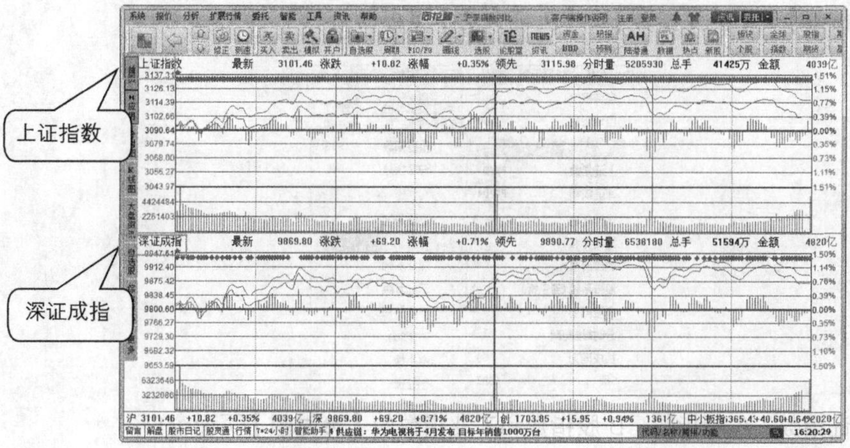

在【沪深指数】菜单中，打开【上证指数】页面窗口的具体操作步骤如下。

❶ 选择【报价】➢【上证指数】菜单命令。

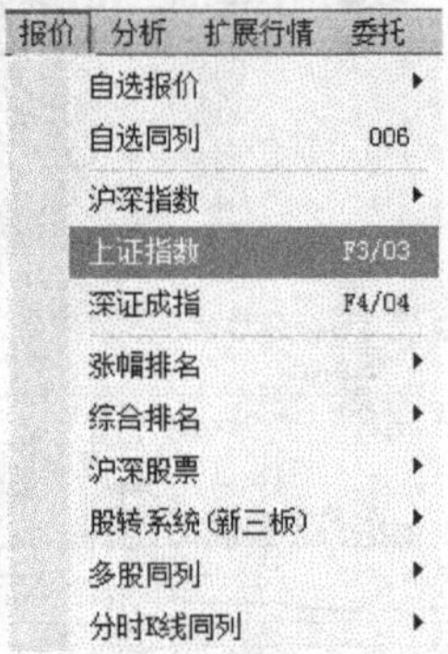

❷ 打开的上证指数【分时图】页面窗口如图所示。

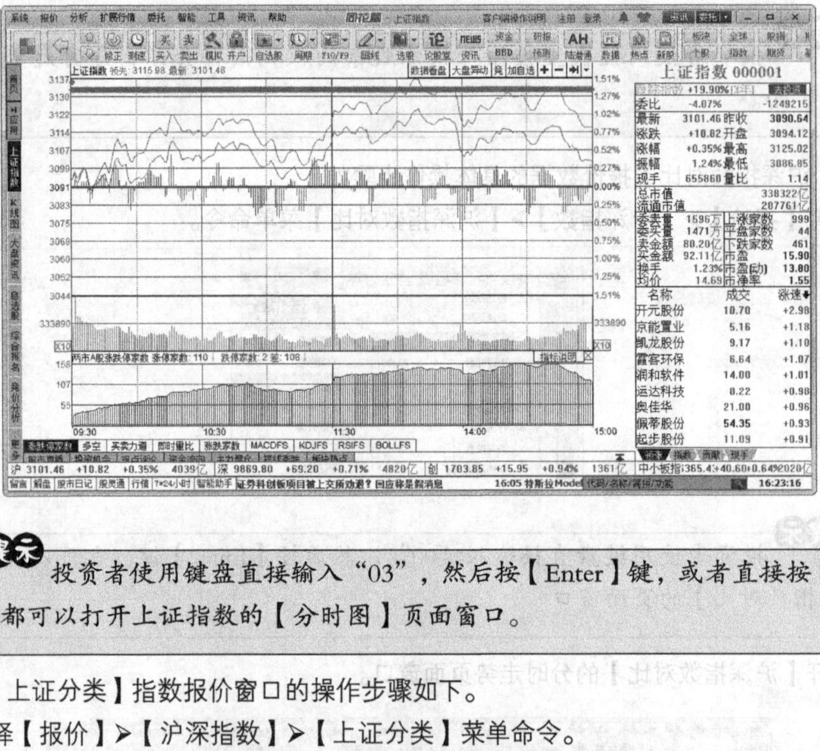

> **提示** 投资者使用键盘直接输入“03”，然后按【Enter】键，或者直接按【F3】键，都可以打开上证指数的【分时图】页面窗口。

查看【上证分类】指数报价窗口的操作步骤如下。

❶ 选择【报价】➢【沪深指数】➢【上证分类】菜单命令。

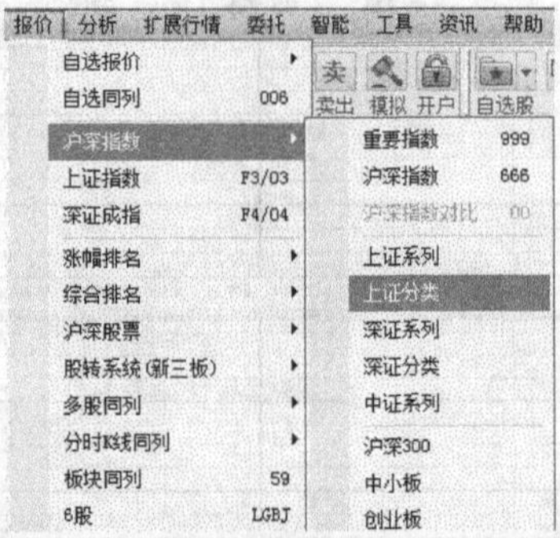

❷ 打开上证指数、A 股指数、B 股指数和工业指数的【分时图】页面窗口。

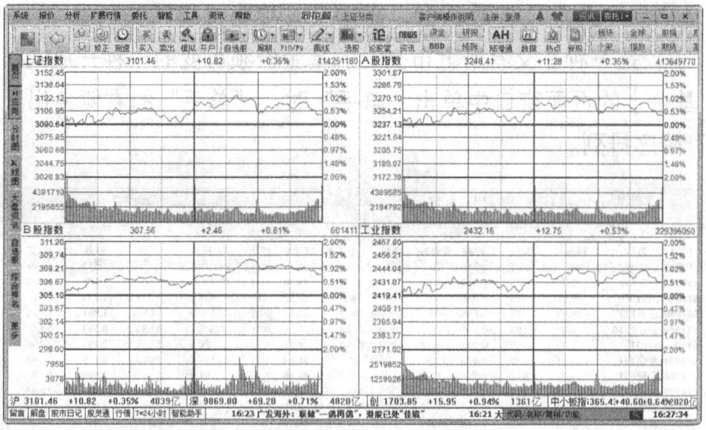

7.2 扩展行情

投资者可以通过【扩展行情】菜单命令来查看商品行情报价。在【扩展行情】菜单命令中包含了上海A股、上海B股、上海债券、上海基金、深圳A股、深圳B股和深圳债券等各种商品数据。投资者选择任意一种商品数据后，其行情报价信息会按照商品的代码顺序排列。例如，查看【ETF基金】的商品行情报价的操作步骤如下。

❶ 选择【扩展行情】➢【基金】➢【ETF基金】菜单命令。

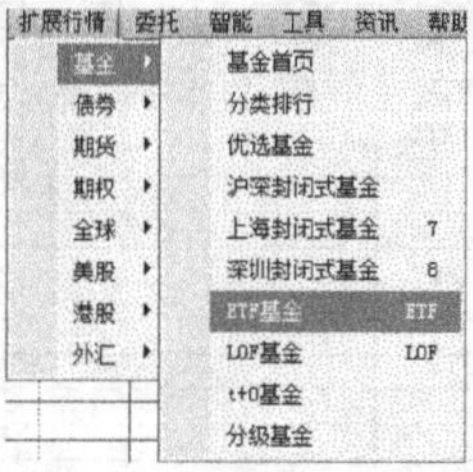

提示

投资者使用键盘直接输入“ETF”，然后按【Enter】键，也可打开【ETF基金】的页面窗口。

❷ 打开【ETF基金】页面窗口并显示全部商品数据信息，如下图所示。

ETF 基金就是交易型开放式指数基金，通常又被称为交易所交易基金（Exchange Traded Funds，简称 ETF），是一种在交易所上市交易的基金份额可变的一种开放式基金。

❸ 在【ETF 基金】的页面窗口中单击“总手”时，“总手”的右侧会出现⬇，表示系统将基金按照“总手”降序排列。

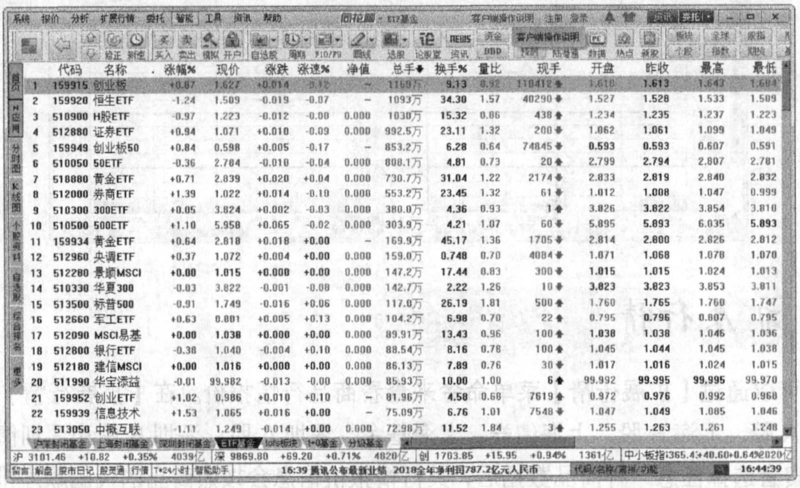

❹ 双击【ETF 基金】页面的任意一只基金，便可打开该基金的分时走势图窗口。例如，双击【黄金 ETF】，将进入黄金 ETF 的【分时图】页面窗口。

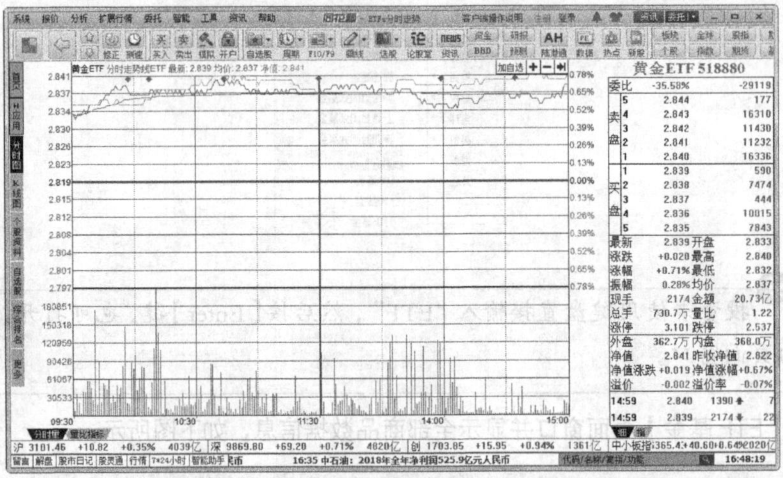

提示

投资者使用键盘直接输入基金的代码同样会弹出分时走势图的详细页面。

7.3 涨幅排名

涨幅排名是将各种商品按照涨幅情况降序排列。【涨幅排名】包括沪深 A 股涨幅排名、上海 A 股涨幅排名、上海 B 股涨幅排名、上海债券涨幅排名和中小企业涨幅排名等。例如，查看【上海 A 股涨幅排名】的报价数据的具体操作步骤如下。

❶ 选择【报价】➤【涨幅排名】➤【上海 A 股涨幅排名】菜单命令。

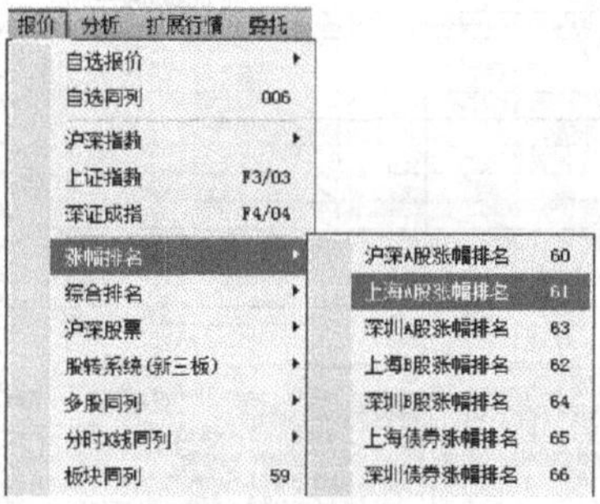

❷ 可以打开【上海 A 股涨幅排名】页面窗口并显示详细行情报价数据。

❸ 单击项目标题“涨幅”时，“涨幅”的右侧会出现⬆，表示系统将股票按照涨幅升序排列，如下图所示。

❹ 双击【上海 A 股涨幅排名】页面中的任意股票，便可打开其分时走势图窗口。例如，双击【辰欣药业】，系统将进入“辰欣药业”的分时走势图窗口，如下图所示。

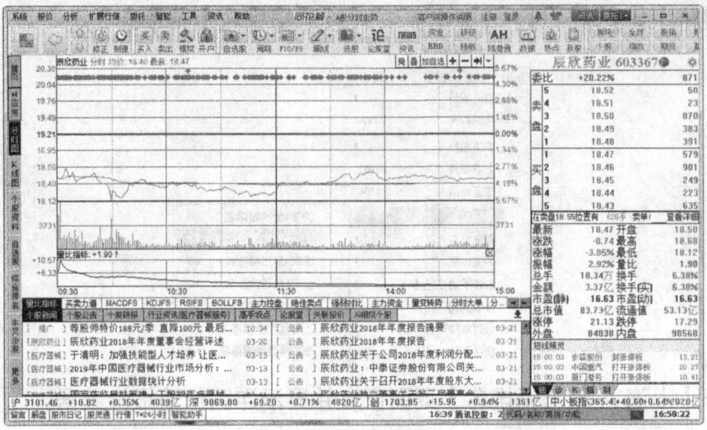

在【报价】菜单中查看【创业板涨幅排名】页面窗口的具体操作步骤如下。

❶ 选择【报价】➢【涨幅排名】➢【创业板涨幅排名】菜单命令。

❷ 即可打开【创业板涨幅排名】页面窗口并显示详细行情报价数据。

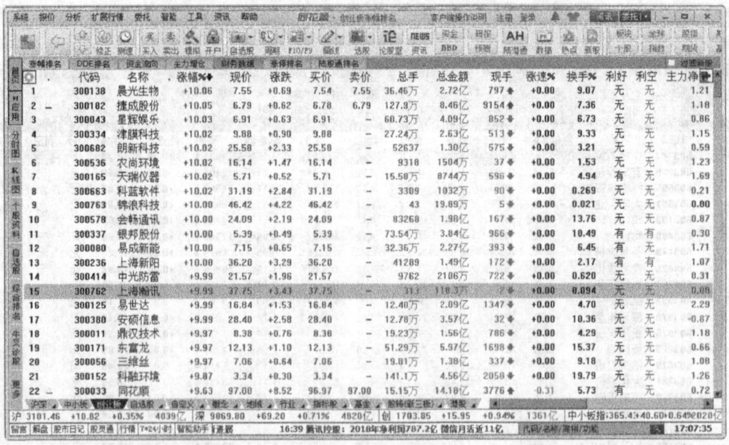

7.4 综合排名

综合排名包含综合排名、上海 A 股综合排名、上海 B 股综合排名、上海债券综合排名、上海基金综合排名等排名方式。投资者可以通过选择【报价】➢【综合排名】➢【综合排名】菜单命令打开【综合排名】页面窗口。

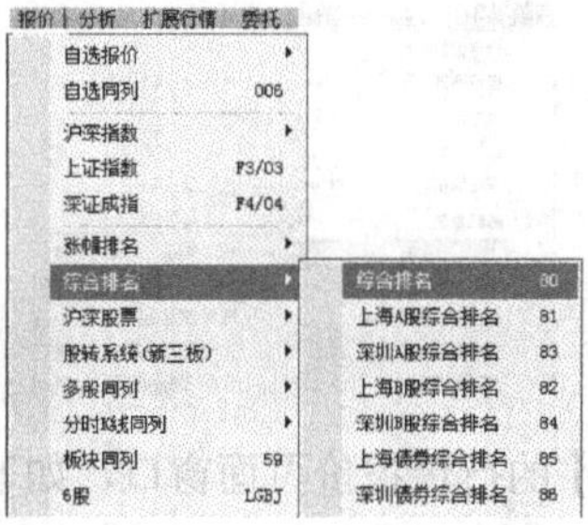

此外，也可以通过单击左侧的纵向选项卡中的【综合排名】选项卡，打开【综合排名】的页面窗口，如下图所示。

> **提示** 投资者也可以使用键盘直接输入“80”，然后按【Enter】键，打开【综合排名】的页面窗口。

“综合排名”窗口中包含今日涨幅排名、快速涨幅排名、即时委比前几名、今日跌幅排名、快速跌幅排名、即时委比后几名、今日振幅排名、今日量比排名和今日成交额排名共 9 项排名窗格。

> **提示** 选中某个排名窗口中的某一股票时，滚动鼠标中键，可以向上或向下翻页。

“快速跌幅排名”中显示的是周期为 5 分钟的快速跌幅排名，单击图中右上角的下拉按钮，可以查看周期为 1 分钟、3 分钟、10 分钟、15 分钟的快速跌幅排名，如下图所示。

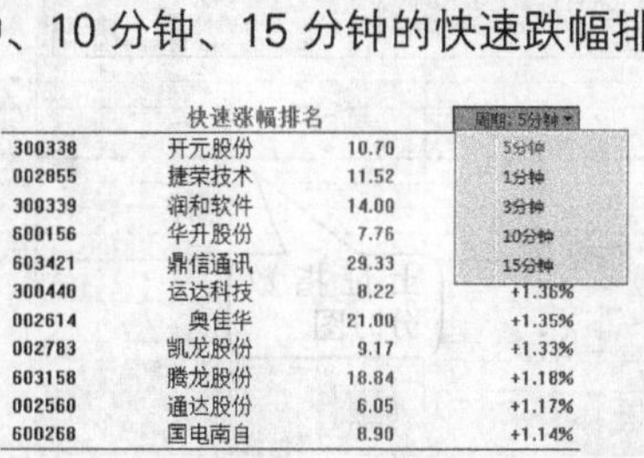

投资者还可以查看【综合排名】菜单中其他商品的综合排名信息。例如，查看【上海 A 股综合排名】信息的操作步骤如下。

❶ 选择【报价】➤【综合排名】➤【上海 A 股综合排名】菜单命令。

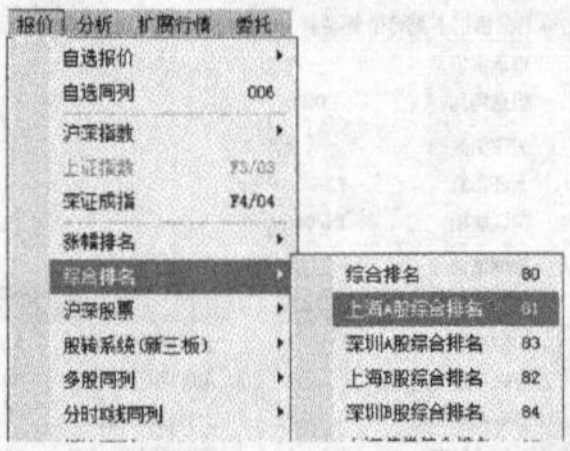

❷ 进入【上海 A 股综合排名】的行情报价页面窗口，如下图所示。

> 提示
>
> 使用键盘直接输入“81”，然后按【Enter】键，也可以进入【上海 A 股综合排名】。

7.5 多股同列

【多股同列】可以同时列出多个股票的分时图或 K 线走势图。【多股同列】中包含 2 股、4 股、6 股、9 股和 16 股共 5 种分时或 K 线走势图，投资者可以通过这 5 种分时或 K 线走势页面查看股票信息。

例如，查看【4 股】的操作步骤如下。

❶ 选择【报价】➤【多股同列】➤【4 股】菜单命令。

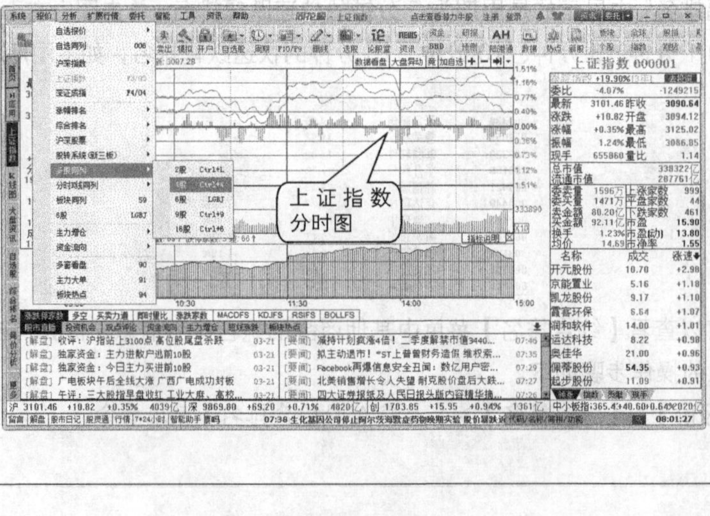

❷ 进入【4股】同列走势图页面窗口，如下图所示。

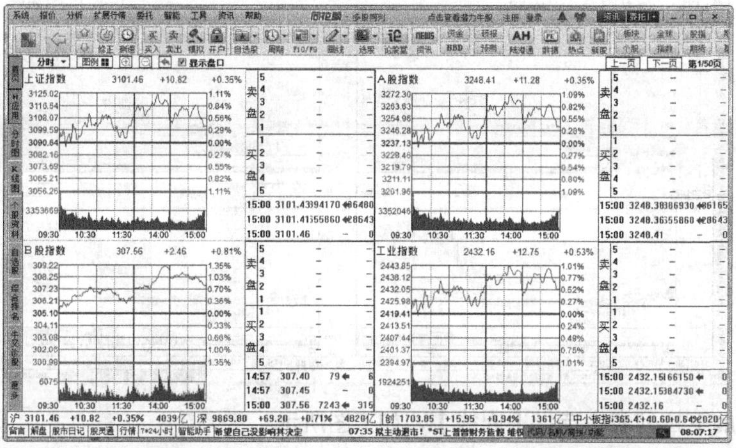

❸ 单击【显示盘口】前的复选框，可以控制是否显示盘口，上图是显示盘口，取消显示盘口后如下图所示。

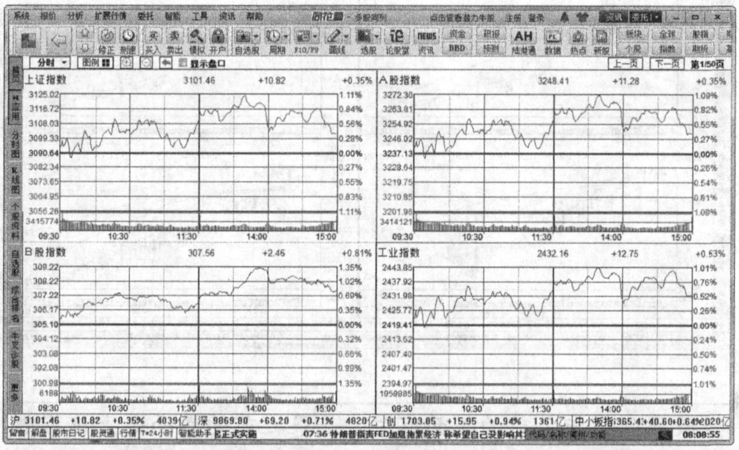

❹ 按【F5】键，可以进入K线走势图，如下图所示。

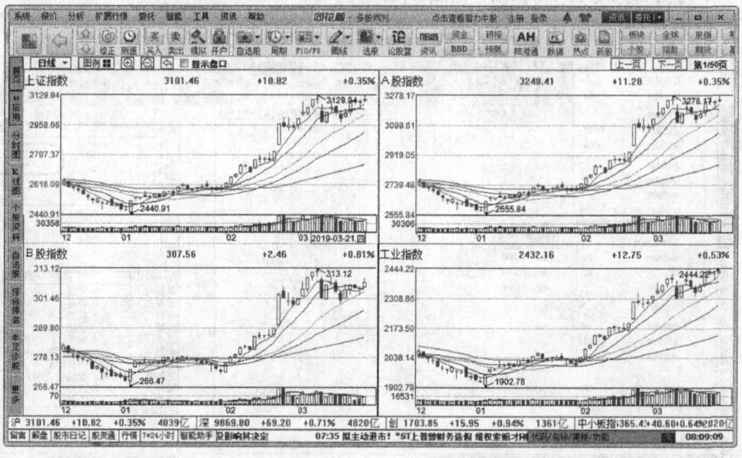

❺ 默认的K线是【日线】，用户可根据自己的习惯，切换成1分钟、5分钟、周K线、月K线等。

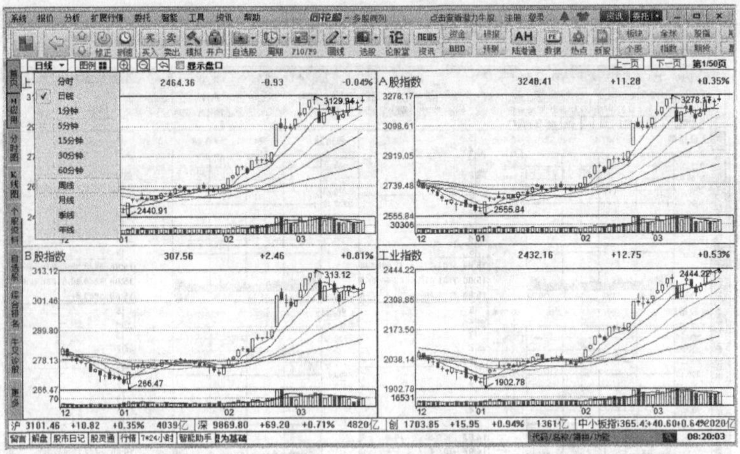

❻ 在弹出的下拉列表中选择【周线】，如下图所示。

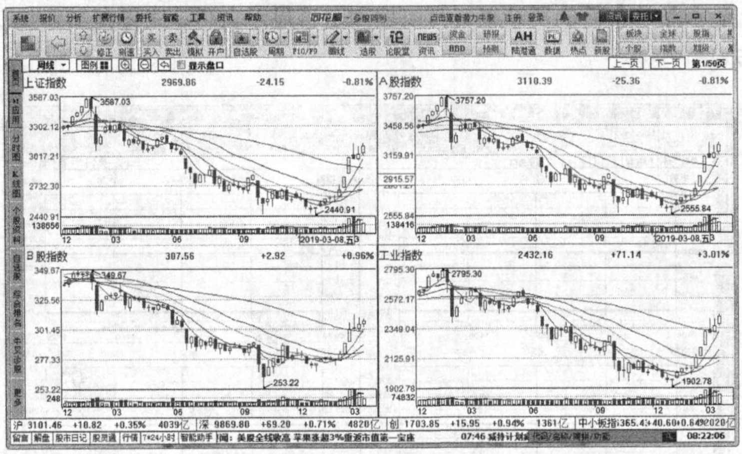

> **提示** 多股同列，与之前的界面有关，如果之前的界面是上证指数，显示的如上图所示。如果之前界面是某只股票的分时或K线，则显示的是该股票相邻的几个股票的分时或K线，如下图所示。

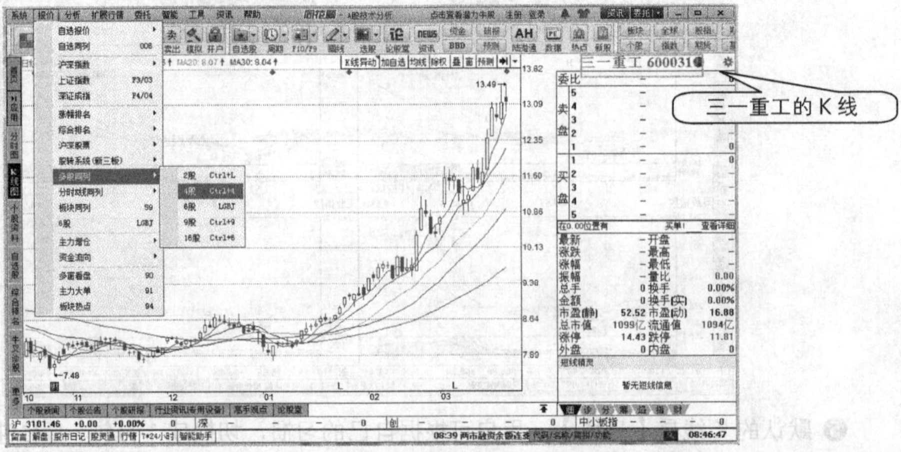

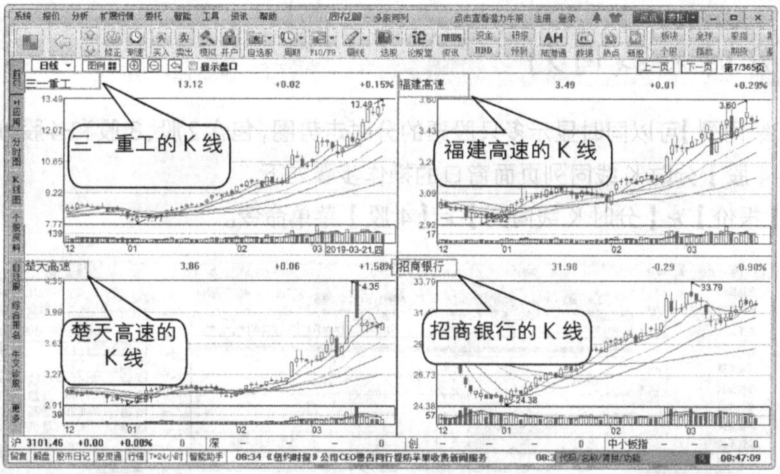

提示 【报价】➤【多股同列】只提供了 2 股、4 股、6 股、9 股、16 股等 5 种选项，如果用户想查看更多股票排列方式，可通过以下方法操作。

❼ 单击【图例 ▦】，选择想要显示的行数和列数。

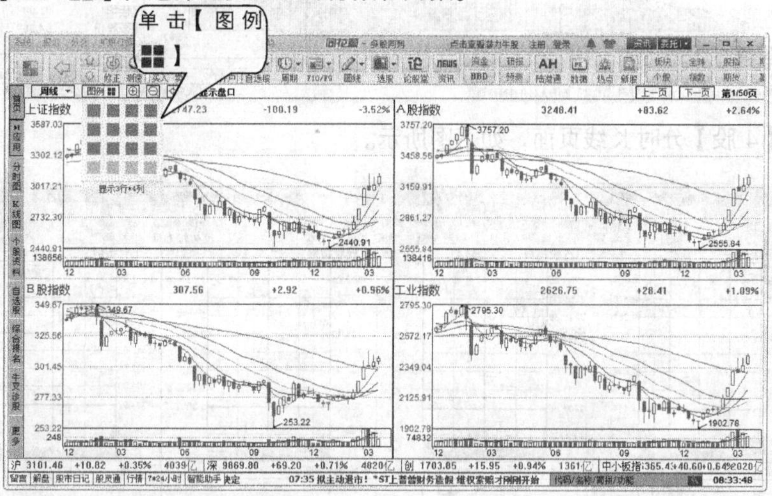

❽ 选择【3 行 ×4 列】，如下图所示。

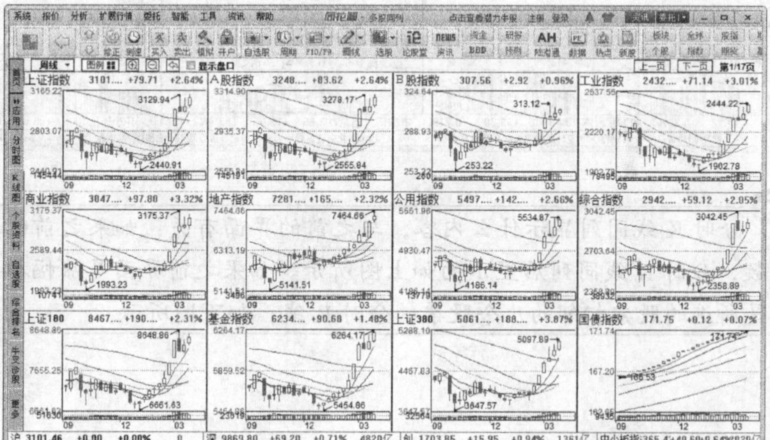

7.6 分时K线同列

【分时K线同列】可以同时显示多只股票的分时走势图，包含2股、3股和4股分时K线同列。例如，查看【4股】分时K线同列页面窗口的操作步骤如下。

❶ 选择【报价】➤【分时K线同列】➤【4股】菜单命令。

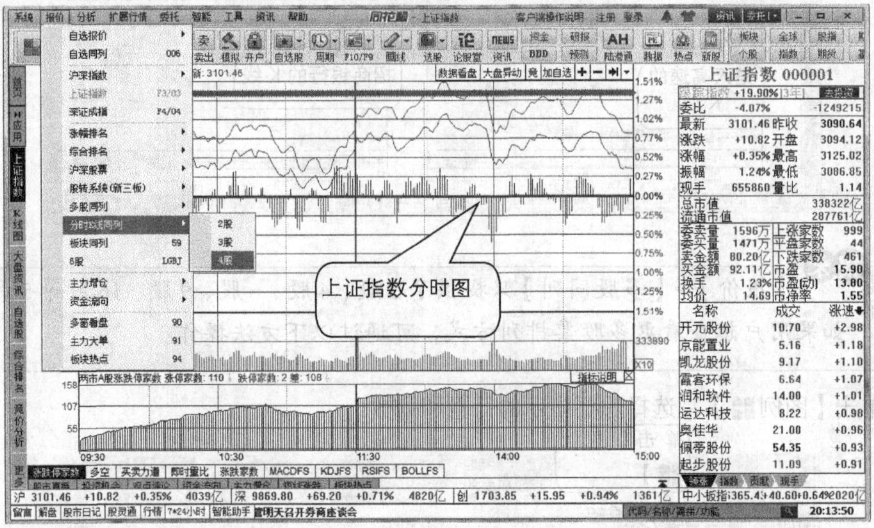

❷ 进入【4股】分时K线页面，如下图所示。

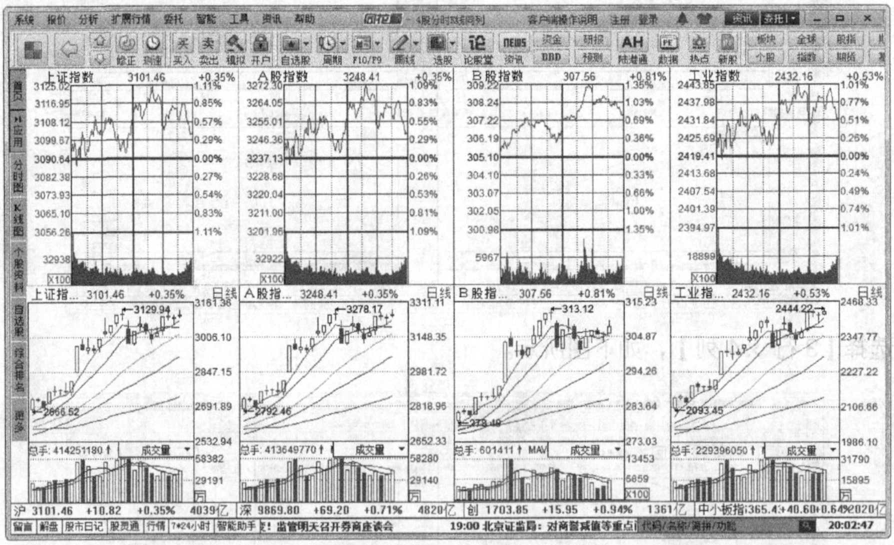

> **提示**
> 分时K线同列显示什么内容，与之前的界面有关，如果之前的界面是上证指数，分时K线同列后显示的如上图所示。如果之前界面是涨幅排名，则显示的是所选的股票相邻的几个股票的分时K线，如下图所示。

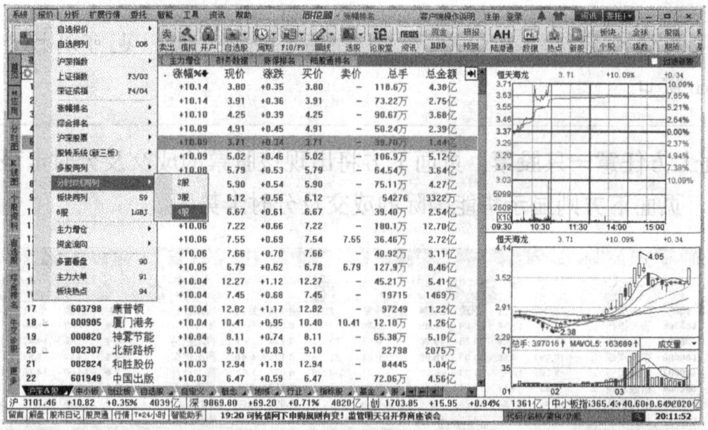

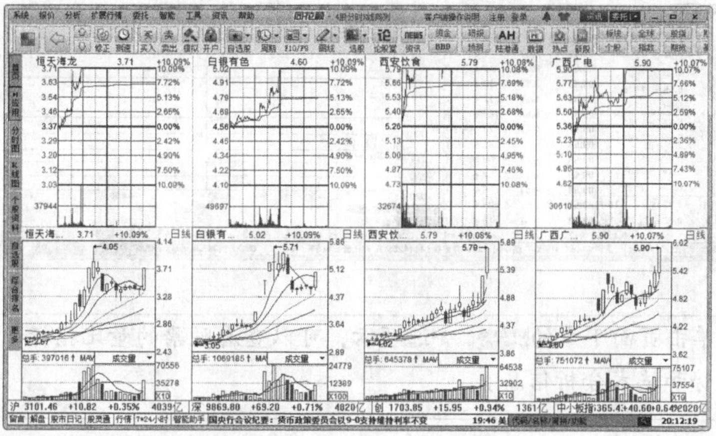

7.7 多窗看盘

【多窗看盘】页面是同花顺为实时看盘特制的页面。在这个页面上可以同时查看同一只股票的报价、成交及走势情况，打开多窗看盘的操作步骤如下。

❶ 选择【报价】➢【多窗看盘】菜单命令，如下左图所示。

❷ 打开【多窗看盘】页面窗口，如下右图所示。

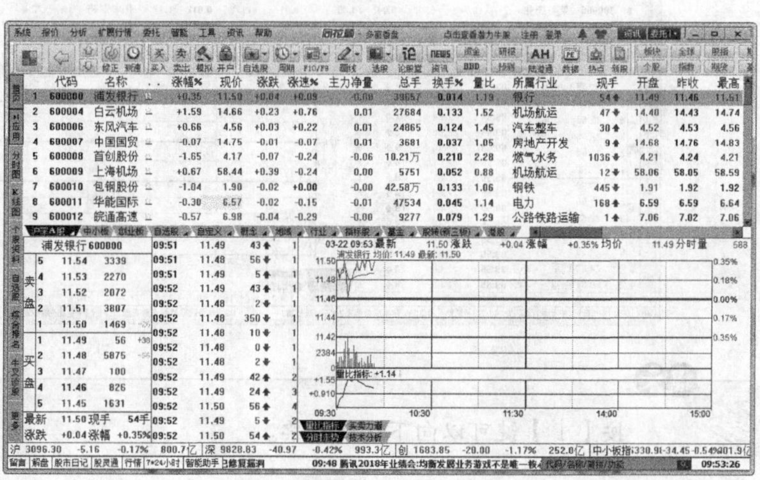

提示

使用键盘直接输入“90”，然后按【Enter】键，也可以打开【多窗看盘】的页面窗口。

❸ 单击页面上方任意一只股票，页面下方将出现该股票的成交及分时走势情况。例如，单击【华能国际】，页面下方则显示华能国际的成交及分时走势图。

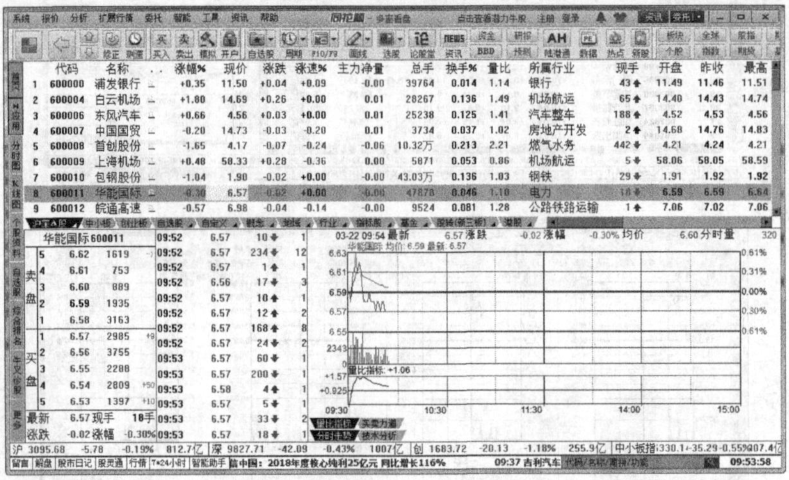

提示

单击页面下方的量比指标/买卖力道/分时走势/技术分析选项卡，可以查看股票的量比指标、买卖力道、分时走势和技术分析信息。

❹ 单击中间的横向选项卡沪深A股/中小板/创业板/自选股/自定义/概念/地域/行业/指标股/基金/股转(新三板)/港股，可以查看更多的股票的行情报价信息。例如，单击【创业板】选项卡创业板，投资者可以查看【创业板】中的股票，也可以查看每只股票的行情报价信息和分时走势图。

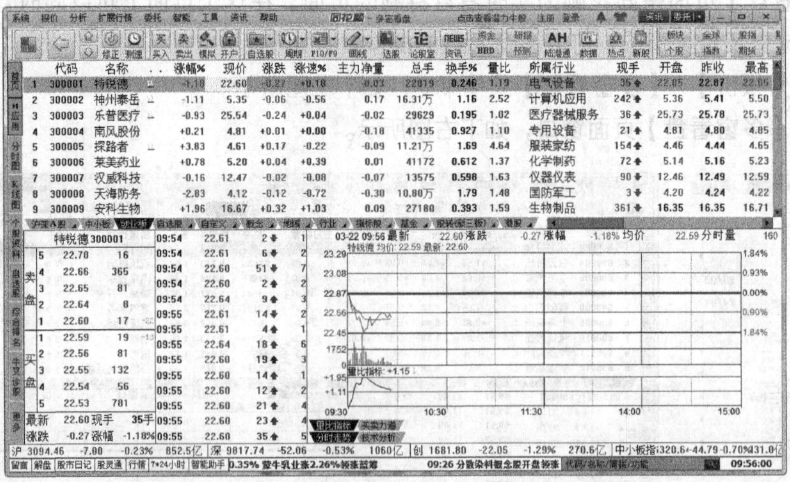

提示

按【↓】键可以向下切换股票。

第7章

认识【报价】菜单

7.8 主力大单

每笔成交金额达到 100 万元以上的成交即为主力大单。主力大单可以帮助投资者准确地捕捉市场主力的活动状况，查看【主力大单】页面的主要操作步骤如下。

❶ 选择【报价】➢【主力大单】菜单命令，如下左图所示。

❷ 打开【主力大单】页面窗口，如下右图所示。

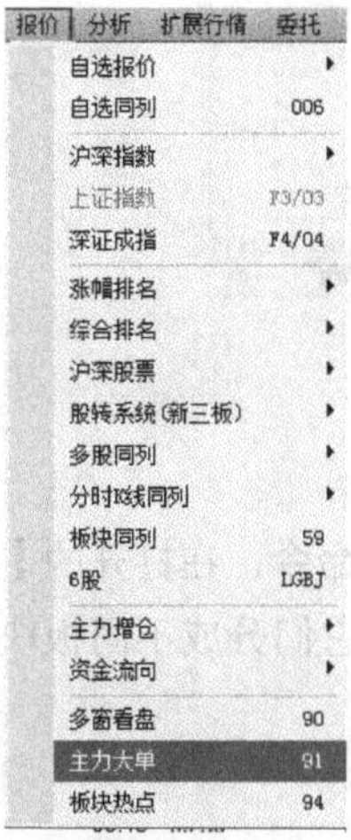

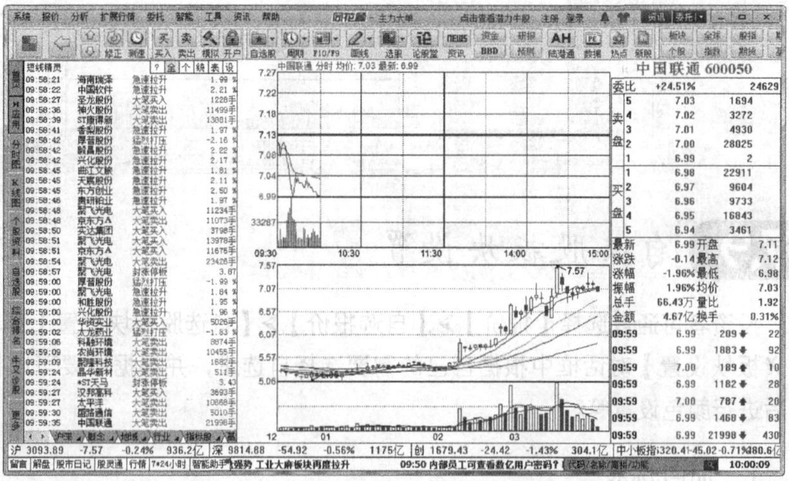

提示：使用键盘直接输入“91”，然后按【Enter】键，也可以打开【主力大单】的页面窗口。

❸ 投资者单击页面左上方的| ? |全|个|统|表|设|中的【设】，会弹出【短线精灵预警设置】窗口，如下左图所示。

❹ 点击【短线精灵预警设置】窗口中希望查看的一项，例如，选择“大笔买入”选项，在窗口下方将出现相应的数值设置选项，输入你要设置的数值，并单击【确定】按钮 确定 ，如下右图所示。

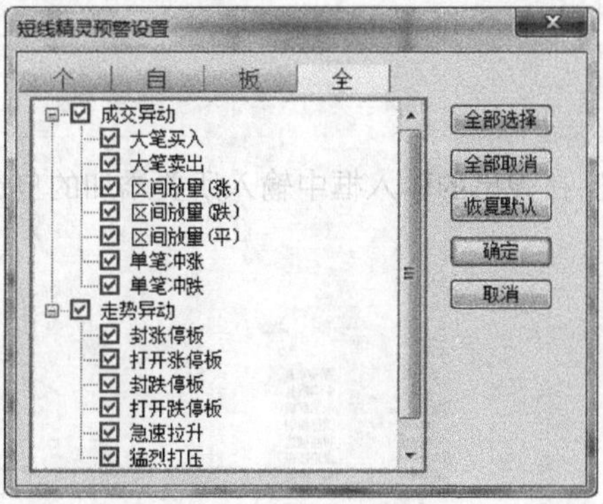

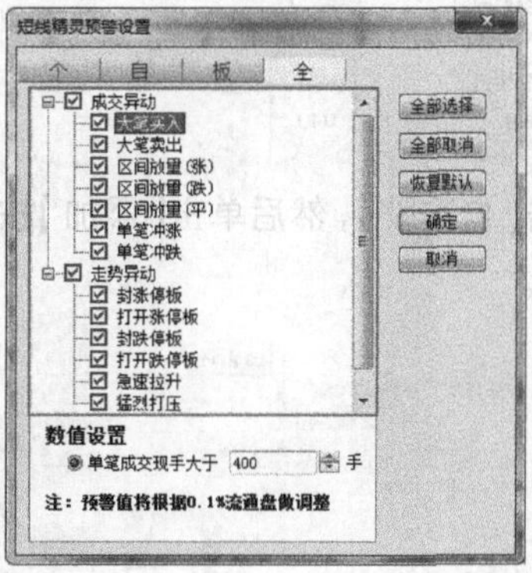

❺ 筛选出与函数相对应的大单列表。

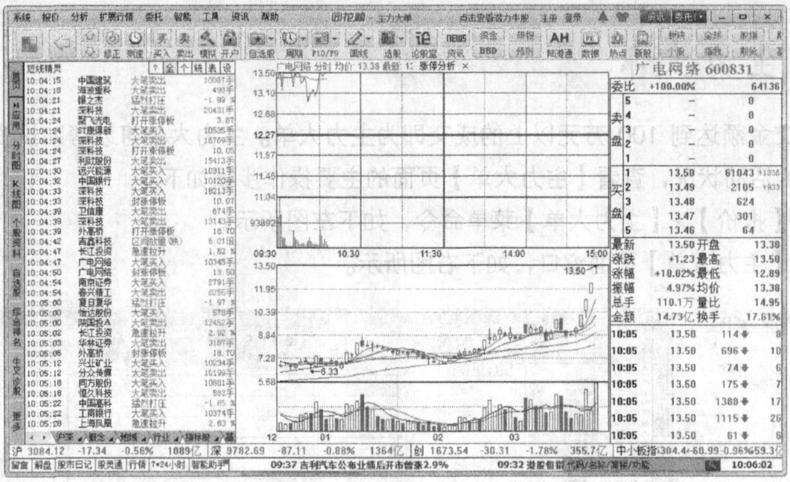

7.9 自选股板块设置

投资者可通过选择【报价】➢【自选报价】➢【自选股板块设置】菜单命令，在打开的【自定义板块设置】对话框中根据自己的需要选择自选股，并根据需要可以将它们分成不同板块，然后进行颜色设置等。

1．加自选股

❶ 选择【报价】➢【自选报价】➢【自选股板块设置】菜单命令，弹出【自定义板块设置】对话框，如下图所示。

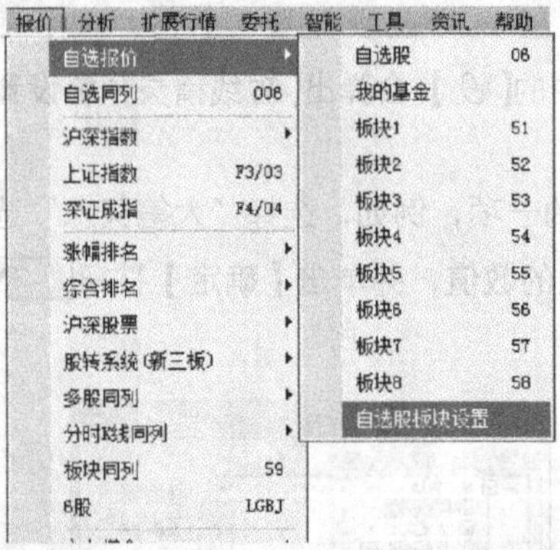

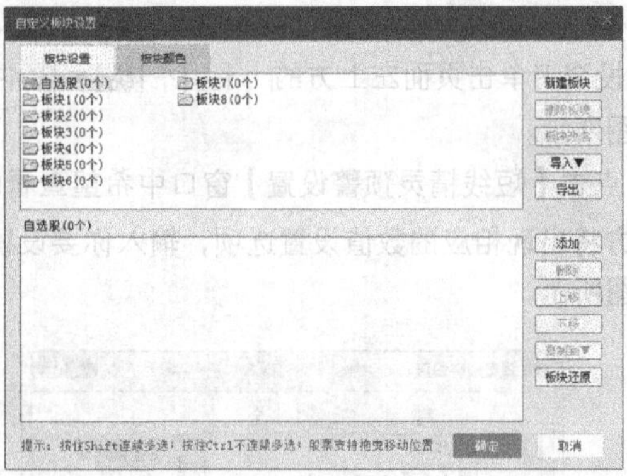

❷ 单击【自选股】，然后单击【添加】按钮，在弹出的输入框中输入所要添加的自选股的代码，如下图所示。

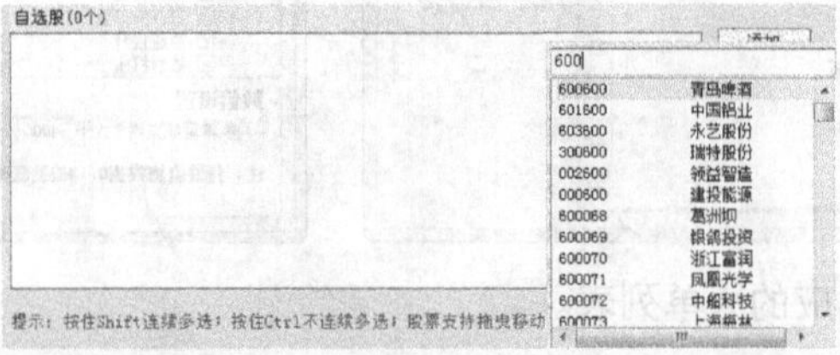

❸ 输入好代码后，双击所选择的股票或选中后按【Enter】键，即可将该股票添加到自选股中，如下图所示。

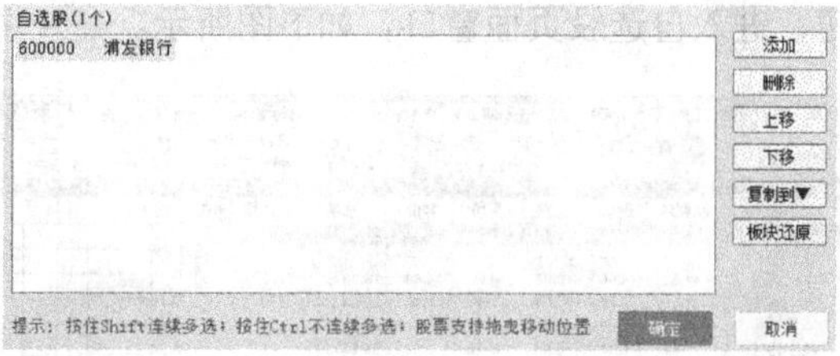

❹ 重复步骤 2~3，继续添加自选股，完成后如下图所示。

2. 创建板块股

❶ 选中 4 个银行股，然后单击【复制到】下拉按钮，选择【板块 1】，如下图所示。

❷ 重复步骤 1，将 3 个钢铁股复制到【板块 2】，将两个汽车股复制到【板块 3】，结果如下左图所示。

❸ 单击【板块 1】，然后单击【板块改名】按钮，将名称改为【银行板块】，如下右图所示。

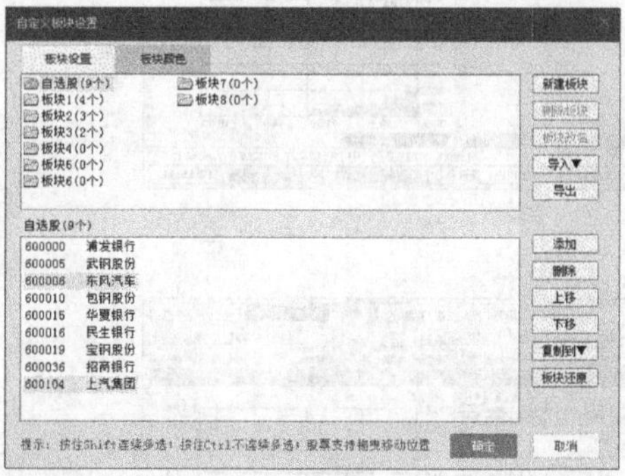

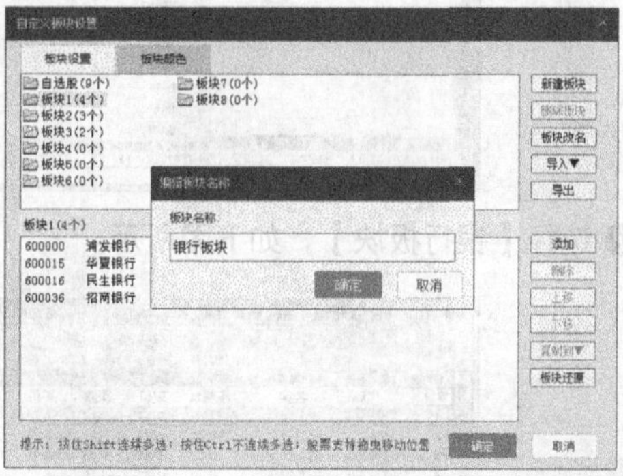

❹ 重复步骤 3，将【板块 2】的名字改为【钢铁板块】，将【板块 3】的名字改为【汽车板块】，结果如下图所示。

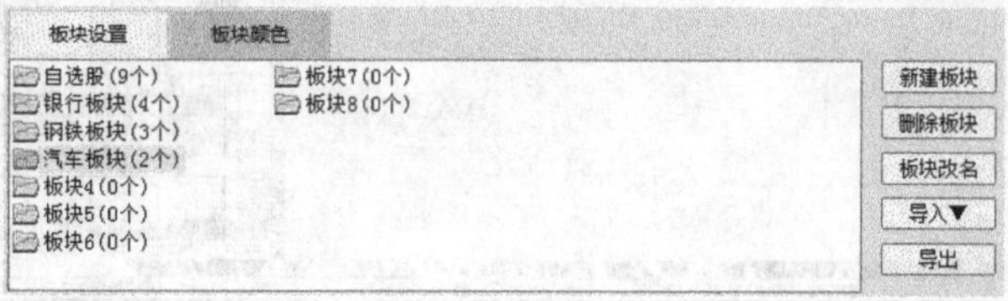

❺ 单击【确定】按钮，进入自选股页面窗口，如下图所示。

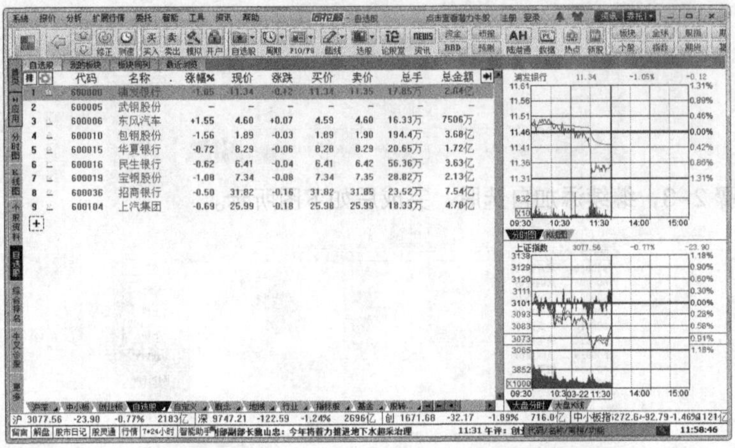

> **提示** 使用键盘直接输入“06”，然后按【Enter】键，也可以打开【自选股】的页面窗口。

❻ 单击【自定义】标签，在弹出的下拉菜单中可以选择自定义的板块，如下图所示。

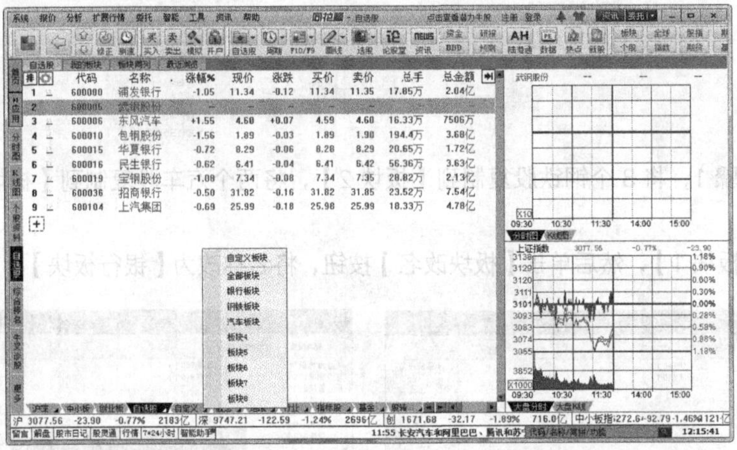

❼ 选择【银行板块】，如下图所示。

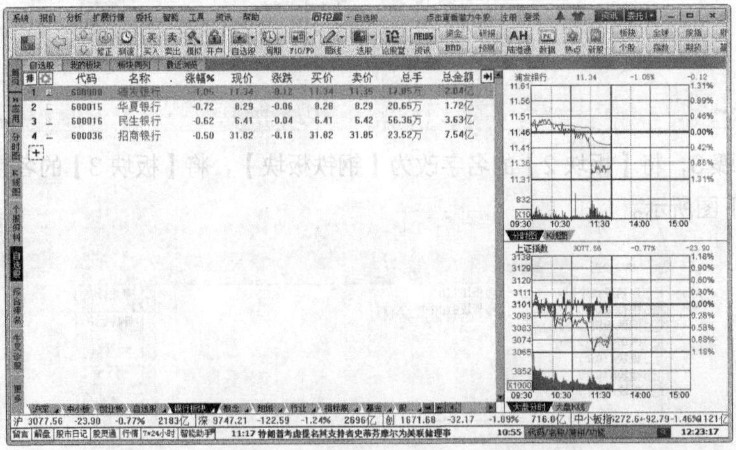

7.10 自选同列

【自选同列】可以查看投资者选定的自选股的分时走势图。打开【自选同列】的操作步骤如下。

❶ 选择【报价】➢【自选同列】菜单命令，如下左图所示。

❷ 按【PageDown】键或滚动鼠标中键可以切换到其他自选股的分时走势图，如下右图所示。

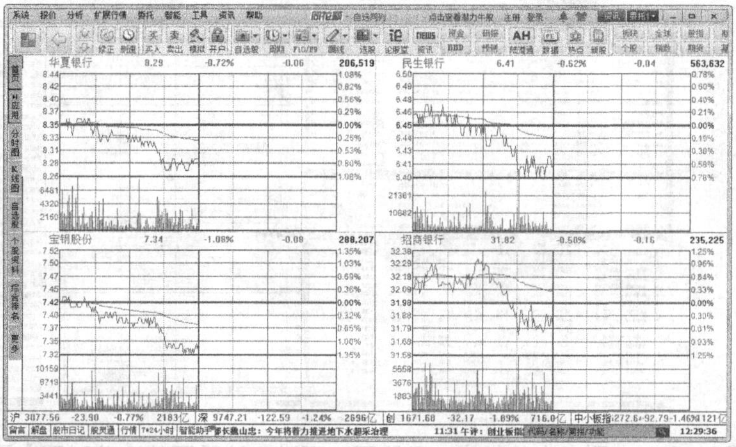

提示 使用键盘直接输入“006”，然后按【Enter】键，也可以打开【自选同列】页面。

7.11 板块热点

【板块热点】页面显示的是系统按各板块的【均涨幅】降序排列的数据信息，包含板块代码、板块名称、均涨幅、成交量、金额、总手比以及金额比等数据信息。打开【板块热点】页面的操作步骤下。

❶ 选择【报价】➢【板块热点】菜单命令，如下左图所示。

❷ 单击后出现的画面如下右图所示。

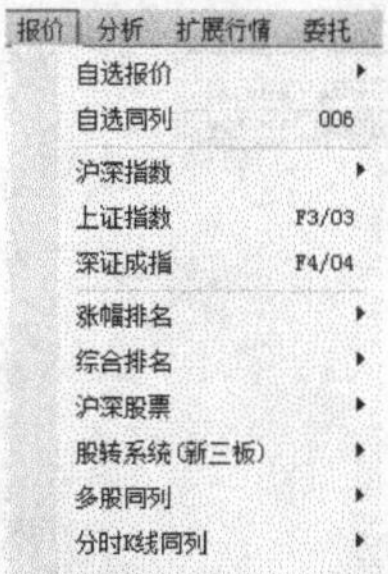

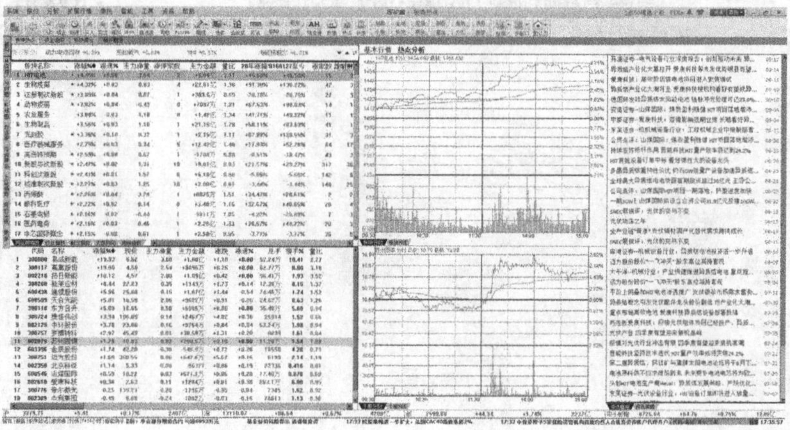

> **提示**
>
> 使用键盘直接输入“94”，并按【Enter】键，也可进入【板块热点】页面。

❸ 单击某一板块，在下方的列表中将列出该板块中各股票的最新行情。例如，单击【在线旅游】，列出相关旅游股的最新行情，如下图所示。

❹ 双击下方列表中的任意一只股票，可进入该股票的【分时图】页面。例如，双击【桂林旅游】，进入桂林旅游的【分时图】页面。

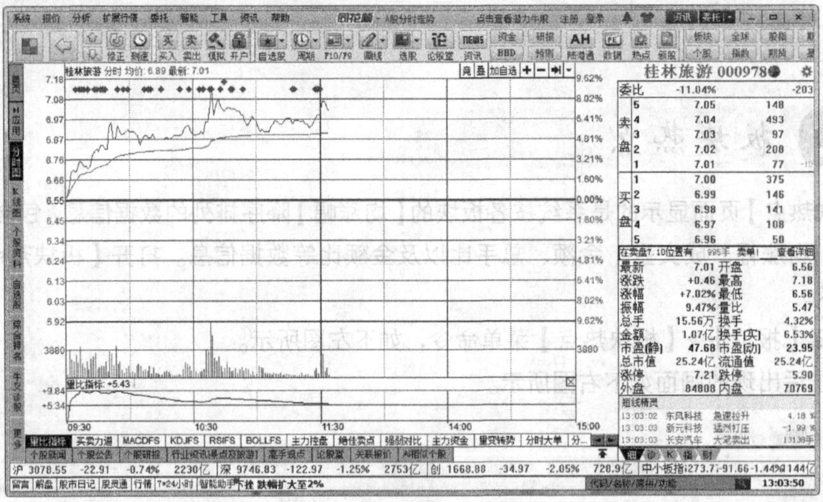

第 8 章 认识【分析】菜单

通过同花顺软件的【分析】菜单，投资者可以查看财务分析、分时走势、超级盘口、成交明细、技术分析、强弱分析和板块分析等分析页面。这些页面的周密分析可以为投资者的决策提供更有力的保障。

8.1 个股资料

个股资料为投资者提供该股的最新动态、经营分析、股本结构、资本运营、盈利预测、主力持仓、财务概况、分红融资以及公司大事等重要信息。

以中国宝安为例，打开【个股资料】页面的操作步骤如下。

❶ 打开软件，使用键盘直接输入“000009”，并按【Enter】键。

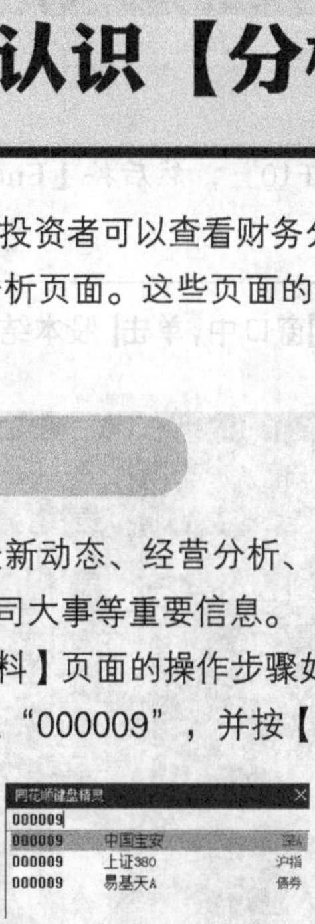

❷ 打开中国宝安【分时图】页面。

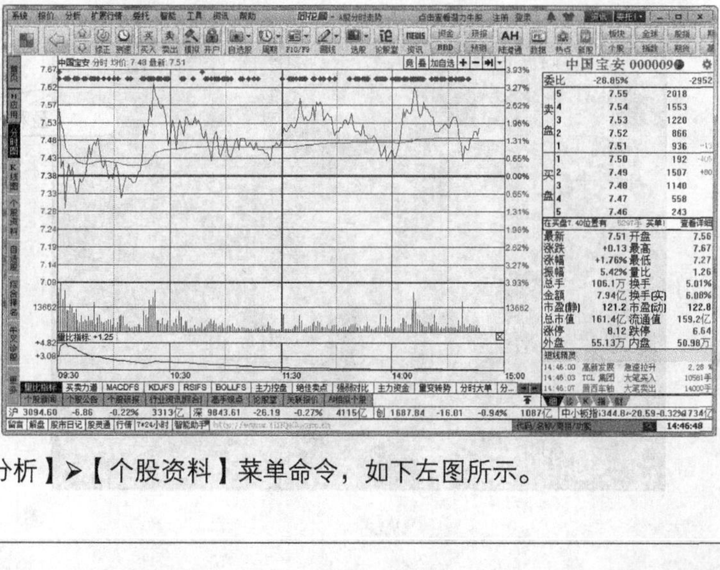

❸ 选择【分析】➢【个股资料】菜单命令，如下左图所示。

❹ 中国宝安【个股资料】页面窗口如下右图所示。

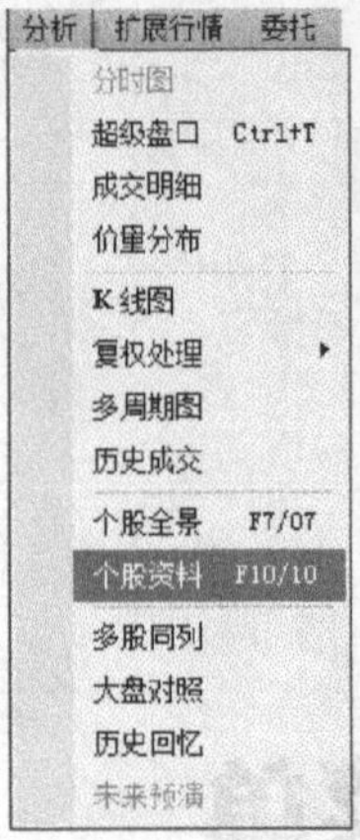

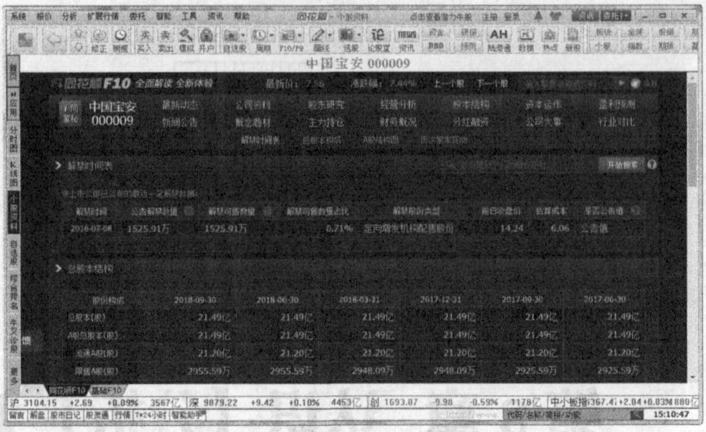

提示　使用键盘直接输入“F10”，然后按【Enter】键，也能够打开【个股资料】页面窗口。

❺ 在打开的中国宝安【个股资料】窗口中，单击【股本结构】按钮，显示股本结构，如下图所示。

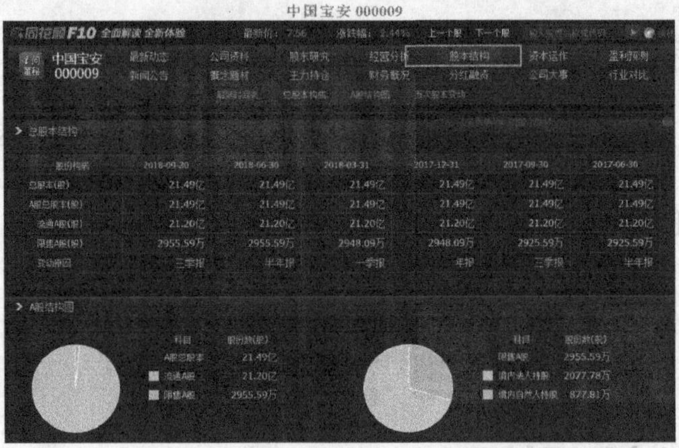

❻ 单击【盈利预测】【财务概况】等还可以查看相应的信息，如下图所示。

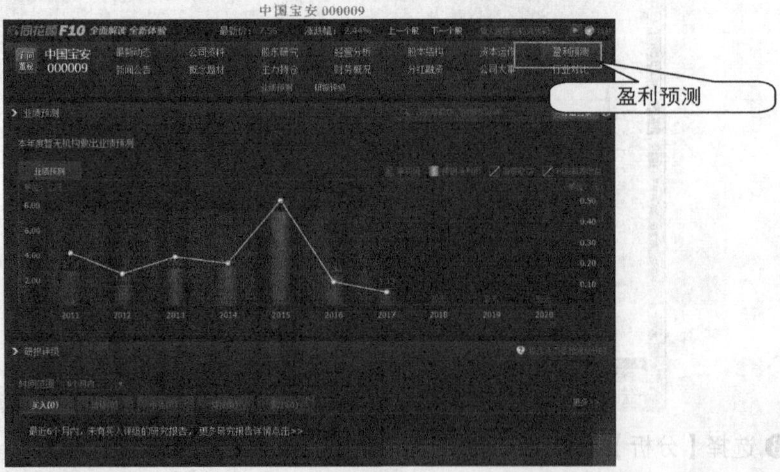

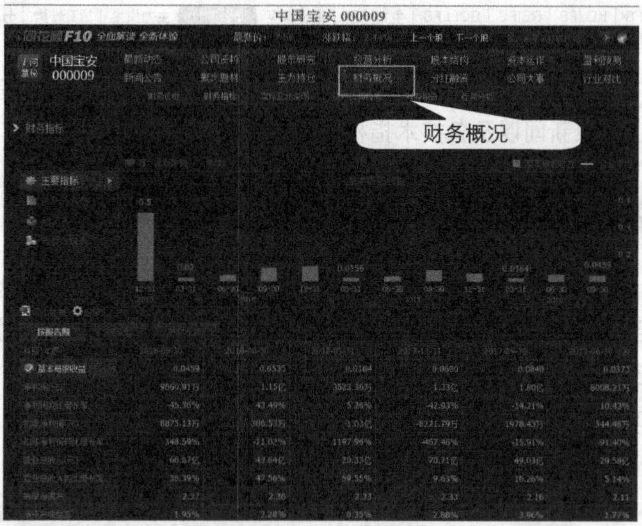

8.2 分时走势

股票市场每时每刻都发生着变化，进行分时走势分析就显得尤为重要，分时走势页面显示的是某一商品的实时走势图。打开中国宝安【分时走势】页面的操作步骤如下。

❶ 选择【分析】➤【分时图】菜单命令。

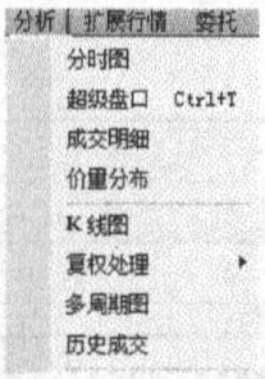

> **提示**
>
> 如果当前股不是【中国宝安】，使用键盘直接输入“000009”，并按【Enter】键将界面切换到【中国宝安】的分时图界面。

❷ 打开中国宝安的【分时图】页面窗口。

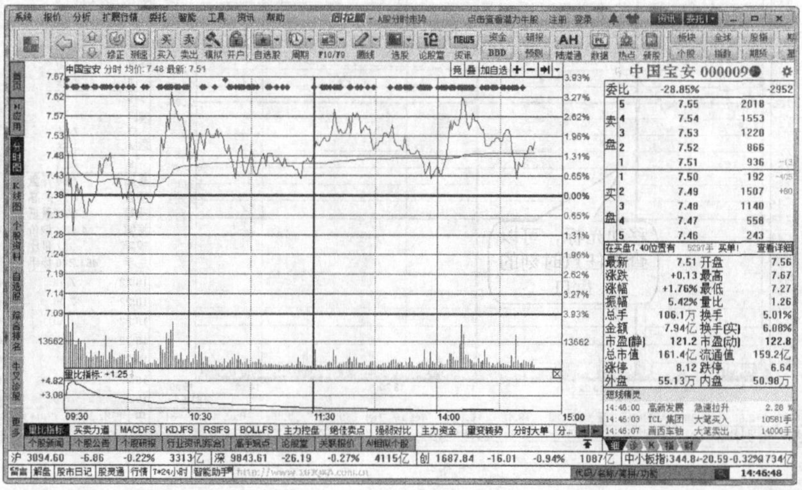

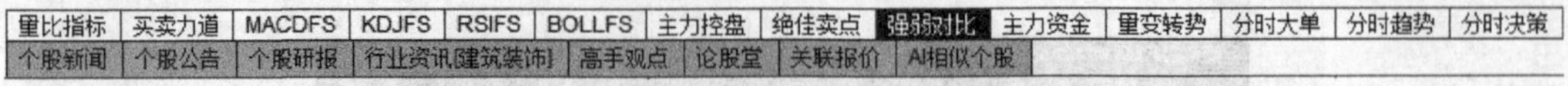

单击【分时图】页面窗口下方的横向选项卡，可以查看该股票的量比指标、买卖力道、强弱对比、主力资金、个股新闻以及各技术指标等。

8.3 超级盘口

在【超级盘口】页面窗口中投资者可以查看任意一只股票的详细成交状况，该页面会将每一笔成交发生时的买卖挂盘变化重现在投资者的面前。超级盘口功能比分时走势图更详细地记录了当天每一笔成交的情况，内盘外盘一目了然，让投资者不漏掉任何一个细节。打开中国宝安【超级盘口】页面的操作步骤如下。

❶ 打开【中国宝安】，然后选择【分析】➤【超级盘口】菜单命令。

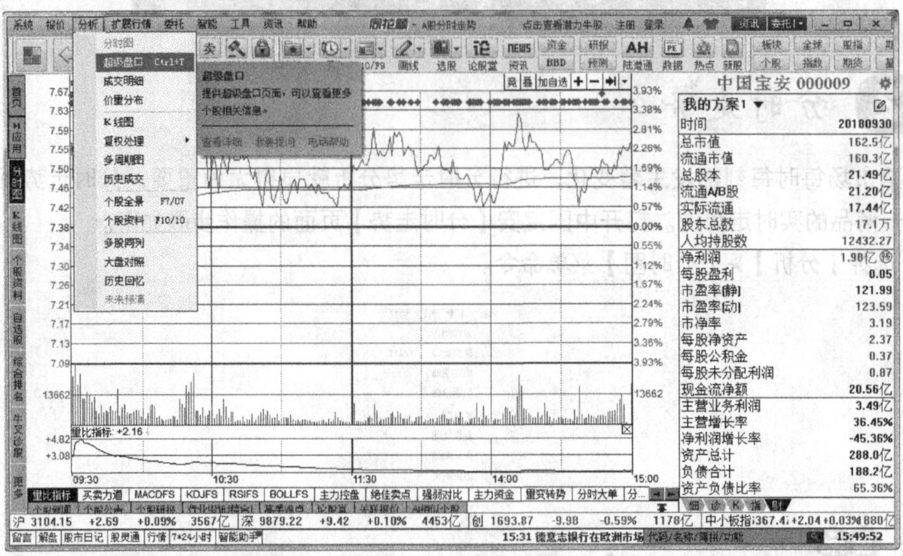

❷打开中国宝安的【超级盘口】页面窗口，移动光标，可以查看任意时刻的买卖盘状况。

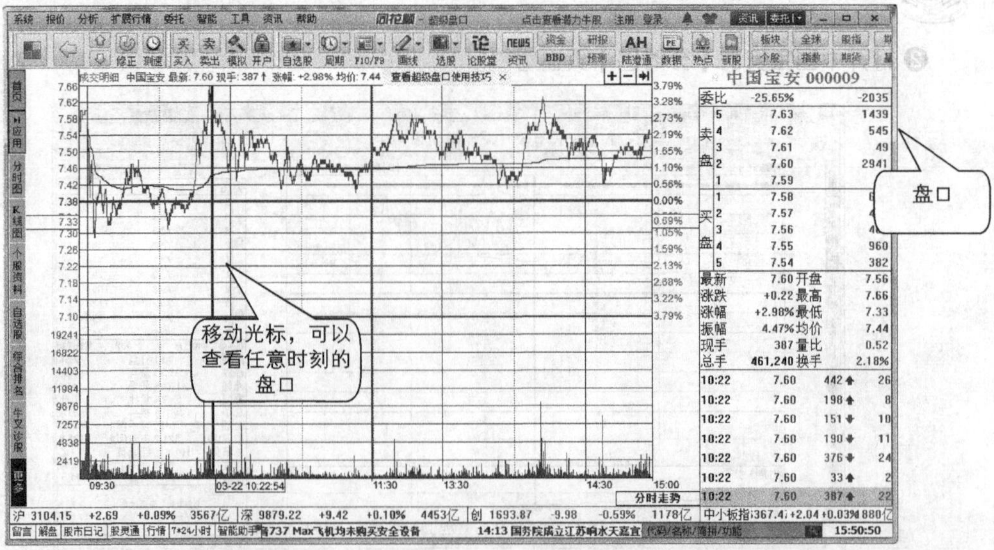

盘口的含义："盘口"是在股市交易过程中，看盘观察交易动向的俗称。投资者看盘时，大部分时间都在观看所关注股票的盘口数据，在同花顺软件中，在个股的分时走势图和K线图的右侧都将显示盘口数据区，如右图所示。

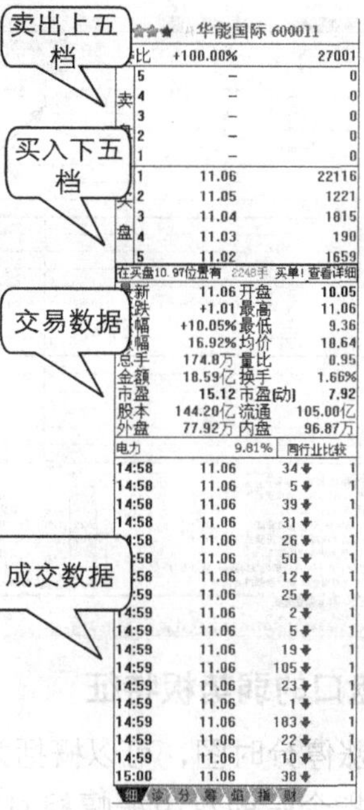

1．委比

委比是衡量委买盘和委卖盘对比情况的一个实际指标，计算公式为：

委比 =【（委买手数 – 委卖手数）÷（委买手数 + 委卖手数）】× 100%

委买手数 = 现在所有个股委托买入下五档之手数相加总和

委卖手数 = 现在所有个股委托卖出上五档之手数相加总和

通过委比的计算方法可以看出，其数值为 +100%~–100%，委比值 –100%~+100% 是一个买盘逐渐增强，卖盘逐渐减弱的过程；相反，+100%~–100% 则是一个买盘逐渐减弱，卖盘逐渐增强的过程。

2．涨停板的盘口形态

涨停板是一种极端的价格走势，也是一种特殊的盘口形态，它的出现源于涨跌停交易制度。上海、深圳两交易所规定，上市交易的股票以上一个交易日收市价为基点，在一个交易日内的价格涨跌幅度不得超过 10%。

在盘口分时图中，当个股上冲至涨停价位后，若买盘力度依旧强于卖盘力度，股价不回落的话，就会出现"一"字形态的走势，这种形态犹如股价停留在上面的板上，所以称为涨停板。同理，当个股跌至跌停价并无力回升时，也会出现"一"字板走势，这就是跌停板。

下图所示为白云机场（600004）2015 年 7 月 9 日涨停板分时图，个股早盘阶段受连续大买单向上扫盘推动，向上封住涨停板，并且，在上封涨停板之后，由于大买单并没有撤掉，而是稳稳地挂在买 1 位置，这使得个股再也没有开板，而是一直牢牢封住涨停板直至收盘。

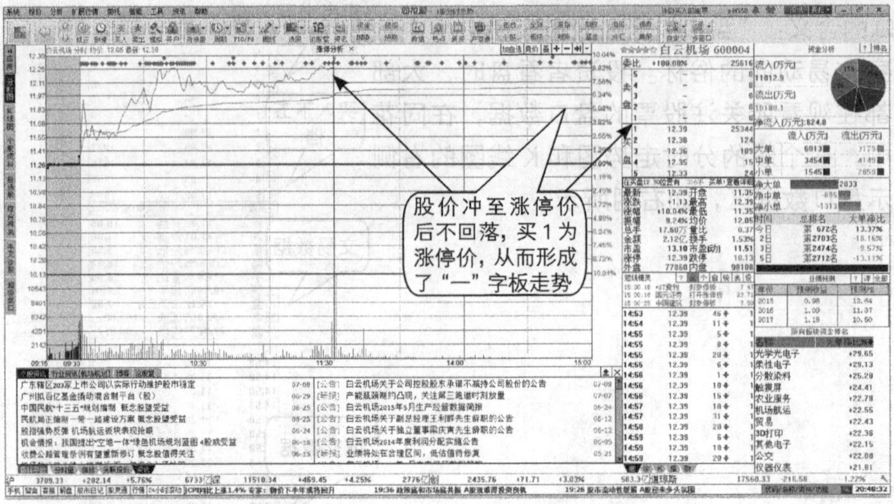
白云机场 600004
股价冲至涨停价
后不回落，买1为
涨停价，从而形成
了“一”字板走势

3．涨停盘口的弱势板特征

弱势型的涨停分时图，可以概括为“宽”“晚”“开”三点。

“宽”是指个股的盘中振幅相对较大，一般来说，会超过10%。即个股在大盘中出现跳水，随后走高并封板，或早盘低开幅度较大，随后逐渐走高并封板。

“晚”是指个股的封板时间较晚，多在午盘14:00之后。

“开”是指上冲封板后并未牢牢封住，而是在随后较长时间内出现开板，或者封板与开板在很长时间段内不断切换。开的时间越长，反复开合的次数越多，涨停板就越弱势。

下图所示为上汽集团（600104）2015年7月9日分时图，个股振幅较大，从开盘到封盘，振幅超过13%，冲板时间较晚，下午邻近15:00才冲顶，而且短暂冲顶后略有回落，直至15:00停止交易时也未能牢牢封板，这就是典型的弱势型。

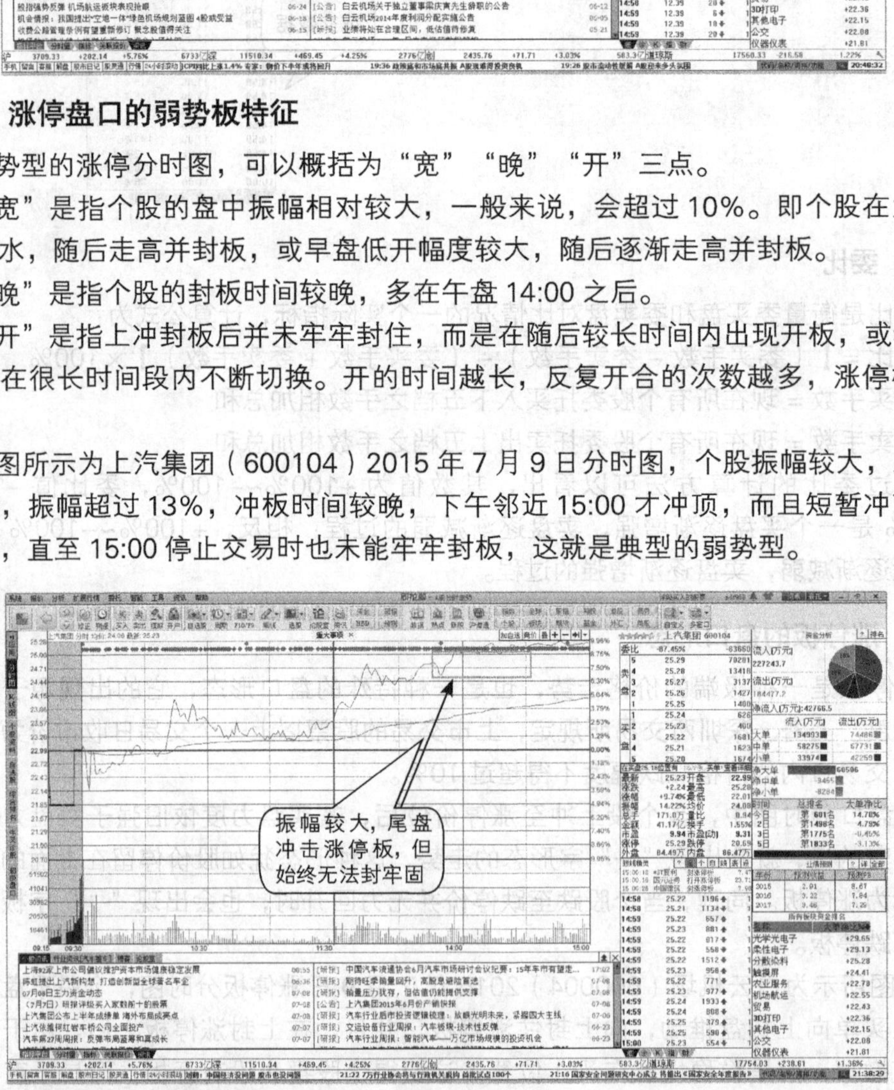
上汽集团 600104
振幅较大，尾盘
冲击涨停板，但
始终无法封牢固

4．涨停盘口的强势板特征

对于强势型的涨停分时图，其特点可概括为“窄”“早”“牢”三点。

“窄”是指个股的盘中振幅相对较小，一般来说，不宜超过10%。即个股最好适当高开，且盘中回探幅度较小。

"早"是指个股的封板时间宜早不宜晚，能够在早盘 10:30 之前封板最好，最晚不宜超过 14:00。

"牢"是指上冲封板后牢牢地封死了涨停板，或者略作休整，即牢牢封板，此后的盘中交易时间段内不再开板，涨停价堆积了大量的委托买单，场外投资者再挂单买入，是无法成交的。"牢"是强势板最关键的特征，只要个股始终无法封牢涨停板，即使封板时间早，盘中振幅小，这样的涨停分时图也绝不是强势型的。

白云机场（600004）2015 年 7 月 9 日就是典型的强势型。

8.4 成交明细

【成交明细】页面窗口中显示了当天每笔股票成交的时间、价格以及成交笔数。查看中国宝安【成交明细】页面的操作步骤如下。

❶ 打开【中国宝安】，然后选择【分析】➢【成交明细】菜单命令。

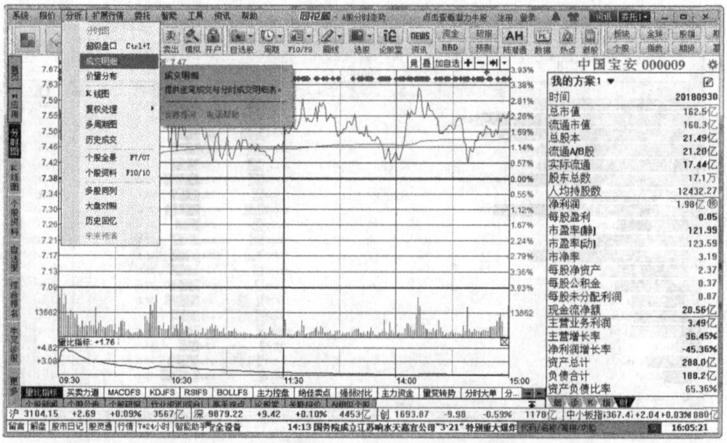

❷ 打开中国宝安的【成交明细】页面窗口，如下图所示。

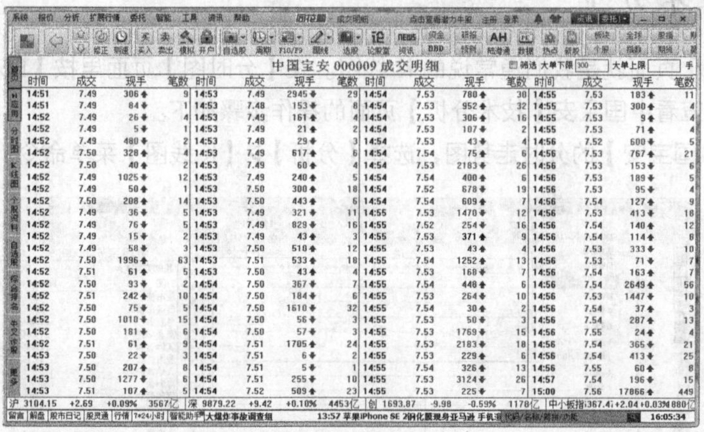

8.5 价量分布

【价量分布】页面中直观地显示出了某股票的当日成交分布状态，包含成交分布、成交笔数、每笔均量、逐笔和价格。打开中国宝安【价量分布】页面的操作步骤如下。

❶ 打开【中国宝安】，然后选择【分析】➤【价量分布】菜单命令。

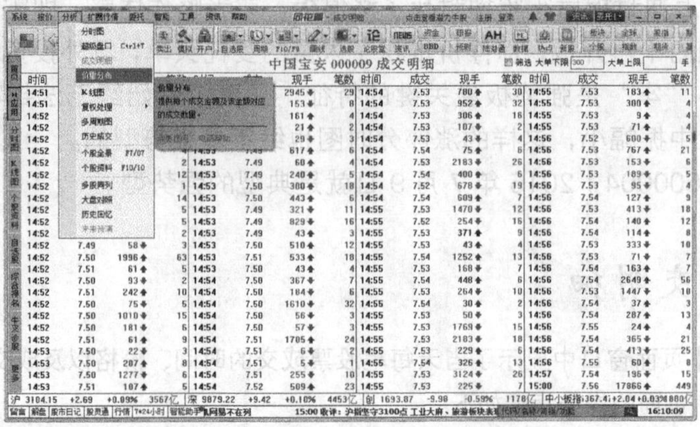

❷ 打开中国宝安的【价量分布】页面窗口，如下图所示。

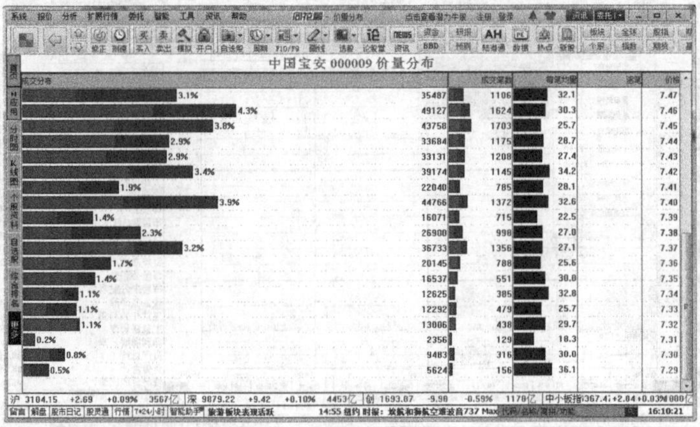

8.6 技术分析

【技术分析】页面就是我们通常说的 K 线图。在【分时图】页面里按【F5】键可进入【技术分析】页面。查看中国宝安【技术分析】页面的操作步骤如下。

❶ 进入【中国宝安】的分时走势图，选择【分析】➤【K 线图】菜单命令。

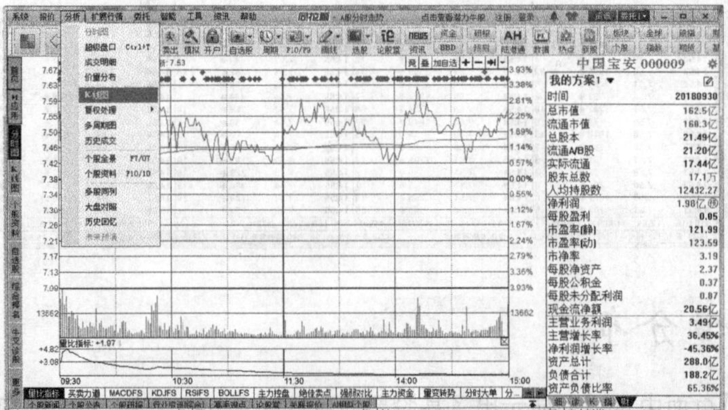

❷ 打开中国宝安的【K 线图】页面窗口，K 线图下方有设置、成交量、多周期成交量、虚拟成交量、金额、换手率等指标，单击任一指标按钮，可以显示该指标的曲线图。

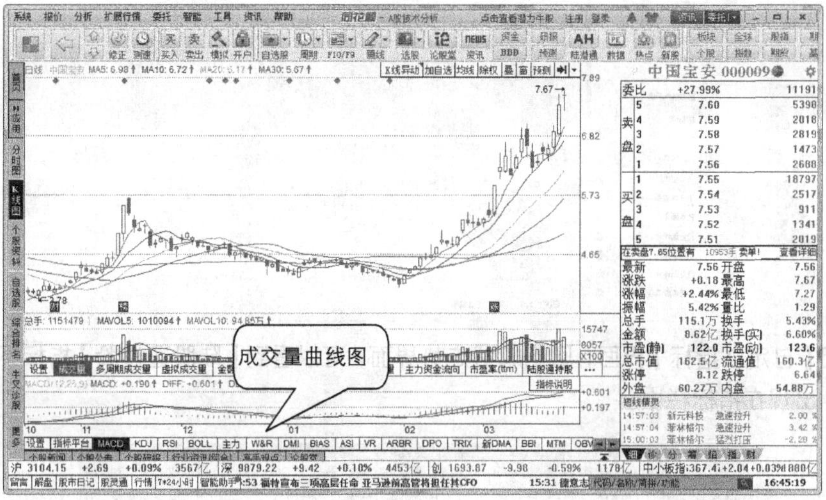

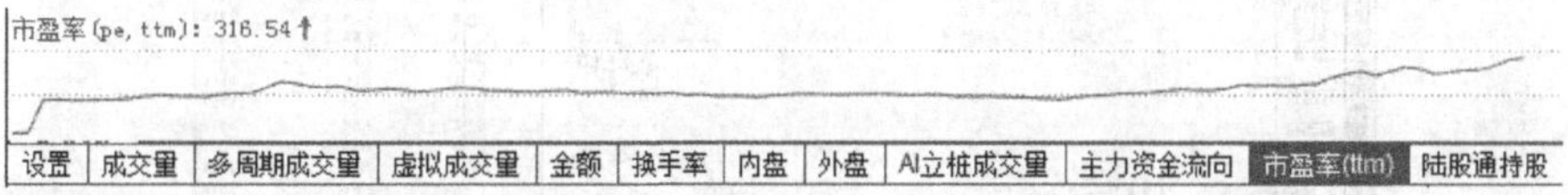

提示

如果想要的指标没有，或者不想要某个指标，可以单击【设置】按钮，在弹出的【自定义指标】窗口中添加或删除。

❸ 单击【设置】按钮，把鼠标放置在【我的指标】的任一指标上，在其右侧会出现⊖，单击⊖，可以将该指标删除，例如，单击【陆股通持股】右侧的⊖即可将该指标删除。

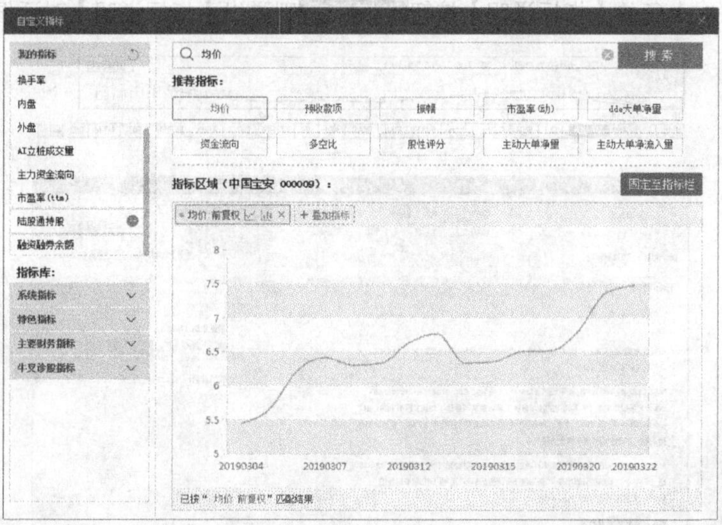

❹ 单击【牛叉诊股指标】，在弹出的下拉菜单中单击指标后面的⊕，即可将该指标添加到【我的指标】中，例如，将【资金面评分】添加到【我的指标】中。

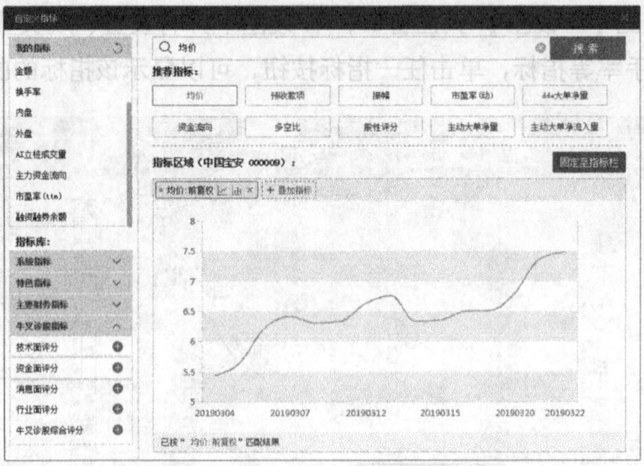

❺关闭【自定义指标】界面，回到K线走势界面，可以看到【陆股通持股】指标不见了，【资金面评分】出现在指标栏中。

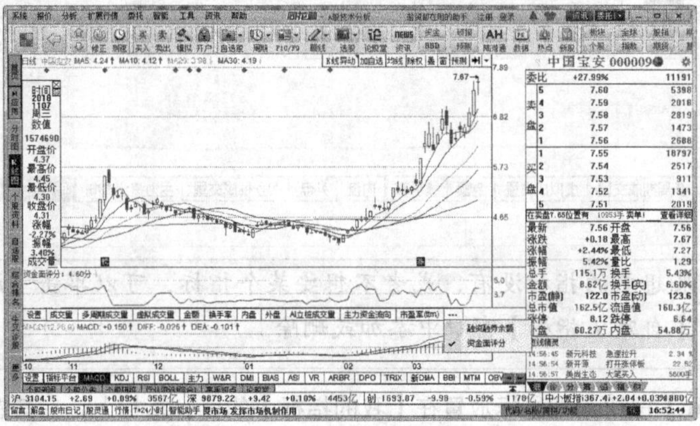

❻K线图最下侧一栏是技术指标栏，列出了各种技术指标，选中某指标，例如，选择【MACD】指标，单击该栏右上角的【指标说明】按钮 指标说明 则弹出【指标说明】对话框。

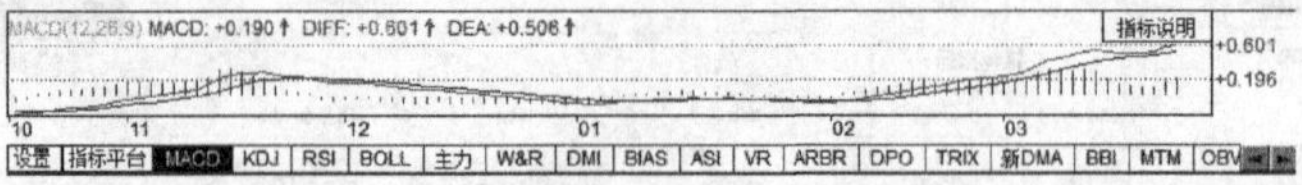

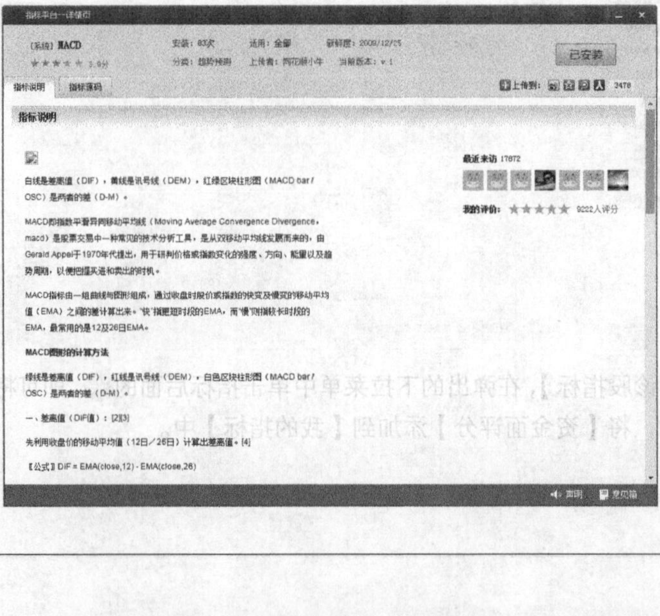

❼ 单击左下角的【设置】按钮 设置 则弹出【设置 -- 指标标签】对话框。选中右侧已选用的指标，例如，选择【W & R 威廉指标】，单击【删除】按钮可以将其删除。选中左侧的指标，例如，选择【主要曲线】➢【撑压划线 撑压划线】，单击【添加】按钮，可以将其添加到右侧的指标栏中。

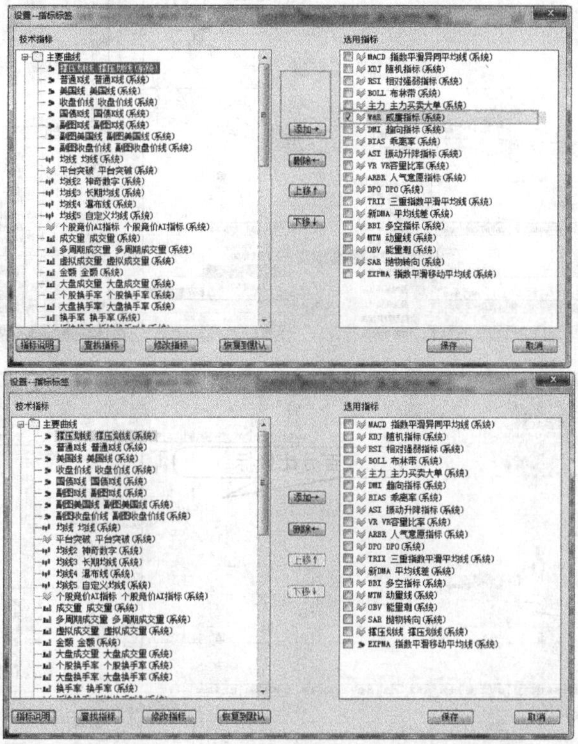

❽ 单击【保存】回到 K 线图界面，【W & R 威廉指标】已被删除，【撑压划线 撑压划线】出现在指标栏中。

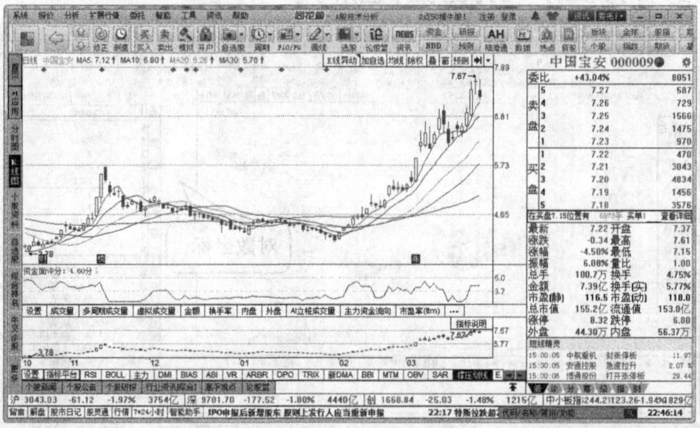

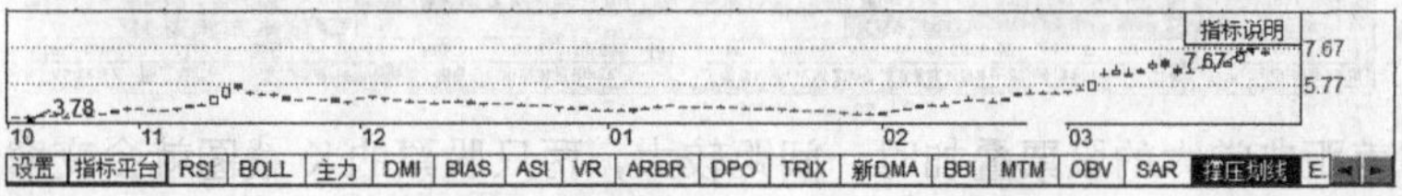

在【K 线图】页面窗口中，投资者也可以进行坐标切换、叠加指标、选择指标以及修改指标参数等操作。

进行坐标切换的具体操作步骤如下。

❶ 以中国宝安为例，打开中国宝安的【K 线图】页面。在 K 线图中右键单击，在弹出的快捷菜单中选择【切换坐标】➤【百分比坐标】菜单命令。

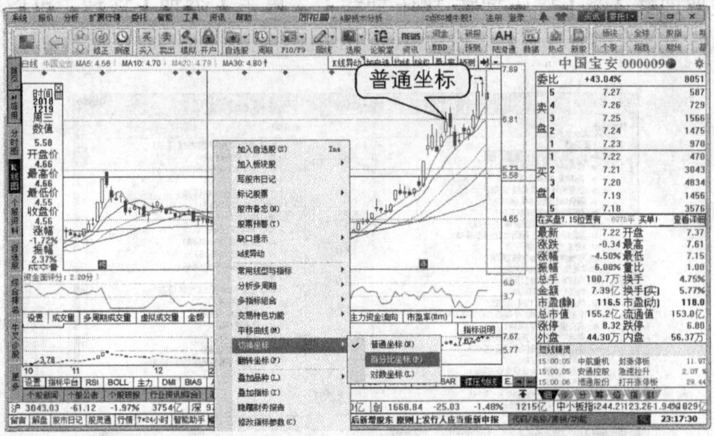

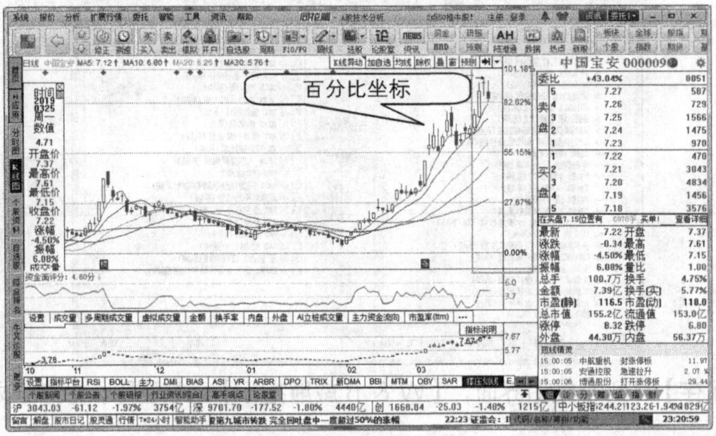

❷ 页面切换到“对数坐标”的状态如下图所示。

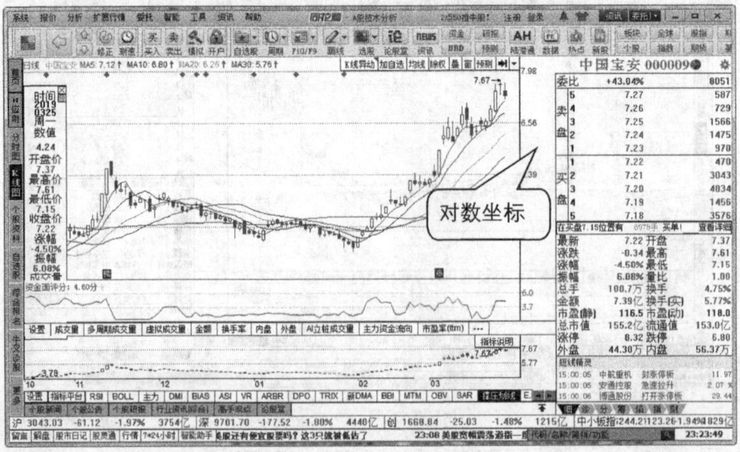

两只价格差距非常大的股票叠加时，间距较大，两只股票的 K 线图就会变窄，难以辨认，此时最好将坐标切换到百分比坐标。叠加品种的具体操作步骤如下。

❶ 以中国宝安为例，打开中国宝安的【K 线图】页面，在 K 线图中右键单击，在弹出的快捷菜单中选择【叠加品种】➤【叠加指定品种】菜单选项。

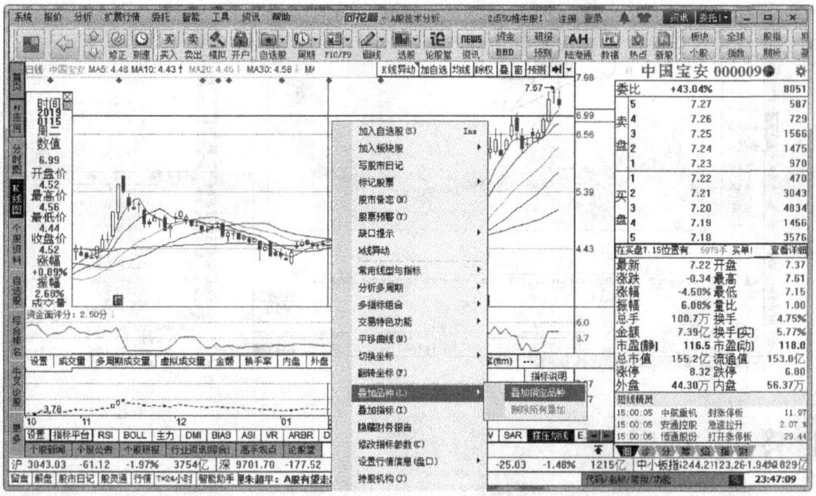

> **提示** 在【K 线图】页面中，单击 K 线图右上方的【叠】按钮，也可以将对应的指数叠加到K线图中，以百分比的坐标显示。

❷ 弹出【叠加品种】对话框，此时可选择一只要叠加的股票，例如，选择【地企 100】，单击【确定】按钮，如下左图所示。

❸ 打开地企 100 的 K 线图和中国宝安 K 线图叠加后的【K 线图】页面，如下右图所示。

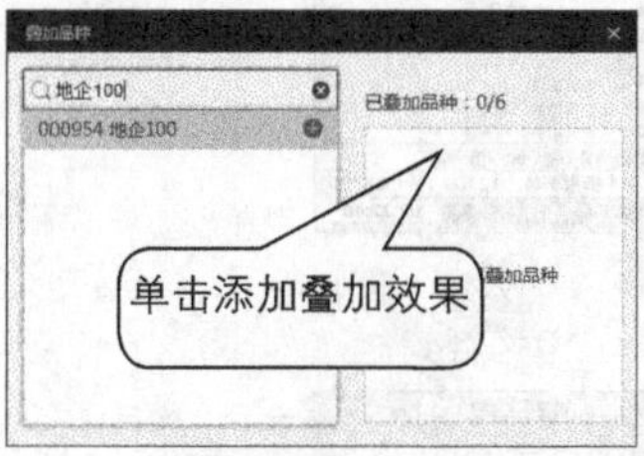

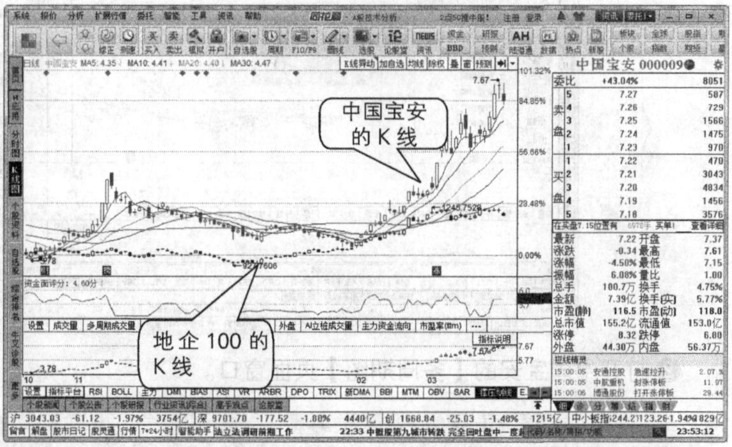

> **提示** 在 K 线图中右键单击，在弹出的快捷菜单中选择【叠加品种】>【删除所有叠加】菜单选项，或者单击 K 线图右上方的【叠】按钮，在弹出的快捷菜单中选择【删除所有叠加】都可以将叠加删除。

在叠加后的页面中右键单击，在弹出的下拉菜单中选择【平移曲线】，光标呈现小手的模样，投资者可以通过按住鼠标左键拖曳来平移曲线，查看历史走势。再次单击【平移曲线】则取消这个功能。

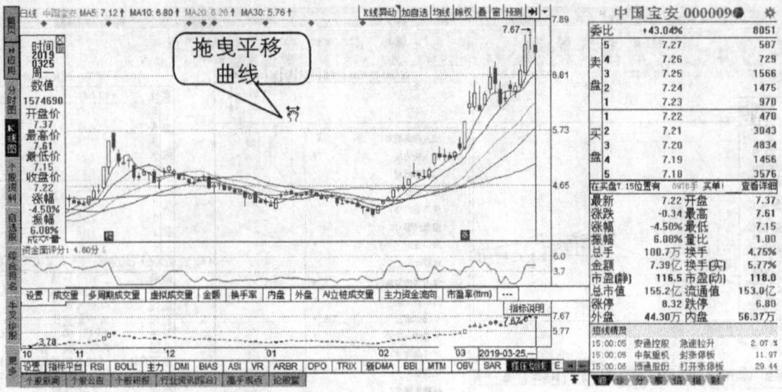

8.7 多周期图

【多周期图】页面有 5 分钟、15 分钟、60 分钟以及日线、周线和月线 6 个周期的 K 线图，投资者可以同时查看多个周期的技术指标走势状况，以进行分析。打开中国宝安【多周期图】页面的操作步骤如下。

❶ 打开中国宝安的【K 线图】页面窗口。选择【分析】➤【多周期图】菜单命令。

❷ 打开中国宝安的【多周期图】页面窗口。

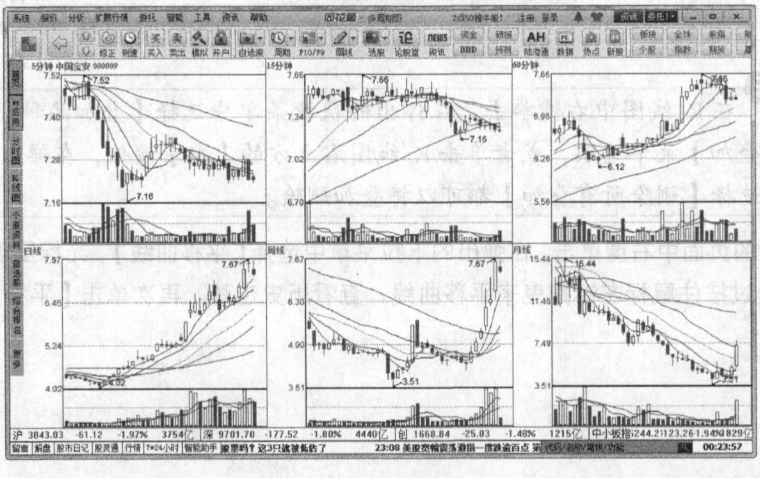

❸ 双击任意一个周期的K线图，可打开这一周期的【K线图】页面窗口。例如，双击“5分钟”周期的K线图，打开“5分钟”周期的【K线图】页面窗口。

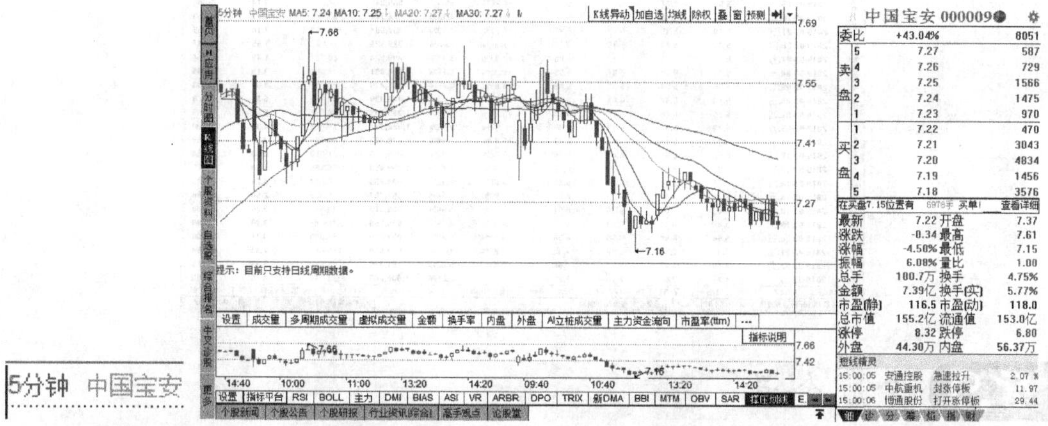

> **提示** 投资者在【多周期图】页面中任选一个周期的K线图，右键单击，在弹出的快捷菜单中选择【分析多周期】选项，在其下的菜单中选择不同周期，即可改变所选K线图的周期。

8.8 历史成交

【历史成交】页面列出了某个商品每个交易日的统计数据，包含当日开盘价、最高价、最低价、收盘价、涨幅、振幅、总手、成交金额、换手率和成交次数。打开中国宝安【历史成交】页面的操作步骤如下。

❶ 打开中国宝安的【K线图】页面窗口。选择【分析】➤【历史成交】菜单命令。

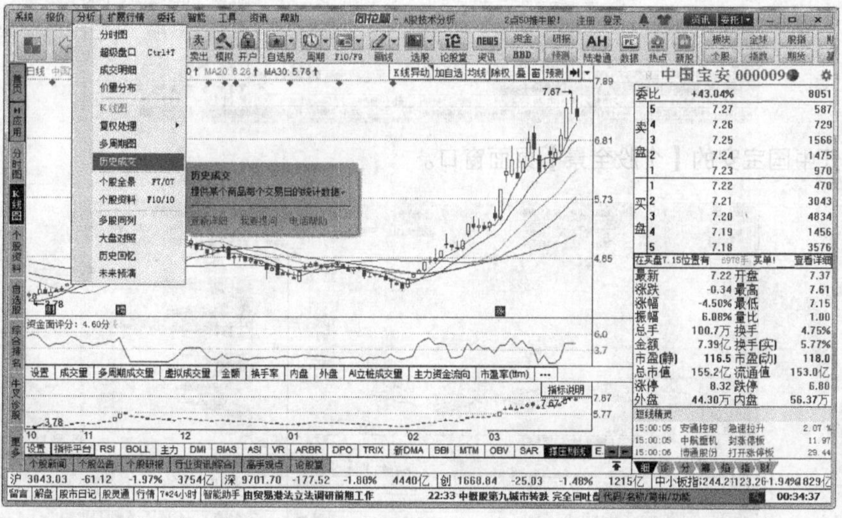

❷ 打开中国宝安的【历史成交】页面窗口。

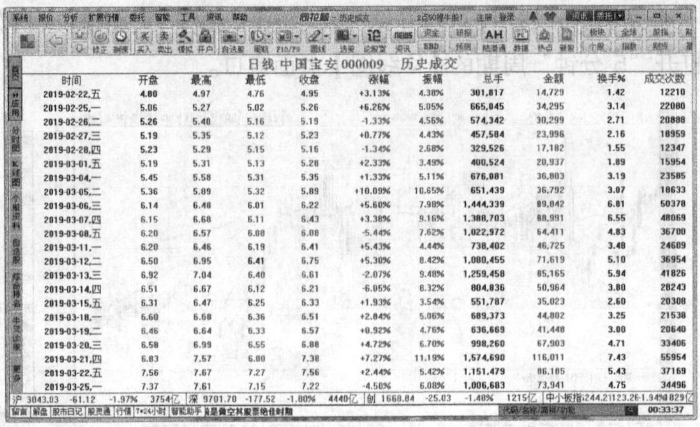

日线 中国宝安 000009 历史成交

时间	开盘	最高	最低	收盘	涨幅	振幅	总手	金额	换手%	成交次数
2019-02-22,五	4.80	4.97	4.76	4.95	+3.13%	4.38%	301,817	14,729	1.42	12210
2019-02-25,一	5.06	5.27	5.02	5.26	+6.26%	5.05%	665,045	34,295	3.14	22080
2019-02-26,二	5.26	5.40	5.16	5.19	-1.33%	4.56%	574,342	30,299	2.71	20888
2019-02-27,三	5.19	5.35	5.12	5.23	+0.77%	4.43%	457,584	23,996	2.16	18959
2019-02-28,四	5.23	5.29	5.15	5.16	-1.34%	2.68%	329,526	17,182	1.55	12347
2019-03-01,五	5.19	5.31	5.13	5.28	+2.33%	3.49%	400,524	20,937	1.89	15954
2019-03-04,一	5.45	5.58	5.31	5.35	+1.33%	5.11%	676,081	36,803	3.19	23585
2019-03-05,二	5.36	5.89	5.32	5.89	+10.09%	10.65%	651,439	36,792	3.07	18633
2019-03-06,三	6.14	6.48	6.01	6.22	+5.60%	7.98%	1,444,339	89,842	6.81	50378
2019-03-07,四	6.15	6.68	6.11	6.43	+3.38%	9.16%	1,388,703	88,991	6.55	48069
2019-03-08,五	6.20	6.57	6.08	6.08	-5.44%	7.62%	1,022,972	64,411	4.83	36700
2019-03-11,一	6.20	6.46	6.19	6.41	+5.43%	4.44%	738,402	46,725	3.48	24609
2019-03-12,二	6.50	6.95	6.41	6.75	+5.30%	8.42%	1,080,455	71,619	5.10	36954
2019-03-13,三	6.92	7.04	6.40	6.61	-2.07%	9.48%	1,259,458	85,165	5.94	41826
2019-03-14,四	6.51	6.67	6.12	6.21	-6.05%	8.32%	804,836	50,964	3.80	28243
2019-03-15,五	6.31	6.47	6.25	6.33	+1.93%	3.54%	551,787	35,023	2.60	20308
2019-03-18,一	6.60	6.68	6.36	6.51	+2.84%	5.06%	689,373	44,802	3.25	21538
2019-03-19,二	6.46	6.64	6.33	6.57	+0.92%	4.76%	636,669	41,448	3.00	20640
2019-03-20,三	6.58	6.99	6.55	6.88	+4.72%	6.70%	998,260	67,903	4.71	33406
2019-03-21,四	6.83	7.57	6.80	7.38	+7.27%	11.19%	1,574,690	116,011	7.43	55954
2019-03-22,五	7.56	7.67	7.27	7.56	+2.44%	5.42%	1,151,479	86,185	5.43	37169
2019-03-25,一	7.37	7.61	7.15	7.22	-4.50%	6.08%	1,006,683	73,941	4.75	34496

8.9 个股全景

【个股全景】页面几乎涵盖了某只股票的所有信息，包括了分时走势、技术分析、大盘对照、TICK 走势、成交明细、量价分布、财务图示等 7 个选项卡，投资者可以通过切换选项卡方便地选择不同的画面。打开中国宝安【个股全景】页面的操作步骤如下。

❶ 打开中国宝安的【K 线图】页面窗口。选择【分析】➤【个股全景】菜单命令。

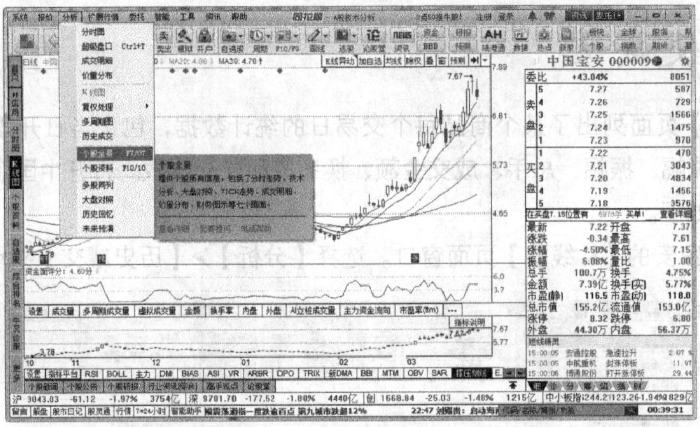

❷ 打开中国宝安的【个股全景】页面窗口。

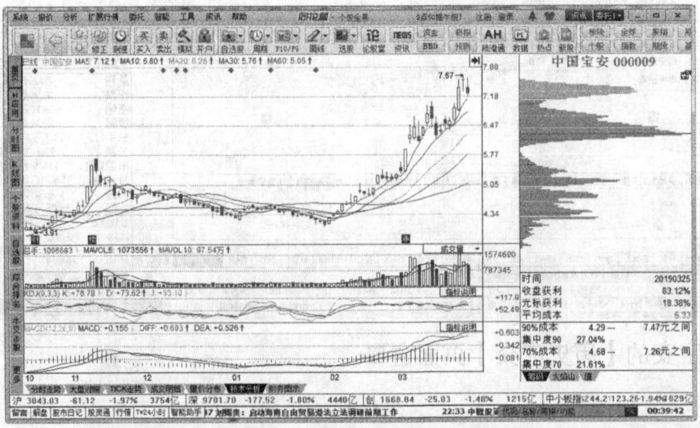

❸ 单击右下角的横向选项卡可选择不同方式查看股票信息。单击【值】选项卡，页面右侧

将显示该股票的总市值、流通市值、外盘、内盘以及每笔手数等数据信息，如下图所示。

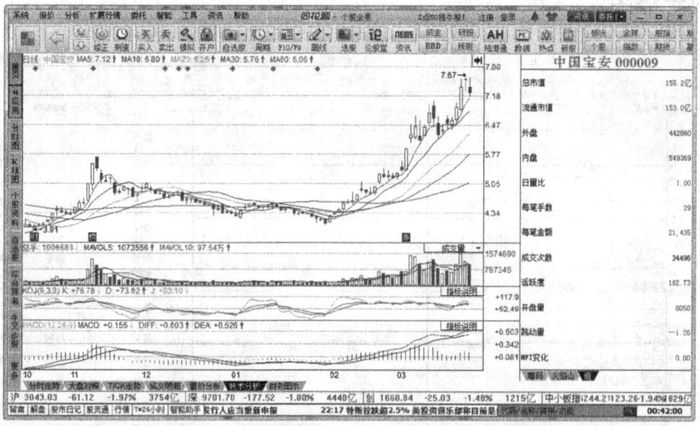

❹ 单击页面下方选项卡可以打开查看该股票分时走势、大盘对照、TICK 走势、成交明细、量价分布、技术分析和财务图示的页面窗口。例如，单击【财务图示】选项卡，页面窗口如下图所示。

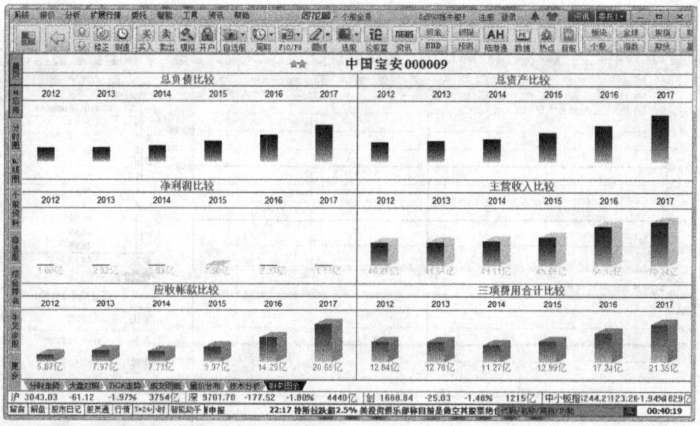

8.10 大盘对照

【大盘对照】可同时查看某只个股和沪深指数的实时行情，通过大盘与个股 K 线图、分时走势图的对照，可以更加直观地反映出个股的强弱。打开【大盘对照】的操作步骤如下。

❶ 打开中国宝安的【K 线图】页面窗口，选择【分析】➤【大盘对照】菜单命令。

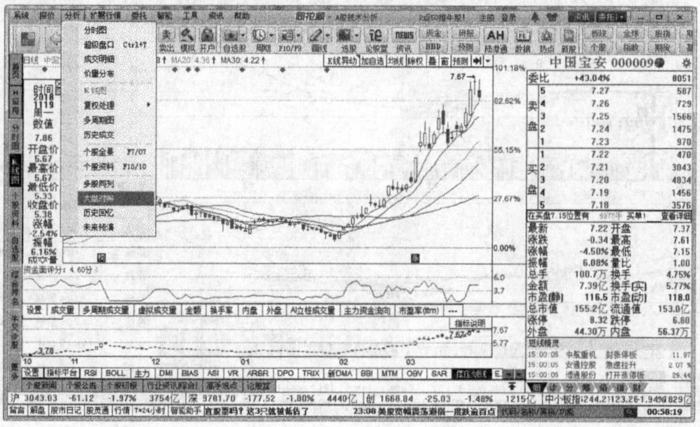

❷ 打开的【大盘对照】页面窗口由上、下两个窗格组成，上方为【中国宝安】的分时走势图，下方为大盘的分时走势图。

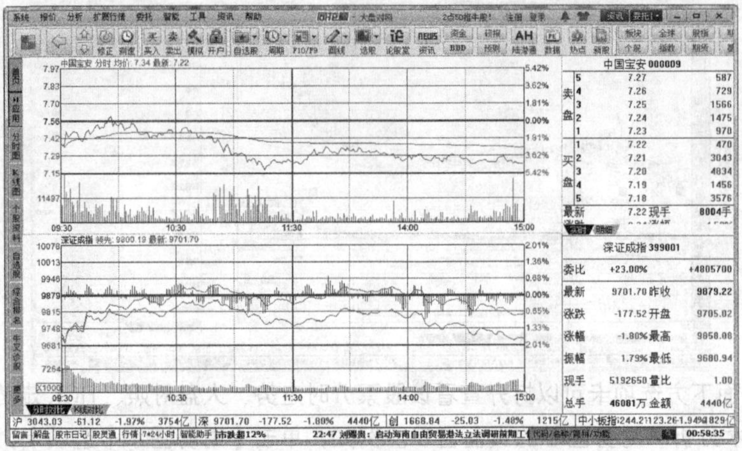

❸ 输入投资者需对照的个股股票代码，例如，输入“000651”， 打开【格力电器】的分时走势图。

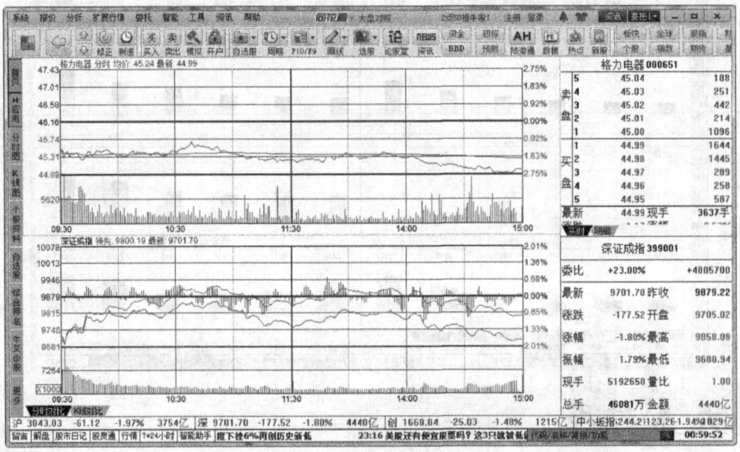

❹ 单击页面窗口下方的【K 线对比】选项卡 K线对比 ，可以查看【格力电器】和大盘的日线走势图的对比。

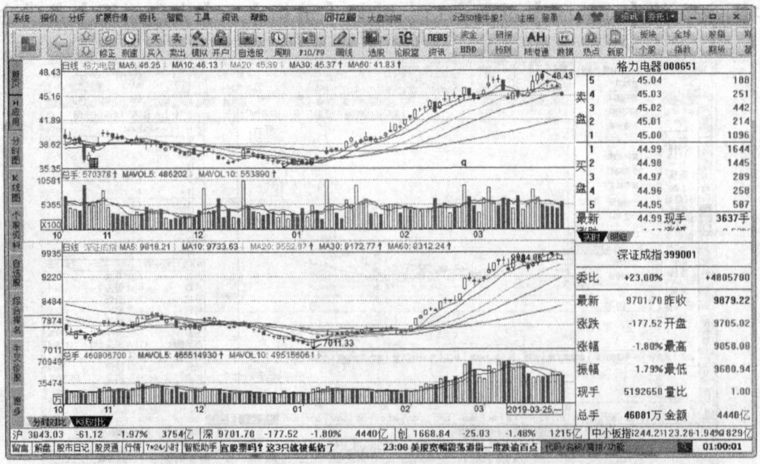

第 9 章 股指期货行情分析

股指期货的全称是股票价格指数期货，是以股票市场的价格指数作为交易标的物的期货，是买卖双方根据事先的约定，同意在未来某一个特定的时间，按照双方事先约定的股价进行股票指数交易的一种标准化协议。与外汇期货、利率期货和其他各种商品期货一样，股票指数期货同样是顺应人们规避风险的需要而产生的。

9.1 期货分时走势

进入期货【分时图】界面进行查看的具体操作步骤如下。

❶ 选择【扩展行情】➢【期货】➢【期货综合屏】菜单命令。

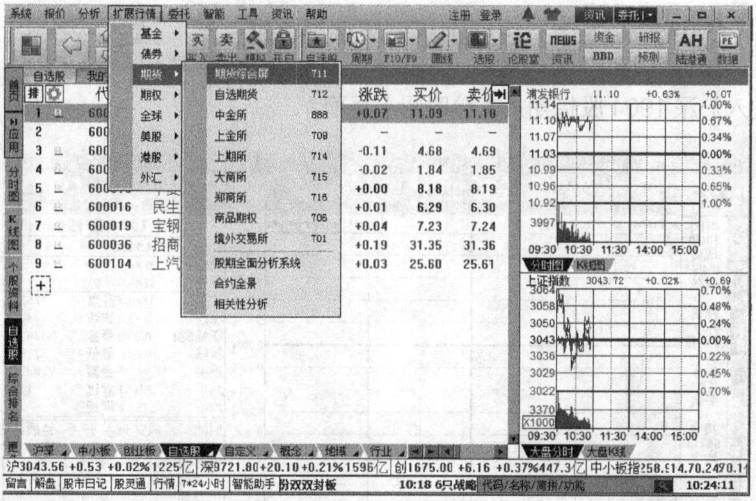

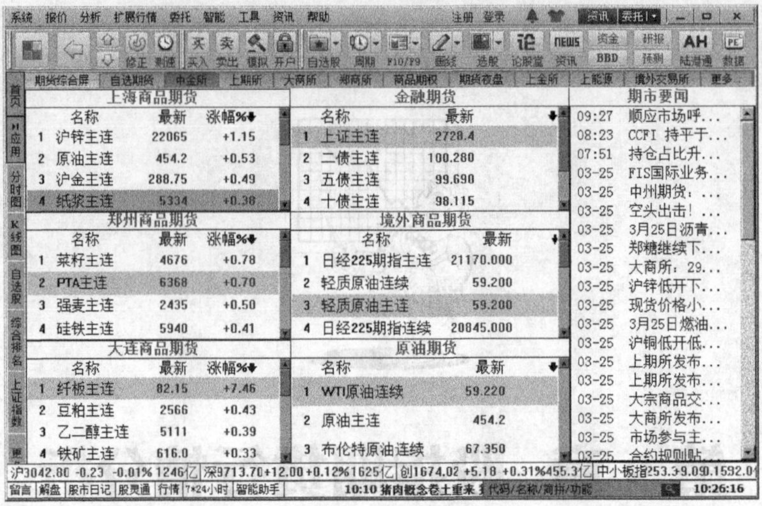

❷ 单击【中金所】选项卡，如下图所示。

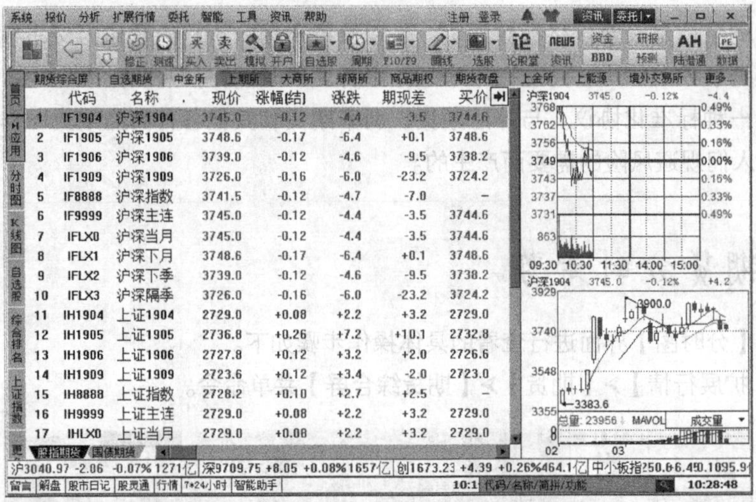

❸ 双击进入沪深 1904 股指期货【分时图】页面。

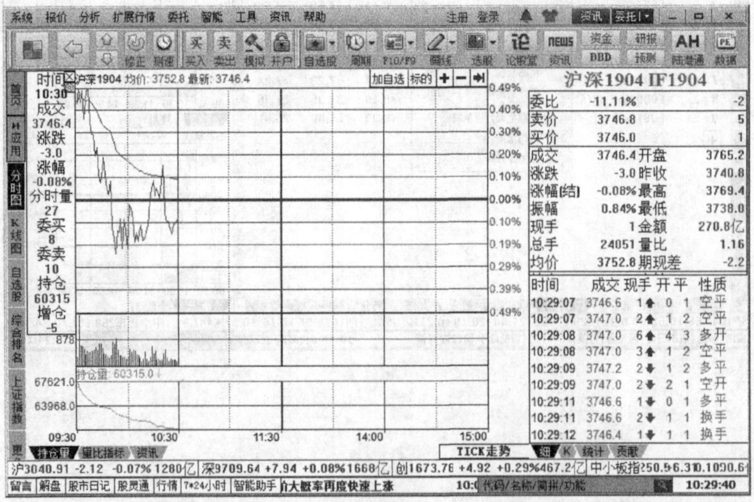

提示

在右侧的行情统计窗口中，可以看到所进入的股指期货分时走势图的指数名称为“沪深 1904 IF1904”。其中，IF 为沪深 300 股指期货的代码，1904 表示这份期货合约的交割日期是 2019 年 4 月，即到 2019 年 4 月底时买家的这份合约必须交易掉，否则会被强行平仓。期货合约和股票不一样，股票可以一直留在手里，而期货合约则不行。

❹ 在沪深 1904【分时图】页面中，选择【工具】➤【区间统计】菜单命令，按住鼠标左键在分时走势图上拖曳来选择一个区域，之后会弹出所选区域的统计数据。

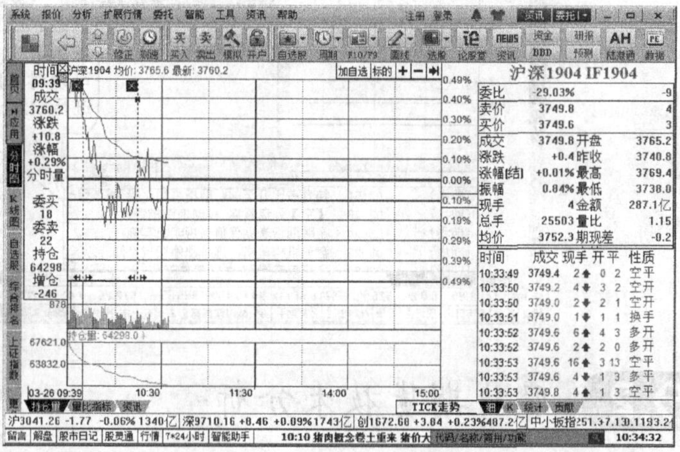

❺ 单击沪深 1904 股指期货【分时图】页面下方的【TICK 走势】按钮 TICK走势，进入沪深 1904 股指期货【TICK 走势】页面窗口。

提示

TICK 图又称点线图，即每笔交易都显示在图上，对做期货的投资者来说，有很大的参考价值。

单击沪深 1904 股指期货【TICK 走势】页面下方的【分时走势】按钮 分时走势，可重新回到沪深 1904【股指期货分时走势】页面。此时，在右下方的横向选项卡中可以查看沪深 1904 股指期货的明细表、K 线图等。

在沪深 1904【股指期货分时走势】图下方显示的是沪深 1904 的【分时持仓量】曲线图。投资者单击左下角的【资讯】选项卡，可以查看同花顺的实时资讯信息；单击右上角的【设置】，则可以对实时资讯进行设置。

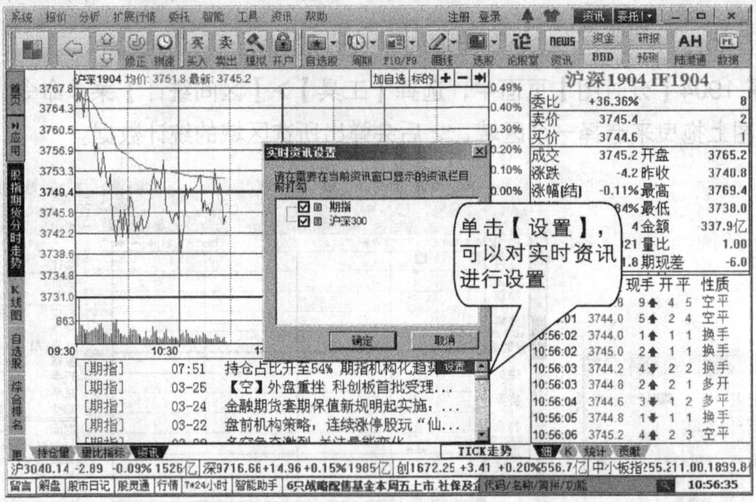

9.2 股指期货技术分析

随着证券市场的不断成熟，非正常的暴涨暴跌机会越来越少，市场可预测的因素越来越多，带有普遍性、规律性的投资理念和市场动作手法将越来越盛行。这时，技术分析就可以大显身手，为投资者的投资决策做出可靠的、周密的分析和预测。

进入【股指期货技术分析】页面的具体操作步骤如下。

进入【沪深 1904】股指期货 K 线页面，单击 K 线页面下方的横向选项卡，可以查看不同的指标走势，同时，还可以通过单击【设置】按钮来选择所要查看的指标走势。例如，这里选择【KDJ】横向选项卡。

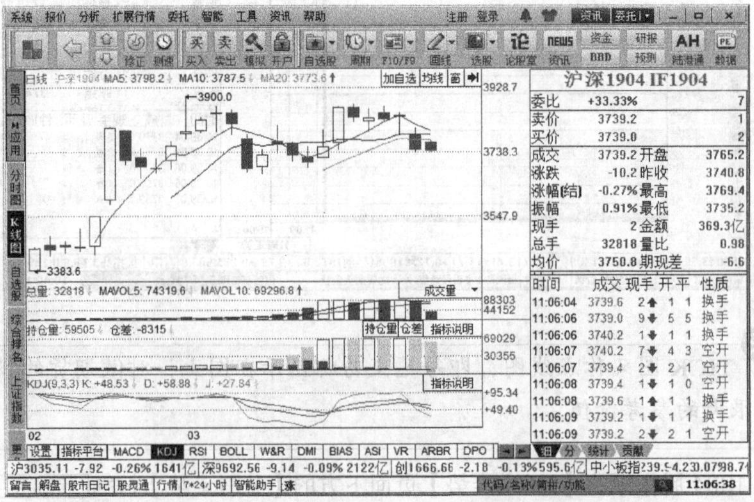

提示

投资者也可以在股指期货分时走势页面中单击分时走势图左侧的【K线图】选项卡，进入股指期货技术分析页面。

9.3 股指期货委托下单

进入【委托下单】页面的具体操作步骤如下。

❶ 单击【委托】➢【期货下单】菜单命令。

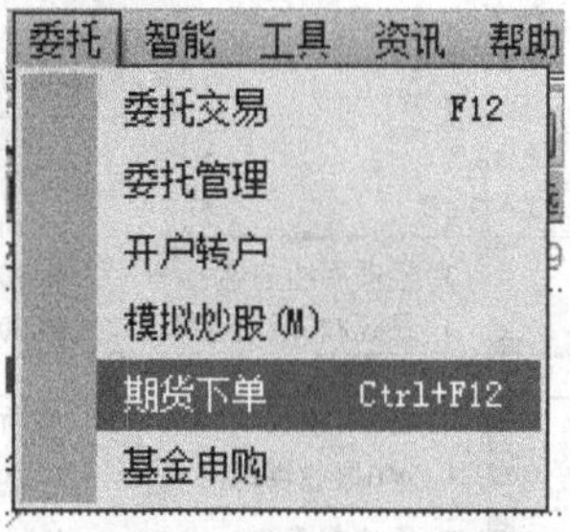

❷ 进入【期货下单】页面，单击“修复”按钮，下载委托程序。

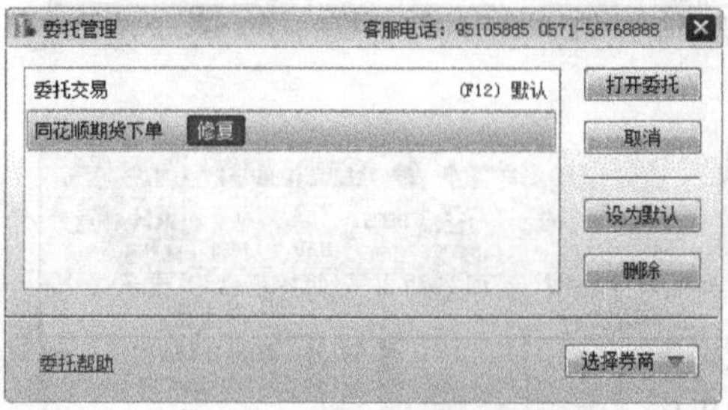

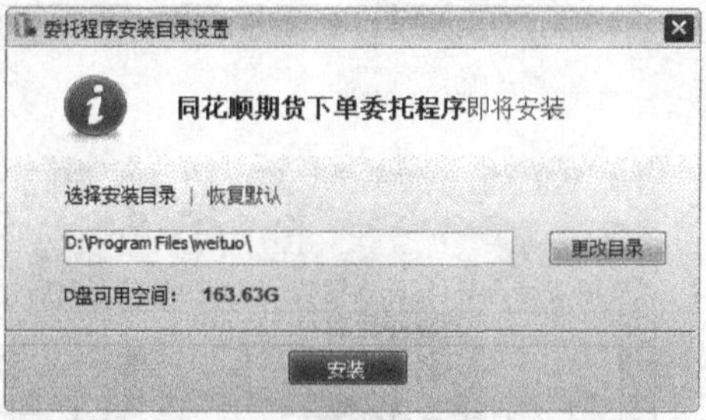

❸ 此时显示委托正在修复。

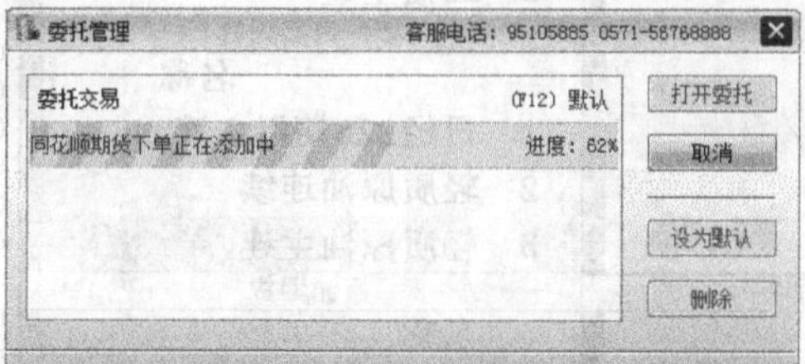

提示

登录账户后，在股指期货闪电下单报价页面中不仅可以查看【股指期货闪电下单报价】数据信息，单击页面下方的横向选项卡【自选期货】，还可以查看【自选期货闪电下单报价】数据信息。

9.4 期货大字报价

使用比较大的字体显示股指期货的实时报价，可以让投资者在长时间看盘时不会感觉用眼疲劳。通过【期货大字报价】页面窗口我们可以看到各股指期货的名称、代码、买价、卖价、买量以及卖量等报价信息。打开方式是选择【扩展行情】➢【期货】➢【期货综合屏】菜单命令，再选择【工具】➢【大字报价】命令。

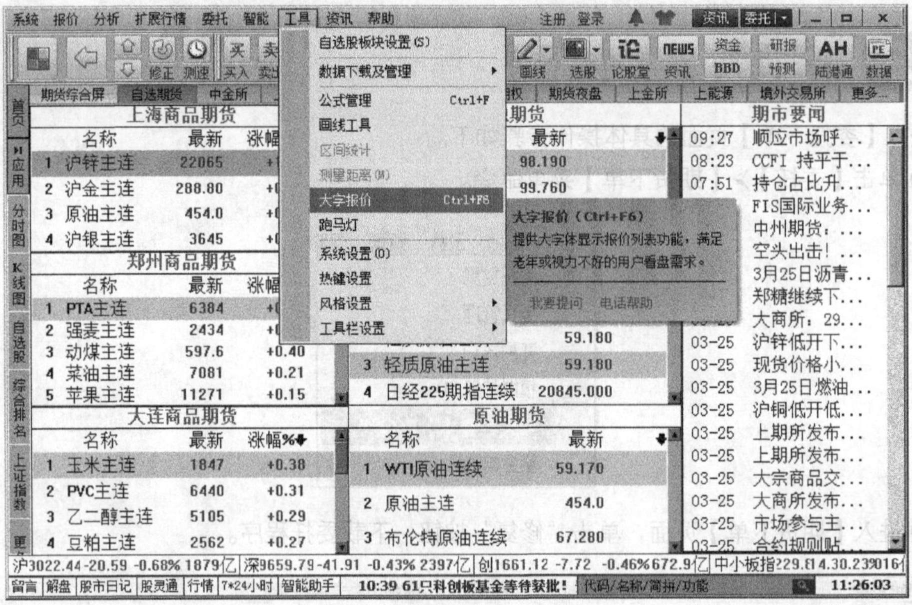

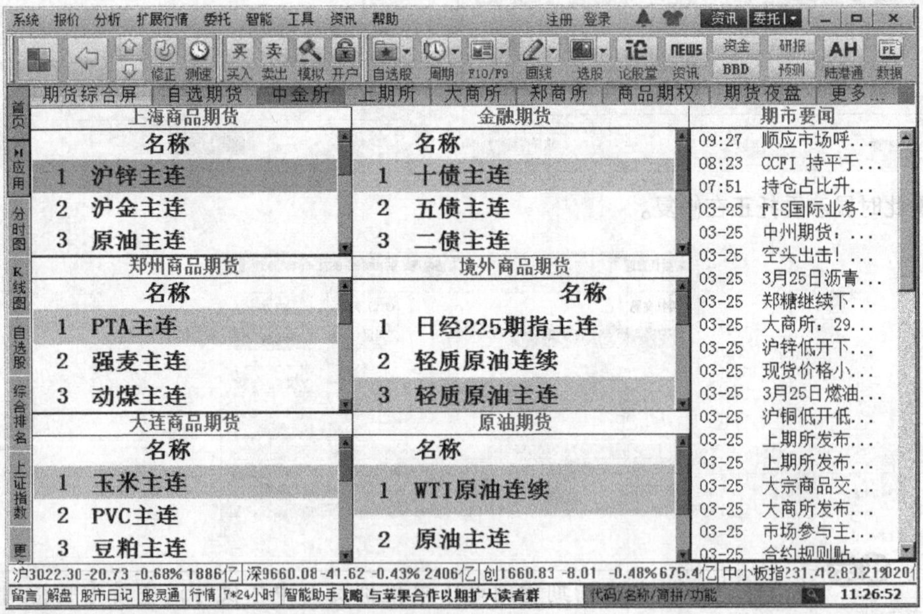

9.5 成交明细

在【成交明细】页面窗口中投资者可以看到当天按时间顺序排列的所有期货成交的时间、现手、开仓、平仓、增仓以及开平仓等数据信息。进入【成交明细】页面的具体操作步骤如下。

❶ 选择【扩展行情】➢【期货】➢【期货综合屏】菜单命令。

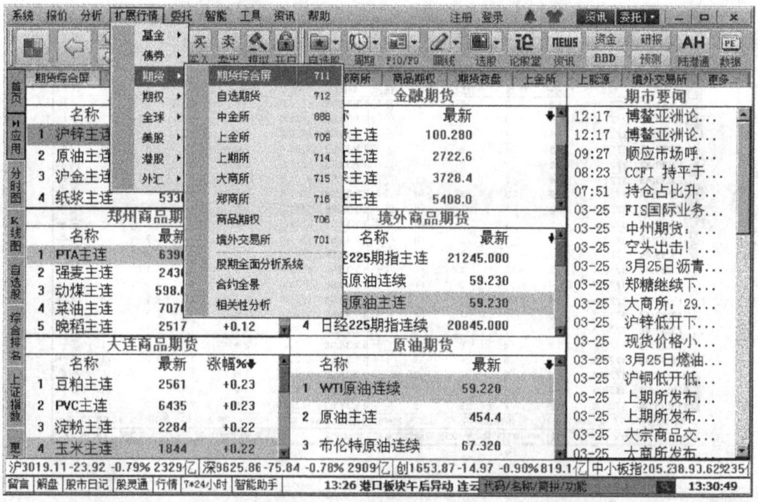

❷ 进入沪深 1904 分时走势页面。

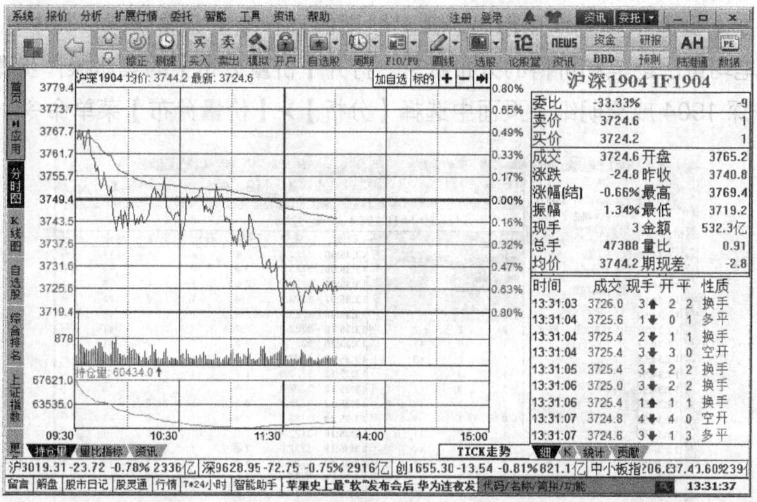

❸ 单击左侧选项中的“更多”按钮，在弹出的快捷菜单上单击“期货成交明细”。

❹ 进入【沪深 194 成交明细】页面。

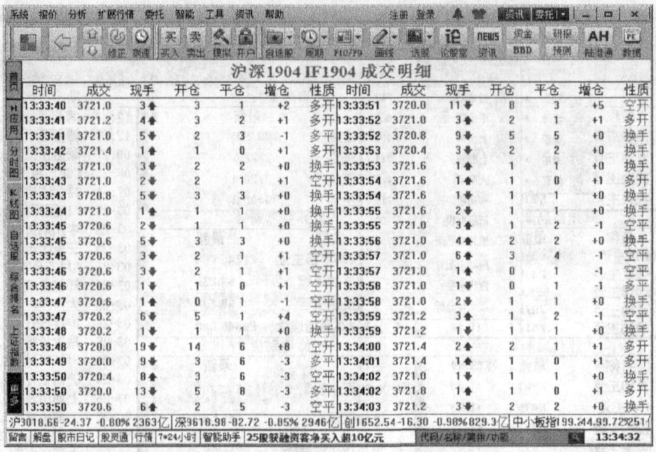

9.6 价量分布

【价量分布】页面中直观地显示出了某只股票的当日成交分布状态，其中包含成交分布、成交笔数、每笔均量、逐笔和价格的分布状态。打开【价量分布】的具体操作步骤如下。

❶ 在【沪深 1904 成交明细】页面中选择【分析】➤【价量分布】菜单命令。

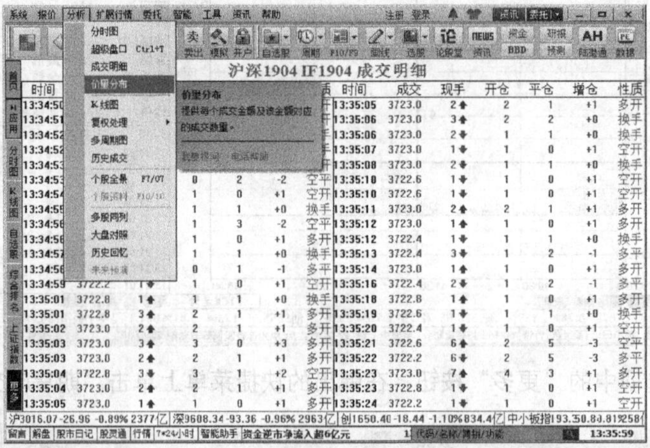

❷ 进入【沪深 1904 价量分布】页面，随着时间的变化，页面也不断地更新。

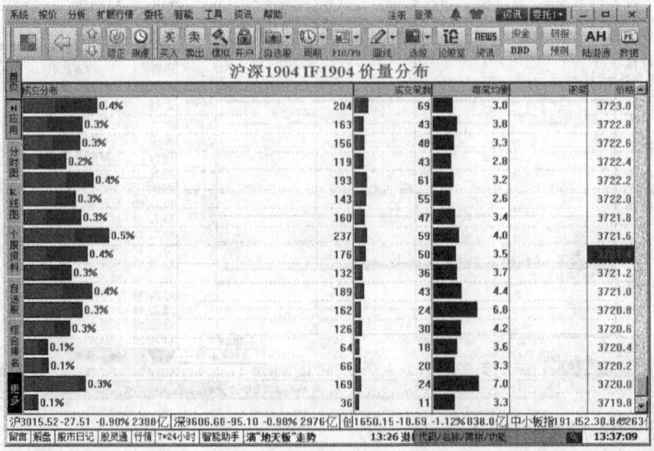

9.7 期货同列

【期货同列】是在同花顺主界面中同时显示出最近几只期货的分时或分时和 K 线走势页面窗口，以供投资者查看。

进入股指期货【期货同列】页面的具体操作步骤如下。

❶ 在【沪深 1904 价量分布】页面中选择【报价】➤【多股同列】➤【4 股】菜单命令。

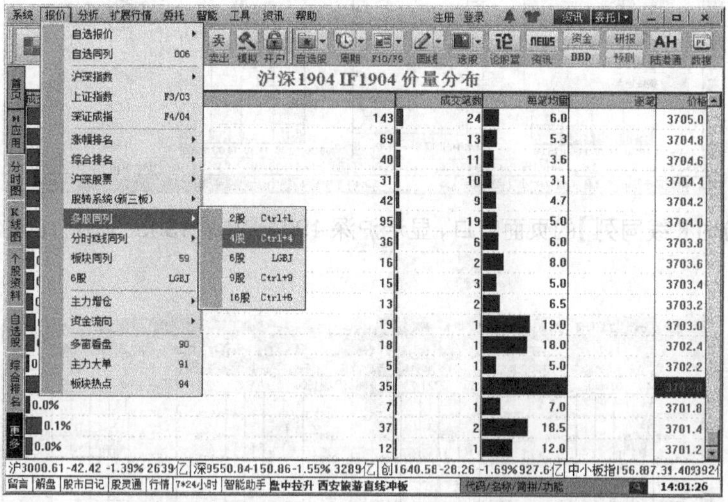

❷ 进入【多股同列】的页面窗口，显示沪深 1904、沪深 1905、沪深 1906 和沪深 1909【分时图】和盘口信息。

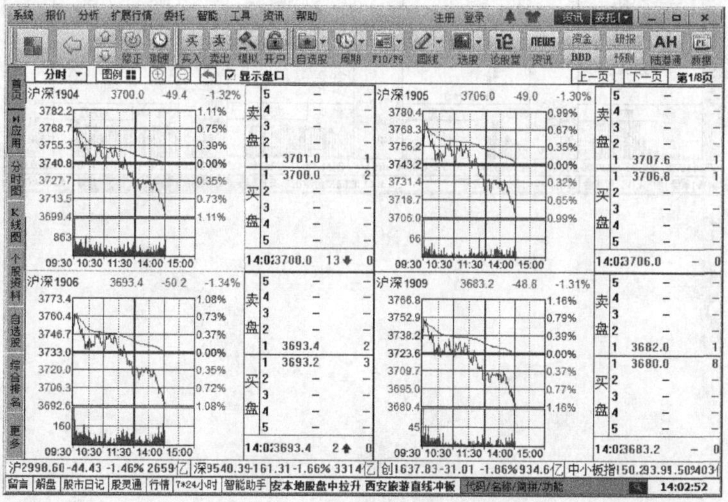

❸ 选择【报价】➤【分时 K 线同列】➤【4 股】菜单命令。

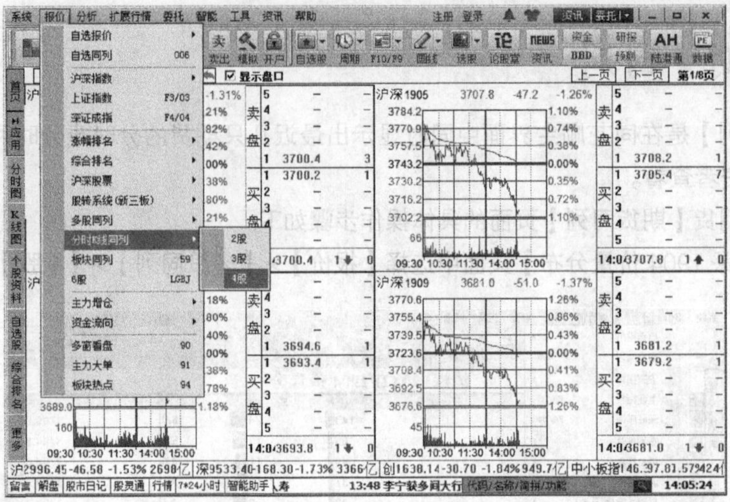

❹ 进入【分时K线同列】的页面窗口，显示沪深1904、沪深1905、沪深1906和沪深1909【K线图】。

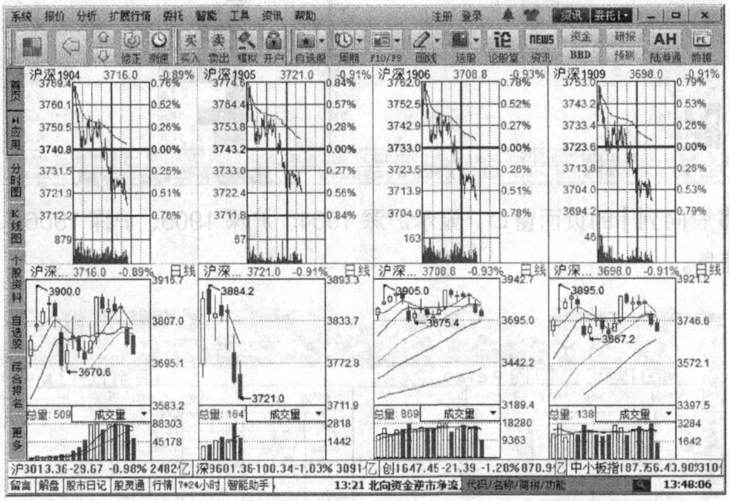

第 10 章 港股市场行情分析

目前市场中有很多投资者热衷于投资港股，为了方便这些投资者及时、准确地了解港股市场的行情走势，同花顺软件提供有丰富的港股市场数据信息以供参考。

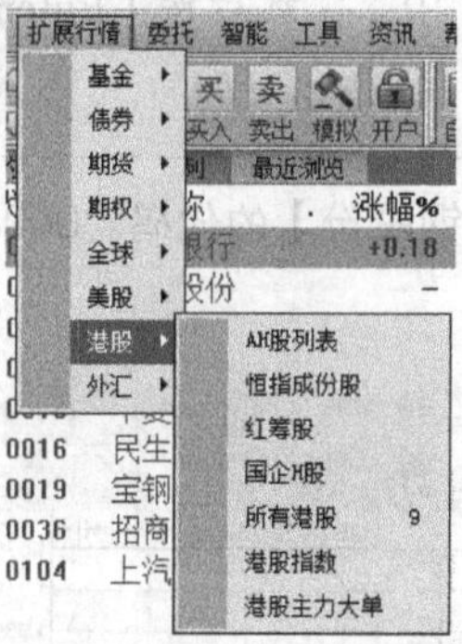

提示 投资者需要先选择【扩展行情】➢【港股】菜单命令，之后在弹出的【港股】菜单中显示有【AH 股列表】【恒指成分股】【红筹股】【国企 H 股】【所有港股】【港股指数】和【港股主力大单】共 7 个板块。

在【AH 股列表】页面中分别显示了 A 股和 H 股的代码、涨幅、现价以及 AH 股溢价等报表数据信息。

提示 A 股的正式名称是人民币普通股票，是由我国境内的公司发行，供境内机构、组织或个人（不含台、港、澳投资者）以人民币认购和交易的普通股票。

H 股是注册地在内地，上市地在香港的外资股。

10.1 AH 股列表

查看【AH 股列表】页面的具体步骤如下。

❶ 选择【扩展行情】➢【港股】➢【AH 股列表】菜单命令，进入【AH 股列表】行情报价页面。

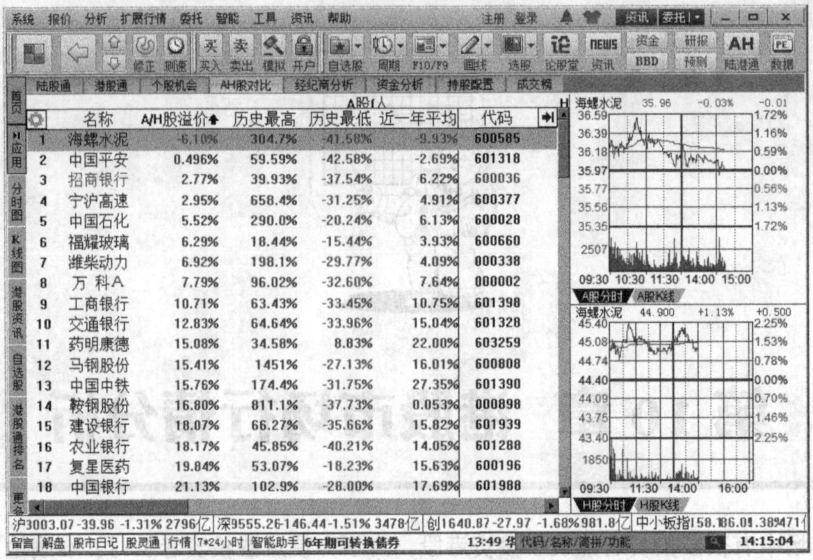

使用键盘直接输入“19”，然后按【Enter】键，也可以进入【AH 股列表】行情报价页面。

❷ 使用键盘直接输入 A 股【鞍钢股份】的代码“000898”，然后按【Enter】键，进入 A 股鞍钢股份的【分时图】页面。

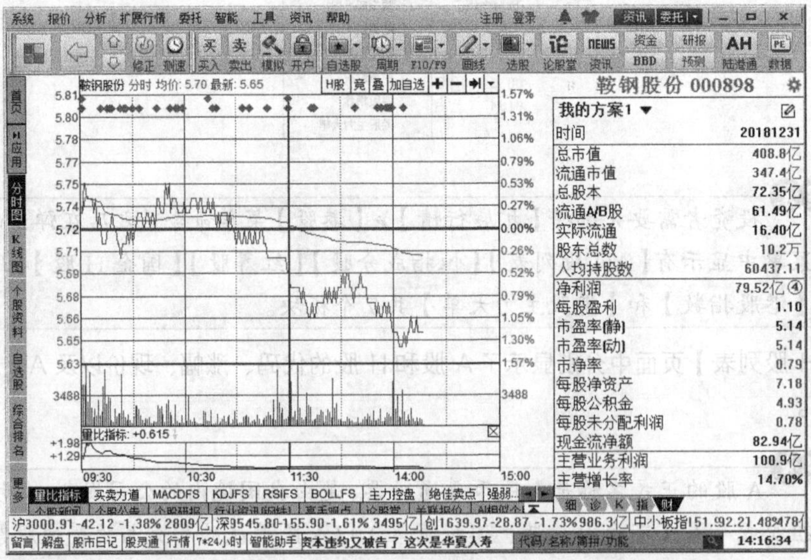

❸ 使用键盘直接输入 H 股【鞍钢股份】的代码“00347”，然后按【Enter】键，进入港股鞍钢股份的【分时图】页面。

10.2 港股

在【扩展行情】页面中不仅可以查看所有港股的行情报价信息，还可以查看恒指成分股、红筹股、国企 H 股和港股指数的行情报价信息。查看【所有港股】页面的具体操作步骤如下。

❶ 选择【扩展行情】➢【港股】➢【所有港股】菜单命令，进入【所有港股】的行情报价信息页面，页面中显示了【所有港股】的行情数据。

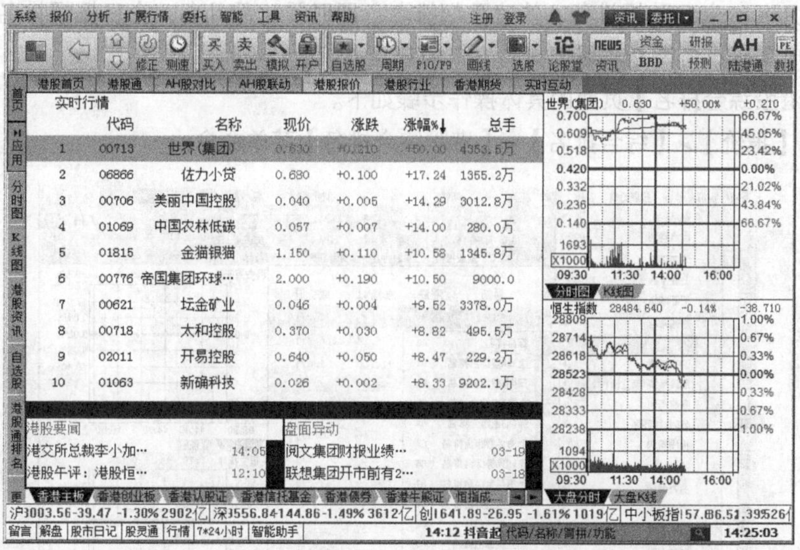

> **提示**
> 使用键盘直接输入“9”，然后按【Enter】键，也可以进入香港证券的行情报价页面。

❷ 单击【所有港股】页面下方的选项卡，可以查看恒指成分股、红筹股、国企 H 股和港股指数等的行情报价信息。这里选择【国企 H 股】选项卡，显示如下图所示的【国企 H 股】的行情报价页面。

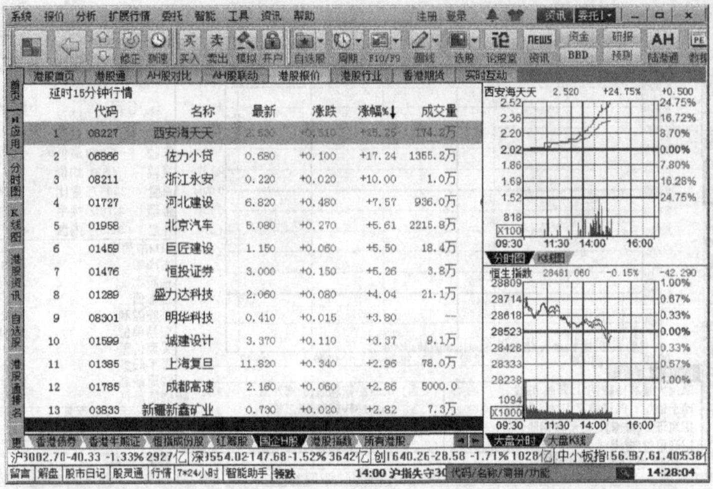

> **提示**
>
> 使用键盘直接输入“9”，然后按【Enter】键，也可以进入香港证券的行情报价页面。

10.3 港股综合排名

通过查看【港股综合排名】数据信息页面，可以对股票进行今日涨幅排名、快速涨幅排名、即时委比前几名、今日跌幅排名、快速跌幅排名、即时委比后几名、今日振幅排名、今日量比排名和今日成交额排名等 9 种股票排名方式的查看。

进入【港股综合排名】页面的具体操作步骤如下。

❶ 选择【报价】➤【综合排名】➤【港股综合排名】菜单命令。

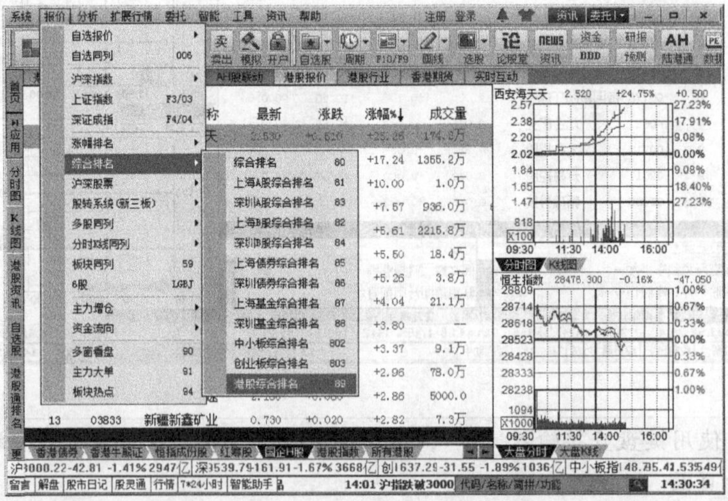

❷ 进入【港股综合排名】页面，在该页面中可以看到今日涨幅排名、快速涨幅排名等 9 个窗格。

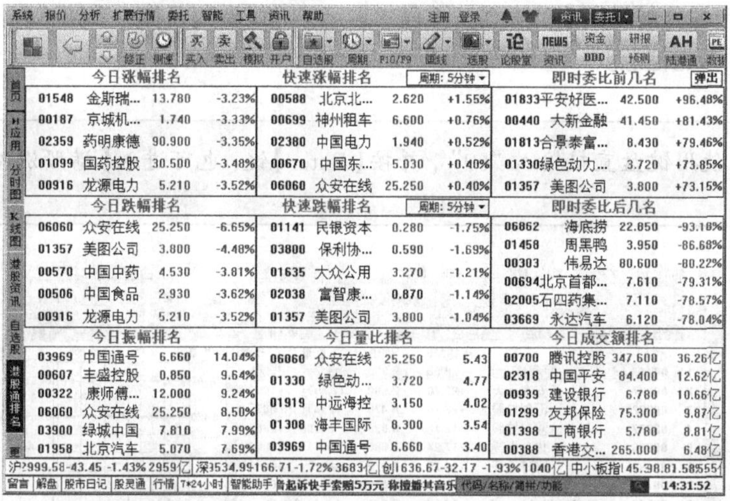

> **提示** 使用键盘直接输入“89”，然后按【Enter】键，也可以进入【港股综合排名】页面。同时，在显示的【快速涨幅排名】和【快速跌幅排名】窗格中将以 5 分钟的时间为周期刷新重排。

❸ 在【快速涨幅排名】窗格中，单击右上角的 周期:5分钟 按钮，在弹出的下拉列表中还可以选择 1 分钟和 3 分钟的快速涨幅排名数据。

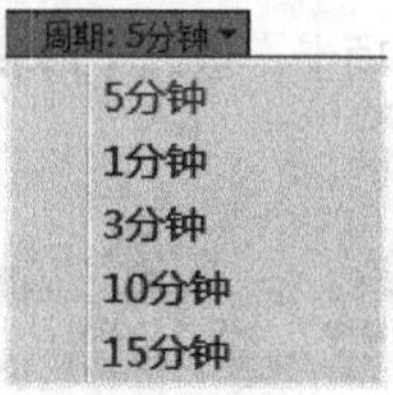

10.4 港股涨幅排名

香港证券排名页面按照【涨幅】行情报价信息对股票进行降序排名。进入【港股涨幅排名】页面的具体操作步骤如下。

❶ 选择【报价】➤【涨幅排名】➤【港股涨幅排名】菜单命令。

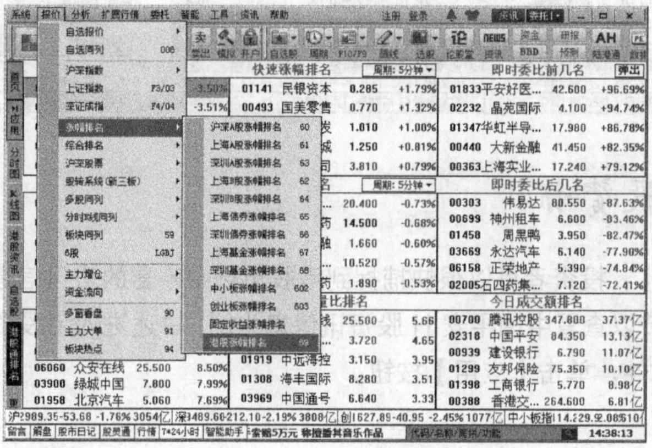

❷ 进入【港股涨幅排名】的页面，页面中显示了各股票的名称、涨幅、现价、总手、昨收和开盘等详细的数据信息。

> **提示** 使用键盘直接输入“69”，并按【Enter】键，也可进入【港股涨幅排名】页面。

❸ 单击页面下方的选项卡，还可以查看恒指成分股、红筹股、国企 H 股和港股指数的行情报价信息。例如，单击【港股指数】选项卡，进入【港股指数】的行情报价页面。

10.5 港股资讯

通过查看【资讯】，投资者可以很快捕捉到港股市场中丰富的资讯信息，以便于把握机会，赚取更多利润。本小节以查看中国平安 H 股资讯信息为例，讲述进入港股资讯页面的操作方法。

❶ 启动同花顺软件，单击【应用】按钮。

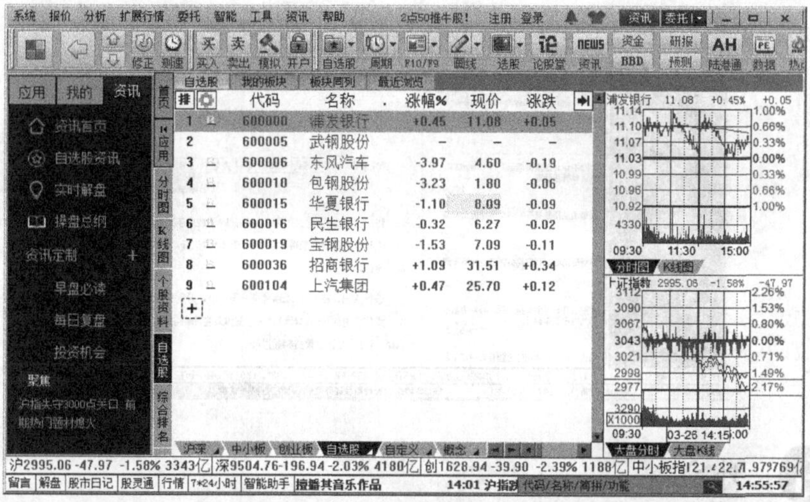

❷ 单击【资讯】选项卡，然后单击■，在弹出的【添加咨讯】对话框中输入“港股要闻”。

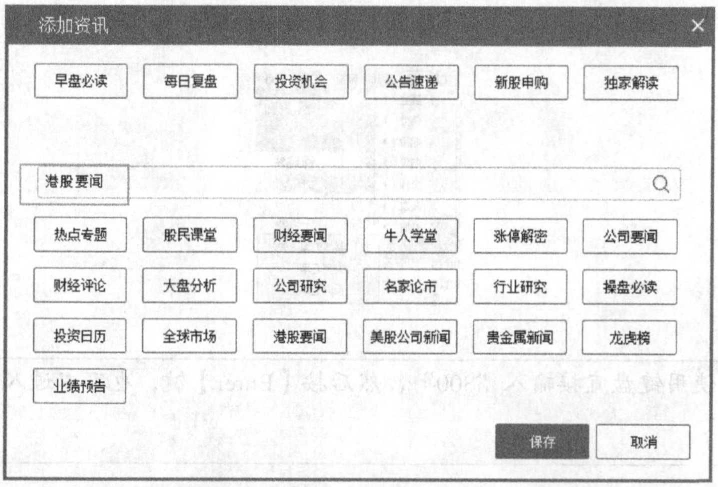

❸ 单击搜索按钮，选择搜索的结果，然后单击【保存】按钮。

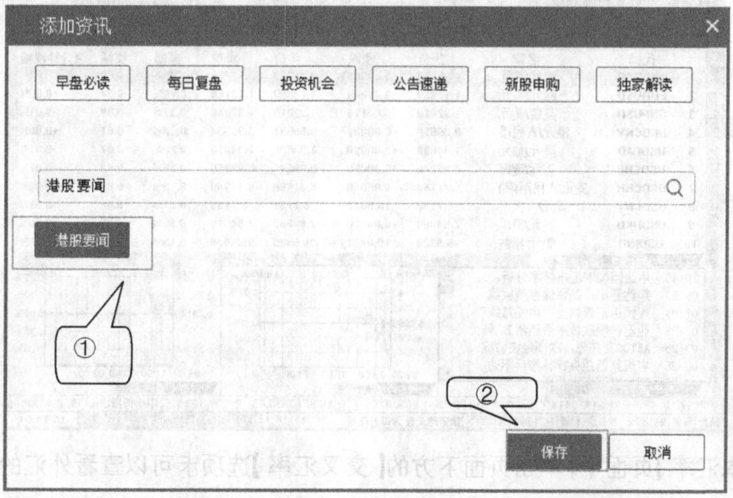

❹ 在【资讯】窗口中选择【港股要闻】，如下图所示。

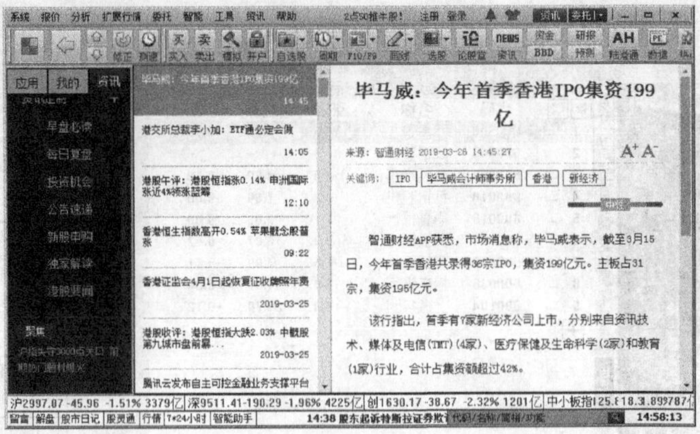

10.6 外汇

投资者通过外汇行情报价页面，可以查看外汇的现价、涨幅和最高等报价信息。

❶ 选择【扩展行情】➢【外汇】➢【基本汇率】菜单命令。

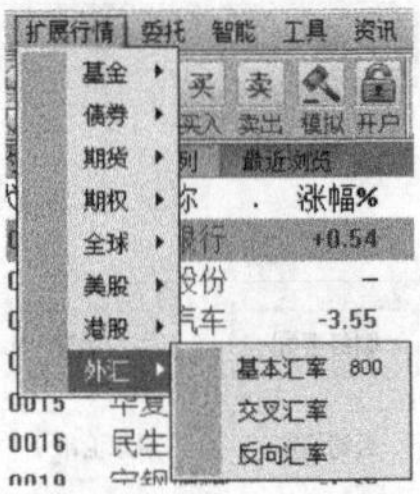

提示

使用键盘直接输入“800”，然后按【Enter】键，也可以进入【基本汇率】页面。

❷ 进入【基本汇率】页面。

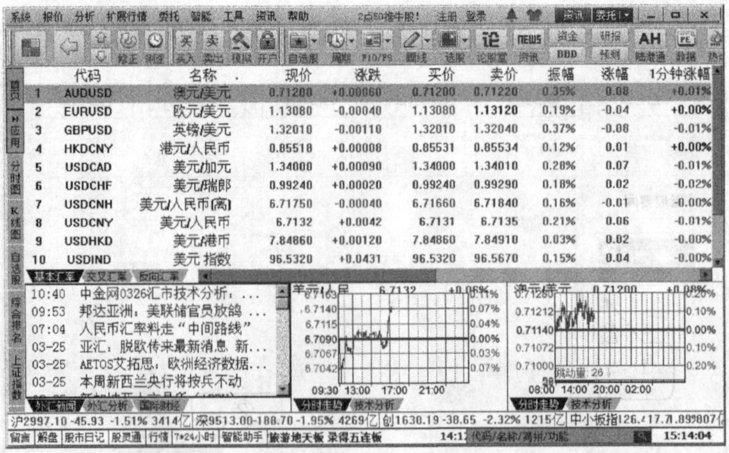

❸ 在【基本汇率】页面中，单击页面下方的【交叉汇率】选项卡可以查看外汇的交叉汇率行情。

❹ 单击页面下方的【反向汇率】选项卡。

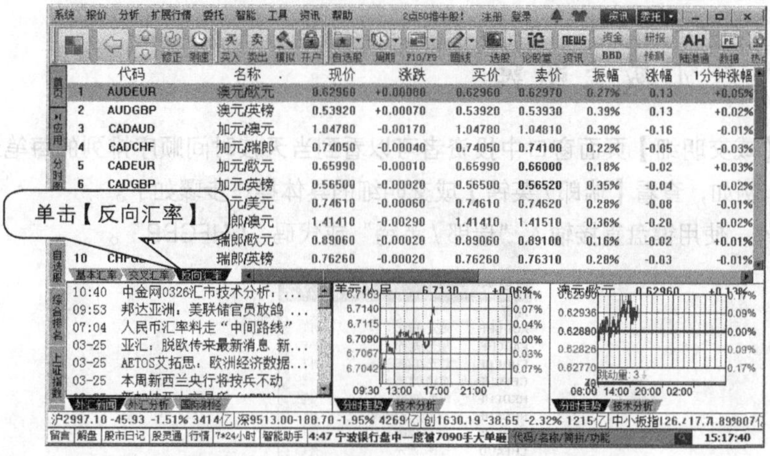

10.7 外汇分时走势

进入外汇分时走势图的具体操作步骤如下。

❶ 选择【扩展行情】➤【外汇】➤【基本汇率】菜单命令，选择想要进入的外汇分时走势图，例如，美元 / 人民币（离），如下图所示。

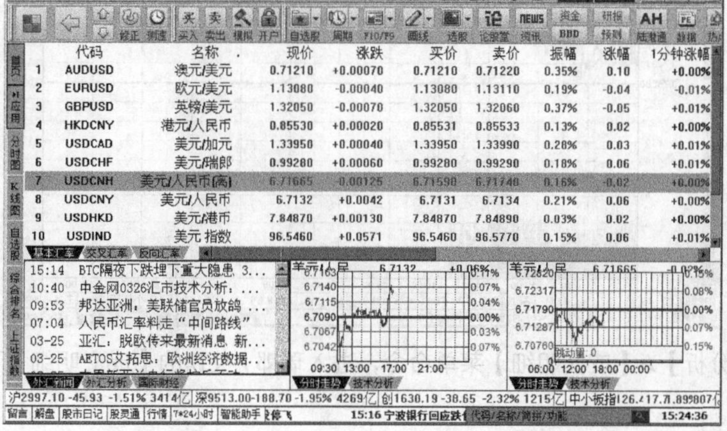

❷ 按【 Enter】键，进入美元 / 人民币（离）的外汇【分时图】页面。

10.8 外汇成交明细

在外汇的【成交明细】页面窗口中投资者可以看到当天按时间顺序排列的每笔外汇成交的时间以及价格。例如，查看【瑞郎 / 英镑】成交明细的具体操作步骤如下。

❶ 打开软件，使用键盘直接输入“瑞郎 / 英镑”或代码“CHFGBP”。

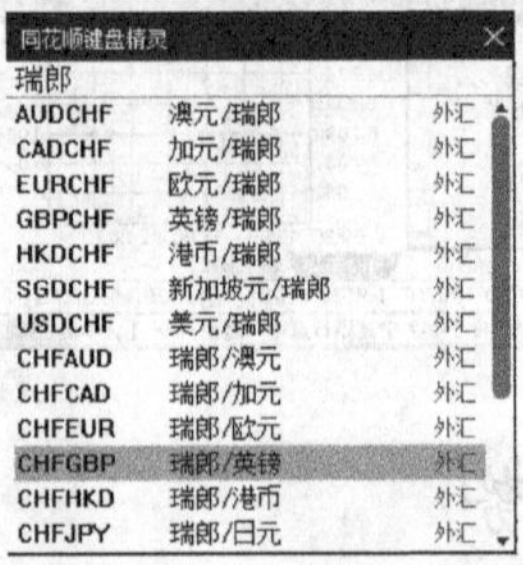

❷ 按【Enter】键，进入瑞郎 / 英镑的【分时图】页面。

❸ 选择【分析】➤【成交明细】菜单命令，进入瑞郎 / 英镑的【成交明细】页面。

瑞郎/英镑 CHFGBP 成交明细

时间	成交	时间	成交	时间	成交	时间	成交
15:31	0.76160	15:32	0.76200	15:32	0.76200	15:32	0.76240
15:32	0.76170	15:32	0.76190	15:32	0.76210	15:32	0.76220
15:32	0.76180	15:32	0.76200	15:32	0.76200	15:33	0.76210
15:32	0.76170	15:32	0.76210	15:32	0.76210	15:33	0.76200
15:32	0.76190	15:32	0.76200	15:32	0.76220	15:33	0.76230
15:32	0.76180	15:32	0.76210	15:32	0.76200	15:33	0.76210
15:32	0.76190	15:32	0.76190	15:32	0.76220	15:33	0.76230
15:32	0.76180	15:32	0.76200	15:32	0.76210	15:33	0.76220
15:32	0.76200	15:32	0.76210	15:32	0.76200	15:33	0.76230
15:32	0.76190	15:32	0.76200	15:32	0.76190	15:33	0.76210
15:32	0.76210	15:32	0.76210	15:32	0.76210	15:33	0.76200
15:32	0.76190	15:32	0.76200	15:32	0.76200	15:33	0.76210
15:32	0.76210	15:32	0.76210	15:32	0.76210	15:33	0.76200
15:32	0.76200	15:32	0.76190	15:32	0.76190	15:33	0.76220
15:32	0.76180	15:32	0.76200	15:32	0.76210	15:33	0.76210
15:32	0.76190	15:32	0.76190	15:32	0.76200	15:33	0.76220
15:32	0.76200	15:32	0.76200	15:32	0.76210	15:33	0.76200
15:32	0.76190	15:32	0.76210	15:32	0.76200	15:33	0.76210
15:32	0.76200	15:32	0.76200	15:32	0.76210	15:33	0.76210
15:32	0.76210	15:32	0.76190	15:32	0.76220	15:33	0.76210

10.9 外汇 K 线图

进入外汇【K 线图】页面的具体操作步骤如下。

❶ 使用键盘直接输入外汇代码，并按【Enter】键进入该外汇的分时走势页面。例如，这里输入“美元 / 港币”或代码“USDHKD”，按【Enter】键，进入美元 / 港币的【分时图】页面。

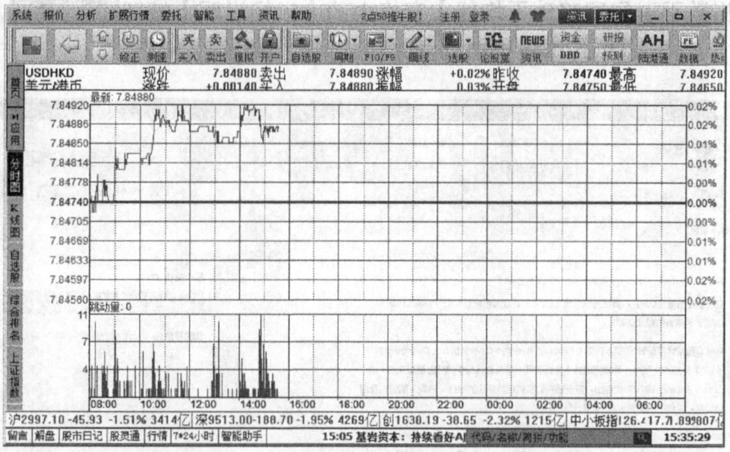

❷ 单击左侧【K 线图】选项卡。

❸ 单击随机指标窗格右侧的【指标说明】按钮 指标说明 ，弹出【指标说明】对话框，可以查看对 KDJ 指标的详细说明。

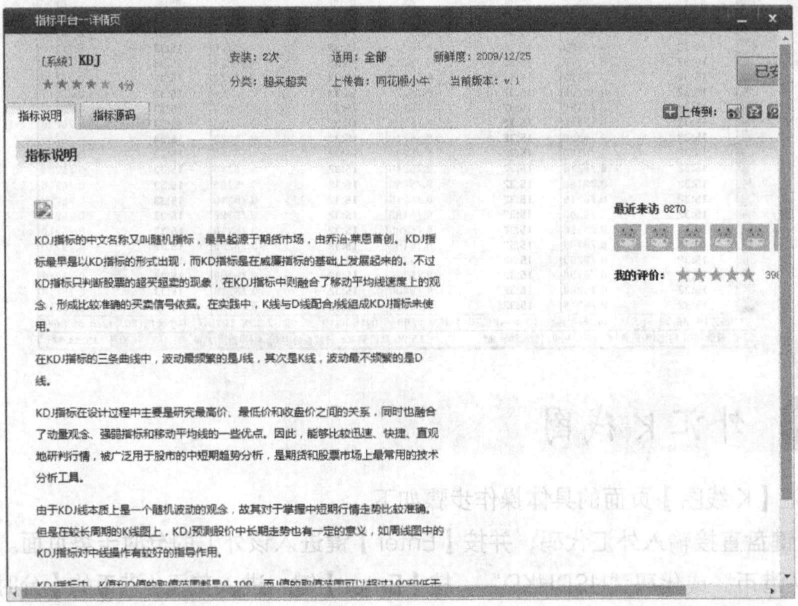

❹ 单击【指数平滑异同移动平均线】窗格中的【指标说明】按钮 指标说明 ，弹出【指标说明】对话框，可以查看对指数平滑异同移动平均线的详细说明。

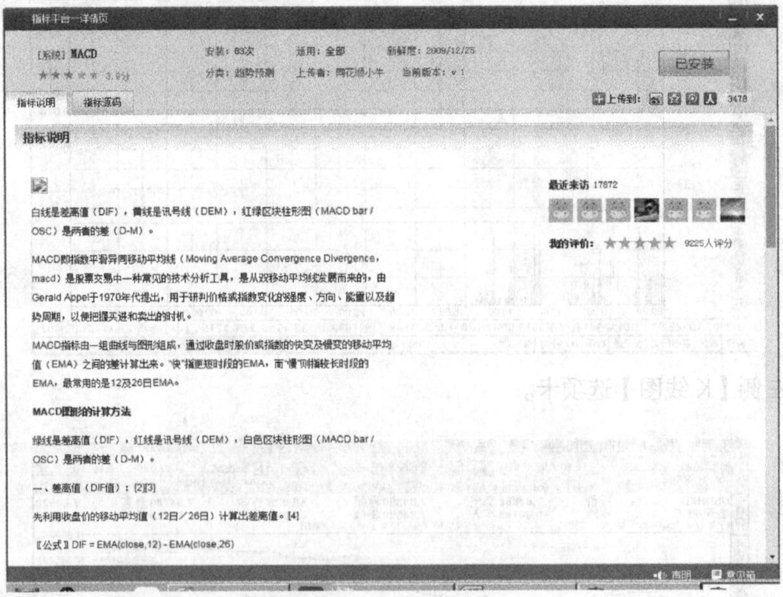

10.10 外汇行情分析

使用外汇行情分析命令，可以使外汇的行情报价与分时走势图在同一窗口中以进行查看。进入外汇行情分析页面的具体操作步骤如下。

❶ 选择【扩展行情】➤【外汇】➤【基本汇率】菜单命令，进入【基本汇率】页面。

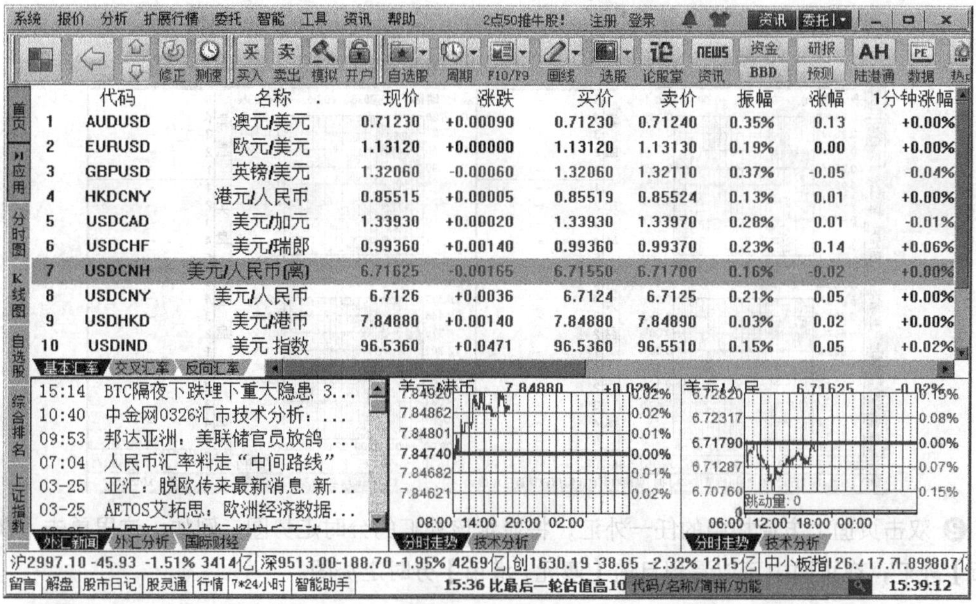

❷ 双击【外汇新闻】窗格中的任一资讯信息，将打开相关的信息浏览器窗口。例如，这里双击【BTC 隔夜下跌埋下重大隐患 3 月收官阶段多头晚节不保】资讯信息标题后，弹出【BTC 隔夜下跌埋下重大隐患 3 月收官阶段多头晚节不保】浏览器窗口，可查看详细的页面信息。

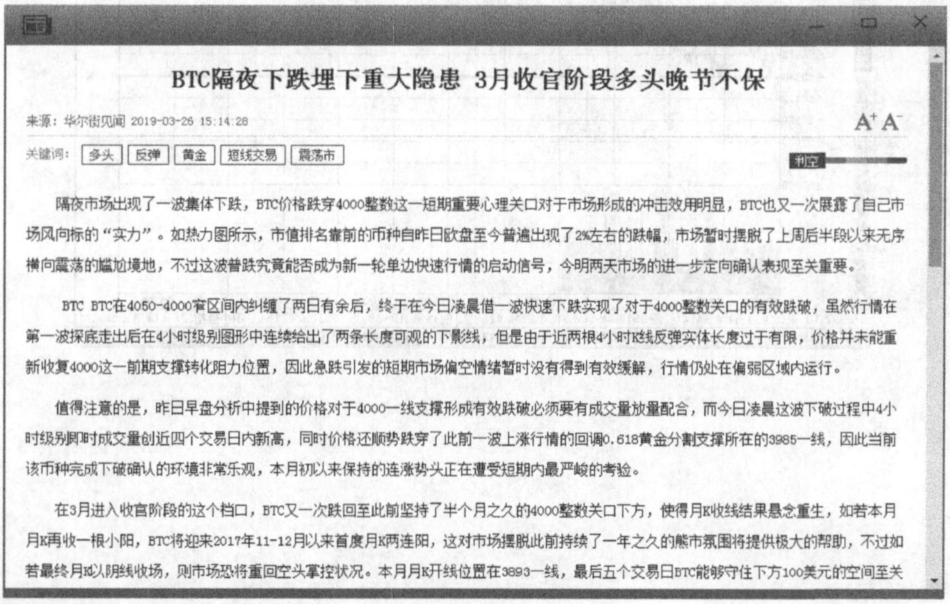

BTC隔夜下跌埋下重大隐患 3月收官阶段多头晚节不保

来源：华尔街见闻 2019-03-26 15:14:28

A⁺ A⁻

关键词：多头 反弹 黄金 短线交易 震荡市

利空

隔夜市场出现了一波集体下跌，BTC价格跌穿4000整数这一短期重要心理关口对于市场形成的冲击效用明显，BTC也又一次展露了自己市场风向标的“实力”。如热力图所示，市值排名靠前的币种自昨日欧盘至今普遍出现了2%左右的跌幅，市场暂时摆脱了上周后半段以来无序横向震荡的尴尬境地，不过这波普跌究竟能否成为新一轮单边快速行情的启动信号，今明两天市场的进一步定向确认表现至关重要。

BTC BTC在4050-4000窄区间内纠缠了两日有余后，终于在今日凌晨借一波快速下跌实现了对于4000整数关口的有效跌破，虽然行情在第一波探底走出后在4小时级别图形中连续给出了两条长度可观的下影线，但是由于近两根4小时K线反弹实体长度过于有限，价格并未能重新收复4000这一前期支撑转化阻力位置，因此急跌引发的短期市场偏空情绪暂时没有得到有效缓解，行情仍处在偏弱区域内运行。

值得注意的是，昨日早盘分析中提到的价格对于4000一线支撑形成有效跌破必须要有成交量放量配合，而今日凌晨这波下破过程中4小时级别即时成交量创近四个交易日内新高，同时价格还顺势跌穿了此前一波上涨行情的回调0.618黄金分割支撑所在的3985一线，因此当前该币种完成下破确认的环境非常乐观，本月初以来保持的连涨势头正在遭受短期内最严峻的考验。

在3月进入收官阶段的这个档口，BTC又一次跌回至此前坚持了半个月之久的4000整数关口下方，使得月K收线结果悬念重生，如若本月月K再收一根小阳，BTC将迎来2017年11-12月以来首度月K两连阳，这对市场摆脱此前持续了一年之久的熊市氛围将提供极大的帮助，不过如若最终月K以阴线收场，则市场恐将重回空头掌控状况。本月月K开线位置在3893一线，最后五个交易日BTC能够守住下方100美元的空间至关

10.11 外汇多窗看盘

在【外汇多窗看盘】页面中可以同时查看外汇的报价数据，以及所选外汇的成交明细、分时走势图、K 线走势图等。打开【外汇多窗看盘】页面的具体操作步骤如下。

❶ 选择【扩展行情】➤【外汇】➤【基本汇率】菜单命令，同时选择【报价】➤【多股同列】下拉菜单中的 2 股、4 股、6 股、9 股或 16 股，即可进入【外汇多窗看盘】页面。

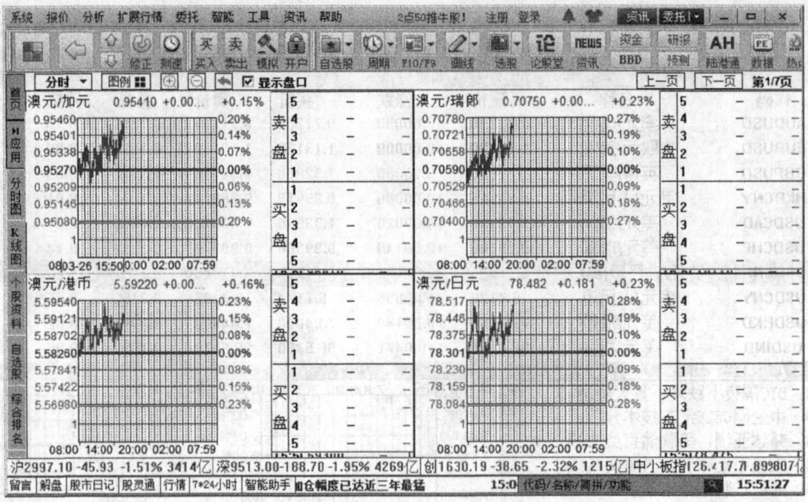

❷ 双击页面上方窗格中的任一外汇，将显示该外汇的分时走势图。例如，这里单击【澳元/港币】外汇，在页面中可以看到目前【澳元/港币】分时走势图。

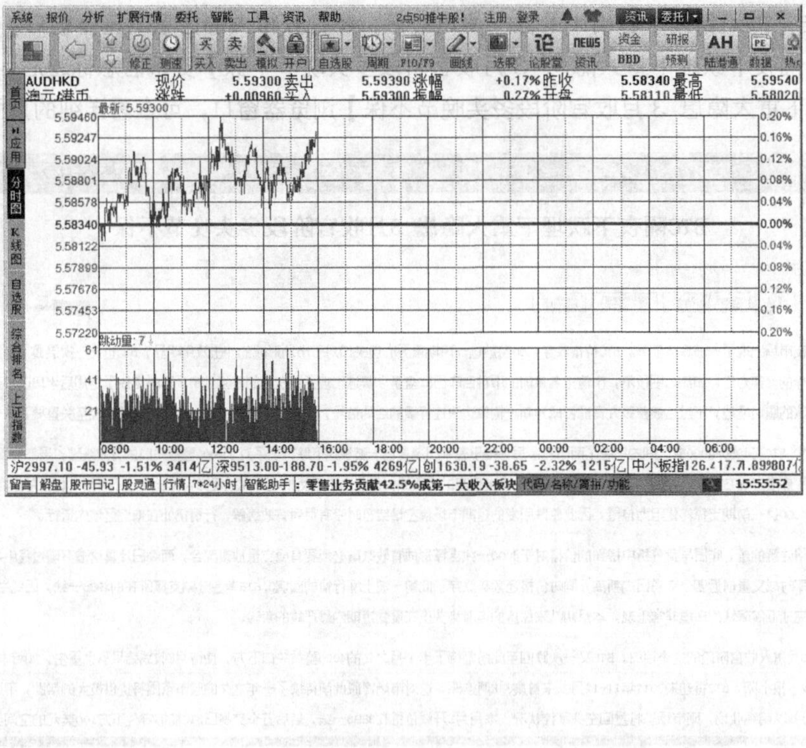

第 11 章　基金行情分析

通过使用【基金】菜单，投资者不仅可以方便地查看上海封闭式基金、深圳封闭式基金、ETF 基金、LOF 基金的报价表以及 T+0 基金的各种信息等行情页面，还可以查看基金的各类新闻评论以及同花顺特有的基金评级和基金经理评级。

11.1 上海封闭式基金

封闭式基金是指基金的发起人在设立基金时，限定了基金单位的发行总额，筹足总额后，基金即宣告成立，并进行封闭，在一定时期内不再接受新的投资。

【上海封闭式基金】页面显示了上海封闭式基金的行情报价信息，包含涨幅、现价、总手、现手、昨收以及开盘等报价数据。进入【上海封闭式基金】页面的具体操作步骤如下。

❶ 选择【扩展行情】➤【基金】➤【上海封闭式基金】菜单命令，进入【上海封闭式基金】的行情报价页面。

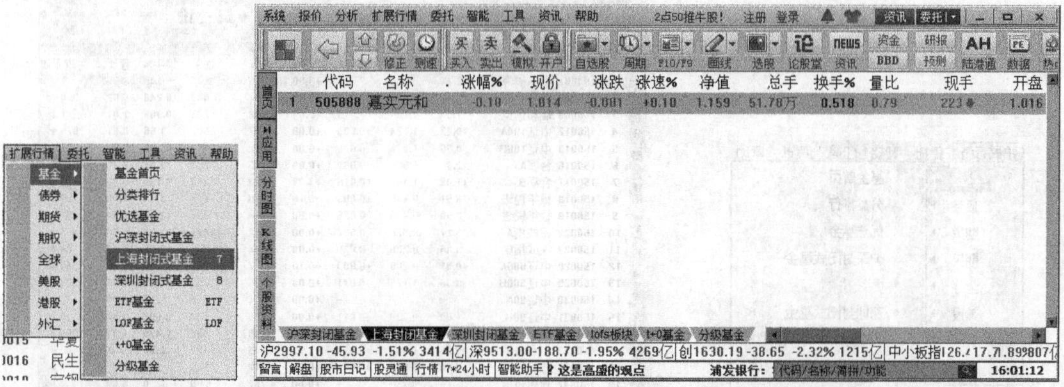

❷ 单击页面下方的选项卡，可以在沪深封闭基金、深圳封闭基金、ETF 基金、LOFs 板块、T+0 基金和分级基金等行情中切换。例如，这里单击【沪深封闭基金】选项卡，查看沪深封闭基金的行情报价信息。

❸ 拖动页面下方的水平滚动条，可以查看更多的行情报价信息。

11.2 深圳封闭式基金

进入【深圳封闭式基金】页面的具体操作步骤如下。

❶ 选择【扩展行情】➢【基金】➢【深圳封闭式基金】菜单命令，进入【深圳封闭式基金】行情报价页面。

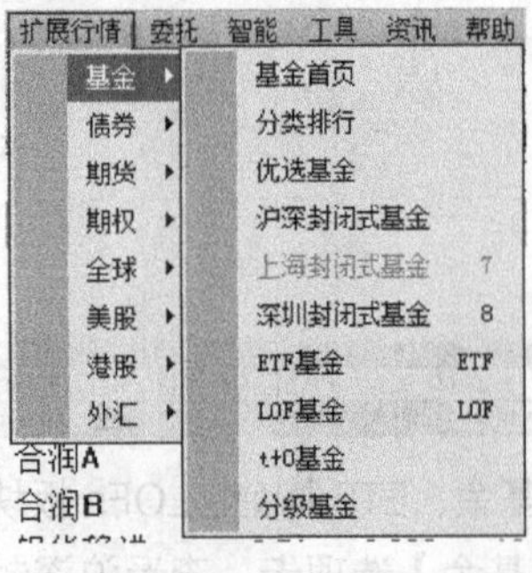

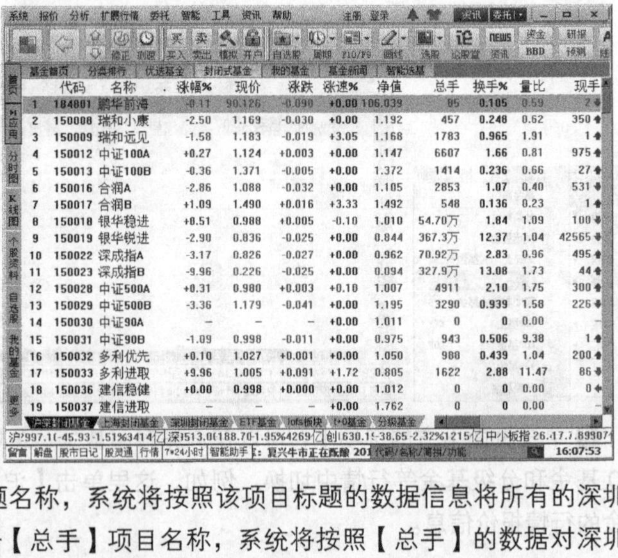

❷ 单击页面上方的任意项目标题名称，系统将按照该项目标题的数据信息将所有的深圳封闭式基金降序排列。例如，这里单击【总手】项目名称，系统将按照【总手】的数据对深圳封闭式基金进行降序排列。

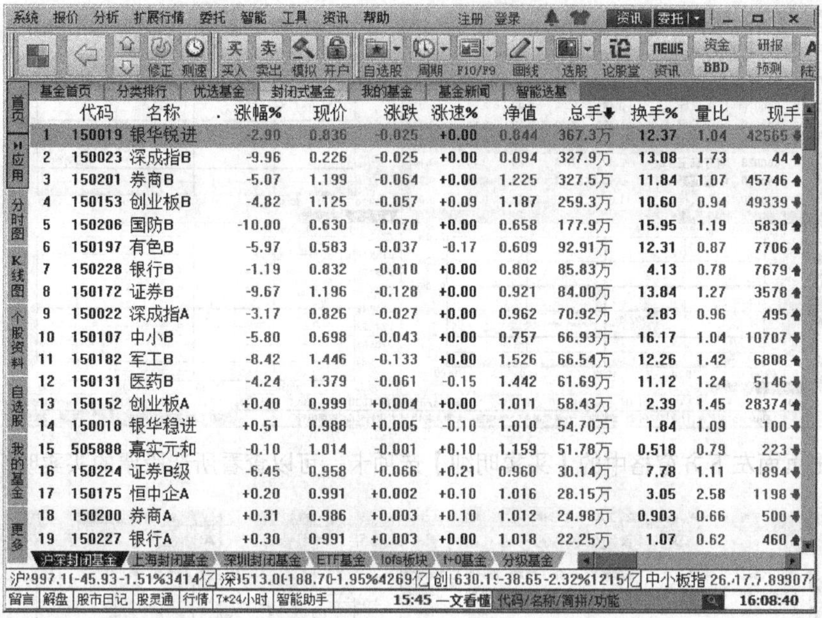

11.3 ETF50分析

ETF50 交易型开放式指数基金属于开放式基金的一种特殊类型，它综合了封闭式基金和开放式基金的优点，投资者既可以在二级市场买卖 ETF 份额，又可以向基金管理公司申购或赎回 ETF 份额。在【ETF50 分析】页面中，投资者可以查看上证 50 的样本股、样本股的分时走势、ETF50 分时走势、ETF50 买卖明细等信息，进入【ETF50 分析】页面的具体操作步骤如下。

❶ 使用键盘直接输入“ETF”，然后选择【ETF50 分析】，按【Enter】键进入【ETF50 分析】页面。

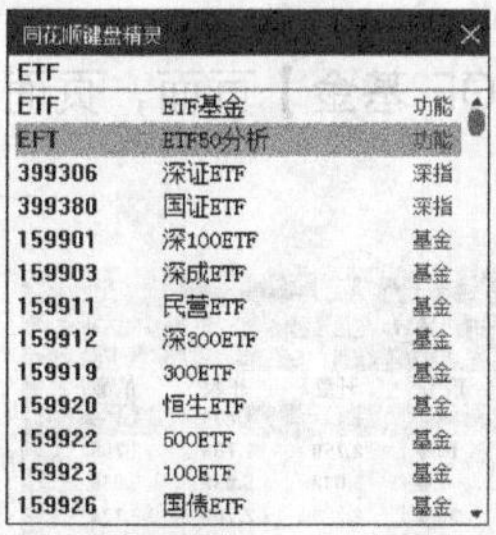

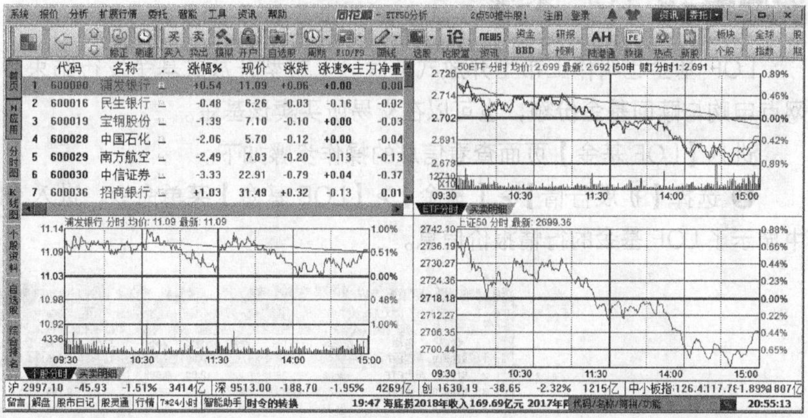

❷ 单击【ETF50 分析】页面左上角窗格中的股票行情报价，在该页面的左下角窗格中可以方便地查看所选股票的分时走势图，右上角为 50ETF 分时图，右下角为上证 50 分时图。例如，这里选择【中国石化】，在左下角的窗格中便可方便地看到该股票的分时走势图。

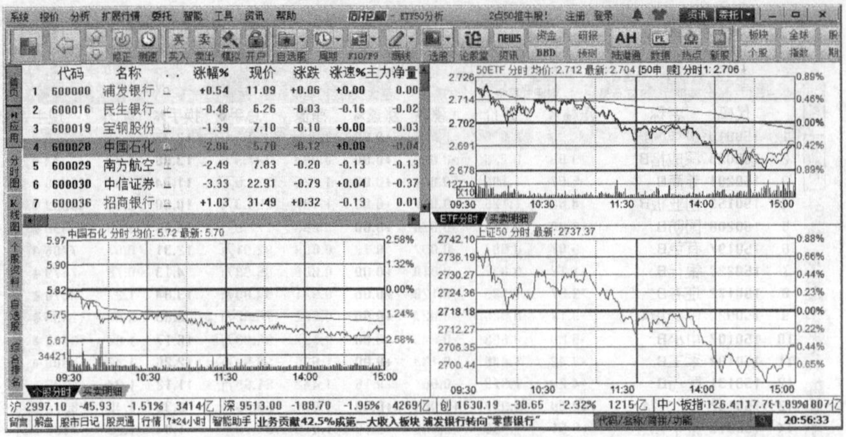

❸ 单击页面左下方窗格中的【买卖明细】选项卡，可以查看所选股票的买卖明细信息。

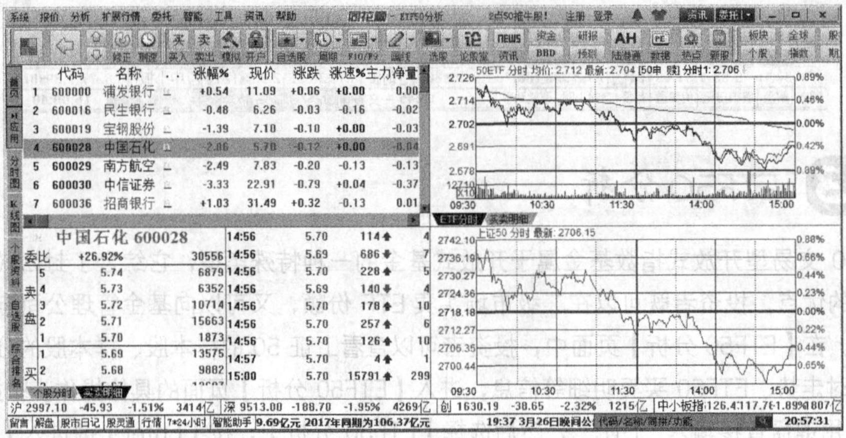

11.4 LOF 基金

LOF 基金也叫作上市型开放式基金。上市型开放式基金发行结束后，投资者既可以在指定网点申购与赎回基金份额，也可以在交易所买卖该基金。

进入【LOF 基金】页面查看信息的操作步骤如下。

❶ 选择【扩展行情】➤【基金】➤【LOF 基金】菜单命令，进入【LOF 基金】页面，页面中显示了 LOF 基金的行情报价信息。

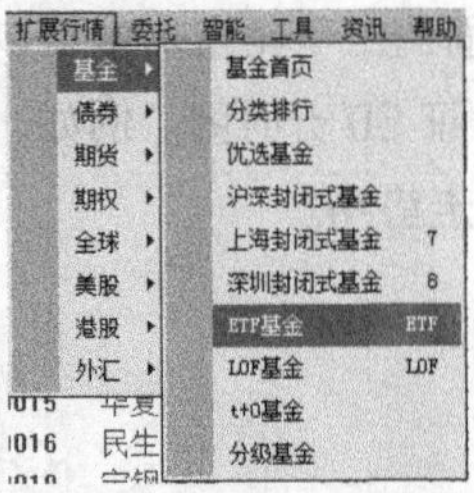

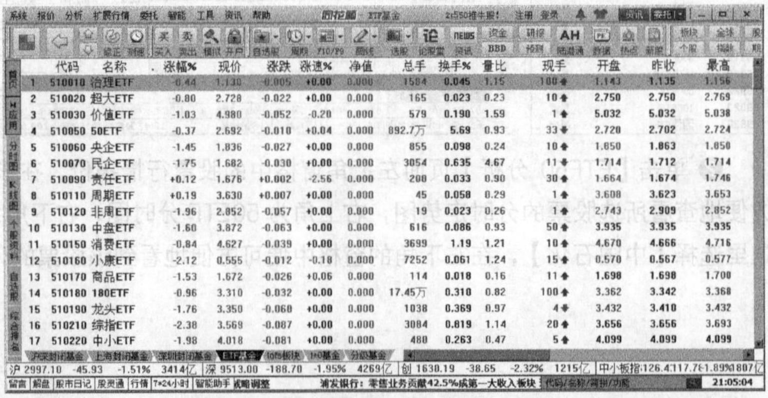

> **提示**
>
> 使用键盘直接输入“LOF”，然后按【Enter】键，也可进入【LOF 基金】页面。

❷ 双击页面中的任一基金，可进入该基金的分时走势页面。例如，双击【央企 ETF】，进入央企 ETF 的【分时图】页面。

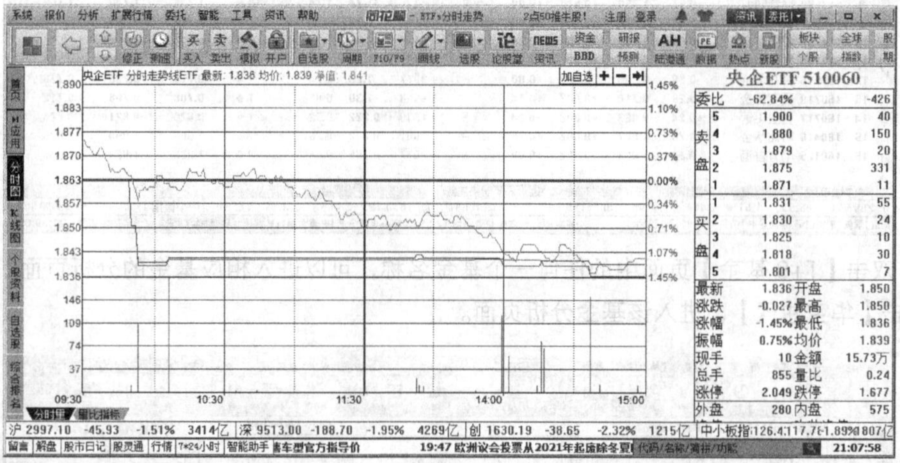

11.5 T+0 基金

T+0 基金就是指对货币基金递交赎回申请后，资金当日甚至实时到账。目前我国多数基金一般采用申购 T+1 日、赎回 T+2 日资金可用，交易效率相对较低，一定程度上限制了基金现金管理工具功能的发挥。为加速资金流通的便利，各大基金公司发展 T+0 基金成为了潮流。

打开【T+0 基金】页面进行查看的操作步骤如下。

❶ 选择【扩展行情】➤【基金】➤【T+0 基金】菜单命令，进入【T+0 基金】页面，页面中显示了【T+0 基金】的行情报价数据。

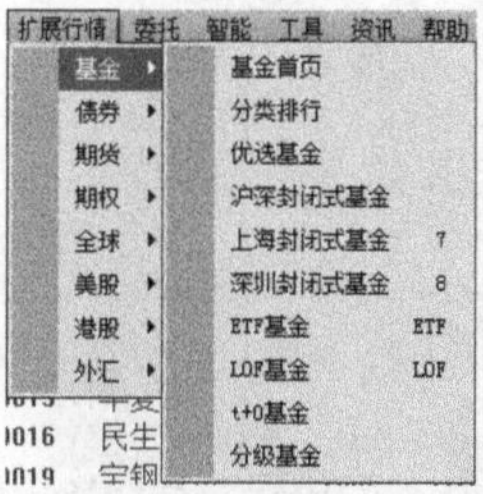

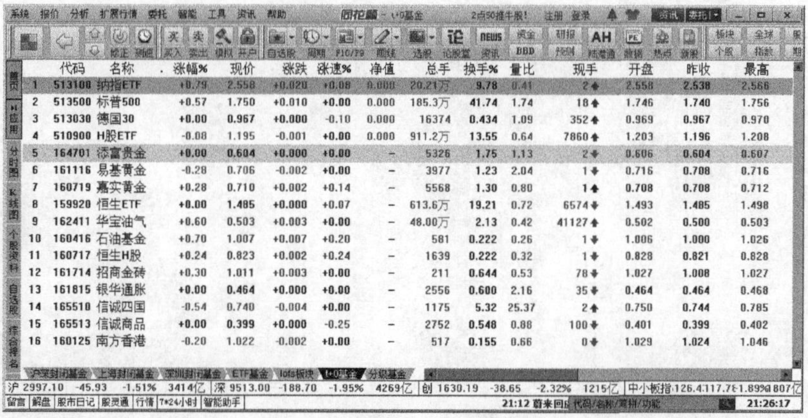

	代码	名称	涨幅%	现价	涨跌	涨速%	净值	总手	换手%	量比	现手	开盘	昨收	最高
1	513100	纳指ETF	+0.79	2.558	+0.020	+0.08	0.000	20.21万	9.78	0.41	2↑	2.558	2.538	2.566
2	513500	标普500	+0.57	1.750	+0.010	+0.00	0.000	185.3万	41.74	1.74	18↑	1.746	1.740	1.756
3	513030	德国30	+0.00	0.967	+0.000	-0.10	0.000	16374	0.434	1.09	352↑	0.969	0.967	0.970
4	510900	H股ETF	-0.08	1.195	-0.001	+0.00	0.000	911.2万	13.55	0.64	7860↑	1.203	1.196	1.208
5	164701	添富贵金	+0.00	0.604	+0.000	+0.00	–	5326	1.75	1.13	2↓	0.606	0.604	0.607
6	161116	易基黄金	-0.28	0.706	-0.002	+0.00	–	3977	1.23	2.04	1↓	0.716	0.708	0.716
7	160719	嘉实黄金	+0.28	0.710	+0.002	+0.14	–	5568	1.30	0.80	1↑	0.708	0.708	0.712
8	159920	恒生ETF	+0.00	1.485	+0.000	+0.07	–	613.6万	19.21	0.72	6574↓	1.493	1.485	1.498
9	162411	华宝油气	+0.60	0.503	+0.003	+0.00	–	48.00万	2.13	0.42	41127↑	0.502	0.500	0.503
10	160416	石油基金	+0.70	1.007	+0.007	+0.20	–	581	0.222	0.26	1↓	1.006	1.000	1.026
11	160717	恒生H股	+0.24	0.823	+0.002	+0.24	–	1639	0.222	0.32	1↓	0.828	0.821	0.828
12	161714	招商金砖	+0.30	1.011	+0.003	+0.00	–	211	0.644	0.53	78↓	1.027	1.008	1.027
13	161815	银华通胀	+0.00	0.464	+0.000	+0.00	–	2556	0.600	2.16	35↓	0.464	0.464	0.468
14	165510	信诚四国	-0.54	0.740	-0.004	+0.00	–	1175	5.32	25.37	2↑	0.750	0.744	0.785
15	165513	信诚商品	+0.00	0.399	+0.000	-0.25	–	2752	0.548	0.88	100↓	0.401	0.399	0.402
16	160125	南方香港	-0.20	1.022	-0.002	+0.00	–	517	0.155	0.66	0↓	1.029	1.024	1.046

❷ 单击该页面中的任意项目标题名称，系统将按照该项目名称将所有的基金按降序排列。例如，这里单击【现手】项目名称，系统按照【现手】的数据将所有的基金降序排列。

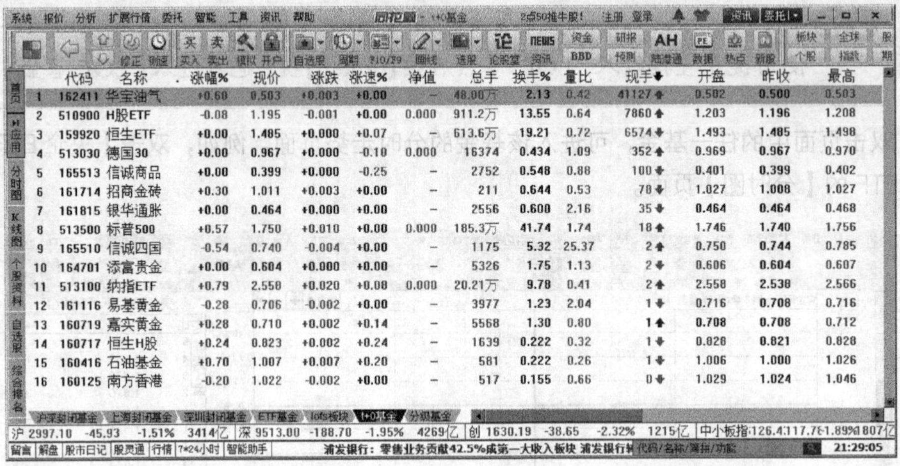

❸ 双击【T+0 基金】页面中的任何一个基金名称，可以进入相应基金的分析页面。例如，这里单击【华宝油气】，进入该基金分析页面。

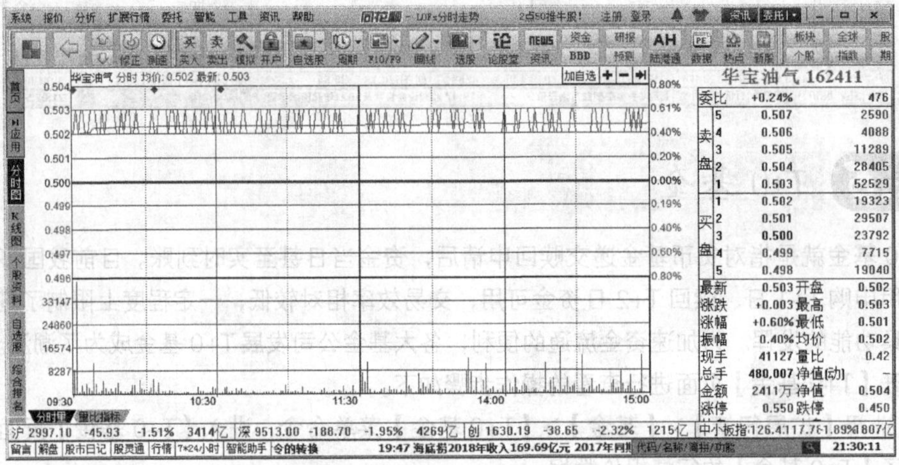

第12章 创业板股市行情分析

创业板是地位次于主板市场的二板证券市场，它以NASDAQ（纳斯达克）市场为代表，在中国特指深圳创业板。创业板股票在上市门槛、监管制度、信息披露、交易者条件、投资风险等方面和主板市场有较大区别。其目的主要是扶持中小企业，尤其是高成长性企业。

> **提示**
> 主板市场是指传统意义上的股票市场，是一个国家或地区证券发行、上市及交易的主要场所；NASDAQ（纳斯达克）是美国全国证券交易商协会自动报价系统的英文缩写，目前已成为纳斯达克创业板股票市场的代名词。

随着创业板股票发行上市的增多，应市场广大投资者的需求，同花顺软件特增加了创业板股票，为投资者提供更多更全的行业数据信息。

12.1 创业板报价

无论是准备进入创业板上市的有潜力的中小企业者，还是需要投资创业板股票的投资者，都需要常常关注创业板的市场行情报价。在同花顺软件中，投资者可以按照以下操作对创业板股票的报价信息进行查看。

❶ 选择【报价】➢【沪深股票】➢【创业板】菜单命令，打开创业板股票的所有市场行情报价数据。

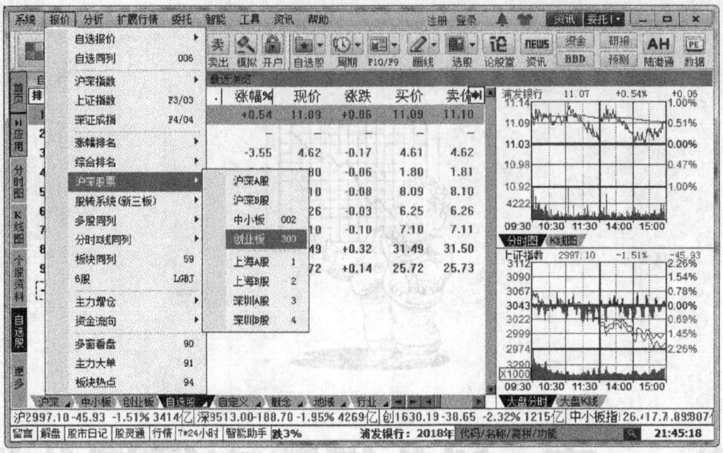

提示

投资者也可以使用键盘直接输入“300”，然后按【Enter】键打开创业板股票行情报价页面。

❷ 通过使用方向键投资者可以对股票进行查看操作。例如，通过使用向左方向键【←】和向右方向键【→】，投资者可以查看更多的行情报价信息；通过使用向上方向键【↑】和向下方向键【↓】，投资者可以对股票进行选择，被选中的股票会以高亮的颜色为背景显示。

❸ 在创业板行情报价窗口中，直接按【Enter】键可打开所选择股票的分时走势图页面。

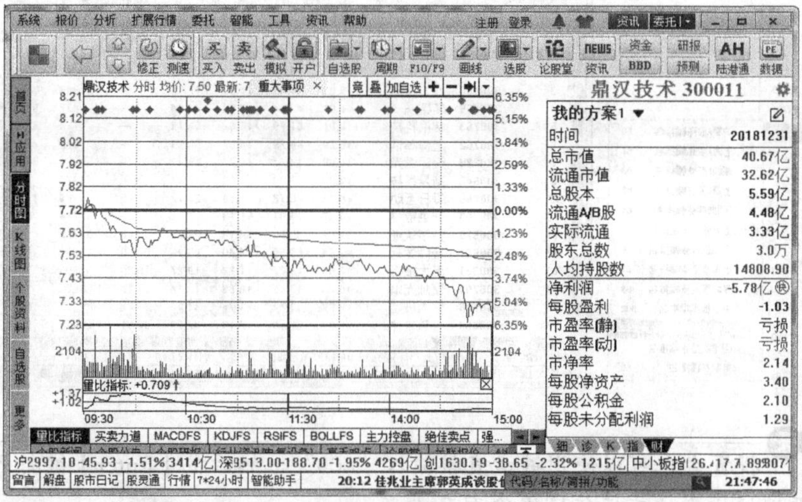

❹ 再次按【Enter】键可以打开所选择股票的 K 线走势图页面。

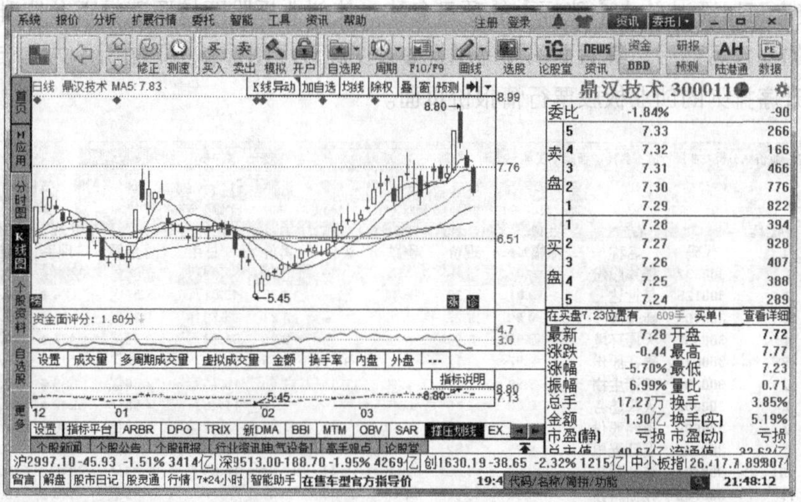

> **提示**
>
> 连续按【Enter】键可以实现在创业板股票的行情报价页面、分时走势图页面和 K 线走势图页面之间循环切换。

12.2 创业板涨幅排名

查看创业板股票涨幅排名的操作方法如下。

❶ 投资者通过选择【报价】>【涨幅排名】>【创业板涨幅排名】菜单命令，打开按【涨幅】数据降序排列的创业板股票行情报价页面。

提示

投资者也可以使用键盘直接输入“603”，然后按【Enter】键打开创业板股票涨幅排名的市场行情报价页面。

❷ 投资者可以通过单击【涨幅】的项目名称，使创业板股票按照涨幅百分比升序排列。单击【涨幅】的项目名称后，其后面的降序图标⬇会变成升序图标⬆。下图所示为单击【涨幅】项目名称后按升序排列的创业板股票行情报价页面。

提示

默认情况下，所打开的创业板涨幅排名页面是按【涨幅】数据降序排列的。

12.3 创业板综合排名

投资者通过选择【报价】➤【综合排名】➤【创业板综合排名】菜单命令，可以打开一个包含今日涨幅排名、快速涨幅排名、即时委比前几名、今日跌幅排名、快速跌幅排名、即时委比后几名、今日振幅排名、今日量比排名、今日成交额排名等 9 个窗格的显示创业板股票排名情况的页面，如下图所示。

提示 在打开的创业板综合排名页面中，对于【快速涨幅排名】和【快速跌幅排名】两个窗格中的数据，投资者还可以根据需要选择排名的周期。在默认情况下，【快速涨幅排名】和【快速跌幅排名】按 5 分钟周期排名。投资者可以通过单击 周期: 5分钟 图标，在弹出的下拉列表中选择“3 分钟”或“1 分钟”项，使其排名数据按所设置的排名周期排名。

12.4 创投概念股

创投是创业投资的简称。创业投资是指创业投资家为那些以高科技为基础的新创公司提供融资的一种活动。

提示 创业投资家与一般的投资家所不同的是，创业投资家不仅投入资金，而且他们还会用自己长期积累的经验、知识和信息网络帮助企业管理人员更好地经营企业。“创投概念”是指在主板市场中涉足风险创业投资，并有望在创业板上市中大获其利的上市公司或者自身具有“分拆”上市概念的个股。

需要查看创投概念股的投资者，选择【报价】➢【沪深股票】➢【创业板】菜单，然后单击页面下方横向选项卡中的【概念】选项卡，就可以打开创投【概念股】的市场行情报价窗口。

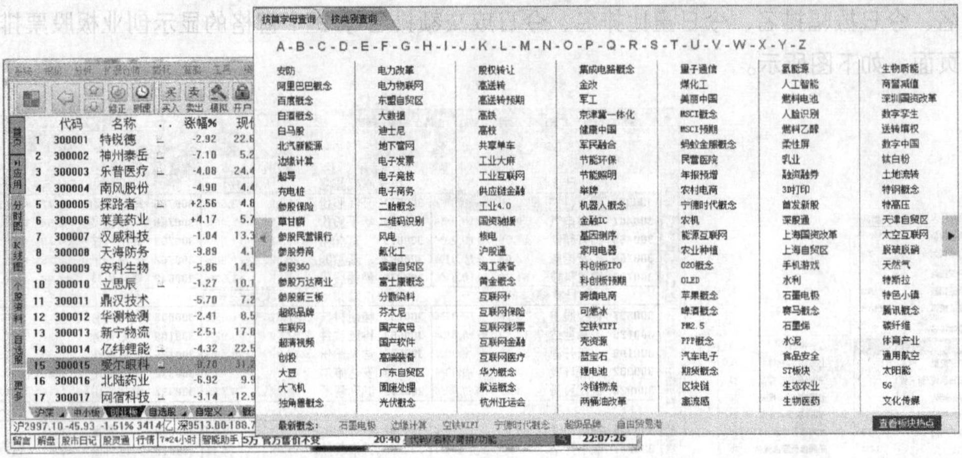

提示 在打开的创投概念股的市场行情报价页面中，默认的行情报价数据是按涨幅降序显示的，投资者也可以根据需求通过单击各个项目名称排序。

12.5 申购指引

需要申购新股票的投资者，选择【新股】➤【新股预披露】选项卡，可以查看同花顺软件系统提供的创业板首发招股说明书。

提示 根据《中华人民共和国证券法》和《首次公开发行股票并在创业板上市管理办法》的相关规定，申请文件受理后，发行审核委员会审核前，发行股票人应当在中国证监会网站预先披露招股说明书（申报稿）。

单击【公告】便可打开含有该公司的创业板首发招股说明书文件，发行人关于公司设立以来股本演变情况的说明及其董事、监事、高级管理人员的确认意见文件和发行人控股股东、实际控制人对招股说明书的确认意见文件的列表窗口。

12.6 新股动态

对于投资者来说，及时而又有效的资讯信息可以使自己抓住更多的机遇，做出重要决策，从而赚取更多的利润。因此，动态资讯信息对于投资者来说就显得极为重要了，投资者查看新股动态信息的具体操作方法如下。

❶ 选择【新股】，在【新股动态】选项卡中，投资者可以查看按日期降序排列的所有动态信息列表。

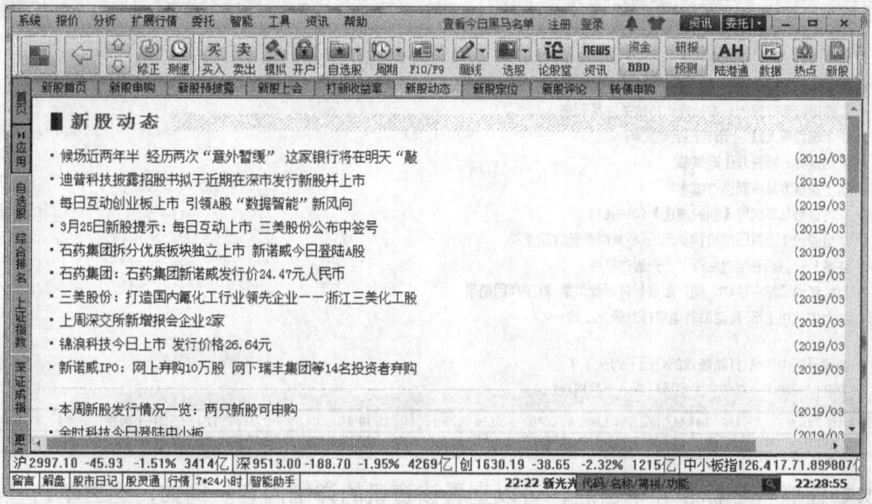

❷ 选择任意一个标题并单击，可查看该资讯的详细内容。例如，这里单击"3 月 25 日新股提示：每日互动上市三美股份公布中签号"，可以在浏览器中查看其详细内容。

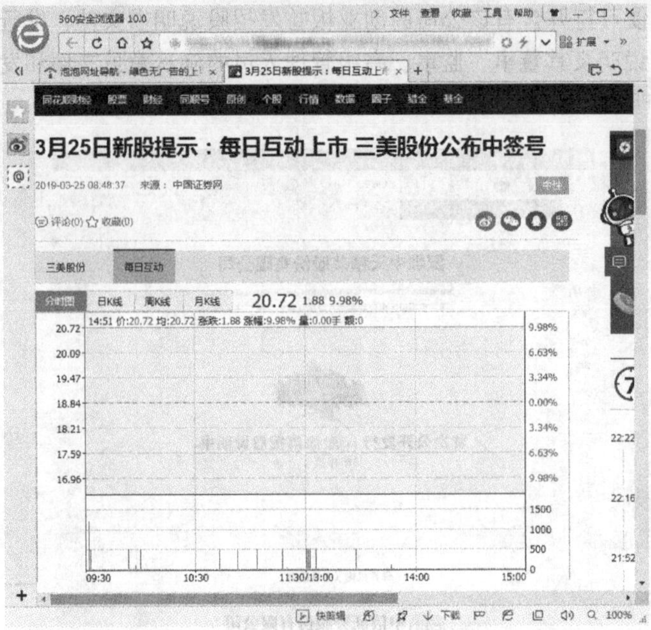

12.7 新股评论

新股评论页面中包含了众多创业板炒股专家以及股友对新股所发表的评论。同花顺软件系统根据投资者的需求，对新股中的热点评论和重要评论进行了总结。查看新股评论的操作方法如下。

❶ 选择【新股】，在该页面的【新股评论】信息中，投资者可以查看按日期降序排列的所有评论信息的标题列表。

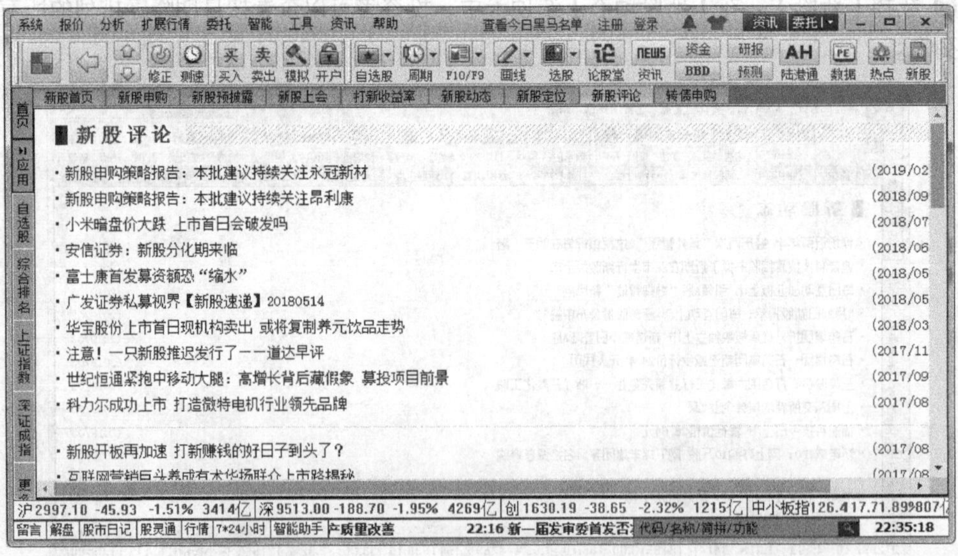

❷ 选择任意一个标题并单击后，可以查看该资讯的详细内容。例如，这里单击“小米暗盘价大跌上市首日会破发吗”标题后，可以在浏览器中查看其详细内容。

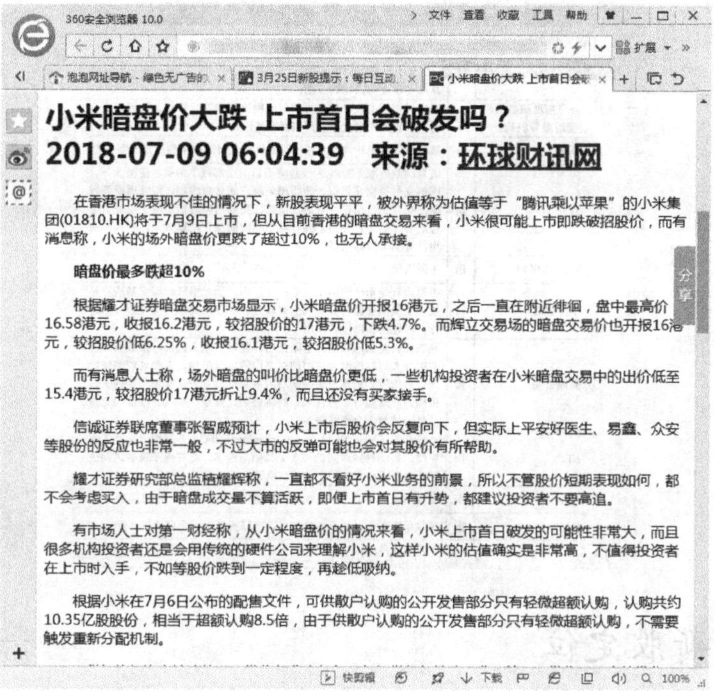

小米暗盘价大跌 上市首日会破发吗？

2018-07-09 06:04:39　来源：环球财讯网

在香港市场表现不佳的情况下，新股表现平平，被外界称为估值等于"腾讯乘以苹果"的小米集团(01810.HK)将于7月9日上市，但从目前香港的暗盘交易来看，小米很可能上市即跌破招股价，而有消息称，小米的场外暗盘价更跌了超过10%，也无人承接。

暗盘价最多跌超10%

根据耀才证券暗盘交易市场显示，小米暗盘价开报16港元，之后一直在附近徘徊，盘中最高价16.58港元，收报16.2港元，较招股价的17港元，下跌4.7%。而辉立交易场的暗盘交易价也开报16港元，较招股价低6.25%，收报16.1港元，较招股价低5.3%。

而有消息人士称，场外暗盘的叫价比暗盘价更低，一些机构投资者在小米暗盘交易中的出价低至15.4港元，较招股价17港元折让9.4%，而且还没有买家接手。

信诚证券联席董事张智威预计，小米上市后股价会反复向下，但实际上平安好医生、易鑫、众安等股份的反应也非常一般，不过大市的反弹可能也会对其股价有所帮助。

耀才证券研究部总监植耀辉称，一直都不看好小米业务的前景，所以不管股价短期表现如何，都不会考虑买入，由于暗盘成交量不算活跃，即便上市首日有升势，都建议投资者不要高追。

有市场人士对第一财经称，从小米暗盘价的情况来看，小米上市首日破发的可能性非常大，而且很多机构投资者还是会用传统的硬件公司来理解小米，这样小米的估值确实是非常高，不值得投资者在上市时入手，不如等股价跌到一定程度，再趁低吸纳。

根据小米在7月6日公布的配售文件，可供散户认购的公开发售部分只有轻微超额认购，认购共约10.35亿股股份，相当于超额认购8.5倍，由于供散户认购的公开发售部分只有轻微超额认购，不需要触发重新分配机制。

12.8 新股上会

投资者可以按照以下操作步骤查看最新申报、上会通过、上会未通过的部分。

选择【新股】➤【新股上会】选项卡，在该窗口中列出了所有最新的已上会和未上会的股票。

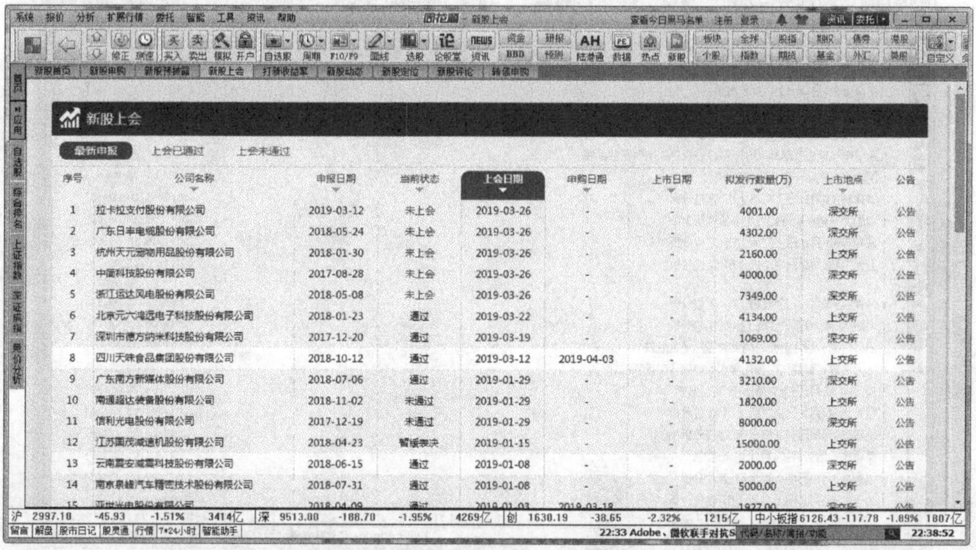

新股上会

最新申报　上会已通过　上会未通过

序号	公司名称	申报日期	当前状态	上会日期	申购日期	上市日期	拟发行数量(万)	上市地点	公告
1	拉卡拉支付股份有限公司	2019-03-12	未上会	2019-03-26	-	-	4001.00	深交所	公告
2	广东日丰电缆股份有限公司	2018-05-24	未上会	2019-03-26	-	-	4302.00	深交所	公告
3	杭州天元宠物用品股份有限公司	2018-01-30	未上会	2019-03-26	-	-	2160.00	上交所	公告
4	中富科技股份有限公司	2017-08-28	未上会	2019-03-26	-	-	4000.00	深交所	公告
5	浙江运达风电股份有限公司	2018-05-08	未上会	2019-03-26	-	-	7349.00	深交所	公告
6	北京元六鸿远电子科技股份有限公司	2018-01-23	通过	2019-03-22	-	-	4134.00	上交所	公告
7	深圳市德方纳米科技股份有限公司	2017-12-20	通过	2019-03-19	-	-	1069.00	深交所	公告
8	四川天味食品集团股份有限公司	2018-10-12	通过	2019-03-12	2019-04-03	-	4132.00	上交所	公告
9	广东南方新媒体股份有限公司	2018-07-06	通过	2019-01-29	-	-	3210.00	深交所	公告
10	南通超达装备股份有限公司	2018-11-02	未通过	2019-01-29	-	-	1820.00	上交所	公告
11	信利光电股份有限公司	2017-12-19	未通过	2019-01-29	-	-	8000.00	深交所	公告
12	江苏国茂减速机股份有限公司	2018-04-23	暂缓表决	2019-01-15	-	-	15000.00	上交所	公告
13	云南震安减震科技股份有限公司	2018-06-15	通过	2019-01-08	-	-	2000.00	深交所	公告
14	南京泉峰汽车精密技术股份有限公司	2018-07-31	通过	2019-01-08	-	-	5000.00	上交所	公告
15	亚世光电股份有限公司	2018-04-09	通过	2019-01-03	2019-03-18	-	1927.00	深交所	公告

单击【公告】，便可打开含有该公司的首发招股说明书文件，发行人关于公司设立以来股本演变情况的说明及其董事、监事、高级管理人员的确认意见文件和发行人控股股东、实际控制人对招股说明书的确认意见文件的列表窗口，如下图所示。

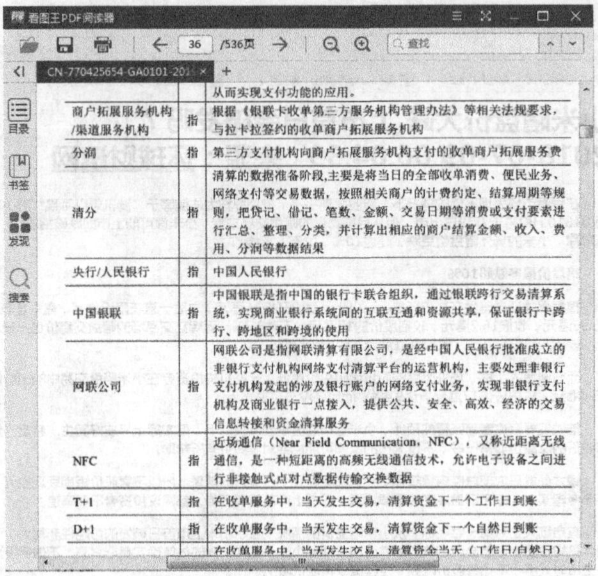

		从而实现支付功能的应用。
商户拓展服务机构/渠道服务机构	指	根据《银联卡收单第三方服务机构管理办法》等相关法规要求，与拉卡拉签约的收单商户拓展服务机构
分润	指	第三方支付机构向商户拓展服务机构支付的收单商户拓展服务费
清分	指	清算的数据准备阶段,主要是将当日的全部收单消费、便民业务、网络支付等交易数据，按照相关商户的计费约定、结算周期等规则，把贷记、借记、笔数、金额、交易日期等消费或支付要素进行汇总、整理、分类，并计算出相应的商户结算金额、收入、费用、分润等数据结果
央行/人民银行	指	中国人民银行
中国银联	指	中国银联是指中国的银行卡联合组织，通过银联跨行交易清算系统，实现商业银行系统间的互联互通和资源共享，保证银行卡跨行、跨地区和跨境的使用
网联公司	指	网联公司是指网联清算有限公司，是经中国人民银行批准成立的非银行支付机构网络支付清算平台的运营机构，主要处理非银行支付机构发起的涉及银行账户的网络支付业务，实现非银行支付机构及商业银行一点接入，提供公共、安全、高效、经济的交易信息转接和资金清算服务
NFC	指	近场通信（Near Field Communication，NFC），又称近距离无线通信，是一种短距离的高频无线通信技术，允许电子设备之间进行非接触式点对点数据传输交换数据
T+1	指	在收单服务中，当天发生交易，清算资金下一个工作日到账
D+1	指	在收单服务中，当天发生交易，清算资金下一个自然日到账
		在收单服务中，当天发生交易，清算资金当天（工作日/自然日）

12.9 新股定位

对于新股，投资者可以按照以下操作步骤查看新股定位分析。

❶ 选择【新股】➤【新股定位】选项卡，在该选项卡的【新股定位】信息中，投资者可以查看按日期降序排列的所有新股定位信息列表。

❷ 选择任意一个标题并单击，可查看该资讯的详细内容。例如，这里单击“康辰药业 8 月 27 日上市定位分析”标题后，可以在浏览器中查看其详细内容。

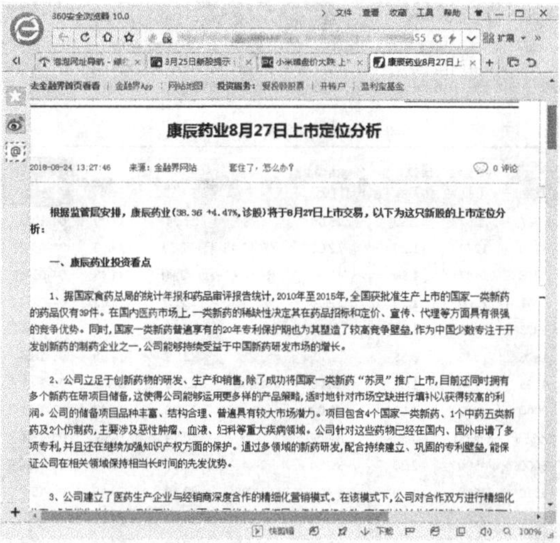

康辰药业8月27日上市定位分析

2018-08-24 13:27:46　来源：金融界网站　套住了，怎么办？　0 评论

根据监管层安排，康辰药业(38.36 +4.47%,诊股)将于8月27日上市交易，以下为这只新股的上市定位分析：

一、康辰药业投资看点

1、据国家食药总局的统计年报和药品审评报告统计，2010年至2015年，全国获批准生产上市的国家一类新药的药品仅有39件。在国内医药市场上，一类新药的稀缺性决定其在药品招标和定价、宣传、代理等方面具有很强的竞争优势。同时，国家一类新药普遍享有的20年专利保护期也为其塑造了较高竞争壁垒，作为中国少数专注于开发创新药的制药企业之一，公司能够持续受益于中国新药研发市场的增长。

2、公司立足于创新药物的研发、生产和销售，除了成功将国家一类新药“苏灵”推广上市，目前还同时拥有多个新药在研项目储备，这使得公司能够运用更多样的产品策略，适时地针对市场空缺进行填补以获得较高的利润。公司的储备项目品种丰富、结构合理、普遍具有较大市场潜力。项目包含4个国家一类新药、1个中药五类新药及2个仿制药，主要涉及恶性肿瘤、血液、妇科等重大疾病领域。公司针对这些药物已经在国内、国外申请了多项专利，并且还在继续加强知识产权方面的保护。通过多领域的新药研发，配合持续建立、巩固的专利壁垒，能保证公司在相关领域保持相当长时间的先发优势。

3、公司建立了医药生产企业与经销商深度合作的精细化营销模式。在该模式下，公司对合作双方进行精细化

12.10 打新收益率

对于最新已经上市或者将要上市的新股，投资者可以按照以下操作步骤查看打新收益率。选择【新股】➤【打新收益率】选项卡，在该选项卡中按申购日期降序列出了所有上市的股票和即将上市的股票的打新收益率。

新股上市首日

序号	股票代码	股票简称	上市日期	发行价(元)	最新价	首日开盘价	首日收盘价	首日最高价	首日最低价
1	603681	永冠新材	2019-03-26	10.00	14.40	12.00	14.40	14.40	12.00
2	002958	青农商行	2019-03-26	3.96	5.70	4.75	5.70	5.70	4.75
3	300766	每日互动	2019-03-25	13.08	20.72	15.70	18.84	18.84	15.70
4	300765	新诺威	2019-03-22	24.47	42.64	29.36	35.24	35.24	29.36
5	300763	锦浪科技	2019-03-19	26.64	61.79	31.97	38.36	38.36	31.97
6	002951	金时科技	2019-03-15	9.94	27.86	11.93	14.31	14.31	11.93
7	300762	上海瀚讯	2019-03-14	16.28	50.25	19.54	23.44	23.44	19.54
8	002950	奥美医疗	2019-03-11	11.03	37.22	13.24	15.88	15.88	13.24
9	600928	西安银行	2019-03-01	4.68	11.55	5.62	6.74	6.74	5.62
10	002949	华阳国际	2019-02-26	10.51	31.38	12.61	15.13	15.13	12.61
11	603956	威派格	2019-02-22	5.70	26.90	6.84	8.21	8.21	6.84
12	300758	七彩化学	2019-02-22	22.09	48.28	26.51	31.81	31.81	26.51
13	300761	立华股份	2019-02-18	29.35	74.62	35.22	42.26	42.26	35.22
14	601865	福莱特	2019-02-15	2.00	15.49	2.88	2.88	2.88	2.88
15	002947	恒铭达	2019-02-01	18.72	46.21	22.46	26.96	26.96	22.46

12.11 新股申购

对于最新已经上市或者将要上市的新股，投资者可以按照以下操作步骤进行查看。

❶ 选择【新股】➤【新股申购】选项卡，在该选项卡中按申购日期降序列出了所有上市的股票和即将上市的股票。

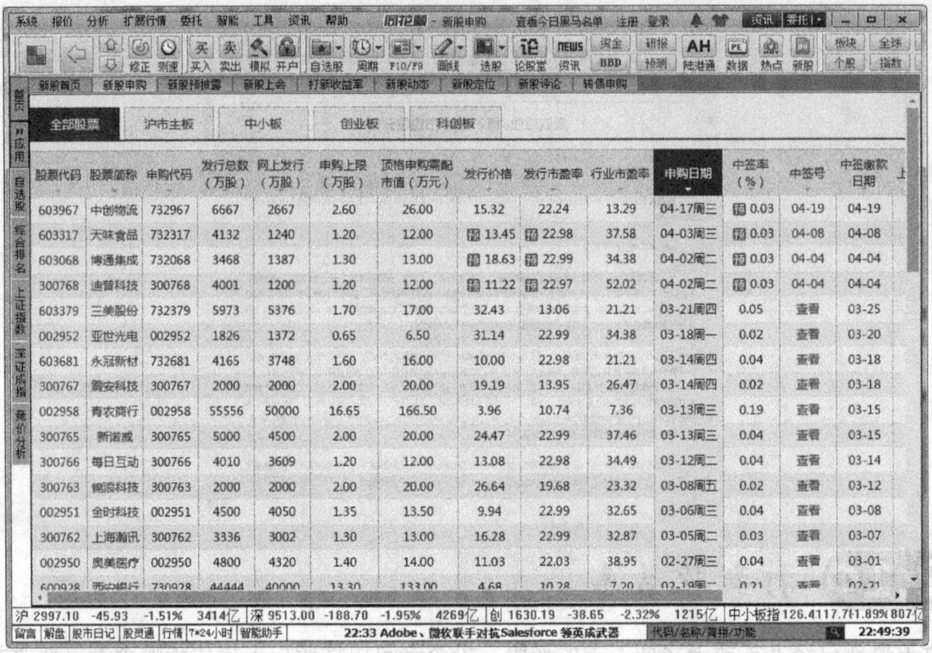

❷ 投资者单击每只股票的简称或股票代码，会弹出一个同花顺个股的浏览器窗口，在该窗口中可以查看创业板个股的更多详细信息。例如，这里单击【中创物流】股票名称后，该窗口中显示【中创物流】股票的详细信息。

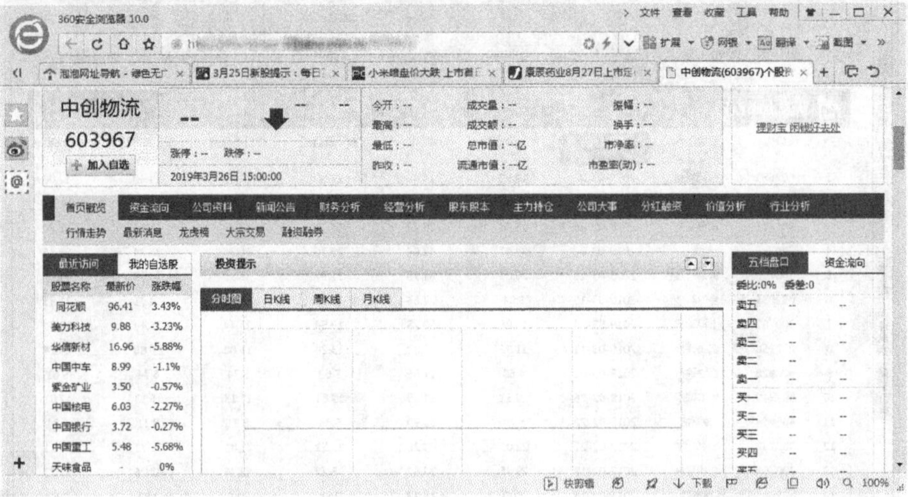

第 13 章　股票买卖的两种途径

同花顺主界面的【委托】菜单下包含有小财神和委托管理两个主要菜单命令。其中【小财神】菜单命令下又有账户管理和傻瓜选股两个子命令。通过使用这些菜单命令，投资者可以提高投资理财的效率，省去手工操作的烦琐工序，节省时间。

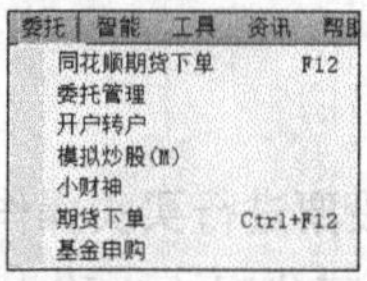

同花顺软件支持委托交易程序，投资者可以通过选择【委托】➤【委托管理】菜单命令，来实现委托交易。

13.1 进入委托管理系统

进入委托系统的操作步骤如下。

❶ 选择【委托】➤【委托管理】菜单命令。

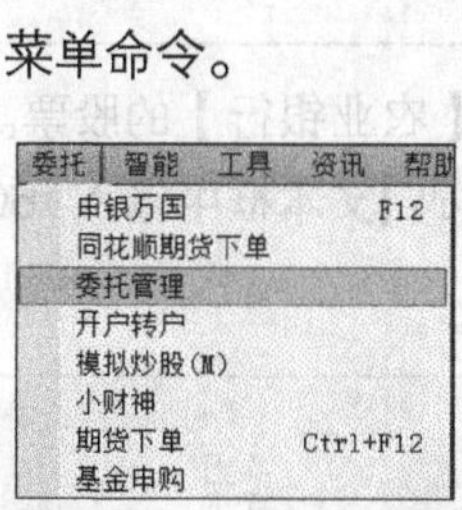

❷ 打开【用户登录】对话框，输入账号、密码和验证码。

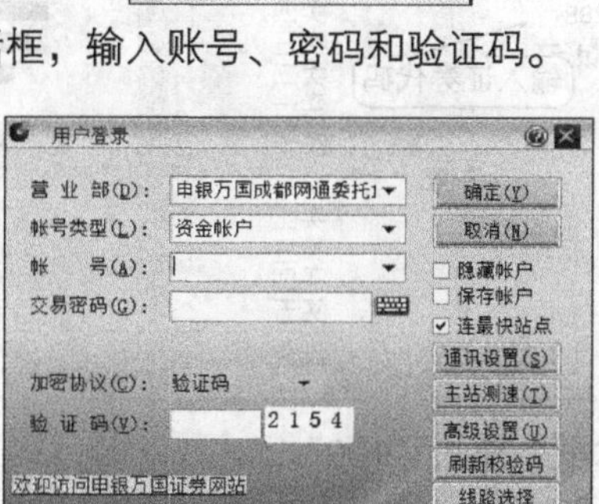

> **提示** 在【用户登录】对话框中，需要注意营业部的选择，投资者可以根据自己的账号使用情况来选择适合自己的【营业部】。

❸ 单击【确定】按钮，便可以登录委托系统。

> **提示** 如果投资者在此之前没有进行过委托交易，那么在第一次登录委托系统之后，历史交易列表中是没有任何交易数据的。如果已经进行过委托交易，则会在历史交易列表中显示出所有的历史交易数据。

❹ 单击委托交易系统右上角的【精简】按钮，可以单独打开一个委托交易系统窗口。

13.2 买入股票

进入交易委托系统之后，就可以对股票进行买卖操作了。在默认情况下，系统打开的就是【买入股票】界面。投资者可以直接输入股票代码（也称为证券代码），之后系统会列出股票的价格和当前股票走势中的价格，同时系统还会根据投资者的可用金额判断出投资者可以买入多少股票的参考值，投资者只需要输入买入股票的数量，然后单击【买入】按钮就可买入股票。

> **提示** 如果当前所打开的页面不是【买入股票】界面，可以在左侧的菜单列表中单击【买入 [F1]】选项来打开【买入股票】界面。

下面以一个实例来讲述如何买入【农业银行】的股票。

❶ 在【买入股票】界面的【证券代码】文本框中输入“601288”，之后系统会显示出证券名称、买入价格以及可买股的参考值。

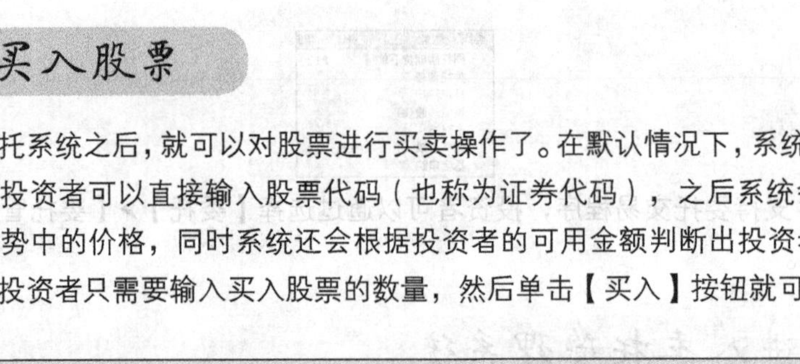

❷ 在【买入数量】的文本框中输入“100”。

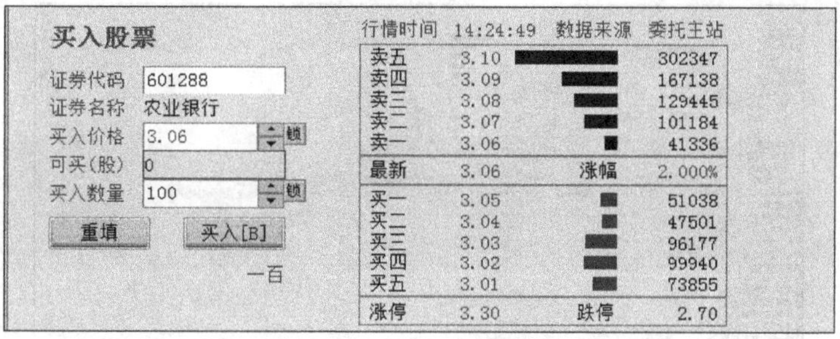

提示 投资者也可以通过单击右侧的微调按钮来输入买入股票的数量。

❸ 单击【买入】按钮，弹出【委托确认】对话框。

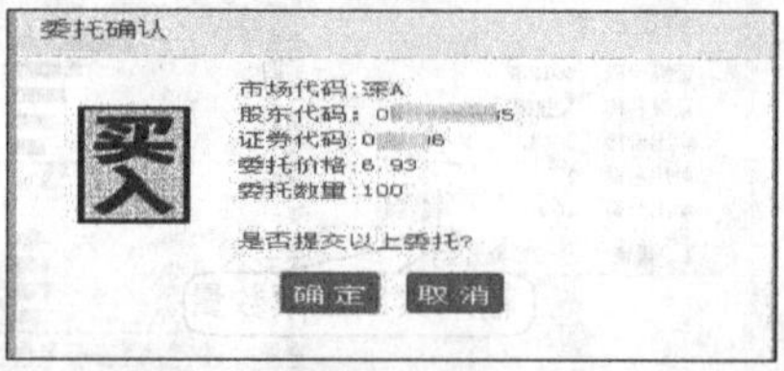

❹ 在【委托确认】对话框中单击【确定】按钮，弹出一个【提示信息】对话框，提示投资者的买入委托已提交，并给出合同编号。

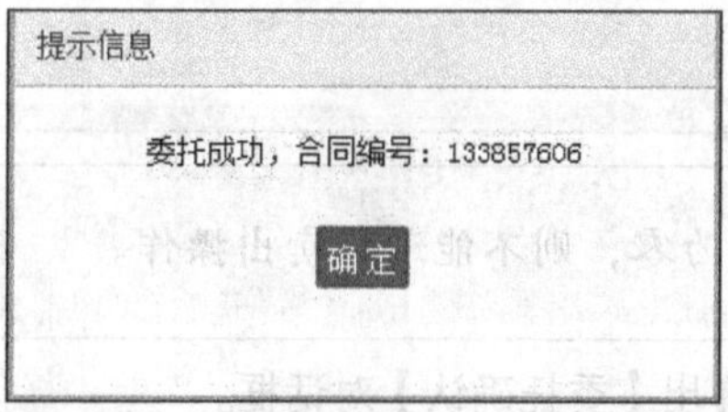

❺ 在【提示信息】对话框中单击【确定】按钮，完成委托。

提示 在左侧菜单列表中，单击【查询】菜单下的【当日委托】选项，可以看到委托情况。

13.3 卖出股票

对于已经赚钱的股票或者不看好的股票，投资者都可以将它们卖出，以达到赚钱或减少损失的目的。下面以一个实例来讲述如何将农业银行这只股票顺利卖出。

提示 对于买入的股票，当天不可以进行交易，在次日或次日之后的开盘时间内可随时进行交易。

❶ 在左侧菜单列表中，单击【卖出 [F2]】菜单选项，此时，将弹出【卖出股票】窗口。

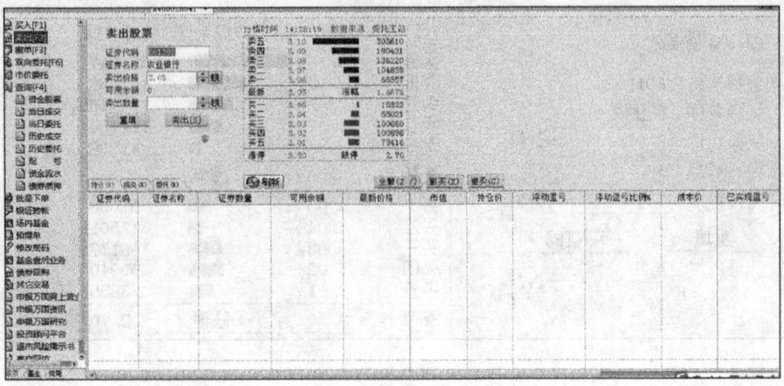

❷ 在【卖出股票】界面的下方双击【农业银行】选项，此时，会列出所要卖出股票的证券代码、证券名称、卖出价格和可用余额等信息，投资者只需要输入卖出股票的数量即可。

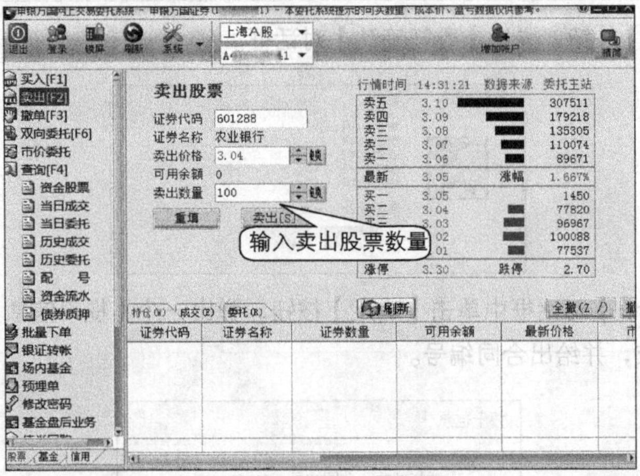

提示

可用余额如果为零，则不能进行卖出操作。

❸ 单击【卖出】按钮，弹出【委托确认】对话框。

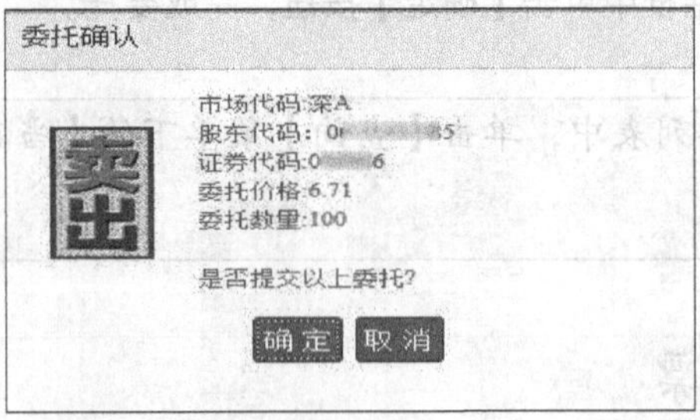

❹ 在【委托确认】对话框中单击【确定】按钮，弹出【提示信息】对话框，提示卖出委托已成功提交。

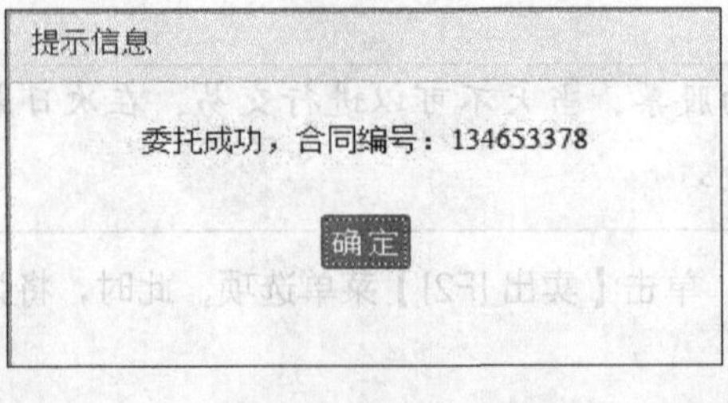

> **提示** 如果【卖出股票】界面中的可用余额为零，在进行卖出操作时，会弹出可用余额不够，不允许卖空操作的【提示】对话框。

❺ 在【提示信息】对话框中单击【确定】按钮，完成委托。单击左侧查询按钮，可以查询股票中的资金股票、当日成交、当日委托、历史成交、历史委托、配号、资金流水及债券质押。

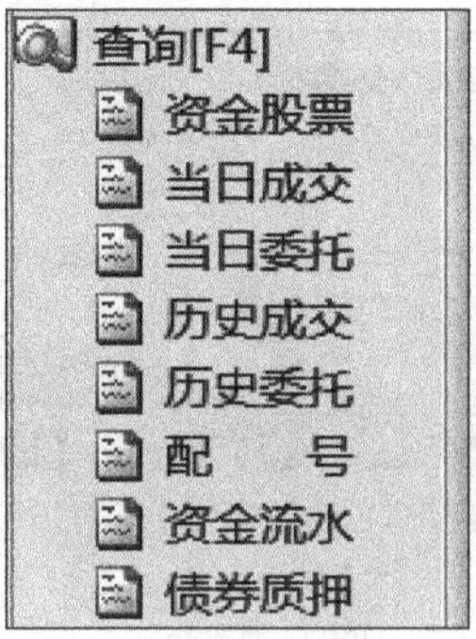

13.4 市价交易

投资者在买卖一些热门股票时，由于价格浮动变化较快，若采用一般的委托有时候不容易成交，这时就可以使用市价交易来实现。在左侧菜单中单击【市价委托】菜单下的【买入】或【卖出】选项，即可打开市价交易界面。下图所示为市价交易的股票【买入】界面。

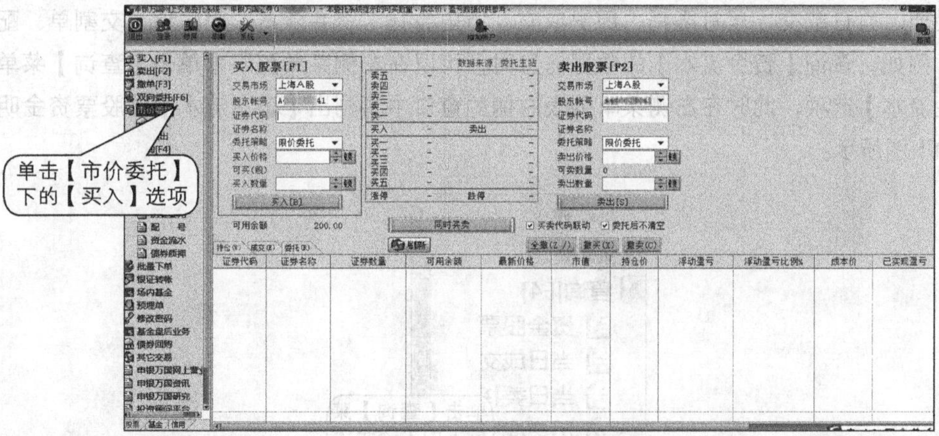

投资者在进行市价委托时，只需要指定证券代码、委托策略和交易数量就可进行一次市价委托。进行市价委托交易的方法与前面所讲的买入股票和卖出股票的方法相似，这里就不再进行讲述。

> **提示** 与前面所讲述的买入和卖出交易相比，市价委托的方式可以最大限度地确保委托即时成交，但也可能会以更高的价格买入，带来不必要的成本。在行情变化剧烈的时候，这种交易方式特别适用。

13.5 批量交易

批量交易是将一笔数量巨大的委托拆分成数笔数量较小的委托方式以批量进行交易。在如下图所示的左侧菜单中单击【批量下单】菜单下的【买入】或【卖出】选项，即可打开市价交易界面。

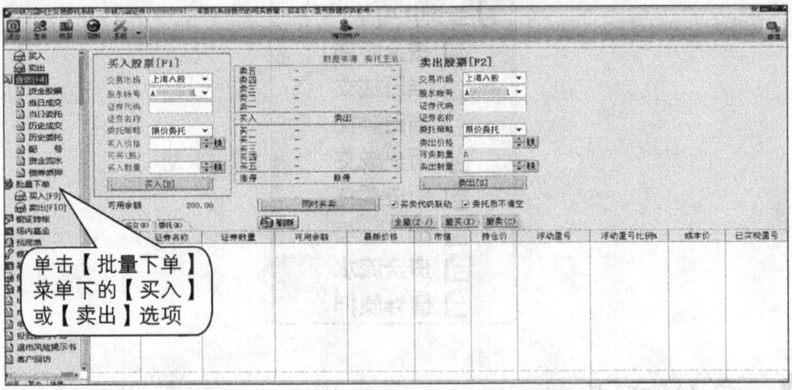

在批量交易界面中，投资者只需要输入证券代码和委托数量，即可进行批量交易。

13.6 查询信息

投资者在同花顺网上交易系统支持查询功能的情况下（有些查询功能软件不支持），可以查询资金股票、当日成交、当日委托、历史成交、历史委托、资金流水、对账单、交割单、配号等信息。例如，查询【资金流水】的数据信息时，可以在左侧菜单列表中单击【查询】菜单下的【资金流水】选项，此时在左侧菜单列表右侧的窗口中将列出【资金流水】的股票资金明细信息，如下图所示。

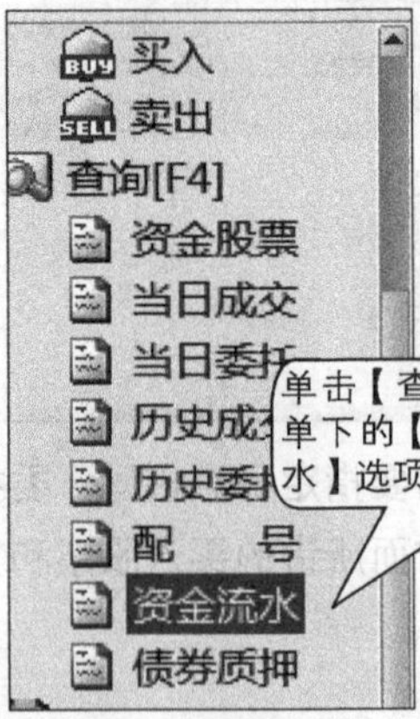

第 14 章 股市的灵魂——信息资讯

“得信息者得天下”，在股海中身经百战的投资者都明白这句话的真正含义。要想获利，就需要有大量的相关信息去帮助自己分析与判断，之后得出买入与卖出的决策。同花顺的【资讯】菜单就为投资者提供了大量的资讯信息。

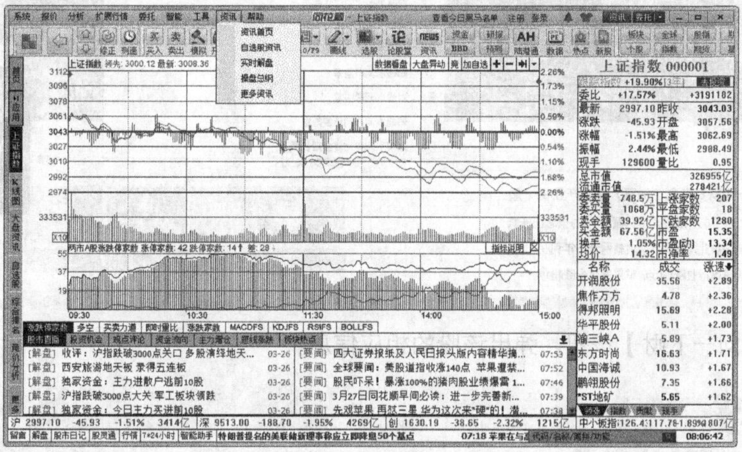

14.1 资讯首页

选择【资讯】➢【资讯首页】菜单命令，此时在主界面的左侧即可打开同花顺【资讯】窗口，在该窗口中显示出与【资讯】菜单相同的各项，投资者可以根据需要单击选项来浏览不同的资讯。

在资讯首页不仅可以查看某只股票、基金的信息和诊断，还可以搜索股票的专业用语。

❶选择【资讯】➢【资讯首页】菜单命令，弹出【资讯首页】界面。

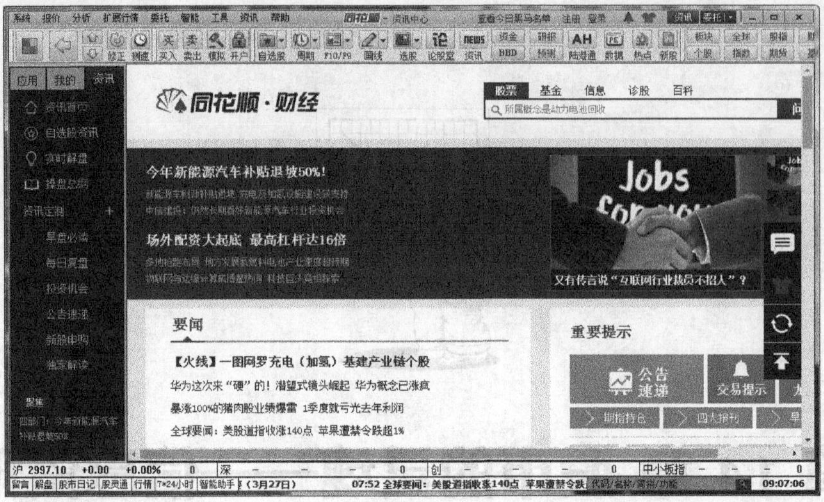

❷ 在【问一下财】搜索框中输入要搜索的内容，例如，"海螺水泥"，弹出该股的相应信息。

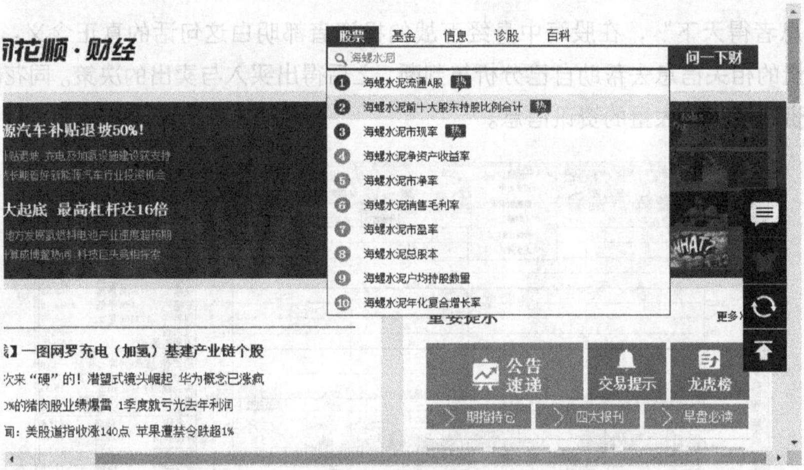

❸ 单击【问一下财】按钮，弹出该股的相应信息。

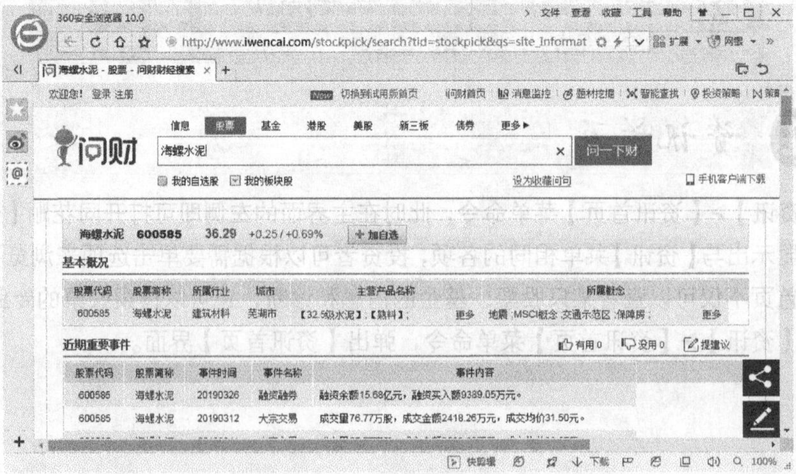

❹ 选择【信息】选项，除了能查看某只股票基金的信息，还可以可以整个股市的各种信息，例如，输入【涨停复盘】，然后单击【问一下财】，结果如下图所示。

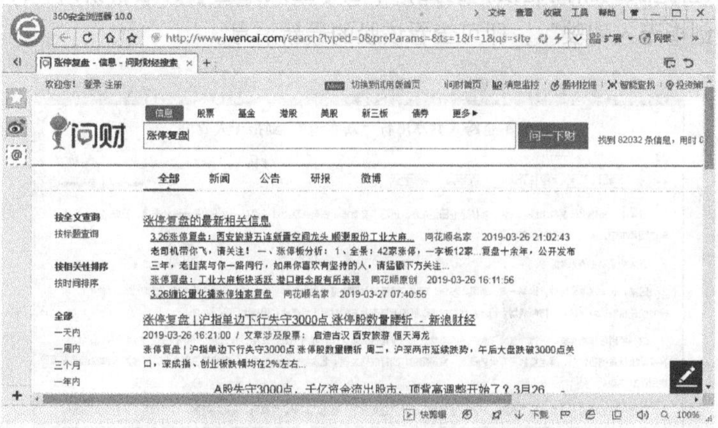

❺ 同花顺也有自己的百科，输入股票术语，可以查看介绍，例如，输入“市盈率”，然后单击【问一下财】，结果如下图所示。

14.2 自选股资讯

自选股资讯把自选股的最新信息列表显示出来，供投资者参考。在【自选股】界面，投资者还可以查看其他股票的资金流向、新股申报情况、两市业绩报告以及龙虎榜等。

使用同花顺自选股资讯的具体操作步骤如下。

❶ 单击【自选股资讯】，进入自选股界面。

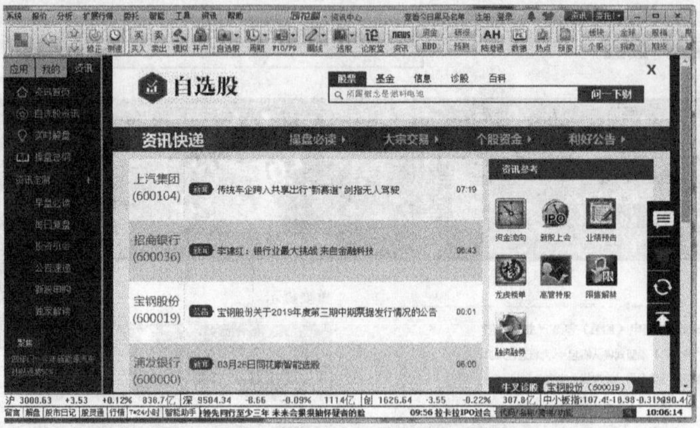

❷ 单击某只自选股的新闻链接，例如，单击【上汽集团】的最新新闻“传统车企跨入共享出行‘新赛道’剑指无人驾驶”，即可查看该股的最新消息。

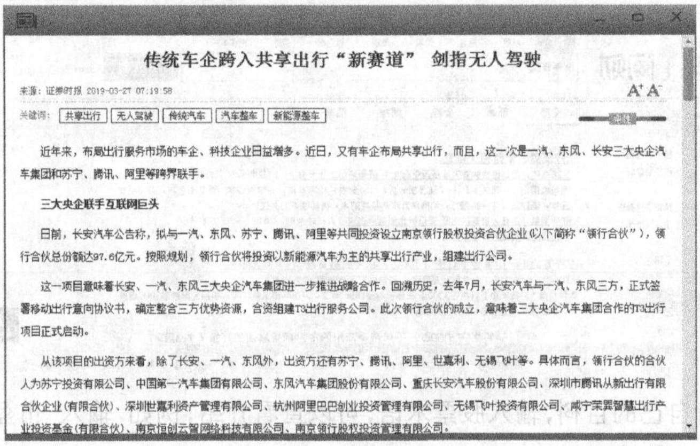

传统车企跨入共享出行“新赛道” 剑指无人驾驶

来源：证券时报 2019-03-27 07:19:58

关键词：共享出行 无人驾驶 传统汽车 汽车整车 新能源整车

近年来，布局出行服务市场的车企、科技企业日益增多。近日，又有车企布局共享出行，而且，这一次是一汽、东风、长安三大央企汽车集团和苏宁、腾讯、阿里等跨界联手。

三大央企联手互联网巨头

日前，长安汽车公告称，拟与一汽、东风、苏宁、腾讯、阿里等共同投资设立南京领行股权投资合伙企业(以下简称“领行合伙”)，领行合伙总份额达97.6亿元。按照规划，领行合伙将投资以新能源汽车为主的共享出行产业，组建出行公司。

这一项目意味着长安、一汽、东风三大央企汽车集团进一步推进战略合作。回溯历史，去年7月，长安汽车与一汽、东风三方，正式签署移动出行意向协议书，确定整合三方优势资源，合资组建T3出行服务公司。此次领行合伙的成立，意味着三大央企汽车集团合作的T3出行项目正式启动。

从该项目的出资方来看，除了长安、一汽、东风外，出资方还有苏宁、腾讯、阿里、世嘉利、无锡飞叶等。具体而言，领行合伙的合伙人为苏宁投资有限公司、中国第一汽车集团有限公司、东风汽车集团股份有限公司、重庆长安汽车股份有限公司、深圳市腾讯从新出行有限合伙企业(有限合伙)、深圳世嘉利资产管理有限公司、杭州阿里巴巴创业投资管理有限公司、无锡飞叶投资有限公司、咸宁荣巽智慧出行产业投资基金(有限合伙)、南京恒创云智网络科技有限公司、南京领行股权投资管理有限公司。

提示

自选股的添加方法参照前面相关章节的介绍。

❸ 在自选股界面，选中某只股票，例如，选择【招商银行】，还可以对该股票进行【牛叉诊股】。

❹ 单击右侧窗口中的【业绩预告】按钮，在弹出的【两市业绩预告一览】界面中输入相应的股票名称或代码，例如，输入“宝钢股份”或“600019”，可以查看该股的业绩状况。

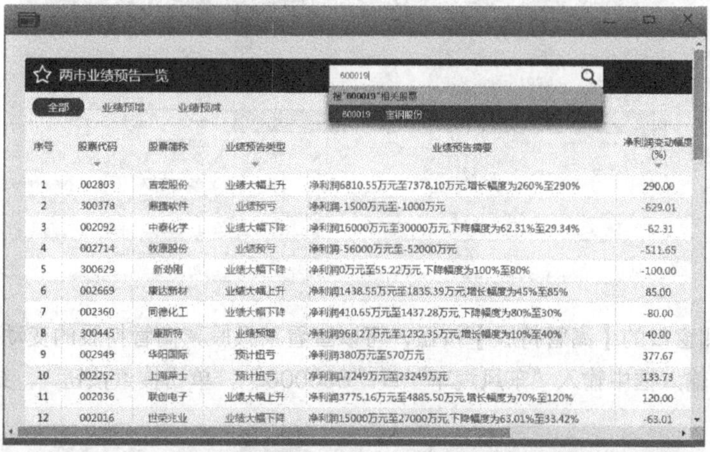
两市业绩预告一览
600019
搜“600019”相关股票
600019 宝钢股份
全部
业绩预增
业绩预减
序号 股票代码 股票简称 业绩预告类型 业绩预告摘要 净利润变动幅度(%)
1 002803 吉宏股份 业绩大幅上升 净利润6810.55万元至7378.10万元,增长幅度为260%至290% 290.00
2 300378 鼎捷软件 业绩预亏 净利润-1500万元至-1000万元 -629.01
3 002092 中泰化学 业绩大幅下降 净利润16000万元至30000万元,下降幅度为62.31%至29.34% -62.31
4 002714 牧原股份 业绩预亏 净利润-56000万元至-52000万元 -511.65
5 300629 新劲刚 业绩大幅下降 净利润0万元至55.22万元,下降幅度为100%至80% -100.00
6 002669 康达新材 业绩大幅上升 净利润1438.55万元至1835.39万元,增长幅度为45%至85% 85.00
7 002360 同德化工 业绩大幅下降 净利润410.65万元至1437.28万元,下降幅度为80%至30% -80.00
8 300445 康斯特 业绩预增 净利润968.27万元至1232.35万元,增长幅度为10%至40% 40.00
9 002949 华阳国际 预计扭亏 净利润380万元至570万元 377.67
10 002252 上海莱士 预计扭亏 净利润17249万元至23249万元 133.73
11 002036 联创电子 业绩大幅上升 净利润3775.16万元至4885.50万元,增长幅度为70%至120% 120.00
12 002016 世荣兆业 业绩大幅下降 净利润15000万元至27000万元,下降幅度为63.01%至33.42% -63.01

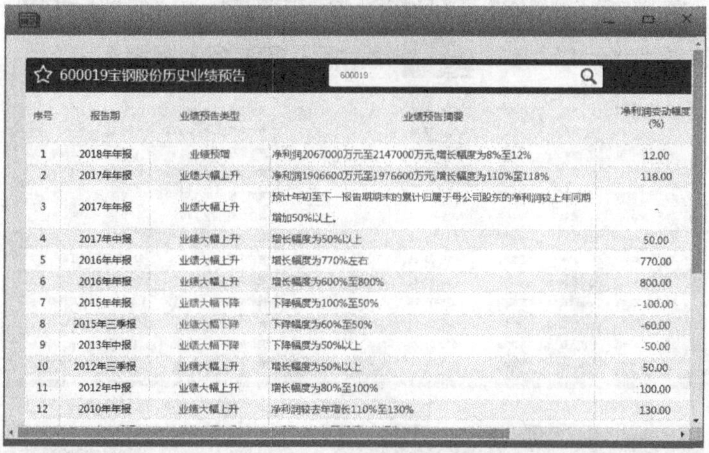
600019宝钢股份历史业绩预告
600019
序号 报告期 业绩预告类型 业绩预告摘要 净利润变动幅度(%)
1 2018年年报 业绩预增 净利润2067000万元至2147000万元,增长幅度为8%至12% 12.00
2 2017年年报 业绩大幅上升 净利润1906600万元至1976600万元,增长幅度为110%至118% 118.00
3 2017年年报 业绩大幅上升 预计年初至下一报告期期末的累计归属于母公司股东的净利润较上年同期增加50%以上。 -
4 2017年中报 业绩大幅上升 增长幅度为50%以上 50.00
5 2016年年报 业绩大幅上升 增长幅度为770%左右 770.00
6 2016年年报 业绩大幅上升 增长幅度为600%至800% 800.00
7 2015年年报 业绩大幅下降 下降幅度为100%至50% -100.00
8 2015年三季报 业绩大幅下降 下降幅度为60%至50% -60.00
9 2013年中报 业绩大幅下降 下降幅度为50%以上 -50.00
10 2012年三季报 业绩大幅上升 增长幅度为50%以上 50.00
11 2012年中报 业绩大幅上升 增长幅度为80%至100% 100.00
12 2010年年报 业绩大幅上升 净利润较去年增长110%至130% 130.00

❺ 单击右侧窗口的【龙虎榜单】按钮，可以查看两市波动较大的股票，在【个股明细】输入框输入某只股票的名称或代码，例如，输入“浦发银行”或“600000”，可以在同花顺数据中心查看该股的相应信息。

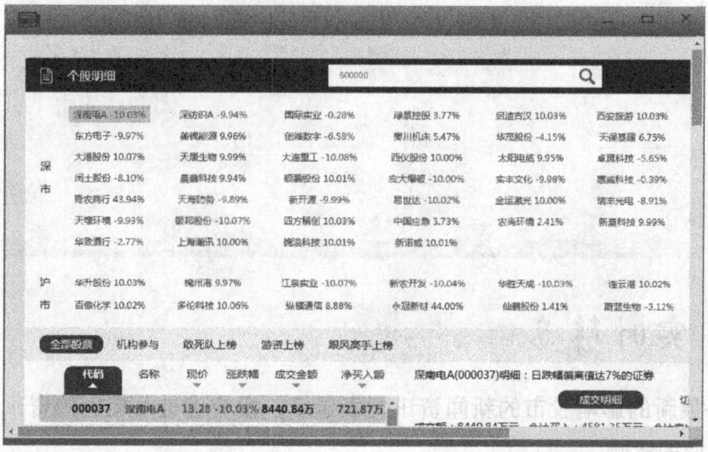

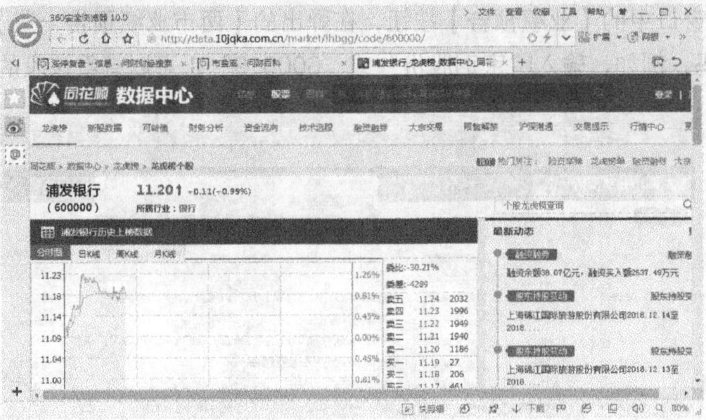

❻ 单击右侧窗口的【高管持股】按钮，可以查看某只股票高管持股的变动情况，在【高管持股详细一览】输入框中输入“东风汽车”或“600006”，单击搜索按钮，结果如下。

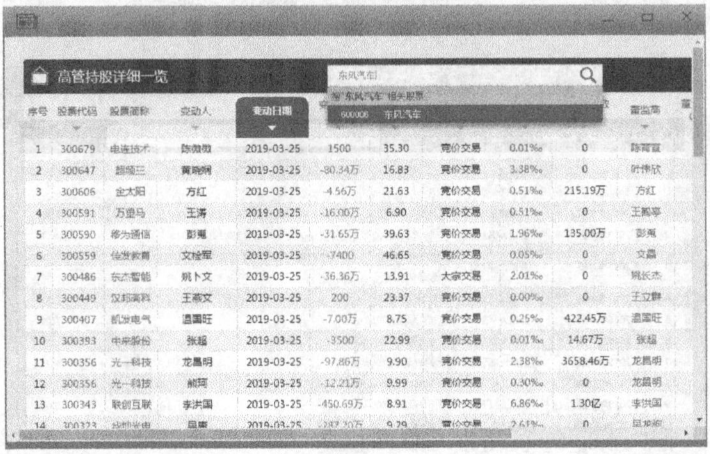

14.3 实时解盘

实时解盘将最新的影响股市的新闻资讯列表显示，投资者进入相应的资讯，可以查看资讯内容和对相应板块的影响。

实时解盘的操作方法如下。

❶单击左侧窗口中的【实时解盘】按钮，在弹出的界面中选择左侧的信息列表，在右侧即可显示相应的内容。

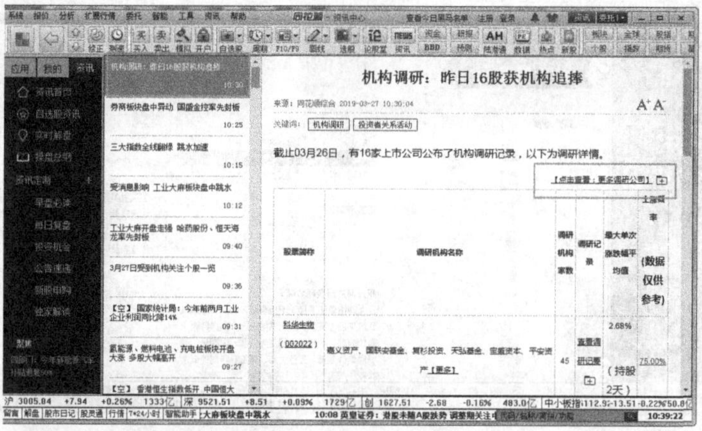

❷ 单击【点击查看：更多调研公司】，弹出调研情况。

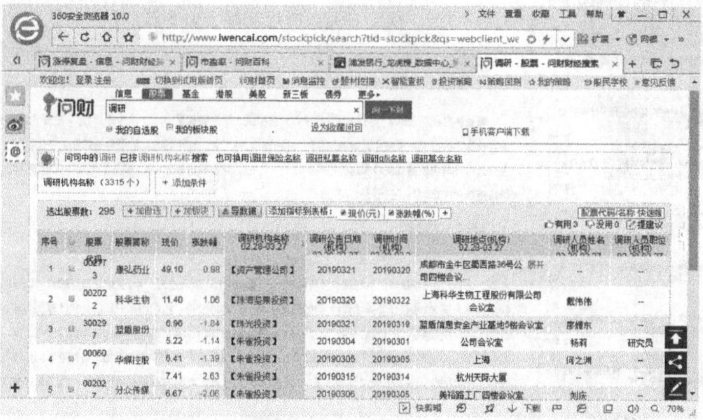

❸ 单击其他消息，可以继续查看相关内容。

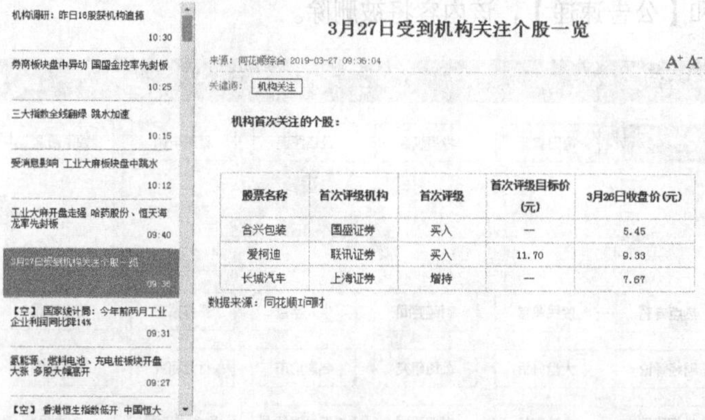

14.4 资讯定制

【资讯定制】可以根据投资者自己的投资习惯，将常用的资讯添加到列表中，以便随时查看。查看【资讯定制】内容，以及添加、删除【资讯定制】内容的具体操作如下。

❶ 单击【资讯定制】的相关选项，例如，单击【每日复盘】，查看该选项对应的内容。

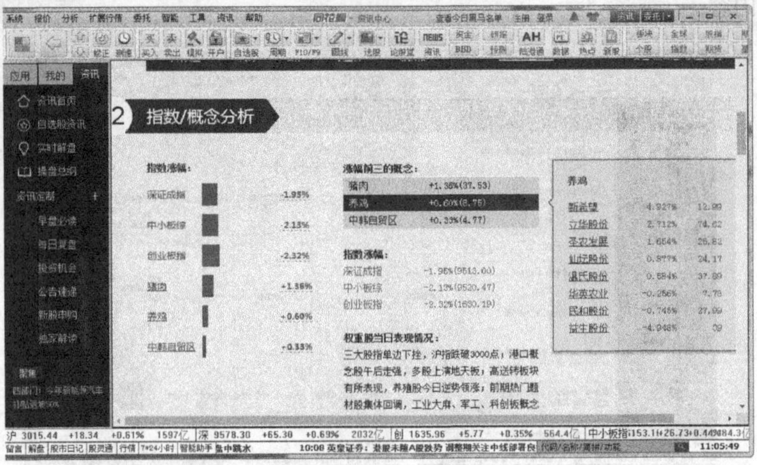

❷ 单击【投资机会】，弹出同花顺推荐的各利好消息。

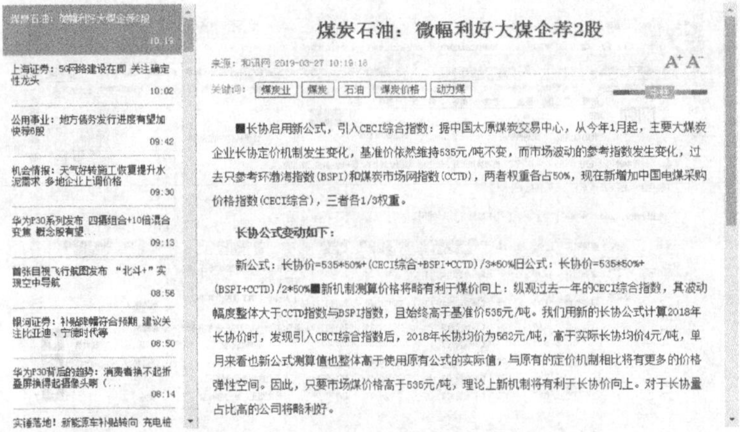

❸ 单击【资讯定制】旁边的▦，弹出【添加资讯】界面，用鼠标单击已添加的资讯内容，例如，单击【早盘必读】和【公告速递】，该内容将被删除。

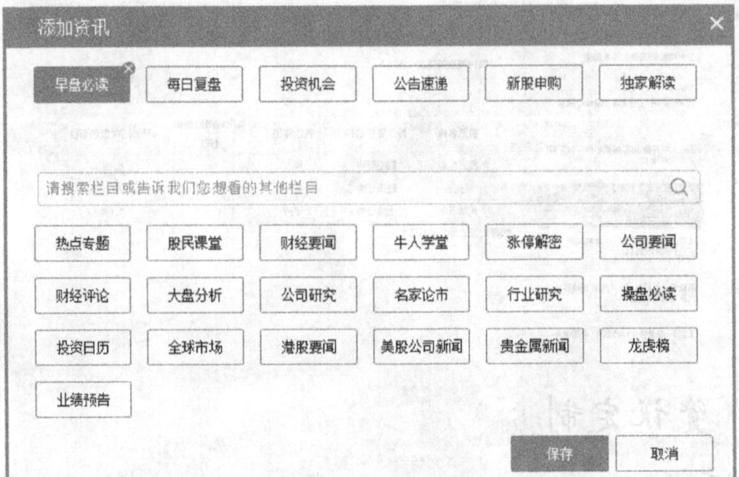

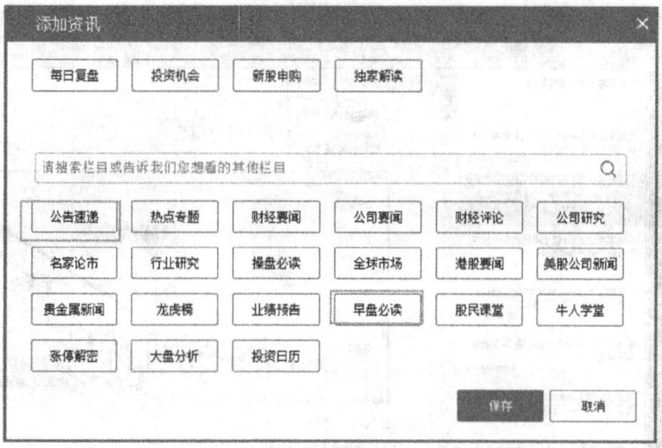

提示

删除后的资讯内容被放置在搜索框的下方，投资者需要的时候可以重新添加。

❹ 单击搜索框下方的资讯选项，可以将该资讯放置到【资讯定制】中，例如，将股民课堂、牛人学堂、涨停解密、大盘分析以及投资日历等添加到【资讯定制】中，单击【保存】按钮即可。

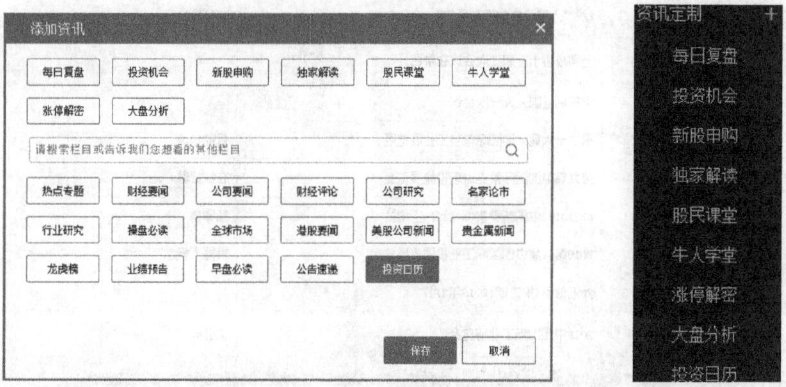

❺ 单击【股民学堂】，可以学习炒股的基本知识，例如，基本法则、基本分析、公司分析、财务分析等。

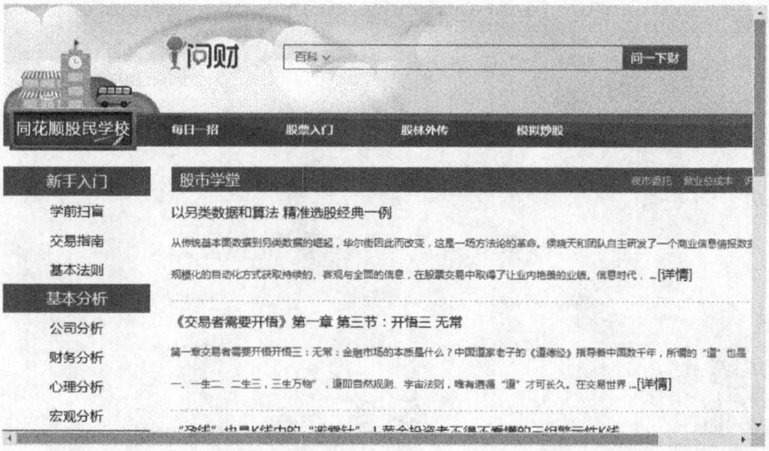

❻ 单击【牛人学堂】，可以查看炒股牛人的操作方法及技巧。

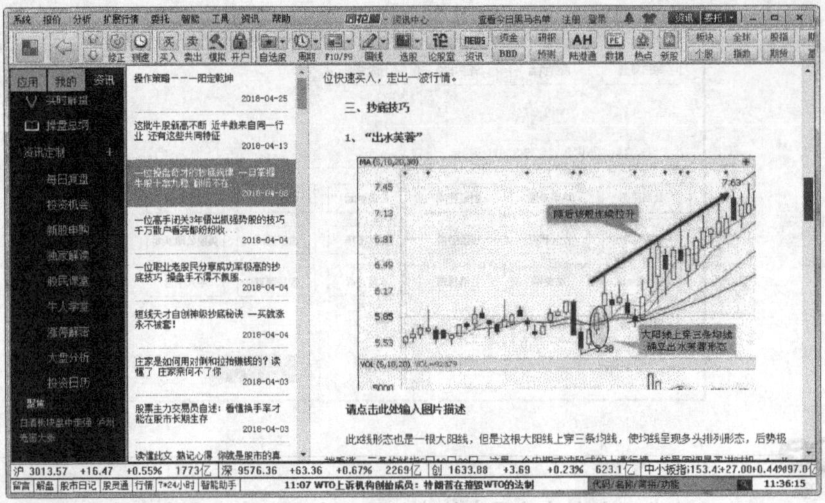

❼ 单击【投资日历】，可以向投资者提供 3 个月内的特别提示信息。

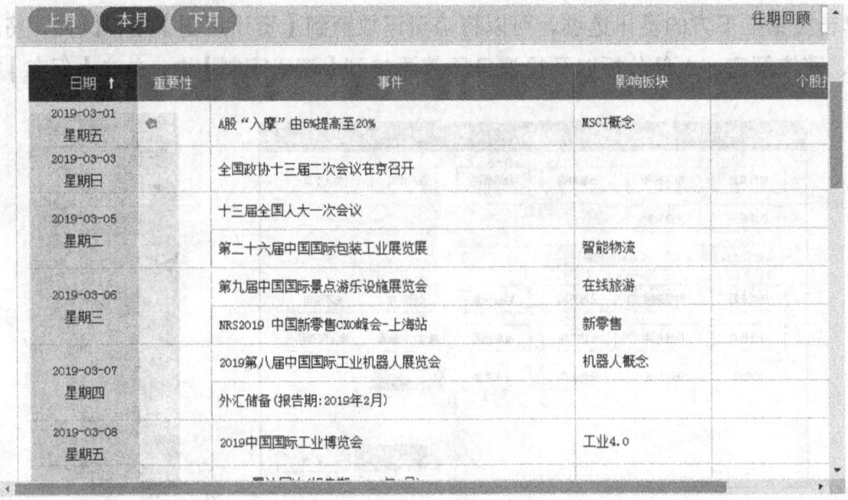

日期	重要性	事件	影响板块	个股
2019-03-01 星期五		A股“入摩”由5%提高至20%	MSCI概念	
2019-03-03 星期日		全国政协十三届二次会议在京召开		
2019-03-05 星期二		十三届全国人大二次会议		
		第二十六届中国国际包装工业展览展	智能物流	
2019-03-06 星期三		第九届中国国际景点游乐设施展览会	在线旅游	
		NRS2019 中国新零售CXO峰会-上海站	新零售	
2019-03-07 星期四		2019第八届中国国际工业机器人展览会	机器人概念	
		外汇储备(报告期:2019年2月)		
2019-03-08 星期五		2019中国国际工业博览会	工业4.0	

第 15 章 让炒股变得更加轻松——智能选股

由于同花顺的智能选股为投资者节省了大量的时间和精力，因此备受众多投资者的喜爱。在【智能】菜单中有股票预警、鹰眼盯盘、短线精灵、小窗盯盘、股票池、问财选股、形态选股、选股平台、选股结果、优选交易系统、期权定价计算和期权筛选等菜单命令，通过使用这些功能，投资者可以真正地体会到智能化选股带来的便捷性。

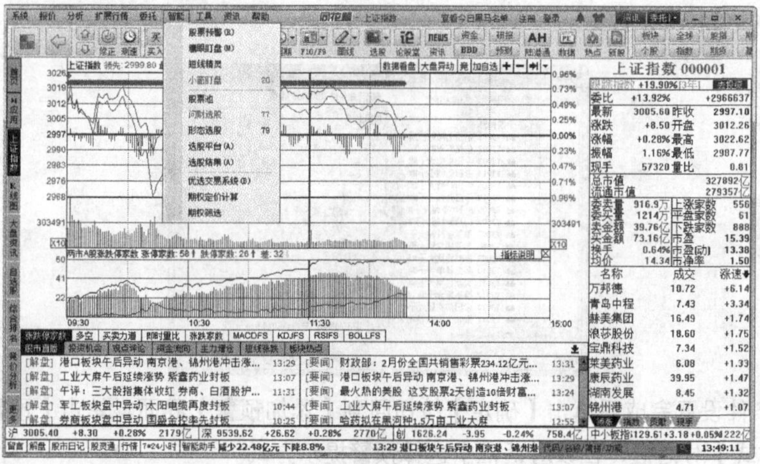

15.1 股票预警

❶ 选择【智能】➤【股票预警】菜单命令，弹出【股票预警】界面。

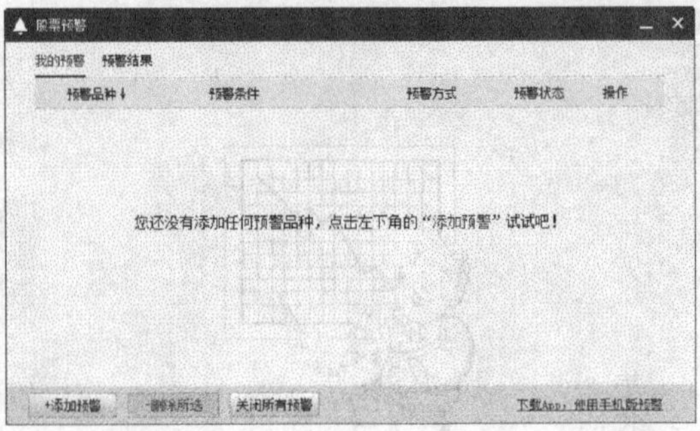

❷ 单击左下角的【添加预警】按钮，弹出【添加预警】对话框，在该对话框中可以添加要预警的股票并设置预警条件。

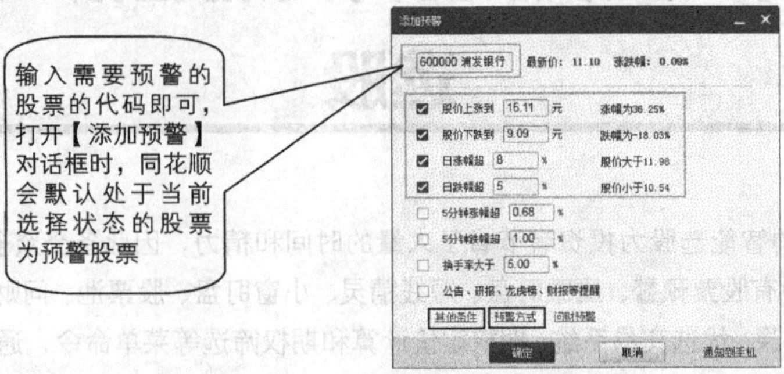

❸ 单击【其他条件】按钮，弹出【其他条件】对话框，选择【YJ001 价格上破 N 元】，并设置价格上破数值和卖出数量。

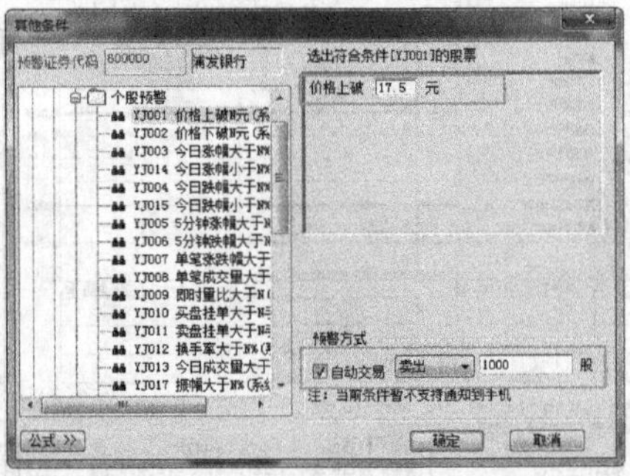

❹ 其他条件设置完成后单击【确定】按钮回到【添加预警】界面，单击【预警方式】按钮，弹出【预警方式】对话框，在该对话框中选择预警提示方式。

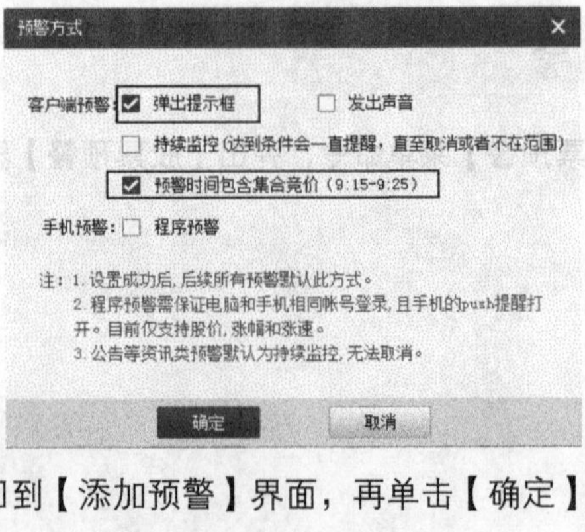

❺ 单击【确定】按钮回到【添加预警】界面，再单击【确定】按钮，在【股票预警】对话

框即可显示这些预警条件。

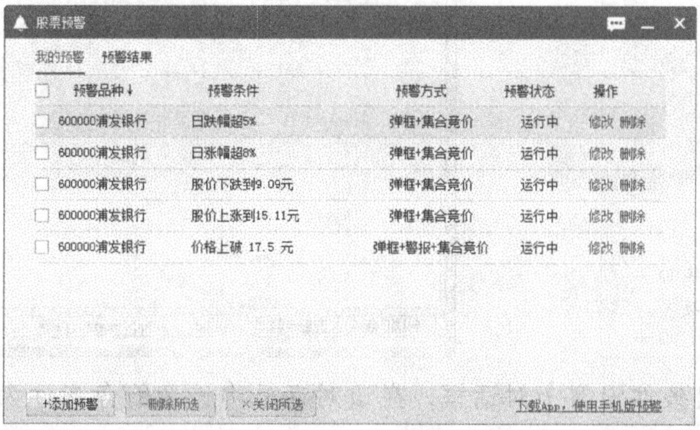

> **提示**
>
> 如果对某个预警条件不满意，可以勾选该预警条件进行修改、删除或关闭。

❻ 设置完成后，被添加预警的股票后面有一个▲。

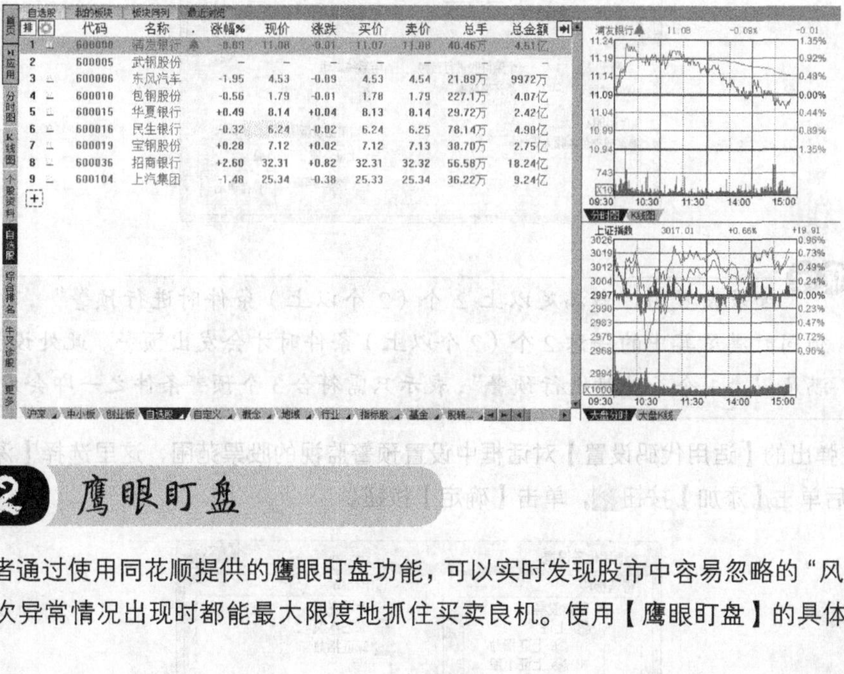

15.2 鹰眼盯盘

投资者通过使用同花顺提供的鹰眼盯盘功能，可以实时发现股市中容易忽略的“风吹草动”，保证在每次异常情况出现时都能最大限度地抓住买卖良机。使用【鹰眼盯盘】的具体操作步骤如下。

> **提示**
>
> 鹰眼盯盘更加针对股市中出现的大单买入、卖出、股票大幅下跌和上涨等异动情况进行监视盯盘。

❶ 选择【智能】>【鹰眼盯盘】菜单命令，打开【结果显示】对话框，在【鹰眼盯盘】选项卡下单击【设置】按钮。

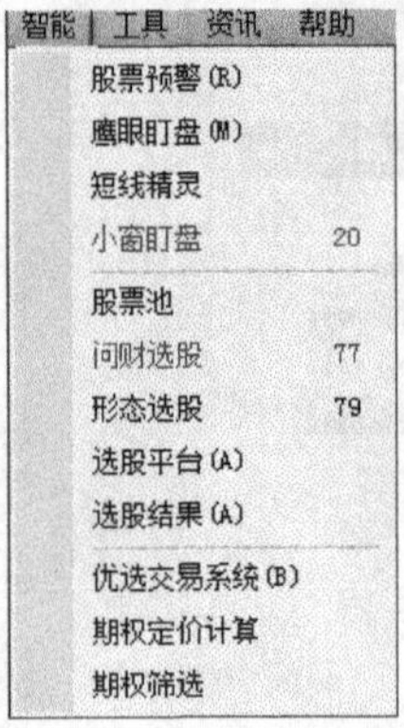

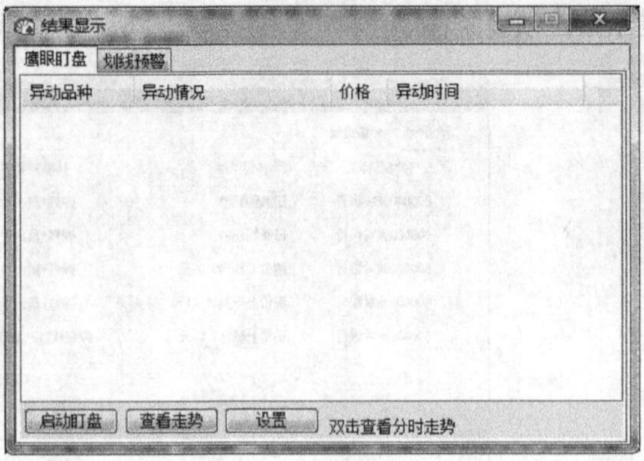

❷ 弹出【盯盘条件设置】对话框，在该对话框中设置盯盘条件为“5 分钟跌幅大于 1%”“单笔成交量大于 600 手”和“单笔跌幅大于 2%”，并设置为“当满足以上 1 个条件时进行预警”，选中【随系统启动】复选项，单击【选择板块】按钮。

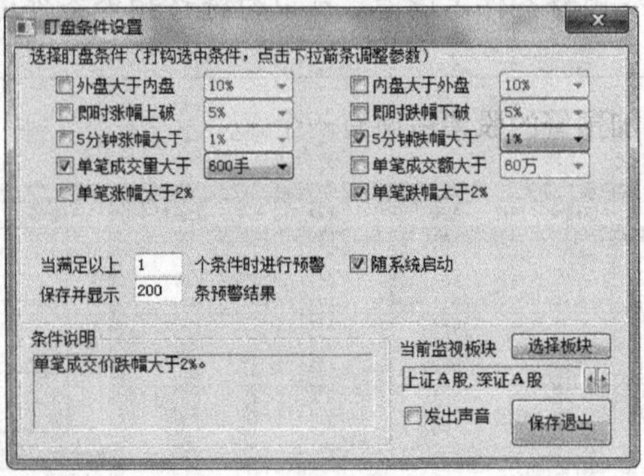

提示 如果设置为“当满足以上 2 个（2 个以上）条件时进行预警”，则表示必须同时满足其中的任意 2 个（2 个以上）条件时才会发出预警。此处设置为“当满足以上 1 个条件时进行预警”，表示只需符合 3 个预警条件之一即会发出预警。

❸ 在弹出的【适用代码设置】对话框中设置预警监视的股票范围，这里选择【深证指数】选项，然后单击【添加】按钮 >>，单击【确定】按钮。

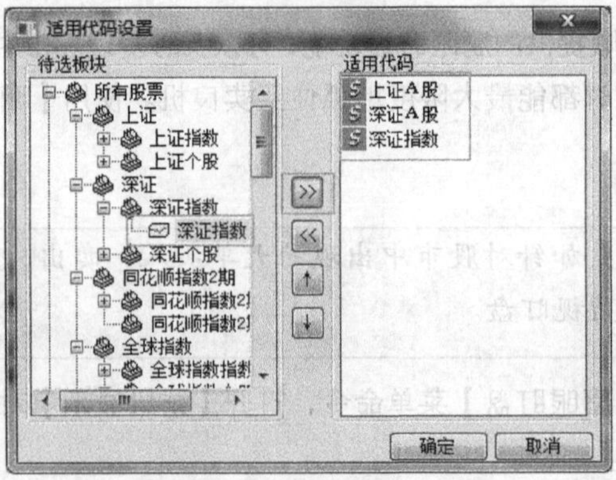

❹ 选中【发出声音】复选项，完成后单击【保存退出】按钮。

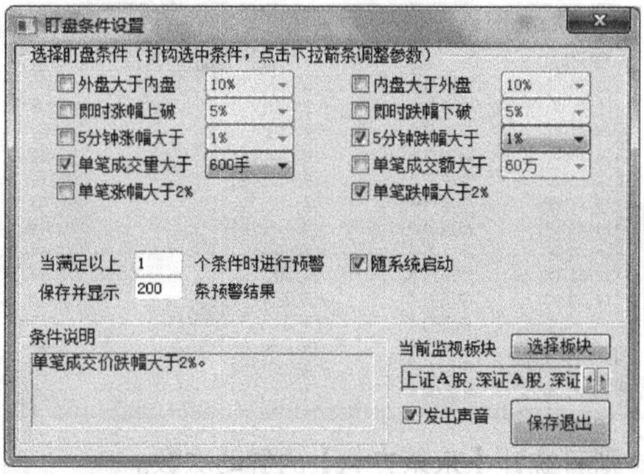

❺ 返回到【结果显示】对话框中的【鹰眼盯盘】选项卡，单击【启动盯盘】按钮，稍等片刻，即可在其中的列表框中看到满足预警条件的异动情况。

15.3 短线精灵

短线精灵功能深受众多投资者的喜爱，它可以帮助投资者又快又准地捕捉强势股，第一时间掌握震荡异动的个股，并做出相应的决策。使用短线精灵的具体操作步骤如下。

❶ 选择【智能】➤【短线精灵】菜单命令，即可打开【短线精灵】窗口。

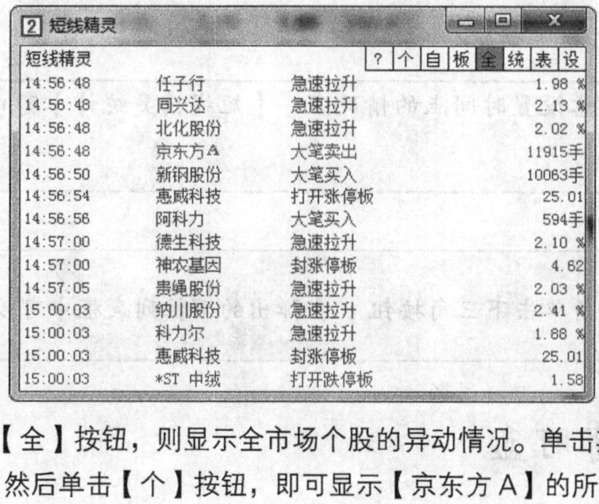

❷ 单击右上方的【全】按钮，则显示全市场个股的异动情况。单击其中的个股，例如，双击选择【京东方 A】，然后单击【个】按钮，即可显示【京东方 A】的所有异动情况。

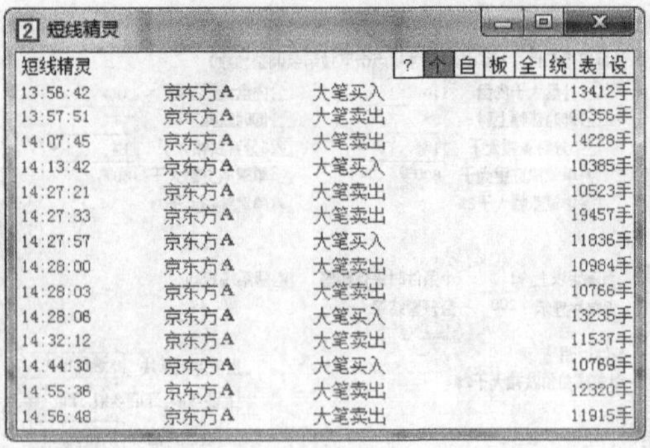

❸ 单击【统】按钮，则可统计【京东方 A】的异动次数。

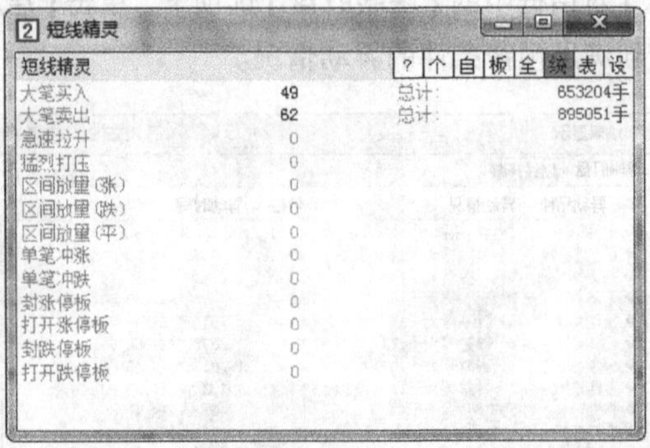

❹ 单击【表】按钮，即可在打开的【短线精灵统计】窗口中查看历史统计信息。

提示 在不特意设置时间点的情况下，【短线精灵统计】窗口中默认显示当日的统计信息。

提示 在左上角单击下三角按钮，在弹出的下拉列表框中可以选择时间点。

15.4 小窗盯盘

小窗盯盘根据投资者的个人习惯，将几个常用的功能放置在一个小的窗口中，方便投资者随时查看。使用小窗盯盘的具体操作步骤如下。

❶ 选择【智能】>【小窗盯盘】菜单命令，即可打开【小窗盯盘】窗口，如下左图所示。

❷ 单击【自选股】，将列表显示自选股的现价和涨幅情况，将光标放置到某只股票上，将显示该股的分时走势图，例如，将光标放置到【浦发银行】上，结果如下右图所示。

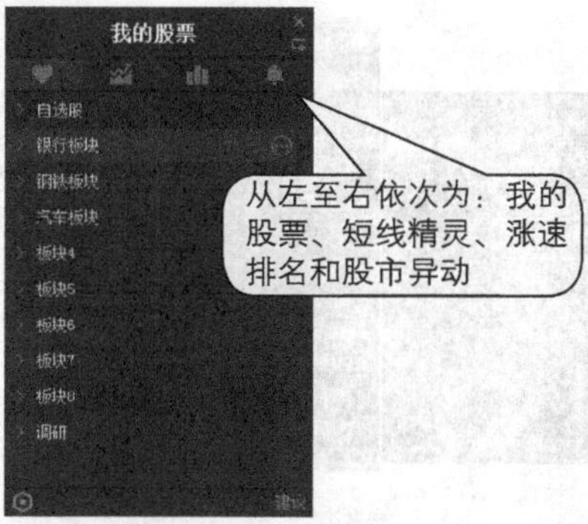

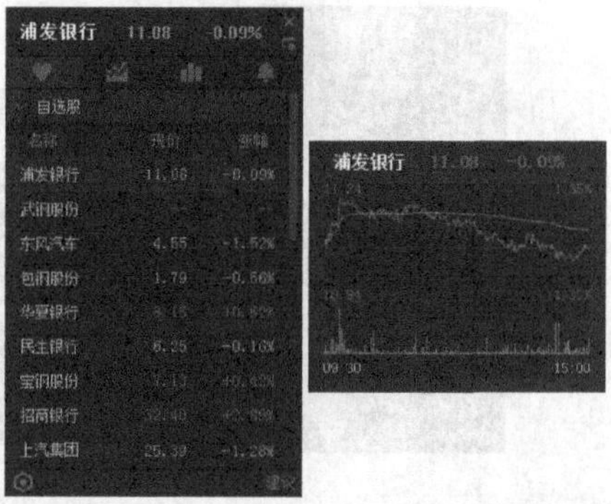

❸ 单击【短线精灵】按钮，弹出短线精灵窗口，单击【设】，在弹出的【短线精灵预警设置】界面中进行预警设置。

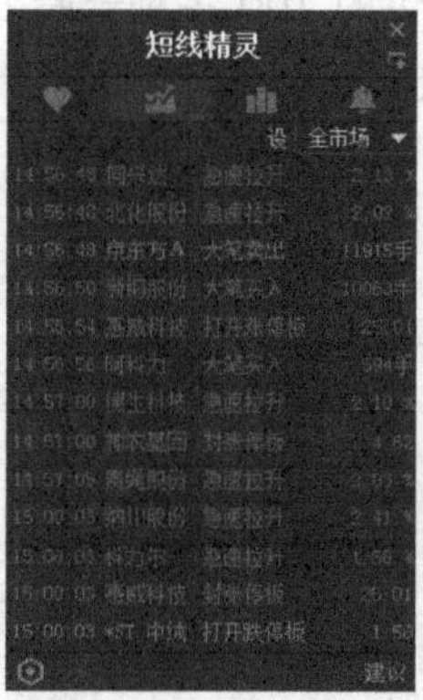

❹ 单击【涨速排名】按钮，列出某个周期内的涨速排名。

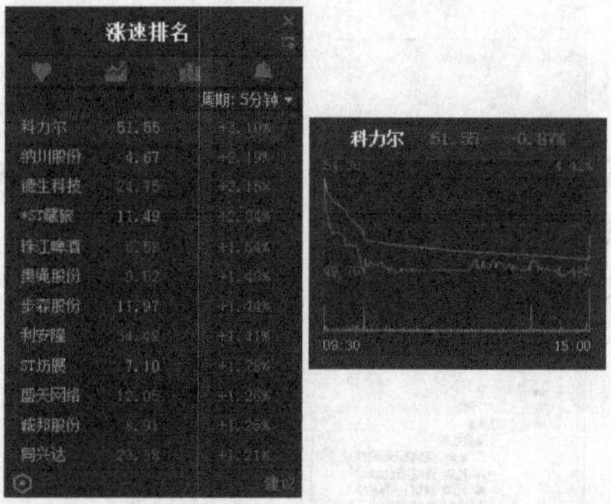

提示

默认周期是 5 分钟，用户可以单击下拉按钮，选择其他周期。

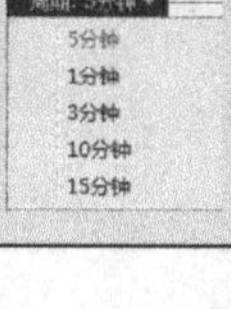

❺ 单击【股市异动】按钮，显示各大盘的异动情况，如下左图所示。

❻ 单击左下角的【设置】按钮，弹出【小窗设置】对话框，可以对面板显示进行设置，例如，单击【股市异动】，取消【股市异动】的面板显示，如下右图所示。

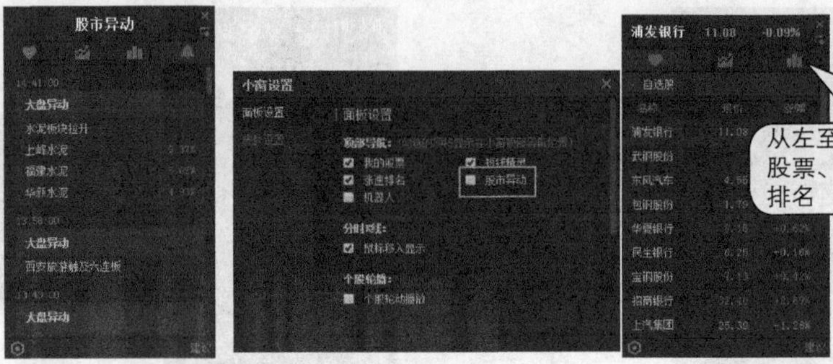

15.5 选股平台

和智能选股相比，投资者使用选股平台除了可以使用系统提供的 100 多种选股公式、200 多种技术指标选股外，还可以自定义选股条件来选股。使用【选股平台】的具体操作步骤如下。

❶ 选择【智能】➤【选股平台】菜单命令，弹出【选股平台】对话框，在该对话框中的左侧列表框中有很多选股条件供选择。

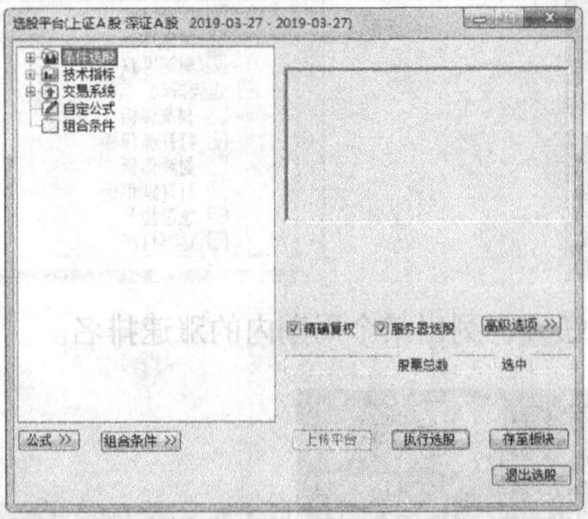

❷ 依次选择【条件选股】➤【K 线选股】➤【高级选股】➤【k_06 连续 N 天收阳线】选项，此时在右侧会显示与该项对应的条件设置选项。例如，这里设置为“选择连续 5 个交易日收阳线的股票”，将分析周期设为“日线”，选中【精确复权】复选项。

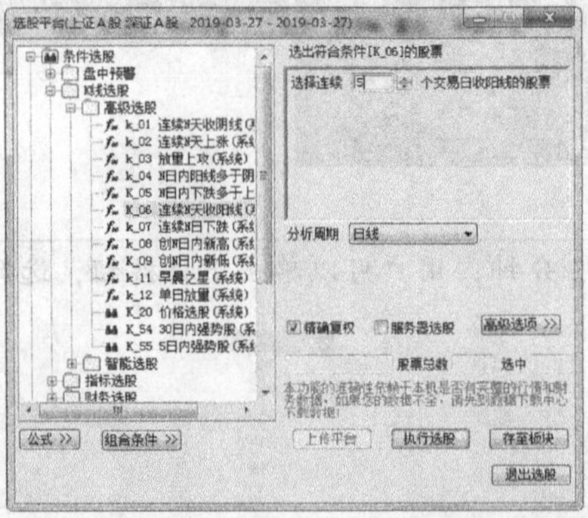

❸ 单击【执行选股】按钮就会进入计算数据的过程。

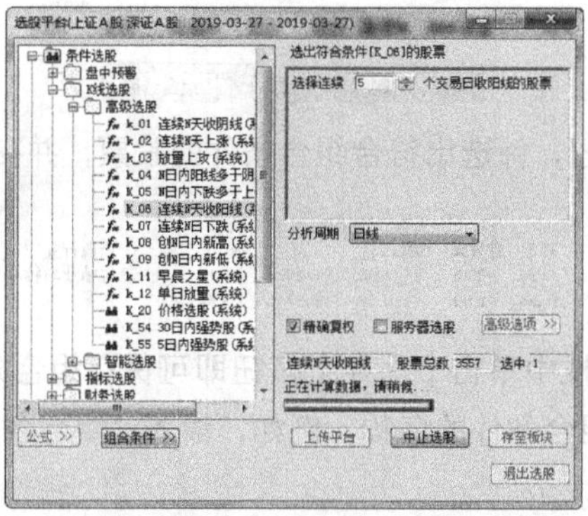

❹ 稍等片刻，就会筛选出符合条件的股票，并在主界面中显示出来。

选股结果返回表

	代码	名称	涨幅%	现价	涨跌	涨速%	DDE净量	总手	换手%	量比	所属行业	现手	开盘	昨收	最高
1	600108	亚盛集团	+9.95	4.31	+0.39	+0.00	1.60	2179022	11.19	1.45	种植业与林...	2071↓	3.87	3.92	4.31
2	600278	东方创业	+9.99	17.06	+1.55	+0.00	0.92	505718	9.68	4.03	贸易	105↓	16.65	15.51	17.06
3	600831	广电网络	+3.80	11.47	+0.42	+0.00	-0.57	904536	14.46	0.83	通信服务	15016↓	11.14	11.05	11.63
4	600936	广西广电	+1.18	5.13	+0.06	+0.39	-0.07	158357	1.32	0.29	通信服务	5472↑	5.08	5.07	5.14

❺ 在【选股平台】对话框中单击【组合条件】按钮，可以进行附加条件的添加，单击【添加】按钮，即可将前面设置的选股条件添加至【组合条件】列表框中。

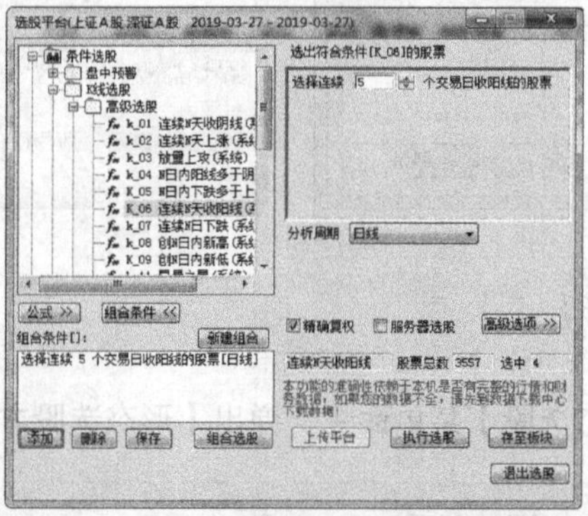

❻ 依次选择【条件选股】>【K 线选股】>【高级选股】>【k_08 创 N 日内新高】选项，然后将右侧的条件设置为“选出创 10 日内新高的股票”，分析周期为“日线”，选中【精确复权】复选项后单击【添加】按钮。

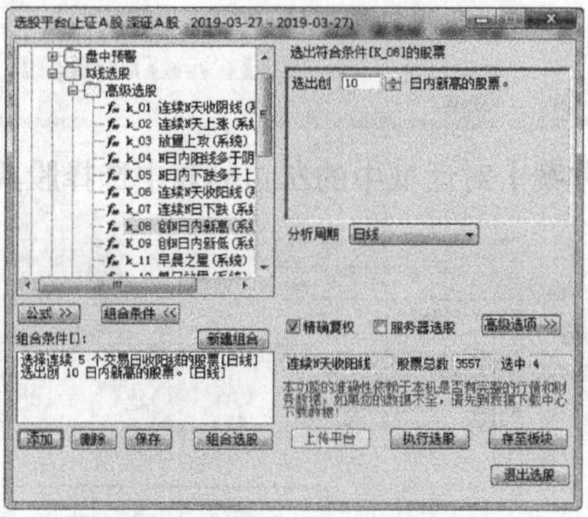

❼ 将所设置的新条件添加至下方的【组合条件】列表框中。

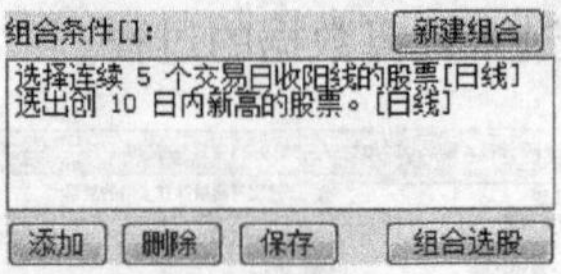

❽ 单击【组合选股】按钮，筛选出符合组合条件的股票，并在主界面中显示出来。

选股结果返回表

	代码	名称	涨幅%	现价	涨跌	涨速%	DDE净量	总手	换手%	量比	所属行业	现手	开盘	昨收	最高
1	600108	亚盛集团	+9.95	4.31	+0.39	+0.00	1.60	2179022	11.19	1.45	种植业与林…	2071↓	3.87	3.92	4.31
2	600278	东方创业	+9.99	17.06	+1.55	+0.00	0.92	505718	9.68	4.03	贸易	105↓	16.65	15.51	17.06

❾ 在【选股平台】对话框中单击【保存】按钮即可保存组合条件。此时弹出【组合条件】对话框，在该对话框中输入组合条件的名称，例如，输入“组合条件 1”，完成后单击【确定】按钮，如下左图所示。

❿ 此时在【选股平台】对话框左上方的条件列表框中即可看到【组合条件】下的【组合条件 1】，以后使用选股平台选股时可以直接使用该组合条件，如下右图所示。

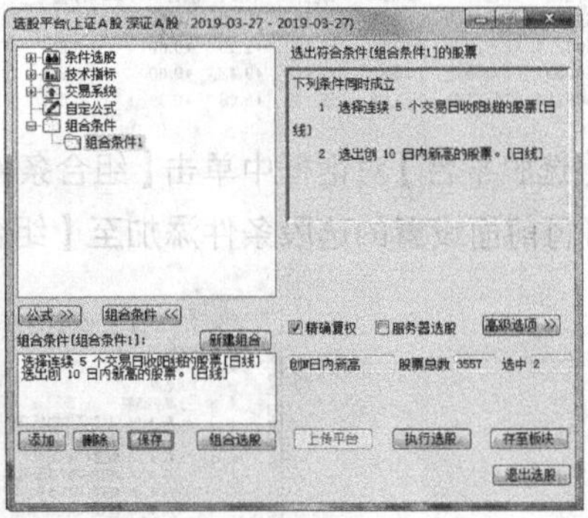

15.6 形态选股

❶ 选择【智能】➢【形态选股】菜单命令，弹出【形态选股方案】对话框。

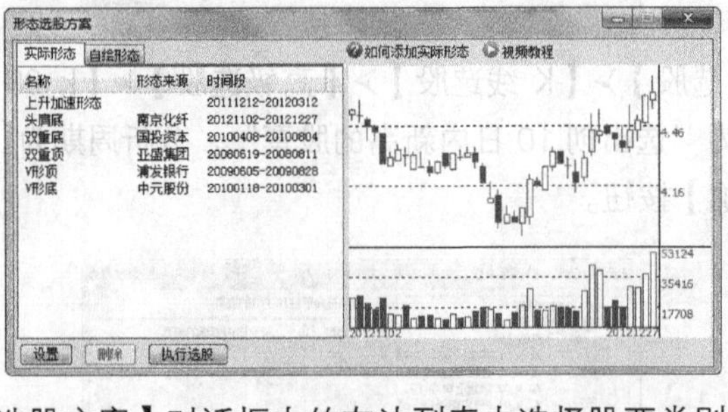

❷ 在弹出的【形态选股方案】对话框中的左边列表中选择股票类别，这里选择【双重底】。

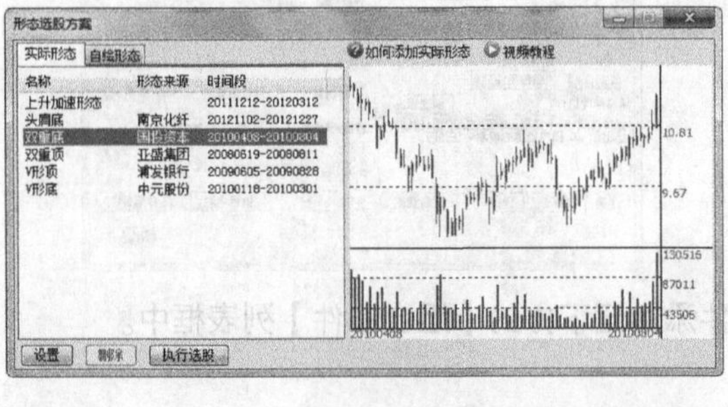

❸ 单击【设置】按钮，重新设置形态，如下左图所示。

❹ 单击【重新选股】按钮，就会进入计算数据的过程，稍等片刻就会筛选出符合条件的股票，并在主界面中显示出来，如下右图所示。

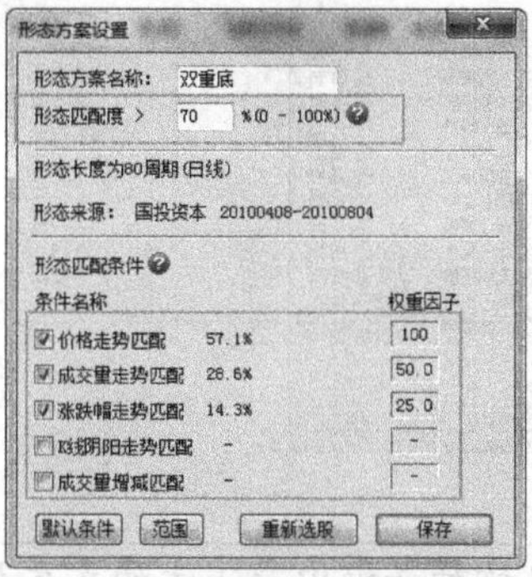

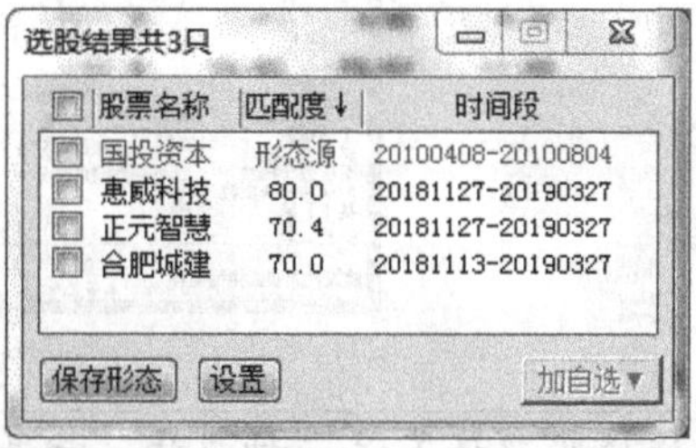

15.7 优选交易系统

同花顺中的交易系统有多个种类，对于不同的个股来说，不同的交易系统使用在相同的个股上时其有效程度也不尽相同。使用优选交易系统，可以帮助投资者了解不同的交易系统对同一只股票的有效程度，从而寻找出最适合该股票的交易系统。使用【优选交易系统】的具体操作步骤如下。

❶ 选择【智能】➢【优选交易系统】菜单命令，系统弹出数据下载提示，如下左图所示。

❷ 单击【下载数据】，在弹出的【数据下载中心】界面中单击【下载】按钮，如下右图所示。

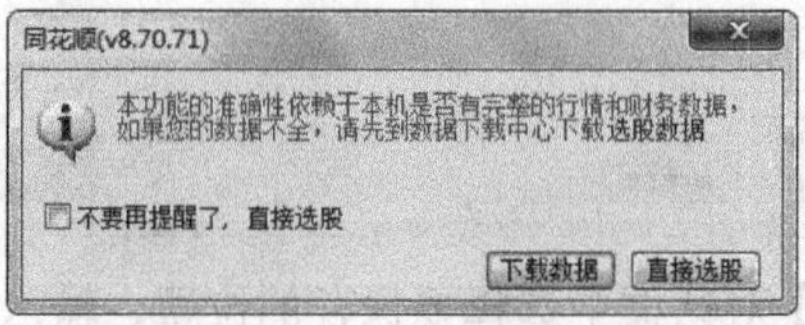

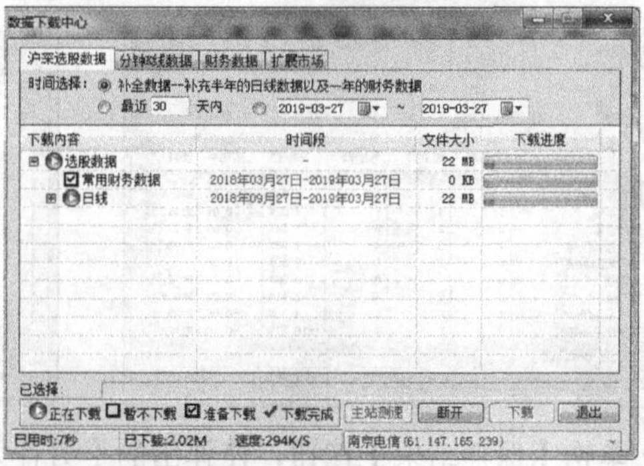

❸ 数据下载完成后，重新选择【智能】➢【优选交易系统】菜单命令，弹出【优选交易系统】对话框，在该对话框中设置测试的时间段，然后单击【选择股票】按钮。

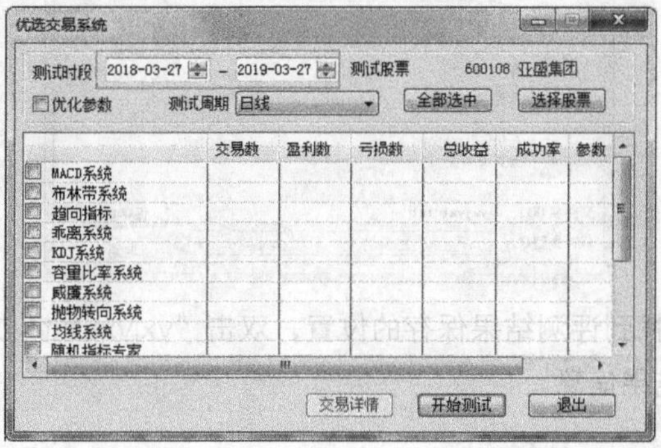

❹ 在弹出的【选择股票】对话框中的左边列表中选择股票类别，然后在【选择股票】列表框中单击选择股票，这里选择【上证 A 股】中的【同仁堂】股票。

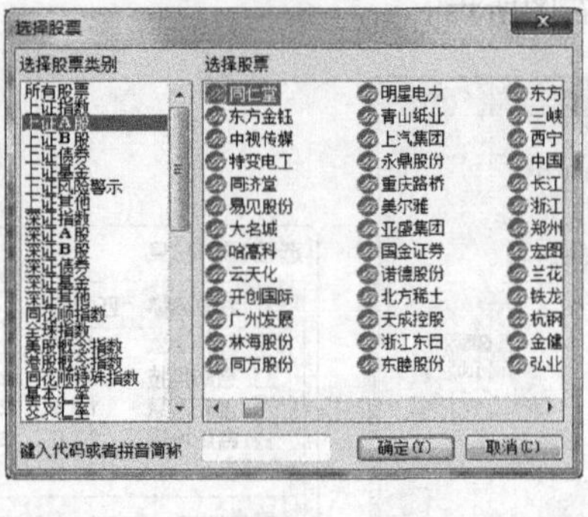

提示

选择股票还有另一种办法，就是在该对话框中最下方的文本框中输入股票代码或者拼音简称。

❺ 完成后单击【确定】按钮，即可返回【优选交易系统】对话框，在该对话框中的列表框中选择要测试的交易系统，这里单击【全部选中】按钮，即选择所有的交易系统，然后单击【开始测试】按钮，如下左图所示。

❻ 测试完成即可显示出不同交易系统在同一只股票上的不同表现，默认情况下按照总收益降序排列，选择一个交易系统，比如选择【乖离系统】选项，单击【交易详情】按钮。在弹出的【评测结果】对话框中显示出该交易系统对个股的有效程度，包括交易数、盈利数、亏损数、总收益和成功率等，如下右图所示。

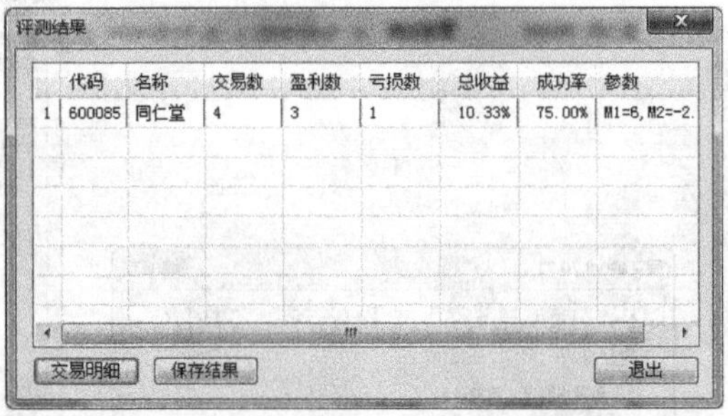

评测结果
代码 名称 交易数 盈利数 亏损数 总收益 成功率 参数
1 600085 同仁堂 4 3 1 10.33% 75.00% M1=6, M2=-2.
交易明细
保存结果
退出

❼ 单击【保存结果】按钮，在弹出的【另存为】对话框中选择要保存的位置，输入保存的评测结果的文件名称，这里输入“yxjyxt.txt”，完成后单击【保存】按钮。

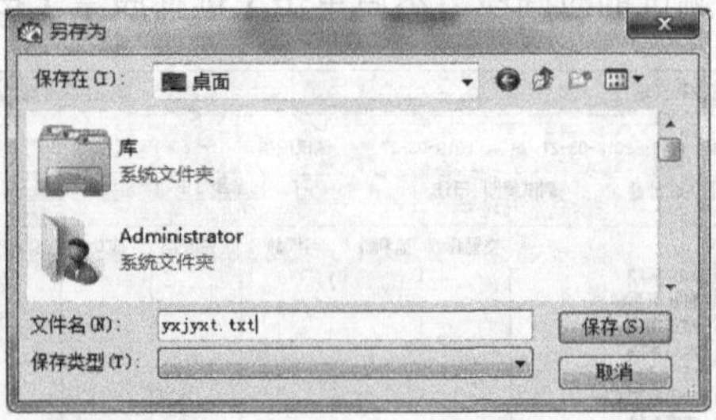

❽ 在本地计算机中找到评测结果保存的位置，双击“yxjyxt.txt”文件。此时在打开的文件中即可看到保存的评测结果信息。

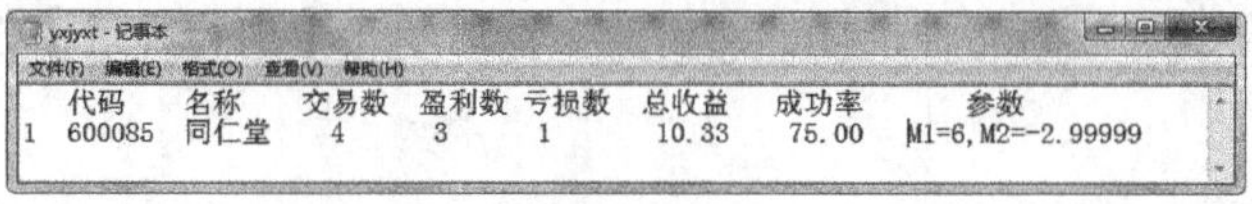

15.8 期权定价计算

期权定价计算是以正态分布理论为基础，以市场运动中时间、价格的随机关系为线索，研制市场参与及市场事态变化实质的一种即时看盘分析方法。投资者可通过分析同花顺提供的期权定价计算页面，掌握市场本身发出的资讯，并总结出股票价值所在，现价在价值以上抛出，现价在价值以下买进，从而真正做到高抛低吸以创造更大的盈利。

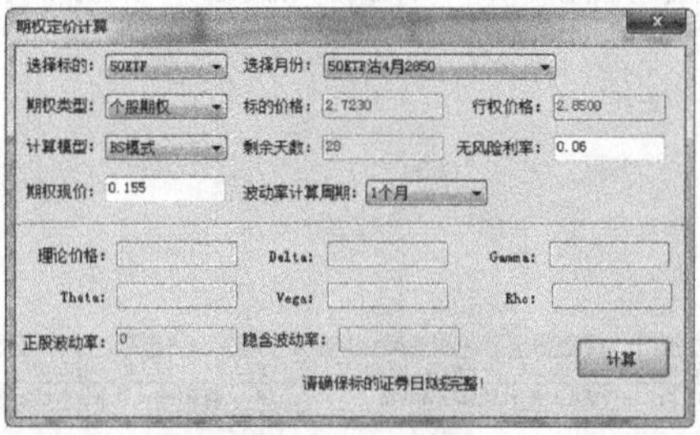

选择标的为【50ETF】，选择月份为【50ETF 沽 4 月 2850】，期权类型为【个股期权】，计算模式为【BS 模式】，期权现价为【0.155】，无风险利率为【0.06】，波动率计算周期为【1 个月】，单击【计算】图标，如下图所示。

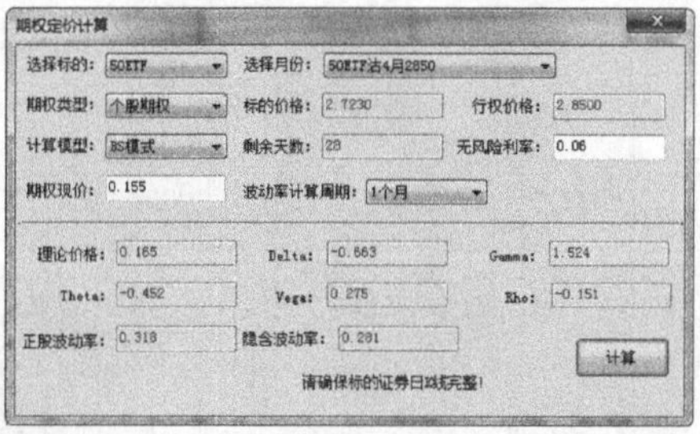

15.9 期权筛选

选择【智能】➢【期权筛选】菜单命令，弹出【期权筛选器】对话框。

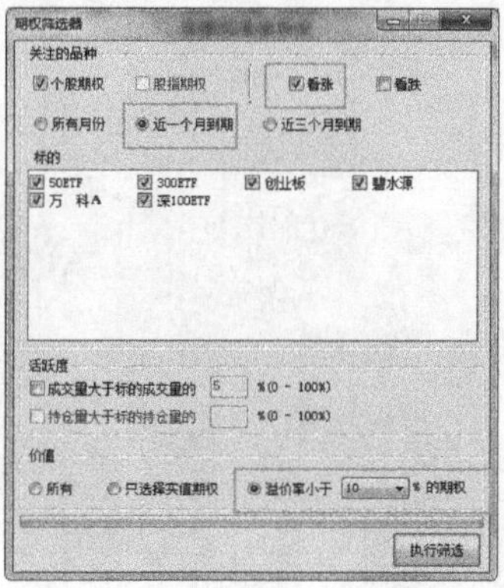

在该对话框中设置关注的品种、标的、价值，然后单击【执行筛选】按钮，则选出所有符合条件的期权。

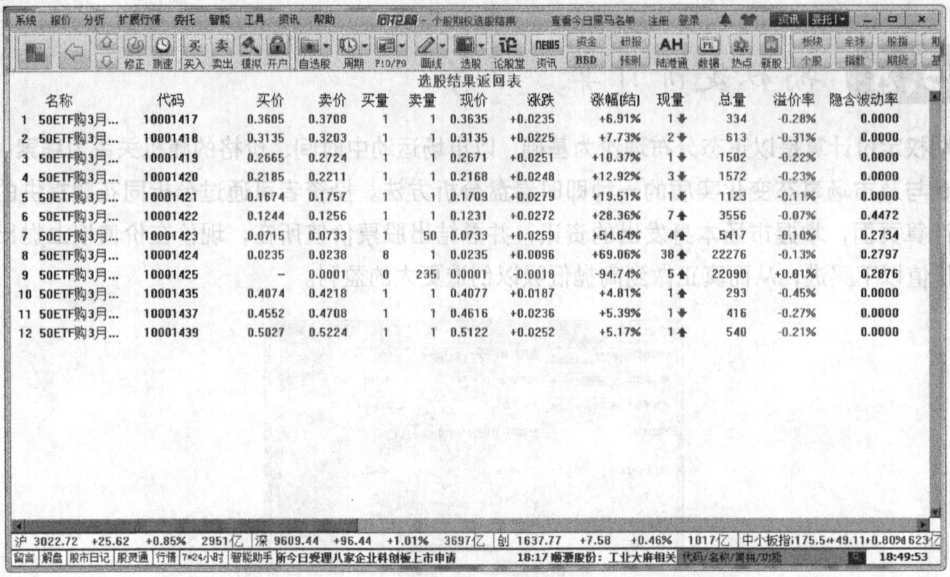

选股结果返回表

	名称	代码	买价	卖价	买量	卖量	现价	涨跌	涨幅(结)	现量	总量	溢价率	隐含波动率
1	50ETF购3月...	10001417	0.3605	0.3708	1	1	0.3635	+0.0235	+6.91%	1↓	334	-0.28%	0.0000
2	50ETF购3月...	10001418	0.3135	0.3203	1	1	0.3135	+0.0225	+7.73%	2↓	613	-0.31%	0.0000
3	50ETF购3月...	10001419	0.2665	0.2724	1	1	0.2671	+0.0251	+10.37%	1↓	1502	-0.22%	0.0000
4	50ETF购3月...	10001420	0.2185	0.2211	1	1	0.2168	+0.0248	+12.92%	3↓	1572	-0.23%	0.0000
5	50ETF购3月...	10001421	0.1674	0.1757	1	1	0.1709	+0.0279	+19.51%	1↓	1123	-0.11%	0.0000
6	50ETF购3月...	10001422	0.1244	0.1256	1	1	0.1231	+0.0272	+28.36%	7↑	3556	-0.07%	0.4472
7	50ETF购3月...	10001423	0.0715	0.0733	1	50	0.0733	+0.0259	+54.64%	4↑	5417	-0.10%	0.2734
8	50ETF购3月...	10001424	0.0235	0.0238	8	1	0.0235	+0.0096	+69.06%	38↑	22276	-0.13%	0.2797
9	50ETF购3月...	10001425	–	0.0001	0	235	0.0001	-0.0018	-94.74%	5↑	22090	+0.81%	0.2876
10	50ETF购3月...	10001435	0.4074	0.4218	1	1	0.4077	+0.0187	+4.81%	1↑	293	-0.45%	0.0000
11	50ETF购3月...	10001437	0.4552	0.4708	1	1	0.4616	+0.0236	+5.39%	1↓	416	-0.27%	0.0000
12	50ETF购3月...	10001439	0.5027	0.5224	1	1	0.5122	+0.0252	+5.17%	1↑	540	-0.21%	0.0000

第 16 章 软件的控制中心——工具

使用同花顺【工具】菜单下的命令可以对同花顺软件的界面、工具栏、公式、数据下载等进行设置。

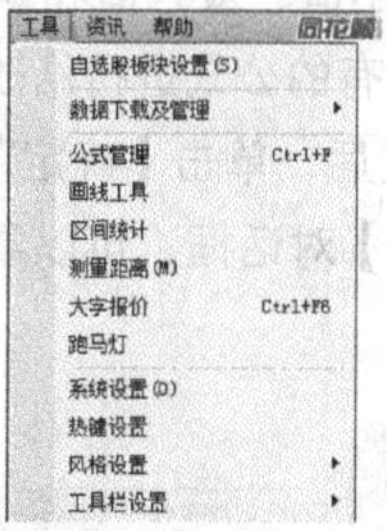

16.1 公式管理

在同花顺软件系统中有将近 200 个经典指标供投资者使用，投资者可以新建、修改、删除、查找、导入及导出各类公式，从而满足投资者随意新建或修改各种公式、指标、选股条件及预警条件等需求。使用公式管理来管理股票的具体操作方法如下。

❶ 选择【工具】➢【公式管理】菜单命令（或者按【Ctrl+F】组合键），在弹出的【公式管理】对话框中可以看到有技术指标、五彩 K 线、自定公式、条件选股和交易系统等 5 种分析方法。

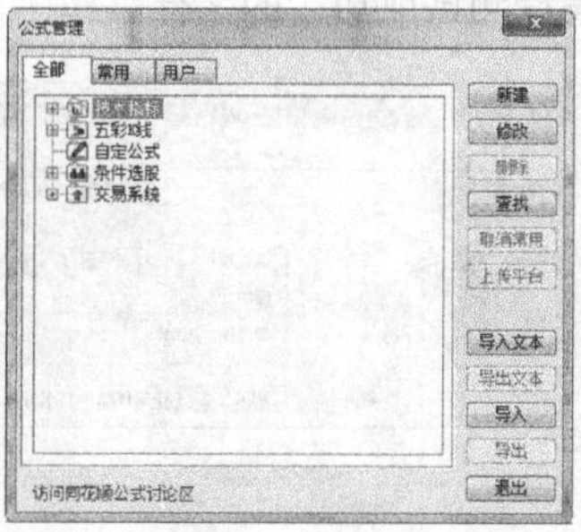

❷ 在【公式管理】对话框中单击【新建】按钮，在弹出的【新建】对话框中选择新建的类型，这里选中【技术指标】单选项，完成后单击【确定】按钮。

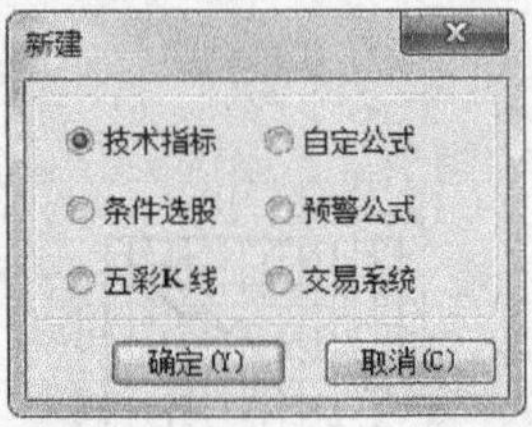

❸ 在弹出的【公式编辑器 – 技术指标】对话框中的【名称】文本框中输入新建公式的名称，选中【密码】复选项后，在其后方的文本框中输入公式密码，在【描述】文本框中输入公式的描述文字。

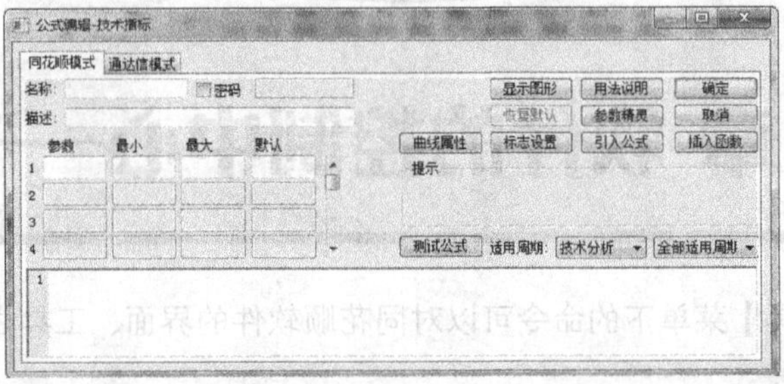

❹ 在参数列表中设置参数名、最小值、最大值和默认值等，然后即可在下方的公式编辑框中输入新建公式的代码。如果需要对已有的公式进行修改，可以单击【引入公式】按钮，弹出【请选择指标】对话框，选择要修改的公式后，单击【确定】按钮，如下左图所示。

❺ 返回到【公式编辑 – 技术指标】对话框，可以看到引入的公式代码和参数设置，如下右图所示。

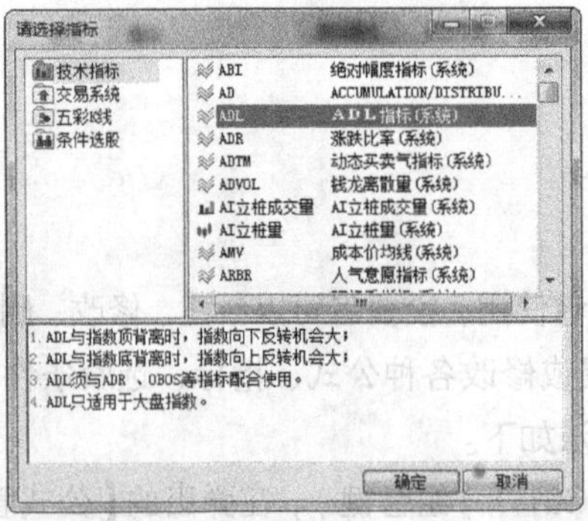

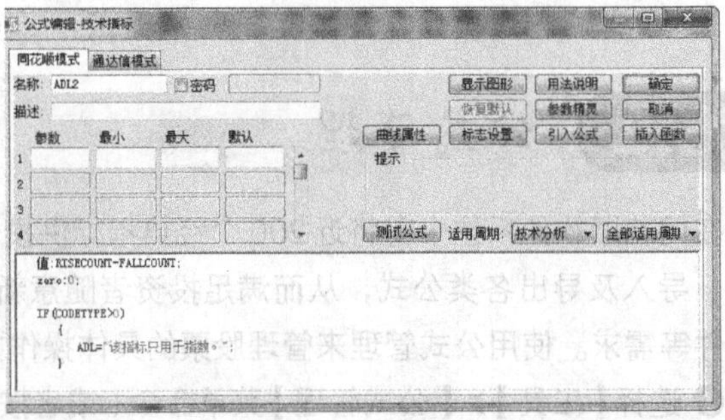

❻ 根据需要修改参数设置或公式代码，单击【测试公式】按钮，如果公式编辑没有错误，则在【提示】区域中可以看到“编译测试成功”的字样。

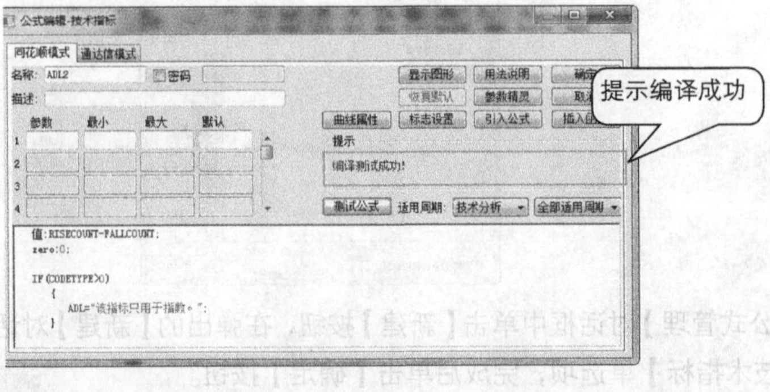

提示

在【公式编辑】对话框中还有很多其他的按钮和下拉列表框，这里一一进行说明。

（1）【显示图形】按钮：单击该按钮，弹出提示框，提示公式已经保存到某个位置。

（2）【用法说明】按钮：单击该按钮，弹出【指标使用说明】对话框，详细显示新建指标的说明信息。

（3）【参数精灵】按钮：单击该按钮，弹出【参数精灵】对话框，在该对话框中可以对新建公式的参数进行设置。

（4）【曲线属性】按钮：单击该按钮可以对普通曲线进行高级设置。

（5）【标志设置】按钮：在图形或表格上加特殊标志的情况下，单击该按钮可以设置这些特殊标志的属性，如方向、高度和颜色等。

（6）【插入函数】按钮：单击该按钮可以选择插入系统中已有的函数，为投资者节省时间。

（7）【适用周期】下拉列表框：选择当前公式的适用周期。

❼ 完成公式的编辑之后单击【确定】按钮，返回【公式管理】对话框，在【用户】选项卡下找到公式保存的位置，即可看到新建的公式。

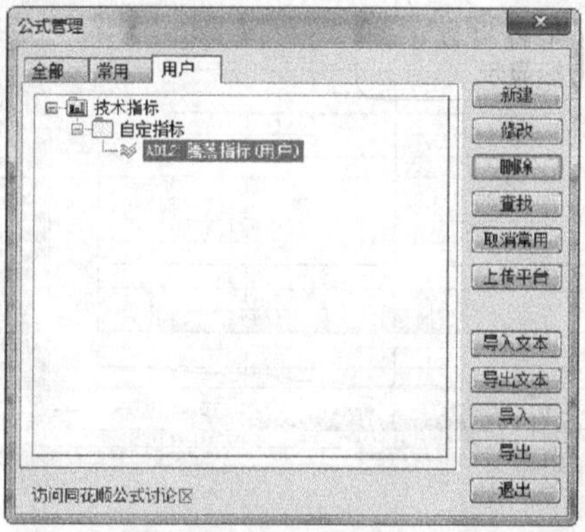

提示

使用【公式管理】对话框中的其他按钮可以对公式进行其他各种管理操作。

（1）【修改】按钮：对选中的公式进行修改。

（2）【删除】按钮：删除选中的公式。

（3）【查找】按钮：可以通过输入查找内容查询系统中的公式，当查询不到想要的结果时，可以按 F3 键继续查询。

（4）【设为 / 取消常用】按钮：将公式设为常用的之后，在【常用】选项卡中即可看到该公式，方便投资者查找调用。

（5）【导入】【导出】按钮：可以导入、导出各类公式。

16.2 工具栏设置

使用【工具栏设置】菜单命令可以对主界面上方的工具栏进行调整。该菜单命令中有【显示小图标】【自动隐藏】【隐藏工具栏】和【定制工具栏】子菜单命令。

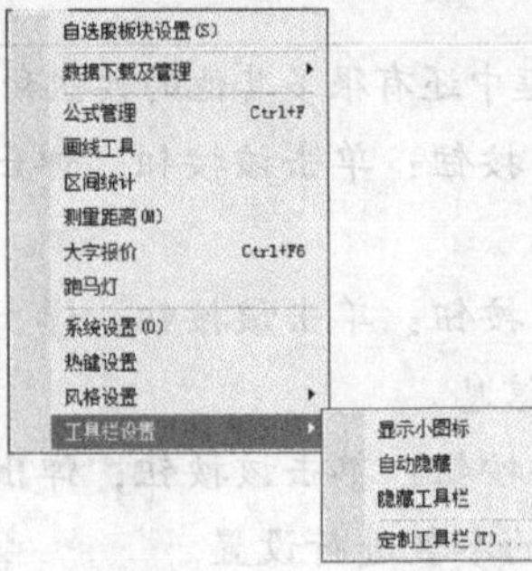

提示 如果菜单命令处于选中状态，则在该命令前有一个【√】图标，否则就没有。

1. 显示小图标

选择【显示小图标】则工具栏中的工具都以小图标的形式显示。

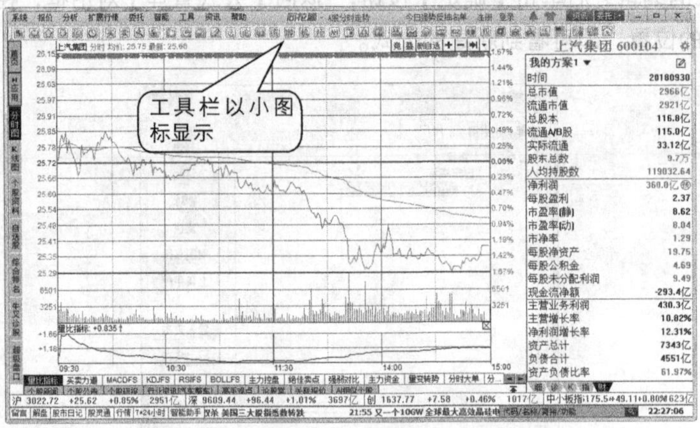

2. 自动隐藏

选择【自动隐藏】则工具栏就处于自动隐藏状态，即只有在光标移动到工具栏显示的位置上时才能看到工具栏，否则工具栏就一直处于隐藏状态。

如果取消选中【自动隐藏】命令，则工具栏就可以一直显示在主界面中。

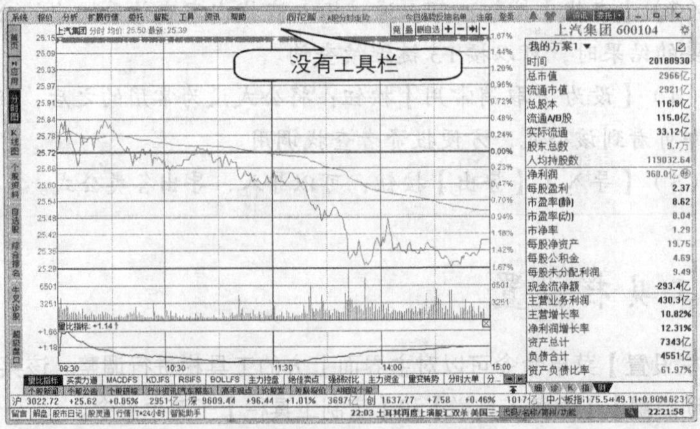

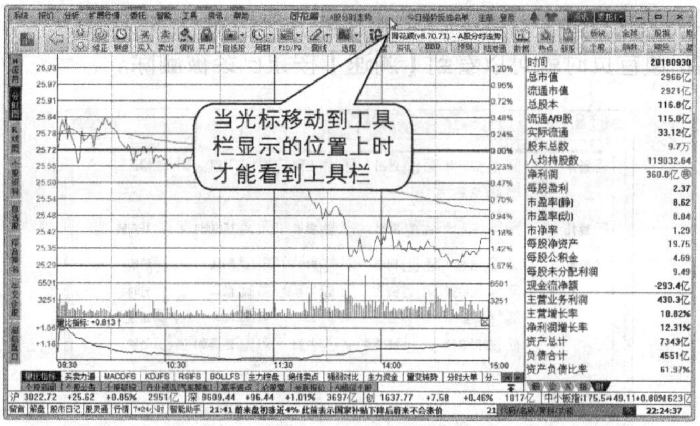

3．隐藏工具栏

选择【隐藏工具栏】则工具栏就处于隐藏状态。这时【工具栏设置】菜单命令下的其他子命令都处于灰色不可用状态，下图所示就是工具栏处于隐藏状态的主界面。

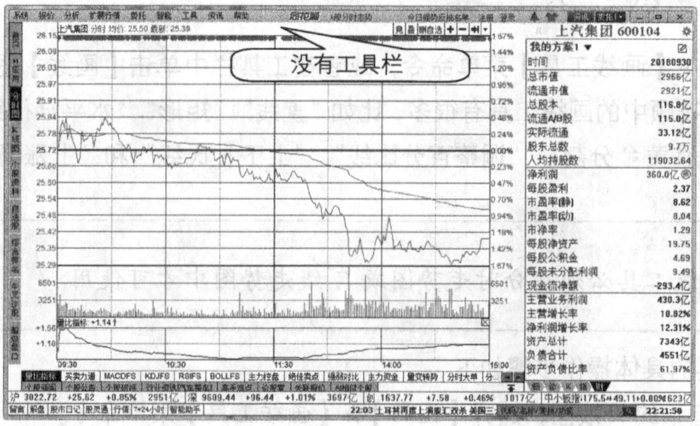

4．定制工具栏

选择【定制工具栏】，在打开的【定制工具栏】对话框中可以在工具栏中添加或删除按钮，改变各个按钮工具的排列顺序。

使用定制工具栏的具体操作步骤如下。

❶ 打开【定制工具栏】对话框，在对话框中选中要添加的按钮，比如添加【盘口】选项，单击【确定】按钮后则工具栏中会出现【盘口】按钮。

❷ 在【定制工具栏】对话框中取消勾选不想要显示的工具按钮，比如我们取消勾选【测速】按钮，再次返回同花顺首页时就可以看到【测速】按钮已经被删除。

16.3 画线工具

选择【工具】➤【画线工具】菜单命令，或者在工具栏中单击【画线】图标，则会出现各种画线工具。同花顺中的画线工具有很多，比如“直线”“矩形”“水平平行线”“周期线”“水平黄金分割”“垂直黄金分割”“调整百分比线”“上下甘氏线”和“上涨箭头”等。

> **提示**
>
> 画线工具必须在分时走势图或 K 线走势图中才可使用。

使用画线工具的具体操作步骤如下。

❶ 进入上证指数的 K 线图，选择【工具】➤【画线工具】菜单命令。

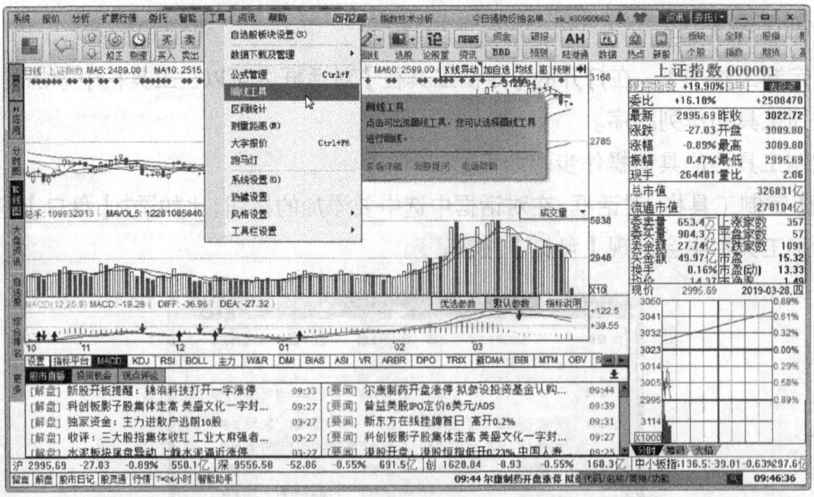

❷ 选择工具栏菜单的【直线】命令，在需要画线的地方单击即可画上直线。

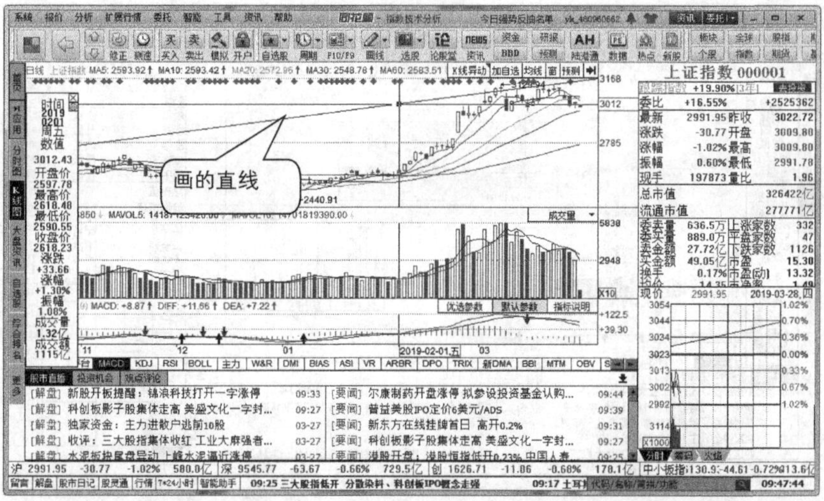

❸ 选择工具栏菜单的【矩形】命令，在需要画线的地方拖动鼠标即可画上矩形。

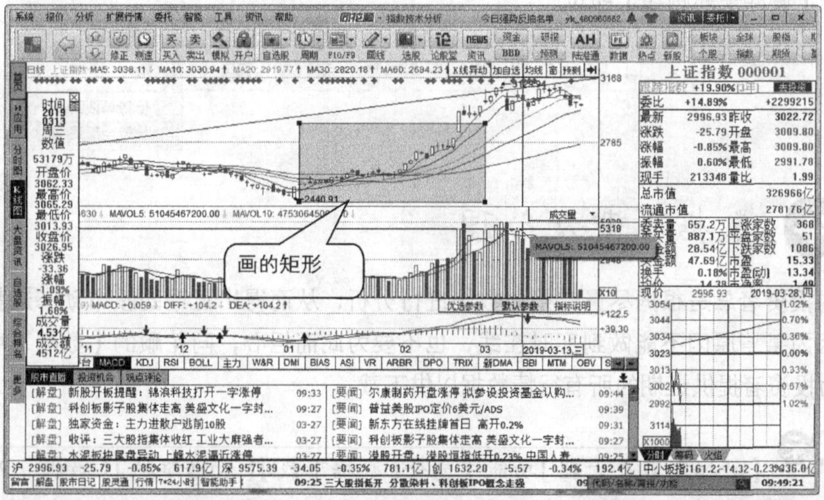

❹ 如果需要取消所画的直线，可以右键单击直线，在弹出的菜单中选择【删除】命令。

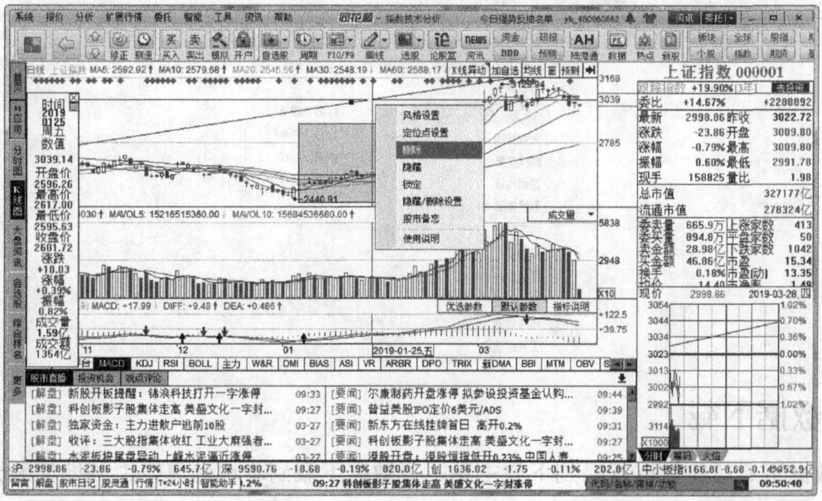

❺ 将所画的直线删除。

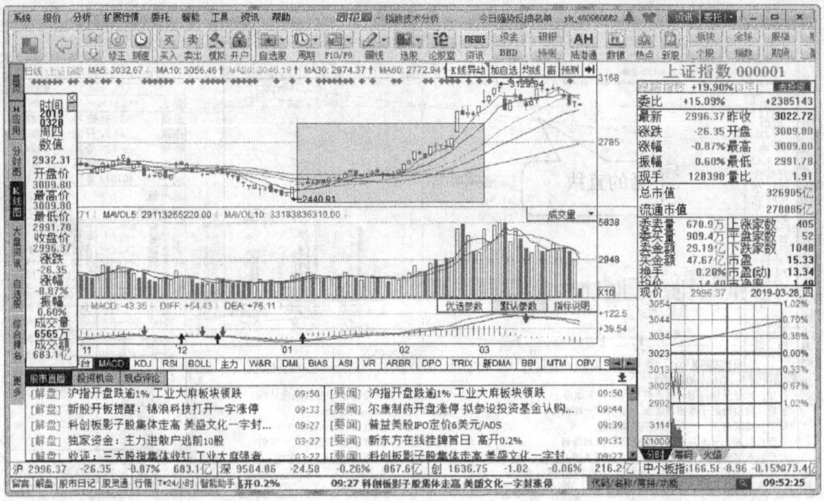

❻ 如果要删除所有画的线，可以单击【画线】工具栏删除按钮的下拉箭头，在弹出的下拉选项中选择【删除全部画线】即可。

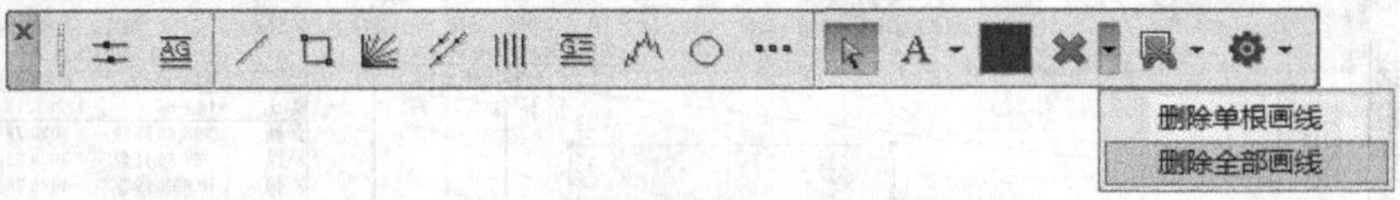

16.4 数据下载及管理

优秀的投资者总是根据尽量完整的数据进行分析，从而得出近期的股市动态趋势。但是如果投资者因为某些原因不能做到实时在线，也不要为此而担心，同花顺的【数据下载及管理】功能可以为投资者提供近期的所有行情数据以供下载。

> 提示
> 【数据下载及管理】功能中包含【数据下载】【数据维护】【数据导入】和【数据导出】等子菜单命令，使用这些菜单命令可以对下载的数据进行导入、导出和维护等管理操作。

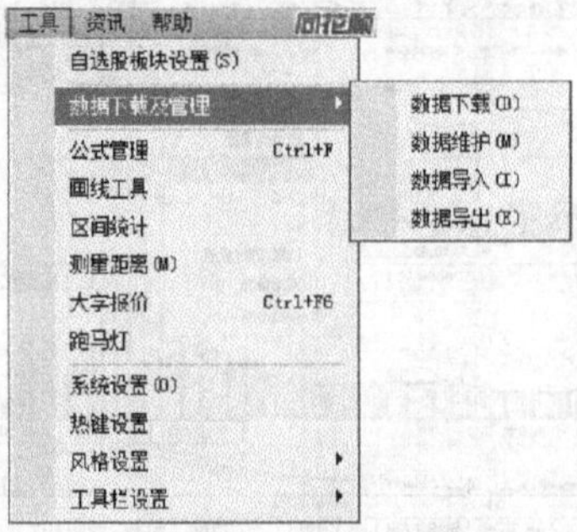

16.4.1 数据下载

使用数据下载功能可以连接到下载主站，将数据下载到本地计算机上后即使断开连接，也可以对股市行情进行查看和分析。

数据下载的具体操作步骤如下。

❶ 选择【工具】➤【数据下载及管理】➤【数据下载】菜单命令，在弹出的提示框中提示是否对主站的速度进行测试，单击【确定】按钮同意测试速度。

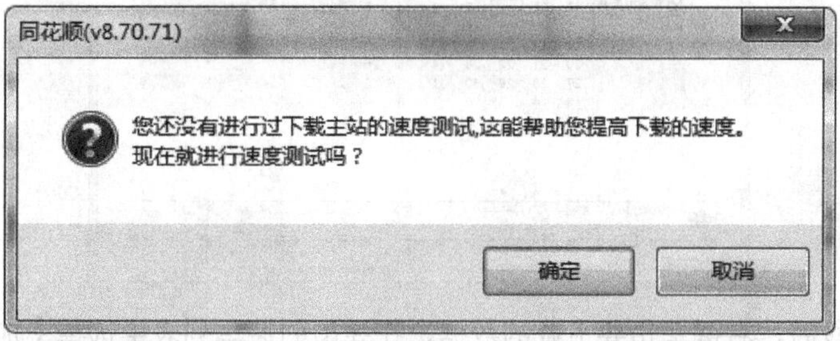

❷ 在弹出的【选择最优下载主站】对话框的下方选择使用的网络，这里选中【中国电信】单选按钮，然后在上方的服务器地址列表中选择性能良好的主站。

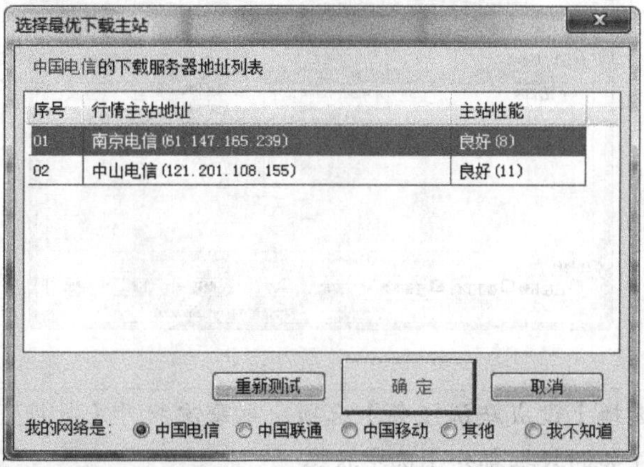

❸ 连接到主站后会弹出【数据下载中心】对话框，在其中的列表框中显示了可供下载的数据、时间段、文件大小和下载进度等信息。

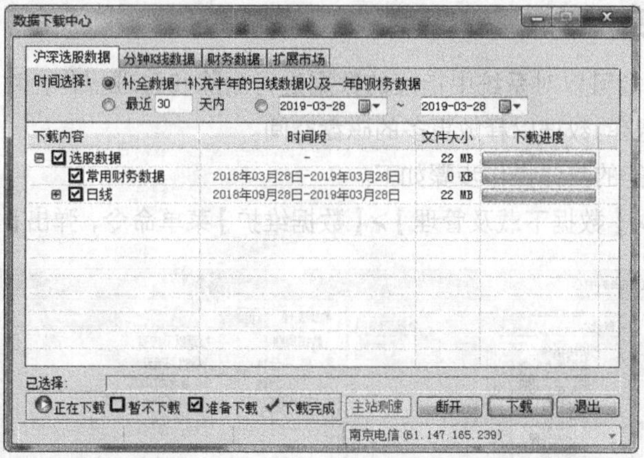

提示 可供下载的数据有“选股数据”“今日下载”“历史数据”“复盘数据”和“财务数据”五大类。

❹ 在列表框中展开数据类型，选中需要下载的数据后，在窗口上方设定对应的时间段。

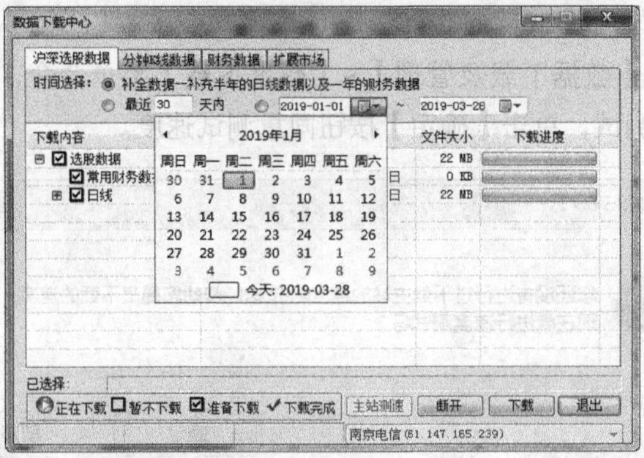

❺ 设置时间段后，右键单击要下载的数据，在弹出的菜单列表中选择【加入下载】选项。

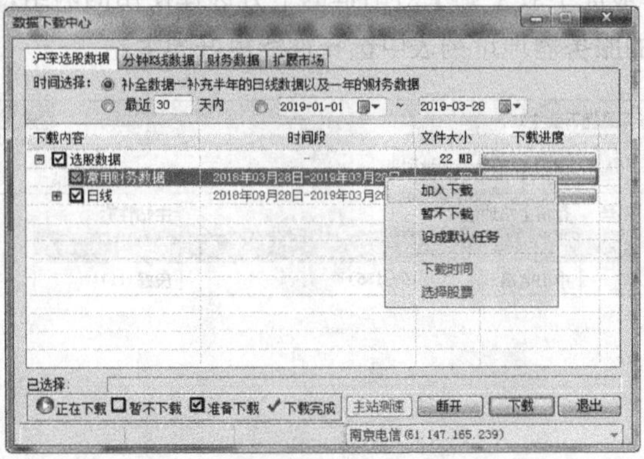

> **提示**
> 如果选择【设成默认任务】选项，则每次打开【数据下载中心】对话框，设为默认任务的数据都处于选中状态。

❻ 在【数据下载中心】对话框中单击【下载】按钮，即可下载设定时间段内的数据。

16.4.2 数据维护

使用数据维护功能可以对系统中指定的数据进行删除和整理操作，对混乱或错误的数据进行整理，删除掉不需要的数据以释放更多的磁盘空间。

使用数据维护功能的具体操作步骤如下。

❶ 选择【工具】➤【数据下载及管理】➤【数据维护】菜单命令，弹出【数据维护中心】界面。

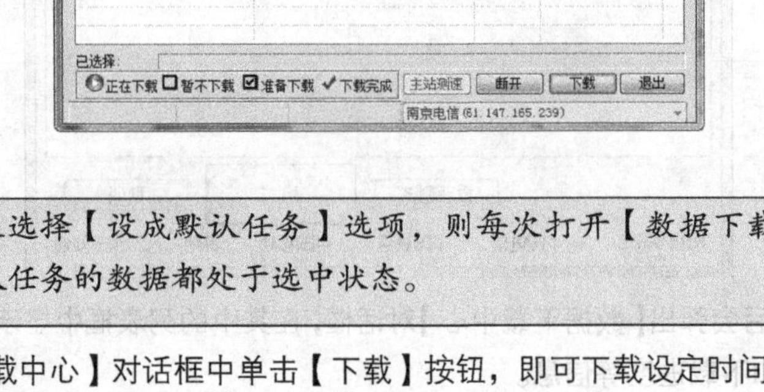

❷ 在打开的【数据维护中心】对话框中双击选择需要进行数据维护的股票类别或个股，即可将股票类别或个股添加至右边的区域中。单击选择【数据整理】选项卡，在该选项卡下设置数据的周期和检查的内容，完成后单击【开始整理】按钮即可整理数据。

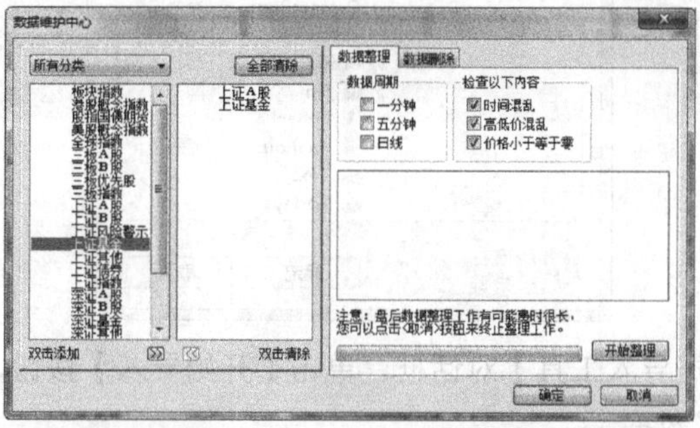

❸ 单击需要删除数据的类别或个股，选择【数据删除】选项卡，在该选项卡下设置数据的周期和时间范围，完成后单击【开始删除】按钮即可删除所选择的数据。

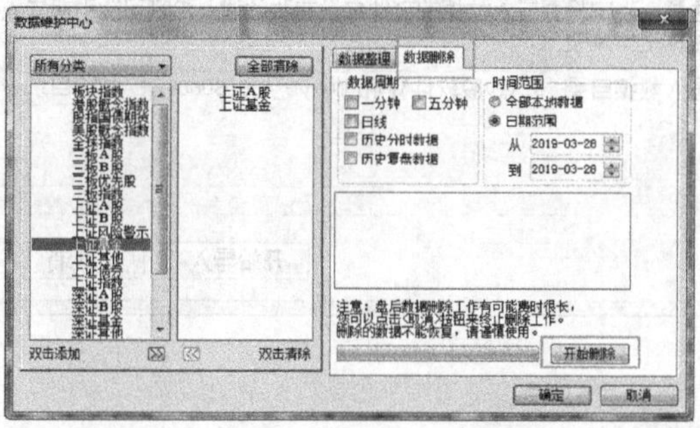

16.4.3 数据导入

数据导入是指将下载或复制得到的各种数据，包括行情数据、财务数据、资讯数据和其他数据等导入到同花顺系统中，并生成数据。

使用数据导入功能的具体操作步骤如下。

❶ 选择【工具】➢【数据下载及管理】➢【数据导入】菜单命令，在打开的【数据导入工具】对话框中单击【浏览目录】按钮。

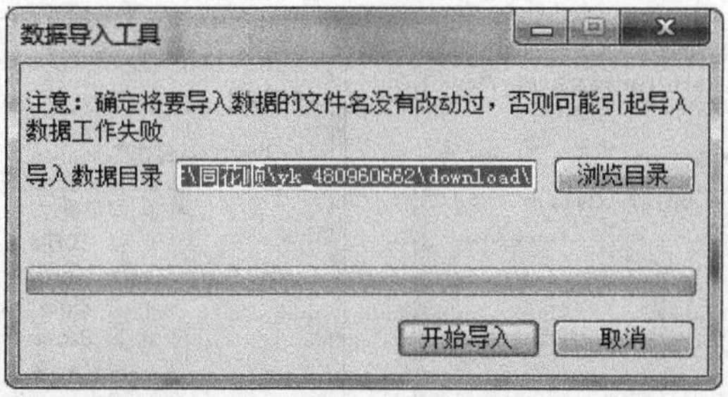

提示

系统会自动寻找目前软件装载的目录，并将其设为默认目录。

❷ 在弹出的【浏览文件夹】对话框中找到数据文件所在的位置，单击【确定】按钮。

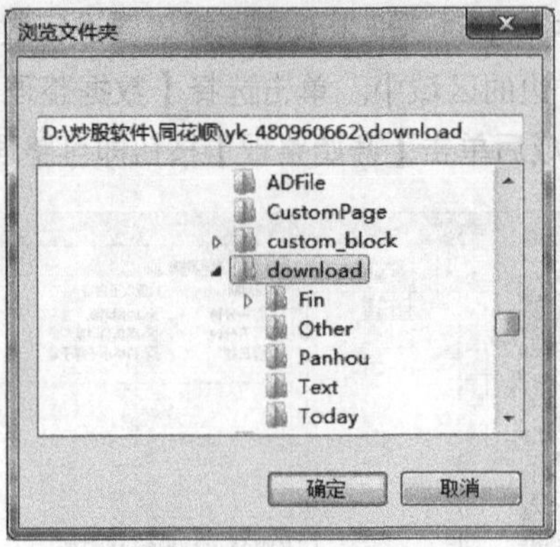

❸ 即可返回到【数据导入工具】对话框，单击【开始导入】按钮，即可将指定位置的数据文件导入到系统中并生成数据。

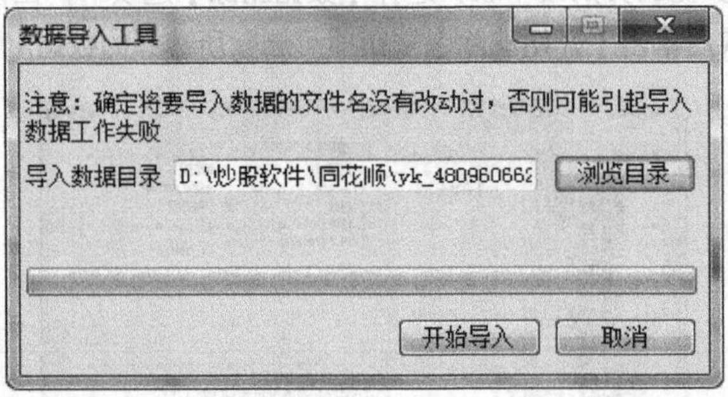

16.4.4 数据导出

数据导出是指将本地已经存在的各种数据（包括行情数据和财务数据等）导出到指定位置，供他人下载、复制并导入。

使用数据导出功能的具体操作步骤如下。

❶ 选择【工具】➤【数据下载及管理】➤【数据导出】菜单命令，在打开的【数据导出】对话框中单击【浏览】按钮，选择导出的目标位置，如下左图所示。

❷ 在弹出的【选择路径】对话框中设置数据文件保存的目标位置，单击【确定】按钮，如下右图所示。

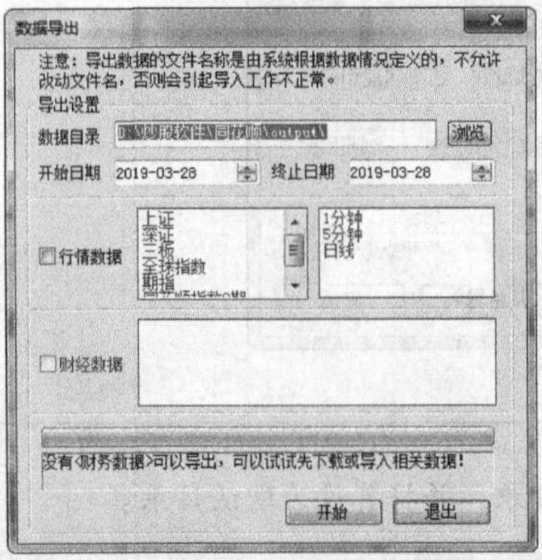

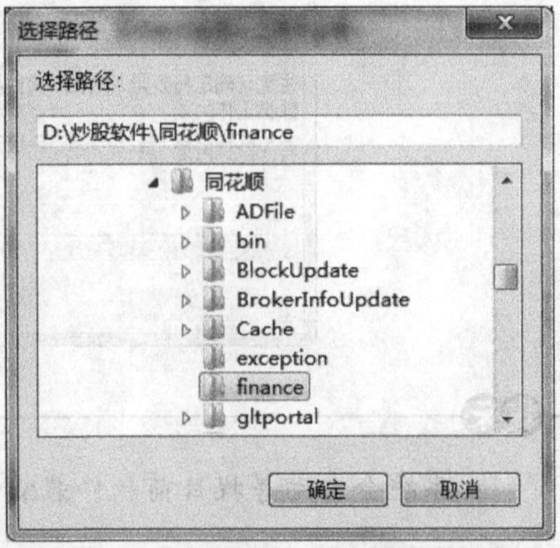

❸ 即可返回到【数据导出】对话框，选择开始日期和终止日期。

❹ 在下方的列表框中选择要导出的数据类型，这里选中【行情数据】复选项，然后依次选择【深证】➢【日线】选项。

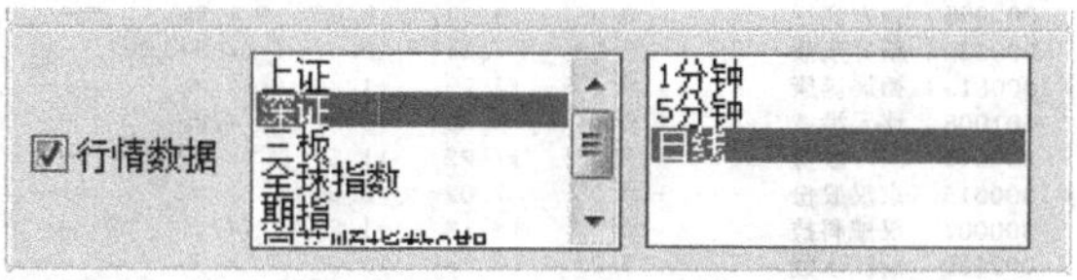

❺ 单击【开始】按钮开始导出数据，导出结束后即可在【数据导出】对话框的下方看到“导出指定数据成功”的字样。

16.5 大字报价

长时间看盘时宜选择比较大的字体显示自选股的实时报价，使用【大字报价】的具体操作步骤如下。

❶ 选择【工具】➢【大字报价】菜单命令。

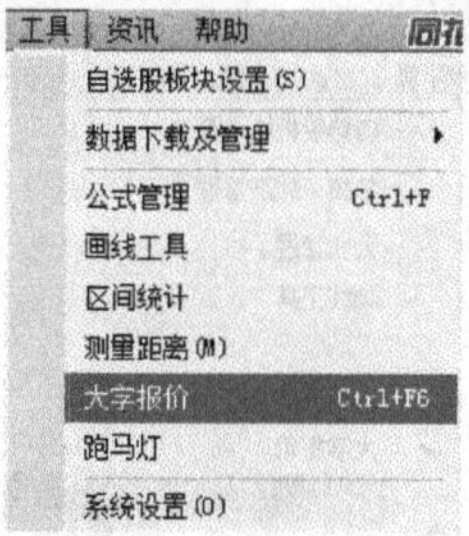

提示

按【Ctrl+F6】组合键也可以打开【大字报价】页面窗口。

❷ 进入【大字报价】的行情报价页面窗口。

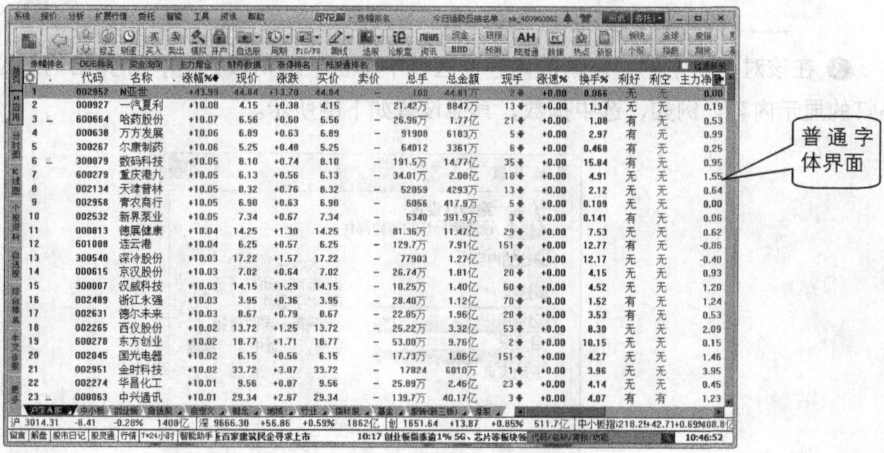

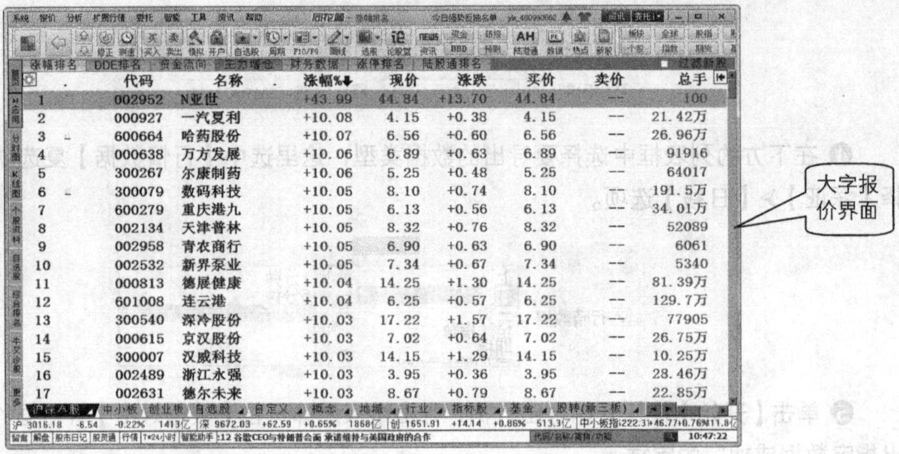

16.6 跑马灯

同花顺中的跑马灯以一个矩形条采用循环滚动的方式显示股市行情报价信息，这种信息串首尾相连，向一个方向循环滚动，类似于跑马灯的效果。

使用跑马灯功能的具体操作步骤如下。

❶ 选择【工具】➤【跑马灯】菜单命令。

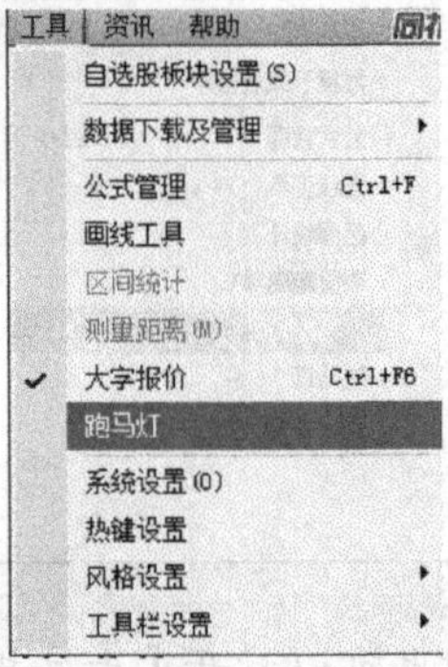

❷ 即可弹出一个滚动矩形条来显示实时自选股的行情。在该矩形条上单击【设置】按钮，会弹出【跑马灯设置】对话框。

❸ 在该对话框中的“滚动的内容”区域中单击下三角按钮，在弹出的下拉列表中选择跑马灯的显示内容，例如，选中指数，其他设置如下图所示。

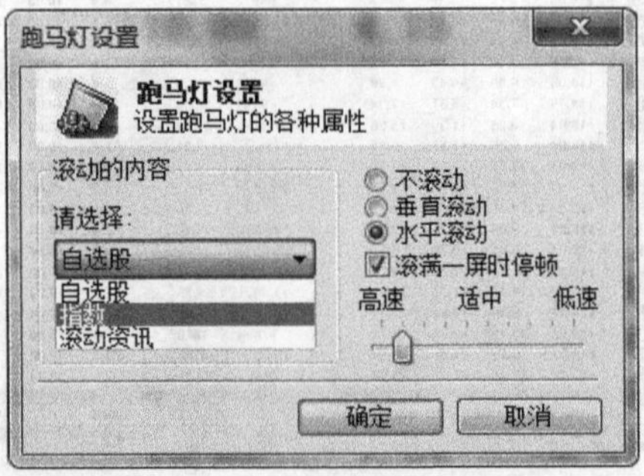

❹ 指数水平滚动效果如下图所示。

4125 ▲ -9.27 -0.34% 2062万 292.9亿 上证380 4962.04

❺ 在跑马灯上单击【改变滚动方式】按钮，即可在竖直滚动和水平滚动两种方式之间切换。

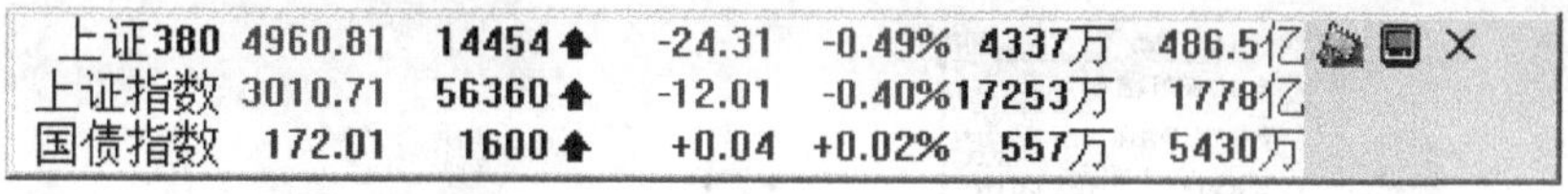
上证380 4960.81 14454▲ -24.31 -0.49% 4337万 486.5亿
上证指数 3010.71 56360▲ -12.01 -0.40% 17253万 1778亿
国债指数 172.01 1600▲ +0.04 +0.02% 557万 5430万

❻ 单击【隐藏】按钮×可隐藏跑马灯。

16.7 测量距离

在K线图和分时走势图下同花顺提供的测量距离功能可以测量起始日期到终止日期的距离、涨跌和幅度等。使用测量距离功能的具体操作步骤如下。

❶ 选择【工具】➢【测量距离】菜单命令。

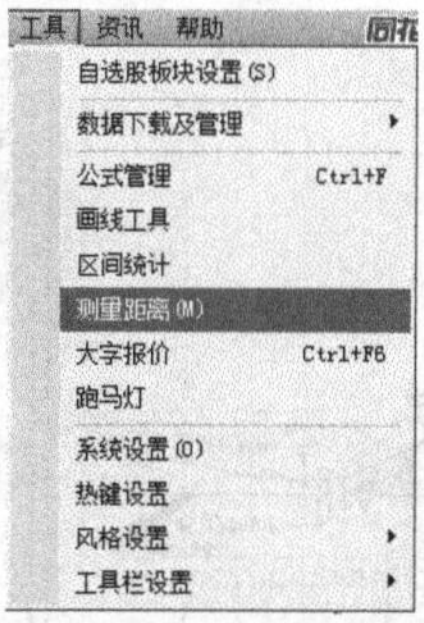

❷ 光标变为尺子的样式，在K线图中起点处按住鼠标左键拖动到终点处，会显示两点之间的距离、涨跌和幅度，放开鼠标左键可以继续测量其他距离。

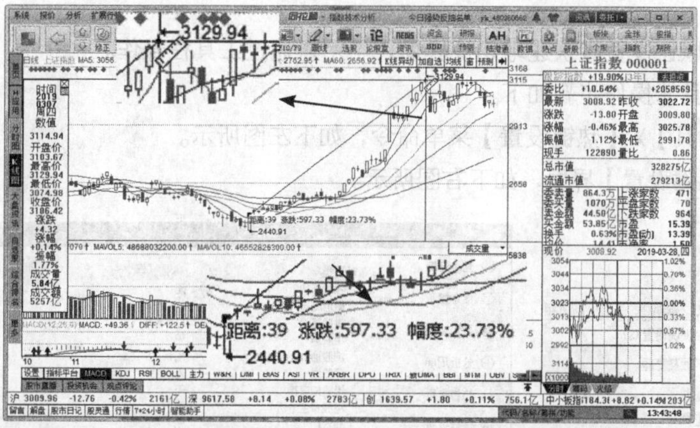

❸ 再次选择【工具】➢【测量距离】菜单命令，即可取消测量距离功能。

16.8 区间统计

在K线图和分时走势图下，使用区间统计功能可以统计区间内的涨跌、振幅和换手等数据，并以阶段统计表格的形式显示出来，方便投资者快速掌握某段时间内股票的各项数据，并对此进行分析。

使用区间统计功能的具体操作步骤如下。

❶ 选择【工具】➢【区间统计】菜单命令，如下左图所示。

❷ 光标的样式更改为【统计】字样，如下右图所示。

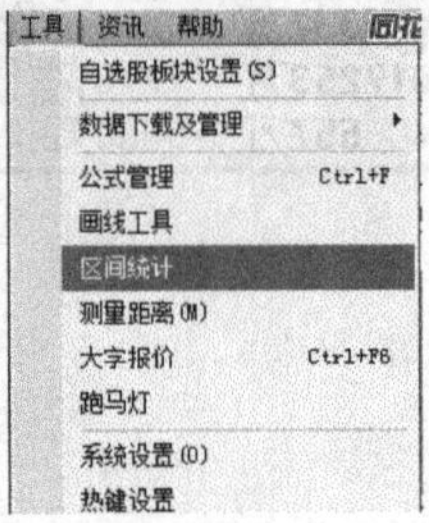

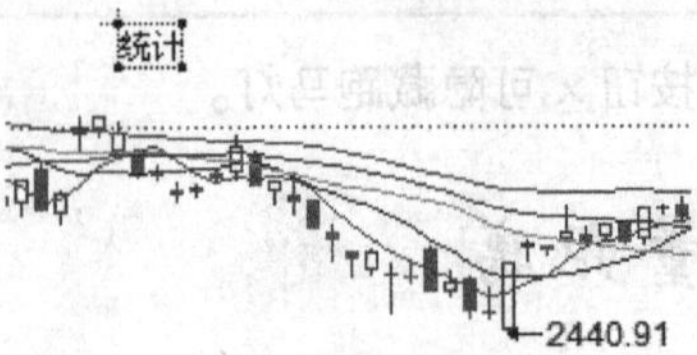

❸ 在起点处按住鼠标左键拖动，可看到【终点】字样提示区间的终点位置，如下左图所示。

❹ 单击区间终点，会弹出一个列表框，在其中列示出区间内股票的涨跌幅、总成交量、换手率等指标，如下右图所示。

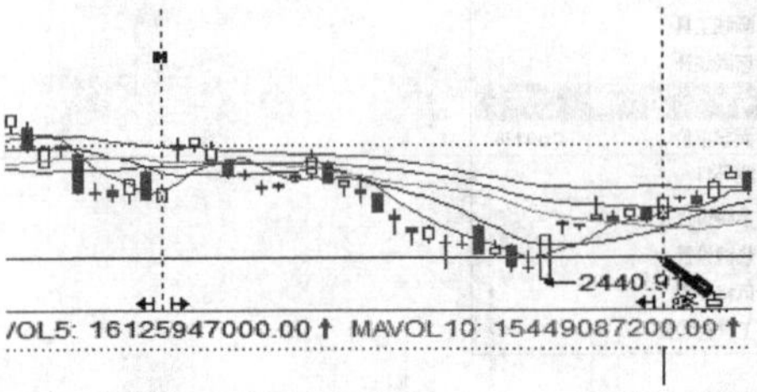

16.9 热键设置

热键设置可以让投资者快速地切换界面，不用再通过工具栏操作。

热键设置的具体操作步骤如下。

❶ 选择【工具】➢【热键设置】菜单命令，如下左图所示。

❷ 弹出【热键设置】界面，如下右图所示。

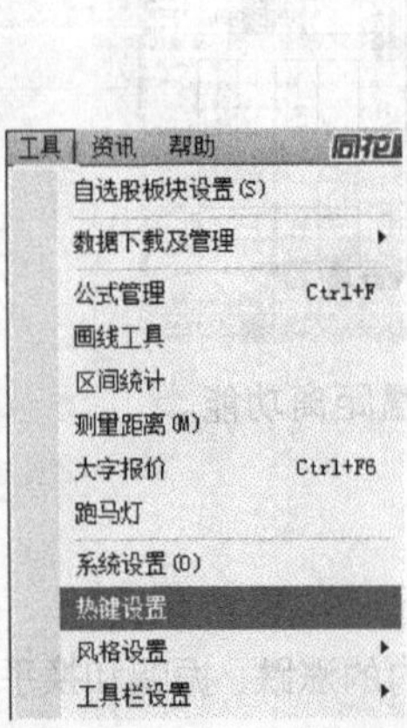

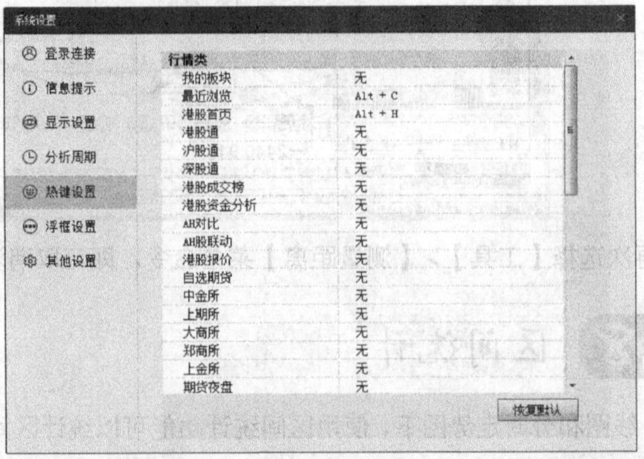

❸ 单击港股通后面的热键输入框，然后按【Alt+G】组合键。

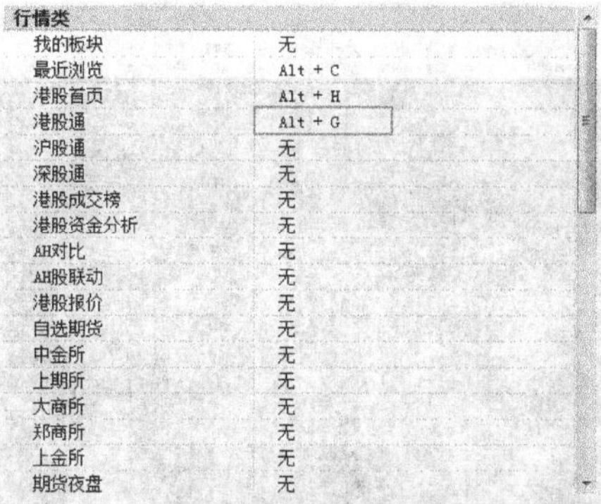

❹ 单击关闭按钮，然后按【Alt+G】组合键即可进入港股通界面。

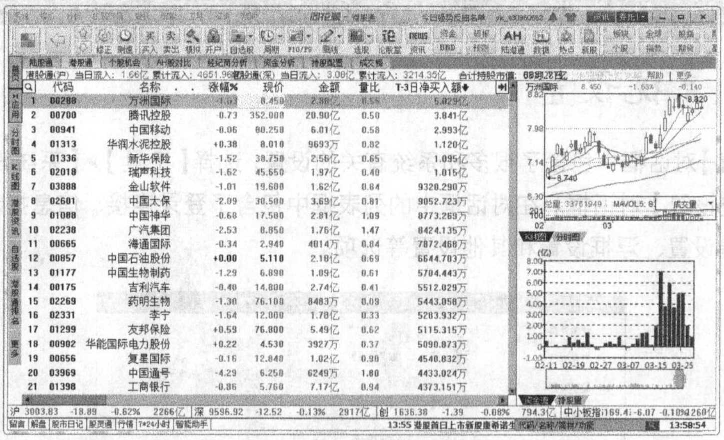

16.10 风格设置

同花顺为投资者提供了黑色和白色两种风格的界面，用户可以根据自己的喜好切换。黑白两种风格设置的具体操作步骤如下。

❶ 选择【工具】>【风格设置】菜单命令。

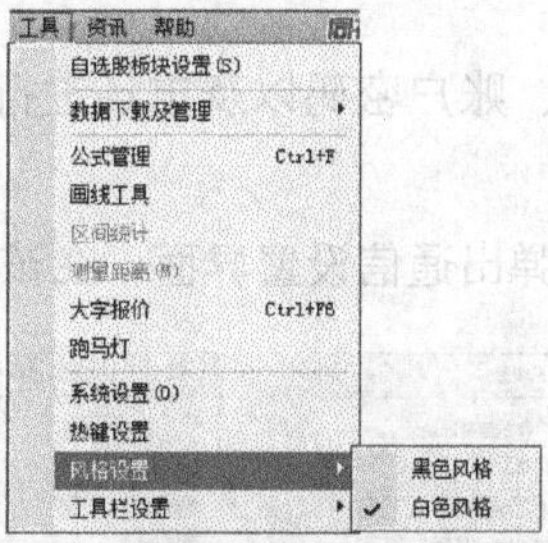

❷ 选择【黑色风格】，系统弹出【更换皮肤】提示框。

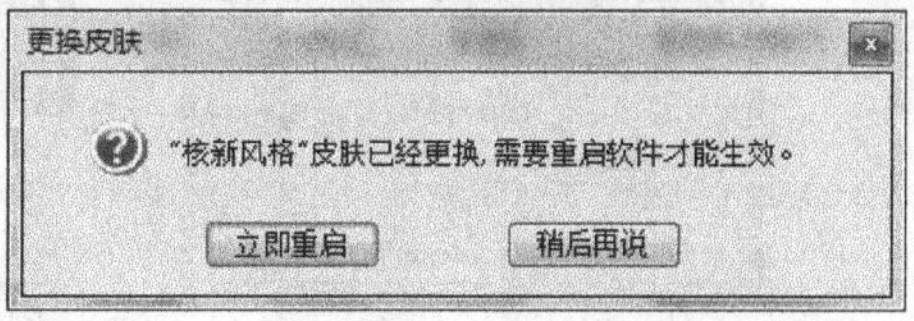

❸ 单击【立即重启】，重启后界面变成黑色，如下图所示。

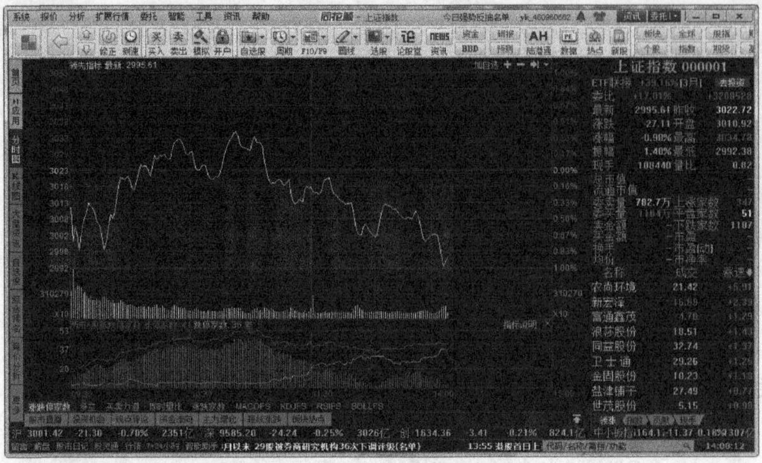

16.11 系统设置

【系统设置】对话框中包含了很多和系统有关的设置，选择【工具】➢【系统设置】菜单命令，即可打开【系统设置】对话框。在对话框中的列表框中包含了登录连接、信息提示、显示设置、分析周期、热键设置、浮框设置和其他设置等选项。

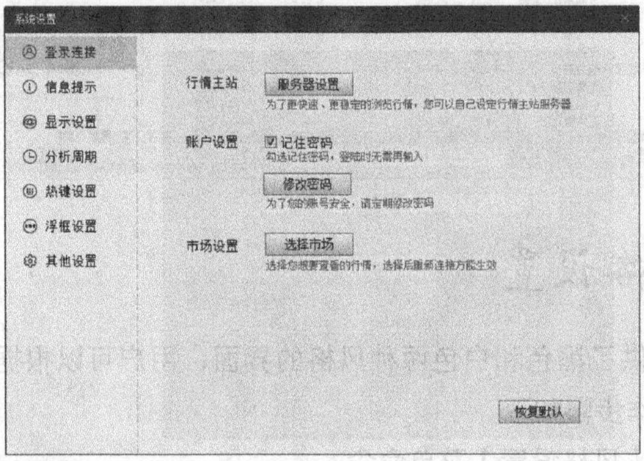

1. 登录连接

【登录连接】可以对行情主站、账户密码以及市场进行设置，设置登录连接的具体操作步骤如下。

❶ 单击【服务器设置】按钮，弹出通信设置界面，在该界面可以更改运营商和行情主站。

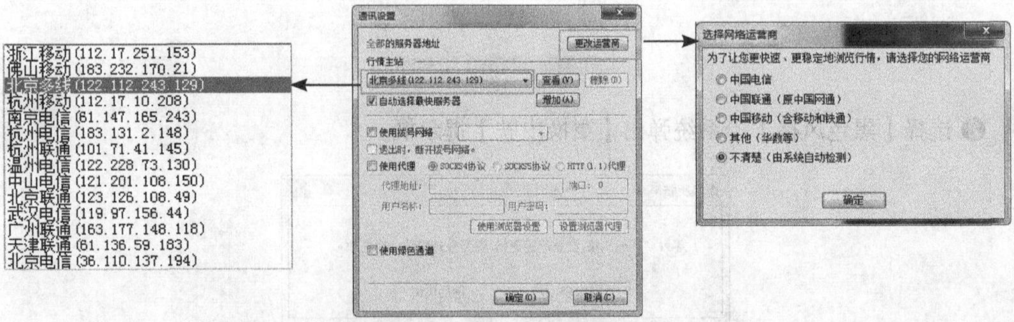

❷ 单击【修改密码】按钮，可以对用户的密码进行修改，如下左图所示。

❸ 单击【选择市场】按钮，选择后重新连接即可查看该市场行情，如下右图所示。

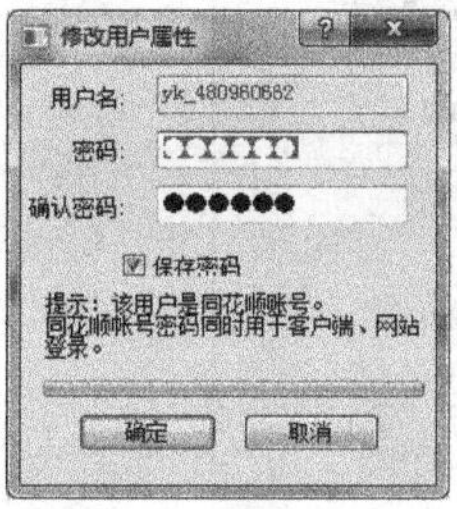

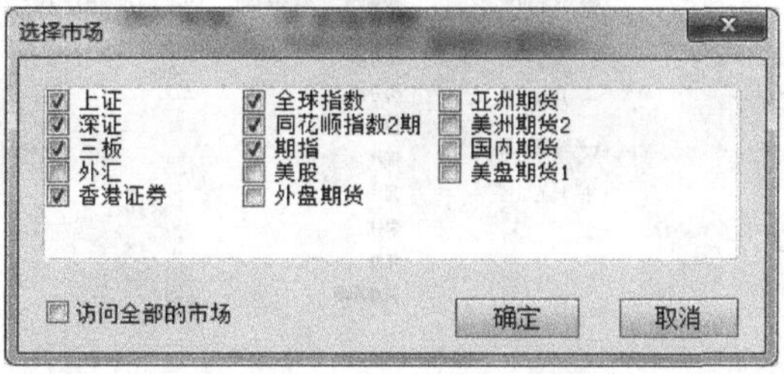

2. 信息提示

在【信息提示】选项卡下可以给分时图、K 线、资讯解盘和问财溯源等界面添加信息提示，这些信息提示包括信息地雷、同花顺分析、涨停分析等。

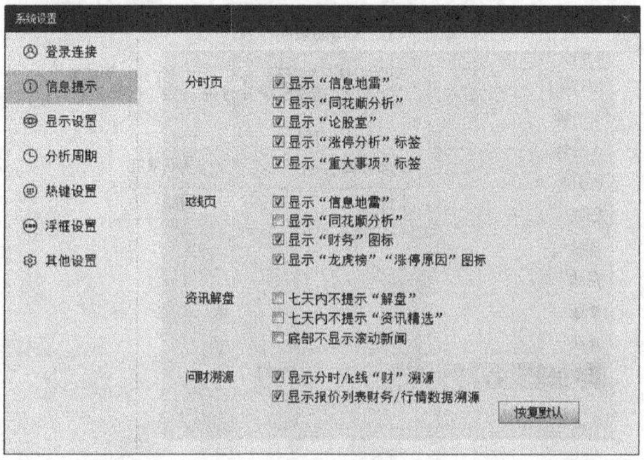

3. 显示设置

在【显示设置】选项卡下可对工具栏的显示或隐藏、界面是黑色还是白色、界面字体大小等进行设置。

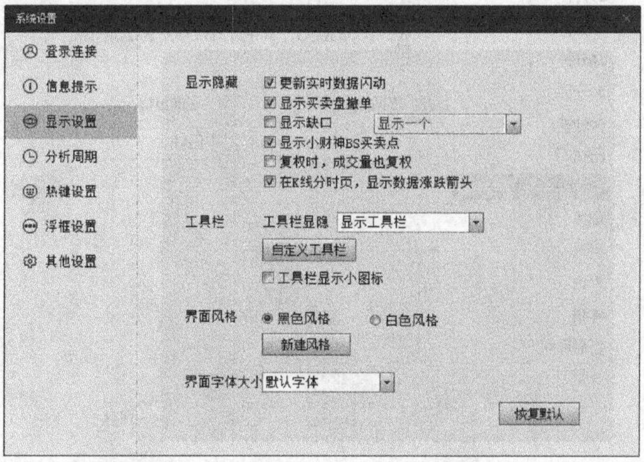

4. 分析周期

在【分析周期】选项卡下，可以看到已有的分析周期和每个分析周期的功能特色。

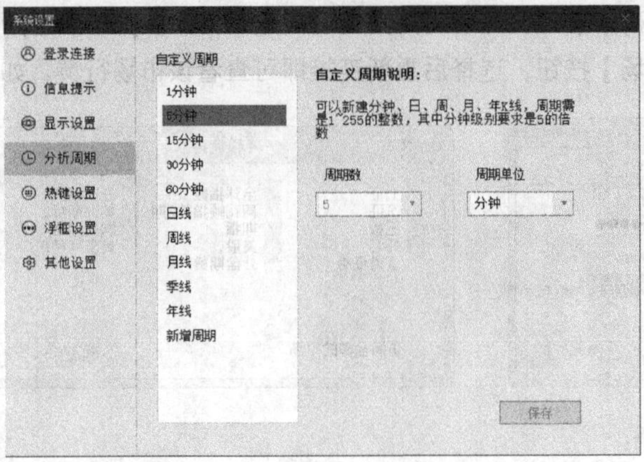

❶ 单击左侧【新增周期】按钮，在右侧自定义周期说明中输入周期数和周期单位，例如，将周期数设置为 15，周期单位设置为日线。

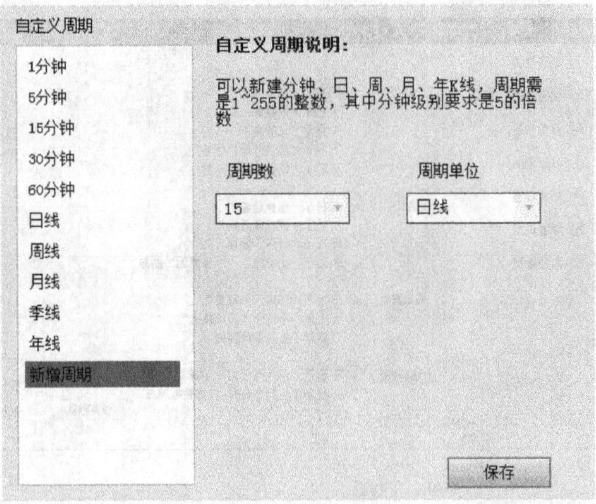

❷ 单击【保存】即可看到新建的分析周期出现在左侧【自定义周期】列表框中。

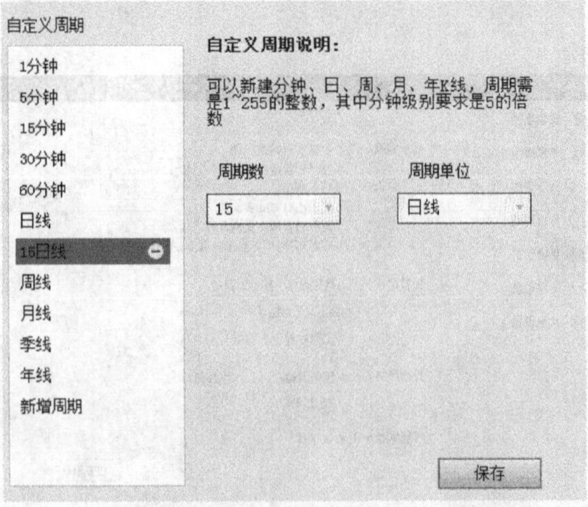

❸ 在 K 线图中右键单击，然后在弹出的菜单中选择【分析多周期】，即可看到所添加的新的分析周期。

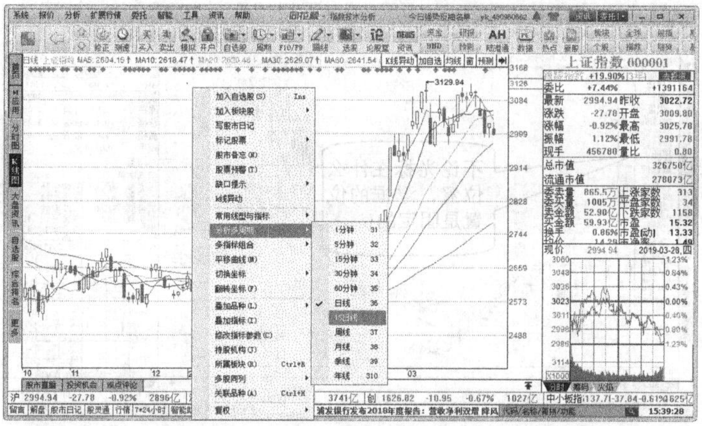

提示 同花顺系统提供的周期不能删除，新建的分析周期可以删除，将光标放置到新建的周期上，单击右侧的⊖即可将其删除。

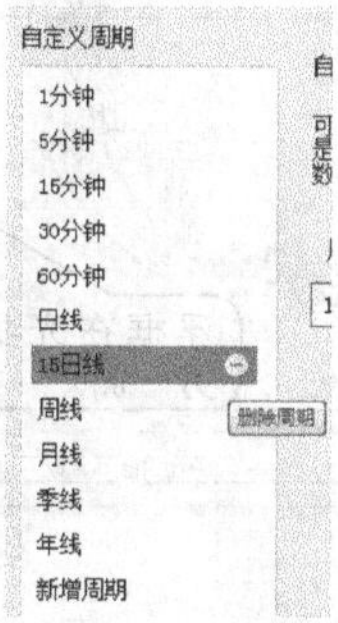

5. 浮框设置

【浮框设置】可以对界面中的浮框位置进行设置，可以将其固定在某个位置不动，也可以将其设置为智能移动。

❶ 在【浮框设置】界面中选择【智能移动】选项。

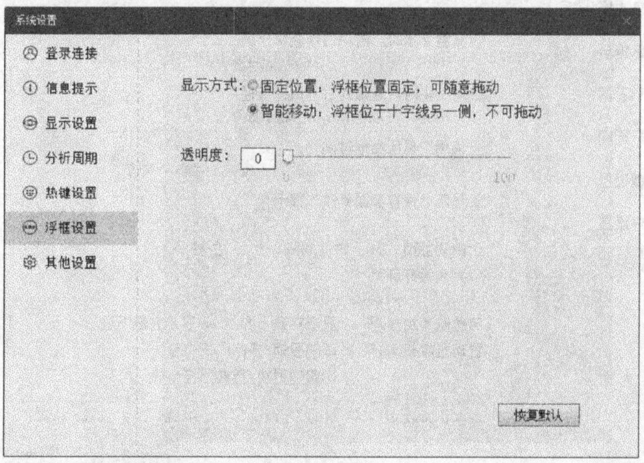

❷ 关闭【系统设置】对话框，在 K 线图界面中移动光标，浮框会移动到光标另一侧。下面两幅图，上图是【固定位置】的浮框显示效果，下图是【智能移动】的浮框显示效果。

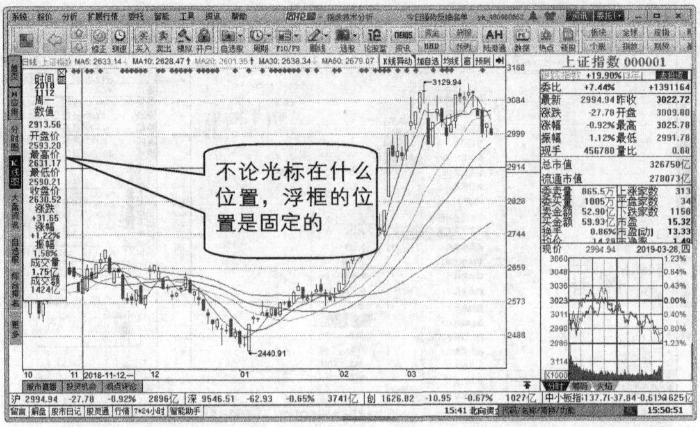

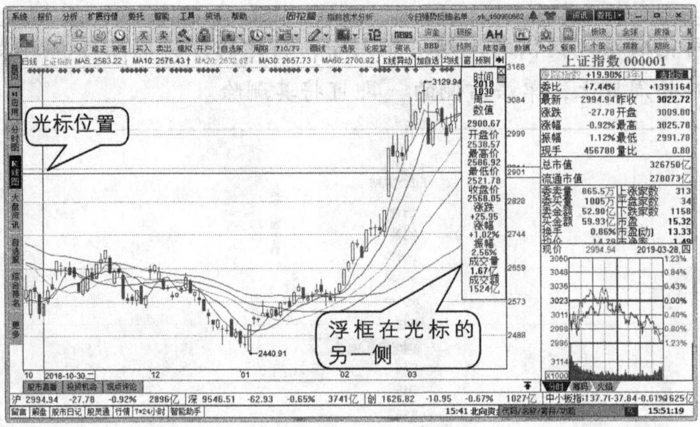

6. 其他设置

在【其他设置】选项卡下包含了【复制文本时，自动识别股票代码】【最小化时，隐藏到右下角任务栏】【显示“保存页面修改”提示】【自动翻页】【列表循环翻页】和【置顶置底规则】等内容。

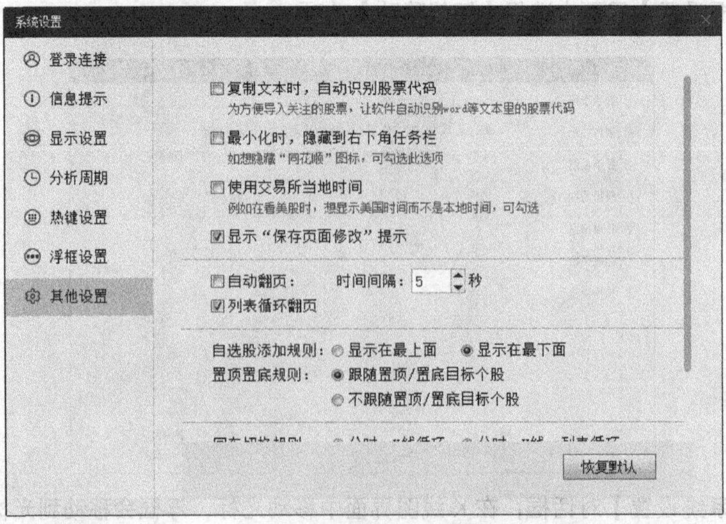

第 17 章 软件的求助中心——帮助与服务

同花顺为投资者提供了我的同花顺、论股堂、模拟炒股、新手帮助、在线客服和委托疑问等在线服务。使用在线服务功能，可以帮助投资者解决一些实际问题，使投资者快速掌握软件的使用方法，了解更多的股票知识，提高投资的成功率。

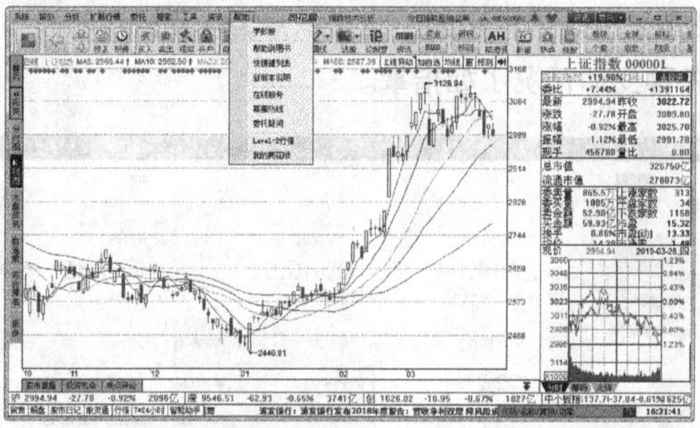

17.1 我的同花顺

选择【帮助】>【我的同花顺】菜单命令。在弹出的【个人中心】浏览器页面中包含了个人中心、自选股、订阅中心、我的资料、安全中心、邀请好友、激活体验卡、博客、社区、模拟炒股、股民学校和手机炒股等内容。

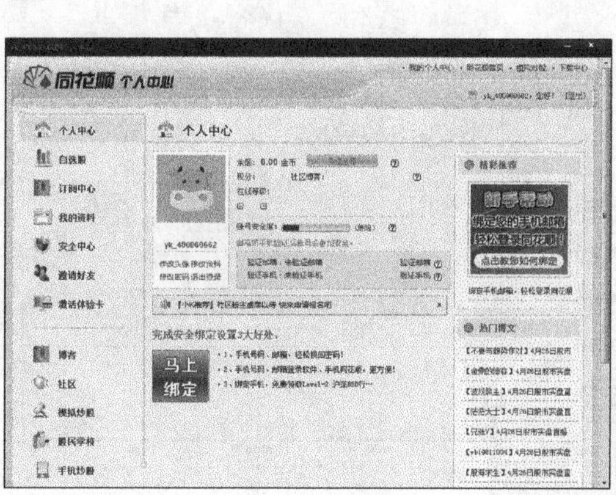

1. 个人中心

选择【个人中心】模块，可以通过单击相应的链接查看用户信息，更改用户的资料，也可以查看股市最新资讯。

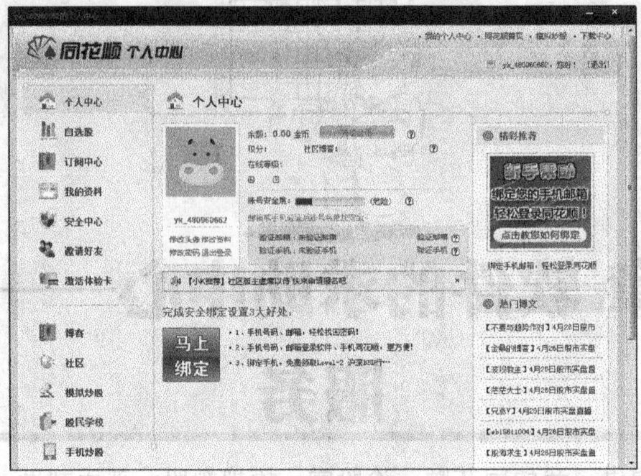

2. 自选股

选择【自选股】模块，可以看到大盘的指数和自选股的当前价格、涨跌幅度、成交量、成交额、市值、换手率以及市盈率等内容和相关帖子信息，以及最新新闻公告。浏览该模块的信息，投资者可以对自选股的各种变动情况了如指掌。

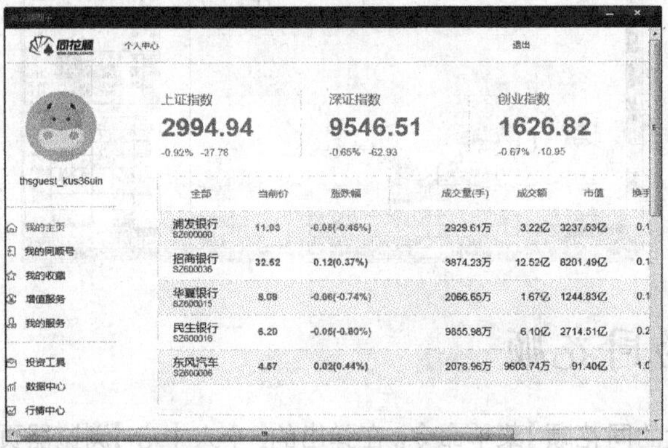

将光标放置在某只股票上面，将会显示该股票的分时走势图，单击某股票，会显示该股的资金流向和行情。

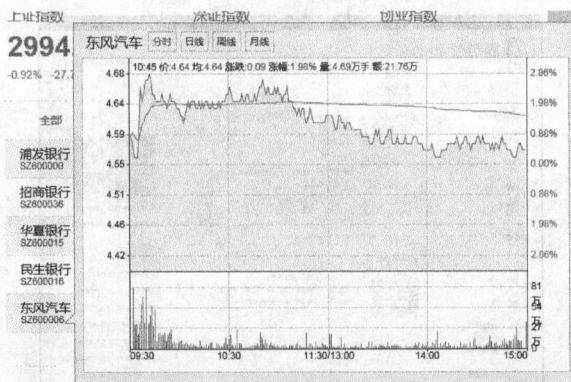

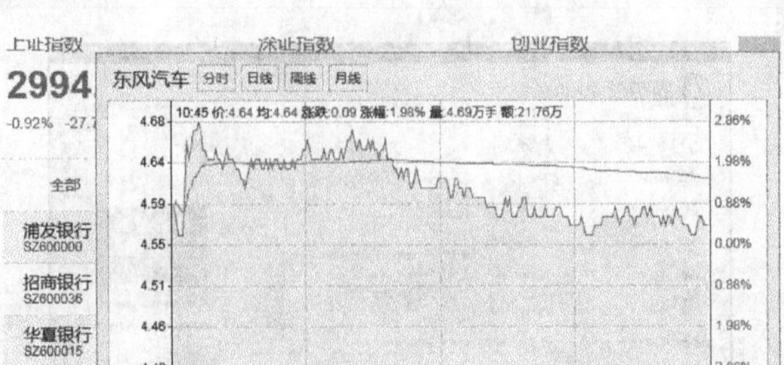

3. 订阅中心

【订阅中心】模块包括免费和收费服务，免费服务有自选股资讯、股民学校课程等，收费服务有大机构、大战略、大研究、操盘先锋、Level-2 和财富先锋等。

4. 我的资料

【我的资料】模块中可以添加个人简介、实名认证和风险认证。

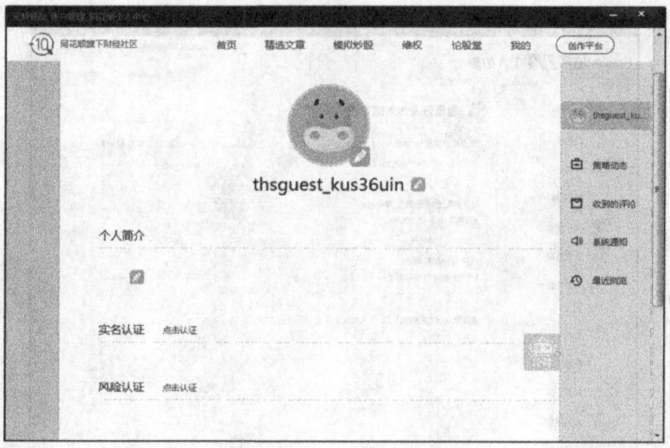

单击标题栏的【论股堂】选项卡，在弹出的论股堂界面输入想要搜索的股票的名称或代码，单击【搜索】，可以查看该股的行情和消息，例如，输入“华瑞股份”或“300626”，查询结果如下。

5．安全中心

安全中心可以修改账户密码，绑定邮箱或手机，单击【安全中心】选项卡会出现如下界面。

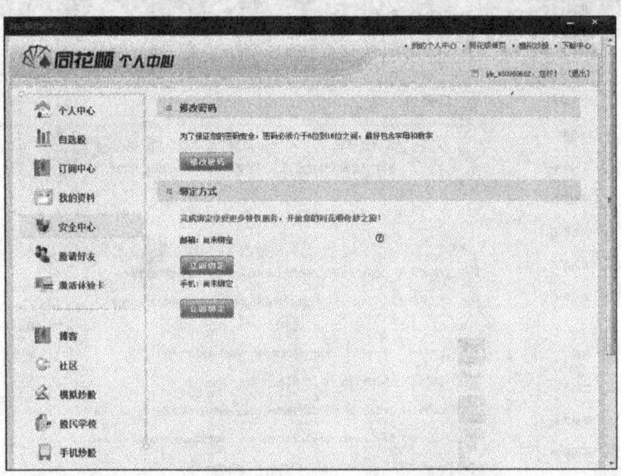

6．邀请好友

选择【邀请好友】模块，可以通过“发送邀请链接给朋友”“导入邮箱的通讯录至邀请名单”“直接发送邮件邀请”三种方式邀请好友加入同花顺。

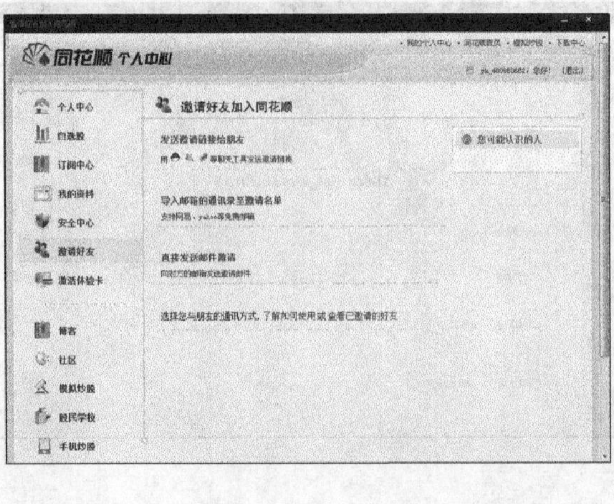

7. 模拟炒股

同花顺的模拟炒股功能最大限度地模拟出了真实的炒股平台，采用交易所的规则，力求环境真实，凡是同花顺的注册用户都可以使用模拟炒股的功能，而且没有报名期限，随时可以参加，模拟炒股的账户没有时间限制，可以永久保留。

使用模拟炒股功能的具体操作步骤如下。

❶ 选择【模拟炒股】选项进入个人模拟炒股网站，如下左图所示。

❷ 单击【追踪的高手】选项卡，可以先参考一下高手是如何操作的，如下右图所示。

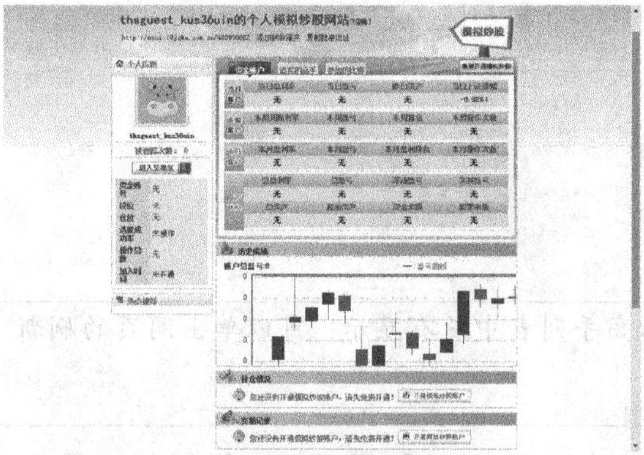

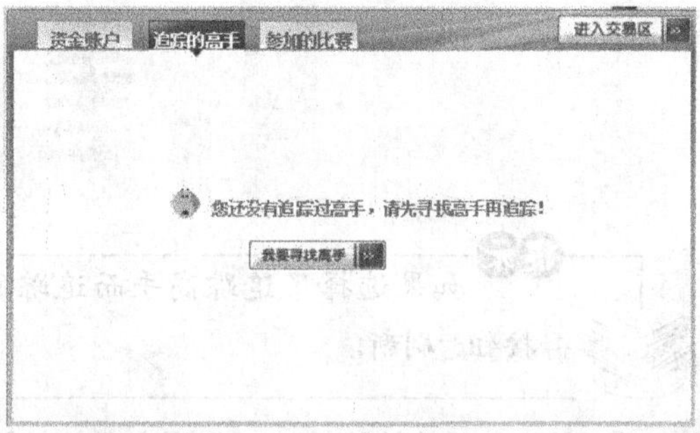

❸ 单击【我要寻找高手】按钮，在弹出的模拟炒股排名中选择一个高手，然后单击【追踪可看】。

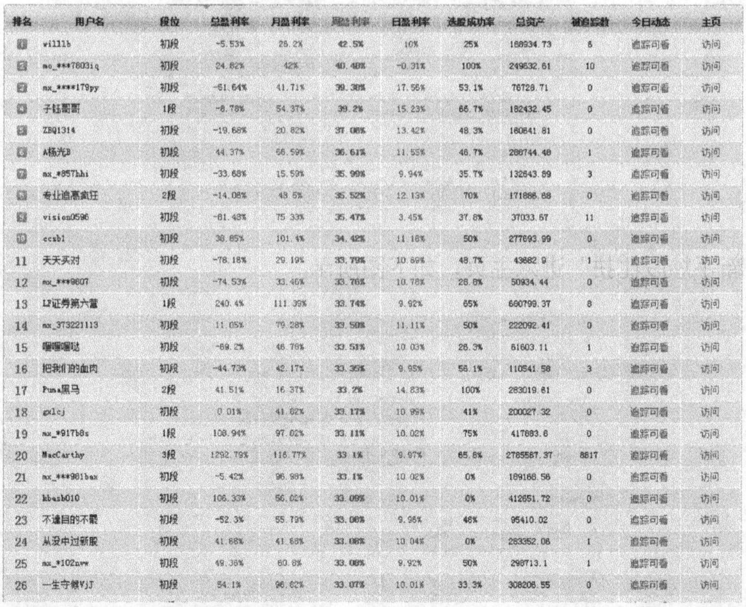

排名	用户名	段位	总盈利率	月盈利率	周盈利率	日盈利率	选股成功率	总资产	被追踪数	今日动态	主页
1	willlb	初段	-5.53%	26.2%	42.5%	10%	25%	188934.73	6	追踪可看	访问
2	mo_***7803iq	初段	24.82%	42%	40.48%	-0.31%	100%	249632.61	10	追踪可看	访问
3	mx_****179py	初段	-61.64%	41.71%	39.38%	17.56%	53.1%	76726.71	0	追踪可看	访问
4	子钰哥哥	1段	-8.78%	54.37%	39.2%	15.23%	66.7%	182432.45	0	追踪可看	访问
5	ZBQ1314	初段	-19.68%	20.82%	37.08%	13.42%	48.3%	160841.81	0	追踪可看	访问
6	A杨光B	初段	44.37%	66.59%	36.61%	11.55%	46.7%	288744.48	1	追踪可看	访问
7	mx_*857hhi	初段	-33.68%	15.59%	35.99%	9.94%	35.7%	132643.89	3	追踪可看	访问
8	专业追高疯狂	2段	-14.08%	48.5%	35.52%	12.13%	70%	171866.68	0	追踪可看	访问
9	vision0596	初段	-61.48%	75.33%	35.47%	3.45%	37.8%	37033.67	11	追踪可看	访问
10	ccsbl	初段	38.85%	101.4%	34.42%	11.18%	50%	277693.99	0	追踪可看	访问
11	天天买对	初段	-78.18%	29.19%	33.79%	10.69%	48.7%	43682.9	1	追踪可看	访问
12	mx_***9807	初段	-74.53%	33.46%	33.76%	10.78%	26.8%	50934.44	0	追踪可看	访问
13	LF证券第六营	1段	240.4%	111.39%	33.74%	9.92%	65%	660799.37	8	追踪可看	访问
14	mx_373221113	初段	11.05%	79.28%	33.50%	11.11%	50%	222092.41	0	追踪可看	访问
15	嘿嘿嘿哒	初段	-69.2%	46.76%	33.51%	10.03%	26.3%	61603.11	1	追踪可看	访问
16	把我们的血肉	初段	-44.73%	42.17%	33.35%	9.95%	56.1%	110541.58	3	追踪可看	访问
17	Puma黑马	2段	41.51%	16.37%	33.2%	14.83%	100%	283019.61	0	追踪可看	访问
18	gxlcj	初段	0.01%	41.62%	33.17%	10.99%	41%	200027.32	0	追踪可看	访问
19	mx_*917b8s	1段	108.94%	97.02%	33.11%	10.02%	75%	417883.6	0	追踪可看	访问
20	MacCarthy	3段	1292.79%	116.77%	33.1%	9.97%	65.8%	2785587.37	8817	追踪可看	访问
21	mx_***981bax	初段	-5.42%	96.98%	33.1%	10.02%	0%	189168.56	0	追踪可看	访问
22	kbasb010	初段	106.33%	56.02%	33.09%	10.01%	0%	412651.72	0	追踪可看	访问
23	不達目的不罷	初段	-52.3%	55.79%	33.08%	9.96%	48%	95410.02	0	追踪可看	访问
24	从没中过新股	初段	41.68%	41.68%	33.08%	10.04%	0%	283352.06	1	追踪可看	访问
25	mx_*102nvw	初段	49.38%	60.8%	33.08%	9.92%	50%	298713.1	1	追踪可看	访问
26	一生守候VjJ	初段	54.1%	96.62%	33.07%	10.01%	33.3%	308206.55	0	追踪可看	访问

❹ 重新返回到【追踪的高手】选项卡，可以看到选择的高手了。单击访问按钮，可以查看追踪的高手的个人模拟炒股网站。

用户名	段位	总盈利率	月盈利率	周盈利	今日动态	高手主页	操作
mo_***7803iq	初段	24.66%	41.82%	40.31%	无操作	访问	取消

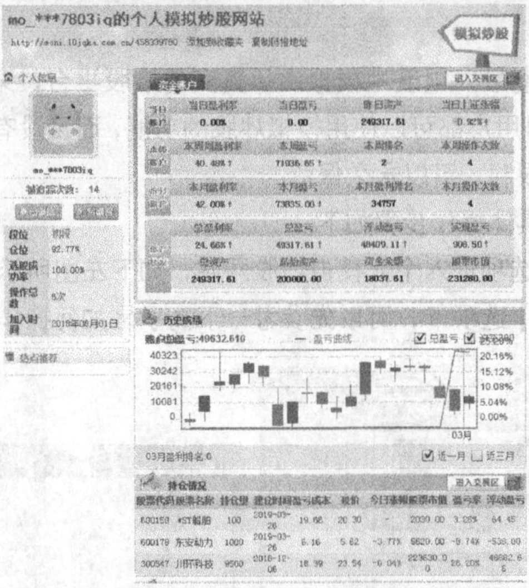

提示

如果选择了追踪高手而追踪的高手列表中没有显示，可以单击网页的刷新按钮刷新。

❺ 看了高手的炒股手法，回到自己的炒股模拟网站，单击【参加的比赛】选项卡，然后选择比赛进入。

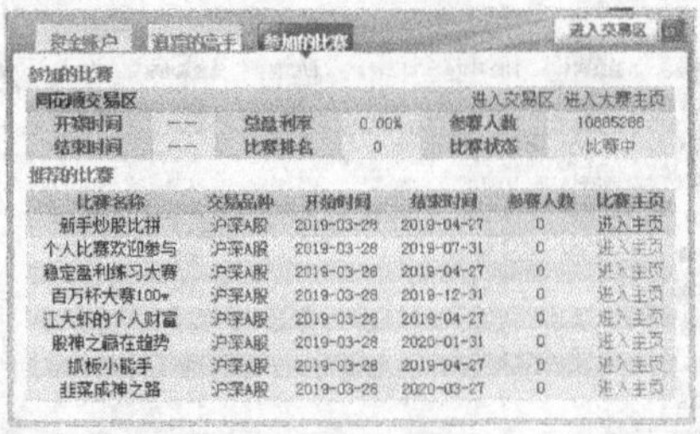

❻ 选择“新手炒股比拼”进入主页，如下图所示。

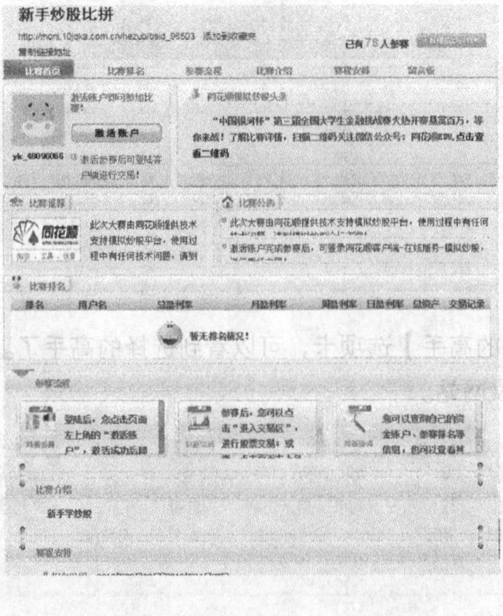

❼ 单击“激活账户”按钮，填写资料即可进行模拟炒股了。

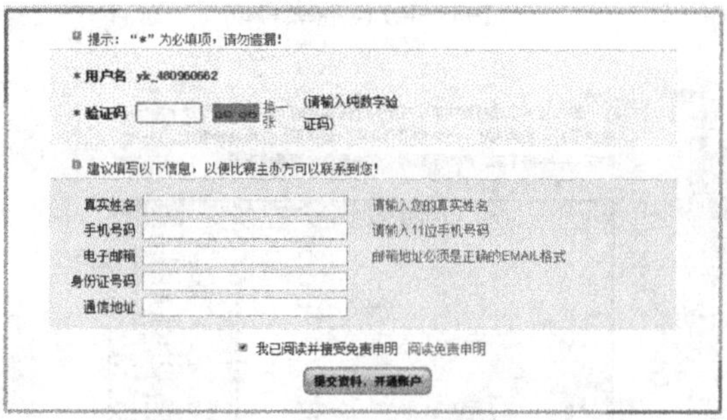

❽ 注册完成后，在自己的炒股模拟网站上单击【进入交易区】，可以买入、卖出、撤单或查询交易记录。

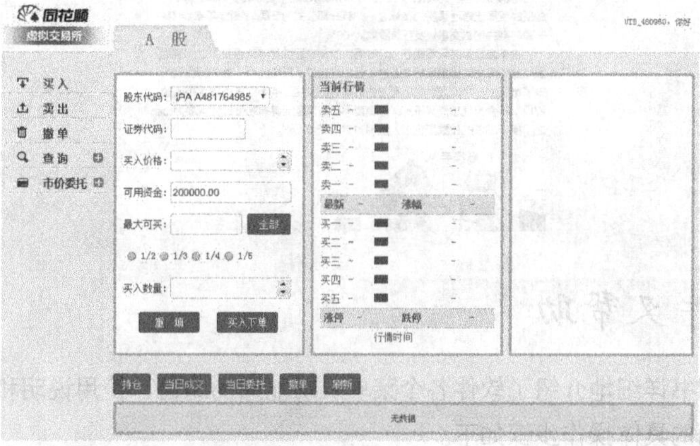

8. 股民学校

股民学校是新老股民学习股票知识比较好的网站，股民亲切、真实的投资交流家园，为您提供全面的股票入门精品视频教程、每日股票行情分析及高手解盘等知识。

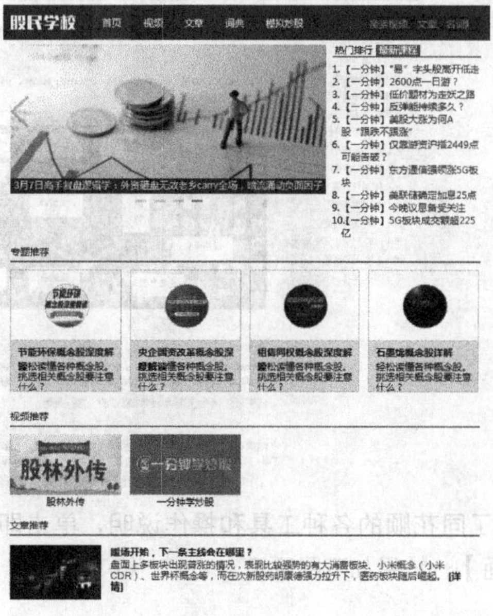

单击页面上的标题，例如，单击“换手率教学解析”，可以进入相应的链接。

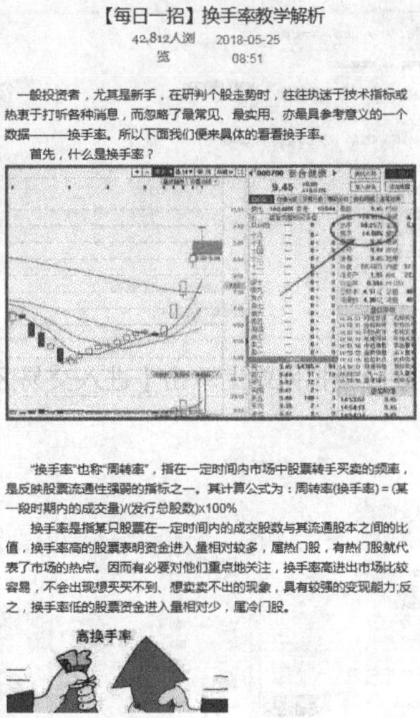
【每日一招】换手率教学解析

42,812人浏览　2018-05-25 08:51

一般投资者，尤其是新手，在研判个股走势时，往往执迷于技术指标或热衷于打听各种消息，而忽略了最常见、最实用、亦最具参考意义的一个数据———换手率。所以下面我们便来具体的看看换手率。

首先，什么是换手率？

“换手率”也称“周转率”，指在一定时间内市场中股票转手买卖的频率，是反映股票流通性强弱的指标之一。其计算公式为：周转率(换手率)＝(某一段时期内的成交量)/(发行总股数)x100%

换手率是指某只股票在一定时间内的成交股数与其流通股本之间的比值，换手率高的股票表明资金进入量相对较多，属热门股，有热门股就代表了市场的热点。因而有必要对他们重点地关注，换手率高进出市场比较容易，不会出现想买买不到、想卖卖不出的现象，具有较强的变现能力;反之，换手率低的股票资金进入量相对少，属冷门股。

17.2 牛叉帮助

牛叉帮助说明书详细地介绍了软件各个菜单及功能点的路径、使用说明和使用技巧等。使用牛叉帮助的具体操作步骤如下。

❶ 单击【帮助】➢【帮助说明书】，如下左图所示。

❷ 进入牛叉帮助网页，如下右图所示。

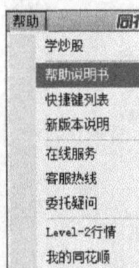

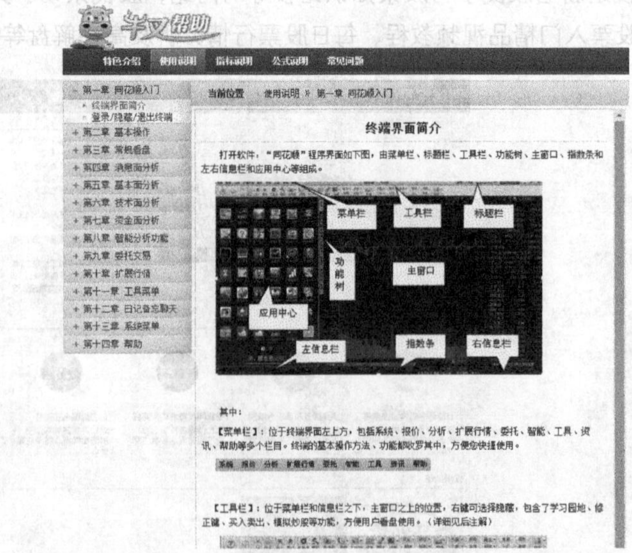

❸ 牛叉帮助网页包含了同花顺的各种工具和操作说明，单击即可查看，例如，选择【常规看盘】➢【分时走势页面】，结果如下图所示。

17.3 快捷键列表

同花顺众多的功能都可以通过使用快捷键来实现。为了使投资者更方便地使用快捷键，软件提供了快捷键列表，通过查看快捷键列表，可以快速查看要进行的操作所对应的快捷键。

选择【帮助】➤【快捷键列表】菜单命令，弹出【快捷键对照一览表】浏览器页面。

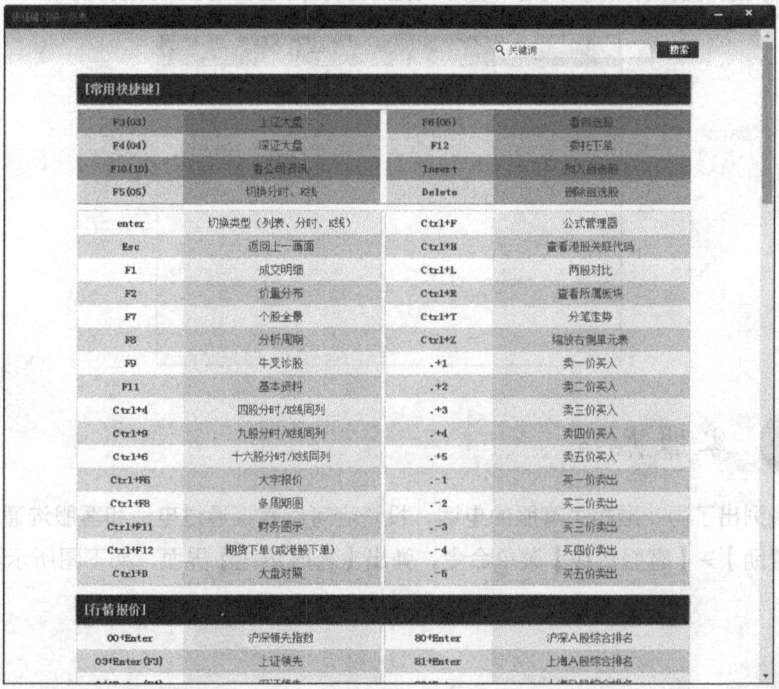

[常用快捷键]

F3(03)	上证大盘	F6(06)	看自选股
F4(04)	深证大盘	F12	委托下单
F10(10)	看公司资讯	Insert	加入自选股
F5(05)	切换分时、K线	Delete	删除自选股
enter	切换类型（列表、分时、K线）	Ctrl+F	公式管理器
Esc	返回上一画面	Ctrl+H	查看港股关联代码
F1	成交明细	Ctrl+L	两股对比
F2	价量分布	Ctrl+R	查看所属板块
F7	个股全景	Ctrl+T	分笔走势
F8	分析周期	Ctrl+Z	缩放右侧单元表
F9	牛叉诊股	.+1	卖一价买入
F11	基本资料	.+2	卖二价买入
Ctrl+4	四股分时/K线同列	.+3	卖三价买入
Ctrl+9	九股分时/K线同列	.+4	卖四价买入
Ctrl+6	十六股分时/K线同列	.+5	卖五价买入
Ctrl+F6	大字报价	.-1	买一价卖出
Ctrl+F8	多周期图	.-2	买二价卖出
Ctrl+F11	财务图示	.-3	买三价卖出
Ctrl+F12	期货下单(或港股下单)	.-4	买四价卖出
Ctrl+D	大盘对照	.-5	买五价卖出

[行情报价]

00+Enter	沪深领先指数	80+Enter	沪深A股综合排名
03+Enter(F3)	上证领先	81+Enter	上海A股综合排名

17.4 新版本说明

选择【帮助】➤【新版本说明】菜单命令，即可打开升级说明浏览器页面，在该页面中提供了多种版本软件的下载链接，软件分类多种多样，其中包括免费 PC 产品、付费 PC 产品、手机产品等。

17.5 在线服务

在线服务是提供人工客服在线服务的功能，使用该功能投资者可以与同花顺的在线客服实现即时聊天，解决在软件使用和股票操作中的种种疑难问题。

选择【帮助】➢【在线服务】菜单命令，弹出【在线客户服务】聊天对话框，具体的聊天交流方法和股灵通的使用类似，只是对象不再是股友，而是在线客户服务人员。

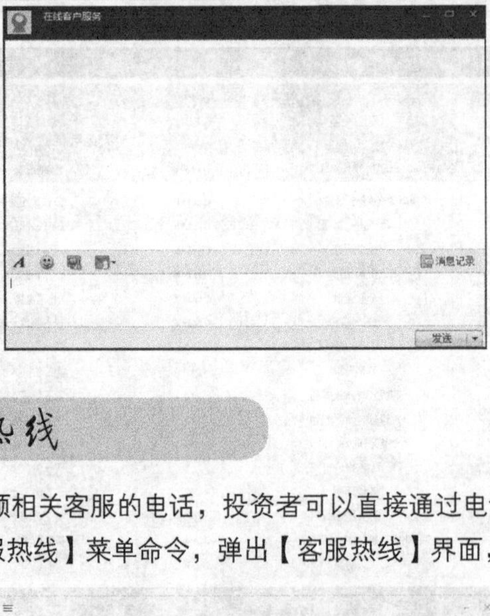

17.6 客服热线

客服热线列出了同花顺相关客服的电话，投资者可以直接通过电话和客服沟通。

选择【帮助】➢【客服热线】菜单命令，弹出【客服热线】界面，如下图所示。

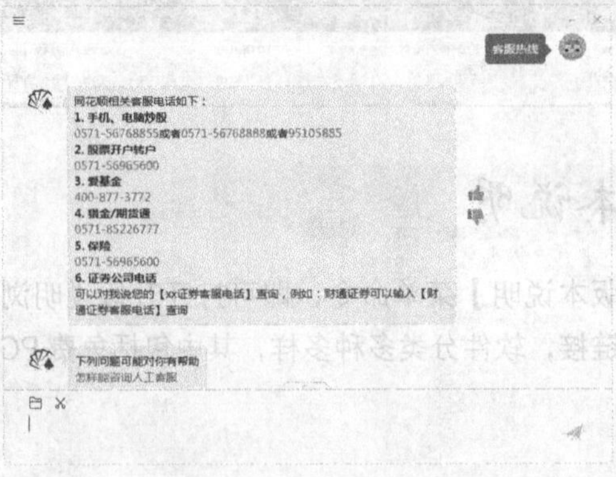

17.7 委托疑问

投资者可以通过委托同花顺进行买入和卖出操作，通过委托同花顺操作高效快捷，如果投资者对委托有什么疑问，可以选择【帮助】➤【委托疑问】菜单命令，在弹出的【委托有疑问】界面中可以提出疑问，也可以选择常见疑问的答复。

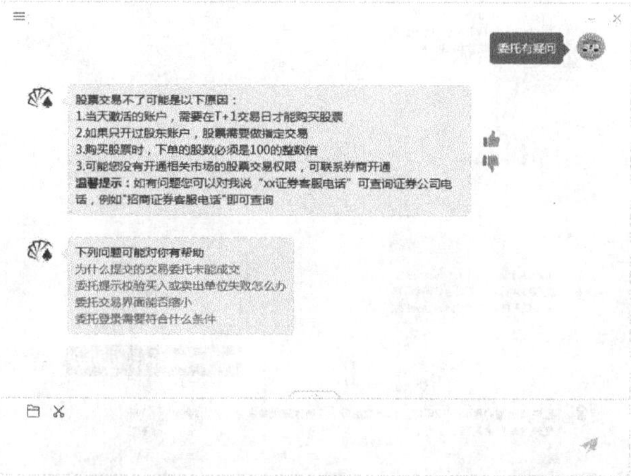

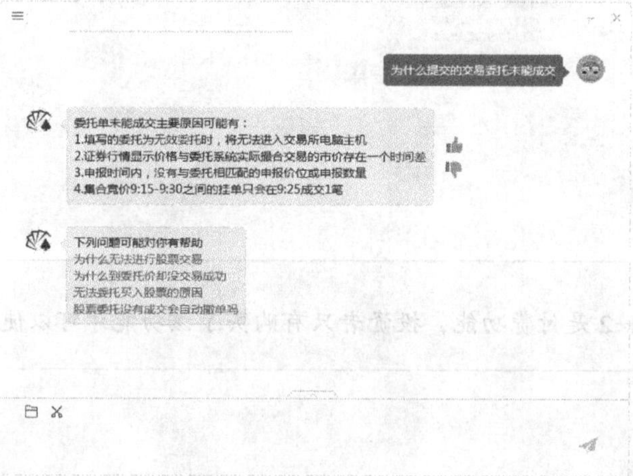

17.8 Level-2 行情

Level-2 是沪深交易所新一代实时行情数据，相较普通行情同花顺 Level-2 行情有三大优势：

（1）Level-2 行情数据实时刷新，比普通行情快 3~10 秒；

（2）普通行情只有 5 档行情，Level-2 沪市支持 10 档行情，深市支持 500 档行情，委买委卖一览无余；

（3）更有同花顺研发团队历时 10 年在大数据基础上不断研发的多种交易决策指标，如资金仓位和资金抄底等。

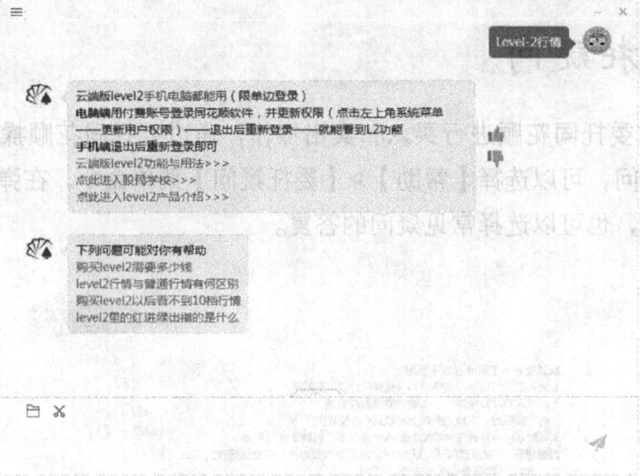

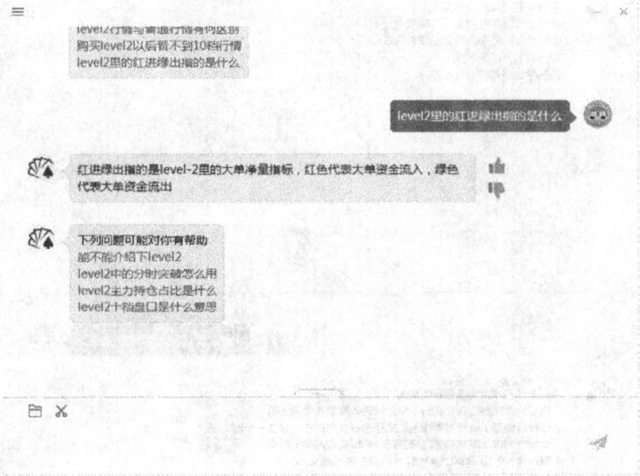

提示

Level-2 是付费功能，投资者只有购买了该功能才可以使用。

第 18 章 我的需求我定制——公式编写与函数运用

“同花顺”系统预置了近 200 个经典指标供用户使用，并且为了满足那些对指标有着比较深入认识和希望能编写出结合自己经验的选股条件的股民，还提供有随意编写、修改各种公式、指标及函数的功能。

18.1 常用公式介绍

同花顺软件的公式系统是一套功能强大、使用简单的计算机描述系统。用户可以对每日深沪两地交易所和历史上发送的行情数据按照简单的运算法则进行分析、选股、测试等。在同花顺软件系统中，给出了技术指标公式、五彩 K 线公式、自定义公式、条件选股公式和交易系统公式 5 种公式系统供用户使用，如下图所示。

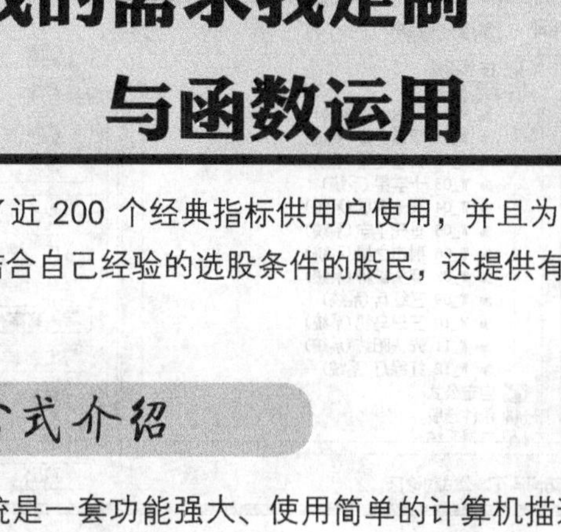

18.1.1 技术指标公式

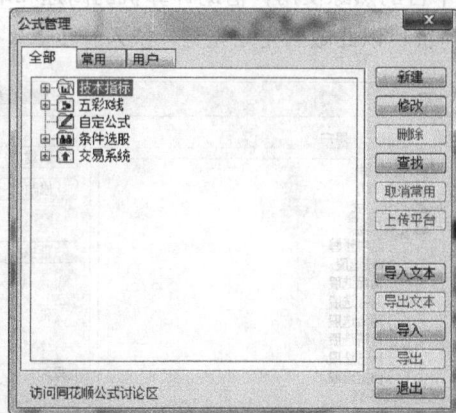

技术指标公式即通常所说的画线指标，此类公式的主要目的是通过对数据进行一定的运算，将输出结果直观地显现在分析图上，为投资者提供研判行情的基本依据。

通过对技术指标公式的编辑，可以实现对技术图表分析中各类技术指标和自我定义的技术分析指标的编写，并且通过同花顺的分析界面形成图表、曲线，以方便和寻找有意义的技术图形和技术特征等。

18.1.2 五彩 K 线公式

五彩 K 线公式所具有的功能是附属于条件选股功能之上的，用户可以通过使用该功能为满足条件的连续 K 线形态赋予颜色，以区别于其他的 K 线。虽然说五彩 K 线公式所具有的功能是附属于条件选股功能之上的，但它们之间也有一些差别。条件选股公式和五彩 K 线公式都有且仅有一个输出，其目的都是为投资者提供买入或卖出点的指示。不同之处在于：条件选股公式仅对最近数据提示买入或卖出，而五彩 K 线公式则对输入的所有历史数据进行提示。另外，五彩 K 线公式的输出是在 K 线图上，通过各种颜色对提示数据进行标识，条件选股公式的输出是找出符合最近条件的所有股票。

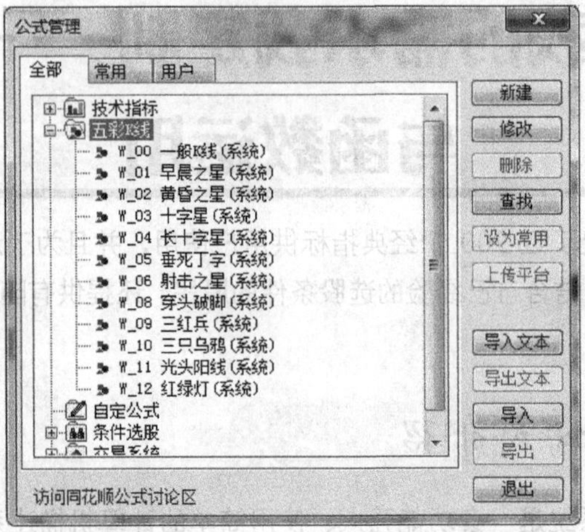

18.1.3 条件选股公式

条件选股公式也就是通常所说的智能选股公式，其目的在于建立一个完全开放、自由的选股平台。用户可以通过对该平台的熟练使用，借助计算机的高速和准确的检索功能寻找满足用户所设定的股票形态与技术特征，以此做到先知先觉，快人一步。

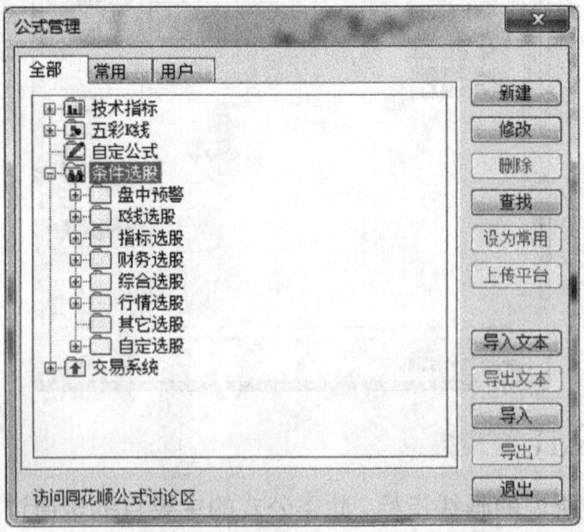

18.1.4 交易系统公式

交易系统就是设定某种买卖条件，当满足条件时，就在 K 线上画出买入、卖出的提示箭头，它是一种用于分析买卖策略的工具。从某种意义上来说，交易系统也是一种绘图曲线，也是通过编写公式完成的，其公式的编写方法与其他曲线公式的编写方法类似，所不同的是，其他曲线是连续地输出，而交易系统曲线则是满足买卖条件的时候输出买入、卖出曲线标记。

18.1.5 自定义公式

对于比较有经验的股民来说，可以结合自己长期以来的炒股经验来编写适合自己使用的公式。同花顺软件的公式系统提供有该功能，以供用户使用。

18.2 公式编写规则

同花顺软件中，所有的公式系统都是遵守统一的运算法则、统一的格式进行函数之间的计算的。本节将介绍在编写公式过程中应注意哪些原则。

18.2.1 公式的构成

所有的公式体由若干语句按照一定的格式组成，每个语句表示一个计算结果。根据各个语句的功能，可以将公式分为两大类语句，即赋值语句和中间表达式。

1. 赋值语句

赋值语句的形式为：

a=b;　　　'将 b 的值赋予 a

每个语句可以有一个名称，该名称写在语句的最前面，并用一个冒号或等号将它与语句分隔开来。在赋值语句中，常用的运算符及其功能如下表所示。

运算符	功能
=	赋值
:	赋值并输出数值或字符串
:>	赋值并输出图形

赋值语句与赋值语句之间用分号隔开，如下所示为成本价均线的技术指标公式。

AMV0:=VOL*(OPEN+CLOSE)/2;AMV1:SUM(AMv0,M1)/SUM(VOL,M1);AMV2:SUM(AMv0,M2)/SUM(VOL,M2); AMV3:SUM(AMv0,M3)/SUM(VOL,M3);AMV4:SUM(AMv0,M4)/SUM(VOL,M4);

2．中间语句

一个语句如果不需要显示，可以将它定义为中间语句。例如，上例中的成本价均线的技术指标公式中的第一句“AMV0:=VOL*(OPEN+CLOSE)/2”就不会被系统辨认为是指标线。中间语句用“：=”替代冒号，其他与一般语句完全一样。使用中间语句可以有效降低公式的书写难度，还可以将需要重复使用的语句定义成中间语句以减少计算量。每个公式最多可以分 6 个语句，中间公式数量没有限制，所有语句之间需要使用分号隔开。

18.2.2 公式的运算符

公式的运算符将函数连接成为公式，分为算术运算符和逻辑运算符两种。

1．算术运算符

算术运算符包括“+”“–”“*”“/”，它们分别对计算符两边的数据进行加减乘除计算，这同一般意义上的算术计算没有多大差异。

2．逻辑运算符

逻辑运算符包括“>”“<”“<>”“>=”“<=”“=”“AND”“OR”等 8 种，分别表示大于、小于、不等于、大于等于、小于等于、等于、逻辑与、逻辑或运算。如果条件成立计算结果就等于 1，否则等于 0。各运算符的返回值如下表所示。

范例	返回值	说明
2+3>5	0	2+3 不大于 5，条件不成立，故返回 0
2+3<5	0	2+3 不小于 5，条件不成立，故返回 0
2+3<>5	0	2+3 等于 5，条件不成立，故返回 0
2+3>=5	1	2+3 等于 5，条件成立，故返回 1
2+3<=5	1	2+3 等于 5，条件成立，故返回 1
2+3=5	1	2+3 等于 5，条件成立，故返回 1
4>3AND12>=4	1	“逻辑与”表示两个条件都成立时结果才成立
4>3 OR 3>12	1	“逻辑或”表示两个条件中只要有一个成立结果就成立

18.2.3 数据引用

公式中的基本数据来源于接收的每日行情数据，这些数据由行情函数从数据库中按照一定的方式提取。在进行数据引用的过程中应对如下知识进行了解。

1．数据类型

按照公式使用的数据类型，系统可以处理的数据分为变量和常量两类。所谓变量就是一个随着时间变化而变化的数据。例如，成交量就是一个变量，因为，每一时刻的成交额在不停地发生着变化。常量就是永远不变的数据，例如，数值 3 就是一个常量。

提示

在编写公式时，每个函数需要的参数可能是变量也可能是常量，不能随便使用，函数计算的结果一般是一个变量。例如，计算收盘价均线 MA(CLOSE，5)，MA 函数要求第一个参数为变量，而 CLOSE 函数返回的正是一个变量。MA 函数要求的第二个参数是常量，5 就是一个常量，所以我们就不能这样书写：MA(5，CLOSE)。

2．指标数据引用

在编写公式的过程中，有时候需要使用另外一个指标的值。如果按照通常的做法，重新编写这个指标会显得麻烦，此时可以调用其他的指标公式直接使用，而无须重新编写。

引用其他指标公式的格式为："指标，指标线"(参数)

对引用其他指标公式的格式进行如下说明。

（1）指标和指标线之间用逗号分开，一个指标不一定只有一条指标线，如果缺失，则表示引用最后一条指标线。

（2）参数在表达式的末尾，必须用括号括起来，参数之间用逗号分开，通过设置参数可以选择设定该指标的参数，如果参数缺失，则表示使用该指标的默认参数设置。

（3）整个表达式用引号引在其中，参数除外。例如，"MACD，DEA"(26,12,9) 表示计算 MACD 指标的 DEA 指标线，计算参数为 26、12、9；"MACD"(26,12,9) 表示该指标的最后一条指标线，计算参数是 26、12、9；"MACD" 表示该指标的最后一条指标线并且使用公式的默认参数。

3．其他股票数据引用

使用以下的格式可以在当前的分析界面下引用大盘的数据或者其他个股的数据实现横向上的对比。

引用大盘数据：引用大盘数据时可以使用 INDEXC 或 INDEXV 函数等。

引用个股数据：引用个股数据时使用"股票代码 $ 数据"的格式。例如，"000002$VOL" 表示 000002 该股本周期的成交量。"999998$CLOSE" 同样也可以表示 A 股指数本周期的收盘价，此时的 A 股指数被视为一只个股。

18.3 函数简介

同花顺的公式编写系统为用户提供了多类函数，使用这些函数可以达到快速提取数据和提高运算能力的目的。因此，不同类型的函数，都具有不同的含义。例如，有的函数定义为行情数据提取函数，那么它的功能就是把静态历史中的行情数据或者动态即时行情中的数据提取出来，以方便以后的分析和计算。下面分别对常用函数进行简单介绍。

18.3.1 行情函数

行情函数主要获取基本数据，一般无参数。

名称	含义	应用说明
ADVANCE	上涨家数	本函数仅对大盘有效
AMOUNT	成交额	取得该周期成交额
ASKPRICE	委卖价	ASKPRICE(N)，其中 N 取 1~3
ASKVOL	委卖量	ASKVOL(N)，其中 N 取 1~3
BIDPRICE	委买价	BIDPRICE(N)，其中 N 取 1~3
BIDVOL	委买量	BIDVOL(N)，其中 N 取 1~3
BUYVOL	主动性买单	BUYVOL

续表

名称	含义	应用说明
CLOSE	收盘价	CLOSE，如果使用表达式“CLOSE>OPEN”，则表示当日收阳
DECLINE	下跌家数	DECLINE
HIGH	最高价	HIGH
ISBUYORDER	是否为主动性买单	ISBUYORDER
LOW	最低价	LOW
OPEN	开盘价	OPEN
SELLVOL	主动性卖单	SELLVOL
VOL	成交量	VOL，如果使用表达式“VOL/CAPITAL”，则得出换手率

18.3.2 动态行情函数

动态行情函数 DYNAINFO(N) 主要用于获取动态的股市行情信息，在输入不同的参数值 N 时，可以返回不同的行情信息，如下表所示。

N 的取值	含义	N 的取值	含义
3	昨收	20	委买价
4	今开	21	委卖价
5	最高	22	内盘
6	最低	23	外盘
7	最新	25	买一量
8	总手	26	买二量
9	现价	27	买三量
10	总额	28	买一价
11	均价	51	内外比
12	涨跌	52	多空平衡
13	振幅	53	多头获利
14	涨幅	54	空头回补
15	委比	55	多头止损
16	委差	56	空头止损
17	量比	57	笔升跌

18.3.3 大盘函数

大盘函数主要用来获取同期内大盘的相关信息。常用的大盘函数如下表所示。

名称	含义
INDEXA	表示同期大盘的成交额
INDEXADV	表示同期大盘的上涨家数
INDEXC	表示同期大盘的收盘价
INDEXDEC	表示同期大盘的下跌家数

续表

名称	含义
INDEXH	表示同期大盘的最高价
INDEXL	表示同期大盘的最低价
INDEXO	表示同期大盘的开盘价
INDEXV	表示同期大盘的成交量

18.3.4 时间函数

时间函数主要用来获取用户指定日期的时间。常用的时间函数如下表所示。

名称	含义	应用说明
DATE	年月日	获取当前所指定的年、月、日，函数返回的有效值范围为不小于 1900 年的所有日期
DAY	日期	获取当前所指定的日期，函数返回值范围为 1~31
HOUR	小时	获取当前所指定的小时数，函数返回有效值范围为 0~23
MINUTE	分钟	获取当前所指定的分钟数，函数返回有效值范围为 0~59
MONTH	月份	获取当前所指定的的月份，函数返回有效值范围为 1~12
TIME	时分秒	获取当前所指定的时、分、秒，函数返回有效值范围为 000000~235959
WEEK	星期	获取当前所指定的的星期数，函数返回有效值范围为 0~6，其中 0 表示星期天
YEAR	年份	获取当前所指定的年份，函数返回有效值范围为 1970~2038
FROMOPEN	求距开盘有多长时间	FROMOPEN 返回当前时刻距开盘有多长时间，单位为分钟

18.3.5 引用函数

引用函数一般用于对一定周期内的数据进行计算统计。常用的引用函数如下表所示。

名称	含义	应用说明
DRAWNULL	当前值不画线返回无效数	DRAWNULL：不画线。例如， IF(CLOSE>REF(CLOSE,1), CLOSE, DRAWNULL) 表示下跌时分析图上不画线
BACKSET (X,N)	向前赋值，并将当前位置到若干周期前的数据设为 1	BACKSET(X,N)：X 非 0，则将当前位置到 N 周期前的数值设为 1。例如，BACKSET(CLOSE>OPEN,2) 若收阳，则将该周期及前一周期数值设为 1，否则为 0
BARSCOUNT(X)	获取有效值的周期数	BARSCOUNT(X)：第一个有效数据到当前的周期数。例如， BARSCOUNT(CLOSE) 对于日线数据取得上市以来总交易日数，对于分笔成交取得当日成交笔数，对于 1 分钟线取得当日交易分钟数

名称	含义	应用说明
BARSLAST(X)	上一次条件成立到当前的周期数	BARSLAST(X): 上一次 X 不为 0 到现在的周期数。例如，BARSLAST(CLOSE/REF(CLOSE,1)>=1，1) 表示上一个涨停板到当前的周期数
BARSSINCE(X)	第一个条件成立位置到当前的周期数	BARSSINCE(X)：第一次 X 不为 0 到现在的周期数。例如，BARSSINCE(HIGH>10) 表示股价超过 10 元时到当前的周期数
COUNT(X,N)	统计满足条件的周期数	COUNT(X,N)：统计 N 周期中满足 X 条件的周期数，若 N=0，则从第一个有效值开始。例如，COUNT(CLOSE>OPEN,20) 表示统计 20 周期内收阳的周期数
DMA(X,A)	获取动态移动平均	DMA(X,A)：求 X 的动态移动平均值，若 Y=DMA(X,A)，则 Y=A*X+(1−A)*Y'，其中 Y' 表示上一周期 Y 值，A 必须小于 1。例如，DMA(CLOSE,VOL/CAPITAL) 表示求以换手率作平滑因子的平均价
EMA(X,N)	获取指数平滑移动平均	EMA(X,N)：求 X 的 N 日指数平滑移动平均，若 Y=EMA(X,N)，则 Y=[2*X+(N−1)*Y']/(N+1)，其中 Y' 表示上一周期 Y 值。例如，EMA(CLOSE,30) 表示求 30 日指数平滑均价
HHV(X,N)	获取最高值	HHV(X,N)：求 N 周期内 X 最高值，N=0，则从第一个有效值开始。例如，HHV(HIGH,30) 表示求 30 日最高价
HHVBARS(X,N)	获取上一高点到当前的周期数	HHVBARS(X,N)：求 N 周期内 X 最高值到当前周期数 ,N=0 表示从第一个有效值开始统计。例如，HHVBARS(HIGH,0) 表示求历史新高到当前的周期数
LLV(X,N)	获取最低值	LLV(X,N)：求 N 周期内 X 最低值，N=0，则从第一个有效值开始。例如，LLV(LOW,0) 表示求历史最低价
LLVBARS(X,N)	获取上一低点到当前的周期数	LLVBARS(X,N)：求 N 周期内 X 最低值到当前周期数，N=0，表示从第一个有效值开始统计。例如，LLVBARS(HIGH,20) 表示求 20 日最低点到当前的周期数
MA(X,N)	获取简单移动平均	MA(X,N)：求 X 的 N 日移动平均值。例如，MA(CLOSE,10) 表示求 10 日均价
SMA（X,N,M）	获取移动平均	若 Y=SMA(X,N,M)：则 Y=[M*X+(N−M)*Y']/N，其中 Y' 表示上一周期 Y 值 ,N 必须大于 M。例如，SMA(CLOSE,30,1) 表示求 30 日移动平均价
SUM(X,N)	求总和	SUM(X,N)：统计 N 周期中 X 的总和，N=0，则从第一个有效值开始。例如，SUM(VOL,0) 表示统计从上市第一天以来的成交量总和

18.3.6 数学函数

数学函数主要用于对指定的数据进行求值运算等。常用的数学函数如下表所示。

名称	含义	应用说明
ABS(X)	求绝对值	ABS(X) 返回 X 的绝对值。例如，ABS(-3) 返回 3
BETWEEN(A,B,C)	介于两个数之间	BETWEEN(A,B,C) 表示 A 处于 B 和 C 之间时返回 1，否则返回 0。例如，BETWEEN(CLOSE,MA(CLOSE,10),MA(CLOSE,5)) 表示收盘价介于 5 日均线和 10 日均线之间
MAX(A,B)	求最大值	MAX(A,B) 返回 A 和 B 中的较大值。例如，MAX(CLOSE-OPEN,0) 表示若收盘价大于开盘价，返回它们的差值，否则返回 0
MIN(A,B)	求最小值	MIN(A,B) 返回 A 和 B 中的较小值。例如，MIN(CLOSE,OPEN) 返回开盘价和收盘价中的较小值
MOD(A,B)	求模运算	MOD(A,B) 返回 A 对 B 求模。例如，MOD(26,10) 返回 6
NOT(X)	求逻辑非	NOT(X) 返回非 X，即当 X=0 时返回 1，否则返回 0。例如，NOT(ISUP) 表示平盘或收阴
RANGE(A,B,C)	介于某个范围之间	RANGE(A,B,C) 表示 A 大于 B 同时小于 C 时返回 1，否则返回 0。例如，RANGE(CLOSE,MA(CLOSE,5),MA(CLOSE,10)) 表示收盘价大于 5 日均线并且小于 10 日均线
REVERSE(X)	求相反数	REVERSE(X) 返回 -X。例如，REVERSE(CLOSE) 返回 -CLOSE
SGN(X)	求符号值	SGN(X)：当 X>0、X=0、X<0 时分别返回 1、0、-1。例如，SGN(10) 返回 1，SGN(0) 返回 0，SGN(-10) 返回 -1
ACOS(X)	求反余弦值	ACOS(X) 返回 X 的反余弦值。例如，ACOS(CLOSE) 返回 CLOSE 的反余弦值
ASIN(X)	求反正弦值	ASIN(X) 返回 X 的反正弦值。例如，ASIN(CLOSE) 返回 CLOSE 的反正弦值
CEILING(A)	向数值增大方向舍入	CEILING(A) 返回沿 A 数值增大方向最接近的整数。例如，CEILING(13.3) 求得 14；CEILING(-4.5) 求得 -4
COS(X)	求余弦值	COS(X) 返回 X 的余弦值。例如，COS(CLOSE) 返回收盘价的余弦值
EXP(X)	求指数	EXP(X) 为 e 的 X 次幂。例如，EXP(CLOSE) 返回 e 的 CLOSE 次幂
FLOOR(A)	向数值减小方向舍入	FLOOR(A) 返回沿 A 数值减小方向最接近的整数。例如，FLOOR(13.3) 求得 13；FLOOR(-4.5) 求得 -5
INTPART(A)	取整	INTPART(A) 返回沿 A 绝对值减小方向最接近的整数。例如，INTPART(12.3) 求得 12，INTPART(-3.5) 求得 -3
LN(X)	求自然对数	LN(X) 为以 e 为底的对数。例如，LN(CLOSE) 求得收盘价的对数
LOG(X)	求以 10 为底的对数	LOG(X) 取得 X 的对数。例如，LOG(100) 等于 10
POW(A,B)	求乘幂	POW(A,B) 返回 A 的 B 次幂。例如，POW(CLOSE,4) 求得收盘价的 4 次方

名称	含义	应用说明
SIN(X)	求正弦值	SIN(X) 返回 X 的正弦值。例如，SIN(CLOSE) 返回 CLOSE 的正弦值
SQRT(X)	求开平方数	SQRT(X) 为 X 的平方根。例如，SQRT(CLOSE) 返回收盘价的平方根
TAN(X)	求正切值	TAN(X) 返回 X 的正切值。例如，TAN(CLOSE) 返回 CLOSE 的正切值

18.3.7 指标函数

常用的指标函数如下表所示。

名称	含义	应用说明
COST(X)	求成本分布	COST(X) 表示 X% 获利盘的价格是多少。例如，COST(20) 表示 20% 获利盘的价格是多少，即有 20% 的持仓量在该价格以下，其余 80% 在该价格以上，为套牢盘，该函数仅对日线分析周期有效
PEAK(K,N,M)	求前 M 个波峰值	PEAK(K,N,M) 表示之字转向 ZIG(K,N) 的前 M 个波峰的数值，M 必须大于等于 1。例如，PEAK(1,5,1) 表示 5% 最高价 ZIG 转向的上一个波峰的数值
PEAKBARS(K,N,M)	求前 M 个波峰位置	PEAKBARS(K,N,M) 表示之字转向 ZIG(K,N) 的前 M 个波峰到当前的周期数，M 必须大于等于 1。例如，PEAK(0,5,1) 表示 5% 开盘价 ZIG 转向的上一个波峰到当前的周期数
SAR(N,S,M)	抛物转向	SAR(N,S,M)：N 为计算周期，S 为步长，M 为极值。例如，SAR(10,2,20) 表示计算 10 日抛物转向，步长为 2%，极限值为 20%
SARTURN(N,S,M)	求抛物转向点	SARTURN(N,S,M)：N 为计算周期，S 为步长，M 为极值，若发生向上转向则返回 1，若发生向下转向则返回 –1，否则为 0；其用法与 SAR 函数相同。例如，SAR(10,2,20) 表示计算 10 日抛物转向点，步长为 2%，极限值为 20%，若发生向上转向则返回 1，若发生向下转向则返回 –1，否则为 0
TROUGH(K,N,M)	求前 M 个 ZIG 转向波谷值	TROUGH(K,N,M) 表示之字转向 ZIG(K,N) 的前 M 个波谷的数值，M 必须大于等于 1。例如，TROUGH(2,5,2) 表示 5% 最低价 ZIG 转向的前 2 个波谷的数值
TROUGHBARS(K,N,M)	求前 M 个波谷位置	TROUGHBARS(K,N,M) 表示之字转向 ZIG(K,N) 的前 M 个波谷到当前的周期数，M 必须大于等于 1。例如，TROUGHBARS(2,5,2) 表示 5% 最低价 ZIG 转向的前 2 个波谷到当前的周期数

续表

名称	含义	应用说明
WINNER(CLOSE)	求获利盘比例	WINNER(CLOSE) 表示以当前收市价卖出的获利盘比例，该函数仅对日线分析周期有效。例如，返回 0.1 表示 10% 获利盘
PWINNER(N,X)	求远期获利盘比例	PWINNER(N,X) 表示 N 天前的那部分成本以 X 价卖出的获利盘比例。例如，PWINNER(5,CLOSE) 表示 5 天前的那部分成本以当前收市价卖出的获利盘比例，这里需要说明的是，该函数仅对日线分析周期有效
LWINNER(N,X)	求近期获利盘比例	LWINNER(N,X) 表示最近 N 天的那部分成本以 X 价卖出的获利盘比例。例如，LWINNER(5,CLOSE) 表示最近 5 天的那部分成本以当前收市价卖出的获利盘比例，这里需要说明的是该函数仅对日线分析周期有效
PPART(N)	求远期成本分布比例	PPART(N) 表示 N 天前的成本占总成本的比例。例如，PPART(10) 表示 10 天前的成本占总成本的比例，返回 0.3 表示 30%

18.3.8 绘图函数

常用的绘图函数如下表所示。

名称	含义	应用说明
DRAWICON(COND,PRICE,TYPE)	在图形上绘制小图标	DRAWICON(COND,PRICE,TYPE)：当 COND 条件满足时，在 PRICE 位置画 TYPE 图标。例如，DRAWICON(CLOSE>OPEN,LOW,1) 表示当收阳时在最低价位置画 1 号图标
DRAWLINE(COND1,PRICE1,COND2,PRICE2,EXPAND)	在图形上绘制直线段	当 COND1 条件满足时，在 PRICE1 位置画直线起点；当 COND2 条件满足时，在 PRICE2 位置画直线终点；EXPAND 为延长类型。COND1 表示条件变量 1；PRICE1 表示第一个画线点，通常取值为 H、L、C、O 等；COND2 表示条件变量 2；PRICE2 表示第二个画线点；EXPAND 表示常数变量，1 为向右延伸，2 为向左延伸，3 为左右同时延伸
DRAWKLINE(HIGH,OPEN,LOW,CLOSE)	在图形上画自定 K 线	以 HIGH 为最高价，OPEN 为开盘价，LOW 为最低，CLOSE 收盘画 K 线。例如，DRAWKLINE(HIGH,OPEN,LOW,CLOSE)，以 HIGH 为最高价，OPEN 为开盘价，LOW 为最低，CLOSE 收盘画 K 线
DRAWTEXT(COND,PRICE,TEXT)	在图形上显示文字	当 COND 条件满足时，在 PRICE 位置书写文字 TEXT。例如，DRAWTEXT(CLOSE/OPEN>1.08,LOW,'大阳线')表示当日涨幅大于 8% 时在最低价位置显示“大阳线”字样

续表

名称	含义	应用说明
POLYLINE(COND, PRICE)	在图形上绘制折线段	当 COND 条件满足时，以 PRICE 位置为顶点画折线连接。COND 表示条件变量 1；PRICE 表示绘图点的位置。例如，POLYLINE(HIGH>=HHV(HIGH,20),HIGH) 表示在创 20 天新高点之间画折线
STICKLINE(COND PRICE1, PRICE2,WIDTH, EMPTY)	在图形上绘制柱线	当 COND 条件满足时，在 PRICE1 和 PRICE2 位置之间画柱状线；宽度为 WIDTH(10 为标准间距),EMPTY 不为 0 则画空心柱；COND 表示条件变量 1；PRICE1 表示第一个绘图点的位置；PRICE2 表示第二个绘图点的位置；WIDTH 表示所绘制的柱线的宽度；取值的范围为 0~9，宽度依次递增，取 0 时为一条线，在主图中 K 线的柱宽为 8；EMPTY 表示柱线空心与否，EMPTY 取 1 为空，取 0 为否

18.4 公式应用实战

在对公式和函数有了一定了解之后，就可以根据需求来编写并应用公式了。这里以求行情函数的收盘价为例，讲述公式的具体应用。

第 1 步：编写公式

编写“收盘价”公式的具体操作步骤如下。

❶ 进入同花顺软件，按【Ctrl+F】组合键打开【公式管理】对话框，如下左图所示。

❷ 选择【用户】选项卡，单击【新建】按钮，在弹出的【新建】对话框中，选择【技术指标】单选按钮，如下右图所示。

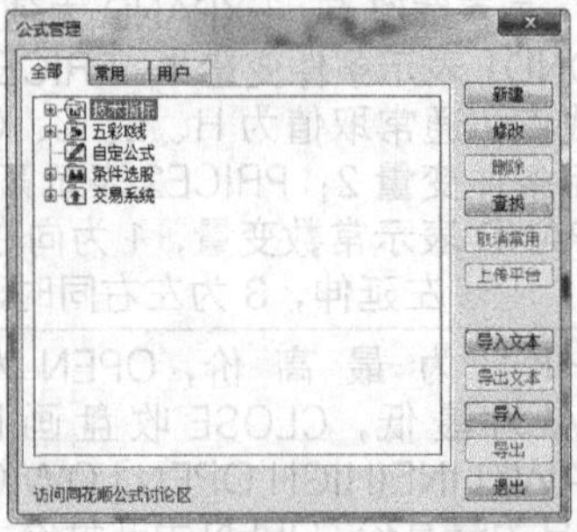

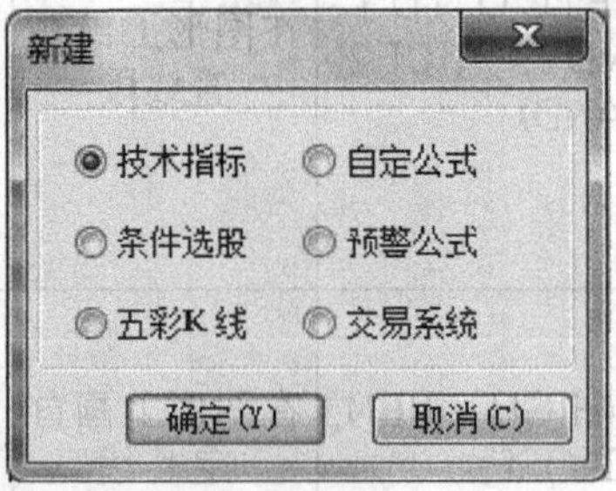

❸ 单击【确定】按钮，弹出【公式编辑 – 技术指标】对话框。

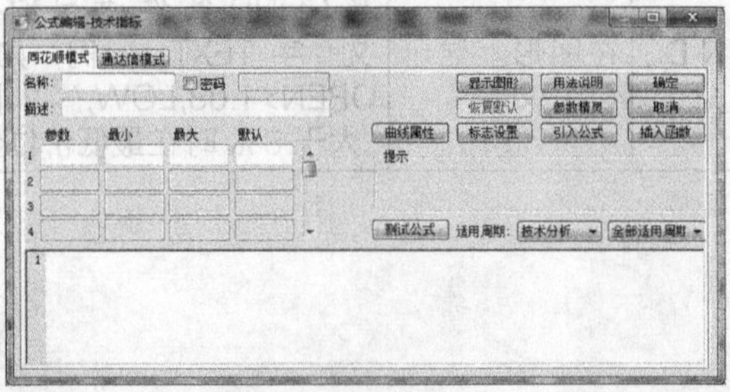

❹ 在【名称】文本框中输入“SHUT”，在【描述】文本框中输入“收盘价”，在公式编辑区中输入公式“CLOSE”。

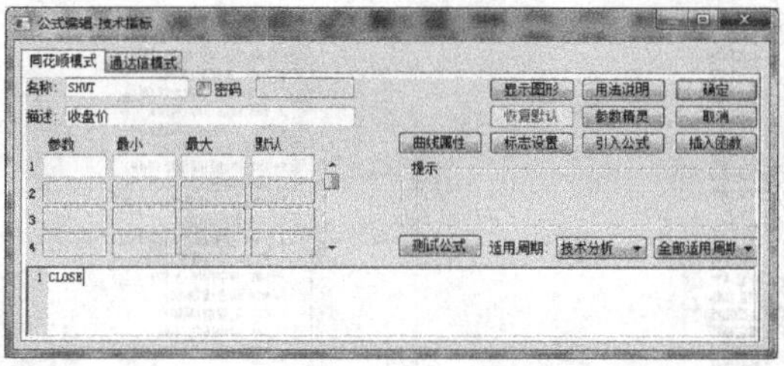

❺ 单击【测试公式】按钮，在【公式编辑－技术指标】对话框的【提示】区域中可以看到“编译测试成功”的字样。

❻ 单击【确定】按钮，返回【公式管理】对话框，在【用户】选项卡下找到公式保存的位置，即可看到新建的公式。

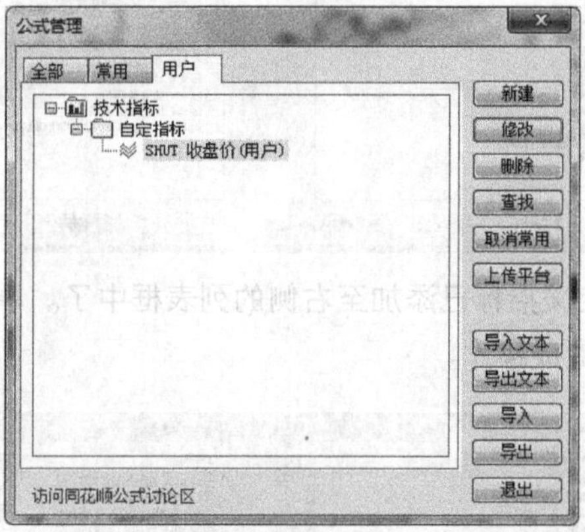

第 2 步：应用公式

编写完自定义公式后，就可使用了，其具体的操作步骤如下。

❶ 进入任一 K 线走势图界面，这里以【华能国际】的 K 线走势图为例进行讲解。

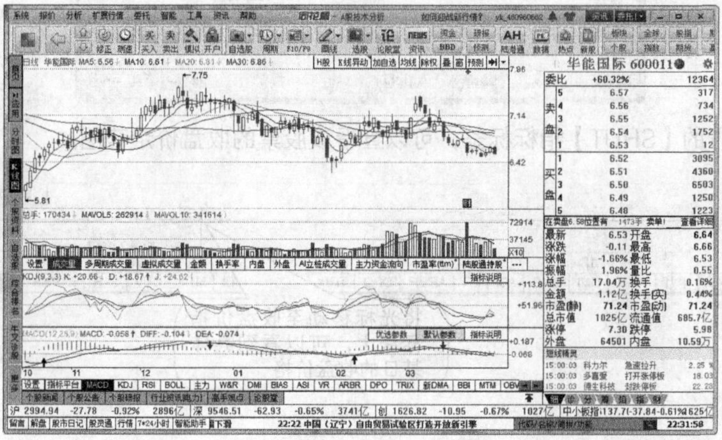

❷ 单击左下角的【设置】按钮，弹出【设置 -- 指标标签】对话框。

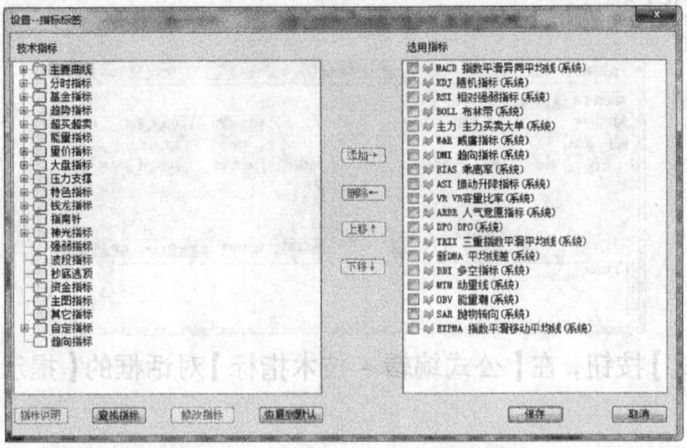

❸ 在【设置 -- 指标标签】对话框中找到自定义的公式，并单击【添加】按钮。

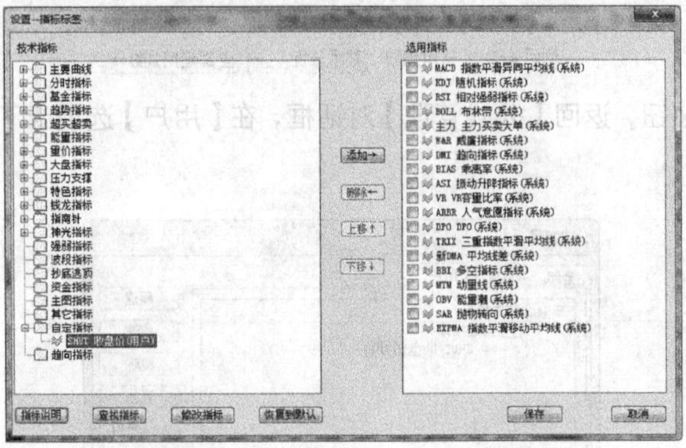

❹ 此时，可以看到自定义指标已添加至右侧的列表框中了。单击【保存】按钮，关闭【设置 -- 指标标签】对话框，完成操作。

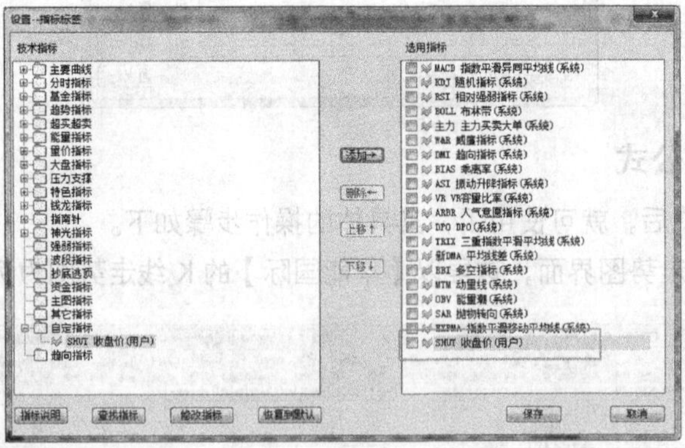

❺ 单击下方的【SHUT】指标标签，可以查看该股票的收盘价走势图。

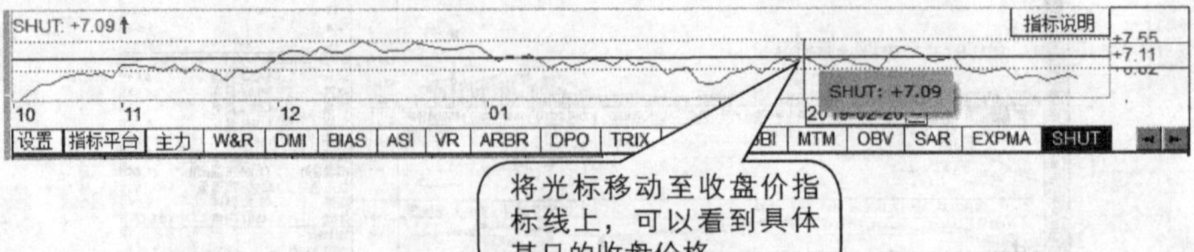

第 19 章 手机炒股

随着手机使用越来越广泛，使用手机炒股已经成为广大股民常用的炒股方式。本章主要介绍手机炒股的基础知识，帮助用户了解手机炒股的交易流程以及手机版炒股软件的使用方法。

19.1 新手上路

本节介绍使用手机炒股的相关知识。

19.1.1 手机炒股

目前除了柜台交易、电话委托和网上交易这三种股票交易方式外，受股民欢迎的炒股方式就是最快捷、最方便的手机炒股了。手机炒股系统是基于移动通信网的数据传输功能来实现用手机进行股票信息查询和交易的新一代无线炒股应用系统，让一个普通手机成为综合性的股票处理终端。随着手机上网的普及以及上网速度的提高，手机炒股已经越来越受股民欢迎。手机炒股与传统交易方式相比，有以下明显优势：虽然电话委托和网上交易也能使股民足不出户就完成交易，但这两种终端的固定性决定了不能随时随地进行交易。手机炒股不同，只要手机在GSM/CDMA 网络覆盖的范围内（可以收到信号），就能够查看行情、做交易。手机炒股系统线路资源相对丰富，相比于电话委托的“堵单”和网上交易的“线路连接不上”，手机炒股在下单速度和线路通畅的可靠性上更胜一筹。

19.1.2 同花顺手机交易支持的券商

同花顺手机交易支持的券商如下图所示。

同花顺手机炒股支持券商				
爱建证券	安信证券（原中关村用户）	财达证券	财富证券	财通证券
长城证券	长江证券	诚浩证券	川财证券	大同证券
德邦证券	东北证券	东方证券	东海证券	东莞证券
东吴证券	东兴证券	方正证券	光大证券	华福证券
广发武证	广发证券	国都证券	国金证券	国开证券
国联证券	国盛证券	国泰君安	航天证券	恒泰证券
宏源证券	华宝证券	华创证券	华融证券	华泰证券
红塔证券	华鑫证券	江海证券	中航证券	金元证券
开源证券	联讯证券	民生证券	民族证券	南京证券
齐鲁证券	日信证券	山西证券	上海证券	申银万国
世纪证券	首创证券	天风证券	天一证券	天源证券
同花顺	万和证券	万联证券	中信万通	五矿证券
西藏同信	西南证券	厦门证券	湘财证券	信达证券
兴业证券	银河证券	银泰证券	英大证券	浙商证券
中金证券	中山证券	中天证券	中投证券	中信建投证券
中信（浙江）	中银国际	中邮证券	中原证券	广州证券

19.1.3 同花顺手机炒股软件特色

（1）全国有近百台服务器，24 小时不间断提供高速行情服务。近百台服务器支持，保证满足手机用户随时随地炒股需求，使用户享受同花顺提供的及时行情、丰富资讯和绝密内参等服务。

（2）可视化行情分析界面。同花顺手机炒股软件不仅让用户最快看到实时行情数据，更能以各种方式显示分时和 K 线图形，采用完全类似于电脑的方式帮助你完成行情分析。同时它完全避免了电话委托不可见、速度慢、不易操作的缺陷，使你完全把握整个在线交易的过程，做到快捷安全。

（3）国内支持手机最多的手机炒股系统提供商。同花顺是全国支持手机型号最多的手机炒股系统提供商，目前支持超过 1 500 款的手机，而且数量还在不断快速增长中。

（4）同花顺特色资讯。同花顺金融研究中心汇聚众多专业分析师，每日为你提供最新的资讯信息。

（5）支持券商在线交易最多。同花顺是全国唯一一家有能力支持超过 90 家券商、2 400 多家营业部在线交易的专业手机炒股服务提供商。

（6）同花顺手机炒股最安全。同花顺手机炒股本身就具有安全性好、保密性高的特点。同时同花顺非常注重交易的安全性，在加密模块处理上采用和电脑完全一样的加密模式，确保你的资金安全和交易安全。

（7）专业的技术支持和很多的用户。使用同花顺手机炒股的用户很多，更有专业的技术支持提供全方位的跟踪服务，能够解决炒股朋友的后顾之忧。

19.2 手机炒股交易流程

由于目前市场上大多使用的是智能手机，因此本书以 Android 系统和 iOS 系统的智能手机为例，讲解手机炒股交易流程。

1. Andriod 手机下载安装

❶ 在手机浏览器中打开手机同花顺财经网站。

❷ 点击网页右上角的【App 下载】超链，在弹出的对话框上点击【安装】按钮。

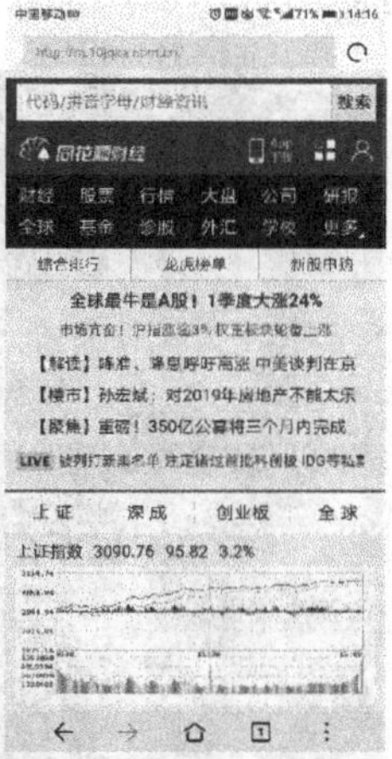

❸ 安装完毕，点击【打开】按钮，弹出如下左图所示的界面，用户可以根据自身情况选择进入哪个界面。

❹ 例如，选择【没有经验】，结果如下右图所示。

2．iOS 系统手机下载安装

❶ 访问 App Store，在搜索框中输入“同花顺”进行搜索，然后在软件详情页面点击【获取】按钮，即可进行下载并安装。

❷ 此时，软件会自动显示在手机桌面上，且显示下载进度。

❸ 下载完成后，点击图标，就可以进入同花顺软件。

19.3 走进同花顺手机版

软件下载且安装后，用户就可以登录软件进行操作了。

19.3.1 同花顺的注册登录

如果用户拥有同花顺的账号，可以直接登录。如果没有账号，可以通过本节内容了解手机注册账号的操作方法。

❶ 打开同花顺软件，点击顶部左侧头像标识，弹出【个人中心】界面。

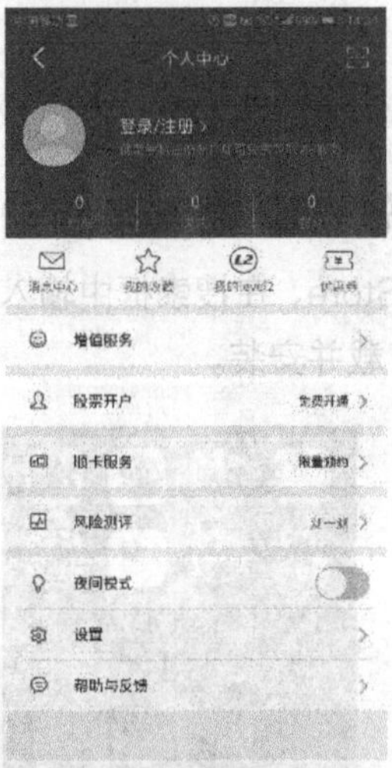

❷ 点击【登录/注册】按钮，如果有账户就直接登录，如果没有，则可以进行账号注册。

❸ 登录或注册后进入个人账户，如下右图所示。

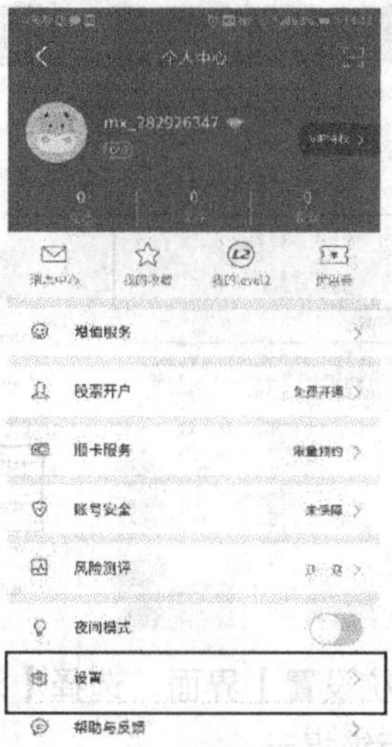

19.3.2 设置个人中心

❶ 进入【个人中心】界面，点击【设置】，进入【系统设置】界面，如下左图所示。

❷ 在【系统设置】界面中选择【K 线指标】选项，进入【指标设置】界面。

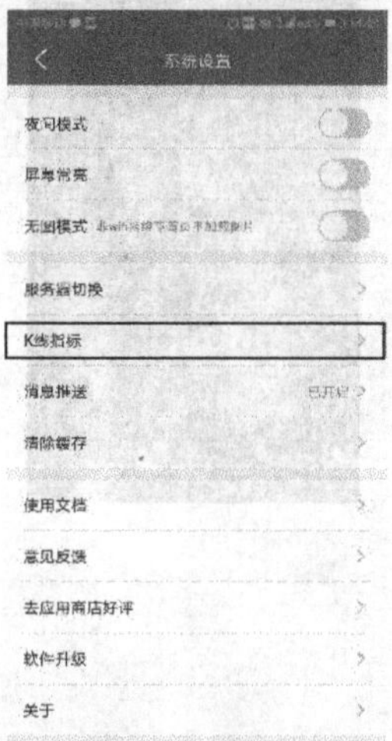

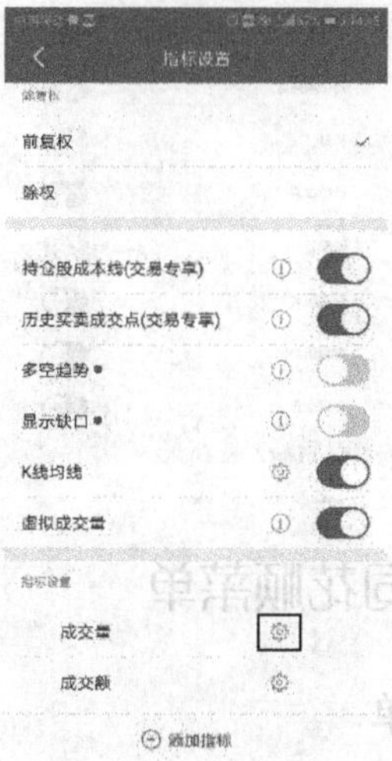

❸ 在【指标设置】界面中点击【成交量】后面的⚙，进入【指标参数设置】界面，点击+，添加日均线，例如，添加一条 30 日均线，如下页左图所示。

> **提示** 点击【成交额】后面的⚙，可以添加成交额日均线，添加方法和成交量日均线的添加方法相同。

❹ 在【指标设置】界面点击⊕ 添加指标，在弹出的【添加指标】界面中可以添加技术指标，例如，点击添加【MACD 云参数】和【KDJ 云参数】。

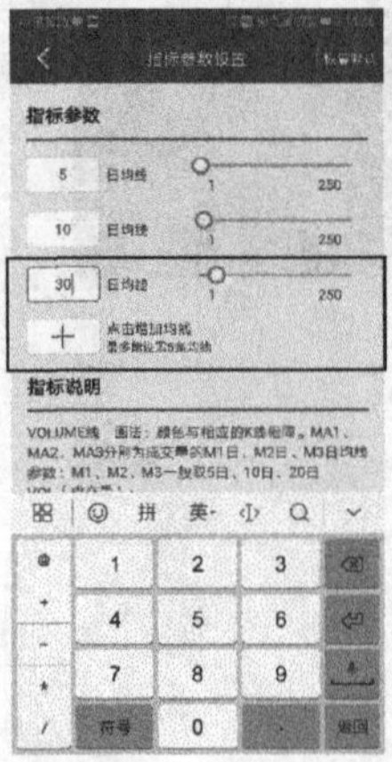
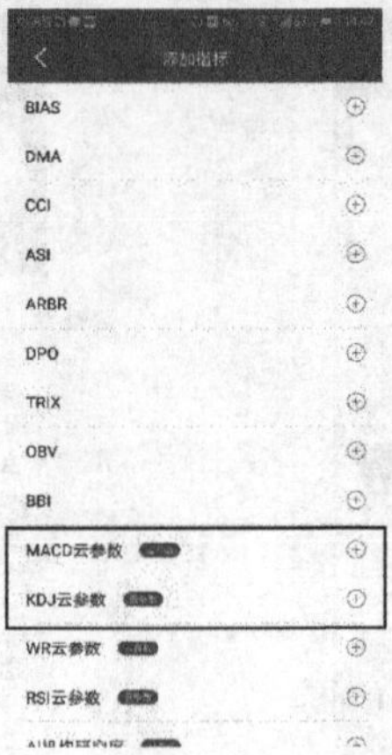
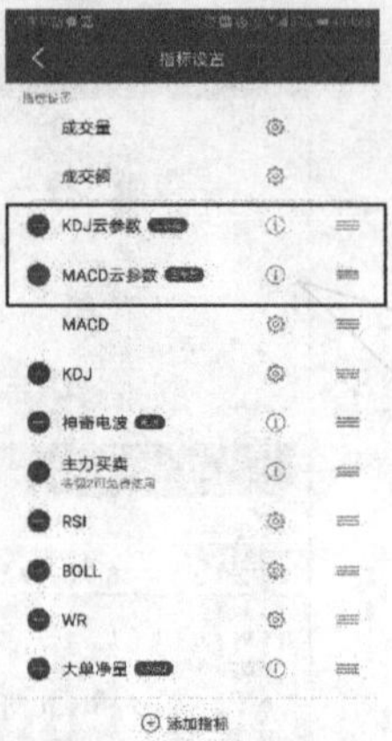

❺ 返回【系统设置】界面，选择【消息推送】选项，进入【消息中心】界面，在这里可以设置接收提示或拒绝提示。

❻ 在【系统设置】界面中如果选择【夜间模式】，操作界面的底色将变为黑色，如下右图所示。

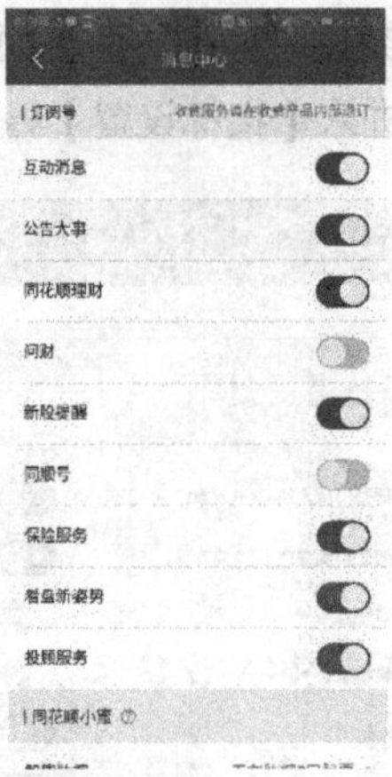
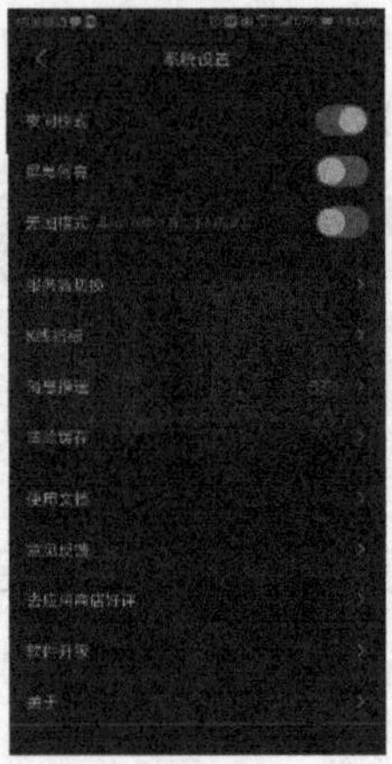

19.3.3 认识同花顺菜单

1．行情菜单

❶ 进入同花顺首页，点击底部的【行情】选项，进入【市场行情】页面，可以查看指数、板块、港美股、英股等，如下图所示。

❷ 点击【沪深】选项，可以查看沪深两市的指数、涨跌幅、换手率、成交额等信息。

❸ 点击【涨停分析】，可以查看个股的涨停原因。

❹ 点击【板块】可以查看行业主力净流入、行业板块涨幅。

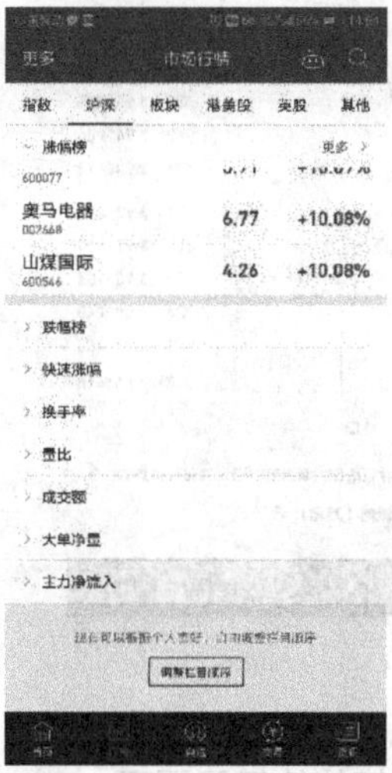

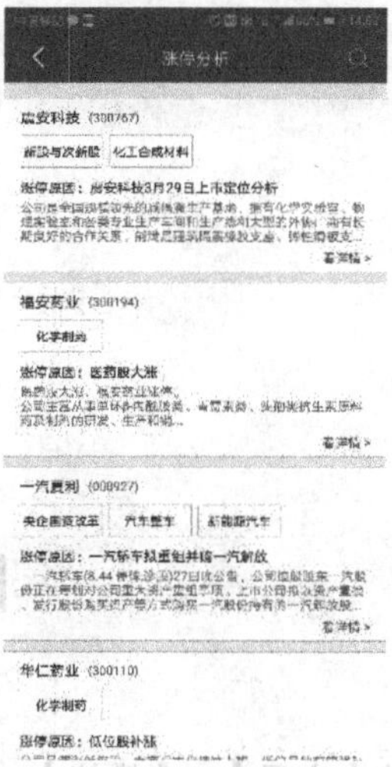

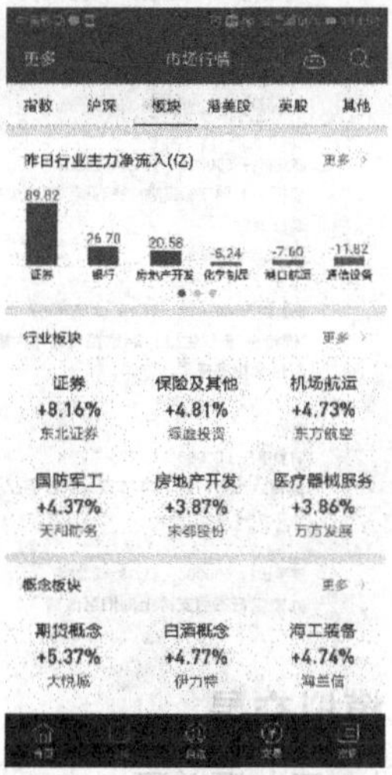

2. 自选股

❶ 进入同花顺首页，点击底部的【自选】选项，进入【同花顺自选】页面。

❷ 点击右上角的🔍，在弹出的【股票查询】页面中输入股票代码，然后点击⊞，如点击【方正科技】后面的⊞，将该股添加到【同花顺自选】。

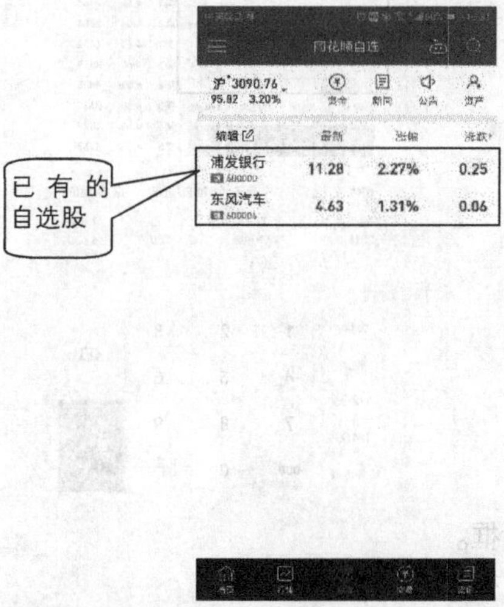

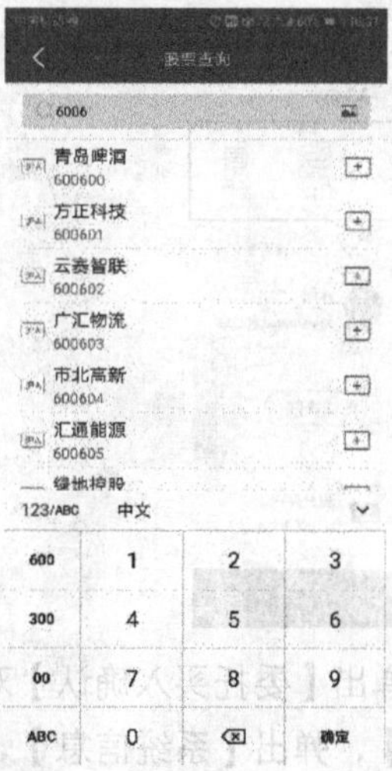

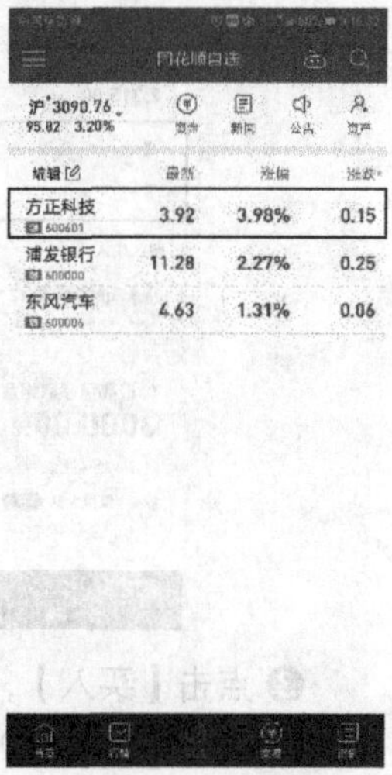

❸ 点击【新闻】，可以查看自选股的相关新闻。

❹ 点击某只股票，如点击【方正科技】，可以进入该股票的分时走势图，可以查看该股的盘口、资金等信息。

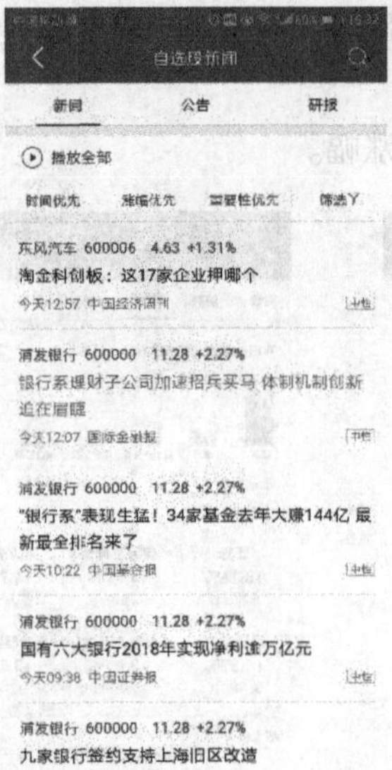

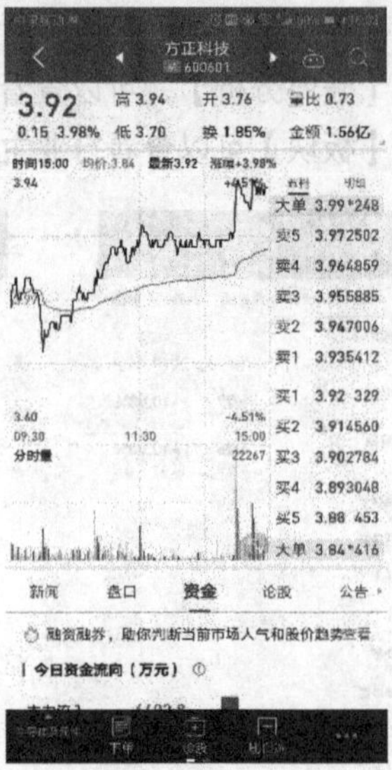

3. 模拟交易

❶ 进入同花顺首页，点击底部的【交易】➤【模拟】，进入模拟练习区页面。

❷ 点击【买入】，然后输入买入股票的代码、价格及股数。

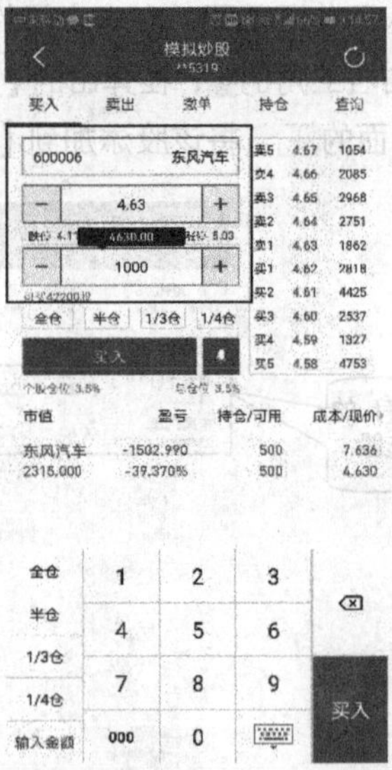

❸ 点击【买入】，弹出【委托买入确认】对话框。

❹ 点击【确认买入】，弹出【系统信息】，点击【确定】按钮即可。

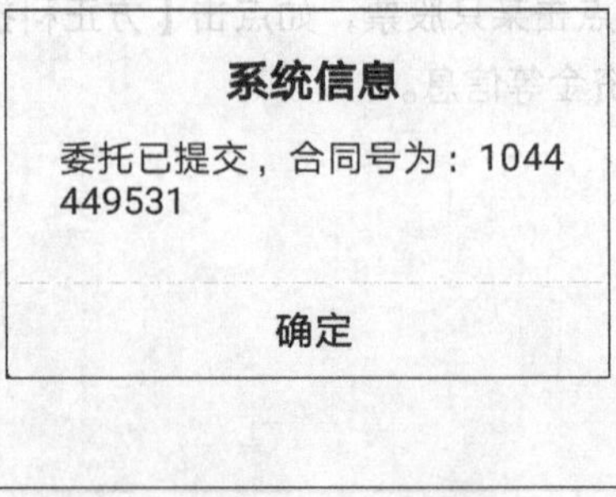

❺点击【卖出】，然后输入卖出股票的代码、价格及股数。

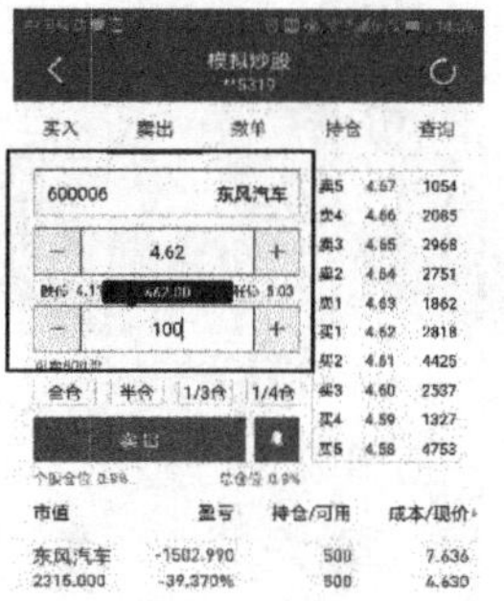

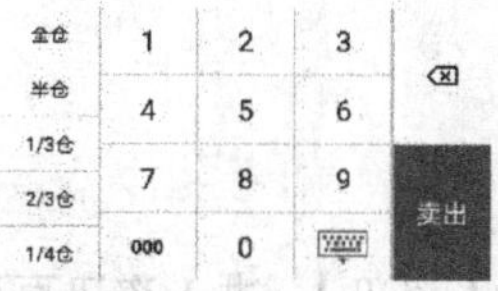

❻点击【卖出】，系统弹出【委托卖出确认】对话框。

❼点击【确认卖出】，弹出【系统信息】，点击【确定】按钮即可。

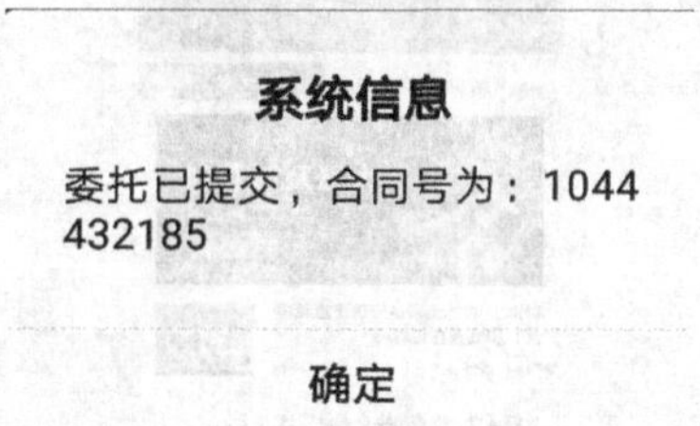

❽点击【撤单】选项，可以对买入和卖出的股票进行撤单。

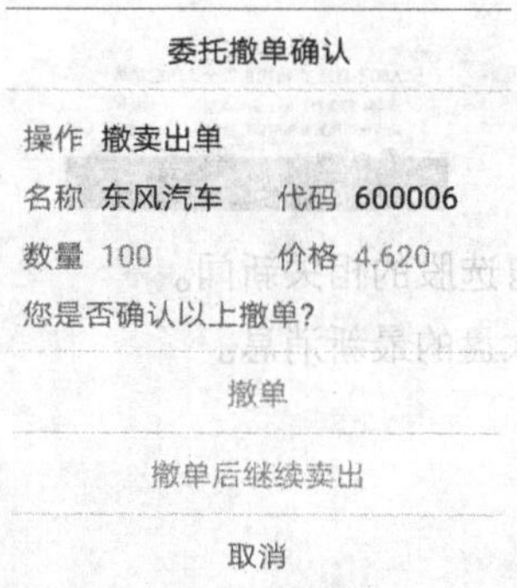

❾点击【持仓】可以查看自己的持仓情况。

❿点击【查询】，可以查看当日成交、当日委托、历史成交以及历史委托等信息。

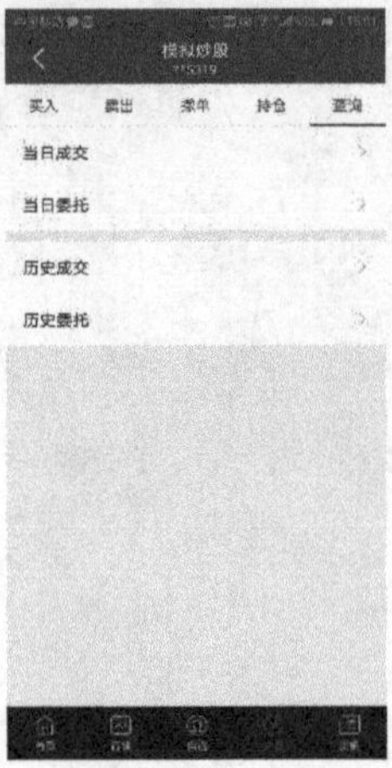

4. 资讯

❶ 进入同花顺首页，点击底部的【资讯】，进入资讯页面，在资讯页面中可以查询股市要闻、热榜、投资机会等。

❷ 点击【热榜】，点击相应的链接，即可进入相关的新闻界面。

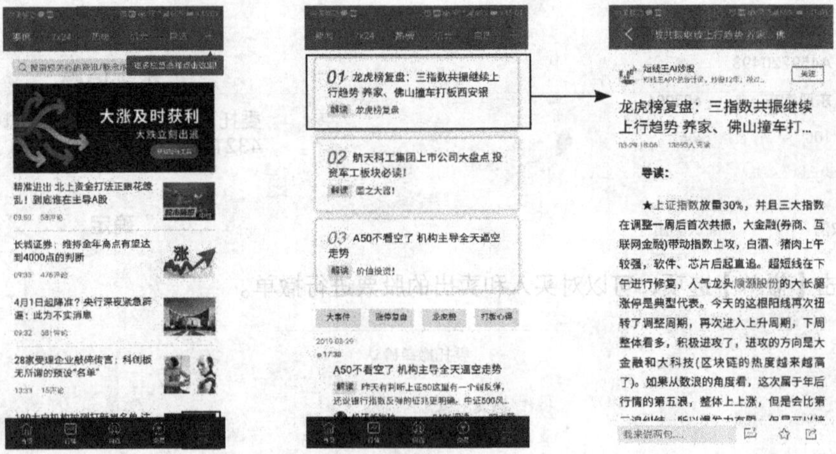

❸ 点击【自选】，可以查看自选股的相关新闻。

❹ 点击【大盘】，可以查看大盘的最新消息。

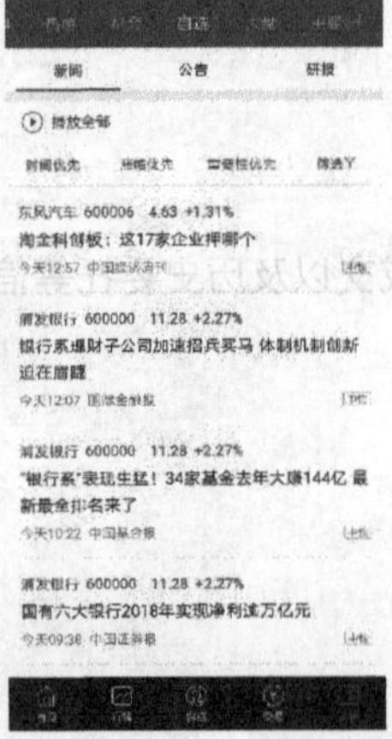

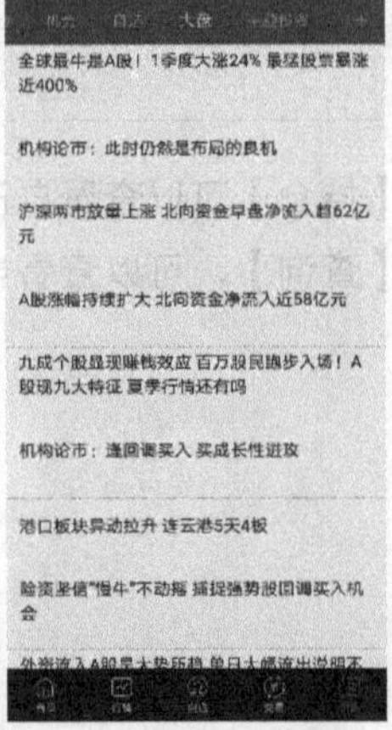

19.3.4 同花顺手机版常规看盘

本节主要介绍如何在手机中查看股市走势图。

❶ 点击【行情】➤【沪深】➤【上证指数】选项，进入上证指数分时走势图。在上证指数分时图界面中可以查看新闻、异动、诊大盘、盘口和贡献度，如下左图所示。

❷ 点击【异动】，查看哪只股票有异常波动，投资者可以敏锐地捕捉投资机会。

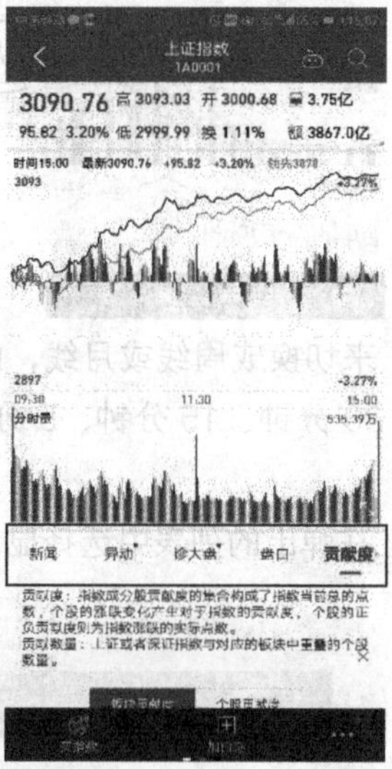

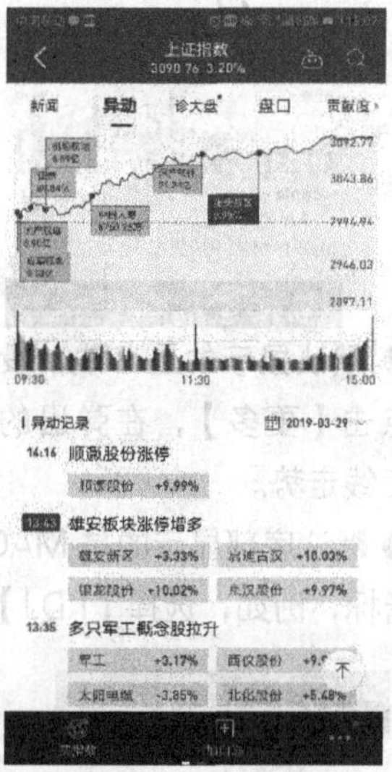

❸ 点击【诊大盘】，对大盘的综合强度进行诊断，对大盘的走势进行研判。

❹ 点击【盘口】，查看股票的量比、换手、振幅、委比、上涨和下跌等盘口信息。

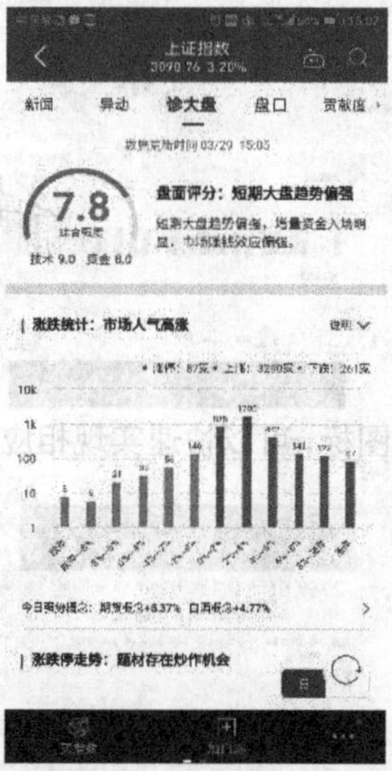

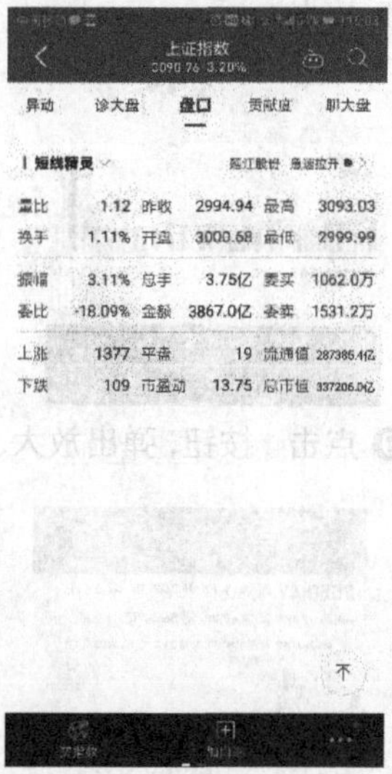

❺ 手指向右滑动界面，可进入大盘的 K 线图。

❻ 默认的 K 线界面显示的是日 K 线、成交量和 MACD 图，用户可以点击【成交量】切换成成交额分布图。

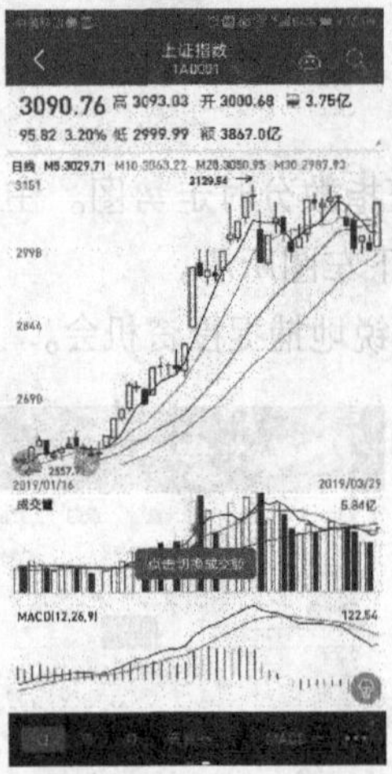

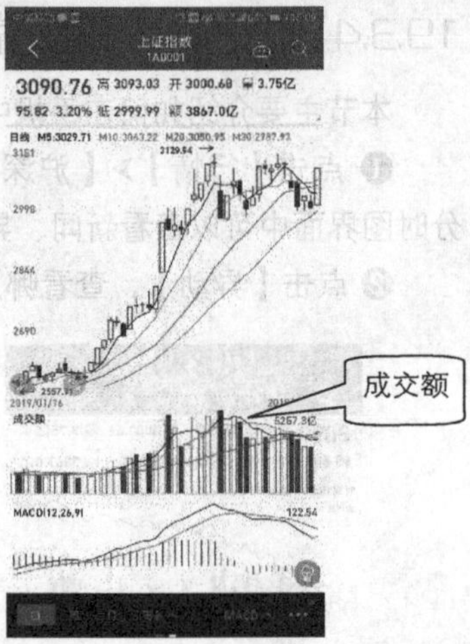

❼ 默认显示的是日线，投资者可以点击下面的【周】【月】来切换成周线或月线，此外还可以点击【更多】，在弹出的列表中选择 120 分钟、60 分钟、30 分钟、15 分钟、5 分钟、1 分钟 K 线走势。

❽ 默认底部显示的是 MACD 技术指标，用户可以点击指标，在弹出的列表中选择显示其他技术指标，例如，选择【KDJ】，如下右图所示。

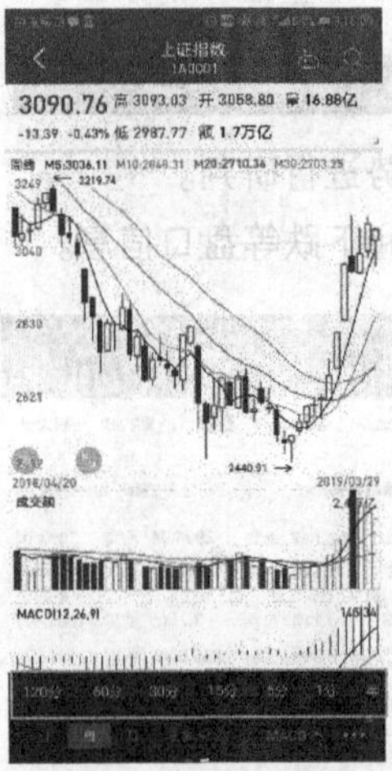

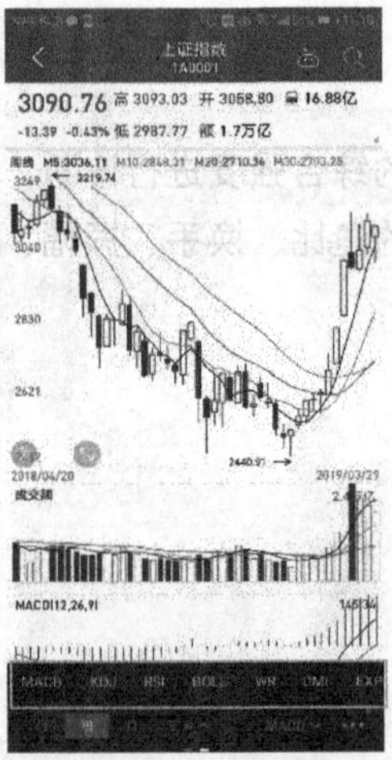

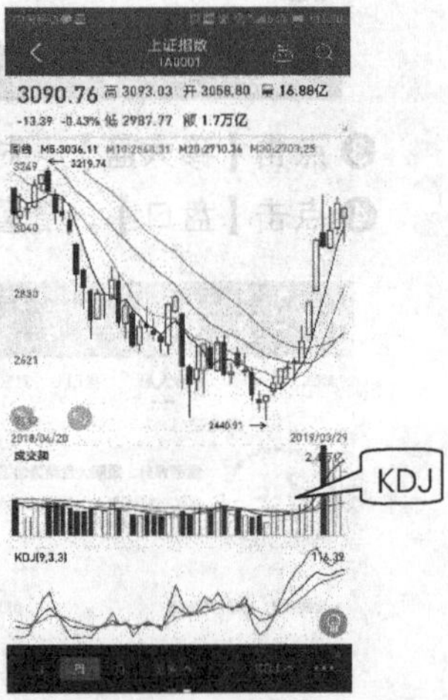

❾ 点击 按钮，弹出放大、缩小、左移、右移图标，按住相应的图标，可以快速实现相应操作。

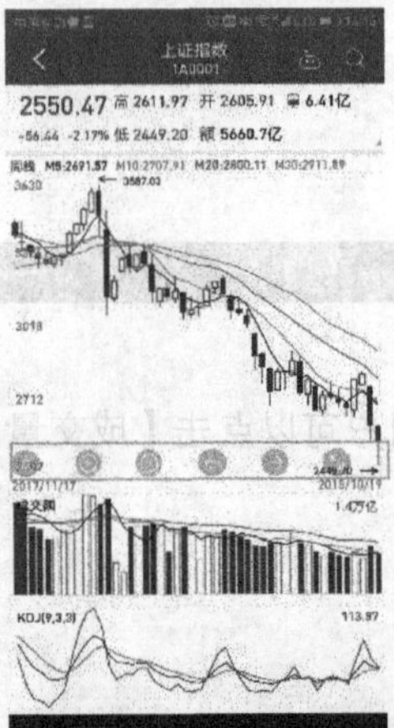

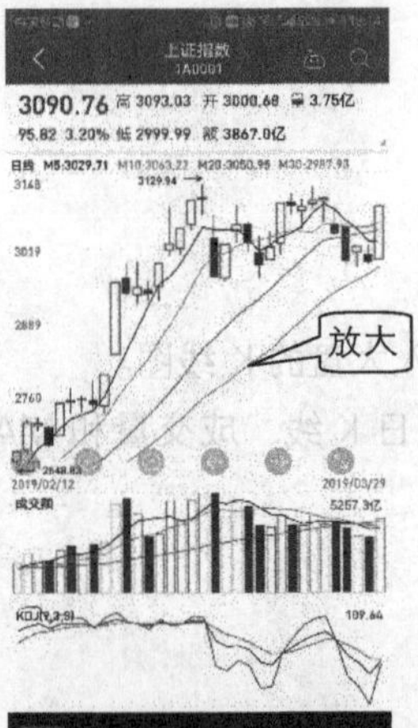

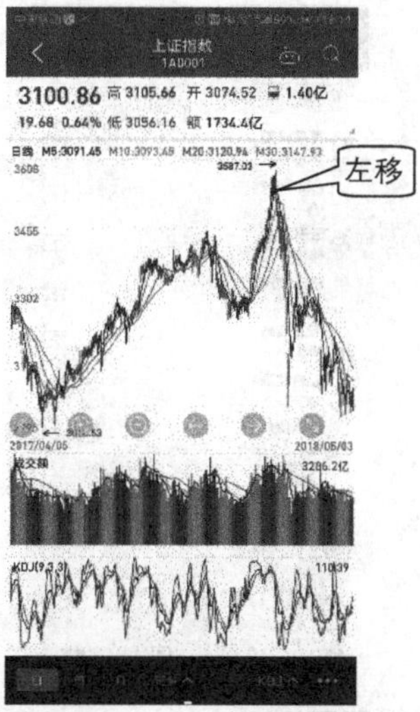

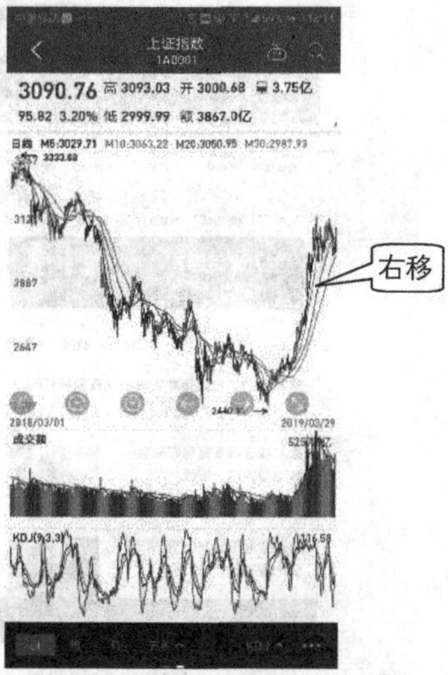

> **提示**
>
> 按住相应的图标可以快速实现放大、缩小、左右移动，点击则可以逐步实现放大、缩小和左右移动。此外，两根手指按住屏幕，向外分开两指可以放大K线，向内合拢两指可以缩小K线。

❿ 点击◎，可以横向显示。

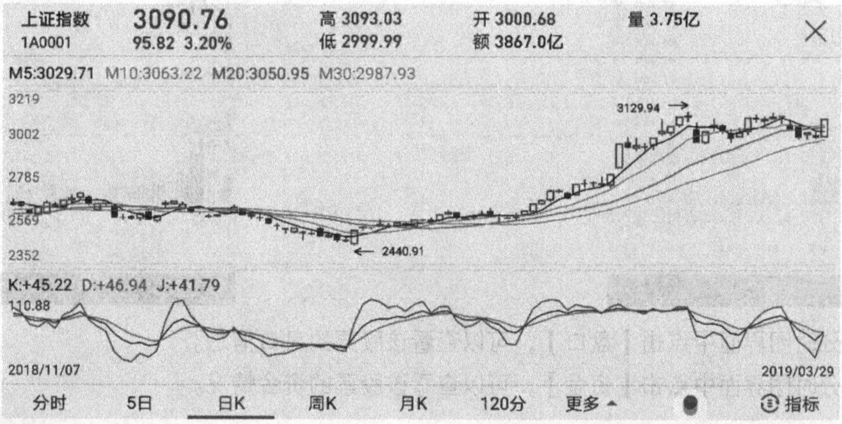

> **提示**
>
> 在横屏界面，上下滑动可以切换到相邻的股指界面。

19.3.5 查看个股的技术分析和信息

❶ 进入同花顺首页界面，点击搜索🔍，进入搜索界面，输入要查看的股票代码或名称。

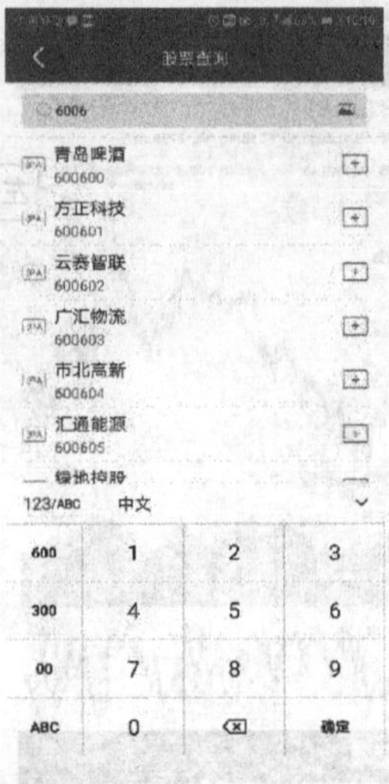

❷ 选择股票，例如，选择青岛啤酒，进入青岛啤酒的分时图页面。

❸ 向右滑动屏幕，进入该股票的 K 线界面。

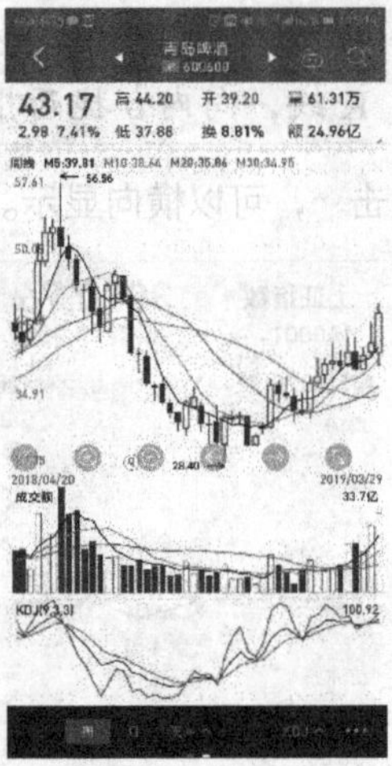

❹ 在分时图界面中点击【盘口】，可以查看该股票的盘口信息。

❺ 在分时图界面中点击【资金】，可以查看该股票的资金情况。

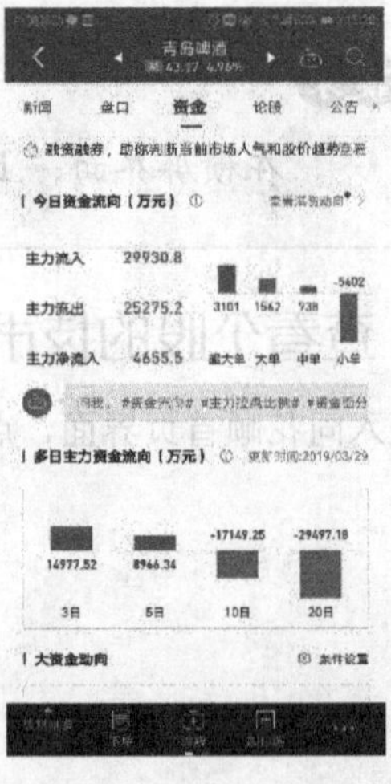

19.3.6 同花顺 App 的更多功能

❶ 进入同花顺首页界面，点击【更多】按钮，展开其他功能界面。

❷ 点击各功能的图标，可以查看更多的股票情况，例如，点击【热门板块】，进入热门板块界面，点击【资金流向】，可以查看资金情况，如下图所示。

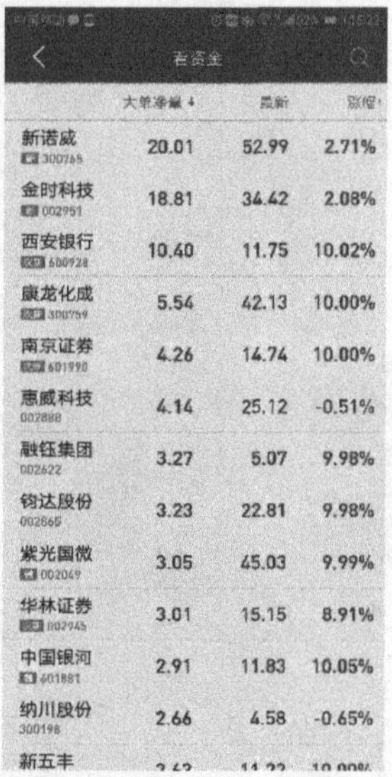

提示

点击【更多】界面的【编辑】按钮，在弹出的界面上可以删除或添加首页图标。

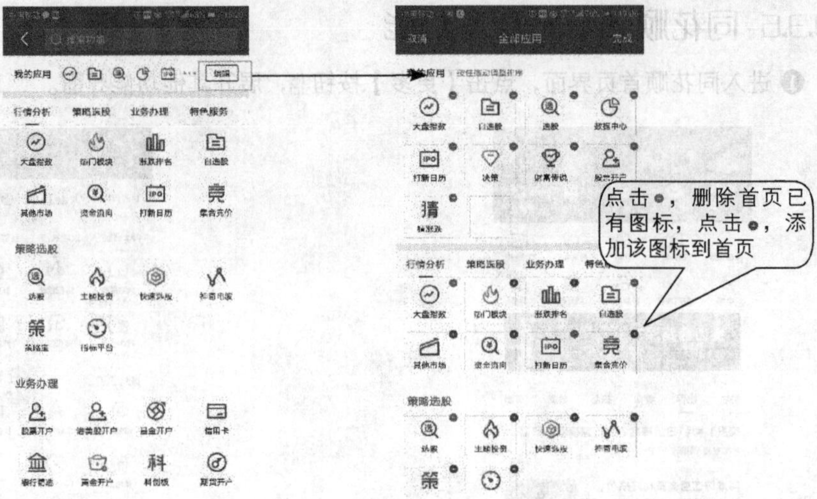
点击●，删除首页已有图标，点击●，添加该图标到首页

第3篇

秘籍篇

第 20 章 炒股必备技法 1——趋势线图形的识别技法

趋势线是判断中长期个股的有力工具，可以通过一把直尺，画出个股的趋势线，正确分析是上升趋势，还是下降趋势，从而做出做空或做多的正确选择。本章主要介绍趋势线的基本概念、上升趋势线、下降趋势线和趋势线与买卖点的关系。

20.1 趋势线的基本概念

在股市中，人们对趋势线的作用用一句话概括，即“一把尺子闯天下”，由此可见趋势线何其重要。

20.1.1 趋势线的定义

所谓趋势线，就是指在某一时间段，股价沿着一定的趋势上涨或下降。在一个价格运动当中，如果其包含的波峰和波谷都相应地高于前一个波峰和波谷，那么就称为上涨趋势；相反，如果其包含的波峰和波谷都低于前一个波峰和波谷，那么就称为下跌趋势；如果后面的波峰与波谷都基本与前面的波峰和波谷持平的话，那么称为震荡趋势、横盘趋势或者无趋势。在分析大盘走势、个股涨跌，特别是中长期走势中，趋势线的作用更加重要和明显。如首创股份（600008）在 2010 年 4 月份到 6 月份期间，股价一直在下降趋势线的压制下，呈下跌趋势， 可见趋势线对股票走势的影响是多么重要。

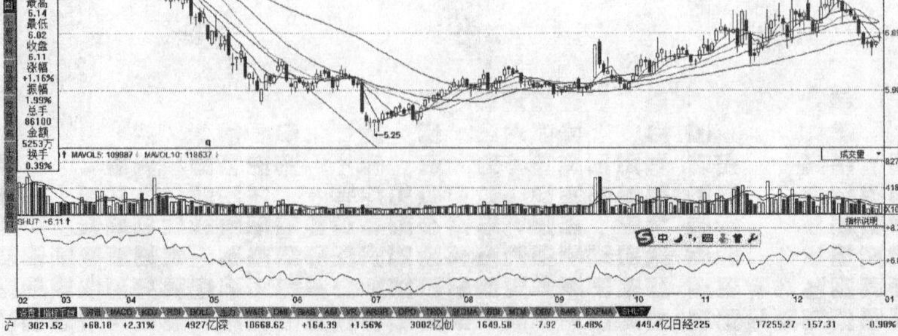

趋势线是股票发展方向的内在的运行规律，不会因股票投资者的意志和行为而转移。因此，对于股票的投资而言，顺应趋势而为是比较明智的选择。一般情况下，一旦下跌的趋势形成，股票不得不下跌，同样，一旦上涨的趋势形成，股票也会持续上涨。

20.1.2 趋势线的作用

股市上有句名言是“顺天者安逸，逆天者徒劳”，意思就是要分清股市的走势，顺着趋势走，将会获得应有的回报，否则会竹篮打水一场空。特别是对于股市中的中长期趋势，这句话有很重要的意义。不要被短期的趋势所影响，坚持自己的判断，这样才能在股市中立于不败之地。

趋势线对股票市场往往会起到以下两种作用。

（1）趋势线对股价后市的波动起到一定的约束作用。下降趋势线将对股价起到压制的作用，而上升趋势线可以支撑股价继续上涨。这种约束作用实质上表现了股票投资者的心理。一旦股票呈现连续下跌趋势，大户投资者暂时不再抛出，看趋势线的支撑力度如何，以判断后期的走势。而场外观望者认为是一个买入的时机，一旦买方力量大于卖方力量，这时将产生有效的突破，股票会转化为上涨的趋势。同样，当股价跌破某条主要趋势线时，大户投资者认为股价还会再跌，便纷纷卖出，一旦卖方力量大于买方力量，这样股票价格会继续下滑。例如，股票上海机场（600009）2010 年 5 月 27 日形成下跌的趋势线，出现了大量的交易，大户投资者纷纷卖出，后市出现了连续的下跌。

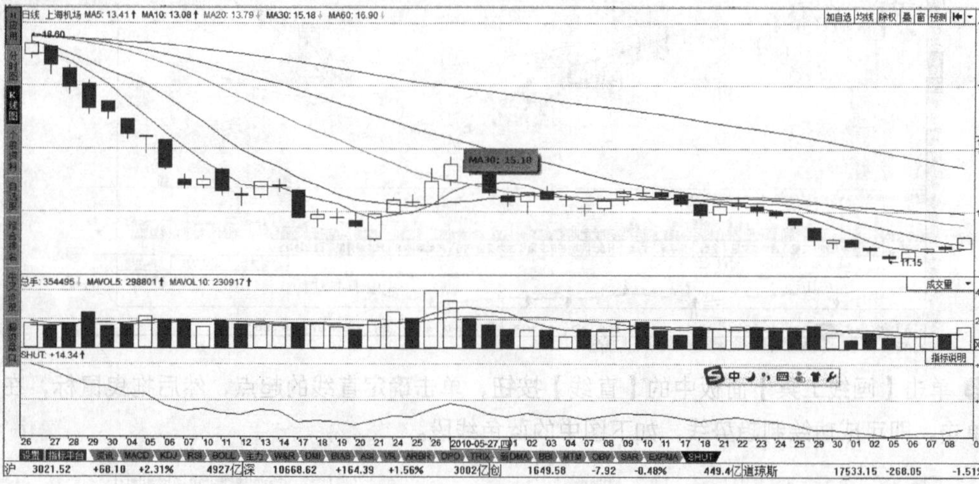

（2）趋势线一旦被突破后，股价下一步的趋势将会朝着相反的方向发展。一般情况下，趋势线越是被有效突破，发生逆向股价波动的可靠性越高。

20.1.3 趋势线的画法

根据趋势的定义，可以画出趋势线来对走势情况进行衡量。对于上涨趋势，可以连接底点，使得大部分底点尽可能处于同一条直线上；而对于下降趋势，可以连接其顶点，使得大部分顶点尽可能处于同一条直线上；对于横盘趋势，可以将顶点和底点分别以直线连接，形成震荡区间。那么当价格运动突破了相应的趋势线后，就可以认为，趋势可能正在反转。在同花顺股票软件中，用户可以不用直尺，轻松地画出趋势线。具体操作步骤如下。

❶ 打开同花顺炒股软件，输入海螺水泥的股票代码“600585”，此时系统将自动调出同花顺键盘精灵，按【Enter】键确认。

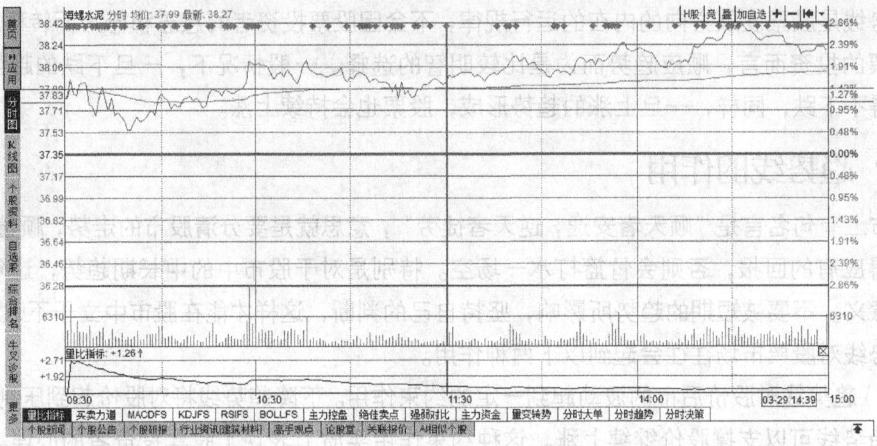

❷ 双击进入海螺水泥的 K 线图，在常用工具栏中单击【画线】按钮。

❸ 弹出【画线工具】面板，用户可以利用画线工具面板绘制线段、直线和矩形等。

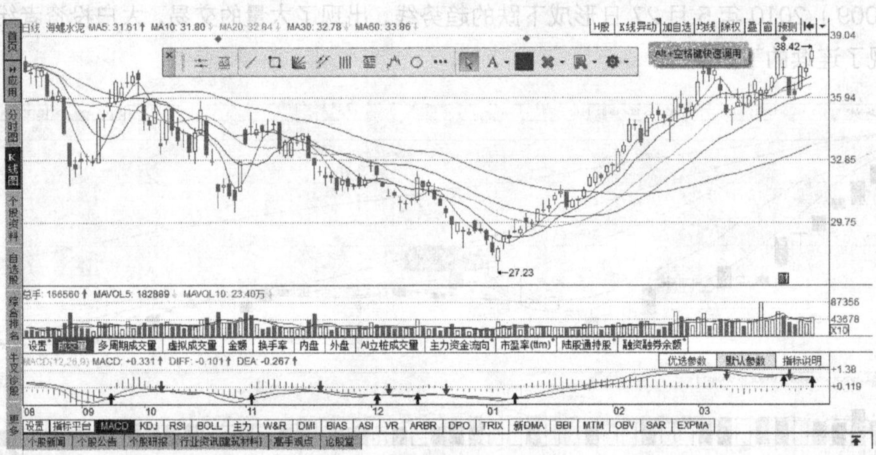

❹ 单击【画线工具】面板中的【直线】按钮，单击确定直线的起点，然后拖曳鼠标，在终点处单击，即可成功绘制趋势线，如下图中的蓝色线段。

❺ 在趋势线的端点上按住鼠标左键，光标变成笔状，可以精确控制趋势线的位置。

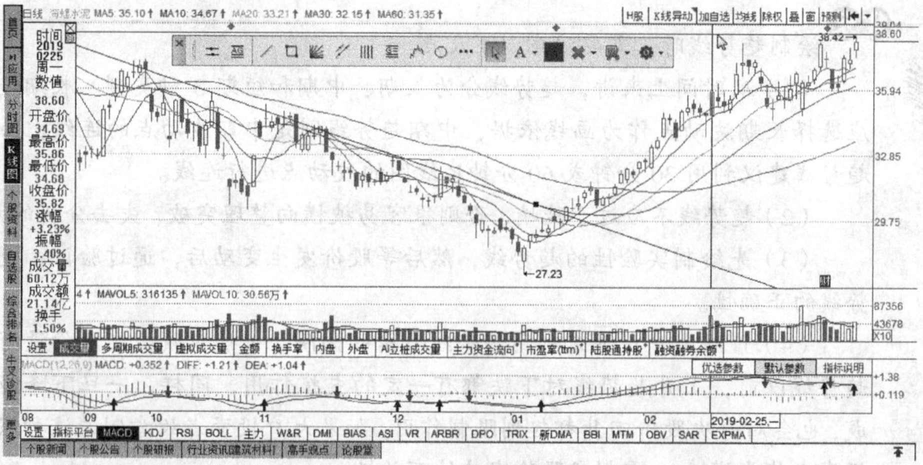

❻ 在趋势线上单击鼠标右键，在弹出的快捷菜单上选择【风格设置】选项，如下左图所示。

❼ 在【直线】对话框中，选择【颜色】为红色，在【粗细】列表中，选择【中】选项，在【线型】下拉列框中选择实线，如下右图所示。

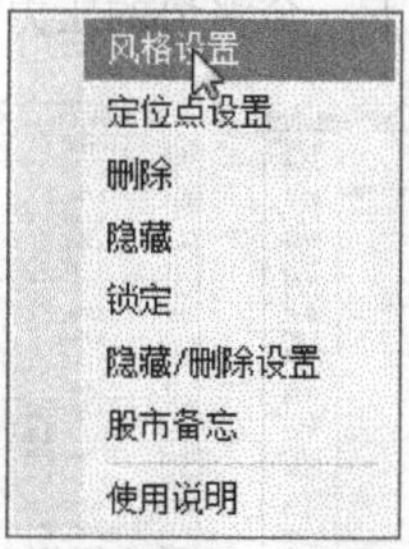

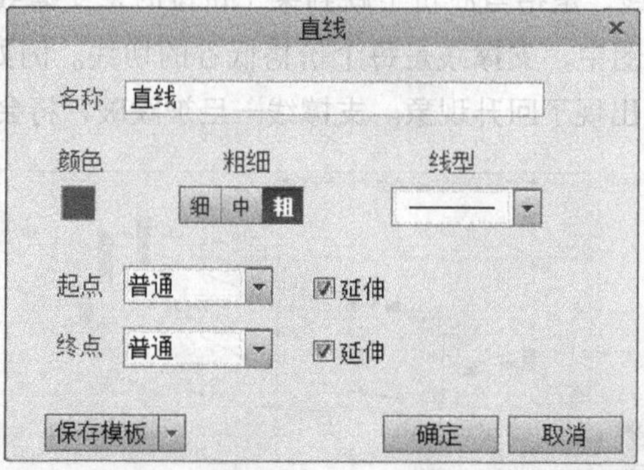

❽ 单击【确定】按钮，趋势线被成功修改。下图所示的红色粗线段即为修改后的趋势线。

提示

绘制趋势线时，需要注意以下几点。

（1）从时间上来讲，趋势线分为长期、中期和短期 3 种类型。长期趋势线应选择长期波动点作为画线依据，中期趋势线则是中期波动点的连线，而短期趋势线建议利用 30 分钟或 60 分钟K线图的波动点进行连线。

（2）趋势线不应过于陡峭，否则很容易被横向整理突破，失去分析的意义。

（3）先绘制实验性的趋势线，然后等股价发生变动后，通过验证，查看趋势线的正确性。

（4）谨防大户投资者利用趋势线做出的陷阱。一般来说，在股价没有突破趋势线以前，上升趋势线对下跌都有一定的支撑作用，同样，一旦下降趋势形成，也会对每次股价回升都起到限制作用。如果大户投资者故意制造这种假象，投资者就要谨慎，需判定股价突破的有效性。

20.1.4 支撑线和压力线

所谓支撑线，是指当股价下跌到某个价位时，支撑线开始阻止股价下跌，并出现股价回升现象。在 K 线图中，支撑线是每个价格低谷的切线。例如，深 100ETF（159901）在 2009 年 11 月下跌后，出现了回升现象。支撑线一旦被跌破，将会成为下一个涨势的压力线。

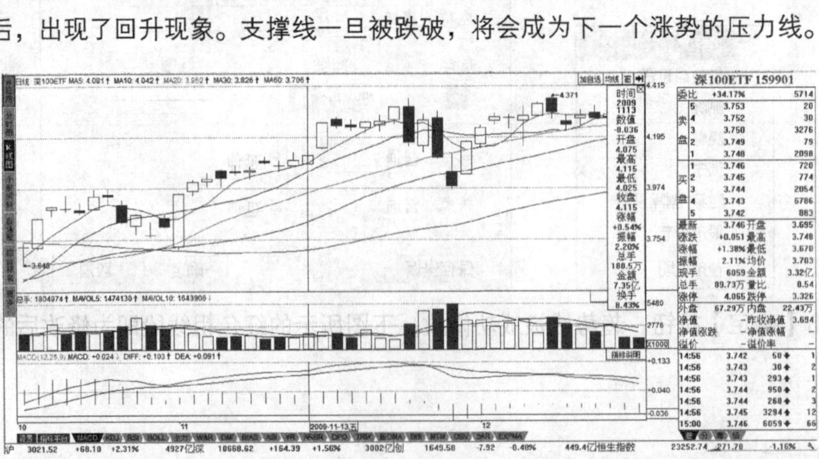

压力线又称为阻力线，是指股价上涨到某个价位时，压力线开始阻止股价上涨。压力线在

K 线图上是每个波峰的切线。例如，基金中小板（159902）在 2010 年 4 月 23 日上涨到了一定价位，然后出现了下跌。

支撑线和压力线是趋势分析的重要依据。一般在支撑线和压力线的附近，投资者需要仔细观察是否有较大的成交量。如果成交量密集，那么该区域会成为支撑线或压力线。而且支撑线和压力线不仅出现在成交量的密集区，而且出现在大涨或大跌之时。

由于压力线对股价的上涨起抑制作用，支撑线对股价的下跌起抑制作用，形成支撑线和压力线后，投资者可以预测未来股价的发展。

20.2 上升趋势线

趋势线从方向上划分为上升趋势线和下降趋势线。上升趋势线是将最先形成或者具有代表意义的两个低点连接而成的一条向上的直线，显示股价的整体趋势是向上的。

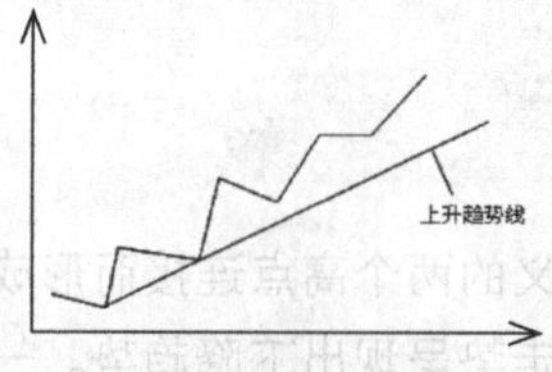

上升趋势线分为普通上升趋势线、快速上升趋势线、慢速上升趋势线、上升趋势线被有效突破和新的上升趋势线。

普通上升趋势线又称上升支撑线，出现在上涨趋势中，体现股价的上涨趋势，这时投资者可以做多操作。上升趋势线被触及的次数越多，其可靠性越强。上升趋势线向上的倾斜度越大，其支撑力度越弱；反之，倾斜角度越小，支撑力度越强。趋势线的角度至关重要，一般来说，倾斜角度为 45° 的趋势线最有意义，稳定且持久。过于平缓的上升趋势线显示出力度不够，不容易马上产生大行情；过于陡峭的上升趋势线说明股价上升太快，不能持久，往往容易很快转变趋势角度，将上升趋势线的角度调整到 45° 左右，但不是趋势的逆转。

快速上升趋势线是在较短的时间内出现了快速上涨，体现了短期上涨的趋势，并支撑股价的短期上涨。慢速上升趋势线出现在慢速趋势线的组合中，维持时间一般较长，但涨幅不是太大。一般在中长期股市中，慢速上升趋势线较为常见，此时投资者可以做多操作。

上升趋势线被有效突破出现在上涨趋势中，股价的收盘下跌幅度在 3% 以上，而且时间超过 3 天。此时上升支撑线的作用失去了，反而转化为压力线，起到压制股价的作用，投资者应及时抛售，避免被套牢。例如，股票宁波联合（600051）在 2010 年 4 月 13 日上升趋势线被突破，此时如果投资者能及时做空操作，则是明智的选择。

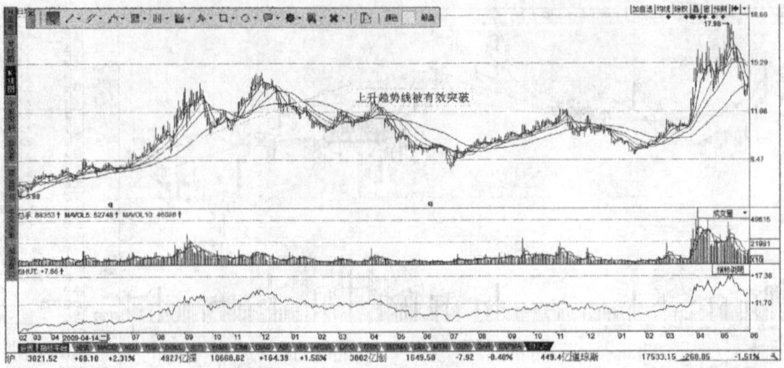

新的上升趋势线出现在上涨趋势中。虽然出现短暂的下跌，但经过短暂的休整，出现了新一轮的上涨。此时投资者可继续做多，但应重新绘制趋势线，不能再参照原有的趋势线。例如，股票青鸟华光（600076）在 2010 年 2 月 3 日下跌到 7.94 元的时候，经过休整后又发动了新一轮的上涨行情，股票投资者可适量地跟进。

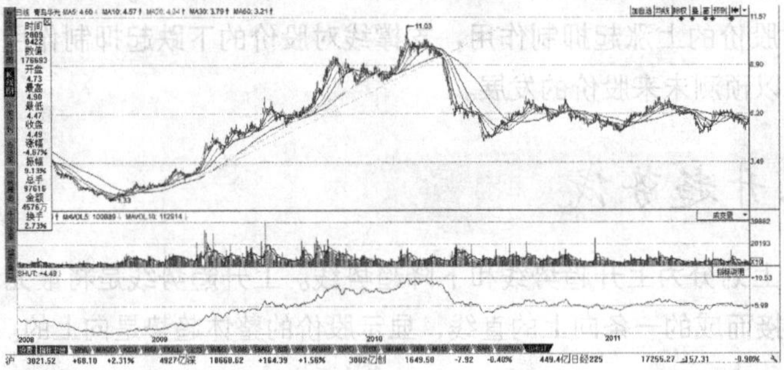

20.3 下降趋势线

下降趋势线是指将具有代表意义的两个高点连接而形成的直线，它体现出整个股价向下运行的趋势。下降趋势线代表股票的走势呈现出下降趋势。一旦形成下降趋势线，表示做多的形势越来越不利，投资者可以考虑做空操作，及时清仓离场不失为明智的选择。

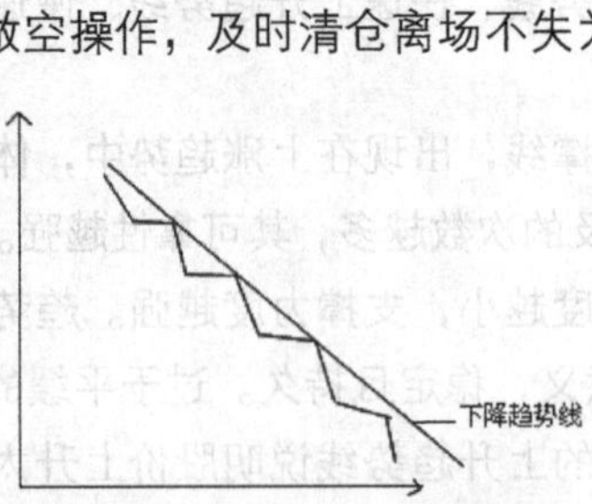

下降趋势线分为普通下降趋势线、快速下降趋势线、慢速下降趋势线、下降趋势线被有效突破和新的下降趋势线。

普通下降趋势线出现在下跌的行情中，一般是将最先形成或最有代表意义的两个高点连接而成的下降的直线，显示了整个股价的趋势是向下的，同时具有压制股票上涨的作用。当股价在下降趋势线的下方时，投资者需谨慎，最好做空操作。下降趋势线可靠性来源于趋势线和股价接触的次数，次数越多，可靠性越大。下降趋势线的角度也影响其压制的强度。一般情况下，越往下倾斜，压制性越弱，也最容易发生突破现象。例如，中路B股（900915）在2010年4月23日到6月25日期间，出现了下降趋势，由于下降趋势线往下倾斜角度较大，随后出现了新一轮的上涨行情。

快速下降趋势也可出现在慢速上涨的行情中，特别是在长期的上涨行情中。此时会出现短期趋势下降的行情，具有明显的压制股价的作用。如果是慢速上涨中的快速下降趋势，投资者可继续看多，做多；如果是慢速下降中的快速下降趋势，投资者需做空操作。例如，在上个实例的个股分析图中就可以看到慢速和快速下降趋势线。

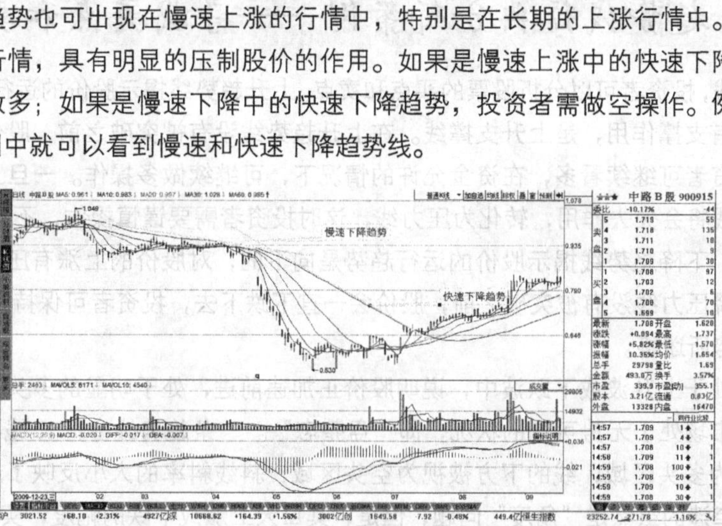

下降趋势线被有效突破出现在股价下跌趋势中，股价上涨幅度超过3%，而且股价要持续在趋势线上方3天以上。此时下降趋势线对股价的压制将失去作用，压制线转化为支持线。此时投资者需谨慎操作，不可盲目买进，持有者也不可盲目做空，应继续观望，随时做好做多的准备工作。例如，股票粤照明B（200541）在2010年4月13日到7月16日出现了下降趋势线，然后被有效突破，观望几天后，投资者可做多操作。

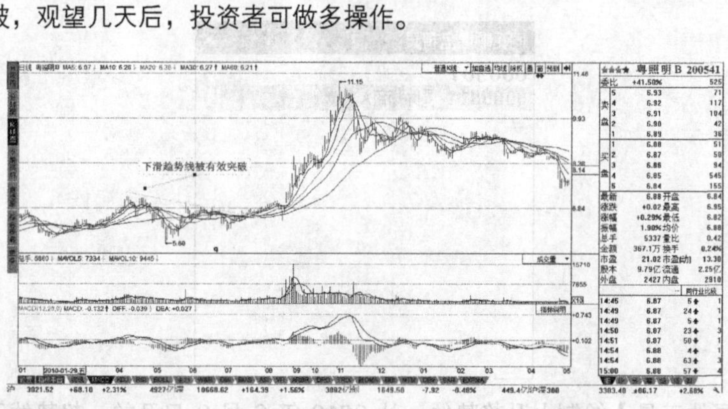

新的下降趋势线出现在股价下跌趋势中。下降趋势线被有效突破后，不是反转继续上涨，而是继续下跌。此时市场经过短暂的休整后继续下跌，体现市场一直处于空头之中。例如，农业银行（601288）在 2013 年 2 月经过短暂的上涨后，又出现了新一轮的下跌趋势。股票持有者可暂时撤出，以免造成更大的损失。

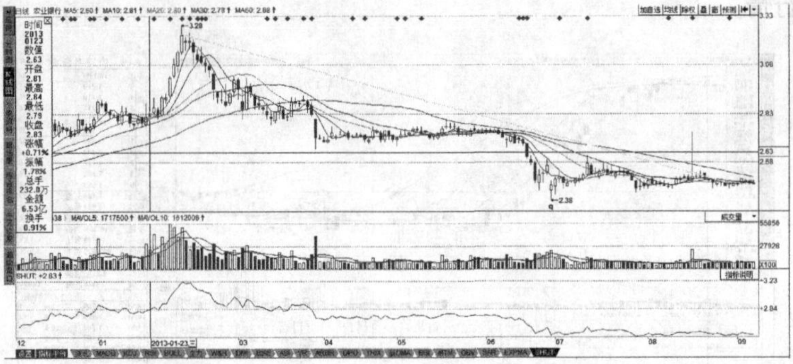

20.4 趋势线经典分析案例——寻找买点和卖点

通过趋势线，投资者可以分析股票的买点和卖点。上升趋势线揭示股价的运行趋势是向上的，对股价的上升有支撑作用，是上升支撑线。在上升趋势线没有被突破之前，股价会一直处于上升趋势中，投资者可继续看多，在资金允许的情况下，可继续做多操作。一旦上升趋势线被有效突破，支撑线将会失去作用，转化为压力线，这时投资者需要谨慎操作，不可继续做多，必要时可以离场。下降趋势线揭示股价的运行趋势是向下的，对股价的上涨有压力作用，是下降压力线。在下降压力线没有被突破之前，股价会一直下跌下去，投资者可保持看空、做空，不可被短期的走势所迷惑。

如果股价处于上升波或下跌波中，说明股价正加速前进，处于明显的多头或空头市场中，否则，则认为市场处于无势可言的状况，即“盘整态”。一条趋势线会把 K 线图分成两部分，线的上方被视为多头区域，线的下方被视为空头区域，斜线斜率的大小反映了趋势变动速度的大小。趋势线牵涉的虽然是“角度”问题，但是，其每天上涨或下跌的幅度，实际上是一种“速度”的表现，所以，45 度角的趋势线一般称为“定速线”。如果行情既非强势也非弱势，趋势线变成接近于水平的，说明行情处于无方向的盘整期。下面以分析股票鄂武商 A（000501）为例，分析上升趋势线对股票的影响。

❶ 打开同花顺软件，输入鄂武商 A 股票代码“000501”，并按【Enter】键确认。

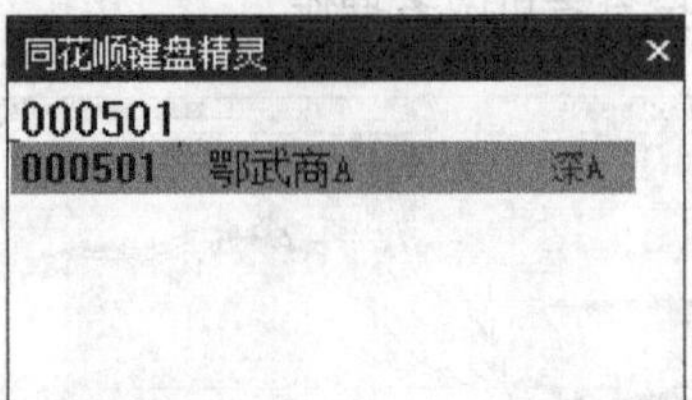

❷ 利用【画线工具】绘制上升趋势线，从 2010 年 6 月 2 日开始，趋势线开始由下降压力线转化为上升支撑线，此时可以看多，趋势线继续呈上升趋势，在 2010 年 6 月 4 日左右可以

开始购入股票，此时是较佳的购买点。

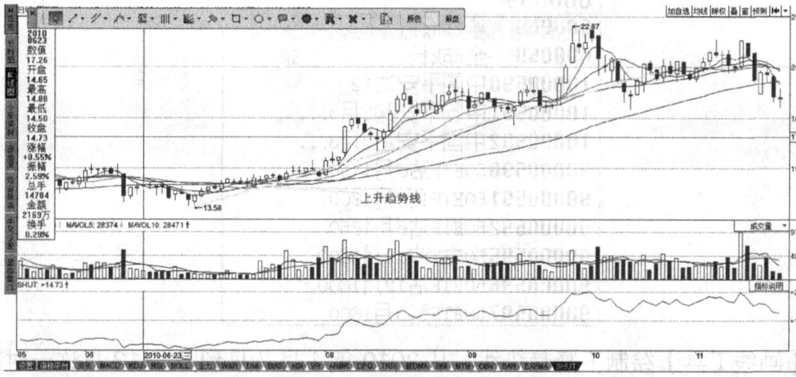

❸ 在 2010 年 8 月 30 日以后，上升趋势线的角度开始急剧增大，新的趋势线产生，此时角度很大，投资者需谨慎，不可盲目购进。

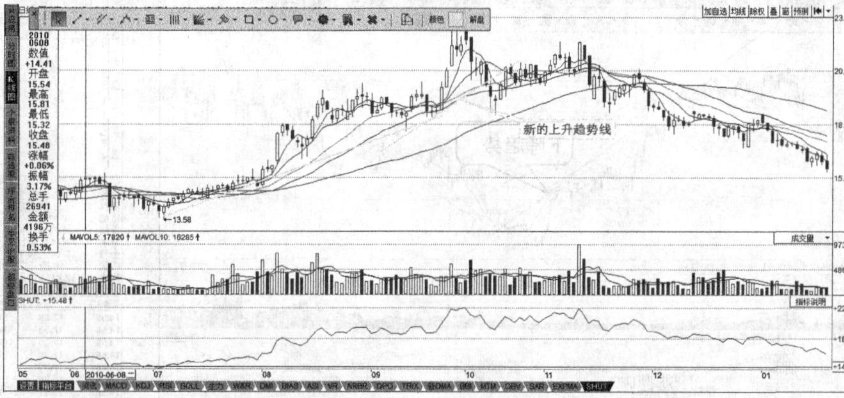

有效的趋势线是价格回调或反弹时重要的支撑线或阻力线。趋势线为什么有如此大的作用，可能的原因有两种。

（1）股市中一种趋势一旦确立，一般很难改变。

（2）趋势线有时也是市场信心和心理成本的象征。如果股价突破了趋势线，很容易造成多方或空方的崩溃，所以，所谓“市场主力”就会刻意维持股价沿趋势线运动。

价格一旦突破趋势线，则是重要的趋势反转信号，应注意买入或卖出。这种方法在实际操作中，确实既简单又有效。趋势代表股价的前进方向，正常情况下，股价应该持续顺着趋势的轨迹前进。有时，股价会忽而朝趋势线的左方偏离，忽而朝右方偏离，这就形成了股价与趋势线的“乖离”。这种乖离的研判方法，与移动平均线“乖离”的研判方法类似。因为趋势线和移动平均线均表示股价落在“线”附近的概率较大，因而这些线对股价有一定的“吸引力”。移动平均线表示目前大多数人的持仓成本，趋势线表示股价前进的方向。因而，在移动平均线和趋势线周围，会不断出现股价的涨落。当股价距离趋势线超过一定距离时，便会受吸引力的牵制，而逐步向趋势线靠拢；反之，当股价接近趋势线时，又会逐步偏离趋势线而产生乖离。投资者可以通过比较历史数据中乖离的大小来判断现在股价是否即将进行修正。

下面以分析股票华锦股份（000059）为例，讲述在压力线和支撑线相互转化中如何寻找买点。

❹ 打开同花顺软件，输入华锦股份股票代码“000059”，并按【Enter】键确认。

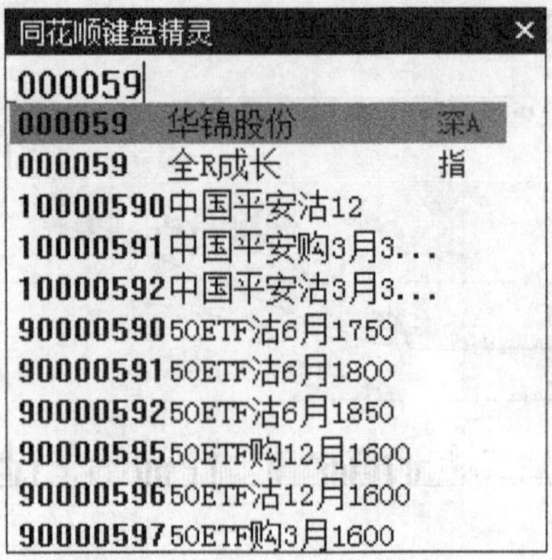

❺ 利用【画线工具】绘制下降趋势线。从 2010 年 4 月 7 日到 7 月 13 日这一时期，趋势线一直呈下降形态，这一阶段用户可以看空操作，2010 年 4 月 15 日应该是比较好的卖点。

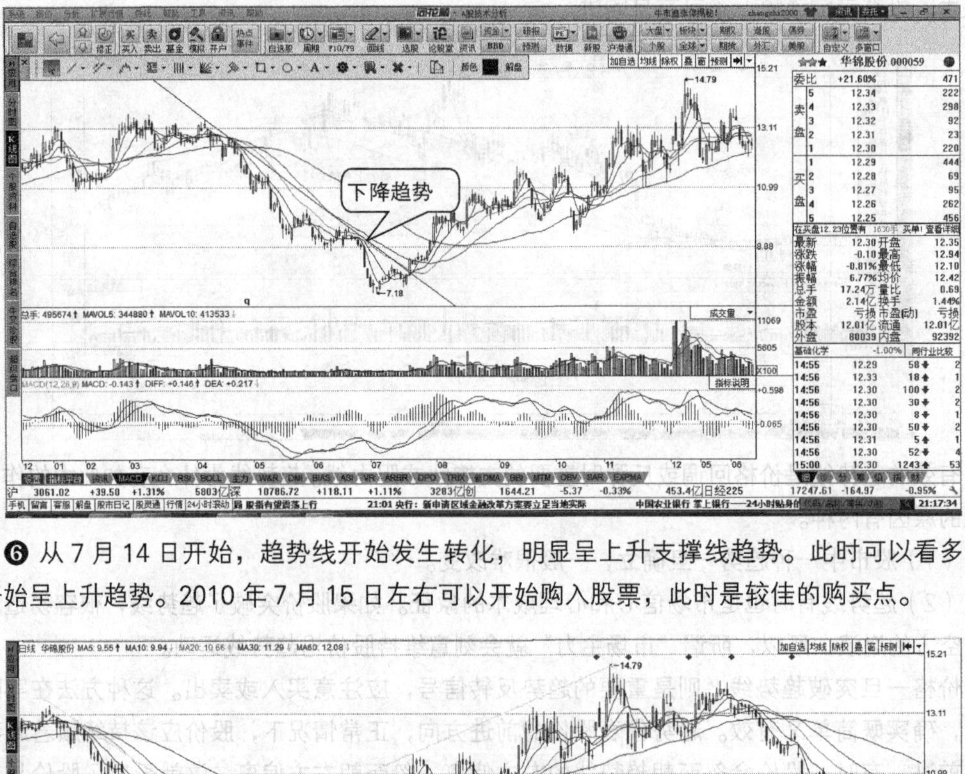

❻ 从 7 月 14 日开始，趋势线开始发生转化，明显呈上升支撑线趋势。此时可以看多，股价开始呈上升趋势。2010 年 7 月 15 日左右可以开始购入股票，此时是较佳的购买点。

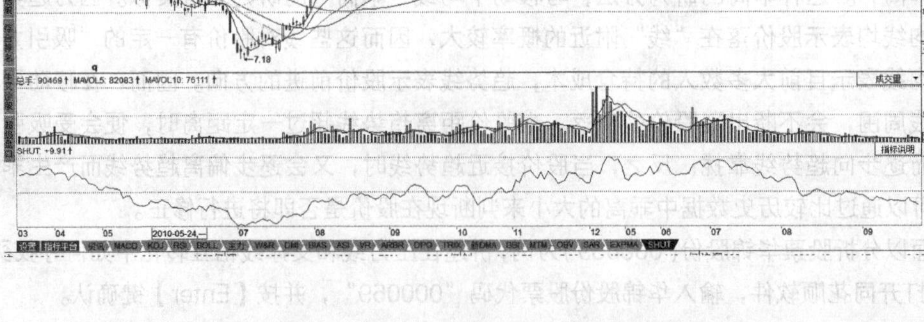

第 21 章 炒股必备技法 2——技术形态分析技法

股市是一个高风险高收益的投资场所，一个投资者要想在股市中长久地生存下去，首先就必须学会如何规避风险。在股市中有很多风险确实是可以防范的，如均线出现死亡谷就是一个危险的信号。如果投资者对死亡谷的特征有所了解，就可以在它出现的时候立即采取相应的措施或者是停损离场，这样就不会造成太大的经济损失；反之，如果投资者对死亡谷的特征一无所知，即使暴风雨来了，也不知道该如何躲避。本章就来详细介绍炒股必备的技法 2——技术形态分析技法的相关内容。

21.1 均线的分类及其意义

所谓均线就是平时所说的移动平均线（Moving Average，MA），是将一段时期（如日、周、月、年）内的股票价格平均值连成曲线，用来显示股价的历史波动情况，进而反映股价未来发展趋势的技术分析方法，也是投资者闯荡股海比较好的导航工具。

21.1.1 均线的分类

均线的分类方法有多种，按照不同的分类方法，可将均线分为多种类型。

1. 按照均线的形态分类

按照均线的形态来分，均线可分为单根（或单条）均线、普通组合均线和特殊组合均线三种基本类型。

（1）单根均线。

炒股软件（如同花顺、通达信、大智慧等）K 线图中的单个 5 日均线、10 日均线、60 日均线就表示单根均线。单条均线根据时间周期来划分，可分为短期均线、中期均线和长期均线。如 3 日均线、5 日均线、10 日均线等大多数称为短期均线；20 日均线、30 日均线、60 日均线称为中期均线；长期均线常见的有 100 日均线、120 日均线等。例如，在同花顺软件中输入万科 A 的代码“000002”，即可看到相关均线，MA 后的数字是几就代表几日均线，而且该均线字样颜色与均线颜色一致，如下图中的 MA60 是蓝色就可以在 K 线图中找到 60 日均线，绿色表示 30 日均线。

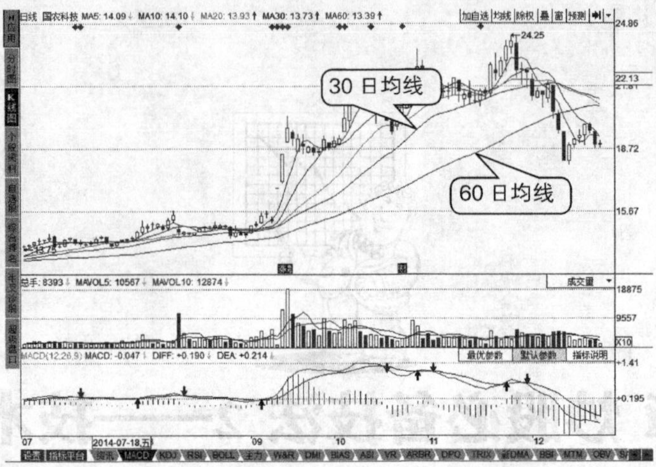

（2）普通组合均线。

在实际的实践过程中，只凭单条均线并不能真实地反映股票的走势，在多数情况下是几根均线组合起来使用的，通常是 3 根均线组合起来使用，简称为均线组合。

目前股市上经常使用的均线组合有以下几种。

① 5 日、10 日、20 日。

② 5 日、10 日、30 日。

③ 10 日、30 日、60 日。

④ 20 日、40 日、60 日。

⑤ 30 日、60 日、120 日。

⑥ 60 日、120 日、250 日。

第 1 种均线组合如下图所示。

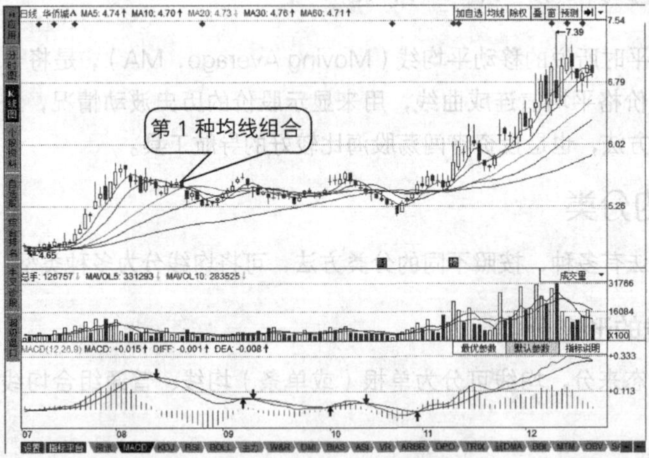

一般来说，无论是哪种均线组合，人们都习惯将周期最短的 1 根均线称为短期均线，周期最长的 1 根称为长期均线，余下的那根均线称为中期均线。如第 1 种组合方式中 5 日均线就是短期均线，10 日均线就是中期均线，20 日均线就是长期均线；而在第 6 种均线组合方式中 60 日均线是短期均线，120 日均线是中期均线，250 日均线是长期均线。

显然上述的短期、中期、长期均线与单条均线中的短期、中期、长期均线的意义有所不同。股民在学习和运用均线分析技巧时，要特别注意两者之间的区别，不要把两个不同概念混淆起来。

（3）特殊组合均线。

上述介绍的单条均线和普通组合均线都是以日为单位的，但是这种以日为单位的均线在周K线走势、月K线走势或分时K线走势图中就无用了。这时，唯一的方法就是把日均线改成周均线、月均线或分时均线，才能与周K线走势图、月K线走势图或分时K线走势图相匹配。在这里，就可以把周均线、月均线或分时均线称为特殊均线。之所以称为特殊均线，主要是因为平时很少用到的缘故。

2．按照均线的计算周期分类

按照均线的计算周期来分类，可分为短期（如5日、10日）、中期（如30日）和长期（如60日、120日）均线。

（1）短期均线。

短期均线一般都以5天或10天为计算期间，代表一周的平均价，可作为短线进出的依据。

（2）中期均线。

中期均线大多以30日为准，称为月移动平均线，代表一个月的平均价或成本，亦有扣除4个星期日以26天来做月移动平均线的。另有72日移动平均线，俗称季线。大致说来月移动平均线有效性极高，尤其在股市尚未十分明朗前，可预先显示股价未来变动方向。

（3）长期均线。

长期均线一般是以100日、120日、150日、200日、250日等为计算周期，其中使用较多的是120日、250日长期均线。

另外，按照算法来分，均线还可分为算术均线、线性加权均线、阶梯形均线、平滑型均线等多种，最为常用的是算术均线。

21.1.2 单根均线的意义

K线图中的每根均线都可以称为单根均线，其中3日、5日、10日均线被广大投资者参考使用。相对于10日均线来讲，5日均线起伏较大，尤其是在震荡行情时该线的形状不规则，卖出买入信号很难把握，因此在多数情况下人们都把10日均线作为短期买卖的依据。其原因是10日均线较5日均线更能反映短期股价平均成本的变动情况与趋势。

在单根均线中，20日、30日、60日均线被称为中期均线。其中30日均线使用的频率较高，经常被用来与其他均线配合，供投资者参考当日股价及短期和中长期均线的动态，了解它们之间的相关性，作为短、中期买卖的依据。60日均线因为对中期股价指数有明显的趋势指示及制约作用，为行情趋势的分析判断提供了较为准确的依据，因而很受投资者看重。

在单根均线中，长期均线有100日、120日、150日等多种均线，使用较多的是120日和250日均线，这些半年线、一年线对研究股市的中长期走势有着重要的作用。

21.1.3 均线组合的意义

分析均线组合的目的在于利用平均数来消除股价随机波动的影响，寻求股价波动的趋势。选取时间段的移动天数越少，移动平均线对股价随机变动的反应就越灵敏；选取移动天数越多，移动平均线中所包含的偶然因素就越少。

认真分析均线组合，可以测算某一阶段内市场的平均成本，以此平均成本的移动曲线配合每日收盘价的变化来分析多空力量的对比，从而研判股价的可能变化。通常情况下，现行价格在平均价之上，意味着市场买方力量强大，行情看好；反之，则意味着供过于求，卖压沉重，行情看淡。

例如，股票国农科技（股票代码为 000004）在 2014 年 7 月前后的均线组合，出现了“身抱多线”的形态，后期出现了上涨的行情。

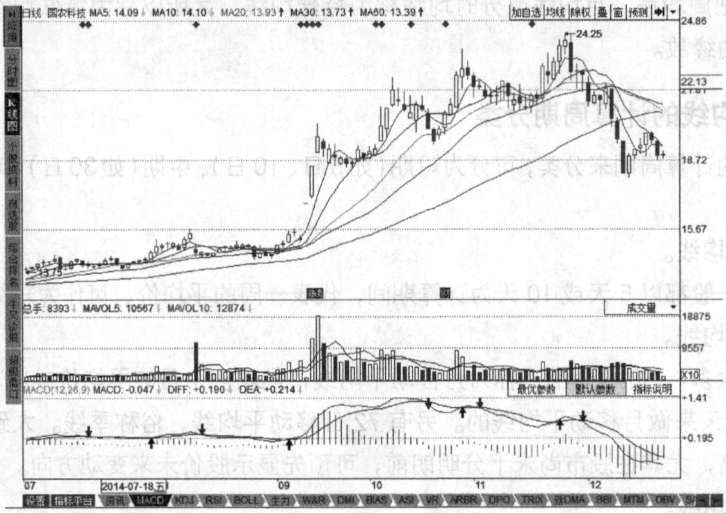

21.2 实用的买入口诀

均线的主要功能是揭示股价波动的方向，即通常所说的是上升趋势还是下降趋势。此外，它还能揭示当前市场的平均成本，并有助涨助跌的作用。因此，均线的形态可以说是股民判断股票的买入卖出时机的法宝。

21.2.1 双管齐下，买进不怕

所谓的“双管齐下”形态是由两条并列的长下影小实体组成的。股价下跌到低位后，如果连续出现两条长下影小实体 K 线，且下影线的最低点较为接近，称为“双管齐下”。它像两条长钢管扎向地下，使地基坚实可靠。该形态的出现，表明股价已进入了底部，或者离底部已经不远了，中长线投资者可开始建仓，短线也可以介入，后市获利一般可靠。

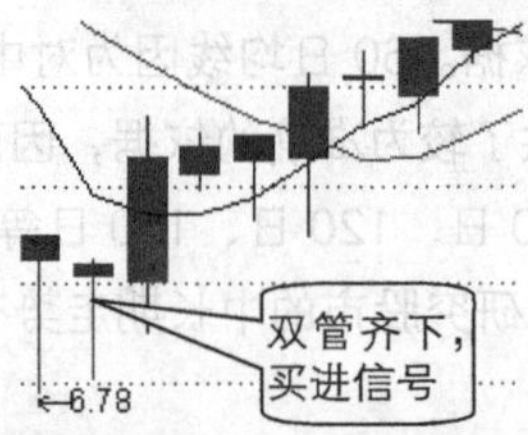

出现“双管齐下”的形态后，股票投资者需遵循以下操作原则。

（1）双管齐下形态可在底部行情中出现，也可在顶部行情和下降行情途中出现。在顶部行情或下降途中出现时，显示的多为卖出信号，极个别情况出现反弹走势，但多数是昙花一现，很难做出差价，最好不要介入。相反地，如果在底部行情出现，显示的均是买入信号，股票投资者可以放心地进行买入操作。

（2）“双管齐下”形态中两条 K 线的下影长度一般要达到该 K 线实体部分的 1 倍以上，少于这一比例，有效性会降低。另外，对该图线两个低点之间的距离也有一定要求，一般来说，两者间的差距不能超过 1%，而且越接近越好，过大的差距会影响判断的准确性。如果股票出现“双管齐下”形态，股民在这时买入股票，都可获得相当大的收益。

（3）如果个别股票在底部或在下降途中，连续出现多条长下影小实体的 K 线，其低点也十分接近，这种情况也可按“双管齐下”进行操作，只是取其下影低点最为接近的两条 K 线作为“双管齐下”的对象就行。

（4）在个别情况下，“双管齐下”形态出现后，股价有时会出现不涨反跌的走势，此时千万不要割肉出逃，应耐心守候。股价经过短暂的调整后，会反转向上，恢复正常走势，最终仍能获利。如果买进时的心态不够稳定，一遇到下跌走势就卖出股票，操作心态就会变得越来越坏，取胜的概率就会越来越低。

下面以江苏三友（002044）为例，讲述此种形态下的具体操作技巧。

❶ 打开同花顺软件，输入江苏三友的股票代码“002044”。

❷ 按【Enter】键，进入江苏三友个股 K 线分析界面。

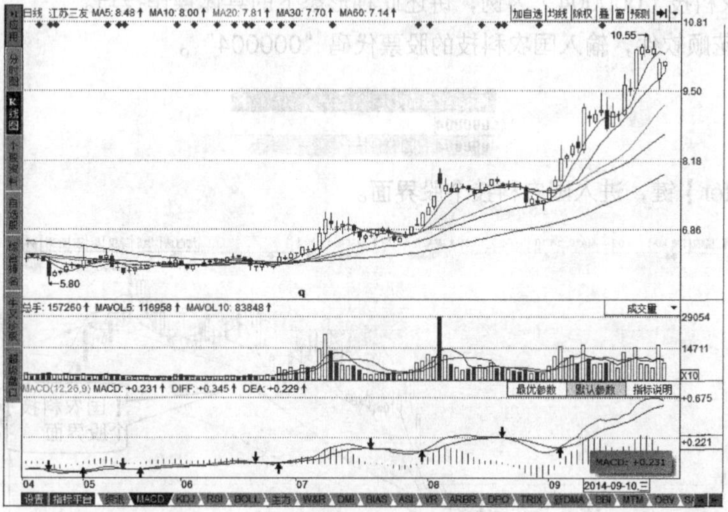

❸ 经过一段时间的下跌后，股价在 2010 年 7 月 2 日、5 日出现两条并列的长下影小实体 K 线形态，投资者应及时果断地买进股票，因为股市即将出现上涨行情。

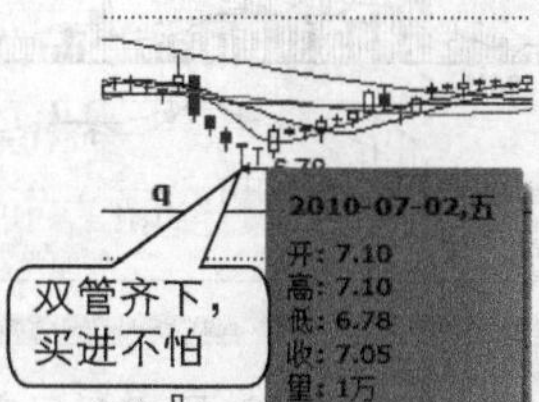

21.2.2 五阳上阵，股价弹升

所谓“五阳上阵”，指的是底部连续出现的 5 条小阳线，5 条小阳线在底位出现时，表明底部做多的力量较强，连续 5 天都是多方获胜，空头已无立身之地，后市股价就会趁机上升。

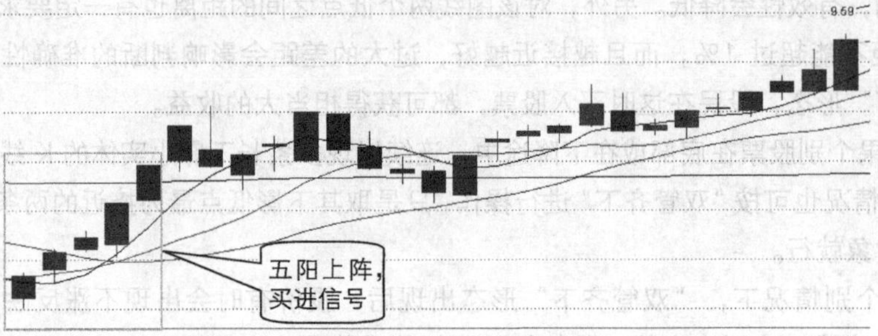

出现“五阳上阵”的形态后，股票投资者需遵循以下操作原则。

（1）5 条阳线的买入信号是比较可靠的，但必须是股价经过一段深跌后，在底部的低点出现时才起作用。必须注意的是如果 5 条阳线在下降行情的反弹走势中出现，则应反向操作，迅速卖出股票。

（2）5 条阳线的排列一般为横向形态，第一条阳线的开盘价与第五条阳线的收盘价差额不应很大，总升幅最好保持在 3% 以下，如果总升幅达到 5% 上，应慎重操作。

（3）如果 5 条阳线中间出现了一两条小阴线，其后的升幅一般不受影响，投资者可放心地买入。

下面以国农科技（000004）为例，讲述此种形态下的具体操作技巧。

❶ 打开同花顺软件，输入国农科技的股票代码“000004”。

❷ 按【Enter】键，进入国农科技个股界面。

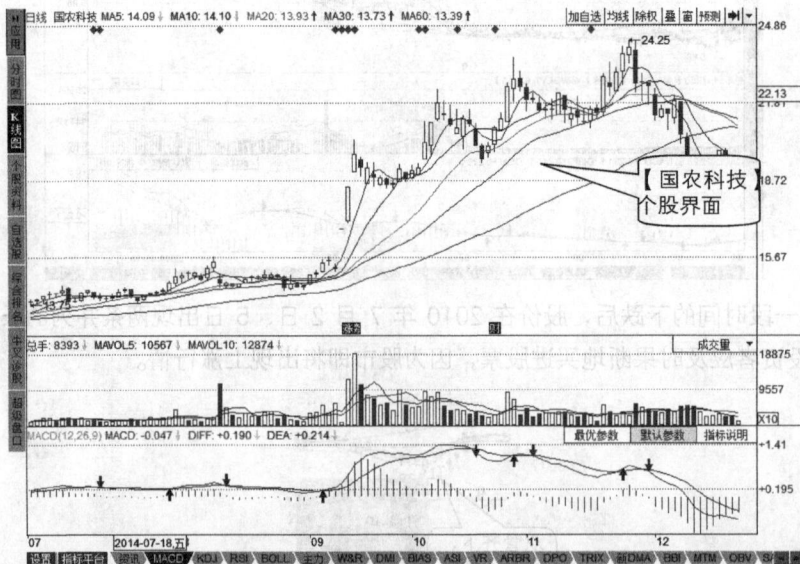

❸ 经过一段时间的下跌后，股价在 2009 年 8 月 24 日前后出现了 5 条阳线，虽然中间出现了一条阴线，但这没有影响后续股市的连续上涨行情，属于大涨之前的最佳买点。

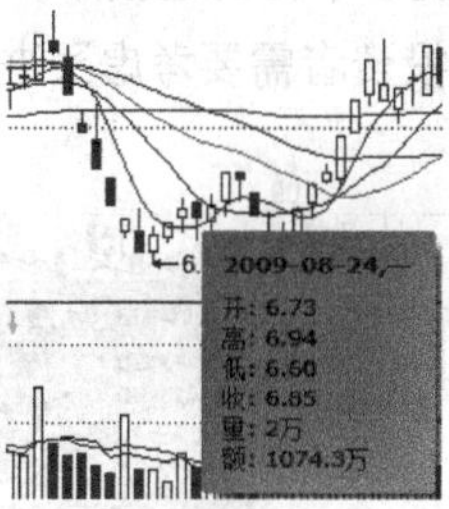

21.2.3 身抱多线，好景出现

所谓“身抱多线”，是指股价跌到低位后，出现一条较长实体的 K 线，将前面两条以上的 K 线包裹起来。该形态预示着做空动能释放完毕，是非常可靠的见底信号。

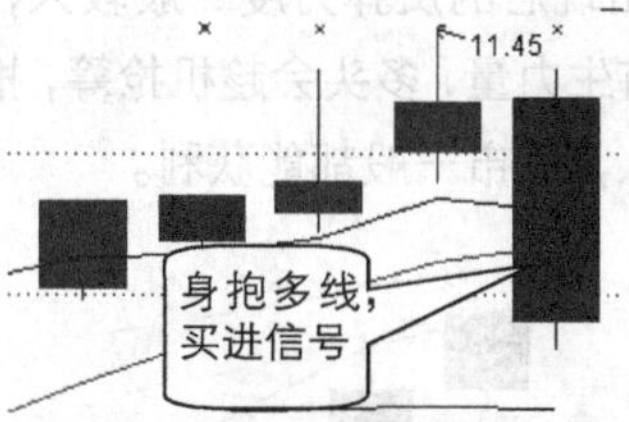

出现“身抱多线”的形态后，股票投资者需遵循以下操作原则。

（1）“身抱多线”的形态如果出现在股价暴跌后的底部低位区域为买入信号。

（2）“身抱多线”的形态如果出现在股票拉升的初期和中期也是很强的买入信号。

（3）“身抱多线”的形态如果出现在高位或下降通道中则不宜参与。“身抱多线”具有两种形态：一是大阳线包裹前面的多条小 K 线，二是大阴线包裹前面的多条小 K 线。两种形态的性质是一样的，均是蓄势待升的信号，可积极关注。

下面以方大集团（000055）为例，讲述此种形态下的具体操作技巧。

❶ 打开同花顺软件，输入方大集团的股票代码“000055”。

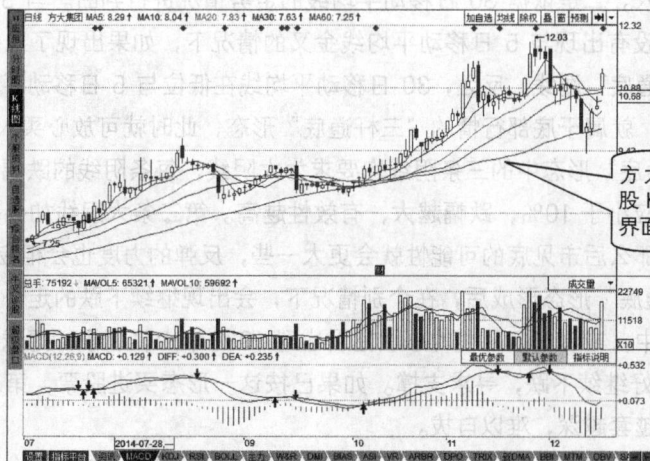

❷ 按【Enter】键，进入方大集团个股 K 线分析界面。

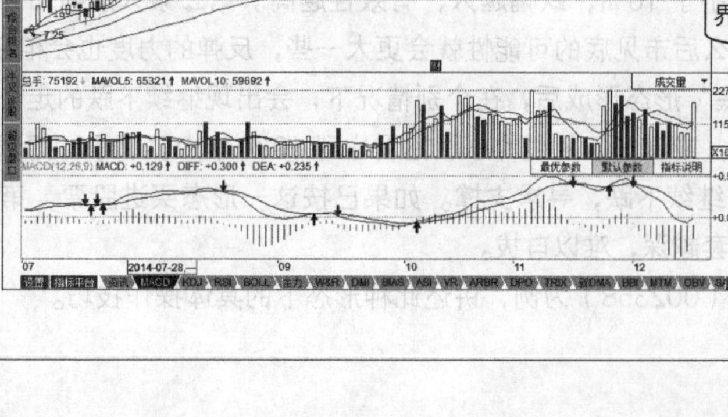

❸ 经过一段时间的下跌后价格出现了平稳的过渡期，股价在 2010 年 3 月 4 日出现了一个长阴线环抱前面几个小 K 线的形态，此时投资者需要考虑买进操作，后期出现了新一轮的上涨行情。

21.2.4 三杆通底，反弹在即

所谓“三杆通底”，是指股价跌到低位后，又接连出现三条下降的大阴线，且一根接一根地通向底部。“三杆通底”形态出现后的反弹力度一般较大，是短线获利的难得机会。因为该形态的三条大阴线消耗了空头的有生力量，多头会趁机抢筹，推动股价上扬，掀起一轮反弹行情，在第三条大阴线的收盘价附近买入，后市一般都能获利。

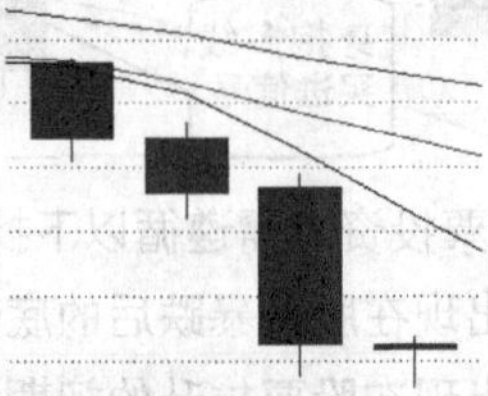

出现“三杆通底”的形态后，股票投资者需遵循以下操作原则。

（1）“三杆通底”形态可在底部行情和下降行情的途中出现。在底部行情中出现时，可放心买入，因为此时能基本确认股价已跌到了底部，买进后，风险较小，获利较为可靠。

（2）“三杆通底”形态在下降行情途中出现时，需要谨慎对待，缺乏短线经验的投资者最好避免参与，以防不测。

那么如何区分是底部行情的“三杆通底”形态，还是下降行情中的“三杆通底”形态呢?较为可靠的判断依据有两条。一是以股价下跌的深度作为判断的依据。股价上升到高位后，回档整理不久，下跌幅度较小，这时出现的连续三条大阴线，多属下跌途中的“三杆通底”形态，操作时就得慎重。反之，股价下跌的幅度已经很大，此时出现连续三条下降的大阴线，多为见底特征，可放心买入。二是依据 30 日移动平均线的走势情况进行判断。当 30 日移动平均线由高位转势下行，在没有出现与 5 日移动平均线金叉的情况下，如果出现了三条大阴线，就属于下降途中的“三杆通底”图线。反之，30 日移动平均线在低位与 5 日移动平均线实现了金叉后出现的三条大阴线，就属于底部行情的“三杆通底”形态，此时就可放心买入。

（3）“三杆通底”形态中的三条阴线均要求为大阴线，每条阴线的跌幅不应小于 3%，三条阴线的总跌幅不应小于 10%，跌幅越大，有效性越高。第三条大阴线如果是三条阴线中最长的一条阴线的话，那么后市见底的可能性就会更大一些，反弹的力度也会相应提高。

（4）“三杆通底”形态形成后，在个别情况下，会出现继续下跌的走势。这种情况，多半出现在下降行情途中，或者三条阴线的总跌幅没达到 10% 以上，属于“瘪球落地”形态，缺乏反弹动力，股价只好继续下跌，寻求支撑。如果已按这一形态买进股票，第二天不涨反跌时，应迅速止损，以免越套越深，难以自拔。

下面以森源电气（002358）为例，讲述此种形态下的具体操作技巧。

❶ 打开同花顺软件，输入森源电气的股票代码“002358”。

❷ 按【Enter】键，进入森源电气个股K线分析界面。

❸ 经过短时间的急剧下跌后，股价在2010年5月12日前出现了3条长阴线，且幅度较大，这是典型的见底征兆，此时购入，胜的概率很大，此后果然出现了新一轮的上涨行情。

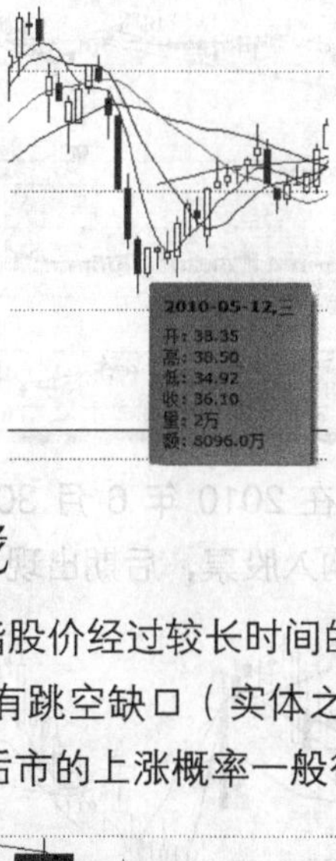

21.2.5 重锤坠地，后市有戏

所谓“重锤坠地，后市有戏”，指股价经过较长时间的下跌后，在低位出现了一条大阴线，紧接着收下一条向下跳空开盘，并留有跳空缺口（实体之间的缺口也可）的星形小图线（不分阴阳），这是一种典型的见底信号，后市的上涨概率一般很大。

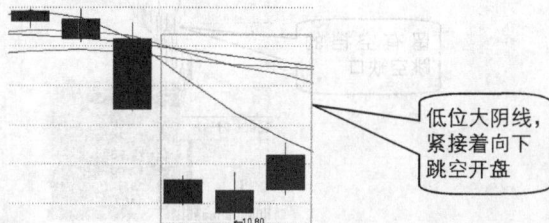

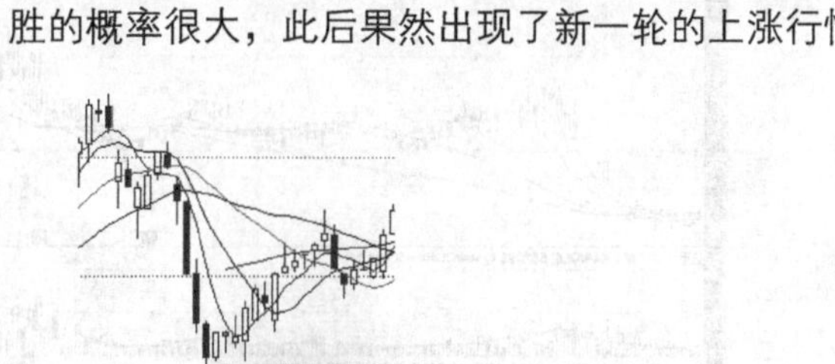

提示

“跳空缺口”是指股票的开盘价高于昨天的最高价或低于昨天的最低价，使K线图出现空当的现象。

出现“重锤坠地，后市有戏”的形态后，股票投资者需遵循以下操作原则。

（1）此形态须由一条大阴线和一条向下跳空的星形小 K 线组成，阴线的实体应保持在 2% 以上，小于这一比例，有效性就会降低。

（2）如果上述形态在底部出现，短中线则可介入。但在下降途中或上升途中的高位出现时，只宜进行短线操作，不宜贪多恋战，以免挨套。

（3）如果上述形态在上升途中的低位出现，同在底部出现时一样，是较为保险的买进信号，可放心操作。“重锤坠地”形态，无论是出现在底部行情还是上升行情的上升途中，均是可信的买入信号，据此操作，容易获利。

下面以华侨城 A（000069）为例，讲述此种形态下的具体操作技巧。

❶ 打开同花顺软件，输入华侨城 A 的股票代码“000069”。

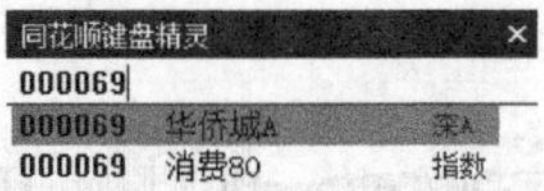

❷ 按【Enter】键，进入同花顺华侨城 A 个股 K 线分析界面。

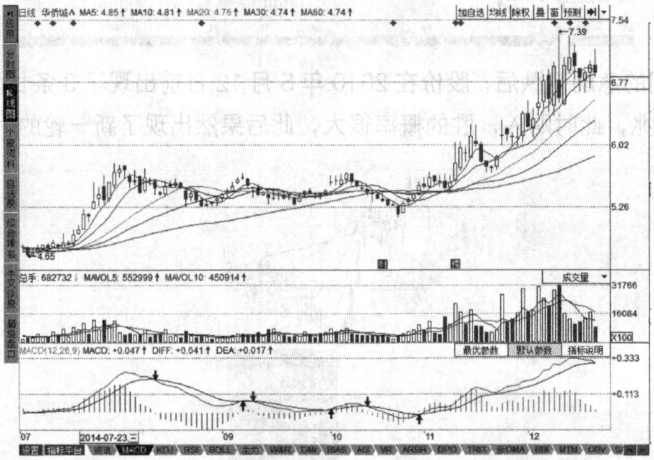

❸ 经过一段时间的下跌后，股价在 2010 年 6 月 30 日突然出现了留有空档的跳空缺口，这是常见的见底信号。投资者应及时购入股票，后期出现了较大的上涨。

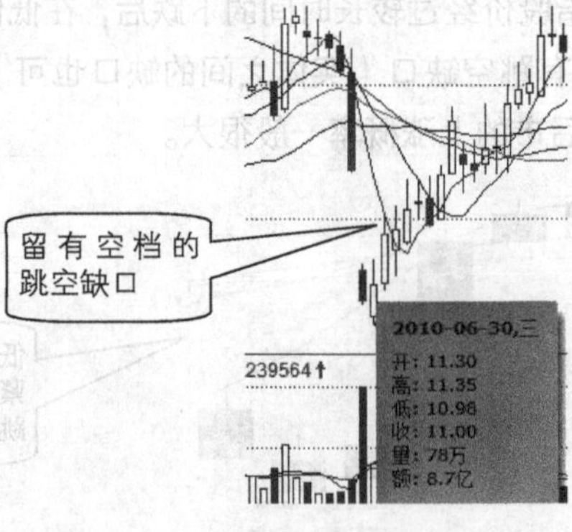

21.3 实用的卖出口诀

根据不同的均线组合，投资者可以分析出合理的卖点。本节主要讲述常见的卖点形态。

21.3.1 顶天立地，卖出要急

所谓“顶天立地，卖出要急”，是指在股价上涨的过程中，出现了长上影K线(或长实体K线)，同时放出了大成交量的形态组合。这是一种典型的见顶信号，后市的震荡一般很大。

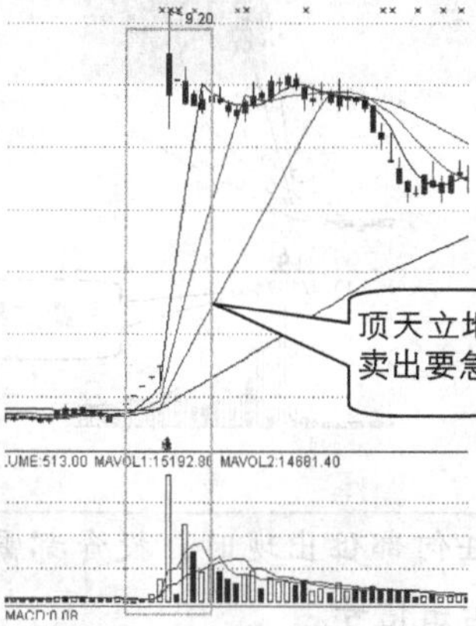

出现“顶天立地，卖出要急”的形态后，股票投资者需遵循以下操作原则。

（1）此形态在股价顶部出现时要坚决迅速卖出，同时不经过较长期的股市震荡，不能轻易进场购入股票。

（2）如果上述形态出现在下降途中，应按处在天顶部位时那样操作，坚决卖出。

（3）如果上述形态出现在上升途中波段峰顶部位，卖出股票后二次调整到位时就可重新介入。

（4）有时大成交量与长上影K线并不在同一天出现，甚至只出现一种情况，但卖出信号并不弱于本形态。

下面以深中华A（000017）为例，讲述此种形态下的具体操作技巧。

❶ 打开同花顺软件，输入深中华A的股票代码“000017”。

❷ 按【Enter】键，进入同花顺【深中华A】个股界面。

❸ 经过一段时间的猛涨后，股价在2010年3月18日突然出现了大量交易，K线出现了较长影线，这是常见的见顶信号。投资者应及时果断地卖出股票，因为股市即将出现调整现象。

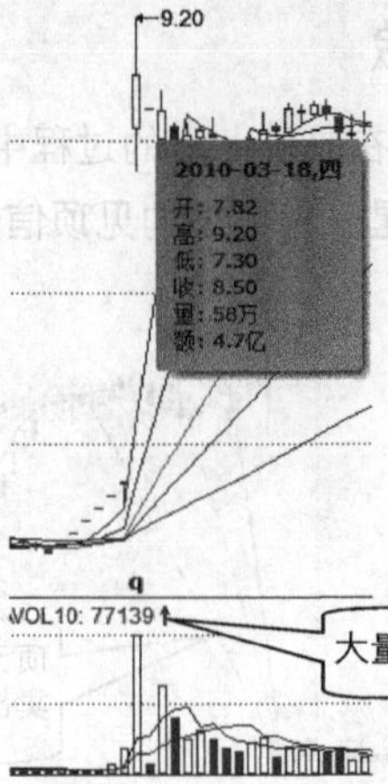

提示

上述形态在股价任何部位出现时，投资都需要注意，这时大部分都是卖出信号，至少是短线的卖出信号。

21.3.2 三种图线交叉点，卖出股票需抢先

所谓“三种图线交叉点，卖出股票需抢先”，是指均线交叉、MACD 线交叉和 VOL 成交量交叉。在最近两天内连续出现这 3 种图线交叉，投资者需要早日抛售手中的股票。

出现“三种图线交叉点，卖出股票需抢先”的形态后，股票投资者需遵循以下操作原则。

（1）从上图可以看出，5 日移动平均线与 10 日移动平均线交叉，5 日均量线（VOL：成交量指标）与 10 日均量线交叉，DIFF 线与 DEA 线交叉。该形态从三种不同角度客观地分析市场动向，为投资者判断行情恶化提供行之有效的脱身依据，属于大跌之前的最佳卖点。

（2）在这种股市形态的实战中，5 日均线与 10 日均线交叉，从趋势转化的角度分析上档承接无力，股价只有通过下跌方式寻找新的支撑；5 日均量线与 10 日均量线交叉，从上涨缺乏量能配合角度指示下降的必然；而 DIFF 线与 DEA 线交叉，则从股价顶背离的角度显示弱势状态。

（3）当股价处于高位区域时，出现三种图线在同一天或间隔一两天的时间里交叉的走势，可断定趋势已经彻底转变，此时卖出股票虽然已错过相对高点，但可以躲过随之而来更为凶猛的下跌行情。

下面以中冠 A（000018）为例，讲述此种形态下的具体操作技巧。

❶ 打开同花顺软件，输入中冠 A 的股票代码“000018”。

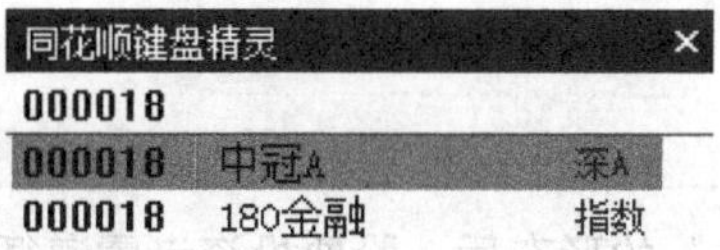

❷ 按【Enter】键，进入中冠 A 个股 K 线分析界面。

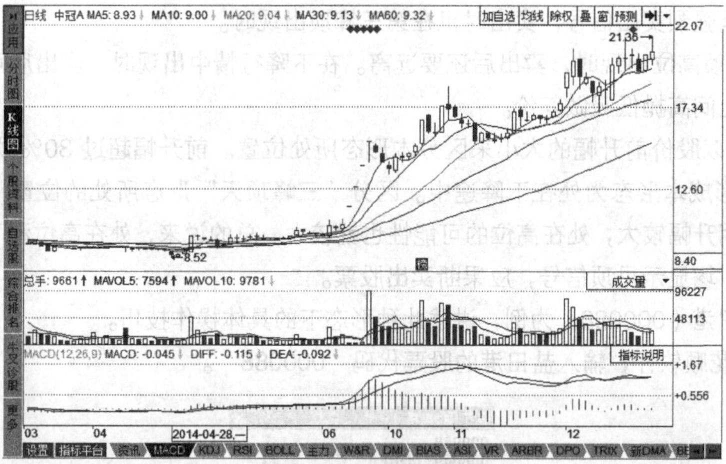

❸ 经过一段时间的上涨后，股价在 2010 年 4 月 16 日出现了 5 日移动平均线与 10 日移动平均线交叉，5 日均量线（VOL：成交量指标）与 10 日均量线交叉，DIFF 线与 DEA 线交叉。该形态从三种不同角度客观地分析市场动向，为投资者判断行情恶化提供行之有效的脱身依据，属于大跌之前的最佳卖点。投资者应及时果断地卖出股票，因为股市即将出现调整现象。

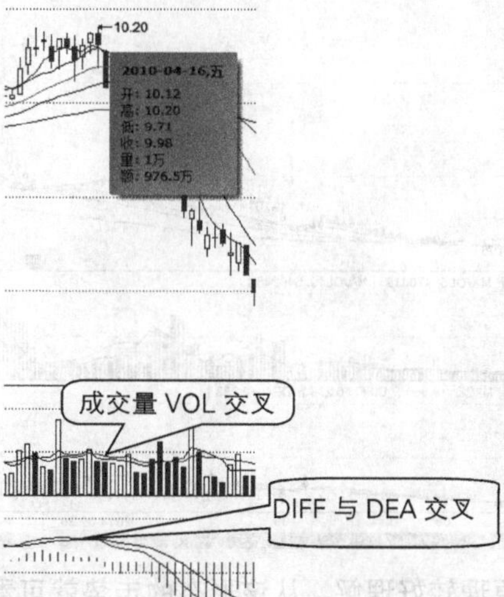

21.3.3 三峰顶天，卖出抢先

所谓“三峰顶天，卖出抢先”，是指股价上升到高位后，相继出现高点大体处在同一水平线上的 3 个顶部，这是大天顶到来的重要表现，当第三个高点出现时是强烈的最后逃命信号。

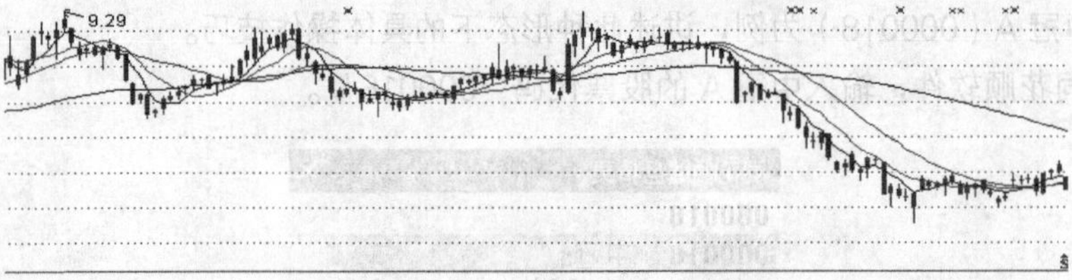

出现“三峰顶天，卖出抢先”的形态后，股票投资者需遵循以下操作原则。

（1）3 个峰顶出现时间间隔有长有短，长的达数周甚至数月，短的只有三五日，不论相隔时间长短，均是强烈卖出信号，卖出时机在第三峰顶出现时。

（2）在天顶高位出现时，卖出后还要远离。在下降行情中出现时，卖出后可在第一个峰顶和第三个峰顶之间高抛低吸做差价。

（3）通常以股价前升幅的大小来区分本形态所处位置。前升幅超过 30% 为处在高位，经过一段下跌后形成本形态为处在下降途中。区分“三峰顶天”形态所处的位置十分重要。在一般情况下，前期升幅较大，处在高位的可能性也就较大。总的说来，处在高位和下降途中的“三峰顶天”形态，均显示见顶信号，应果断卖出股票。

下面以盐田港（000088）为例，讲述此种形态下的具体操作技巧。

❶ 打开同花顺软件，输入盐田港的股票代码“000088”。

❷ 按【Enter】键，进入盐田港个股 K 线分析界面。

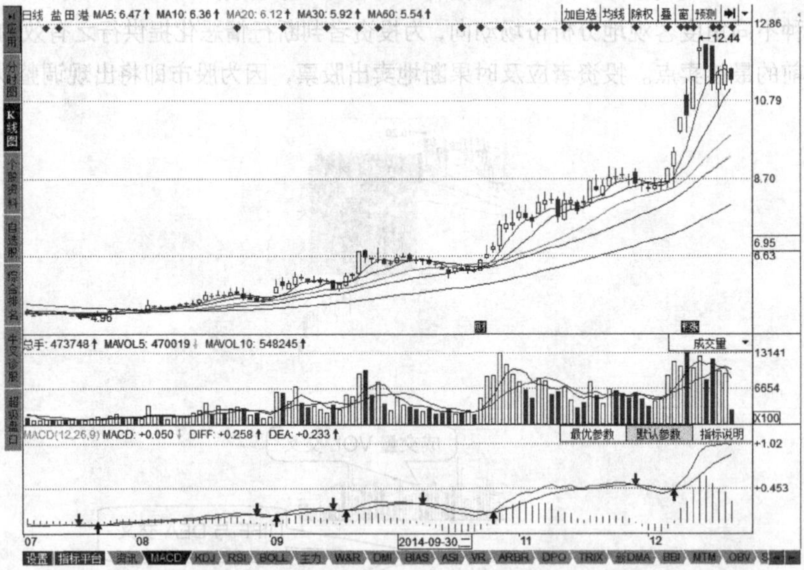

该形态的卖出原理较好理解。从该形态的走势就可看出，第一个山峰出现时，表明投资者对这一高点已有戒备，做多较为谨慎，股价不能继续上涨，只好向下寻求出路，于是形成了第一个山峰。第二个山峰出现时，因为有前一个山峰做比较，部分投资者会在第一个山峰的高点附近卖出，迫使股价下跌。第三个山峰出现时，多数投资者会以前两次山峰的高点为警戒点，清仓离场，股价就会一蹶不振地向下滑落。这就是为什么第三个山峰出现后，股价会大跌的重要原因。

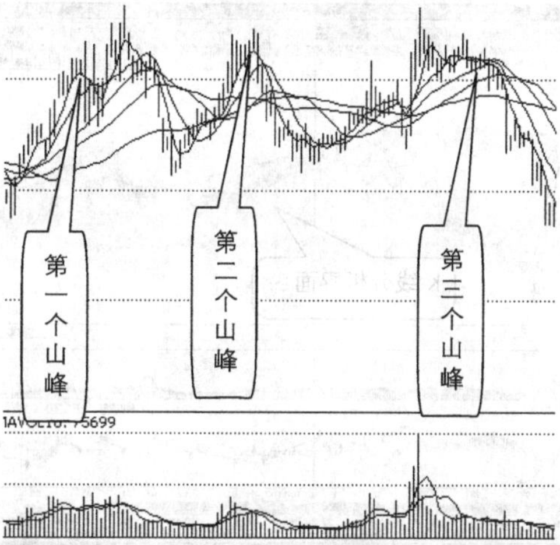

在实战中，分辨“三峰顶天”的形态主要依据是看股价前期涨幅的大小，如果在持续拉升后的高位或下降通道中出现均为见顶态势。“三峰”的出现与间隔时间没有必然联系（长则数月，短则几天），同为阶段性顶部的重要信号，表明此处压力很大，每一个顶部出现时都是绝好的卖出时机，投资者可在第一峰与第三峰之间高抛低吸获取利润。此形态就像战场上的冲锋号：“一鼓作气，再而衰，三而竭。”等到第三次冲关未果时还不及时撤退，那么股价必将节节败退从而导致全军覆没。实盘操作中，“三峰”出现的概率极低，一旦出现，市必深跌，因此投资者需牢记“第三峰”是安全撤离的最后机会。

21.3.4 兄弟剃平头，股票不能留

所谓“兄弟剃平头，股票不能留”，是指股价到高位后，先后相继出现两对平顶K线。“哥”比“弟”稍高或者大致持平，此时卖出信号极强，表明做多需谨慎。回档幅度一般与前升幅成正相关。

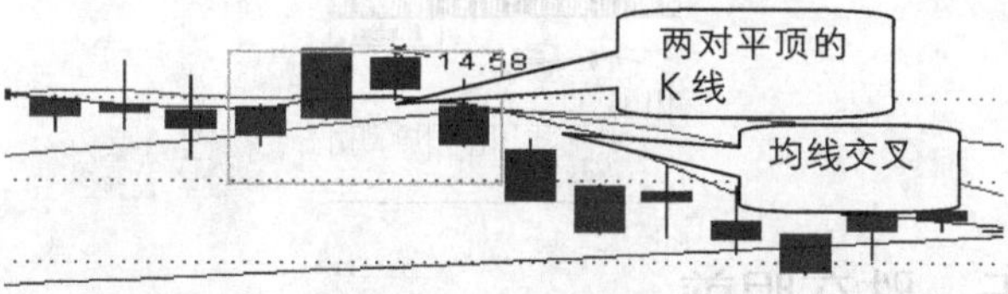

出现“兄弟剃平头，股票不能留”的形态后，股票投资者需遵循以下操作原则。

（1）要求“兄”比“弟”高，即前一对平顶K线应高于后一对，否则不能作为后市走势判断依据。

（2）本形态出现后，或多或少会有一跌，卖出要果断。

（3）即使出现在下降行情的下降途中，卖出信号也与顶部一样强烈。

下面以宝利来（000008）为例，讲述此种形态下的具体操作技巧。

❶ 打开同花顺软件，输入宝利来的股票代码“000008”。

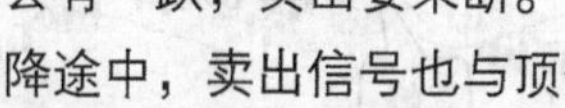

❷ 按【Enter】键，进入宝利来个股K线分析界面。

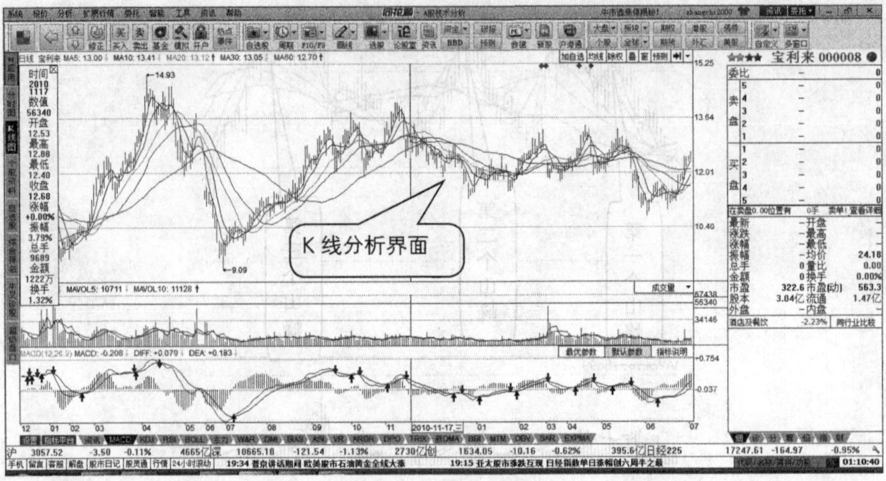

❸ 该股在 2010 年 4 月 23 日前后出现了“兄弟剃平头，股票不能留”的形态，此时卖出信号极强，建议投资者抛售手中的股票。

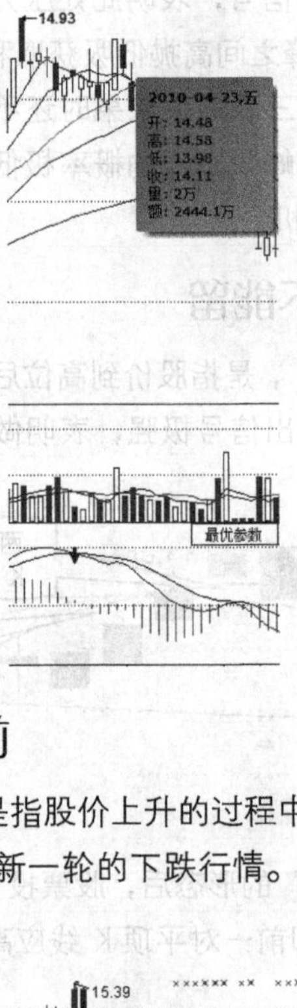

21.3.5 双峰触天，跌在眼前

所谓“双峰触天，跌在眼前”，是指股价上升的过程中，出现了两个高度大致相等的顶部。此时如果没有度量跌幅，一般会出现新一轮的下跌行情。建议此时投资者谨慎操作，尽量抛售手中的股票。

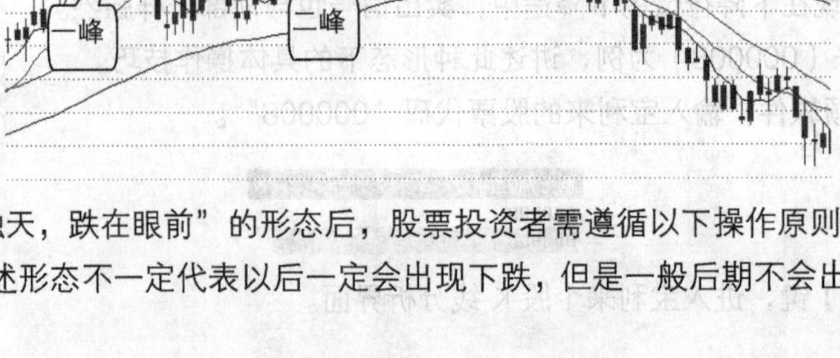

出现“双峰触天，跌在眼前”的形态后，股票投资者需遵循以下操作原则。

（1）出现上述形态不一定代表以后一定会出现下跌，但是一般后期不会出现新一轮的上涨，所以此时抛售股票，实属明智之举。

（2）本形态出现后，有可能会出现第三次。

（3）即使出现轻微的上涨震荡，卖出信号也与顶部一样强烈。

下面以中集集团（000039）为例，讲述此种形态下的具体操作技巧。

❶ 打开同花顺软件，输入中集集团的股票代码“000039”。

❷ 按【Enter】键，进入中集集团个股界面。

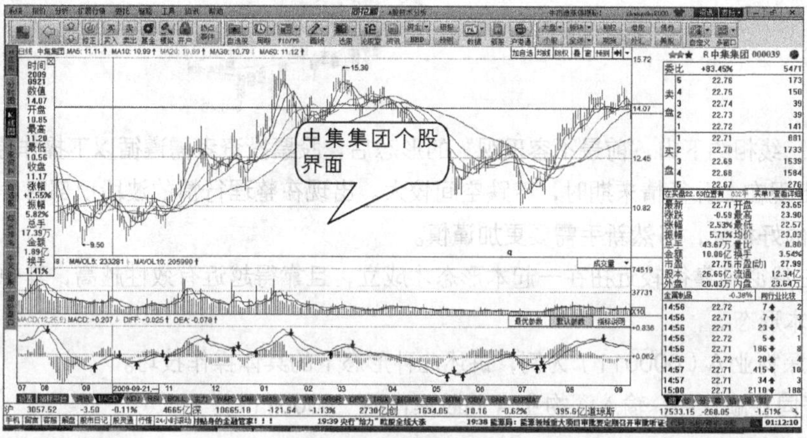

❸ 该股在 2010 年 1 月 18 日前后出现了第一次急剧上涨的形态，并在此后又出现了一次和其顶部平行的峰值。在第二次到达顶峰时卖出信号极强，建议投资者抛售手中的股票。

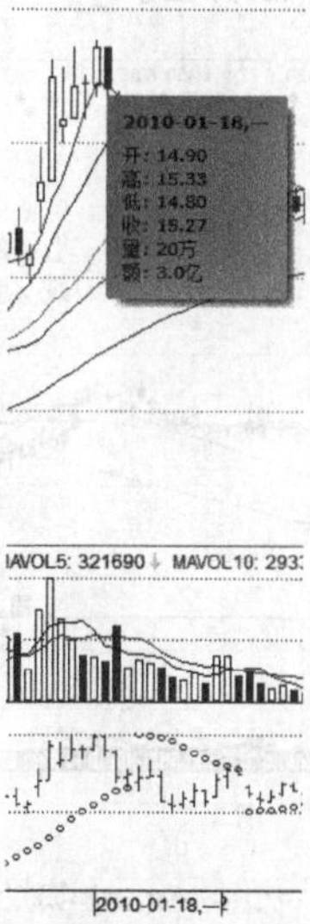

提示 一旦遇到上述形态，虽然无法确定其下跌幅度，但投资者应该回避这种下跌造成的损失，及时抛出股票为宜。

21.3.6 三线相约下山，前景不容乐观

所谓“三线相约下山，前景不容乐观”，是指股价处于高位时，移动均线 5 日、10 日、20 日三线都一起有向下的走向，且 5 日线和 10 日线分别向下与 20 日均线交叉。这是典型见顶信号，表明短中长线均不看好后市。

出现“三线相约下山，前景不容乐观”的形态后，股票投资者需遵循以下操作原则。

（1）出现在上升行情末期时，下跌空间较大。出现在整理行情的波段顶部时，是短线高抛低吸做差价的好机会，当然新手需要更加谨慎。

（2）三线必须靠得较近扭在一起本形态才成立，且靠得越近有效性越高，其中有一条隔得较远时则非本形态。

下面以深物业 A（000011）为例，讲述此种形态下的具体操作技巧。

❶ 打开同花顺软件，输入深物业 A 的股票代码“000011”。

❷ 按【Enter】键，进入深物业 A 个股界面。

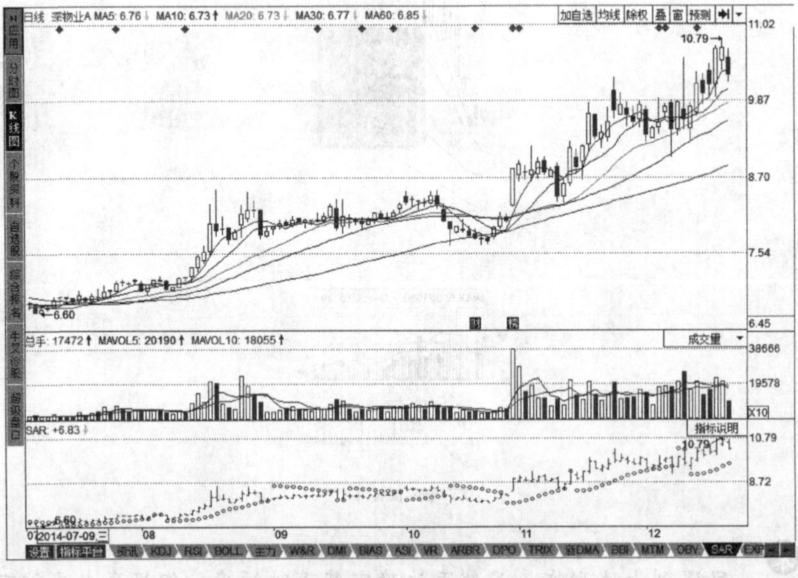

❸ 该股在 2010 年 4 月 8 日后均线出现了一次交叉现象，然后开始一起呈向下的走势。因为该形态出现在上升行情的末端，所以是较佳的卖出点，建议投资者抛售手中的股票。

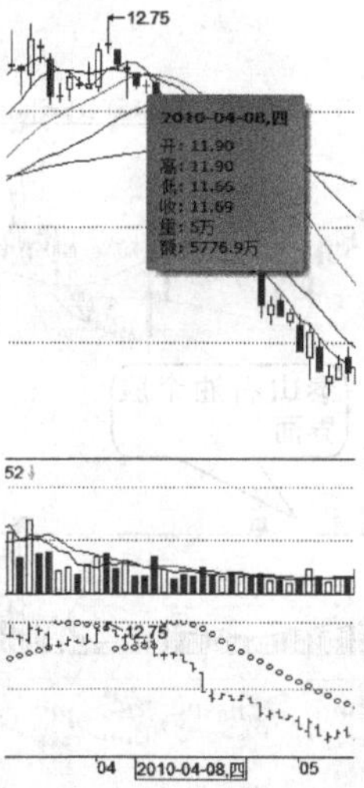

提示

如该形态出现在股市剧烈震荡行情中，可采用“高抛低吸”的策略。但是对于新股民而言，不便参与，需谨慎对待。

21.3.7 乌云压顶，卖出要紧

所谓“乌云压顶，卖出要紧”，是指股价进入高位，在一根中大阳线之后，突然出现一高开低走的大阴线，开盘价成为当日的最高价，并罩在前一阳线的头上。这表明获利盘回吐筹码。

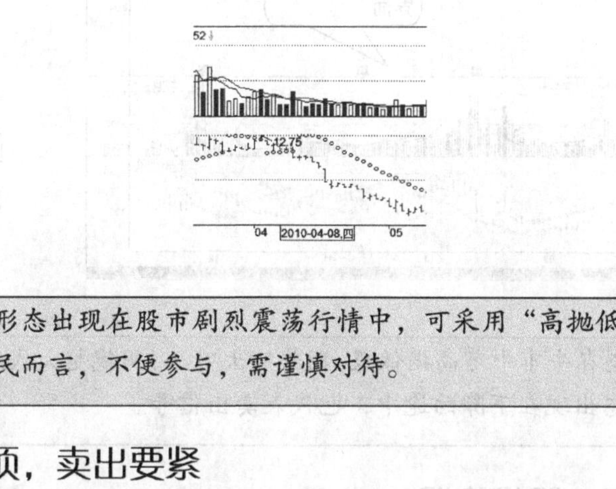

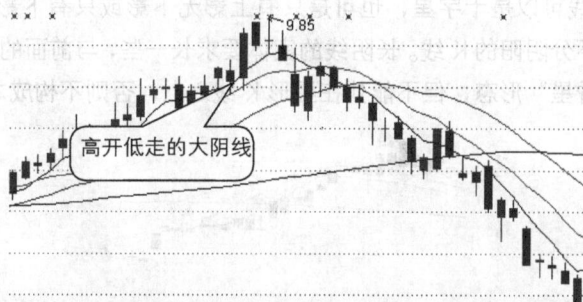

出现“乌云压顶，卖出要紧”的形态后，股票投资者需遵循以下操作原则。

（1）在高位出现时为强烈卖出信号，无论短中长线均应卖出。

（2）在上升途中的波段顶部时，短线可高抛低吸做差价，中长线或无经验者可不必理会，待到大天顶出现时再卖。

（3）也常出现在下降途中，与高位出现一样，是强烈卖出信号。

下面以泰山石油（000554）为例，讲述此种形态下的具体操作技巧。

❶ 打开同花顺软件，输入泰山石油的股票代码“000554”。

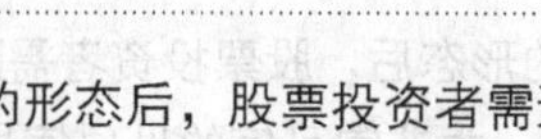

❷ 按【Enter】键，进入泰山石油个股界面，如下左图所示。

❸ 该股 2010 年 4 月 14 日在一根中大阳线之后，突然出现一个高开低走的大阴线，开盘价 9.78 成为当日的最高价，并罩在前一阳线的头上。这是较佳的卖出点，建议投资者抛售手中

的股票，如下右图所示。

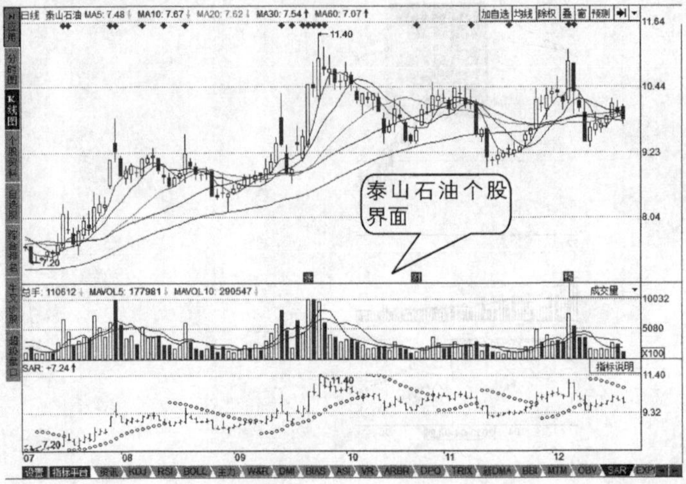

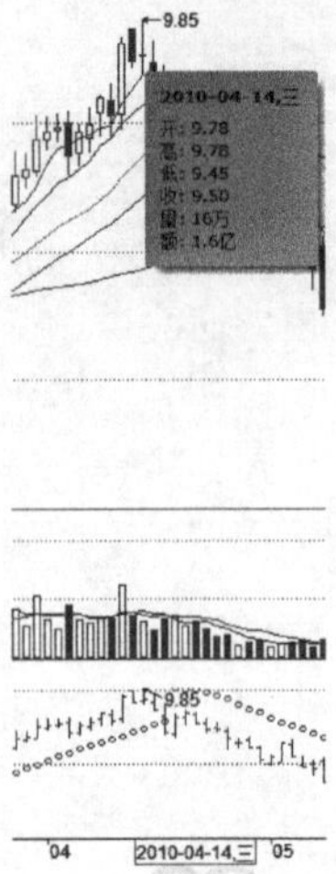

提示 此形态在牛市中可高抛低吸。阴线可大可小，阴线越大代表卖出信号越强烈。如果此形态出现在下降的途中，也代表卖出信号。

21.3.8 长阴夹星，股价降温

所谓“长阴夹星，股价降温”，是指股价进入高位后，出现一条星形K线，随后又出现一条大阴线。其星形K线可以是十字星，也可是只有上影无下影或只有下影无上影，或既有上影也有下影的小实体且不分阴阳的K线。长阴线的实体要求长一些，与前面的星形既可形成“抱线”关系，也可形成“黄昏星”形态，但不能处在星形K线之上，否则不构成本形态。

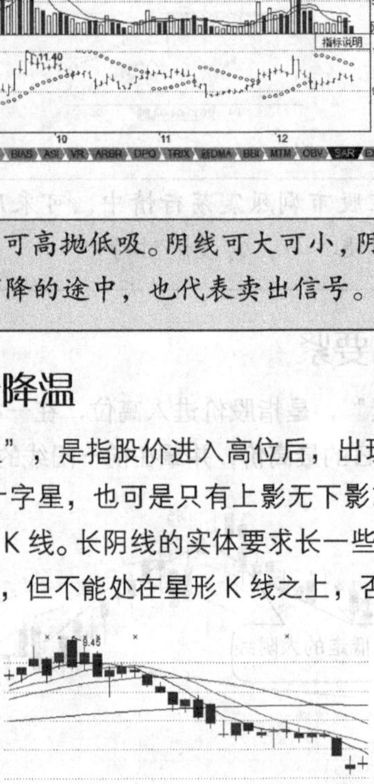

出现“长阴夹星，股价降温”的形态后，股票投资者需遵循以下操作原则。

（1）在天顶部位出现时有大跌，为非常可信的见顶信号，应坚决卖出。在调整行情中出现时，股价同样会下跌，但幅度可能会较小，投资者可高抛低吸做波段差价。

（2）在大多数情况下，星形出现日成交量较大，随后出现大阴线时成交量反而缩小，此时别以为成交量小了就不会大跌了，因为股价处在高位时，下跌并不需要成交量的配合。

下面以张家界（000430）为例，讲述此种形态下的具体操作技巧。

❶ 打开同花顺软件，输入张家界的股票代码“000430”。

❷ 按【Enter】键，进入张家界个股界面，如下左图所示。

❸ 该股2010年4月15日在一根中大阴线之后，突然出现了一颗星，然后又出现了一个大阴线。该阴线的实体较大，而且最低点低于星形线最低点，这是典型的卖出信号，建议投资者抛售手中的股票，如下右图所示。

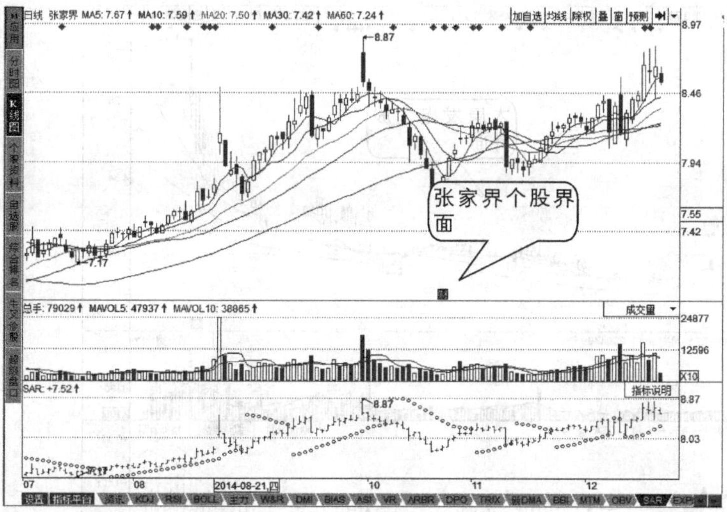

提示 该形态一般出现在相对或绝对高位，其特点在成交量上也有所表现。一般星形K线成交量较大些，阴线成交量较小些，但是此时股票仍有可能下跌。

21.3.9 长箭射天，股价落地

所谓“长箭射天，股价落地”，是指股价进入高位后，出现一条长上影小实体K线，该形态具备如下特征。

（1）应是上影较长的星形小阳或小阴线，而且长影长度是实体的2倍以上。

（2）当天成交量有较大幅度的提升。

（3）必须是处于股价高位或者波段顶部。

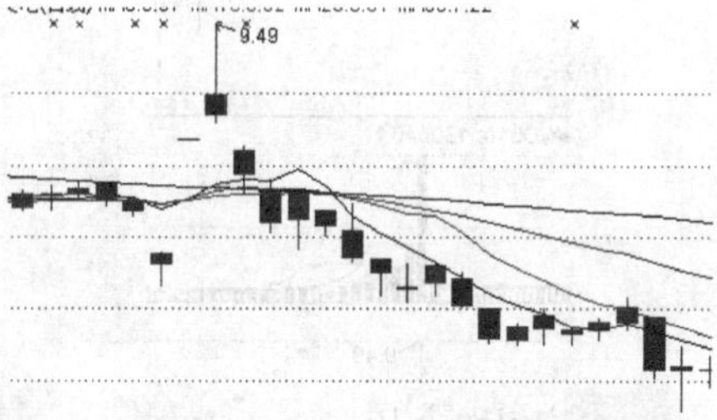

出现“长箭射天，股价落地”的形态后，股票投资者需遵循以下操作原则。

（1）此形态出现在上升行情的价格顶部是强烈卖出信号。

（2）本形态出现频率相当高，能在任何部位形成，但只有在高位出现时，方为可信卖出信号。

下面以大唐发电（601991）为例，讲述此种形态下的具体操作技巧。

❶ 打开同花顺软件，输入大唐发电的股票代码“601991”。

❷ 按【Enter】键，进入大唐发电个股界面。

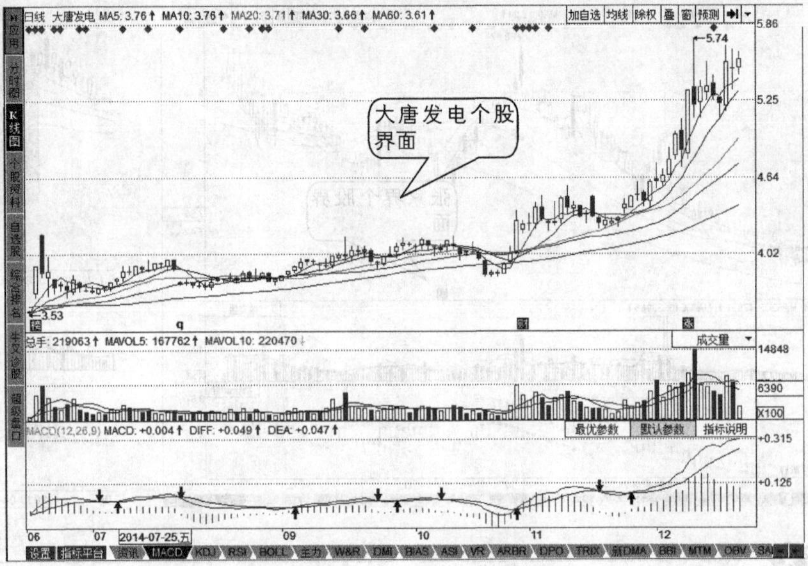

❸ 该股在 2010 年 4 月 22 日出现了一个上长影的星形 K 线，此时也到了股价的顶部同时出现了较大的交易量。这是典型的卖出信号，建议投资者抛售手中的股票。

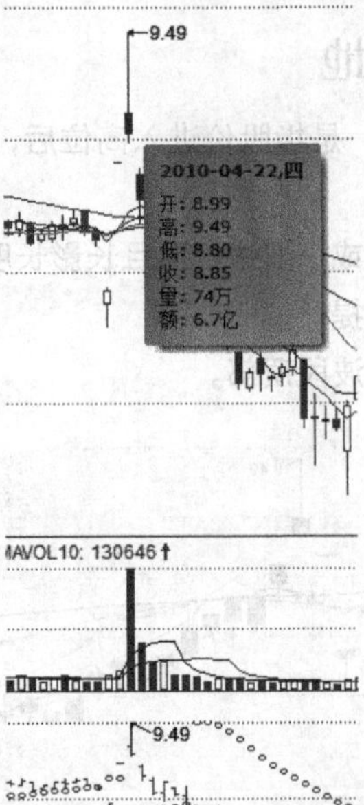

本章主要简述了常见买入卖出技法中均线、K 线和 MACD 等形态的综合应用。通过本章的学习，读者可以理解一般股市的涨跌原因。

第 22 章 炒股必备技法 3——技术指标运用技法

为了方便股民进行技术指标的分析，在同花顺软件中预设了很多技术指标，并进行了分类，如大趋势型指标、超买超卖型指标、趋向型指标等。每个技术指标均有一定的算法公式，从而计算出每日的指标值，最后将所有的指标值连接成线就形成了指标曲线。要想在股市中立于不败之地，就必须要掌握全面的分析技术。除了要掌握趋势线和均线技术形态外，还需要掌握 BOLL 布林线指标、BIAS 乖离线指标、KDJ 随机指标和 MACD 指标等技术指标。本章将对常见的技术指标进行详细的介绍。

22.1 技术指标的基本概念

在同花顺炒股软件中，技术指标是指在软件界面中的画线指标，主要目的是通过对数据进行一定的运算，将输出结果直观地显现在分析图上，为投资者提供研判行情的基本依据。技术指标实质上反映了股市中的股价和交易量，体现了人们对股票的信心，在此基础上，按照一定的算法即可计算出技术指标。投资者研究技术指标的根本目的是判断未来股票的走势。

股票技术指标属于统计学的范畴，一切以数据来论证股票趋向、买卖等。常见的技术指标为 BOLL 布林线指标、BIAS 指标、KDJ 随机指标、MACD 指标和时间共振效应等。在同花顺中，用户选择【工具】➤【公式管理】菜单命令，即可打开【公式管理】对话框，其中有很多常见的参数，用户可以根据需要修改指标的具体参数。

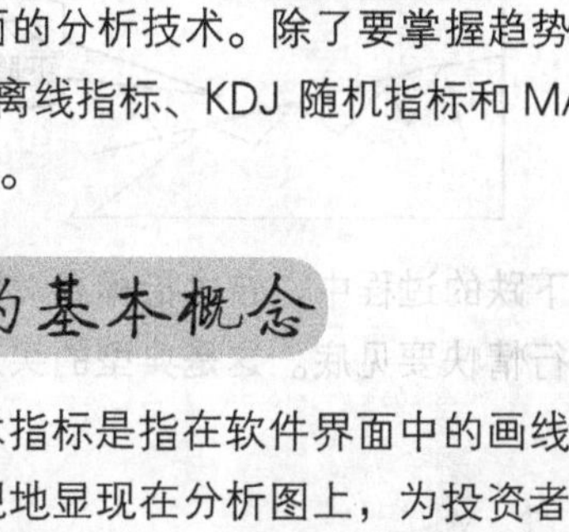

技术指标分析是目前分析股票比较常用的一种方法，可以帮助投资者更深一层地了解股票的走势，从而为投资做好准备。

22.2 运用技术指标的重要规则

运用技术指标时，需要遵循一定的规则。常见的有技术指标的背离、技术指标的交叉、技术指标的盲点和技术指标的形态等。

22.2.1 技术指标的背离

所谓技术指标的背离，是指技术指标曲线的波动方向与价格曲线的趋势方向不一致，它是使用技术指标最需要关注的一点。在股市中，常见的技术指标的背离分为两种常见的形式，即顶部背离和底部背离。背离是预示市场走势即将见顶或者见底的依据，在价格还没有发生变化之前，技术指标会提前显示未来股价发展的趋势。

所谓顶部背离，是指在股市的上涨期中，股价的高点比前一次要高，而指标的高点却在下降，此时股票上涨的行情不会持久，投资者需谨慎，应考虑做空操作，以免被套牢。

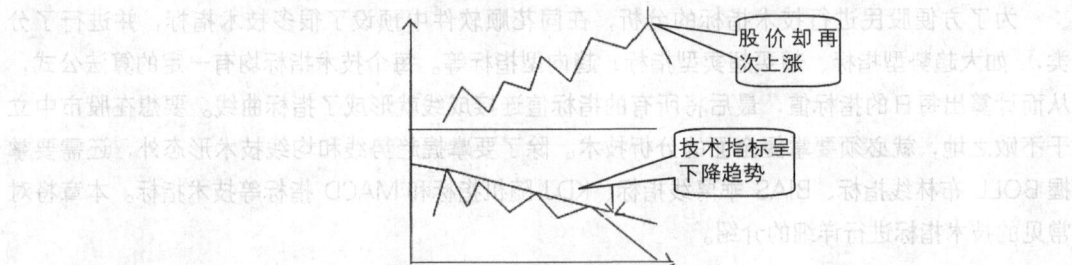

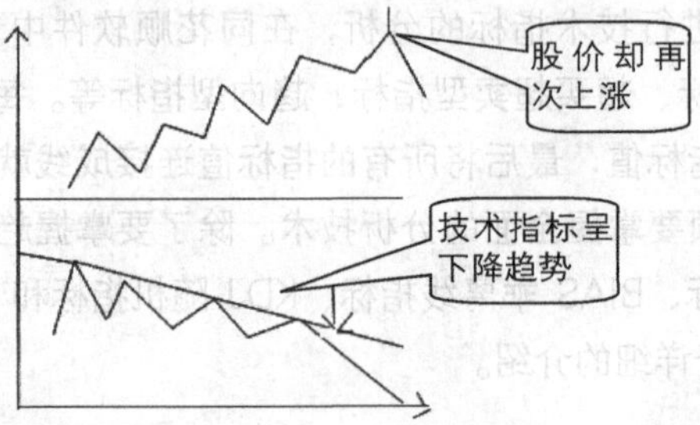

所谓底部背离，是指在股价下跌的过程中，技术指标虽然比上一次的有所提高，但是股价仍然下跌不止，此时股价的下跌行情快要见底。这是典型的买进信号，投资者可以做好准备，在适当的时间买入股票。

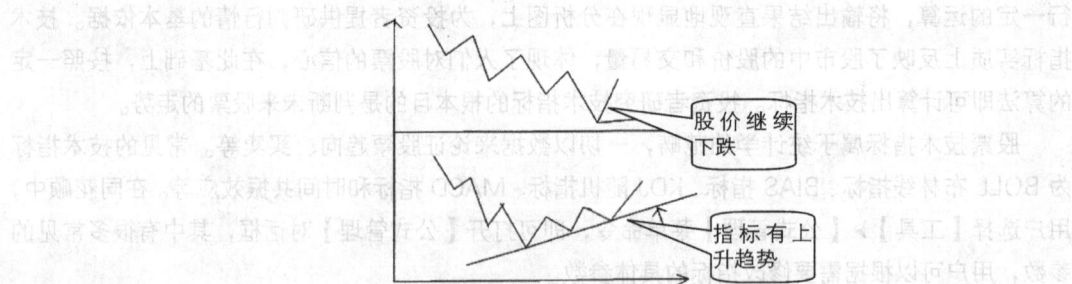

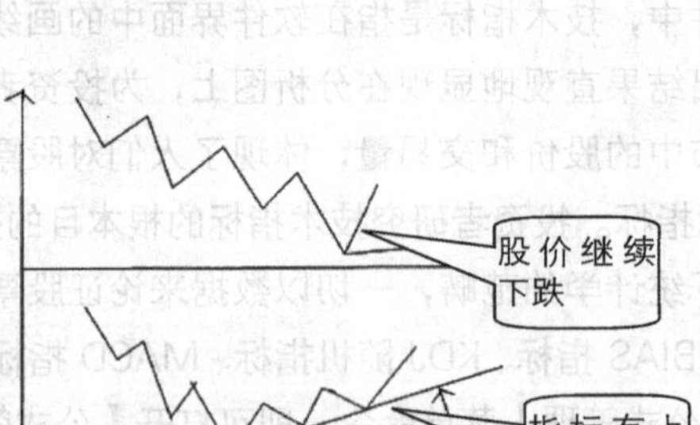

在股市中，几乎所有的技术指标都有背离提示的功能，例如，MACD、RSI 和 BOLL 等。投资者可以用这些指标的背离提示功能来预测头部的风险和底部的买入机会，但在选择的时间参数上应适当延长。由于日线存在着较多的骗线，一些技术指标会反复发出背离信号，使得其实用性不强，建议重点关注周线上的技术指标背离现象。

22.2.2 技术指标的交叉

所谓技术指标的交叉，是指两条技术指标曲线相交的现象。在同花顺软件中，技术指标的交叉有两种常见的类型。

（1）同一种技术指标不同参数的两条曲线之间的交叉。常见的有黄金交叉和死亡交叉两种。黄金交叉是指在股票上涨的过程中，长期和短期指标发生交叉的现象。此后股价还会继续上涨，投资者可继续对行情看好，继续做多操作。

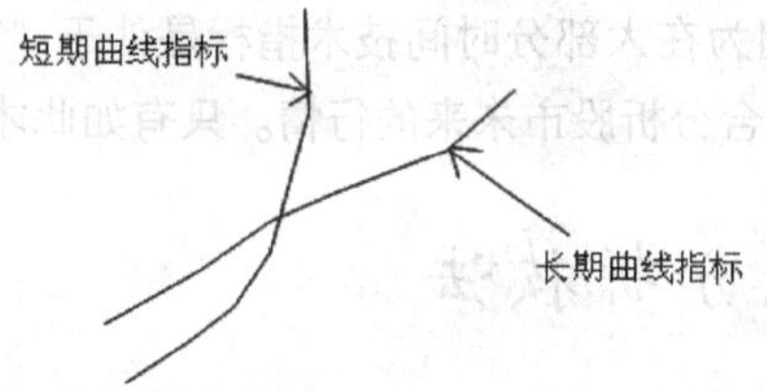

死亡交叉是指股价在下降趋势中，长期和短期指标发生交叉的现象。此后股票价格还会继续下跌，此时投资者需谨慎，不可轻易做多。

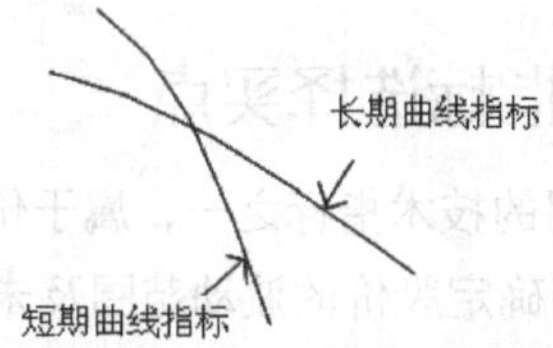

（2）第二种交叉是技术指标曲线与固定的水平直线之间的交叉。水平直线通常是横坐标轴，横坐标轴是技术指标取值正负的分界线，技术指标与横坐标轴的交叉表示技术指标由正变负或由负变正。技术指标的交叉表明多空双方力量对比发生了改变，而且原来的力量发生了变化。此时投资者看空比较理智。

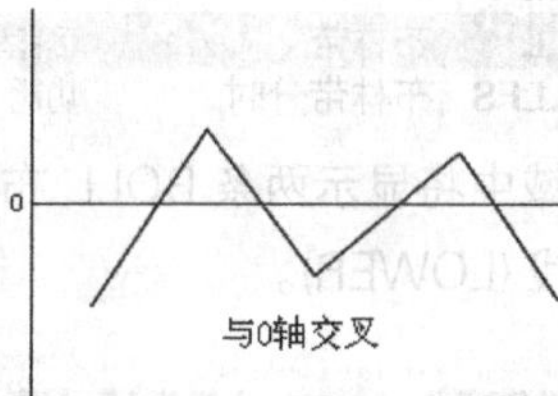

22.2.3 技术指标的形态

所谓技术指标的形态，是指技术指标曲线在波动过程中出现了形态理论中所介绍的形态。在股市中，出现的形态主要是双重顶、底和头肩形等。例如，下图是双重顶、底的形态。投资者可多分析以往的案例，多进行分析和总结。法无定法，不可死搬硬套技术指标的形态，否则会很被动。实际情况要实际分析，只有这样才能取得胜利。

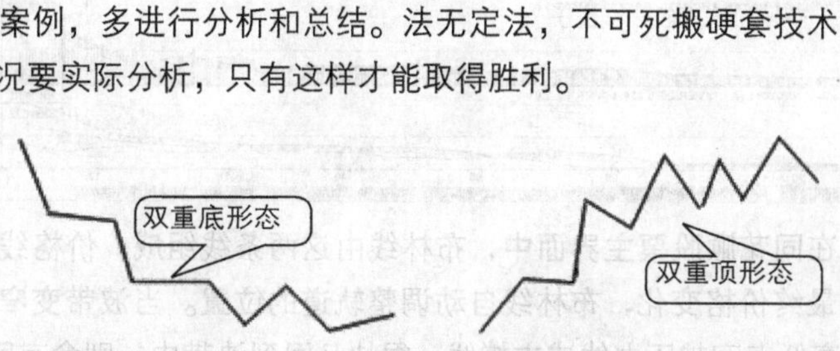

提示

双重顶形态是指股价在顶部形成两个波峰的形状，常称为“M”形反转；双重底形态是指股价在底部形成两个波谷的形状，常称为“W”形反转。

22.2.4 技术指标的盲点

所谓技术指标的盲点，是指技术指标在股市中不能发挥作用，出现技术分析上的盲点。股市中技术指标在大部分时间里是无能为力的。也就是说，在大部分时间里，技术指标都不能发出买入或卖出的信号。这是因为在大部分时间技术指标是处于“盲”的状态。所以建议投资者观察各个技术指标的趋势，综合分析股市未来的行情。只有如此才能提高判断的准确性。

22.3 指标买点分析技法

同花顺所提供的技术公式所得到的技术指标图，最终目的是更好地分析买入和卖出的时机。常见的分析买点的技术指标有 BOLL 布林线技术指标、BIAS 乖离线技术指标、KDJ 随机技术指标和 MACD 技术指标等。

22.3.1 运用 BOLL 布林线指标选择买点

布林线 (BOLL) 是金融市场常用的技术指标之一，属于价格路径指标。它利用统计原理，求出股价的标准差及其信赖区间，从而确定股价的波动范围及未来走势，利用波带显示股价的风险、安全的高低价位，因此也称为布林带。

快速调出布林线的操作步骤如下。

❶ 打开同花顺软件，输入“BOLL”并按【Enter】键确认。

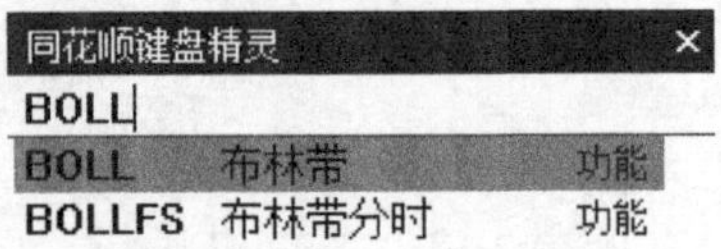

❷ 系统技术分析界面的指标区域中将显示两条 BOLL 布林线，其中上下两条线分别可以看成是股价的压力线 (UPPER) 和支撑线 (LOWER)。

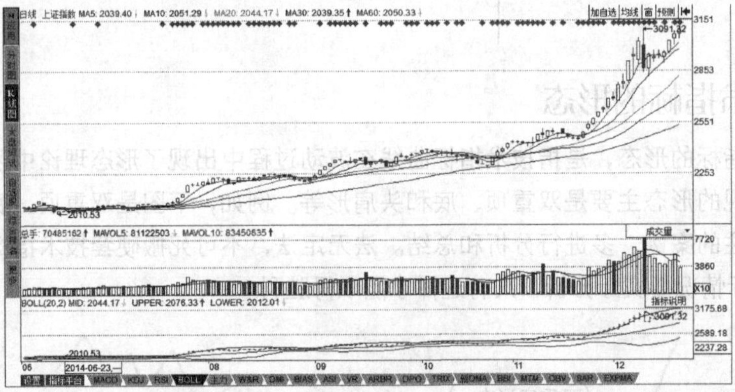

默认情况下，在同花顺股票主界面中，布林线由这两条线组成，价格线在由上下轨道组成的带状区间变化。最终价格变化，布林线自动调整轨道的位置。当波带变窄时，表示价格将发生剧烈的变化；若高低点穿越压力线或支撑线，很快又回到波带内，则会有回档或反弹产生。

运用布林线指标选择买点的依据如下。

（1）当股价穿越最外面的支撑线时，表示买点出现。

（2）当股价沿着压力线（支撑线）上升时，虽然股价并未穿越，但若回头突破支撑线（压力线）即是买点。

（3）股价由下向上穿越下轨线 (LOWER) 时，可视为买进信号。

（4）股价突破上轨，回探时仍在上轨线附近，表示后市上涨的机会增大，是加仓买进的信号。

（5）波带如果开始收紧，表示股价将会发生变化，此时可结合多个技术参数进行分析，做出正确的判断。

下面举例说明 BOLL 布林线指标在分析买点时的作用。

❶ 打开同花顺股票行情分析软件，输入“600118”再按【Enter】键，即可打开股票中国卫星的分析界面。

❷ 图中标出的点为最佳买点。此时 BOLL 布林线收紧，股价沿着上轨线运动，代表后市上涨的机会较大，可以加仓。

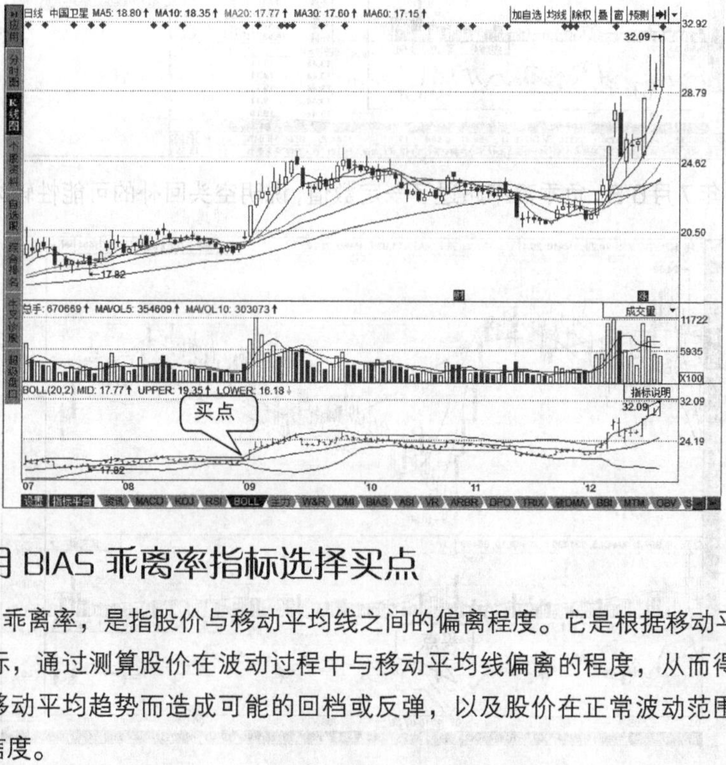

22.3.2 运用 BIAS 乖离率指标选择买点

所谓 BIAS 乖离率，是指股价与移动平均线之间的偏离程度。它是根据移动平均线原理派生的一项技术指标，通过测算股价在波动过程中与移动平均线偏离的程度，从而得出股价在剧烈波动时因偏离移动平均趋势而造成可能的回档或反弹，以及股价在正常波动范围内移动而继续原有趋势的可信度。

BIAS 乖离率主要应用于预测股价的暴涨或暴跌。当股价在下方远离移动平均线时，投资者可适当地买进；当股价在上方远离移动平均线时，投资者可以考虑卖出。乖离率计算公式具体如下。

乖离率 =(当日收盘价 –N 日内移动平均价)/N 日内移动平均价 ×100%

5 日乖离率 =(当日收盘价 –5 日内移动平均价)/5 日内移动平均价 ×100%

公式中的N 日按照选定的移动平均线日数确定，一般定为 5 或 10。由计算公式可以看出，当股价在移动平均线之上时，称为正乖离率，反之称为负乖离率；当股价与移动平均线重合时，乖离率为零。在股价的升降过程中，乖离率反复在零点两侧变化，数值的大小对未来股价的走势分析具有一定的预测功能。正乖离率超过一定数值时，显示短期内多头获利较大，获利回吐的可能性也大，呈卖出信号；负乖离率超过一定数值时，说明空头回补的可能性较大，呈买入信号。

❶ 打开同花顺软件，输入股票科达洁能代码“600499”，按【Enter】键确认。

❷ 在科达洁能技术分析界面中输入乖离率指标“BIAS”，按【Enter】键确认。

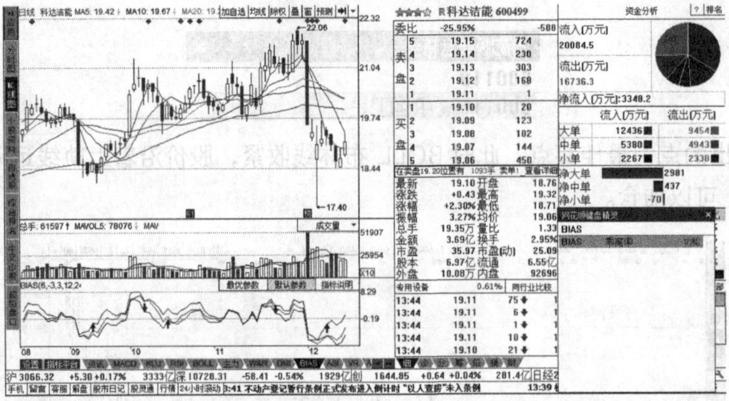

❸ 在2010年7月6日，负乖离率超过了一定数值，说明空头回补的可能性较大，呈买入信号。

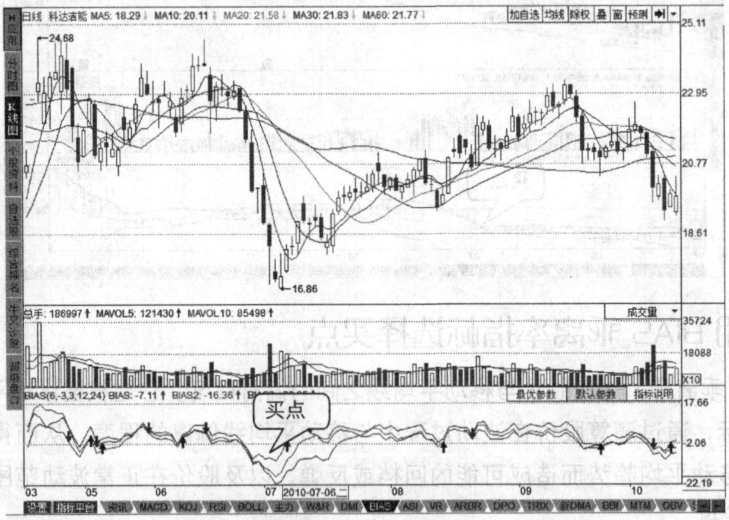

22.3.3 运用 KDJ 随机指标选择买点

KDJ 随机指标是威廉指标的一种延伸工具，最早起源于期货市场，由乔治・莱恩首创。它通过计算当日或最近几日最高价、最低价及收盘价等价格波动的幅度，来反映价格趋势的强弱，以及超买超卖的状态。

随机指标在图表上共有 3 根线，即 K 线、D 线和 J 线。随机指标在计算中考虑了计算周期内的最高随机指标价、最低价，兼顾了股价波动中的随机振幅，因而随机指标更能真实地反映股价的波动，其提示作用更加明显。随机指标 K、D 线中，K 为快速指标，D 为慢速指标。当 K 线向上突破 D 线时，表示为上升趋势，可以买进；当 K 线向下突破 D 线时，可以卖出。又当 K、

D 值升到 90 以上时表示偏高，跌到 20 以下时表示偏低。太高就有下跌的可能，而太低就有上涨的机会。

在同花顺股票行情分析软件中，调出 KDJ 随机指标参数的具体操作步骤如下。

❶ 打开同花顺软件，选择任意一个股票并进入 K 线分析界面。

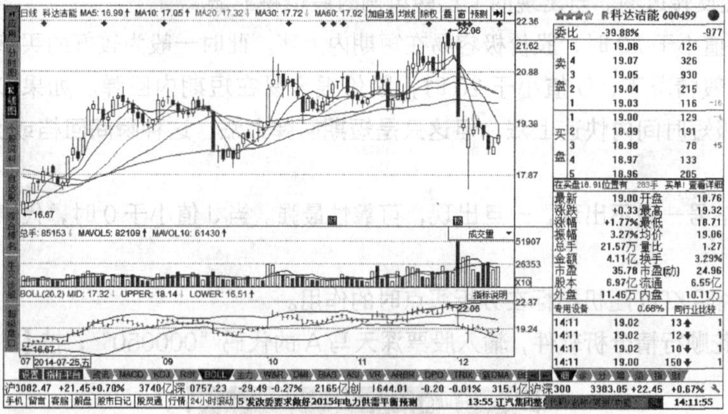

❷ 输入随机指标代码“KDJ”，按【Enter】键确认。

❸ 调出 K 线、D 线和 J 线。

KDJ 随机指标对买点的应用原则如下。

（1）K 值在 50 以下的低水平，并且呈现上涨的趋势，并且 K 线由下向上和 D 线有交叉现象，此时为买点，后期股票会产生大的上涨行情。

（2）K 线由下向上与 D 线交叉失败转而向下探底后，K 线再次向上与 D 线交叉，两线所夹的空间叫作向上反转风洞。当出现向上反转风洞时股价将上涨。

（3）当 K 值小于 20 时，股价极容易在短期内上涨，此时一般为较好的买点。

（4）在一般情况下，D 值小于 20 时，股价很容易在短期内回弹。如果 D 值继续减少到 15，股价会在极短时间内快速上涨，但这只是短期回弹上涨，这种瞬间回档或反弹不代表行情已经反转。

（5）J 线信号一般不出现，一旦出现，可靠性最强。当 J 值小于 0 时，代表股价已经见底，是较好的买点。

下面举例说明 KDJ 随机指标在分析买点时的作用。

❶ 打开同花顺行情分析软件，输入股票深天马 A 的代码“000050”，按【Enter】键确认。

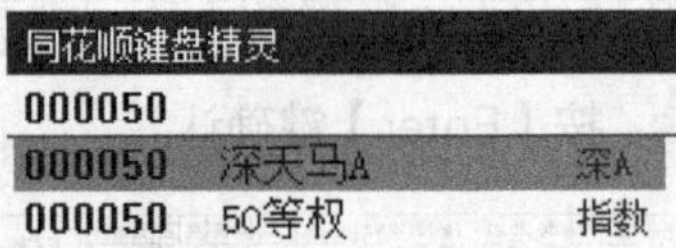

❷ 进入深天马 A 个股分析界面，输入“KDJ”，按【Enter】键确认。

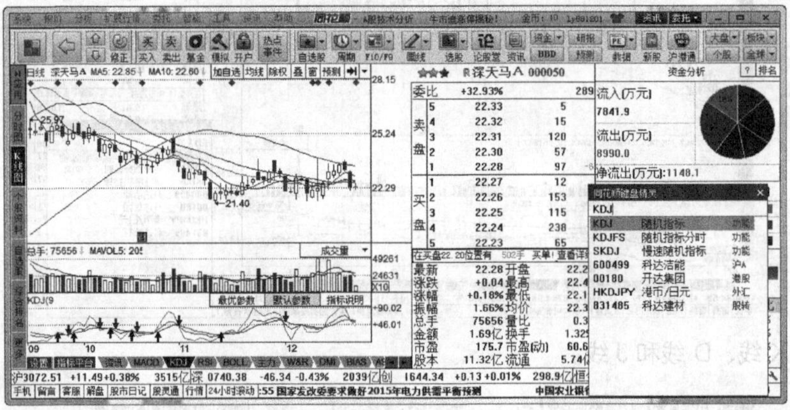

❸ 在 2009 年 2 月 23 日前后，K 值在 50 以下的低水平，并且 K 线由下向上和 D 线有交叉现象，此时为买点，后期股票产生了大的上涨行情。

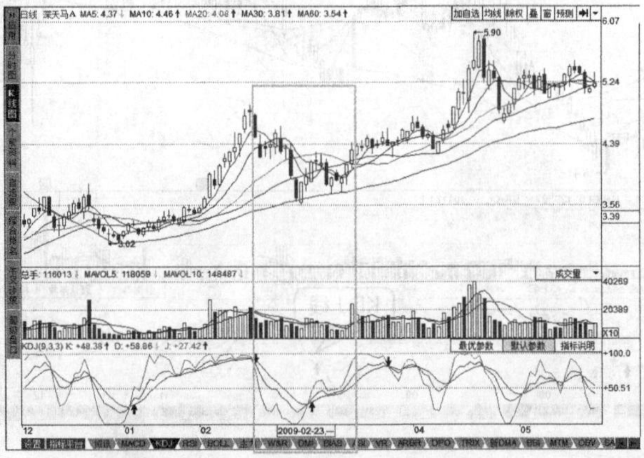

22.3.4 运用 MACD 确定最佳买点

平滑异同移动平均线 (Moving Average Convergence Divergence，MACD) 指标也被称为移动平均聚散指标。MACD 是查拉尔·阿佩尔于 1979 年提出的，它是一项利用短期（常用的为 12 日）移动平均线与长期（常用的为 26 日）移动平均线之间的聚合与分离状况，对买进、卖出时机做出研判的技术指标。

MACD 就是用快速和慢速的两条均线的交叉换位、合并分离的特性，来分析研究股市的走势，从而正确引导投资者合理地判断股票的买点和卖点。

在同花顺股票行情分析软件中，调出 MACD 随机指标参数的具体操作步骤如下。

❶ 打开同花顺软件，选择任意一个股票并进入其 K 线分析图。

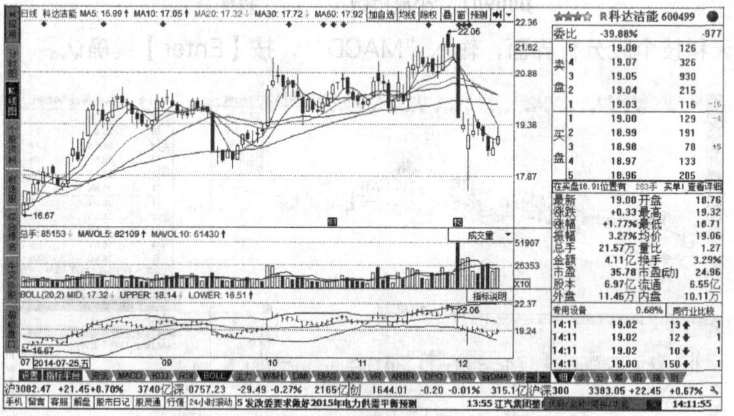

❷ 输入指标代码“MACD”，按【Enter】键确认。

❸ 调出 MACD 线，其中包括一条快线和一条慢线。

MACD 指标对买点的应用原则如下。

（1）MACD 线的交叉具有一定的中期提示作用。如果处于 0 轴以下，并出现两次交叉，则是明显的买进信号。

（2）当 DIFF 与 DEA 都在 0 轴以上，而 DIFF 向上突破 DEA 时，表明股市处于一种强势之中，股价将再次上涨，可以继续买进股票或持股待涨，这就是MACD指标“黄金交叉”的另一种形式。

（3）当红柱持续放大时，表明股市处于牛市行情中，股价将继续上涨，这时应持股待涨或短线买入股票，直到红柱无法再放大时才可以考虑卖出。

（4）当绿柱开始消失，红柱开始放出时，这也是股市转市信号之一，表明股市的下跌行情已经结束，股价将开始加速上升，这时应开始继续买入股票或持股待涨。

下面举例说明 MACD 指标在分析买点时的作用。

❶ 打开同花顺行情分析软件，输入股票航天科技的代码“000901”，按【Enter】键确认。

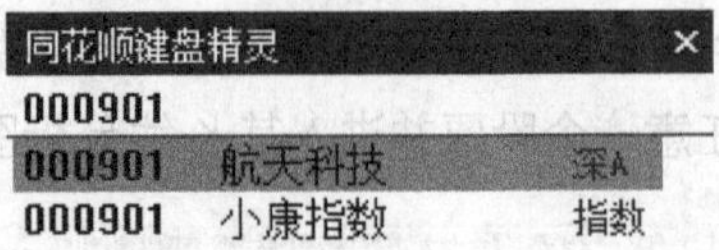

❷ 进入航天科技个股分析界面，输入“MACD”，按【Enter】键确认。

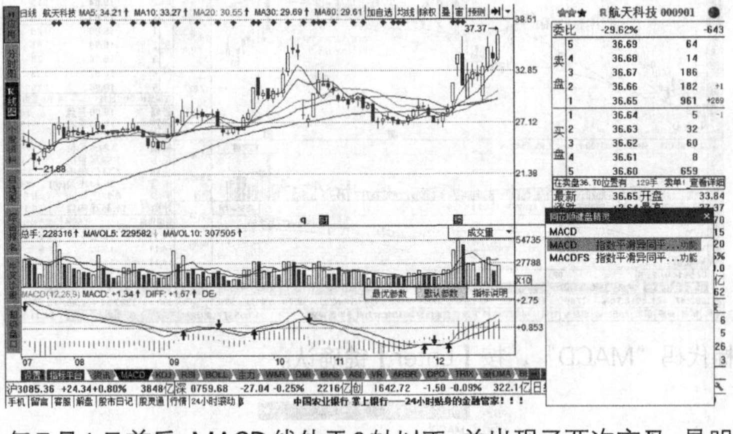

❸ 在2010年7月1日前后，MACD线处于0轴以下，并出现了两次交叉，是明显的买进信号。此时为买点，后期股票产生了较大的上涨行情。

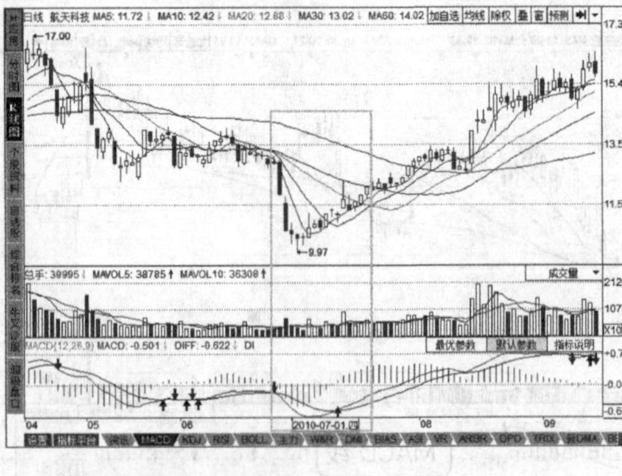

22.4 指标卖点分析技法

要想获得利润，必须在适当的时候卖出。下面将介绍如何利用技术指标分析卖点。

22.4.1 运用 BOLL 布林线指标选择卖点

运用布林线指标选择卖点的依据如下。

（1）BOLL 向上穿越“上限”时，将形成短期回档，为短线的卖出时机。

（2）股价跌破布林线股价平均线为卖出信号。带状区在水平方向移动，而股价连续穿越“下限”，预示股价弱势，未来有较大的下跌可能。

（3）股价长时间在中轨与上轨 (UPPER) 间运行后，由上向下跌破中轨为卖出信号。

下面举例说明 BOLL 布林线指标在分析卖点时的作用。

❶ 打开同花顺股票行情分析软件，输入股票中航飞机的代码“000768”，按【Enter】键确认。

❷ 在 2010 年 4 月 8 日前后，布林线出现了带状区变窄的现象，这表示股价会有变动，又因为股价跌破中线，所以可以大胆地判断股价会下跌，应及时卖出股票。

22.4.2 运用 BIAS 乖离率指标选择卖点

当 5 日 BIAS 曲线和 50 日 BIAS 曲线在 0 值线附近窄幅盘整时，一旦 5 日 BIAS 曲线向下突破 50 日 BIAS 曲线形成“死叉”，同时股价跌破中长期均线，则意味着股价的下降趋势开始形成，股价将大幅下跌，这是 BIAS 指标所指示的中长线卖出信号。此时，投资者应及时卖出股票。

❶ 打开同花顺软件，输入股票安阳钢铁的代码“600569”，按【Enter】键确认。

❷ 在安阳钢铁技术分析界面中输入 BIAS 指标代码“BIAS”，按【Enter】键确认。

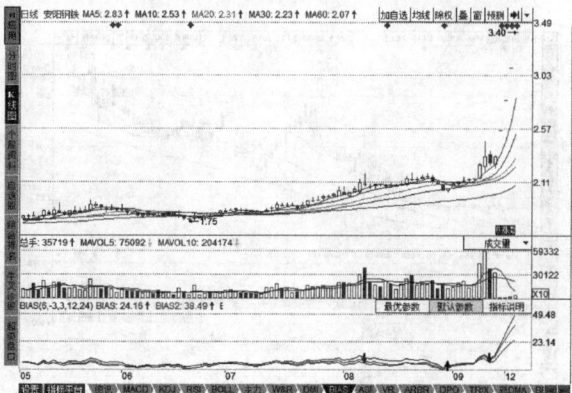

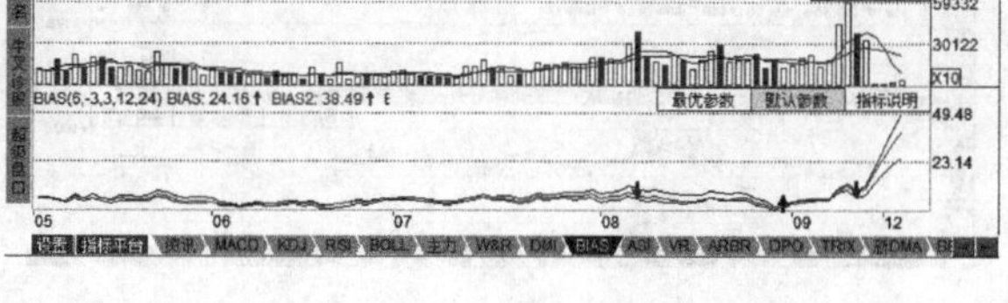

❸ 在 2010 年 4 月 13 日，5 日 BIAS 曲线向下突破 50 日 BIAS 曲线形成“死叉”，同时股价跌破中长期均线，意味着股价的下降趋势开始形成，股价将大幅下跌，这是 BIAS 指标所指示的中长线卖出信号。

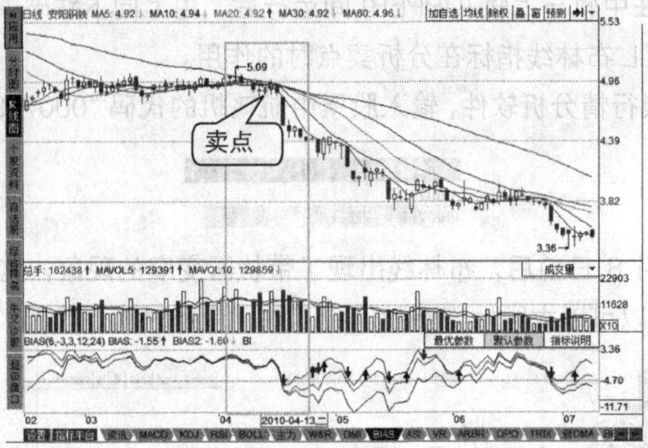

22.4.3 运用 KDJ 随机指标选择卖点

KDJ 随机指标对卖点的应用原则如下。

（1）当 K 值在 50 以上的高水平时，K 线由上向下和 D 线交叉，此时为卖点，后期股票会产生大的下跌行情。

（2）K 线由上向下与 D 线交叉失败转而向上探顶后，K 线再次向下与 D 线交叉，两线所夹的空间叫作向下反转风洞。当出现向下反转风洞时股价将下跌。

（3）当 K 值大于 80 时，股价极容易在短期内下跌，此时一般为较好的卖点。

（4）在一般情况下，D 值大于 80 时，股价很容易在短期内下降。如果 D 值继续上升到 85，股价会在极短时间内快速下跌，但这只是短期回弹下跌，这种瞬间回档或反弹不代表行情已经反转。

（5）J 线信号一般不出现，一旦出现，可靠性最强。当 J 值大于 100 时，代表股价已经见顶，是较好的卖点。

下面举例说明 KDJ 随机指标在分析卖点时的作用。

❶ 打开同花顺行情分析软件，输入股票山鹰纸业的代码“600567”，按【Enter】键确认。

❷ 进入山鹰纸业个股分析界面，输入“KDJ”，按【Enter】键确认。

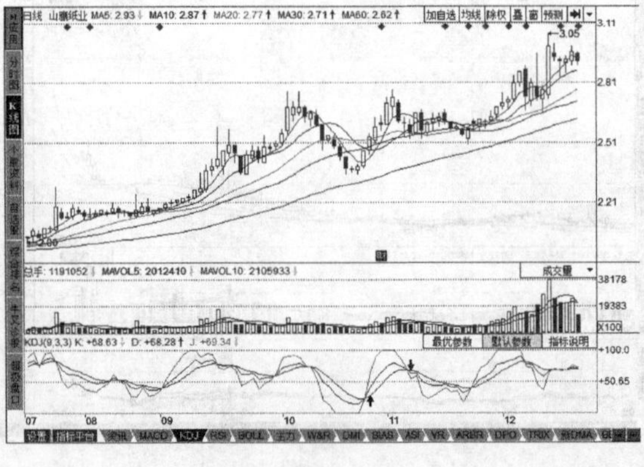

❸ 在 2010 年 4 月 12 日前后，J 值大于 100，这是明显的见顶信号，此时为绝佳的卖点，后期股票产生了大的下跌行情。

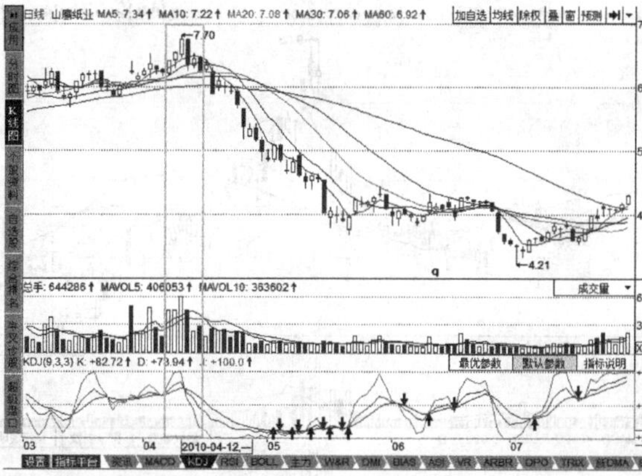

22.4.4 运用 MACD 确定最佳卖点

MACD 对中长期的股市影响较为明显，下面将介绍它对卖点的提示作用。MACD 指标对卖点的应用原则如下。

（1）MACD 线的交叉处于 0 轴以上，并出现两次交叉，是明显的卖出信号。

（2）当 DIFF 与 DEA 都在 0 轴以上，而 DIFF 向下突破 DEA 时，表明股市由强势变为弱势，股价将开始下跌，可以卖出股票离场，这就是 MACD 指标“死亡交叉”的一种形式。

（3）当绿柱持续放大时，表明股市处于熊市行情中，股价将继续下跌，这时应卖出股票，直到绿柱无法再放大时才可以考虑买进。

（4）当红柱开始消失，绿柱开始放出时，这也是股市转市信号之一，表明股市的上涨行情已经结束，股价将开始转为下降，这时应开始卖出股票。

下面举例说明 MACD 指标在分析卖点时的作用。

❶ 打开同花顺行情分析软件，输入股票迪马股份的代码“600565”，按【Enter】键确认。

❷ 进入迪马股份个股分析界面，输入“MACD”，按【Enter】键确认。

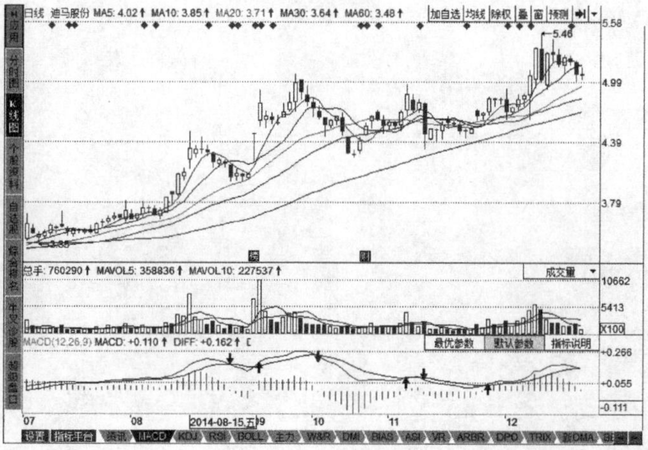

❸ 在 2010 年 4 月 9 日前后，红柱开始消失，绿柱开始放出，同时交易量明显增大，这是股市转市信号之一，表明股市的上涨行情已经结束，股价将开始转为下降，这时应开始卖出股票。

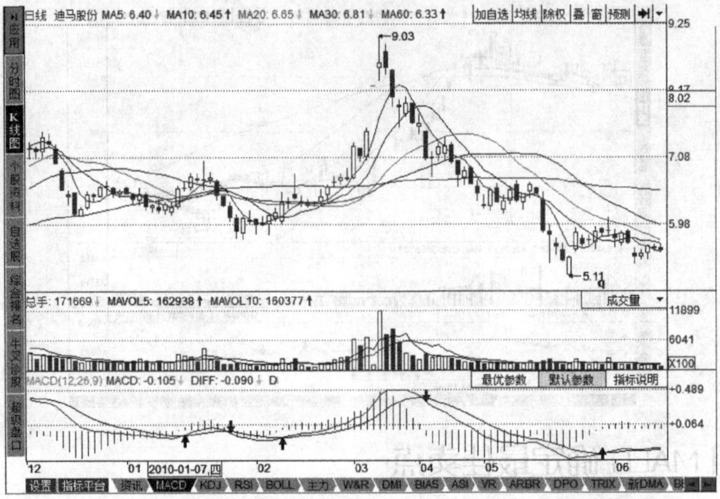

第 23 章 同花顺炒股技法——同花顺的 5 大决策秘籍

在变化莫测的股市中，任何一种指标都不是万能的，投资者要结合各种因素和炒股技法，才能正确地分析出未来股市的趋势。本章将为投资者讲述同花顺的综合炒股技法，包括趋势操盘技法、大盘研判技法、个股选择技法、分股分析技法、买卖决策技法和看盘技法等。

23.1 同花顺的趋势操盘技法

通过运用同花顺的趋势操盘技法，投资者可以正确评估大盘风险系数，选择进入上升趋势的个股，进行个股买卖决策，分析沪深两地 Level-2 数据等。

23.1.1 评估大盘风险系数

在大盘分析界面中，K 线图是将每天的 K 线按照时间顺序排列在一起，组成股票价格的历史变动情况的一种图形。根据需要的不同又可以将 K 线图分为时 K 线图、日 K 线图、周 K 线图、月 K 线图及年 K 线图等。进入股票的 K 线图界面后，股民可以查看股票的历史时点数据、分时成交明细、分价表以及详细买卖盘等。通过分析数据，可以正确评估大盘的风险系数。

查看股票分时成交明细、分价表以及详细买卖盘的具体操作步骤如下。

❶ 在打开的 K 线图分析界面中选择【分析】➢【成交明细】菜单项。

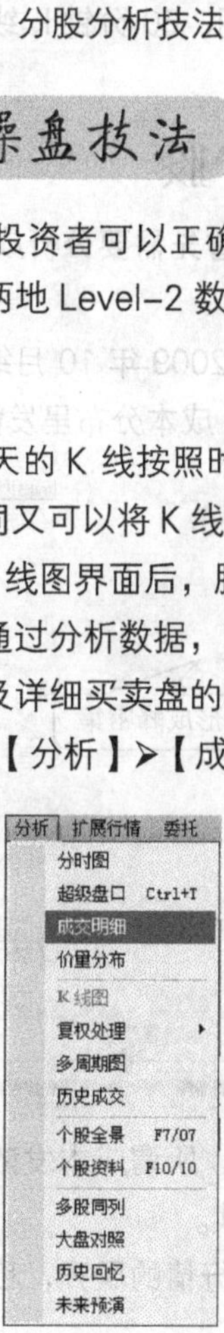

❷ 在分时成交明细窗口中详细地查看个股的成交明细表。

上证指数 000001 成交明细

时间	成交	现手	笔数	时间	成交	现手	笔数	时间	成交	现手	笔数	时间	成交	现手	笔数
14:48	3090.01	167160←	9392	14:50	3090.65	167990←	8624	14:53	3090.10	220430←	10401	14:55	3090.02	207930←	10985
14:48	3090.15	214820←	9502	14:51	3091.17	130510←	7617	14:53	3090.43	216810←	9577	14:55	3089.98	237600←	10523
14:48	3090.57	160030←	8098	14:51	3090.99	166520←	8280	14:53	3090.24	162310←	9191	14:55	3089.77	228920←	10859
14:49	3090.52	163200←	9619	14:51	3090.77	154790←	8032	14:53	3090.25	229570←	9734	14:55	3089.77	198240←	9850
14:49	3090.47	219890←	10080	14:51	3090.97	144110←	8251	14:53	3090.01	200090←	9418	14:55	3089.74	261550←	12005
14:49	3090.33	171180←	9682	14:51	3090.86	199360←	9240	14:53	3090.56	197890←	10053	14:55	3089.83	219810←	10463
14:49	3090.66	171560←	8920	14:51	3091.05	177370←	8643	14:53	3090.32	261960←	12007	14:55	3089.51	186950←	10329
14:49	3090.34	217890←	9369	14:51	3091.07	133370←	8099	14:53	3089.86	184290←	9571	14:55	3090.08	288630←	11430
14:49	3090.33	176150←	8608	14:51	3090.68	176570←	8400	14:53	3090.75	175640←	10303	14:55	3089.36	237130←	11027
14:49	3090.23	139020←	7686	14:51	3090.53	171110←	8259	14:53	3090.34	222540←	9761	14:56	3089.77	192580←	10466
14:49	3090.65	179170←	8223	14:51	3091.00	162070←	8228	14:53	3090.24	209150←	9526	14:56	3089.47	241920←	11426
14:49	3090.84	167910←	8092	14:51	3091.02	200530←	8392	14:54	3090.00	190500←	9298	14:56	3089.40	255950←	11572
14:49	3090.56	148970←	7816	14:51	3090.55	209980←	9848	14:54	3090.02	236940←	11759	14:56	3089.72	211110←	11608
14:49	3090.06	180000←	8019	14:52	3090.54	159240←	8475	14:54	3090.64	204450←	9723	14:56	3089.64	262620←	12319
14:49	3090.30	147510←	8060	14:52	3090.43	225950←	10878	14:54	3090.24	184810←	10125	14:56	3089.94	284820←	12337
14:50	3091.10	146440←	8016	14:52	3090.99	179570←	8772	14:54	3090.69	232840←	10116	14:56	3089.83	239130←	12349
14:50	3090.69	166570←	8282	14:52	3090.59	189990←	9578	14:54	3090.20	218900←	10396	14:56	3089.79	275600←	12735
14:50	3090.45	181320←	8971	14:52	3091.13	215330←	9572	14:54	3090.15	193730←	10184	14:56	3090.33	258180←	13115
14:50	3090.66	174750←	9453	14:52	3090.67	179930←	8683	14:54	3090.01	246940←	10470	14:56	3089.81	212000←	10840
14:50	3090.87	204140←	9486	14:52	3090.45	181570←	9351	14:54	3089.67	204830←	9992	14:56	3090.05	268130←	12446
14:50	3090.35	177490←	8351	14:52	3090.63	205740←	9054	14:54	3089.97	188400←	10290	14:56	3090.44	248420←	12227
14:50	3090.77	154880←	8229	14:52	3090.92	192700←	9054	14:54	3090.46	233520←	10055	14:57	3090.29	197280←	11208
14:50	3090.43	211440←	8837	14:52	3090.25	160450←	8732	14:54	3089.93	232020←	10142	14:57	3090.42	86570←	3164
14:50	3090.84	212090←	9364	14:52	3091.12	199320←	9162	14:55	3090.21	184510←	9733	15:00	3090.59	3621490←	157957
14:50	3090.90	180640←	8580	14:52	3090.86	173590←	8803	14:55	3089.55	261810←	11267	15:00	3090.59	597610←	27689
14:50	3090.76	195300←	9043	14:53	3089.99	167930←	8737	14:55	3090.01	265710←	10855	15:00	3090.76	574680←	21109

❸ 按下键盘上的【PageUp】键，将分时成交明细表格中的数据上翻，可以查看向上时间的成交明细；按下键盘上的【PageDown】键，将分时成交明细表格中的数据下翻，可以查看向下时间的成交明细。

总之，利用 K 线图分析法可以找到“买卖点”。当判断股票的大势时要看长期图，如周 K 线图和月 K 线图。当周 K 线图和月 K 线图处于高位时，股市整体的价格风险大些；当周 K 线图和月 K 线图处于低位时，股市整体的价格风险小些。在实际买时，可以结合短线图，如 5 分钟 K 线图、15 分钟 K 线图、30 分钟 K 线图、60 分钟 K 线图、日 K 线图等，来寻找低位介入。卖出也是同样的道理。

23.1.2 选择进入上升趋势的个股

对于进入上升趋势的个股，投资者首先需要分析成本情况，对于成本发散形成和密集形式进行详细的分析。

例如，股票东风科技（600081）在 2009 年 10 月经过一段时间的横盘整理后，在低位形成了峰密集，随后展开了一轮凌厉的攻势。成本分布呈发散状态，行情随之上行延续。

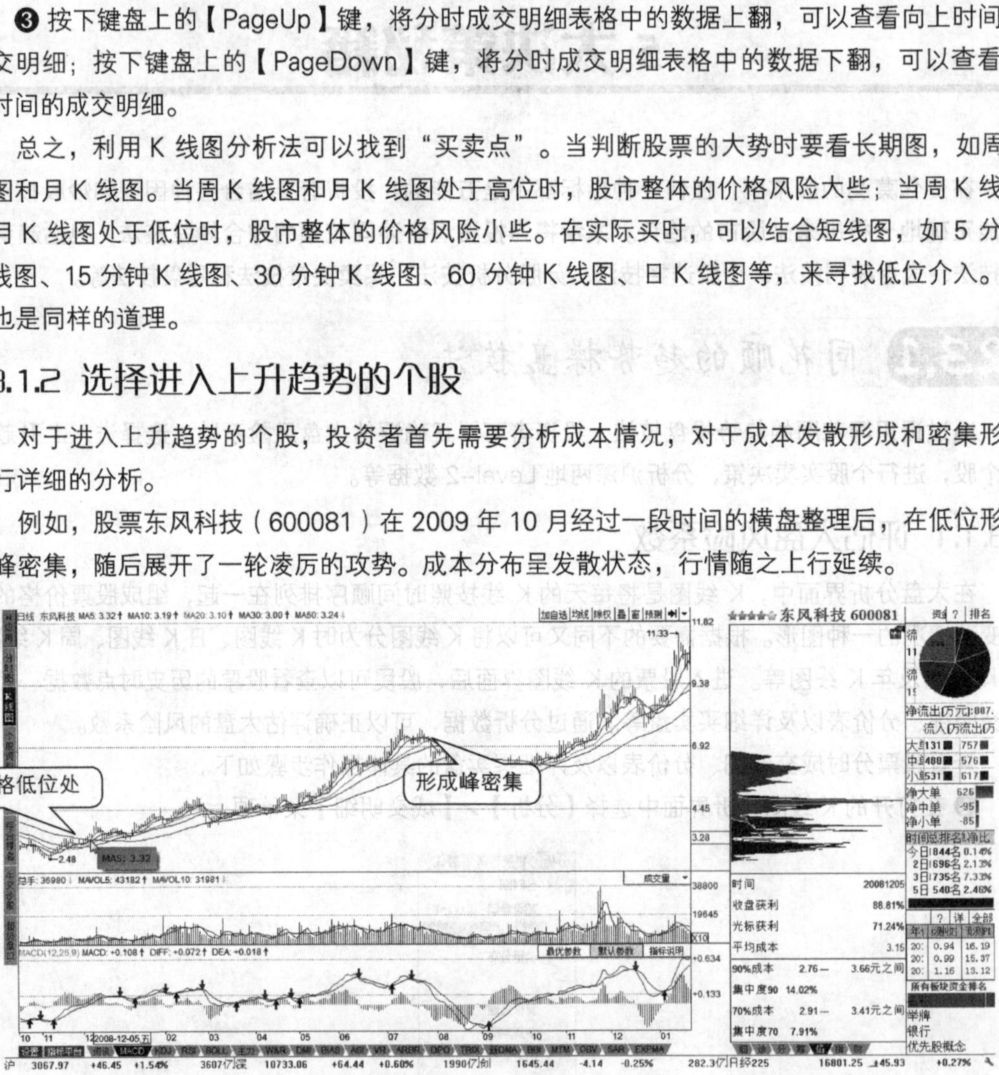

上例中个股呈现的是成本发散上行，所谓成本发散上行延续，是指股价突破低位单峰密集上行，成本发散意味着趋势的开始和延续。

当形成低位单峰密集后，随着上攻行情的展开，移动成本分布呈现出发散状态。当低位行情启动点被确认后，成本发散是主升段开始的信号。如投资者已在低位介入，在成本发散状态可持股看高；如在发散状态介入，应时刻关注低位密集峰的变化，一旦发现低位密集峰已经迅速减小，可出局观望。

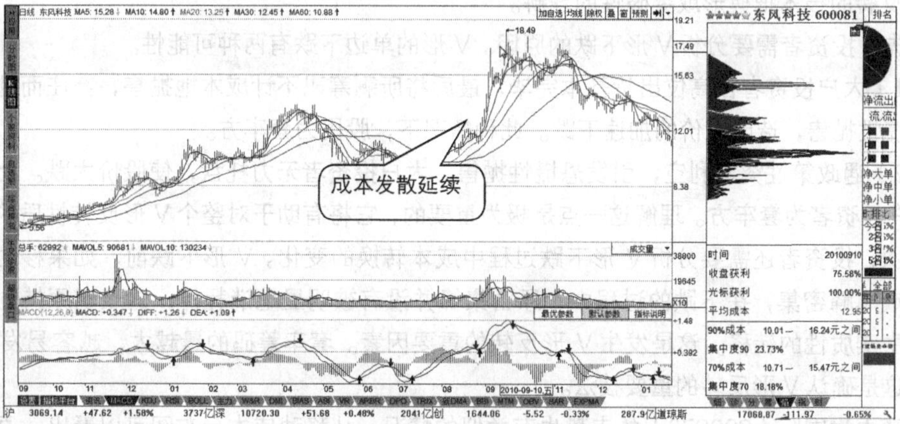

对于此类股票走势，投资者需要注意一下，成本发散的筹码是上攻途中不同价位成交活跃的结果，其筹码来源于低位密集峰，是对低位密集峰的消耗。只要低位密集峰不被成本发散迅速消耗，大户投资者就没有出货的迹象，也就意味着可以持股看高。

对于类似成本发散上行延续股票，投资者要注意以下几点。

（1）筹码发散是行情处于展开的状态。

（2）低位峰密集后上行发散是介入的时机。

（3）高位峰密集后的下跌发散是不可介入的反弹。

（4）成本发散对低位密集峰的消耗越少，行情的延续性越强。

23.1.3 个股买卖决策

大部分股票的走势总是遵循价值和价格的一般规律，所以会呈现出V形的反转走势，此时往往是用户应该做出买卖决策的关键时刻。

南风股份（300004）在2009年12月的一轮上涨行情中形成了单峰密集。随后该股由46元一路暴跌至28元。在其超跌的底部区域，以2010年2月5日为基准点，成本分布表明其原密集峰并没有减小。于是该股超跌V形反转上行，涨至53.88元在原密集峰附近回落下行，一轮反弹行情就此结束。

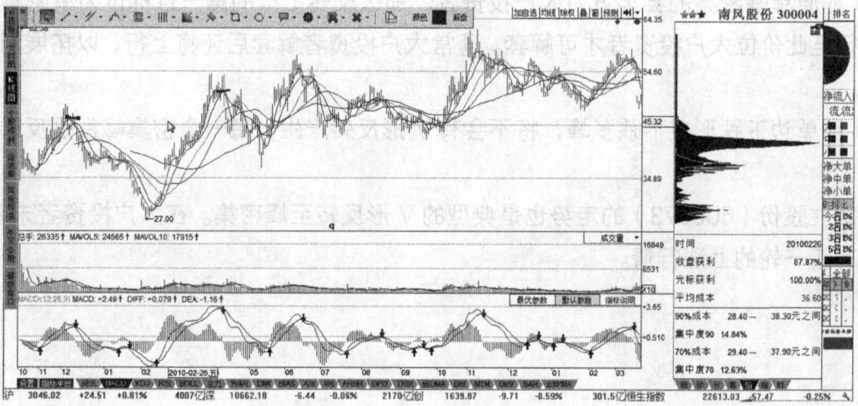

上图是典型的V形反转至峰密集。所谓V形反转至峰密集，是指股票跌穿单密集峰，如果股价超跌而原单密集峰并没有被消耗，行情将发生V形反转，反转第一目标位在原密集峰处。

从移动成本分布的角度分析V形反转形态，将赋予这个传统形态类型更加深刻的技术内涵，对V形反转的技术把握形成突破性的理解。

首先，投资者需要分析V形下跌的原因。V形的单边下跌有两种可能性。

（1）大户投资者在高位出货基本完毕，最后将所剩筹码不计成本地抛售，弃庄而逃，进而引发恐慌性抛售，造成股价的加速下跌。此种情况下，股民为套牢方。

（2）遇政策性突发利空，引发恐慌性抛售，大户投资者无力托盘，使股价大跌。此种情况下，大户投资者为套牢方。理解这一点是极为重要的，它将有助于对整个V形反转性质的判断。

其次，投资者还需要分析V形下跌过程中成本转换的变化。V形下跌前，如果移动成本分布已形成单峰密集，在下跌的过程中，原密集峰并没有被明显地消耗掉，这表明原持仓筹码并没有发生实质性的转移。这是发生V形反转的重要因素。套牢筹码的量越大，越容易发生V形反转。这是确认V形反转的重要技法。

股票中材国际（600970）的走势也有类似的情况。从移动成本分布图可以看出，原密集峰并没有明显消耗掉，所以后来又有了新一轮的上涨行情。

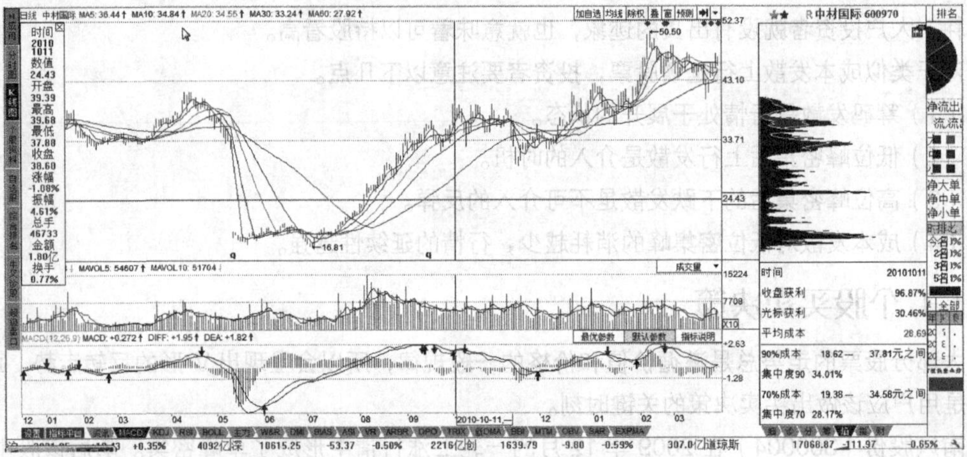

在股票市场上，投资者分析V形反转上行目标的方法有以下几种。

（1）如原单峰密集的套牢方为股民，那么反转上行的最大目标位在接近原密集峰处，因为再往上行将面临解套的抛压。

（2）如原单峰密集的套牢方为大户投资者，那么反转上行的第一目标位为单密集峰处，因为只有上行至此价位大户投资者才可解套。通常大户投资者解套后还将上行，以拓展利润空间，获利出局。

（3）如单边下跌形成下跌多峰，将不会有V形反转产生，每一个密集峰都是反转上行的强阻力位。

股票宝胜股份（600973）的走势也是典型的V形反转至峰密集。在大户投资者未解套之前，股价仍会有新一轮的上涨行情。

对于类似V形反转至峰密集的股票，投资者要注意以下几点。

（1）股价跌穿原单密集峰。

（2）股价下跌的速度是否比较快。

（3）下跌至超跌区时原单密集峰是否仍完好存在。

（4）超跌V形反转确认后才能及时跟进。

（5）股价反弹至原单密集峰区域时出场观望。

23.1.4 沪深两地 Level-2 数据

Level-2 产品是由上海证券交易所推出的实时行情信息收费服务，主要提供在上海证券交易所上市交易的证券产品的实时交易数据，包括十档行情、买卖队列、逐笔成交、委托总量和加权价格等多种数据。使用 Level-2 软件的投资者，在开盘时间内，可以随时看到大户投资者、散户买卖股票的情况。

同花顺的 Level-2 具有以下优点。

1．更快的速度

上海行情比普通行情快 3 秒～ 15 秒。深圳行情比普通行情快 2 秒～ 5 秒。Level-2 闪电下单比普通下单快 10 秒以上。

2．更通透丰富的数据

（1）逐笔成交明细：揭示真实的精确到秒的逐笔成交明细，比传统的快照成交明细更加完整。

（2）10 档买卖盘：显示委托卖盘 10 档信息和委托买盘 10 档信息，为投资者操作提供更多信息，使投资者对盘中买卖变化情况了解得更清晰。

（3）买卖详细队列：申买量（即最佳买入价）前 50 笔分笔委托量和申卖量（即最佳卖出价）前 50 笔分笔委托量。

（4）总买、总卖、总成交笔数等：揭示当前总的买卖委托数量以及平均买卖价，提供总成交笔数以及平均每笔的成交量数据。

（5）更多的市场交易统计信息：单笔委托数量最大的 10 笔买 / 卖撤单，撤销买入 / 卖出委托累计数量最多的前 10 只股票，委托买入 / 卖出数量最多的前 10 只证券行业排名，各行业成交金额前 5 位的个股。

3．简洁清晰的界面，流畅快捷的操作

同花顺的界面较为简洁清晰，有利于投资者操作。

4．看盘定制版面

同花顺具有定制版面的功能，为投资者提供了更大的自由空间，可以自行设定个性化的界面，同时浏览多种行情走势图，大势个股的变化尽在掌握之中。

23.2 选择上涨超势个股中处于热点板块的龙头个股

龙头股指的是某一时期在股票市场的炒作中对同行业板块的其他股票具有影响和号召力的股票，它的涨跌往往对同行业板块其他股票的涨跌起引导和示范作用。龙头股并不是一成不变的，它的地位往往只能维持一段时间。

龙头股必须具备以下几个方面的条件。

（1）龙头股必须从涨停板开始。涨停板是多空双方最准确的攻击信号，不能涨停的个股不可能做龙头。

（2）龙头股必须是低价股。只有低价股才能得到股民追捧，一般不超过 10 元，因为高价股不具备炒作空间，如上海梅林（600073）、中海发展（600026）和深深房 A（000029）都是从 4 元开始的。

（3）龙头股流通市值要适中，适合大资金运作和散户追涨杀跌。大市值股票和小盘股都不可能充当龙头。

（4）龙头股必须满足日 KDJ、周 KDJ、月 KDJ 同时低价金叉。如上海梅林（600073）、中海发展（600026）、深深房 A（000029）、海虹控股（000503）和 ST 华光（600076）等。

（5）龙头股通常在大盘下跌末期发端，市场恐慌时，逆市涨停，提前见底，或者先于大盘启动，并且经受大盘一轮下跌考验。

选择龙头股，应遵循以下操作准则。

（1）基本面要优秀。

作为龙头个股，基本面必须优秀，这是成为该板块龙头的基本条件。所谓的龙头，就是同板块中其他个股在行情中效仿的目标。如果该股基本面不好，是很难服人的，当然同样也不会得到同板块中其他主力的认可。基本面好，一方面要业绩好，盘子要适中，在同行业中地位起码在前几名；另一方面要有能够大幅炒作的题材。后者虽然不是成为龙头股的必要条件，但是如果有题材配合的话，主力拉抬起来更加理直气壮。

（2）号召力要强。

一般而言，龙头股应该是该板块的精神领袖。作为龙头股，必须要在板块中具有较强的影响力，龙头股一动，其他个股纷纷响应。个股在同板块中的影响力，不是一两天形成的，这跟这只股票历来的威望积累有关，譬如历轮行情中，该股的活跃度和人气如何，媒体的评论如何，主力的看法如何等。龙头股的形成，不是自己标榜出来的，它在板块中的影响力是大家公认的。

（3）主力是大牌主力。

对于板块龙头股，尤其是主流板块龙头股，主力必须是业内公认的大牌主力。由于目前市场上金融资本中规模最大的主力是基金，因此成为龙头股的一个基本条件，是基金等主力机构非常看好。这一点，大家从个股资料中非常容易就可以查到，看看驻扎在里面的主要机构是社

会游资还是公募基金、社保、QFII 等正规主力机构。一般而言，即使某只股票在板块中独领风骚（譬如以前钢铁板块中的杭萧钢构 600477），但由于该股主力是大家不认可的非正规资金，也很难成为板块龙头。只有集团性超级大资金运作，板块才会具有较好的持续上涨行情。

（4）涨幅要大。

既然是龙头股，一般来说应该比同板块个股启动早、涨势猛、涨幅大，这也是投资者选择龙头个股的最直接原因。因此，一旦大家把握了阶段性主热点，那就要看在该板块启动时，谁最先大涨，谁最先涨停，谁封停最坚决，同板块涨停个股龙虎榜信息中，是机构专用席位在扫货还是游资在拉抬。绝大多数情况下，主流板块龙头股涨停信息中多有机构专用席位在大规模扫货。当然，如果是游资主导盘面的弱势反弹行情，则要看游资主力的实力。

由于中国股市投机性强，每波行情均会炒作某一题材或概念，因此结合基本面就可知道，能作为龙头的个股一般其流通盘中等偏大最合适，而且该公司一定在某一方面有独特一面，在所处行业或区域占有一定的地位。如"四川长虹（600839）"之所以能占据龙头地位，因为其在家电行业具有领先地位；"深发展 A（000001）"是第一家上市商业银行；"东方明珠（600832）""电广传媒（000917）"具有有线网络的优先地位；而"综艺股份（600770）"和"上海梅林（600073）"具有实实在在的网站。"上海机场（600009）"和"同方股份（600100）"虽具有成为龙头的潜质，却没有非常专业的地位，很难成为实际的龙头；而"中关村（000931）"是提供中关村科技园区发展的公司，具有真正的龙头风采。因此，确认某股能否成为龙头，一定要判断该股在其所属的行业或区域里是否具有一定的影响力。

23.3 同花顺的个股分析技法

选择好股票后，需要对个股进行分析，从而正确判定该股的未来走势。

23.3.1 基本面分析

所谓基本面，是指所有股票各自拥有的基本情况的汇总。基本面分析是指对宏观经济面、公司主营业务所处行业、公司业务同行业竞争水平和公司内部管理水平以及对管理层的考察等诸多方面的分析。数据在这里充当了最大的分析依据，但往往不能以数据来做最终的投资决策。如果数据可以解决问题，那计算机早就代替人脑完成基本面分析了，事实上除了数据还包括许许多多无法以数据来衡量的东西。

在基本面分析上，最根本的还要算是公司基本面分析。而对一家公司基本面分析最重要的是财务分析。这是一门必修课。如果单单是对数据进行分析，那三大报表就可以充分说明问题，但事实上远远没有这么简单。有的上市公司会在财务报表上耍花招，有些甚至直接在财务报表上做假，这些都需要发现并修正过来。有些是属于财务手法，这不算违规，有些是故意虚报瞒报，有些是直接做假。比如有些公司为了追求主营业务收入，会把产品或服务价格压低，这时毛利率会变得非常低，净利润增长率有时还会出现负数，这种情况也有可能造成应收账款急剧增加。也有些公司为了年报好看而调整固定资产折旧来粉饰业绩，或为了平均净利润增长率而把部分利润当成递延收入处理。有些明明主营业务是亏损的，但加上营业外收入可以有很可观的净利润。这些财务手法要通过经验的累积和知识的学习来慢慢知道怎么修正它。最有力的还是公司年报，很多财务报表反映不出来的问题会在年报中有充分说明。特别要注意不太引人注意的附注，有时重大问题只会在角落被蜻蜓点水地提到一下，我们要找的就是这些信息。

23.3.2 技术面分析

技术面指反映股票变化的技术指标、走势形态以及 K 线组合等。

1．MACD（平滑异同移动平均线）

MACD（即平滑异同移动平均线）是利用快速与慢速的两条平滑平均线计算两者之间的差离值，从而对买进、卖出时机做出判断的技术指标。该指标可以除去移动平均线经常出现的假信号，同时，还可以保留移动平均线。但是，由于该指标对价格变动的灵敏度不高，因此，在大盘行情中其作用不大。

查看 MACD 技术指标的操作步骤如下。

❶ 打开同花顺软件，进入股票 K 线分析界面，输入浦发银行股票代码“600000”。

❷ 随即进入该只股票的 K 线分析页面。在 K 线分析页面的最下方的指标辅图中可以看到“MACD”字样，即表明当前的曲线是平滑异同移动平均线。

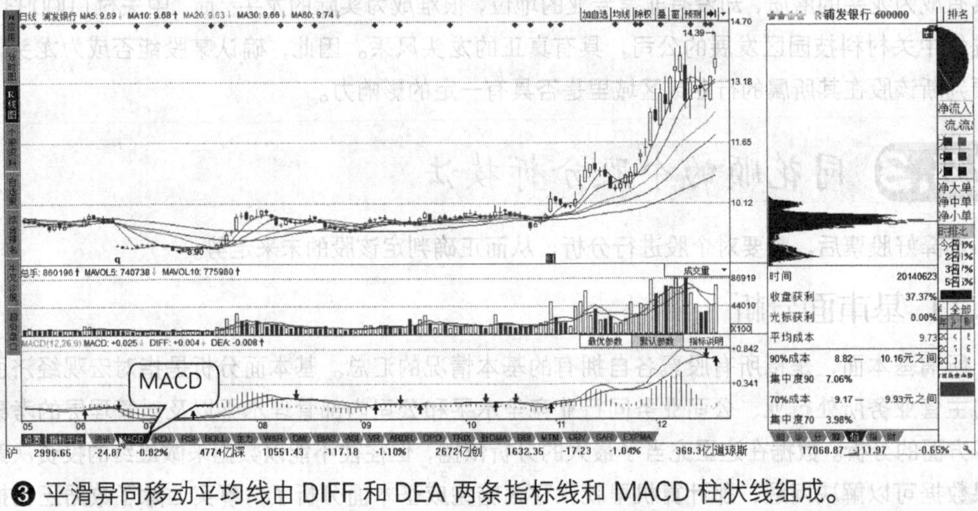

❸ 平滑异同移动平均线由 DIFF 和 DEA 两条指标线和 MACD 柱状线组成。

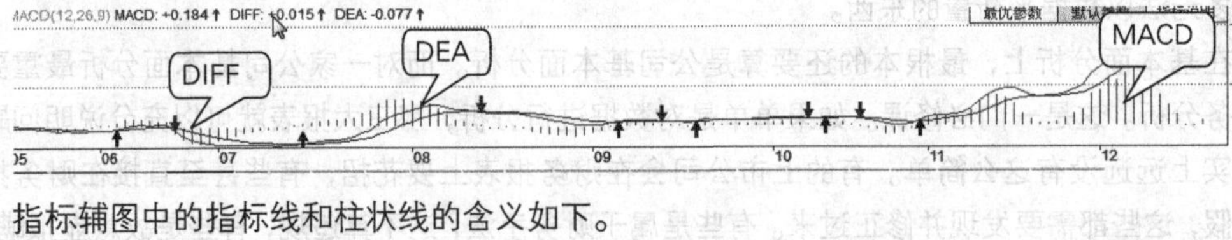

指标辅图中的指标线和柱状线的含义如下。

DIFF 是慢线移动平均值与快线移动平均值的差。一般慢线参数为 26 日，快线参数为 12 日，M 的值为 9 日。

DEA 为 DIFF 的 M 日平滑移动平均值。

MACD 为 DIFF 与 DEA 差值的两倍，以红绿柱线表示。

平滑异同移动平均线的具体用法如下。

❶ DIFF、DEA 均为正值时属于多头市场，DIFF 线向上与 DEA 线交叉是买入信号。图中光标所指位置为买入信号点。

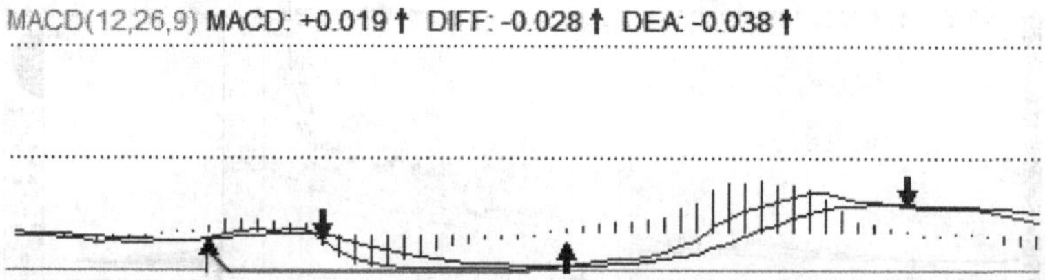

❷ DIFF、DEA 均为负值时属于空头市场，DIFF 线向下与 DEA 线交叉是卖出信号。图中光标所指位置为卖出信号点。

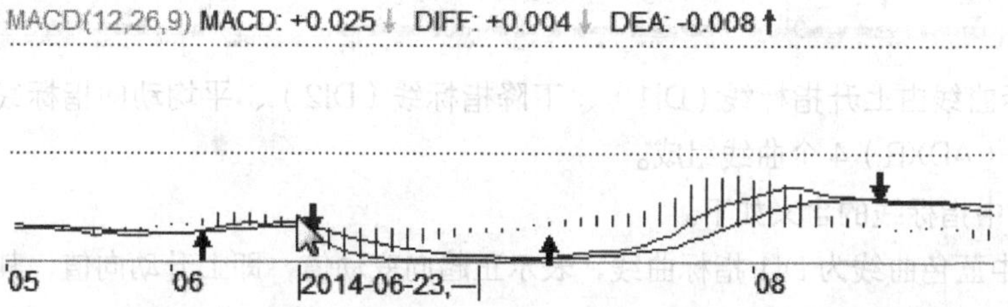

❸ 分析 MACD 柱状线可得知，柱状线由红反绿为卖出信号点，由绿反红是买入信号点。

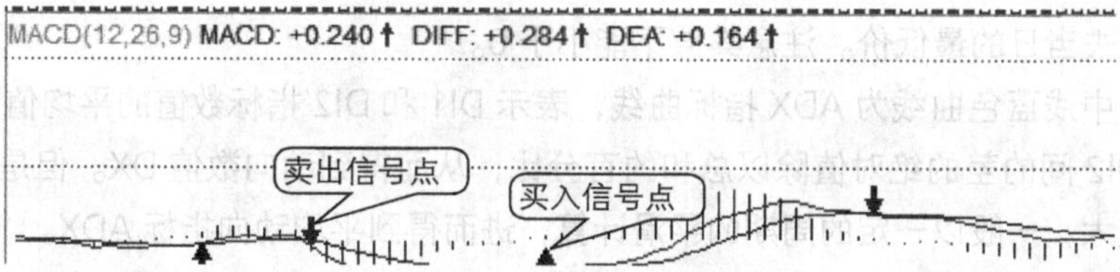

2. DMI（趋向指标）

DMI 即趋向指标，又被称为移动方向指标和动向指标，利用该指标可以对股票的趋势进行判断，它是趋势判断的技术指标之一。其基本原理是通过分析股票价格在涨跌过程中供需关系的均衡点，从而提供对趋势进行判断的依据。

查看 DMI 技术指标的操作步骤如下。

❶ 打开同花顺软件，进入股票报价行情页面。在其中选择某一只股票，如白云机场(600004)，进入该股 K 线分析界面。

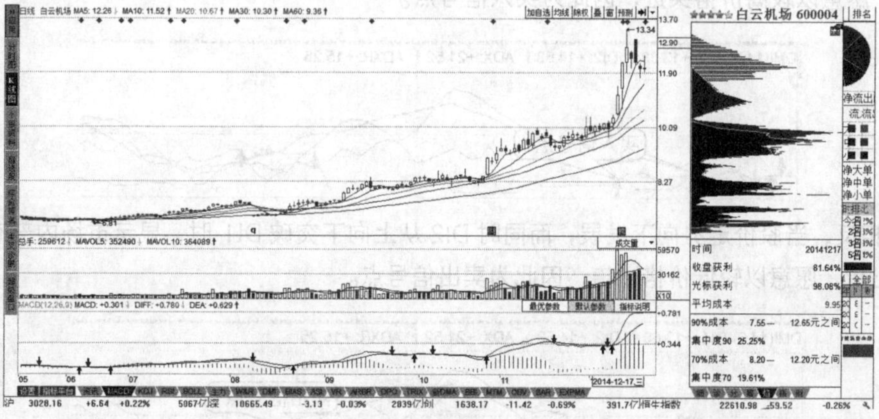

❷ 单击界面下方的【DMI】按钮，即可在股票 K 线分析界面的最下方的指标辅图中显示 DMI 指标曲线。

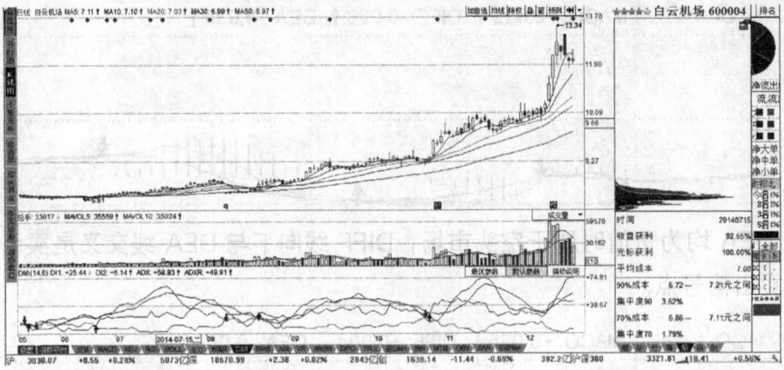

DMI 指标曲线由上升指标线（DI1）、下降指标线（DI2）、平均动向指标线（ADX）和评估数值指标线（ADXR）4 个曲线组成。

指标辅图中指标线的含义如下。

DI1：图中蓝色曲线为 DI1 指标曲线，表示正趋向变动值，即上升动向值，其数值等于当日的最高价减去前一日的最高价。

DI2：图中红色曲线为 DI2 指标曲线，表示负趋向变动值，即下降动向值，其数值等于前一日的最低价减去当日的最低价。注意其值不能小于 0。

ADX：图中浅蓝色曲线为 ADX 指标曲线，表示 DI1 和 DI2 指标数值的平均值，其计算方法是将 DI1 和 DI2 间的差的绝对值除以总和的百分比，从而得到动向数值 DX。但是，由于 DX 的波动幅度比较大，一般以一定的周期的平滑计算，进而得到平均动向指标 ADX。

ADXR：图中浅红色曲线为 ADXR 指标曲线，其数值等于当日的 ADX 数值加上前一日的 ADX 之和除以 2 后的数值。

趋向指标的具体用法如下。

趋向指标在应用时，主要是分析上升指标（DI1）、下降指标（DI2）和平均趋向指标（ADX）3 条曲线的关系。其中 DI1 和 DI2 两条曲线的走势关系是判断出入市的信号，ADX 则是对行情趋势的判断信号。

（1）上升指标（DI1）和下降指标（DI2）的应用法则。

❶当股价走势向上发展，而同时 DI1 从下方向上突破 DI2 时，显示市场内部有新的多头买家进场，愿意以较高价格买进，因此为买入信号点。

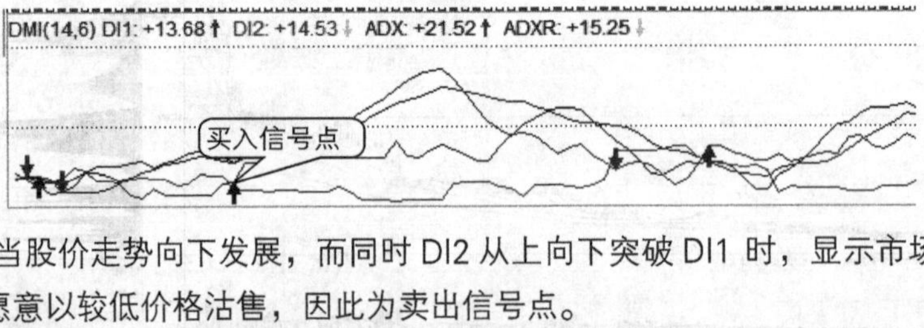

❷ 相反，当股价走势向下发展，而同时 DI2 从上向下突破 DI1 时，显示市场内部有新的空头卖家出货，愿意以较低价格沽售，因此为卖出信号点。

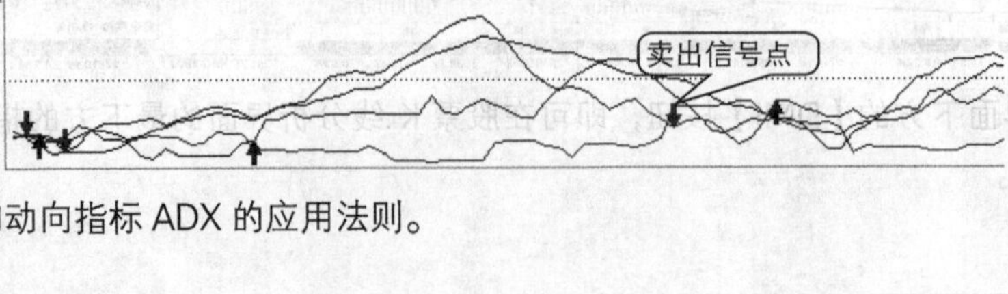

（2）平均动向指标 ADX 的应用法则。

当行情走势朝向单一方向发展时，无论是涨势或跌势，ADX 值都会不断递增。因此，当 ADX 值高于上日时，可以断定当前市场行情仍在维持原有趋势，即股价会继续上涨，或继续下跌。

3．MTM（动量线）

MTM 为动量线指标，该指标用来衡量价格的变化率，表示预先确定的期限内当前收盘价和最初收盘价的差值。

查看 MTM 动量线技术指标的操作步骤如下。

❶ 打开同花顺软件，进入某一只股票，如东风汽车（600006）的 K 线分析界面。

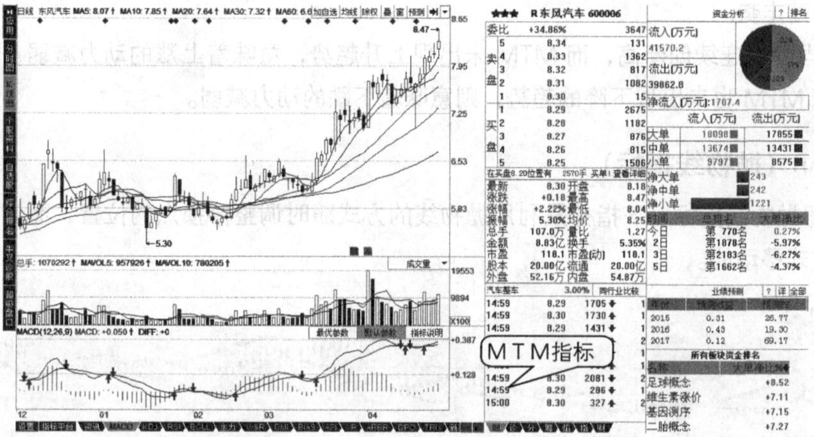

❷ 单击界面左下角的【设置】按钮，在弹出的【设置 -- 指标标签】对话框中选中【MTM 动量线】，然后单击【保存】按钮。

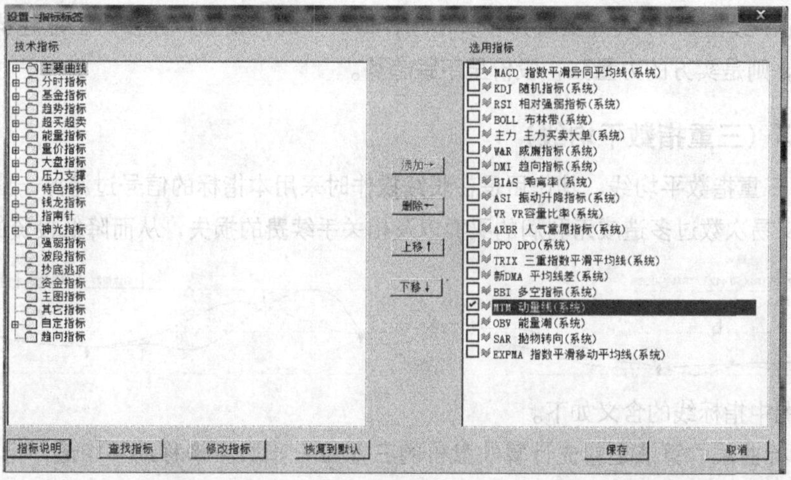

❸ 单击界面下方的【MTM】按钮，即可在股票 K 线分析界面的最下方的指标辅图中显示 MTM 指标曲线。

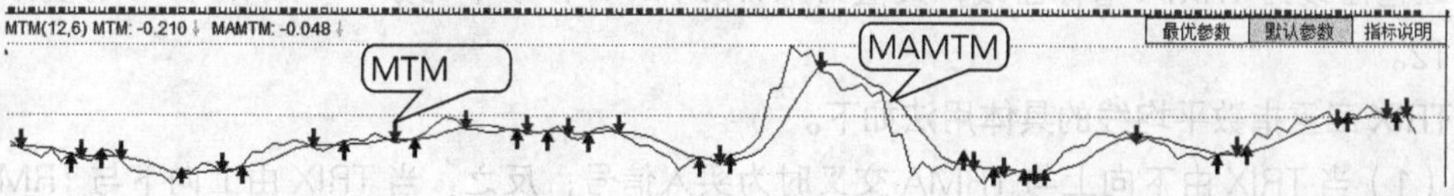

MTM 动量线指标曲线由 MTM 和 MAMTM 两条指标线组成，如上图所示。指标辅图中指

标线的含义如下。

MTM 曲线指标为当日收盘价与 N 日前收盘价的差，N 参数一般为 6。MAMTM 曲线指标是 MTM 求 N 日简单移动平均值。

动量线指标的具体用法如下。

（1）MTM 线从下向上与 MAMTM 线交叉为买入信号，MTM 从上向下与 MAMTM 交叉为卖出信号。

（2）MTM 向上穿越 0 线为买入信号，向下穿越为 0 线为卖出信号。

（3）当股价与 MTM 在低位同步上升，可能会出现反弹行情；反之，从高位同步下降，则可能出现回落走势。

（4）当股价连续创新高，而 MTM 未出现上升趋势，意味着上涨的动力减弱；当股价连续创新低，而 MTM 也未出现下降的趋势，则意味着下跌的动力减弱。

4．SAR（抛物线指标）

SAR 即抛物线指标。该指标是利用抛物线的方式随时调整停损点的位置，而这些停损点是以弧线的方式移动的。

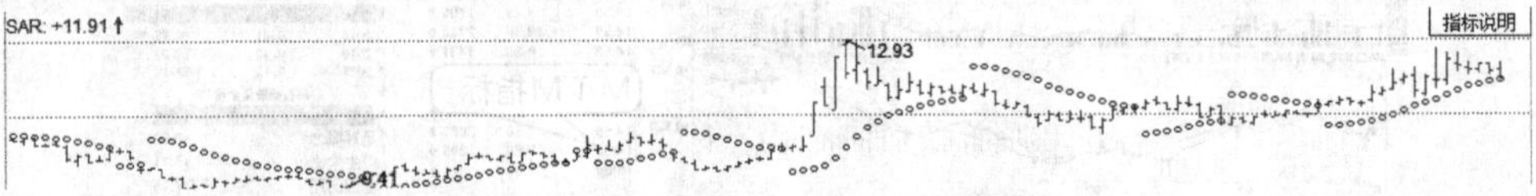

SAR 抛物线指标的具体用法如下。

（1）当 K 线或股价线向下跌破 SAR 时为卖出信号；反之，当 K 线或股价线向上突破 SAR 时是买入信号。

（2）当 K 线在 SAR 线之上时为多头市场，即买方的力量强，股价呈上涨趋势；反之，在 SAR 线之下，则是卖方的力量强，股价呈下跌趋势。

5．TRIX（三重指数平均线）

TRIX 即三重指数平均线，其作用是在长线操作时采用本指标的信号过滤掉一些短期波动的干扰，避免交易次数过多造成无利润的买卖以及相关手续费的损失，从而降低投资的风险。

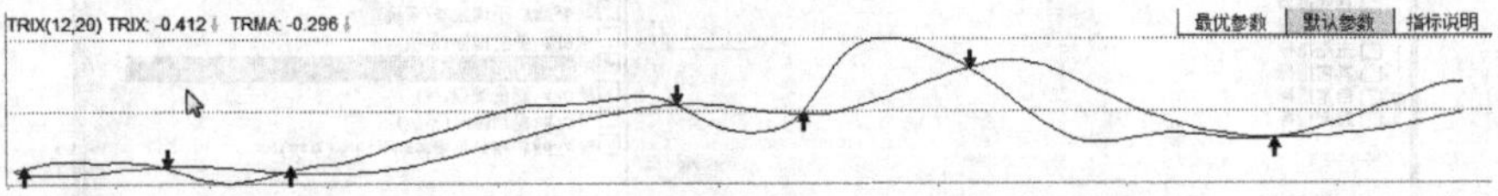

指标辅图中指标线的含义如下。

TRIX 指标曲线的算法是首先计算收盘价的三重 N 日指数平滑移动平均值，记为 TR。今日 TR 值与昨日 TR 值的差与昨日 TR 值的比值乘以 100 为 TRIX 指标值，最后将各个值连接起来成为一条曲线。

红色曲线为 TRMA 指标曲线，其值为 TRIX 的 M 日移动平均数，一般 M 和 N 的值分别为 9 和 12。

TRIX 三重指数平均线的具体用法如下。

（1）当 TRIX 由下向上与 TRMA 交叉时为买入信号；反之，当 TRIX 由上向下与 TRMA 交叉时为卖出信号。

（2）另外，当 TRIX 的走势与股价走势相背离的时候，可能会发生反转，应非常注意。

23.4 同花顺的买卖决策技法

在买卖股票时，不同的投资类型将影响最后的决策，常见的投资类型分为保守型投资和激进型投资两种。

23.4.1 保守型投资者

保本投资法是一种避免血本耗尽的操作方法。保本投资的“本”和一般生意场上的“本”的概念不一样，并不代表投资人用于购买股票的总金额，而是指不容许亏损的数额。因为即使购买同等数量的同一种股票，不同的投资者所用的资金也大不一样。通过银行融资买进股票的投资者所使用的金额，只有一般投资者所用金额的一半。所以“本”并不是指买进股票的总金额。

保本投资法的基本假设是，任何人的现金都是有限度的。因为它的关键不在于买进而在于卖出的决策。为了做出明智的卖出决策，保本投资者必须首先定出自己心目中的“本”，即不容许亏损净尽的那一部分。其次，必须确定获利卖出点，最后必须确定停止损失点。例如，若某股票投资者心目中的“本”定为投资总额的 1/2，那么他的获利点即为所持股票市价总值达到最初投资额的 150% 时，此时该股票投资者可以卖出持有的股的 1/3，先保其本。然后，再定所剩下的“本”，比如改定为 20%，它表示剩下的持有的股再涨 20% 时，再卖掉 1/6，即将这一部分的“本”也保下来了。以此类推，再定出还剩的持有的股票的本。上述获利卖出点的确定是针对行情上涨时所采用的保本投资法策略。至于行情下跌时，则要确定停止损失点。停止损失点是指当行情下跌到股票投资者心目中的“本”时，即予卖出，以保住其最起码的“本”的那一点。如假定某股票投资者确定的“本”是其购买股票金额的 80%，那么行情下跌 20% 时就是股票投资者“停止损失”的时候了，应及时退身以免蒙受过多损失。

准确地说，保守型投资并非“低风险、低回报”这么简单。要理解何为真正的保守型投资，必须要了解两个关键点。

（1）保守型投资是指投资者购买时需遵循以承受最低风险为前提的原则。

（2）保守型投资是指，投资者需要在理解保守型投资的基础上，制定相应的投资决策，并不时回顾所制定决策是否符合保守型投资范围。

然而，当前很多人还只是做到了第一步，并将此作为保守型投资唯一的特性来看待。他虽然了解到了“保守型投资是以低风险为前提”这一前提，却忽略了“必须匹配相应投资决策，并时时检查自己的投资决策在市场变动期间是否还符合保守型投资原则”这一更为关键的一步。对于如何做到保守型投资定义中的第一点，绝大多数投资者都已经了解很多了，也知道市场上哪些行业、哪些个股符合保守型投资对象的标准。在这里想说一说有关保守型投资定义的第二点。关于这一点，有以下 3 个更为具体的要点需要大家明白。

1．安全系数

保守型投资者对风险的敏感度比其他任何人都要高得多。为了更为准确地把握企业的风险程度，掌握一些风险评估指标是十分重要的一个手段。例如，企业是否拥有较低的生产成本。当企业拥有生产成本优势时，就可以在行业遭遇景气度下滑期间，比其他高生产成本的企业获取更多的生存机会，也能因此减少损失。再例如，企业是否拥有强大的研发能力和市场营销能力。

市场瞬息万变，企业倘若墨守成规，死守一个产品、一块市场，很容易在市场产品更新换代中被淘汰。再者，企业管理层是否拥有极好的财务管理水平。这体现在，他们是否懂得如何合理减少产品的单位成本，如何使投资回报率提到最高等。

2. 员工素质

好的企业必须依赖好的员工。这一点在上面的安全系数中已经体现出来了。这里把它单独列出来，可见其重要性。当然，企业员工素质好坏、技能高低，并不是一眼就能看出来的，更多时候，投资者是通过企业业绩增长能力、企业风险控制能力来分辨企业员工素质的。

3. 企业性质

投资者在了解企业性质时也许得花上些时间，虽然工作烦琐了些，但十分值得。总的来说，需要了解企业所在行业目前所处的发展阶段（成长初期 / 成长阶段 / 成熟期 / 衰退期），有哪些有利因素（政策支持 / 产品前景广阔 / 产品利润率高等），又有哪些不利因素（原材料紧缺 / 政策限定 / 竞争激烈等）。除了行业信息外，对企业自身情况也需要做深入了解，例如，它的原材料供应、产品结构、盈利能力、发展规划等。其实，了解这么多信息，最终要找的是，这家企业是否具备一定的竞争优势，在未来市场变动格局中能否抓住新机遇继续拓宽自身的市场份额，提高产品竞争力，从而获得持续增长的动力。

总之，保守型投资不仅仅是低风险的代名词，更为准确的理解应当是，保守型投资所投资的对象是那些拥有良好商业模式、拥有自身竞争优势、能持续获得业绩增长的企业。因此，也可以说，在投资市场上，保守型投资者往往是笑到最后的胜利者。

23.4.2 激进型投资者

激进型投资者对待股票投资表现为积极果敢，经常针对热门股或危机股进行短期集中投资。

任何股票市场，都会出现股价波动很大且十分热门的成长股和危机股。将大量资金集中投向这类股票，通常会由于股价波动的幅度很大而能赚取巨额利润。在股市的历史上，曾有不少人采用此种方法在一夜间成为暴发户。由于采用这种方法风险很大，需要投资者具有相应的胆略、勇气以及承受能力。

激进型投资者在做出买卖决策时需把握以下几个要点。

（1）改变传统分散投资的方式，将全部资金集中投入。

（2）不考虑从事优良股的长期投资方式，只选择热门的成长股和危机股短期投入。

（3）不过分重视一般市场的景气指标或针对企业所做的市场调查资料，而把侧重点放在能反映目前股价波动情形的股价走势图上。

（4）做出决策时，应当机立断，以免错失良机。这种方法的最大缺陷是，由于投资者将大量资金集中性投入，一旦行情逆转时仍未脱离股市，就有可能造成巨额损失，因此，投资者应具有投资受挫的心理准备。

23.5 同花顺的看盘技法

各证券公司一般都有股票行情动态显示牌，详细地列出了沪深两市所有股票的各种实时信息。投资者要判断市场的趋势，首先要学会看盘，包括大盘、个股和市场全景盘。

23.5.1 大盘看盘技巧

首先在开盘时要看集合竞价的股价和成交量，看是高开还是低开，也就是说和昨天的收盘价相比是高了还是低了。它表示出市场的意愿。对今日股市的信心，直接表现为今日股价是上涨还是下跌。成交量的大小则表示参与买卖的人的多少，它往往对一天之内成交的活跃程度有很大的影响。

然后在半小时内看股价变动的方向，一般来说，如果股价开得太高，在半小时内就可能会回落；如果股价开得太低，在半小时内就可能会回升。这时要看成交量的大小，如果高开又不回落，而且成交量放大，那么这个股票就可能要上涨。

看股价时，不仅看现在的价格，而且要看昨天的收盘价、当日开盘价、当前最高价和最低价、涨跌的幅度等，这样才能看出现在的股价是处在一个什么位置，是否有买入的价值。看它是在上升之中还是在下降之中。一般来说下降之中的股票不要急于买，而要等它止跌以后再买。上升之中的股票可以买，但要小心，不要被套住。

一天之内股票往往要有几次升降的波动。投资者可以看自己所要买的股票是否和大盘的走向一致。如果是的话，那么最好的办法就是盯住大盘，在股价上升到顶点时卖出，在股价下降到底时买入。这样做虽然不能保证你买卖完全正确，但至少可以卖到一个相对的高价和买到一个相对的低价，而不会买一个最高价和卖一个最低价。

通过买卖手数多少的对比可以看出是买方的力量大还是卖方的力量大。如果卖方的力量远远大于买方则最好不要买。

现手说明计算机中刚刚成交的一次成交量的大小。如果连续出现大量，说明有很多人在买卖该股，成交活跃，值得注意。而如果半天也没人买，则不大可能成为好股。现手累计数就是总手数。总手数也叫作成交量。有时它是比股价更为重要的指标。总手数与流通股数的比称为换手率，它说明持股人中有多少人是在当天买入的。换手率高，说明该股买卖的人多，容易上涨。

但是如果不是刚上市的新股，却出现特大换手率（超过 50%），则常常在第二天就下跌，所以最好不要买入。

涨跌有两种表示方法。有的证券公司里大盘显示的是绝对数，即涨或跌了几角几分，一目了然。也有的证券公司里大盘上显示的是相对数，即涨或跌了百分之几。投资者要知道涨跌的实际数目时就要换算。

观看大盘时，还需要掌握以下基本概念。

（1）前收盘价是前一天最后一笔交易的成交价格。自 1996 年 12 月实行涨跌停板制度后，深交所对“收盘价”做了调整，其计算方法为：收盘价 = 最后 1 分钟成交额 / 最后 1 分钟成交量。

（2）开盘价，是今天第一笔交易的成交价格。

（3）最高价、最低价分别是今天开盘以来各笔成交价格中最高和最低的成交价格。

（4）最新价是刚刚成交的一笔交易的成交价格。

（5）买入价是指证券交易系统显示的已申报但尚未成交的买进某种股票的价格，通常只显示最高买入价。对投资人来说，这是卖出参考价。

（6）卖出价是指证券交易系统显示的已申报但尚未成交的卖出某种股票的价格，通常只显示最低卖出价。对投资人来说，这是买入参考价。

（7）买盘是当前申请买股票的总数。

（8）卖盘是当前申请卖股票的总数。

（9）涨跌指现在的最新价和前一天的收盘价相比，是涨还是跌了。

（10）现手是说刚成交的这一笔交易的交易量的大小。因为股票交易的最小单位是手，1手是 100 股，所以衡量交易量的大小时常用手数代替股数。

23.5.2 个股看盘技巧

投资者在买入股票前，需要根据筹码分布、成交量、均线系统、K 线形态等选择目标个股，或者根据资金流向选择热点、焦点板块个股。关于如何选股和分析股票的知识，本章已有讲述，这里介绍个股看盘技巧。

（1）注意观察低位放量的股票。每日盘中要密切关注成交量，成交量太小时不宜买进。股价处于低位，成交量放大时可以买进。同样，在股价处于高位时，如果成交量放大可以卖出。

（2）时刻关注当天热点板块的龙头股。每一个板块都有自己的龙头股，发现龙头股启动以后，要能及时反应。一种方法是买龙头股追涨，另一种方法是选择联动的股票。

（3）时刻关注是否有回调到位的个股。当股价回档缩量时买进，当股价回档量增加时暂不宜买进，需要仔细观察。

（4）时刻关注是否有均线交叉的个股。当均线交叉向上时买进，当均线交叉向下时卖出。投资者在选择个股时要关注 5 日和 10 日线是否都向上，此时买进的保险系数更高。

第4篇

实战篇

第 24 章 K 线分析 8 招经典实战策略

在股票实战和操盘技巧中，K 线分析无疑是非常重要的一个环节。从 K 线图中，投资者可以捕捉到买卖双方力量的较量和变化。根据 K 线图可以分析预测股价的未来走势，把握买进卖出的最佳时机。

将每天的 K 线按时间顺序排列在一起，就组成了股票价格的历史变动情况，叫作 K 线图。K 线将买卖双方力量的增减与转变过程及实战结果用图形表示出来。一条 K 线记录的是股票在一天内价格变动情况。

K 线图据说源于日本，被当时日本米市的商人用来记录米市的行情与价格波动，后因其细腻独到的标画方式而被引入股市及期货市场。目前，这种图表分析法在我国以至整个东南亚地区尤为流行。

由于用这种方法绘制出来的图表形状颇似一根根蜡烛，加上这些蜡烛有黑白之分，因而也叫阴阳线图表。通过K 线图，能够把每日或某一周期的市况表现完全记录下来。股价经过一段时间的盘档后，在图上即形成一种特殊区域或形态，不同的形态显示出不同意义。

K 线图有直观、立体感强、携带信息量大的特点，蕴涵着丰富的东方哲学思想，能充分显示股价趋势的强弱、买卖双方力量平衡的变化，预测后市走向较准确，是各类传播媒介、电脑实时分析系统应用较多的技术分析手段。

在 K 线图的实体上、下方，各有一条竖线，称为上、下影线或上、下拖尾线。两条线分别表示在 K 线所表示的时期内，股价曾达到过的最高值和最低值。当 K 线图以彩色表示时，通常将 K 线图设计成红、绿两种颜色。当收盘价高于开盘价时，K 线图就用红色或空心显示，表示为日收红盘，为阳线，如下图所示。

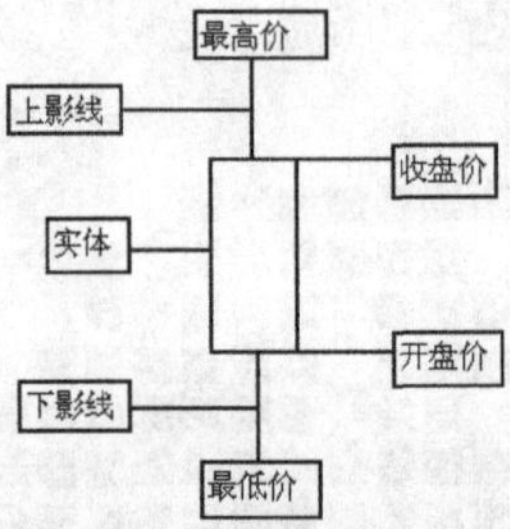

反之，当收盘价低于开盘价时，K 线图用绿色或实心显示，表示为绿盘，为阴线，如下图所示。

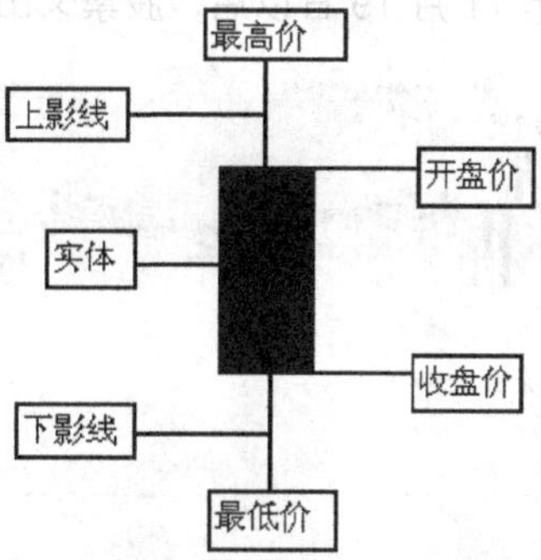

周 K 线图是以周一的开盘价、周五的收盘价、全周最高价和全周最低价来画的 K 线图。月 K 线图则是以一个月的第一个交易日的开盘价、最后一个交易日的收盘价和全月的最高价与全月的最低价来画的 K 线图。同理可以推得年 K 线图的画法。

为了满足不同的需要，K 线图可以细分为：5 分钟 K 线图、15 分钟 K 线图、30 分钟 K 线图、60 分钟 K 线图、日 K 线图、周 K 线图、月 K 线图，甚至 45 天 K 线图。

判断大势看长期图，如周 K 线图和月 K 线图。当周 K 线图和月 K 线图处于高位时，股市整体的价格风险大些，注意仓位要轻；当周 K 线图和月 K 线图处于低位时，股市整体的价格风险小些。在买入时，可以结合短线图（5 分钟 K 线图、15 分钟 K 线图、30 分钟 K 线图、60 分钟 K 线图、日 K 线图）寻找低位介入。卖出也是同样的道理。所以股市看似每天都有机会，其实大的机会是每段时间来临一回。

K 线理论已经成为一种具有完整形式和扎实理论基础的股票分析技术。K 线的种类很多，也比较复杂。K 线图基本用途就是为了寻找"买卖点"。虽然面对同样的 K 线图，但每个人的理解各有不同。投资者必须长期认真观察，随着看盘时间的增加，会有所领悟。

本章通过介绍 K 线分析实例，让投资者可以对 K 线走势图进行分析，加深对各种 K 线的特征和作用的理解，以增加投资成功的概率。

下面将详细讲述常见的股票经典 K 线图分析方法。

24.1 正确评价大阳线的股价走势

大阳线是指实体较长的阳线，可以有较短的上影线和下影线，可以出现在涨势和跌势中。大阳线的图形如下图所示。

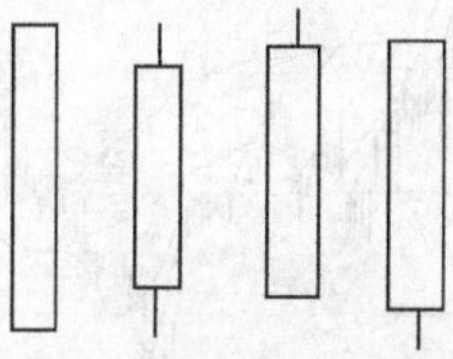

出现大阳线后，投资者需要注意的事项如下。

（1）股市进入强势后，大阳线的出现对行情基本上起到的是一个助推的作用，表示股票将继续上涨。

（2）股市进入弱势后，大阳线的出现往往是大户投资者故意制造的陷阱，往往行情会有新一轮的下跌。

例如，股票上柴 B 股（900920）在 2009 年 11 月 5 日开始急剧上涨，在短短的 2 周的时间内涨幅超过 45%。然而在 2009 年 11 月 19 日以后，股票又出现下跌过程。

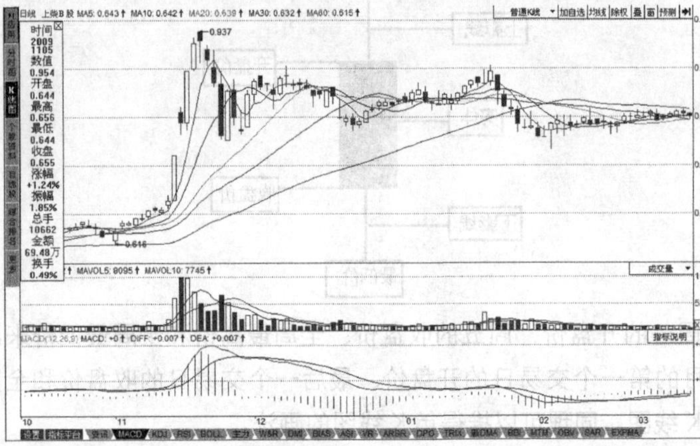

该股票在最后的急剧拉升过程当中，股价以连续阳线的形式展开上涨，成交量出现了减量，增量，再减量的过程。这种以阳线形式连续大涨，成交量在股价上涨当中出现减量，增量，再减量的现象，在股票市场较为常见。该组合出现是牛股到顶的明显标志，在第二次阳量增加的次日，股价有一个短短的创出新高，瞬间发生回落的走势。此时，股票持有者应及时抛售，否则损失较大。

仔细观察股票的 K 线图可知，股价往往离 60 日均价线较远。由于是急剧的阳线上涨，因此，对投资者特别具有诱惑性与蒙蔽性。投资者一定要谨防风险。

股票市场上普遍存在搏杀的心理。股民最大的敌人往往是自己，对于急剧上涨的股票形势过于乐观，不知道去慎重地分析该股的走势，总想着等到股票的最高点再卖出，否则好像就是失败了一样，其实这是一种非常不好的贪婪心理。在赚取到适当的利润的时候及时抛售，是一种比较理智的行为。毕竟，对股票的投资也是一种理财，获得利润为其根本目的。

看不清股票的走势时，任何一个卖出条件出现，均应理性卖出。能够获得利润，已是取得了成功，而不是非要将利润最大化。

例如，特力 A（000025）股票也出现了类似的情况。由于急剧地上涨后股票出现下跌，在上涨的过程中购买股票的投资者如果不能及时抛售手中的股票，则损失较为惨重。

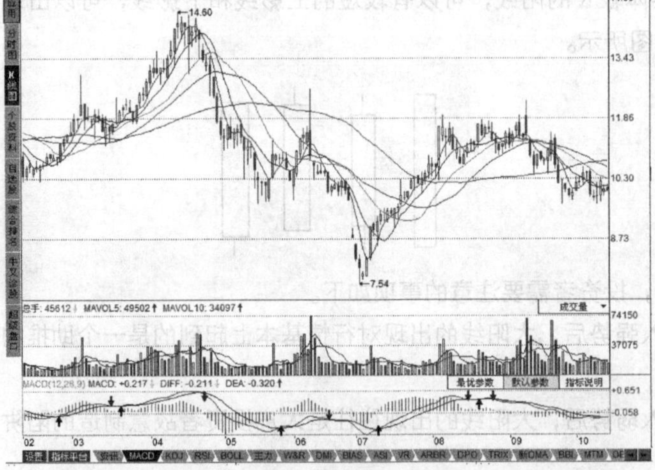

当然，凡事没有定法，具体股票情况还要具体分析，千万不可死搬硬套。如果遭遇潜伏顶，就会很快被套牢。例如，中弘股份（000979）在 2010 年 2 月 9 日，孚日股份（002083）在 2010 年 4 月 13 日和 2010 年 4 月 19 日下跌时成交量突然放大，股价顺流而下。

24.2 单边上扬及时出手

遇到单边上扬的趋势要及时出手。例如，万科 A（000002）在 2009 年 10 月 22 日开始反转下跌，一直跌到 2010 年 2 月 8 日均价线才获初步支撑。但是到 4 月 6 日，又出现新的下跌趋势，在半年多的时间内跌势惨烈。由于该股在前面的上涨属于短期之内单边上扬的走势，因此，凡是在上涨过程当中追涨的投资者，一旦没有及时抛出手中的股票，损失就会非常惨重。

上述情况发生时，由于是价格一路上涨，因此对投资者特别具有诱惑性与蒙蔽性，投资者一定要谨防风险。

在股市战场实战时，不管是初次涉猎股票交易的新手，还是已做过多次买卖的老手，最容易犯下的错误就是贪婪。

多头股市都能赚钱，唯独贪婪者除外。具有贪婪心理的人往往在股价上升时，迟迟不肯抛出自己手中的股票，一门心思等待着更高股价的到来，以获取更高的利润，这是典型的贪高心理。而有的投资者在股价下跌时又一心想着还会继续下跌，于是迟迟不愿买入，不料股价上升，错失购买的最佳时机，少赚或失去的钱再也不会回来了，这是典型的贪低心理。

贪婪的投资者往往缺少耐心，常常被利好消息冲昏头脑。其实，股票市场是反映未来的，所以当投资过热时，行情通常也就该结束了。事实上，如果利好消息出现后股价不再上扬，就是个十分危险的信号。

所以，请投资者记住一句话："股市上最大的敌人是自己。"所谓成功者，不是在牛市上获得的最多，而是在熊市上损失的最少。

对于炒股的投资者来说，该出手时则出手，及时抛出股票则早得到利润。然而很多投资者易犯贪心的毛病，看不懂股票的走势，在适当的时间没有抛出股票，期望新一轮的上涨。一旦股票持续下跌，则悔之晚矣。

例如，2010 年 2 月 9 日中弘股份（股票代码为 000979），由于大规模的抛售导致股价急剧下跌，如果投资者能及时抛售手中的股票，则可以避免损失。

24.3 螺旋桨K线出现后的操作

所谓螺旋桨，是指那些在K线组合上经常出现K线实体较小，上下影较长，但一段时期的走势具有独立性的个股，或者连续的阴线出现但股价不跌的个股。具有螺旋桨特征的个股如果绝对价位不高，基本面还可以，没有股本扩张的历史，可以称为螺旋桨王。一般情况下，螺旋桨王是盘整市中机会较大的个股。

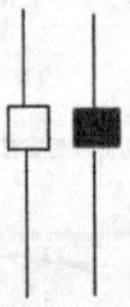

出现螺旋桨K线后，投资者需要注意的事项如下。

（1）螺旋桨K线既可以出现在涨势中，也可以出现在跌势中。

（2）开盘价、收盘价接近，K线的实体比较小，但最高价和最低价差距很大，所以上下影线都很长。能够形成螺旋桨K线的个股通常都是大部分筹码已经集中在主力手中。在大势不是特别低迷的情况下，这类个股非常容易出现较大的升幅。沪深两市中出现涨幅翻倍的黑马股绝大多数出自这个行列。这种个股的最大优势是在大盘跌势中比较抗跌，一旦有利好配合反应也较迅速，是中小资金分批投入实战的良好目标。

出现螺旋桨K线的意义如下。

（1）如果在跌势中出现，代表将继续看跌。

（2）如果在涨势中出现，代表后市看跌。例如，个股天奇股份（002009）在上涨的过程中出现了螺旋桨K线，后市出现了下跌行情。

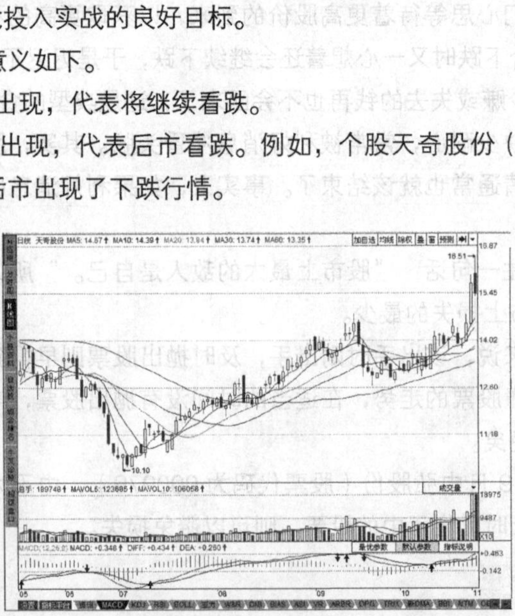

（3）在连续加速下跌行情中出现，有见底回升的意义。例如，个股方大集团（000055）在快速下跌的过程中出现了螺旋桨 K 线，后市出现了见底上涨的行情。

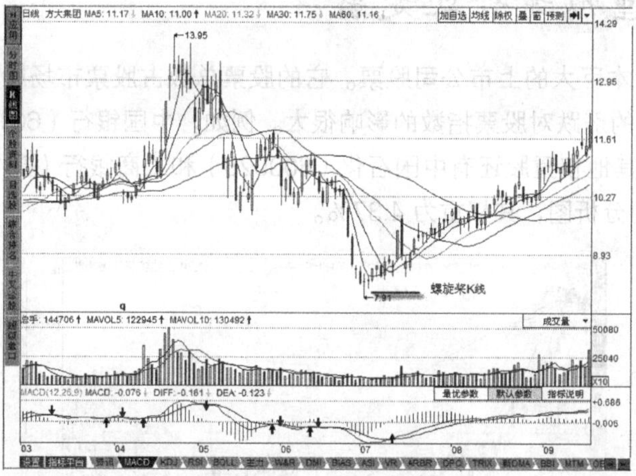

（4）无论是大盘或个股，一旦大幅上涨后，出现这样的 K 线，且随后几根 K 线在其下影线部位运行，那么头部就基本形成了，继续下跌的可能性非常大，应果断止损。

（5）如果以后的 K 线在它的上影线部位运行，它有可能是上升途中的过渡形式，是一种上升中的中继形态，投资者应持股观望。

> **提示**
>
> 如果在螺旋桨之后以横盘形式出现几个小阴线、小阳线，可结合 5 日均线变化情况观察 2~3 天再做决定。

24.4 买入股票被套的实战分析

股市进入弱势时，大阳线的出现往往是主力的一种诱多信号，多半表示反弹行情结束。此时如果投资者买入股票，被套牢的风险很大。

例如，洲际油气（600759）在 2010 年 6 月 22 日到 10 月 1 日期间处于弱势时，在 8 月 17 日出现大阳线并出现短暂的回升，此时投资者应果断卖出股票，如果购买股票，会被深深套牢。

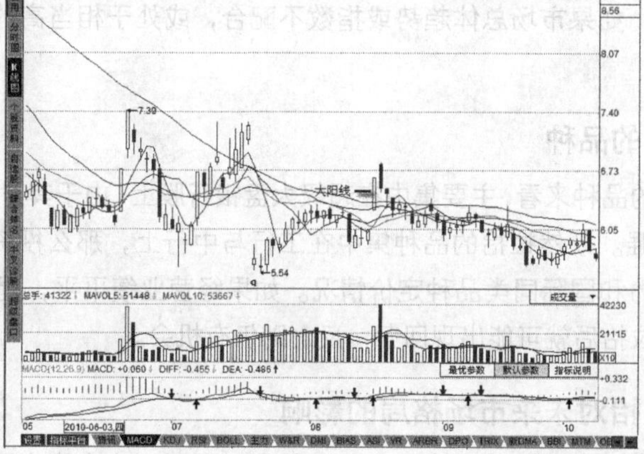

股价经过快速下跌后，出现反弹现象，在反弹的过程中出现一根大阳线，同时出现很大的交易量。这根大阳线是大户投资者为了卖出手中还没有抛售的筹码，故意制造的陷阱。此时投资需谨慎，看到大阳线后，要及时卖出手中的股票，否则会被套牢。

24.5 权重股是舍还是留

权重股就是总股本巨大的上市公司股票。它的股票总数占股票市场股票总数的比重很大，也就是权重很大，它的涨跌对股票指数的影响很大。例如，中国银行（601988）占沪市 A 股总股数的 12% 以上，其他权重股还有中国石化（600028）和工商银行（601398）等。下图是中国石化（600028）的分析图，其权重为 4.37%。

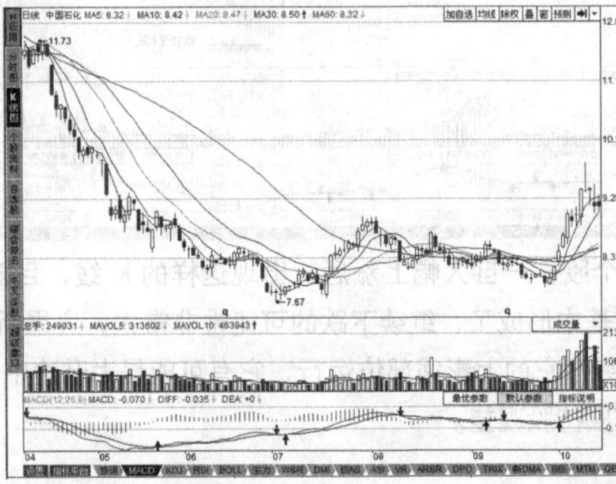

股票指数是经过加权平均的，所以股票总股本越大，该股票在指数中的权重就越大。因此权重股就可以认为是总股本很大的股票，一般都是蓝筹股。

权重股拉抬对指数的影响非常大，而在权重股拉抬下的投资市场也会有相应的格局变化。从权重股拉抬来看，其对中长期市场的影响较为强烈，使得市场格局出现国际化趋势。从国际股市来看，能够保持持续活跃的品种均是行业龙头、业绩优良的品种。香港市场近年交易表明，市场成交量向绩优股、行业龙头股集中趋势明显，一大批业绩极差或业绩平平的品种处于长期下跌过程和无交易状态。从 A 股未来趋势来看，这种国际化趋势将更为明显。那么在此背景下，投资者应该以何种策略应对市场呢？

1．要分析权重股拉抬下的市场位置

应该说个股再强，如果市场总体趋势或指数不配合，或处于相当高的风险区域，其连续性都将难以为继。

2．权重股拉抬的品种

从股票市场拉抬的品种来看，主要集中在超级大盘银行股上，由于其对指数有绝对影响作用，其品种号召力仍然较强。既然拉抬的品种集中在工行与中行上，那么投资者就有必要仔细分析其经营业绩、提升能力和国际同类品种定价情况。如果经营业绩平平，提升能力又差，与 H 股股价偏离过远，这种拉抬后就可能出现回归；反之则仍有机会。

3．充分认识拉抬对未来市场格局的影响

前面已谈到权重股交易在市场有未来加重的趋势。同时投资者也应清醒地认识到未来股价分化带来的风险，比如长期持有业绩极差品种可能导致的未来股价仍将下跌或交易风险等。

大阴线是指实体较长的阴线，上下影线都比较短，可以出现在涨势和跌势中。大阴线的图像如下图所示。

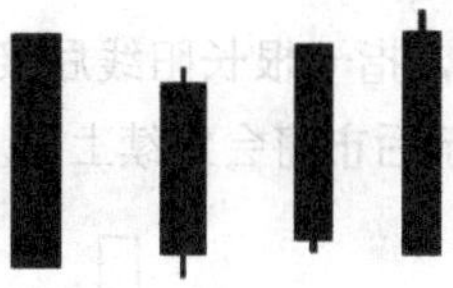

出现大阴线后，投资者需要注意如下事项。

（1）大阴线的出现表示多方在空头打击下节节败退，已经没有招架之力，其中实体越长，力度越大，对于多方来说越是不祥的预兆。

（2）如果股价经过大幅度下跌后出现了大阴线，表示空头能量已经释放得差不多了。此时投资者可以考虑买进股票。

（3）如果股价经过大幅度上涨后出现大阴线，表示开始回调。此时投资者可以考虑卖出股票。例如，股票中海发展（600026）在 2010 年 7 月大幅度下跌后，出现一条大阴线，代表此时股价开始回升。

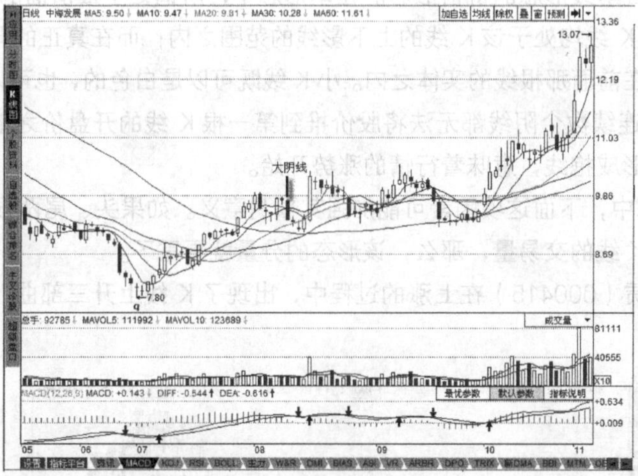

而首创股份（股票代码为 600008）在经过大幅度上涨后，在 2010 年 9 月出现了一条大阴线，并伴随着巨大的交易量，代表大户投资者此时正在出货。

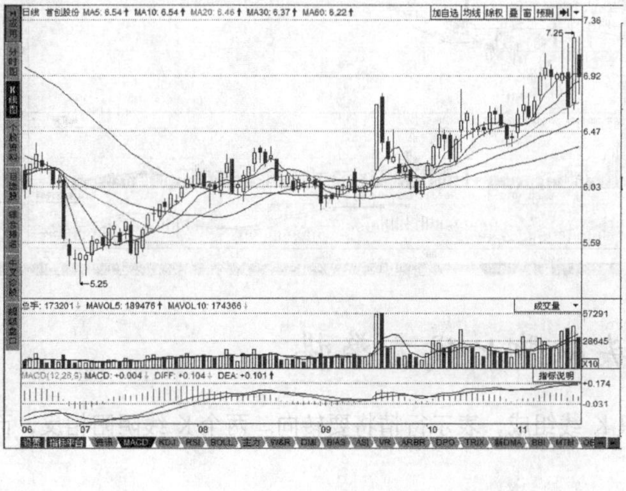

24.6 难得的K线上升三部曲

K 线上升三部曲是持续组合形态，指一根长阳线后接三根较小的阴线，再接一个大阳线的组合。这是典型的震荡洗盘手法，表示后市将会继续上涨。

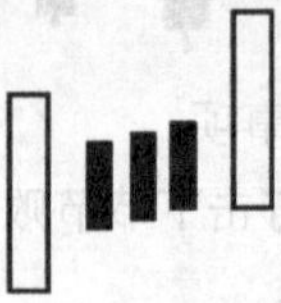

上升三部曲不是转势信号，而是表示升势将持续稳定。通常第一条为急升长阳线，随后 3 根小阴线，实体都包含在第一天阳线之内，成交量萎缩，接着又一根阳线拔地而起，收盘价创出新高。投资者此时应继续购入股票，以获得更大的利润。

上升三部曲的应用法则如下。

（1）由于这群较小的 K 线均处于第一天的价格范围之内，它们与最前面的长阳线一道，构成了一种类似于三日孕线形态的价格形态。在本形态中，所谓处于最前面的 K 线的价格范围之内，指的是这群小 K 线均处于该 K 线的上下影线的范围之内；而在真正的孕线形态中，仅仅是小 K 线的实体包含在前面那根线的实体之内。小 K 线既可以是白色的，也可以是黑色的，不过，黑色 K 线最常见。连续数个阴线都无法将股价推到第一根 K 线的开盘价之下，而后的一根大阳线与前数个小 K 线形成抱线，意味着行情的涨势开始。

（2）在该形态中，下面这项因素可能加强其预测意义。如果头、尾两根白色 K 线的交易量超过了中间那群小 K 线的交易量，那么，该形态的分量就更重了。

例如，渤海租赁（000415）在上涨的过程中，出现了 K 线上升三部曲，后市的股价出现了新一轮的上涨行情。

24.7 穿头破脚K线应警惕

穿头破脚由两只 K 线组成，表示行情将要转向。两个 K 线阴阳相反，而且第二根 K 线包含第一根 K 线。

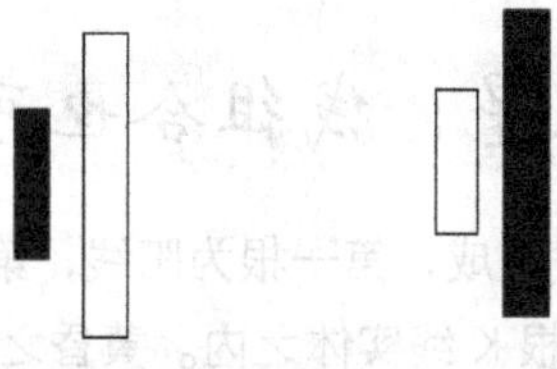

两种形态

穿头破脚有两种形态：底部穿头破脚与顶部穿头破脚。底部穿头破脚的特点如下。

（1）在下跌趋势中产生。

（2）第二根K线，即阳线的长度必须足以包含第一根K线，即阴线的全部（上下影线不算）。

（3）股票走势将开始回升。

例如，北方国际（000065）在下降的过程中出现了底部穿头破脚的K线组合，此时股票开始改变下降的趋势，股价逐步回升。

顶部穿头破脚的特点如下。

（1）在上升趋势中产生。

（2）第二根K线，即阴线的长度必须足以包含第一根K线，即阳线的全部（上下影线不算）。

（3）股票走势将开始下降。

例如，深国商（000056）在上升的过程中出现了顶部穿头破脚的K线组合，此时股票开始改变上升的趋势，转而变为下降。

24.8 遇到黄昏之星 K 线组合也可不卖

黄昏之星 K 线组合由 3 根 K 线组成，第一根为阳线，第二根为小阴线或小阳线，第三根为阴线，第三根阴线实体深入到第一根 K 线实体之内。黄昏之星如下图所示。

一般情况下，黄昏之星是典型的见顶信号形态，后市看跌的可能性较大。例如，通程控股（000419）在 2010 年 9 月 14 日前后出现了黄昏之星的组合，此后股票开始下跌，表示此种组合是见顶的信号。

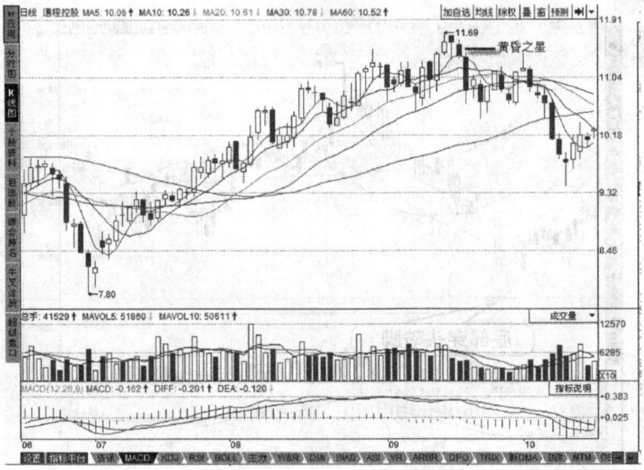

出现黄昏之星组合后，股价见顶的可能性较大，但不代表一定是见顶，投资者还需要分析成交量的变化。股票价格的上涨和下跌受各种因素的影响，包括大户投资者故意制造陷阱等。如果大户投资者还没有完全出货，可能会进一步拉高股价，此时投资者若提前离场，会非常后悔。

例如，徐工机械（000425）在 2010 年 9 月 14 日前后出现了黄昏之星的组合，成交量并不大，此时大户投资者并没有出货，故意制造陷阱诱惑投资者，此后股票虽有短暂的下跌，随即又开始了新一轮的上涨。

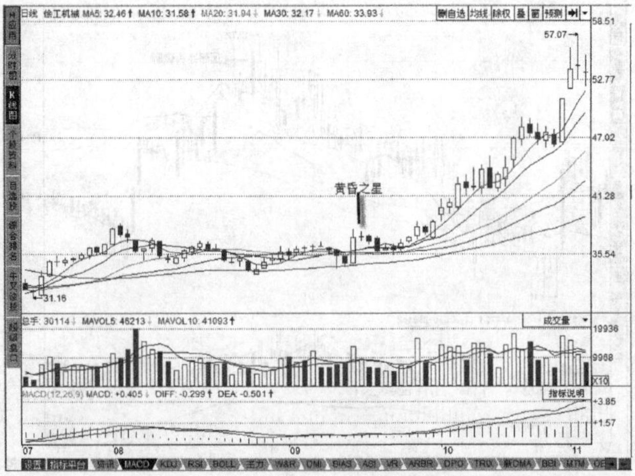

第 25 章 买卖实战决策秘籍

股票投资其实也是理财的一种常见方法，所以需要把主要精力用于分析研究股票 K 线技术上，而不是道听途说。听到好的消息，也不要急急忙忙买入，而要去慎重地分析，用各种技术参数去求证。只有具有这样的投资理念，才能加大成功概率。事实上，投资者只要仔细分析研究股票价格的基本走势，就不难发现股票的买点和卖点。所以本章主要介绍买卖股票的实战决策。

25.1 买入决策

如果想在股票市场上获利，必须正确地判断股票的买点和卖点。一般情况下，判断股票的买点有以下几个基本原则。

1．分析大盘

在准备买入股票之前，首先应对大盘的运行趋势有个明确的判断。一般来说，绝大多数股票都随大盘趋势运行。大盘处于上升趋势时买入股票较易获利，而在顶部买入则好比虎口拔牙，下跌趋势中买入难有生还，盘局中买入机会不多。投资者还要根据自己的资金实力制定投资策略，是准备中长线投资还是短线投机，以明确自己的操作行为，做到有的放矢。所选股票也应是处于上升趋势的强势股。

2．分批原则

在没有十足把握的情况下，投资者可采取分批买入和分散买入的方法，这样可以大大降低买入的风险。但分散买入的股票种类不要太多，一般以在 5 只以内为宜。另外，分批买入应根据自己的投资策略和资金情况有计划地实施。

3．底部原则

中长线买入股票的最佳时机应在底部区域或股价刚突破底部上涨的初期，应该说这是风险最小的时候。而短线操作虽然天天都有机会，也要尽量考虑到短期底部和短期趋势的变化，并要快进快出，同时投入的资金量不要太大。

4. 风险原则

股市是高风险高收益的投资场所。可以说，股市中风险无处不在、无时不有，而且也没有任何方法可以完全回避。投资者应随时具有风险意识，并尽可能地将风险降至最低程度。而对买入股票时机的把握是控制风险的第一步，也是重要的一步。在买入股票时，除考虑大盘的趋势外， 还应重点分析所要买入的股票是上升空间大还是下跌空间大，上档的阻力位与下档的支撑位在哪里，买进的理由是什么，买入后假如不涨反跌怎么办等，对这些因素在买入股票时都应有个清醒的认识，这样就可以尽可能地将风险降低。

5. 强势原则

“强者恒强，弱者恒弱”，这是股票投资市场的一条重要规律。这一规律在买入股票时会对我们有所指导。遵照这一原则，我们应多参与强势市场而少投入或不投入弱势市场; 在同板块、同价位或已选择买入的股票之间，应买入强势股和领涨股，而非弱势股或认为将补涨而价位低的股票。

6. 题材原则

要想在股市中，特别是在较短时间内获得更多的收益，关注市场题材的炒作和题材的转换是非常重要的。虽然各种题材层出不穷，转换较快，但仍具有相对的稳定性和一定的规律性，只要能把握得当定会有丰厚的回报。投资者买入股票时，应买入有题材的股票而放弃无题材的股票， 并且要分清是主流题材还是短线题材。另外，有些题材是常炒常新，而有的题材则是过眼烟云， 炒一次就完了，其炒作时间短，以后再难有吸引力。

7. 止损原则

投资者在买入股票时，都是认为股价会上涨才买入。但若买入后并非像预期的那样上涨而是下跌该怎么办呢? 如果只是持股等待解套是相当被动的，不仅占用资金错失别的获利机会，更重要的是背上套牢的包袱后还会影响以后的操作心态，而且也不知何时才能解套。与其被动套牢，不如主动止损，暂时认赔出局观望。对于短线操作来说更是这样，止损可以说是短线操作的法宝。股票投资回避风险的最佳办法就是止损，止损，再止损，别无他法。因此，在买入股票时就应设立好止损位并坚决执行。短线操作的止损位可设在 5 %左右，中长线投资的止损位可设在 10%左右。只有学会了割肉和止损的股民才是成熟的投资者，也才会成为股市真正的赢家。

25.1.1 分批买入法

在没有较大把握或资金不够充裕的情况下购买股票时最好不要一次买进，而要分两三次买进。这样可以分散风险，获得相应的投资报酬。

具体的操作方法可分为两种，包括买评均高法和买平均低法。

1. 买平均高法

在第一次买入后，待股价升到一定价位时再买入第二批，等股价再上升一定幅度后买入第三批， 这就是买平均高法。比如，在某只股票股价为 10 元的时候第一批买进 2 000 股，股价涨到 13 元时第二批买入 1 000 股，涨到 16 元时第三批买入 500 股。当股价超过这个平均成本时，股民即可抛出获利。

例如，个股深华发A（000020）在2010年7月5日跌到了6.78元，此时投资者可以适当地购入第一批股票，到7月16日涨到8元时购入第二批股票，在8月12日涨到9元时购入第三批股票。此时计算平均成本，一旦获利，即可考虑出售，这种购买方法在一定程度上降低了被套牢的风险。

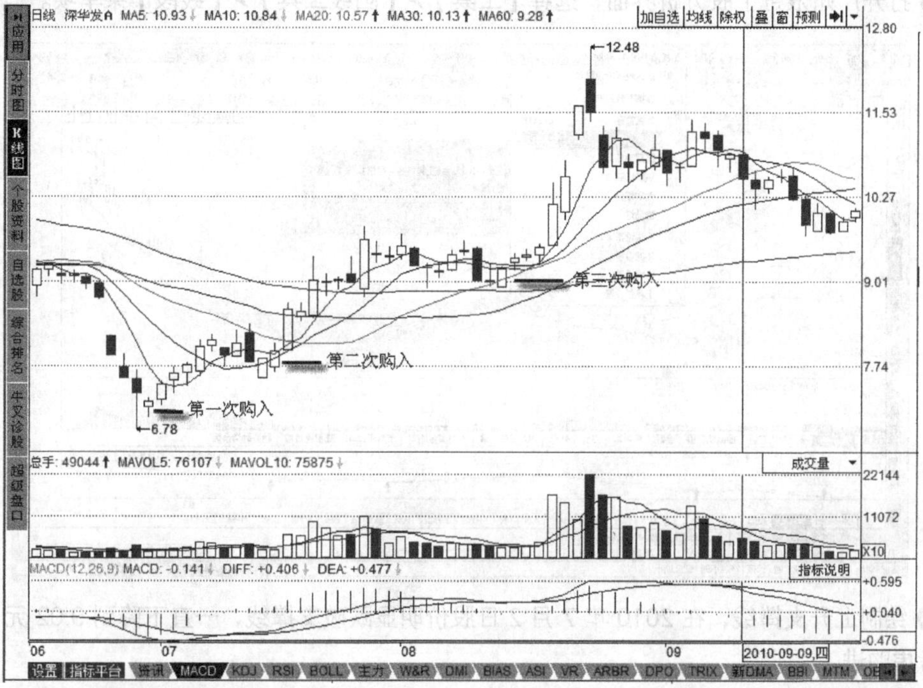

2．买平均低法

买平均低法也叫向下摊平法，即股民在第一次买入股票后，待股价下降到一定价位再买入第二批，等股价再次下降一定幅度后买入第三批（甚至更多批）。买平均低法只有等股价回升并超过分批买入的平均成本后，股民才能获利。

25.1.2 突破买入法

突破买入法是购买股票时比较常用的方法。根据行情，个股买入时间不同，往往获取的收益也是不一样的。突破买入法有3种常见方式。

1．股价突破时买入

在股票向上突破时买进，这样虽面临一定风险，但会因股价进一步走高而获取一定收益。在震荡行情中，在股价向上拉升时买入，也有较大可能是因追涨，买在一个高位，被套牢其中。还有一点是，因成交量不给予配合或个股基本面突然出现异动，造成股价突破失效，冲高瞬间掉头下挫，从而一段时间内萎靡不振，所以此法在熊市或弱势震荡行情中不赞成使用。即使有七八成把握操作，吸筹也应控制在50%以下，一旦买入后出现失误，要快进快出，永远把风险控制放在第一位。

下面以个股广州浪奇为例进行讲解，具体操作步骤如下。

❶ 启动同花顺股票行情软件，输入广州浪奇的股票代码“000523”，按【Enter】键确认。

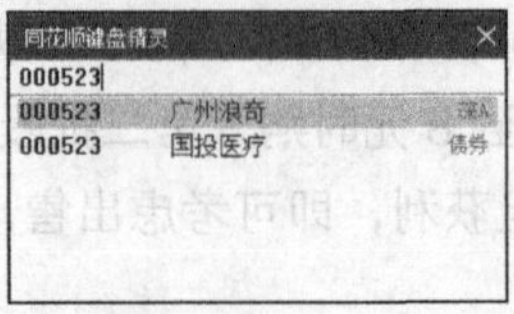

❷ 打开广州浪奇个股分析界面，选择【工具】➢【画线工具】➢【线段】菜单项。

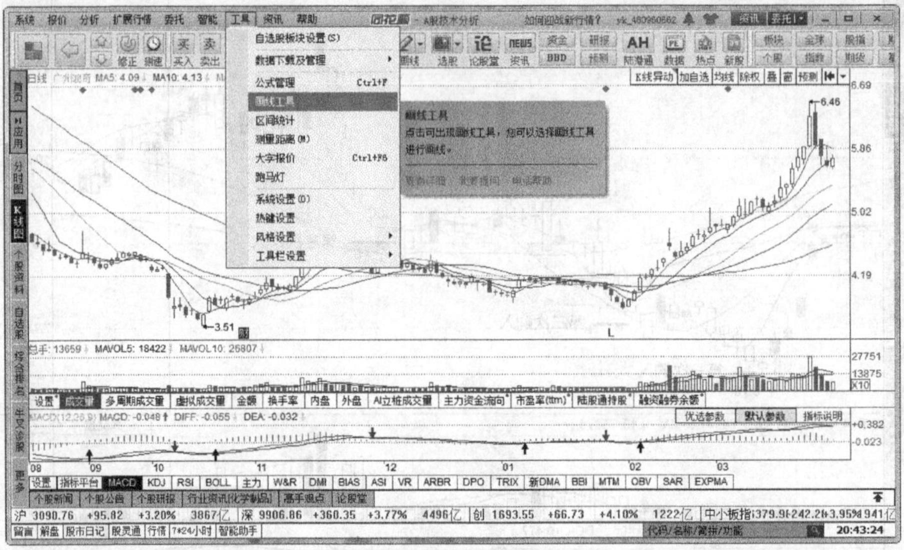

❸ 绘制上升支撑线，在 2010 年 7 月 2 日股价明显跌破支撑线，一直下降到 9.02 元，此时可以考虑购进。

2．股价向上有效突破后出现回调时买入

股价向上有效突破后，一般会出现技术性回调，此时将是较佳的介入点。这是非常提倡的买入法，不仅能有效规避风险，而且能因股价继续上升而获取一定收益。股价有效突破，至少

需满足两点：一是股价突破了某一阻力位的 3%，二是时间有 3 个交易日。当然投资者分析股票是否有效突破，最关键的还要看成交量。有了这几点保障，在技术分析中，就可以放心建仓了。

3. 股价即将启动，在突破前买入

在股价突破前买入，这往往是先知先觉的短线高手所为。但也有可能对主力动向分析有误，说不准还未等股价进一步向上突破，股价却开始直线下降。出现这种情况，在熊市中的概率还是比较高的。即使判断不是这么悲观，买入后，也可能股价一直就在原地打转，以横盘为主。较理想的是股价突破迹象明显，在突破前跟进后，股价紧接着步步向上拉升，这样可达到买在低位卖在高位的境界。此法不太适合熊市或弱势震荡行情，在牛市中也许会屡试不爽，出现一买就涨的大好势头。

投资者需要判断突破行情的有效性，主要从量、价、势、空间 4 个方面进行。

（1）从量能分析有两个阶段，一是在突破过程中要出现放量向上的情况，二是在突破以后成交量不能大幅萎缩，如果成交量过快萎缩，股指重新跌落，就会形成假突破行情。

（2）从价的角度分析，无论是股指还是个股股价在向上突破时都会出现较大涨幅，在 K 线形态上往往是以中、大阳线出现的，并且在突破之后的几个交易日内不会出现黄昏之星、乌云盖顶等常见的见顶形态。

（3）从势的角度分析可以发现，均线呈现强势运行状况，对行情的继续上涨起到良好的支撑作用。

（4）从空间的角度分析，可以发现有效突破行情往往距离上档成交密集区较远，或者呈上升行情，处于成交密集区压力较小的空间位置。例如，某只个股在 2008 年形成的 3 200 点成交密集区，该密集区距离现在的时间已经有两年多，部分筹码已经松动，对比两个时间段的累计成交量也可以发现，近期的成交量远远大于当初形成该密集区时的成交量，说明近期的箱体走势已经消化了上方解套盘的压力，目前的突破性走势，属于有效突破行情。

25.1.3 目标买入法

股票投资以“低价买进，高价卖出”为原则。但投资者经常会因股价低时还想更低，股价高时又怕太高，而错过买入机会。

为了避免这种情形，投资者应制订适合个人资金实力、风险承受能力、股价走势以及投资周期等综合因素的目标买价。有了目标价，才会避免投资的冲动性和盲目性，不论做短线还是长期，操作起来都会增加方向感。

对于普通投资者来说，要制定合理的目标价，可参考以下步骤。

❶ 预测公司未来 1 ~ 3 年的每股收益。由于普通投资者目前无力对公司未来盈利进行全面合理预测，可使用券商或独立机构的预测结果。需要注意的是，投资者应参考多家券商或独立机构的预测结论，以使预测更全面更准确。

❷ 选择一种或多种适合自己投资风格的估值方法，如常见的市盈率、市净率等。这些估值方法被称为相对估值方法，通过比较得出合理的估值水平。以市盈率为例，可通过该股票历史市盈率区间，结合盈利预期来判断未来 1~3 年的市盈率应该是多少倍。如预期未来 12 个月里公司将进入盈利周期上升阶段，就可选用历史上相同盈利周期时的市盈率倍数作为预测值。如果盈利前景不佳，就可采用历史上同样业绩不佳时的市盈率倍数。动态的市盈率预测也可采用行业平均水平或同类可比公司的市盈率。

有了未来的预测盈利，又有了合理的预期市盈率，把两个数乘起来就得到目标价了。

25.1.4 底部买入法

投资者在某只股票底部区域的操作中常常存在一种投资误区，认为底部是某一个最低价，或某一个拐点，这是不完全正确的。因为真正的底部是指一个区域，并不是某一特定拐点或价位，所以，投资者不能把底部区域的买入理解为对某一个拐点或低价的买入。

在底部区域买入股票的主要选择标准如下。

（1）选择经历过一段时间的深幅下调后，价格远离 30 日平均线、偏移率较大的个股。

（2）个股价格要远远低于历史成交密集区和近期的套牢盘成交密集区。

（3）在实际操作过程中，要注意参考移动成本分布。当移动成本分布中的获利盘比例小于 3% 时，要将该股定为重点关注对象。

（4）对于长期盘整在底部的超级低价股不必太在意，但是，一旦突破了箱顶，就要密切关注。

（5）放量突破是超级牛股启动的特点，堆量的技术图形说明资金坚决介入不怕抛盘。

（6）在强势股开始起飞的时候坚决快速介入，耐心持股，没有出现明确见顶信号不卖出。

（7）面对启动的底部放量大涨，不要紧张，快速决策，大胆追买，实现利润快速扩大。

（8）当碰到牛股的时候，就是考验自己的胆子的时候，越是大胆持有的人越是赚大钱。

在了解了如何在底部区域买入股票的标准后，投资者一旦发现大盘和个股出现上述标准，就可以在符合标准的个股中择优建仓。例如，在 2010 年 6 月，三一重工（600031）出现了极速下跌后，投资者就可以在其底部区域积极建仓。

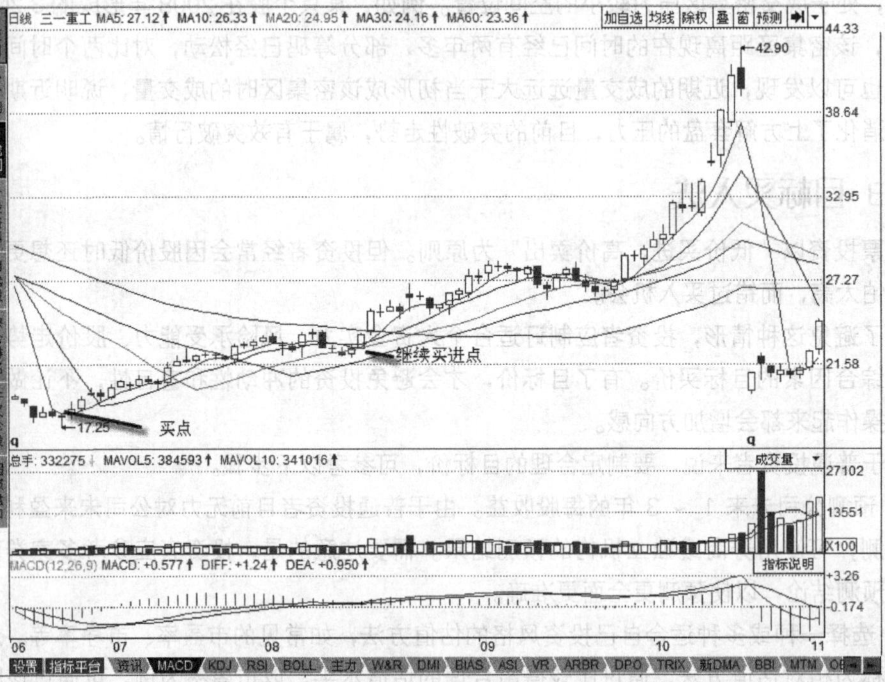

提示 在实际的操作过程中，普通投资者是很难买到最低价的，即使从概率角度看，无论是在下跌末段买入，还是在启动初期买入，操作的成功概率均远远大于在拐角处的买入。因此，把底部的买入理解为对某一特定价位买入的投资者，将必然面对踏空的风险。

总之，投资者在实施底部区域的买入操作时必须转变思维，即底部区域的买入不需要一定买到最低价或拐角点，只要能在相对低的阶段买到具有上升潜力的股票就是成功的。

25.2 卖出决策

股票买入后，只有将其高价卖出，才能从中获利。下面介绍几种卖出的决策。

25.2.1 必须要卖的几种情况

作为投资者，当遇到必须要卖的情况时，就必须将手中的股票卖出，否则就很有可能亏本。下面介绍几种必须卖出的情况。

（1）开低走低，跌破前一波低点时，卖出弱势股。

当有实质利空时，开低走低，反弹无法越过开盘价，再反转往下跌破第一波低点时，技术指标转弱，就应赶紧市价杀出；若没来得及，也得在第二波反弹再无法越过高点，又反转向下时，当机立断下卖单。

（2）开高走低，反弹无法越过当日高值，跌破前波低值，则卖出。

（3）头部形成，跌破颈线支撑时应卖出。

此刻如果没有卖出，也应趁跌破形态，产生拉回效果，反弹上攻无力再反转向下时，赶紧卖出。尤其是当反弹高点在昨天收盘价之上时，或可少量放空，待低档再补回。另外，M 头形右峰较左峰为低乃为拉高出货形，有时右峰亦可能形成较左峰为高的诱多形再反转下跌，这样更可怕。其他头形，如头肩顶、三重顶、圆形顶也都一样，只要跌破颈线支撑都得赶紧了结持有的股，免得亏损扩大。

（4）箱形走势高低震荡时卖出。

无论股价是人为开高走平还是开平走平甚至开低走平，呈现箱形高低震荡时，在箱顶抛出，在箱底买进。但是一旦箱形下缘支撑价失守，应毫不犹豫地抛光持有的股。

（5）大盘行情形成大头部时，坚决清仓全部卖出。

上证指数或深证成指大幅上扬后，形成中期大头部时，是卖出股票的关键时刻。历史统计资料显示：大盘形成大头部下跌时，有 90% 以上的个股形成大头部下跌。大盘形成大底部时，有80% 以上的个股形成大底部。因此，大盘一旦形成大头部区，是果断分批卖出股票的关键时刻。

（6）大幅上升后，成交量大幅放大，是卖出股票的关键时期。

当股价大幅上扬之后，持股者普遍获利。一旦某天该股大幅上扬过程中出现卖单很大、很多，特别是主动性抛盘很大的现象，就要提高警惕。这反映出主力、大户在纷纷抛售，是卖出的强烈信号。

例如，深物业 A（000011）在大幅上涨后，在 2010 年 3 月 23 日出现了成交量的大幅放大，接着没过多久，就出现了大幅度的下跌。

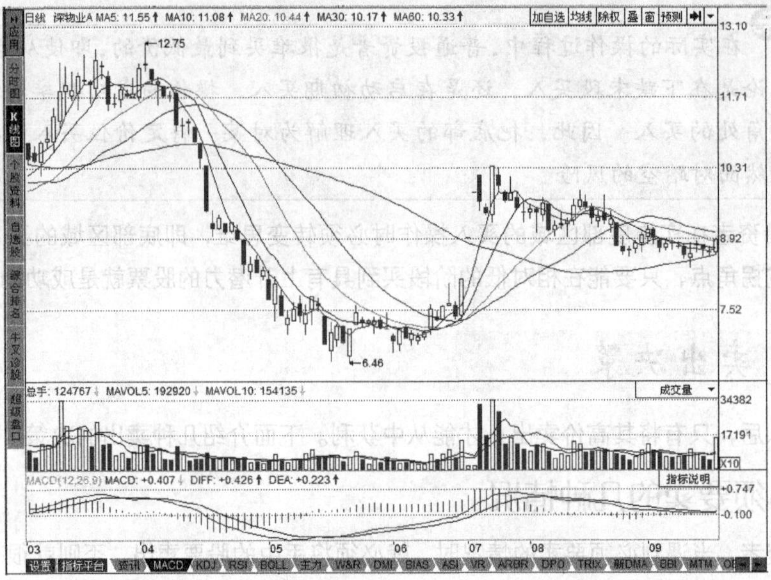

（7）上升较大空间后，日 K 线出现十字星或长上影线的倒锤形阳线或阴线时，是卖出股票的关键时机。

股价上升一段时间后，日 K 线出现十字星，反映买方与卖方力量相当，局面将由买方市场转为卖方市场。高位出现十字星犹如开车遇到十字路口的红灯，反映市场将发生转折。股价大幅上升后，出现带长影线的倒锤形阴线，反映当日抛售者多，若当日成交量很大，更是见顶信号。许多个股形成高位十字星或倒锤形长上影阴线时，有 80% ~ 90% 的机会形成大头部，是果断卖出的关键时机。

25.2.2 卖点的选择与把握

投资者在准备买入股票时，还能够谨慎小心，做好充分的准备，而一旦持股，情绪就紧张起来，无法把握卖出时机。因此需要给自己确定一些基本的卖出策略，以摆脱不理智的情绪对投资决策的干扰。具体来说，主要有以下几种。

1. 在出现更好的投资机会时

能够准确预测价格走势的底部和顶部，可以说是投资者梦寐以求的理想，但在现实中却很难做到这一点。因此，一个较好的策略就是不去判断哪里是顶部哪里是底部，而是一旦确定发现了更好的投资机会，便随时把原来的股票抛出，买入新的股票。

2. 在调整投资组合时

股票投资的成功主要是取决于如何分配资金比例，采用了合理的投资组合才能稳中求胜，并且应不断定期调整投资组合。

3. 在股价超过目标价位时

如果自己定下了目标价位，一旦所持股票真的达到这一价位，就应该按计划抛掉。因为在制定目标价位时一般会比较理智，但当股价上涨时，多数人会头脑发热，为了避免犯错，最好及时抛掉。

4．在公司基本面恶化时

如果公司的基本面开始恶化，投资者应果断卖出该股票。通过分析公司的资产负债表和利润表，就可以得知公司基本面是否恶化。上升的负债水平、上升的库存和应收账款比收入上升更快，是判断公司的效益开始恶化的三个常用预警信号。公司基本面开始恶化的其他预警信号还有股东权益回报率降低、利润率下降、市场份额萎缩、不明智的并购、意想不到的管理层变更等。

5．在买错股票时

大部分投资者都有可能买错股票，一旦发现自己买入的股票是错误的，就应当及时抛出，从而再次找寻有投资价值的股票。

6．在股价不能跃过前期阻力位时

股价高点一旦形成，将会对后续的股价进一步涨升产生极为重要的阻碍作用。一是该点位附近被套的投资者在股价再次攀升至此时会产生解套要求，二是股价触摸历史高点时投资者会产生心理上的畏惧，获利回吐压力随之增加。因此，如果前期阻力位没有被有效突破的话，投资者应考虑减仓，如果同时处于市场的高点，则有必要出局。

下面再来介绍一些卖出股票的原则与方法。

（1）目标价位法。

目标价位法是指买入股票时已制定好了盈利目标价位，一旦股价达到该目标价位便抛出股票的操作原则。

很多股民在炒股的过程中，见其价格有下跌趋势，就急于抛出，当抛出后，又见其价格上涨，就后悔莫及。因此，很多股民在抛出股票时，都没有达到目标价位，这主要是因为对自己的投资信心不足。与之相反，一些股民见股价涨到目标价位时还不卖出，期待股价再涨，结果不涨反跌，这是由于投资者贪心过大所造成的。为了避免上述情况，股民应制定最有利的“目标卖价”。

制订“目标卖价”是一种预测过程，股民不应追求以最高价卖出，而应根据股价比买价上涨了几成来决定卖价。至于是几成，完全要根据股票性质及投资者的个性和态度来定。

一般情况下，如果投资的是股价变动较少的股票，则可将目标价位制定得低一些；而如果投资的是小型股或投机股，则其目标卖价可制订得相对高一些。对于运用目标价位法的投资者来说，通常要掌握公司基本面情况，比如经营情况、市场环境等。

（2）顺势探顶法。

顺势探顶法是指并不事先给股价确定一个目标价位，而是一直持有股票，直到股价显示出见顶迹象时才抛出。

采用这一卖出策略通常需要运用技术分析法，主要是从股价走势的角度判断见顶迹象。当股价持续上升了一段时间后，如果忽然放量大涨，则很可能是最后一批追涨者买入，或是主力拉高出货，后续空间已经不大。此外，股价走势逐渐趋缓，后续买盘不足，也是将要见顶的迹象。尤其是股价上升过程中小幅回调后，第二次上涨无法突破前期高点时，通常为见顶迹象，必须卖出。但是，运用顺势探顶法的投资者应经常关注股市，投入较多的时间和精力。

（3）投机性抛出。

投机性抛出是指待股价涨到偏离其投资价值，市场投机气氛浓重时卖出的策略。此时股价一般较高，回调可能性较大。选择适时卖出，一方面价差较大；另一方面，即使卖价不是最高价，

也会在顶部区域附近。

（4）长线择机脱手。

市场中总是充满投机因素，即使是业绩稳定、股息丰厚、股价昂贵的大公司股票也可能成为投机炒作的对象。做长线并不意味着一直持有，一旦发现股价已超过潜在价值就可以卖掉。因为被狂热炒作追捧，股价大大高于股票内在价值，可能是 30% 或 50%，甚至是几倍，而股价不会长时间大幅度超过其价值，就像它不会长时间低于其价值一样，此时应选择卖出。

（5）适时更换股票。

更换股票是指卖掉持有的未来预期悲观的股票，转而投资股价即将走高的股票，从而提高投资收益。

在短线操作中，要尽量避免握住一只所谓的热门股不放。热门股中多数为短期热门股，虽涨幅巨大，但涨升很难持续较长时间。适时卖出热门股，转而投资更“便宜”的股票才能使资金不断增值。注意：这里“便宜”不是指低价，而是指股价低于股票的内在价值。

（6）顺序卖出股票。

如果持有若干只股票，则应先卖出股价正在上涨的股票，留下下跌的股票，或者与之相反。两种方法都是正确的，关键要分析上涨空间有多大，或下跌态势和止损点，并将持有的股票依照分析结果一一排序处理，这就要求投资者有丰富的经验和过人的胆识。

另外，手中的股票同时下跌而出现亏损时，最好一次性卖出，尤其是当出现以下几种情况时。

① 股价跌到自己的卖出目标价位时。

② 觉察到自己预测有误时。

③ 整个股市出现下跌趋势时。

第 26 章 怎样在实战中找到黑马

黑马股是指价格可能脱离过去的价位而在短期内大幅上涨的股票。黑马股可遇而不可求，一般被大家都看好的股票很难成为黑马。本章就来介绍一下如何在实战中找寻黑马。

26.1 黑马股票的特征

要想在实战中找到黑马，首先必须了解黑马股票的特征。一般情况下，黑马股票具有普通股票所不具有的特征。

首先，能成为黑马的个股在启动前总是会遇到各种各样的利空。利空主要表现在以下几个方面。

（1）上市公司的经营恶化。例如，国美电器（HK0493）在上市后的经营过程中，由于公司内部出现了重大变革，出现了利空现象。

（2）有重大诉讼事项。

（3）被监管部门谴责和调查。例如，2010 年 7 月 3 日紫金矿业（601899）被曝有毒废水泄漏事件，导致其股票急速下跌。

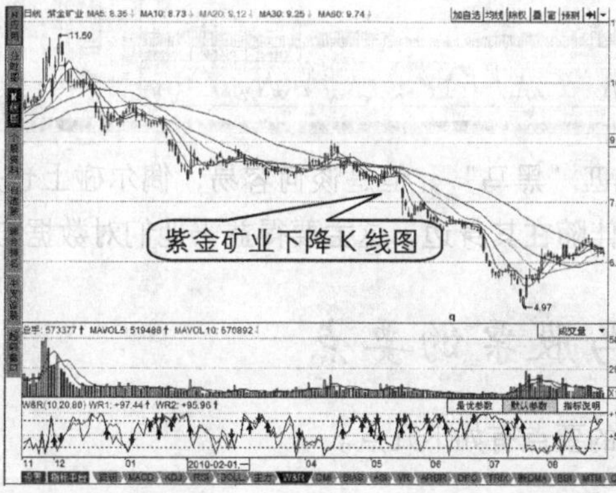

（4）在弱市中大比率扩容。

总之，利空的形式多种多样，但是在一点上是相同的，就是利空消息容易导致投资者对公司的前景产生悲观情绪，有的甚至引发投资者的绝望心理而导致其不计成本地抛售股票。

其次，黑马形成前的走势让投资大众对它不抱希望。

因为走势非常难看，通常是长长的连续性阴线击穿各种技术支撑位，走势形态上也会显示出严重的破位状况，各种常用技术指标也表露出弱势格局，使投资者感到后市的下跌空间巨大，心理趋于恐慌，从而动摇投资者的持股信心。

例如，中国远洋（601919）在一段时间内股价极速下跌，这时，就很容易让投资者心里恐慌。

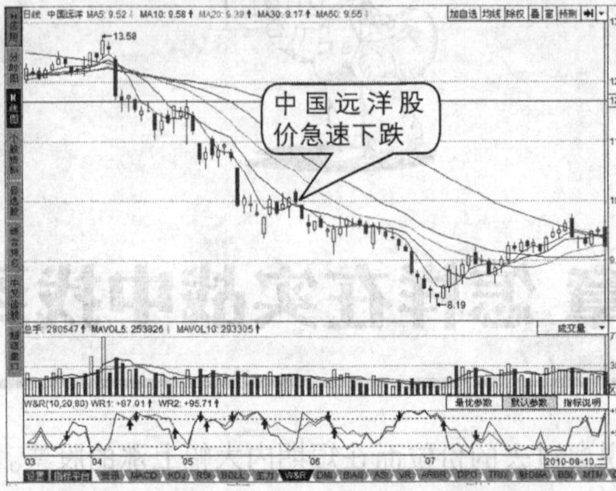

最后，能成为黑马的个股在筑底阶段会有不自然的放量现象。

量能的有效放大显示出有增量资金在积极介入。因为散户资金不会在基本面利空和技术面走坏的双重打击下蜂拥建仓，所以这时的放量说明了有部分恐慌盘在不计成本地出逃，而放量时股价保持不跌常常说明有主流资金正在乘机建仓。因此，这一特征反映出该股未来很有可能成为黑马。投资者对这一特征应该重点加以关注。

例如，农产品（000061）在 2010 年 4 月 22 日具有明显的放量现象。

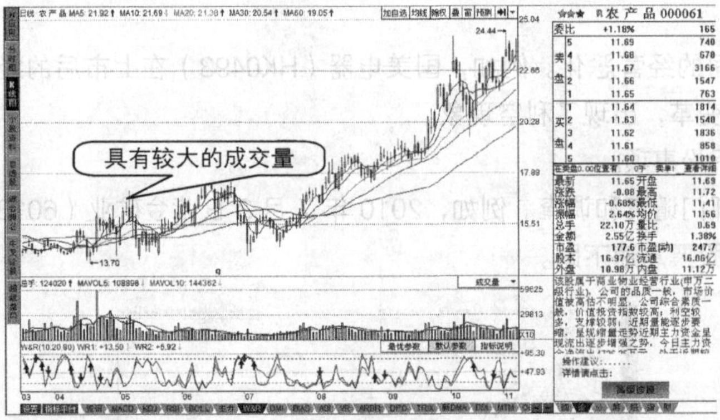

通常炒股的人都想抓几匹“黑马”，但是谈何容易，偶尔碰上也是运气而已。不过，对于真正的炒股高手，黑马永远伴随在其身边，这主要得益于他们对数据与政策消息的分析。

26.2 选择黑马股票的要点

投资黑马股票需要关注的要点有如下几点。

1．关注市场整体趋势

市场整体趋势是否向好对黑马股的产生有重要影响。在股市中，无论是熊市还是牛市，都会产生黑马股。在牛市中，黑马股出现得比较多，涨幅也比较大，获利比较丰厚；在熊市中，同样也能出现各种各样的黑马股。对于投资水平不高的投资者，选择在由熊市转牛市的震荡市、阶段性平衡市和大牛市的环境中找寻黑马股成功的概率比较大。

2．关注筹码收集的难易度

黑马股的产生离不开股票筹码的高度集中。如果投资者普遍看好某一只股票，主力资金的筹码收集就比较困难，那么该只股票往往不容易出现大涨行情。反之，对于一般投资者不看好的股票，主力资金容易收集筹码，那么一旦筹码被高度集中，该只股票就很有可能成为黑马股。

3．关注个股的题材与概念

题材和概念是否有较大的想象空间，是判断黑马股的重要因素。虽然之前的个股的业绩并不突出，但是主力资金往往会编制出动人的故事题材，从而吸引投资者跟风。例如，2006 年天威保变（股票代码 600550）在 6 元启动时，具有非常动人的太阳能故事题材，大大增加了诱惑性，后来大涨了 6 倍才进行整理。

4．流通股本与活跃性

如果主力机构想要对某只股票进行炒作，就必须注入大量的资金。如果流通盘过大，就会有多家机构介入，个股的炒作往往会受到限制。因此，流通盘较小的个股，被短线游资选中的机会更大。另外，流通盘较小的股票，股性比较活跃。从以往的市场表现来看，股票的股性越活跃，表明该股长期为市场主力所关注，因而进行炒作的可能性就越大，越有可能成为黑马股。

26.3 从双重底部中寻求黑马

要想从底部区域中寻找黑马，需要注意以下要点。

有的股票在洗盘后上拉过程中不能一蹴而就。如果在某价位套牢者较多，为了让这些套牢者低位出局，或者在洗盘探底过程中让其他人捡到了大量便宜筹码，为了让这些筹码获利了结，通常需要二次探底，同时试探前期低点的支撑力度。对投资者来说，发现股票二次探底后可在第二次回落中吸纳。

当某一只股票持续下跌到某价位时，也会快速拉回。当拉高至某一价位后，股票再次回落，此次回落却不再创出新低，在前期低点附近重新形成上升趋势。双重底完成后，突破颈线幅度超过该股市价 3%以上时，是有效突破。测量完成双重底的最小升幅可用颈线价位减去最低位来测算，这一价差加上颈线位的股价，即是突破后目标位。在实际案例中，有些升幅更高，可达到最低价与颈线位距离的 2 倍。

使用双重底选择黑马应注意以下几点。

（1）双重底不一定都是反转信号，有时也会是整理形态。如果两个底点出现时间非常近，在它们之间只有一个次级上升，大部分属于整理形态，将继续朝原方向进行股价变动。

（2）相反地，两个底点产生时间相距甚远，中间经过几次次级上升，反转形态形成的可能性较大。

26.4 从政策导向中寻求黑马

把握住新政策的导向，是寻求黑马股票的新机会。历史上的“5 · 19”行情、“6 · 24”行情都是在政策推动下产生的。而板块和个股的战机也蕴涵在新政策之中，从政策面寻找黑马也就成为我国证券市场中比较独特的选股思路。

目前，国家正在大力倡导产业结构性调整，而结构性调整就是有保有压，熊股一般出现在被压的行业，例如，最近的地产，未来可能还将出现在水泥、钢铁、船舶、电解铝、电石、铁合金、焦炭等行业。因为，工信部和发改委已经明确表示这些是遏制产能过剩的行业，并实施严格的管制。工信部将进一步提高钢铁、水泥、平板玻璃、煤化工等产业在能耗、环保、资源综合利用等方面的准入门槛。同时，加强对产能过剩行业项目的审批管理，三年内暂停审批现有造船企业船坞、船台的扩建项目，原则上不再核准新建、扩建电解铝项目，不再核准和支持单纯新建、扩建产能的钢铁项目。

因此，投资者若想在股市中寻找黑马，就应多加研究政策导向，从中做出正确的判断。

26.5 从市场热点中寻求黑马

股票的股性正如人的性格一样千差万别，既有活跃分子，又有信奉“沉默是金”的冷门股。热门股炙手可热，光顾的人众多，自然容易掀起波澜，冷门股交易冷冷清清，门可罗雀，自然难有作为。投资者在寻求黑马的过程中应有所取舍，总体应弃冷趋热，重点从近期市场热门股中挑选， 排除一大堆交投清淡、无庄关照的冷门股。

判别是否属于最近热门股的有效指标是换手率。换手率高，说明近期有大量的资金进出该股，流通性良好。投资者可将近期每天换手率连续超过 1% 的个股列入备选对象之中，这样大大缩小了选股范围，再根据一些辅助规则，从高换手率个股中精选出最佳黑马。操作中可利用以下的几个辅助规则。

（1）换手率能否维持较长时间。若在较长的一段时间内保持较高的换手率，说明资金进出量大，热度较高。一些个股仅仅有一两天成交量突然放大，而后重归沉寂，并不说明该股股性已转强。

（2）从走势形态、均线系统做辅助判断。换手率高，有可能表明资金流入，亦有可能为资金流出。一般来说，出现较高的换手率的同时均线系统保持空头排列、重心下移，表明资金从该股流出，后市以跌为主。

（3）从价量关系上看，一些热门股在上涨过程中保持较高的换手率，此时继续追涨风险较大， 如创业环保（600874）等。投资者可重点关注那些近期一直保持较高换手率而股价涨幅较有限的个股。根据“量比价先行”的规律，成交量先行放大，股价通常很快跟上量的步伐，即短期换手率高，表明短期上行能量充足。

26.6 从股东数量变化中寻求黑马

股价的确定是以公司的内在价值为基础的，但市场供求关系会影响股价的变化周期。通过分析股票供求关系的变化，在一定程度上会对寻找黑马有积极的作用。而就目前投资者所能获得的公开市场信息来看，可以通过研究上市公司在册股东人数的变化情况来对个股的市场供求状况做出推断。

1. 股东个数和黑马的关系

（1）股票集中度与期间涨跌幅的关系。上市公司在册股东人数的变化，意味着该股票集中度的变化。这会直接影响到样本期间股价的波动。为考察这种影响度的大小，研究人员对股票集中度和期间股价涨跌幅度进行了统计分析。

股票集中度与股票涨跌幅度存在一定的反向关系。也就是说集中程度越高的股票其涨幅越大，集中程度越低的股票其涨幅越小。所以说集中度越高的股票越容易成为黑马。

（2）影响集中度的几种因素。事实上，股票集中度是众多相关因素作用的结果。为了更加有效地利用股东人数变化情况的宝贵数据，进而挖掘市场中潜在的投资机会，就有必要对当中一些可以具体描述的影响股票集中度的因素进行分析，来形成较为缜密的投资决策思路。

一般情况下，在市场由低迷到复苏的阶段，市场投资者会选择业绩优良的股票建仓。因此，绩优股应当表现出集中特点。

通过考察集中程度明显的股票可以发现，股东人数减少 40%以上的 30 只股票中，多数股票的前 10 位股东中有基金和券商等实力机构投资者，并且他们持有的流通股比例很高。如弘业股份（600128）、青鸟华光（600076）、金陵药业（000919）等股票也存在类似现象。而一些股票的股东人数表现为分散化的原因就是基金和券商减持该只股票，甚至剔除出其投资组合，如永泰能源（600157）、中储股份（600787）等。基金和券商等实力机构投资者对股价的推动力早已为市场所认同。

2. 根据股东数量变化寻找黑马

根据上述对股东人数变化情况的研究，可归纳出寻找黑马的几个因素。

（1）选择有明显的股票集中趋势或易于集中的股票。

（2）有明显的股票集中趋势是指在册股东人数的变化很明显。这样，一旦得到市场主力关照，股票的集中程度会在短期内发生明显变化，容易演变成黑马。

（3）选择年累计涨幅不大且股价绝对值不高的股票。尽管市场上有些股票的集中度很高，但因为其累计涨幅已经十分惊人，股价需要较大幅度和较长时间的调整，短期内有突出表现的可能性不大，如南玻 A（000012）、弘业股份（600128）等。这类股票应该排除在投资者当前投资组合之外。建议投资者选股时侧重于那些近期处于震荡走高、缓慢盘升状态的股票，并且股价以在 20 元内为好。

（4）大股东中有基金、券商和实力机构投资者。

考虑到基金和券商等机构投资者对股价的影响作用，建议投资者认真研究上市公司的近期年报和中报。对于已经披露出基金或券商等机构投资者成为上市公司的大的流通股股东的股票，应当密切注意。

26.7 从成交量中寻求黑马

成交量是指股票在一个时间单位内交易成交的数量。一般情况下，成交量大且价格上涨的股票，趋势向好；但在熊市或股票整理阶段，股票的成交量将会持续低迷，成交量是判断股票走势的重要依据。

在股市中，成交量的变化，往往会在股价上反映出来。因此，根据成交量的变化寻找黑马，是每个投资者都会首先注意到的。那么如何才能从成交量中寻找黑马呢？

1. 观察成交量均线

如果主力吸筹较为坚决，则涨时大幅放量，跌时急剧缩量将成为建仓阶段成交量变化的主旋律。尽管很多情况下，主力吸筹的动作会比较隐蔽，成交量变化的规律性并不明显，但也不是无踪可觅。一个重要的手段就是观察成交量均线。如果成交量在均线附近频繁震动，股价上涨时成交量超出均线较多，而股价下跌时成交量低于均线较多，则该股就应被纳入密切关注的对象。

例如，深华新（000010）上市以来的成交量变化就一直遵循上述规律。这表明，筹码正在连续不断地集中到主力手中。盘中异动成交的情况也值得关注。因为在成交量波幅不大的日子里，主力也并没有闲着，只是收集动作幅度没有那么大而已。

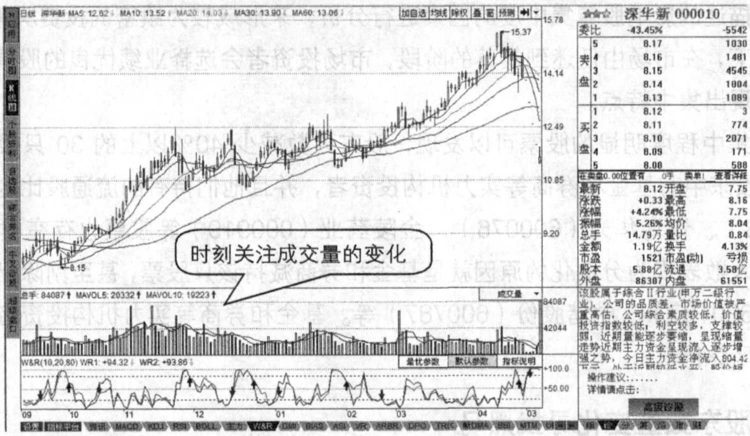

2. 分析股价变化

投资者从成交量的变化中寻找黑马时，必须结合股价的变化进行分析。因为绝大部分股票中都有一些大户，他们的短线进出同样会导致成交量出现波动，关键是要把这种随机买卖所造成的波动与主力有意吸纳造成的波动区分开来。随机性波动不存在刻意打压股价的问题，成交量放出时股价容易出现跳跃式上升，而主力吸筹必然要压低买价，因此股价和成交量的上升有一定的连续性。依据这一原理，可以在成交量变化和股价涨跌之间建立某种联系，通过技术手段过滤掉那些股价跳跃式的成交量放大，了解真实的筹码集中情况。目前市面上流行多种分析指标，不过一般来说，这种指标使用的范围越窄，效果就越好。因为一旦传播开来，容易被主力反技术操作。但无论如何，上述原理却是永恒适用的，因为主力无论如何掩饰，集中筹码是根本目标。

3. 分析成交量堆积

成交量堆积是另一个重要的观察对象，它对于判断主力的建仓成本有着重要作用。除了刚上市的新股外，大部分股票都有一个密集成交区域，股价要突破该区域需要消耗大量的能量，而它也就成为主力重要的建仓区域，往往可以在此处以相对较低的成本收集到大量筹码。所以那些刚刚突破历史上重要套牢区，并且在该区域内累积成交量创出历史新高的个股，就非常值得关注。因为它表明新介入主力的实力远胜于以往，其建仓成本亦较高。如果后市没有较大空间的话，大资金是不会轻易为场内资金解套的。但如果累积成交量并不大，则需要提高警惕，因为这往往系原有主力所为，由于筹码已有大量积累，使得拉抬较为轻松。尽管这并不一定意味着股价不能创出新高，但无疑主力的成本比表面看到的要低一些，因此操作时需要更加重视风险控制，股市整体走势趋弱时尤其需要谨慎。需要指出的是，在主力开始建仓后，某一区域的成交量越密集，则主力的建仓成本就越靠近这一区域。因为无论是真实买入还是主力对敲，均需耗费成本，密集成交区也就是主力最重要的成本区。累积成交量和换手率越高，则主力的筹码积累就越充分，而且往往实力也越强。此类股票一旦时机成熟，往往有可能一鸣惊人，成为一匹黑马。

第 27 章 高手炒股的常胜战法

股市如战场，如何能在这场战斗中获得长久的生存，并获得利益回报，是每个炒股人的梦想。要想成为一名炒股的高手，就需要了解一些常胜战法，包括选择龙头股、明细判断、急跌时买进和集合竞价等策略。

27.1 不放过龙头股

龙头股指的是某一时期在股票市场的炒作中对同行业板块的其他股票具有影响和号召力的股票，它的涨跌往往对同行业板块其他股票的涨跌起引导和示范作用。但是，龙头股并不是一成不变的，它的地位往往只能维持一段时间。例如，东方明珠（600832）被誉为具有长期核心竞争力的“世博旅游第一股”。

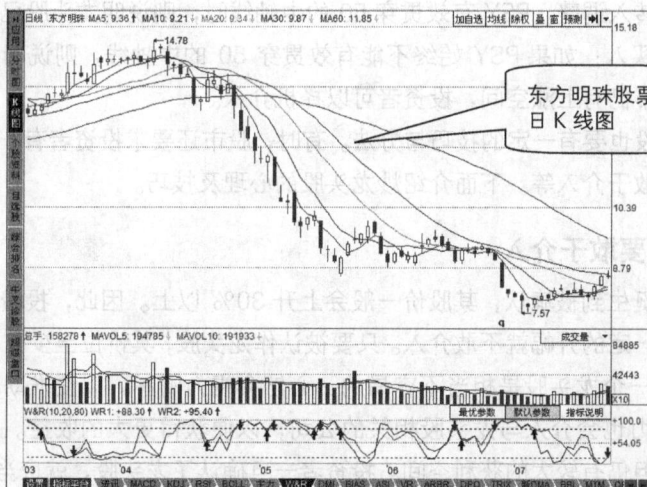

那么如何才能在复杂多变的股市中找寻龙头股呢？下面介绍几种方法。

1．根据板块个股选龙头股

在股票市场，投资者一定要密切关注板块中的大部分个股的资金动向，当某一板块中的大部分个股有资金增仓现象时，要根据个股的品质特别留意有可能成为龙头股的品种。一旦某只个股率先放量启动，确认其向上有效突破后，该股就有可能成为龙头股。

这种选股方法看上去是选择已经高涨且风险很大的个股追涨。但是，由于实际上龙头股具有先板块启动而起，后板块回落而落的特性，因此它的安全系数、可操作性以及收益程度均远高于跟风股。

2．根据第一个涨停板选择龙头股追涨

如果投资者由于种种原因错过了龙头股启动时的买入机会，则可以在其拉升阶段的第一个涨停板处追涨。通常龙头股的第一个涨停板比较安全，后市最起码还有一个上冲阶段，可以使投资者全身而退。

具体的追涨方法有两种。

（1）在龙头股即将封涨停时追涨。例如，中国联通（600050）在 2004 年 1 月 5 日上午一直保持顽强走势，直到午后开盘才封上涨停板，投资者就可以有充足的时间，在它即将封涨停板时追涨买入。

（2）在龙头股打开涨停时追涨。例如，中信证券（600030）在 2003 年 1 月 9 日开盘后不到 10 分钟即涨停，使投资者来不及介入。但是，这种快速封涨停的个股，往往不稳定。中信证券在封涨停板后不久，盘中就曾经出现 5 分钟打开涨停的时间，这时投资者就可以趁机买入。

3．在龙头股强势整理期间买入

在变幻莫测的股市中，即使是最强劲的龙头股，中途也会有强势整理的阶段，这是投资者参与龙头股操作的最后阶段。投资者需要把握其休整的机遇，在龙头股强势整理期间积极买入。但是，这种操作方式也存在一定的风险。当市场整体趋势走弱时，龙头股也可能会从强势整理演化为见顶回落。

不过，要判断龙头股是处于见顶回落还是强势整理阶段，投资者可以利用心理线指标 PSY 来识别。当龙头股转入调整，PSY 有效贯穿 50 的中轴线时，则说明龙头股已经见顶回落，投资者不必再盲目追涨买入；如果 PSY 始终不能有效贯穿 50 的中轴线，则说明龙头股的此次调整属于强势整理，后市仍有上涨空间，投资者可以择机介入。

另外，炒龙头股也要有一定的技巧与方法。有时，股市还要求投资者有一定的胆量，例如，在遇到龙头股时要敢于介入等。下面介绍炒龙头股的心理及技巧。

1．炒龙头股要敢于介入

一只龙头股从诞生到被确认，其股价一般会上升 30% 以上。因此，投资者一定要有胆量，不要因为该股已有一定的升幅就不敢介入。只要被认作龙头股，其价位至少有 70% 以上的升幅。而且市场主力树立一个龙头股是相当不容易的，必然会竭力呵护，以便推动大盘指数，鼓动人们跟风。同时，主力也会介入与龙头股相关的公司，以便获得更大的收益。因此，龙头股表面上看升幅已很大，但仍有较大的获利空间。投资者一旦确认了龙头股，就应当勇敢介入。

2．分散资金

投资者在炒作龙头股时，资金不必全仓杀入。虽然一轮行情产生后，龙头股的表现远远较一般股票出色，但不一定是最出色的。因为一旦行情被龙头股激起，部分市场主力就会找到与此类似的股票介入，趁机狂炒，企图浑水摸鱼，有时部分个股会乱涨一气；而且龙头股树立之后，部分与之相关的公司会被市场投资者挖掘，也会随后跟上，从而形成板块效应，这些个股往往也有不错的机会。因此，可适当分配部分资金参与这些个股的炒作，以取得较好的收益。

27.2 异动明细买卖法

异动明细买卖法是通过查看股票买卖的详细情况是否异常，从而做出正确的决策。在同花顺中，查看成交明细的操作步骤如下。

❶ 打开同花顺，进入需要分析的个股 K 线图中，选择【分析】➢【成交明细】菜单项。

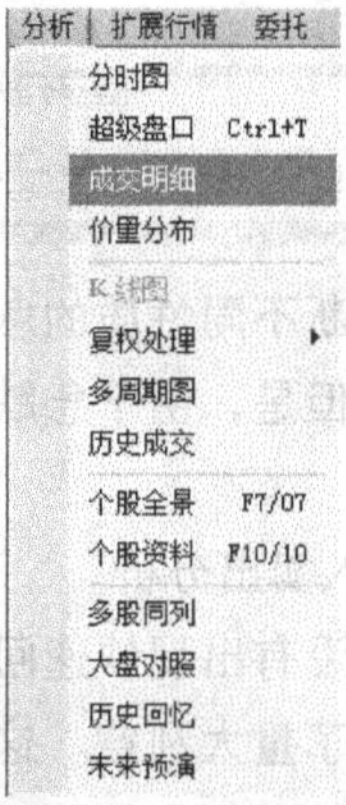

❷ 同花顺报价行情界面中就会显示个股的价格、现量和时间等成交明细。通过查看逐笔成交的详细情况，投资者可以判断未来的个股趋势。

27.3 急跌买入卖出战术

在股市中投资者往往会遇到自己所持的个股出现连续急跌的走势情况。这时，如果操作失误，可能会在离场出局后，发现自己的股票卖了个地板价，或在决定持有等待时却在后市遭遇更大的跌幅。

例如，股票深中华 A（000017）在经过一段快速推高后吸货，为了迷惑投资者，后期又出现了打压股价的过程，然后出现了快速的上涨。

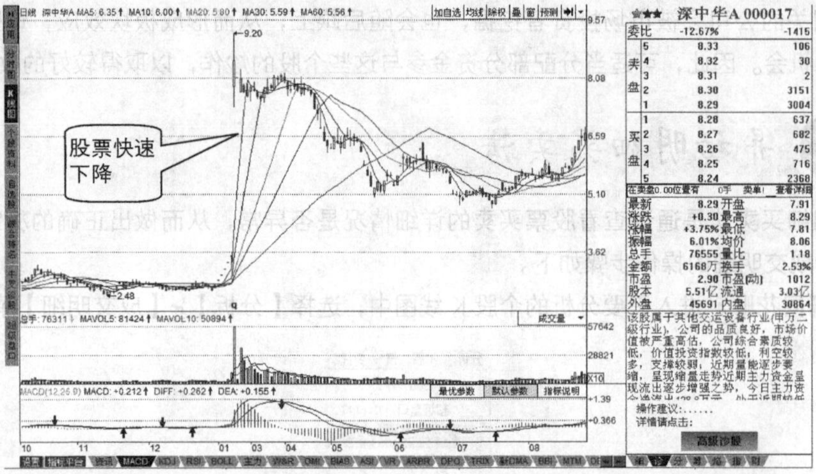

针对上述情况，投资者如何正确判断不同性质的急跌个股，以及采取什么样的操作策略，往往会极大地影响到最后的投资结果。但是，由于急跌中所处的环境和所持的品种不同，投资者必须采取不同的操作策略。

下面针对不同的急跌情况，进行买入卖出分析。

第一种情况：当时市场走势正常，没有出现快速回调，而持有的个股出现快速下跌。这主要是个股的问题，表明持有的个股出现了重大利空。这时就要深入分析个股基本面，看是不是长期的发展出现了问题。如果确实是基本面上有问题，则必须离场；否则可以继续持有该股，等待新一轮的上涨。

第二种情况：由于整个市场回调导致个股股价下跌。这也同样需要分析持有的个股的性质。如果属于基本面良好的品种，出现了急跌就应是逢低继续买入的时候，例如，以往历史上的万科A（000002）、贵州茅台（600519）、中集集团（000039）等优良品种，其股价也会波动，但由于长期成长性持续向好，因此，每当急跌时都是买入的机会。

对于那些基本面一般或较差，只是靠题材炒作起来的个股，则必须坚决卖出。只不过可以根据具体情况的不同，选择不同的卖出时机。即对于题材丰富同时有资金参与的品种，可以等待反弹后卖出；反之，则必须及早离场。

总之，投资者必须对两个方面有比较深刻的把握。一是对持有的个股品种有着极为深刻准确的认识，对于企业当前的发展状况、未来的发展前景有较全面的了解，这样才会对股价走势做出正确的判断；二是必须对当时的行情走势有较为准确的判断，要分析清楚市场当时所处的阶段，这样才能看清外部环境对于个股股价定位的影响。其中最为重要的是对上市公司基本面的了解，这是决定投资正确与否的根本。只要个股掌握得好，即使对当时市场的判断出现错误，同样也可以在个股上投资成功。

27.4 追击强势股战术

强势股是指在股市中稳健上涨的股票。强势股具有两个特点：一个是换手率高，强势股的每日成交换手率一般不低于5%，某些交易日达到10%以上，甚至可能达到20%～30%；另一个是具有板块效应，强势股可能是一波行情的龙头股，也可能是热点板块中的代表性股票，强势股的涨跌，会影响同板块股票的涨跌。

例如，东方宾馆（000524）在一段时间内出现了稳步上涨的趋势，这时，投资者就可以放心买入股票。

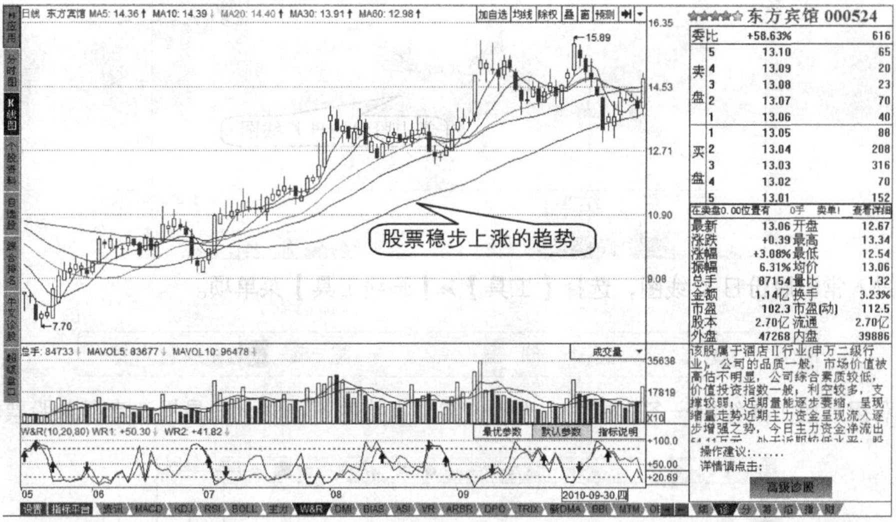

追击强势股的方法主要有 4 种。

（1）在涨盘中追击强势股。盘中追击那些在涨幅榜、量比榜和委比榜上均排名居前的个股。这类个股已经开始启动新一轮行情，是投资者短线追涨的重点选择对象。

（2）追击龙头股。一般情况下，龙头股就是一只比较强势的股票，主要是在以行业、地域和概念为基础的各个板块中选择最先启动的领头上涨股。

（3）在涨停板追击强势股。涨停板是个股走势异常强劲的一种市场表现，特别是在个股成为黑马时的行情加速阶段，常常会出现涨停板走势。追击强势股的涨停板，可以使投资者在短期内迅速实现资金的增值。

（4）追击成功突破的股票。当个股形成突破性走势后，往往意味着股价已经打开上行空间，在阻力大幅度减少的情况下，比较容易出现强劲上升行情。因此，股价突破的位置往往正是最佳追涨的位置。

但是，需要注意的是任何涨升行情都不可能是一帆风顺的，都必然要面对各种压力。但是，未来行情向上的趋势不会改变，只是道路仍然是曲折的。投资者在积极操作的同时不能忽视风险，应适当注意资金的管理与仓位的控制。

27.5 支撑位选股买卖战术

根据支撑位选股的原理是当股价跌至支撑线未穿又升时买入股票。因为当股价跌至支撑线时意味着股价得到了有效的支撑。

因为支撑线起到阻止股价继续下跌的作用，在 K 线图的每一个谷底最低点之间的切线是支撑线，股价在此线附近具有相当高的购买信心。关于支撑线的画法在本书的其他章节有详细介绍，这里不再重述。下面举例说明如何根据支撑位选股，具体操作步骤如下。

❶ 打开同花顺，进入个股 K 线分析图中，输入常山股份的股票代码“000158”，按【Enter】键确认。

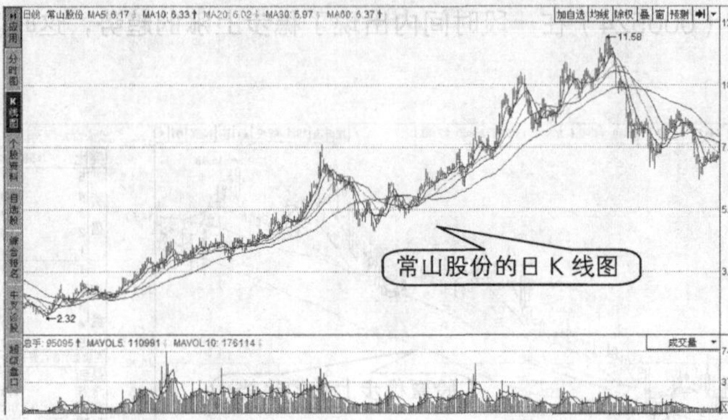

❷ 进入常山股份日 K 线图，选择【工具】➤【画线工具】菜单项。

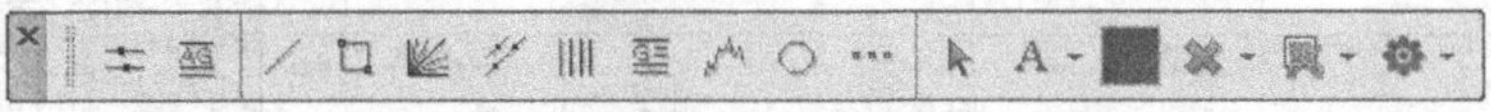

❸ 利用线段工具绘制一条支撑线，当股价突破直线的下面时，即是投资者买入股票的买点。

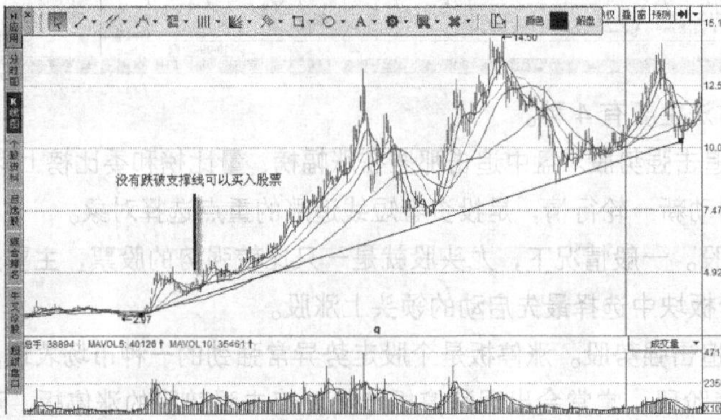

27.6 大宗交易的选股战术

大宗交易，又称为大宗买卖，一般是指交易规模，包括交易的数量和金额都非常大，远远超过市场的平均交易规模。具体来说，各个交易所在它的交易制度中或者在它的大宗交易制度中都对大宗交易有明确的界定，而且各不相同。

在同花顺炒股软件之中，查看大宗交易排名的具体操作步骤如下。

❶ 打开同花顺炒股软件主窗口。

❷ 选择【报价】➤【主力大单】菜单项。

❸ 同花顺报价行情界面会以最新大笔交易的股票排名显示。

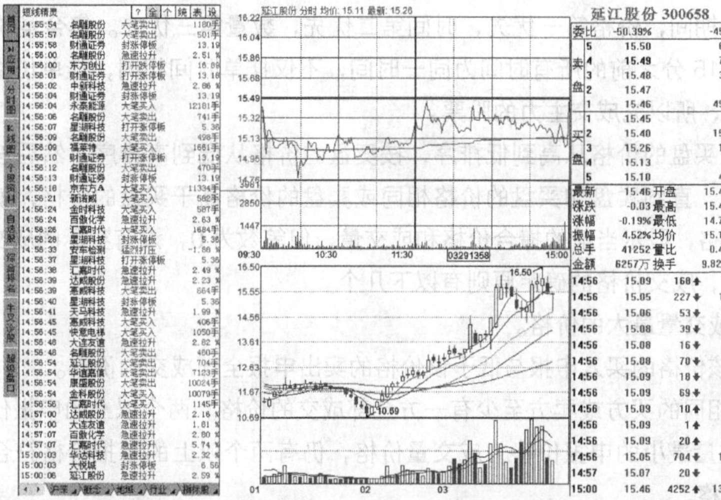

一般情况下，大宗交易的交易时间为交易日的 15：00—15：30。大宗交易的成交价格，由买方和卖方在当日最高和最低成交价格之间确定；该证券当日无成交的，以前收盘价为成交价，买卖双方达成一致，并由证券交易所确认后方可成交。

另外，大宗交易的成交价不作为该证券当日的收盘价。大宗交易的成交量在收盘后计入该证券的成交总量，并且每笔大宗交易的成交量、成交价及买卖双方于收盘后单独公布。最后还须了解的是大宗交易是不纳入指数计算的，因此对于当天的指数无影响。

通过分析大宗交易，可以了解一些机构的持仓量、持仓成本、持仓意图，有心者也可以从中发现一些投资机会。

27.7 集合竞价买卖技法

集合竞价（Call Auction）是指在每个交易日上午 9：15—9：25，由投资者按照自己所能接受的心理价格自由地进行买卖申报，电脑交易主机系统对全部有效委托进行一次集中撮合处理过程。

具体来说，集合竞价是将数笔委托报价或一时段内的全部委托报价集中在一起，根据不高于申买价和不低于申卖价的原则产生一个成交价格，且在这个价格下成交的股票数量最大，并将这个价格作为全部成交委托的交易价格。

集合竞价期间显示的是虚拟成交，所以真正的成交笔数仍为0，目的是为了撮合出一个最大成交量的价格。如果有新的买单或卖单出现，每10秒进行一次撮合，显示的结果是在这个价格下的最大成交量，但实际笔数为0，也不会影响价格。最大成交，即现手是逐渐增多的，因为只有在这个价格的撮合下其成交量比上一次要大很多，才能取代上次的成交价格。但是如果有撤单的现象，最大成交量也有可能减少。9点25分才是集合竞争唯一一次真正的成交，此时会显示成交笔数。当然这期间可以撤单和挂单，但在9点20分到9点25分期间是不能撤单的。集合竞价期间最好不要撤单，成功概率很小，即使允许撤单，由于诸多原因也会导致操作失败。如果投资者想买入某只股票，直接挂涨停价即可，如果想卖出股票，直接挂跌停价即可，这样基本都可以买到或抛出。但实际成交价格不是你所挂的涨停价或跌停价，而是9点25分成交的价格，也就是开盘价。所有人的成交价格都是一个价格，这个价格就是根据最大成交量撮合出来的。

在连续竞价期间，价格第一优先，时间第二优先，数量第三优先。集合竞价期间没有这个优先顺序，9点15分之前的所有时间为同一时间，不仅挂单时间相同，挂单价格也相同，由于主力的数量较大，所以先成交主力的股票。

集合竞价按买盘的价格从高到低排序，按卖盘的价格从低到高排序，然后按照序号从上到下一对一对撮合，直到卖盘和买盘的价格相同或卖盘的价格高于买盘的价格，就停止撮合，然后选出合适的价格，显示当前的撮合价格和成交量，但笔数为0，没有实际的成交数量。

集合竞价时，成交价格的确定原则有以下几个。

（1）现存成交量最大的价格。

（2）高于该价格的买入申报与低于该价格的卖出申报全部成交的价格。

（3）价格相同的买方或卖方至少有一方全部成交的价格。两个以上的申报价格符合上述条件的，使未成交量最小的申报价格为成交量价格，仍有两个以上的申报价格符合要求时，其中间价格为成交价格。

第 28 章 股民必知的股市动荡原由

股市可以说是经济发展的“晴雨表”，股市的走势能反映宏观经济运行的情况。同时，股市的兴衰也影响着国民经济发展的好坏与快慢。那么，作为股票的投资者，股民就应当知道影响股市动荡的原由，从而为自己的投资做好准备。

28.1 宏观经济形势对股市的影响

所谓宏观经济，即国民经济的总体活动，是指整个国民经济或国民经济总体及其经济活动和运行状态，如总供给与总需求、国民经济的总值及其增长速度、国民经济中的主要比例关系、物价的总水平、劳动就业的总水平与失业率、货币发行的总规模与增长速度、进出口贸易的总规模及其变动等。

股市是社会经济结构中的一部分，因而股市也受制于宏观经济。国民经济形势不仅制约着投资主观愿望的产生，也制约着投资实现的客观条件。因此，交易者需要密切关注宏观信息面的变化，捕捉好的投资市场、投资时机与投资产品。

在分析宏观经济对股市的影响时，需要从总量分析和结构分析两个方面来考虑。前者是要明白某一指标的数值意味着什么，而后者则是要从几个关联的方面来综合考虑这一指标的影响。用于观察宏观经济的数据有很多种，这里介绍几种常用的指标。

1．国内生产总值的影响

国内生产总值英文缩写为 GDP，是指在一定时期内，一个国家或地区的经济中所生产出的全部最终产品和劳务的价值。一般来说，国内生产总值包括个人消费支出、私人总投资、政府支出和净出口额 4 个不同的组成部分。

国内生产总值不但可以反映一个国家或地区的经济表现，更可以反映一国或地区的国力与财富。它是宏观反映国民经济运行状况的晴雨表，是政府和社会各界使用频率最高、影响最大的经济指标。GDP 的下降表明经济不景气，大多数企业的经营盈利状况不佳，企业减少投资，降低成本，融资速度减慢，股票市场的供给曲线就会向左上方缓慢移动。同时，股票投资者也由于经济的不景气而对未来收入的预期降低，从而减少支出和投资资金，使股票市场的需求曲线向左下方移动，两个曲线的下移将使股票价格下降。

反之，当一国经济发展迅速，GDP 增长较快时，预示着经济前景看好，人们对未来的预期改善，企业对未来发展充满信心，极想扩大规模，增加投资，对资金的需求膨胀，因而股票市场趋向活跃。在股票市场均衡运行，而且其经济功能不存在严重扭曲的条件下，一般来说，股票价格随 GDP 同向而动。当 GDP 增长加快时，股票价格也随之上升；当 GDP 增长放缓时，股票价格也随之下跌。因此，GDP 对股票价格的影响是正向的。

2．工业增加值的影响

工业增加值可以反映实体经济的运行情况。工业增加值越大，说明实体经济运行的状况越好，产生的社会财富越多。一般而言，在其他条件不变的情况下，工业增加值的任何变化，都会使国内企业现金流同方向变化，进而造成股票价格也发生同方向变化。因此，工业增加值对股票价格的影响也是正的。

3．利率的影响

众所周知，利率是影响股市走势最为敏感的因素之一。根据古典经济理论，利率是货币的价格，是持有货币的机会成本，它取决于资本市场的资金供求。资金的供给来自储蓄，需求来自投资，而投资和储蓄都是利率的函数。利率下调，可以降低货币的持有成本，促使储蓄向投资转化，从而增加流通中的现金流和企业贴现率，导致股价上升，所以利率提高，股市走低。反之，利率下降，股市走高。利率变动与股价变动关系表现在以下 3 个方面。

（1）根据现值理论，股票价格主要取决于证券预期收益和当时银行存款利率两个因素，与证券预期收益成正比，与银行存款利率成反比。理论上说，股票价格等于未来各项每股预期股息和某年出售其价值的现值之和。

（2）股票价格除了与预期价值有关以外，还强烈地受到供求关系的影响。当市场供不应求时， 股票价格上涨。反之，市场供过于求时，股票价格下降。利率变动直接影响市场资金量。利率上升， 股票投资的机会成本变大，资金从股票市场流出，股票市场供过于求造成股票价格下降；利率下降，股票投资的机会成本变小，资金流入股票市场，股票市场供不应求，造成股票价格上涨。

（3）利率上升，企业的借贷成本增加，获得资金困难，在其他条件不变的情况下，未来的利润将减少，那么预期股息必然会减少，股票价格因此会下降。反之，利率下降，企业的借贷成本会降低，在其他条件不变的情况下，未来的利润会增加，预期股息收入增加，股票价格上涨。因此，利率对股票价格的影响是负的。

4．汇率的影响

汇率又称汇价，是一国货币兑换另一国货币的比率。作为一项重要的经济杠杆，汇率变动对一国股票市场的作用体现在多方面，主要有进出口、物价和投资。汇率直接影响资本在国际间的流动。一个国家的汇率上升，意味着本币贬值，会促进出口，平抑进口，从而增加本国的现金流，提高国内公司的预期收益，会在一定程度上提升股票价格。因此，汇率对股票价格的影响是正的。

在某些国家，宏观经济最直接的体现就是国家出台的经济政策。要想炒股成功，投资者就必须深入理解国家经济政策的取向，选择具有发展前景的行业。在网络发达的今天，要想及时学习和了解国家的经济政策，可以利用中国证券报的中证网，其首页如下图所示。

利用上海证券报主办的中国证券网也可以学习和掌握国家的经济政策，其首页如下图所示。

上海证券报还推出了电子版，非常方便投资者阅读，其首页如下图所示。

28.2 经济周期对股市的影响

在影响股价变动的市场因素中，经济周期的变动是最重要的因素之一。它对企业营运及股价的影响极大，是影响股市行情的基本因素。因此，经济周期与股价的关联性是投资者不能忽视的。

一般情况下，经济周期包括衰退、危机、复苏和繁荣 4 个阶段。在经济衰退时期，股价会逐渐下跌；到危机时期，股价跌至最低点；而经济复苏开始时，股价又会逐步上升；到繁荣时，股价则上涨至最高点。出现这种变动的具体原因如下。

（1）当经济开始衰退之后，企业的产品滞销，利润相应减少，促使企业减少产量，从而导致股息、红利也随之不断减少。持股的股东因股票收益不佳而纷纷抛售，使股价下跌。

（2）当经济衰退至已经达到经济危机时，整个经济生活处于瘫痪状况，大量的企业倒闭，股票持有者由于对形势持悲观态度而纷纷卖出手中的股票，从而使整个股市价格大跌。

（3）经济周期在经过最低谷之后又出现缓慢复苏的势头，随着经济结构的调整，商品开始有一定的销售量，企业又能开始给股东分发一些股息红利，股东慢慢觉得持股有利可图，于是开始购买，使股价缓缓回升。

（4）当经济由复苏达到繁荣阶段时，企业的商品生产能力与产量大增，商品销售状况良好，企业开始大量盈利，股息、红利相应增多，股价上涨至最高点。

从上述分析可知，经济周期影响股价变动，但两者的变动周期又不是完全同步的。通常的情况是，不管在经济周期的哪一阶段，股价变动总是比实际的经济周期变动要领先一步。也就是说，在经济衰退以前，股价已开始下跌，而在复苏之前，股价已经回升；经济周期未步入高峰阶段时，股价已经见顶；经济仍处于衰退期时，股市已开始从谷底回升。这是因为股市股价的涨落包含着投资者对经济走势变动的预期和投资者的心理反应等因素。

28.3 政治变革对股市的影响

股市大势的起伏与涨跌，经常受到各种外来因素的影响，政治变革因素历来是影响股市走势，尤其是短期走势的重要因素。这里所说的政治变革因素，主要体现在以下几点。

1. 战争

战争对股票市场及股票价格的影响，有长期性的，亦有短期性的；有好的方面，亦有坏的方面；有广泛范围的，也有单一项目的，这要视战争性质而定。战争促使军需工业兴起，凡与军需工业相关的公司股票当然要上涨。战争中断了某一地区之海空陆运，提高了原料或成品输送之运费，因而商品涨价，影响购买力，公司业绩萎缩，与此相关的公司股票必然会跌价。其他由于战争所引起的许多状况都足以使证券市场产生波动，投资人需要冷静分析。

2. 国际政治形势

国际政治形势的改变，已越来越使股价产生敏感反应。随着交通运输的日益便利，通信手段和方法的日益完善，国与国之间、地区与地区之间的联系越来越密切，世界从独立单元转变成相互影响的整体。因此一个国家或地区的政治、经济、财政等结构将紧随着国际形势改变，股票市场也随之变动。

3. 国家重大的经济政策

国家的重大经济政策，如产业政策、税收政策、货币政策对股票价格有重大影响。国家重点扶持、发展的产业，其股票价格会被推高；而国家限制发展的产业，股票价格会受到不利影响。

例如，国家对社会公用事业的产品和劳务实行限价，包括交通运输、煤气、水电等，这样就会直接影响公用事业的盈利水准，导致公用事业公司股价下跌。货币政策的改变，会引起市场利率发生变化，从而引起股价变化。税收政策方面，能够享受国家减税、免税优惠的股份公司，其股票价格会出现上升趋势；而调高个人所得税，则会使社会消费水准下跌，引起商品的滞销，从而对公司生产规模造成影响，导致盈利下降，股价下跌。

4．政权的变动

政府的作为及社会的安定性等均会对股价产生影响。

5．法律制度的变革

如果一个国家法律制度，尤其是金融方面的法律制度健全，使投资行为得到管理与规范，并使投资者的正当权益得到保护，就会提高投资者投资的信心，从而促进股票市场的健康发展。如果法律法规不完善，投资者权益受法律保护的程度低，则不利于股票市场的健康发展与繁荣。

28.4 通货膨胀对股市的影响

通货膨胀是指在纸币流通条件下，因货币供给大于货币实际需求，也即现实购买力大于产出供给，从而导致货币贬值，由此引起的一段时间内物价持续而普遍地上涨现象。其实质就是社会总需求远远大于社会总供给。

有关通货膨胀对股市的影响，可谓是仁者见仁，智者见智。一种看法是在通货膨胀的情况下，股票价格会上涨，股票具有保值功能。因此，通货膨胀促使人们购买股票意愿加强，对股市发展有利。另一种看法是通货膨胀恶化了供求之间的关系，使国民经济资源配置失调，因此对股市发展不利。

其实，通货膨胀对股市的影响应分为两个层面，对股市价格的影响是其表层运动，对股市发展的影响则涉及内在机制。与之相应，分析通货膨胀对股市的影响也应从这两个方面来进行。

1．通货膨胀对股市价格的影响

通货膨胀归根到底是一种货币现象。虽然引起通货膨胀的原因不同，如需求拉上、成本推动、结构或体制等，但是最后结果都是货币供应量远远大于社会需求量，以致货币量超出经济正常增长的必需量。

在通货膨胀初期，货币供应量超常增长，从而推动股价上升，主要表现在如下几个方面。

（1）通货膨胀初期，个人、企业和社会团体也因此会掌握较多的货币资金。在股市有利可图或对股市盈利预期较为乐观的情况下，这部分资金可能进入股市，增大对股票的需求力量，形成股票价格上涨的动力。

（2）货币供应量的超常增长导致产品市场价格的全面上涨，在价格全面上涨的运动序列中，投资品价格起着领先作用，一般要比其他行业早 3 个月到半年时间。这样，以生产投资品为主的上市公司（如钢铁、石化、建材、机械等），其账面盈利会因产品价格上涨而增加。这种盈利的增加，使股民看好这些上市公司的前景，从而促其股票价格上升，并带动大盘指数上升。然而，通货膨胀的持续又蕴涵了股价下落的契机，主要表现在如下几个方面。

（1）当通货膨胀趋于高峰时，因通货膨胀而加剧各种经济秩序混乱、消费者抱怨、各阶层不满等，这些超出了社会的忍受能力范围。政策决策者就会采取严厉措施，抑制通货膨胀。这样，在银根紧缩的情况下，个人、社会团体和企业手中货币资金减少，导致资金流出股市，从而使股票价格下降。

（2）由于通货膨胀致使价格持续上涨，使实际生产领域投入成本大幅度上升，物资供应紧张，导致一些上市公司账面盈利减少。股民相应地对其前景不看好。面对汹涌的通货膨胀势头，投资者信心也会下降，市场发展前景风险增大，造成股价下落的趋势。

总之，如果排除其他因素，分阶段分时地看，在通货膨胀初期，会使股价上升；而在通货膨胀趋于高潮以及因通货膨胀引发的金融紧缩下，则会出现股价下降的趋势。股票的投资者在这一过程中要注意时间因素的作用。

2. 通货膨胀对股市发展的影响

通货膨胀对股市的金融效率有不利的影响，主要表现在如下几个方面。

（1）起伏不定的通货膨胀率对股市是一种外部冲击，导致股市价格波动起伏较为剧烈，股民对股市多数抱有观望态度。

（2）在通货膨胀下，企业可能经营效率不变，但因产出价格上升而增加账面盈利，也会因物价上升而引起投入品价格上升进而使账面盈利减少，致使股民对上市公司投资的信心下降。

（3）通货膨胀会使得股市分析所必需的信息被扭曲，给市场分析增加困难，影响到股市价格与价值的接近，从而影响股市的金融效率。

（4）广大股市投资者对通胀，以及对政府将采取何种对策会有某种预期，并以此预期来规划自己的行动。这种预期和对策会进一步加剧股市的不确定性，有时还会加剧股市的震荡，从而影响股市的金融效率。

另外，通货膨胀对股市的经济效率更为不利，主要表现在以下几个方面。

（1）在通货膨胀压力下，与持续上涨的物价相比，实际利率趋于下降，甚至为负利率，这就远离了市场均衡点，从而导致股市经济效率下降。

（2）在通货膨胀压力下，扭曲的利率加剧了企业贷款的需求与供给之间的不平衡，隐含着需求更猛烈扩张的危机。它会迫使决策层采用严厉的金融管制手段去控制货币市场，从而使银行的企业化步子放慢。

总之，通货膨胀是影响股票市场以及股价的一个重要宏观经济因素。这一因素对股票市场的影响比较复杂。它一方面能刺激股市，另一方面也能压抑股市。当通货膨胀对股票市场的刺激作用大时，股票市场的趋势与通货膨胀的趋势一致；而其压抑作用大时，股票市场的趋势与通货膨胀的趋势相反。但是，从长远来看，通货膨胀不仅不利于股市金融效率的提高和自身的建设，而且不利于发挥股市经济效益，对股市持久、稳定的发展是大患。

28.5 资金量对股市的影响

资金量的变化对股票市场的影响是复杂的，可以通过以下 3 种效应实现。

（1）预期效应。当中央银行准备实行扩张性的货币政策时，能够影响市场参与者对未来货币市场的预期，从而改变股市的资金供给量，影响股票市场的价格和规模。

（2）投资组合效应。当中央银行实施宽松的货币政策时，人们所持有的货币增加，但单位货币的边际效用（投资收益）却递减。在其他条件不变的情况下，人们所持有的货币会超出日常交易的需要，结果会促使部分货币进入股市寻求收益，导致股市价格上涨。

（3）股票内在价值增长效应。当货币供给量增加时，利率将下降，投资将增加，并经过乘数扩张效应，导致股票投资收益提高，从而刺激股市价格上涨。

以上 3 种效应一般来说都是正向的，即货币供给量增加，则股市价格上涨。因此，货币供给量对股票价格的影响是正向的。另外，储蓄的增加在一定程度上意味着货币供给量的减少，而股票价格指数与货币供给量之间又存在正向变动关系，因此，储蓄对股票价格的影响是负的。

28.6 上市新股对股市的影响

新股上市一般指的是股份公司发行的股票在证券交易所挂牌买卖。新股上市的时期不同，往往对股市价格走势产生不同的影响，投资者应根据不同的走势，来恰当地调整投资策略。

当新股在股市好景时上市，往往会使股价节节攀升，并带动大势进一步上扬。因为，在大势看好时新股上市，容易激起投资者的投资欲望，使资金进一步围拢股市，刺激股票需求。反之，如果新股在大跌势中上市，股价往往呈现出进一步下跌的态势。

一般来讲，新上市股票在挂牌交易前，股权较为分散，其发行价格多为按面额发行和按中间价发行。即使是绩优股票，其溢价发行价格也往往低于其市场价格，以便使股份公司通过发行股票顺利实现其筹款目标。因此，在新股上市后，由于其价格偏低和需求量较大，一般都会出现一段价格上涨时期。其价格上涨的方式，大致会出现如下的几种情况。

（1）股价上涨一次到位，然后维持在某一合理价位进行交易。此种价格上涨方式，系一口气将行情做足，并维持与其他股票的相对比值关系，逐渐地让市场来接纳和认同。

（2）股价一次上涨过后，继而回跌，再维持在某一合理价位进行交易。将行情先做过头，然后让它回跌下来，一旦回落到与其他股票的实质价位相配时，自然会有投资者来承接，然后依据自然供需状况来进行交易。

（3）股价上涨到合理价位后，滑落下来整理筹码，再做第二段行情上涨并回到原来的合理价位。这种上涨方式，有涨有跌，可使申购股票中签的投资者卖出后获利再进，以形成股市上的热络气氛。

（4）股价先上涨到合理价位的一半或 2/3 的价位水平，即停止，然后进行筹码整理，让新的投资者或市场客户吸进足够的股票，再做第二段行情。此种上涨方式，可能使心虚的投资者或心理准备不足的投资者减少盈利，但有利于富有股市实践经验的投资老手获利。

由此可见，有效掌握新股上市时的股价运动规律并把握价格上涨方式，对于股市上的成功投资者是不可或缺的。

28.7 投资者心理变化对股市的影响

投资者的心理变化决定了他们参与股票交易的意愿，从而影响到股票的供求关系和价格。在牛市中，投资者“贪婪”，因此会出现涨过头的现象。在熊市中，投资者“恐惧”，因此会出现跌过头的现象。投资者常见心理如下。

1. 追涨杀跌心理

在股市低迷时，股价已跌至相当低的水平，但绝大多数股民都无动于衷，持谨慎观望态度，致使股价进一步下跌。而一旦行情反转，股民在追涨杀跌心理的作用下，宁愿以较高的价格竞相买入股票，促使股价一路上扬。相反，在股价的顶部区域，股民都不愿出售，等待股价的进一步上涨，而当股价开始下跌时，又认为股价的下跌空间很大，纷纷加入抛售队伍，促使股价一路下跌。

2．从众心理

这种心理是现代社会生活及经济生活规律的一项准则。在证券市场上，绝大部分股民都认为多数的决定是合理的，于是就在自己毫不了解市场行情及股票情况的状况下，盲目依从他人跟风操作和追涨杀跌。

从众心理对股价主要起着放大的作用。在牛市阶段，有些股民看见别人购进股票，就轻易地认为股票行情一定看好，唯恐落后，失去获利的机会，在对市场前景毫无把握的情况下就急忙购进，从而导致股票价格的上涨。而由于买入股票盈利的效应，越来越多的股民受他人的影响，也不管实际的宏观经济形势如何，对上市公司的经营也不做分析研究，就开始买进股票，推动股价的进一步上涨。随着炒股发财效应的逐渐扩大，入市的股民越来越多，最后连一些平常对股市和金融都漠不关心的市民都入市了，从而将股价推向一个不合理的高度，形成了一个短期牛市。

在牛市向熊市转换阶段，一些较为理智的股民会率先将资金从股市上撤出，引起股价的下跌。其他股民看见别人卖出股票，又认为股市行情一定看跌，生怕自己遭受损失，跟着别人立刻做出售出的决定。随着股票下跌幅度的进一步加深，越来越多的股民跟着卖出股票，最后引起股市的暴跌。

3．偏好心理

偏好心理是指股民在投资的股票种类上，总是倾向于某一类或某几种股票，特别是倾向于自己喜欢或经常做的股票。当机构大户偏好某种股票时，由于其购买力强或抛售的数量多，就会造成股票的价格脱离大势，呈现剧烈震荡现象。

第 29 章 买卖实战中的决策要领

无论是投机还是投资，但凡在股市中能赚大钱的人，都必定有着定位准确、思路清晰、性格坚强、准备充分、操作果断的素质。同时，还必须理解股票买卖实战中的决策要领，做到认清投资理念和市场炒作，买进谨慎，卖出果断等。本章就来介绍一些买卖实战中的决策要领。

29.1 认清投资理念和市场炒作

要想不把投资理念与市场炒作混淆起来，首先必须知道什么是投资理念，什么是市场炒作。那么什么是正确的投资理念呢？所谓正确的投资理念就是相对比较成熟的投资理念。

从狭义上讲，大凡以上市公司内在价值为取向，以投资为目的的操作理念都是正确的投资理念。例如，在海外股市中，很多投资者买股票并不是看中股票的差价，而是冲着上市公司分红来的。只要上市公司经营得好，股价的高低并不是投资者关注的重点，这就是一种正确的投资理念。

从广义上讲，正确的投资理念就是对股市运作的正确认识和实践，包括投资观念、投资策略、投资行为等。例如，投资者如能在股价炒高人气高涨时主动退出，在股价最低迷时期积极建仓，那么也就意味着投资者已经在某一方面具备正确的投资理念。又如，买股票要关心国家大事，紧跟国家政策走，选股要一看二慢三通过等也都是投资理念成熟的表现。

那么什么是市场炒作呢？市场炒作往往会穿着投资理念的“外衣”。每每行情起来时，媒体与股评人士谈论较多的一个话题就是劝导投资者要树立好正确的投资理念。那么什么才是正确的“投资理念”呢？这就要投资者审时度势，认清股市每一次炒作的真正含义了。

用大户投资者的话来讲，炒作绩优股，就是要认清“业绩是市场的基石”；炒作科技股，就是要认清“科技是第一生产力”；炒作网络股，就是要认清“未来的世界是网络的世界”；炒作资产重组股，就是要认清“重组是股市永恒的主题”等。但是，随着时间的推移，渐渐股民就会发现这些所谓的正确的“投资理念”，都是主力投资者为愚弄广大投资者而编造出来的一种谎言。

根据以往经验，在深沪股市中，被包装成“投资理念”的市场炒作行为，其实也有规律可循。

（1）当一个新的“投资理念”刚出现时，市场上绝大多数人持怀疑的态度，此时相信这一“投资理念”的股民，就可以在股市中大赚一笔。

（2）新的“投资理念”显示出赚钱效应后，使市场上一些人开始逐渐接受。此时相信这一“投资理念”的股民，就成了后知后觉者。显然，这些股民会在股市中小赚一笔。

（3）最后当市场普遍接受这一“投资理念”时，最后加入的这些股民不但没有凭此理念赚到什么钱，相反地，越是相信这一“投资理念”的股民，就会被套得越深。

总之，市场主力为了盈利，总会要轮番利用各种题材，制造各种借口，为他们炒作的股票找到某种冠冕堂皇的理由。正是由于主力在市场中翻手为云，覆手为雨，致使股市中的每一次炒作，最后的结果都会暴露出愚弄投资者的狰狞面目。可见，投资者如果不认清投资理念和市场炒作的本质区别，就会把市场炒作题材当成正确的投资理念并接受，那么后果是不堪设想的。

29.2 买进需谨慎，卖出要果断

“买进需谨慎，卖出要果断”，这是股市赢家的一贯思路。小心谨慎，是走向成功的通行证。特别是高比例的买进，一定要多方论证，小心谨慎，以投资的理由买进，然后耐心拥有，等待时机卖出。千万不能心血来潮、听信传闻而信手买入，然后投机不成而被动长期投资。

卖出一定要果断，不能拖泥带水。特别是在基本面发生了变化时，不能存在侥幸心理，患得患失。尽量避免一失足成千古恨地终身遗憾，为了安全而卖出。

例如，中国联通（600050）在 2010 年 1 月 14 日上涨到 7.85 元，后面出现急剧下跌，此时如果能及时抛售，还可以获取利润，如果犹豫不决，则后期会出现大的亏损。

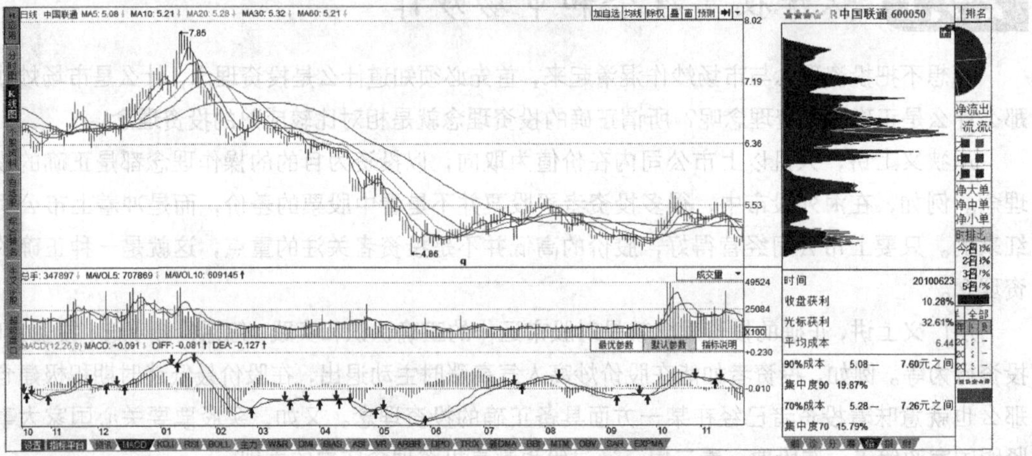

当买入股票后，除了耐心拥有，还应不断地寻找具有投资价值的股票，进行综合价值比较。一旦找到了比手中更具备升值空间的股票，就应毫无怀疑地抛出换股，当然应结合技术指标的运用。

29.3 兼听则明，偏信则暗

在股市上，投资要全面收集信息，不能听从一面之词，否则会亏得很惨。了解信息的渠道很多，常见的方法是从股票信息网站上搜集个股的信息。

股票信息网站是指向大众介绍股票知识，提供股票信息、股评信息以及股票相关新闻的财经类网站。股票信息网是股民了解股票信息的重要渠道。由于网站工作人员有很多消息渠道，所以此类网站的信息具有及时性、真实性和针对性，对投资者能够起到很好的引导作用。下面对一些典型的网站进行介绍。

1．金融界网站

金融界网站创建于 1999 年 8 月，当时名为金融街，后更名为金融界。金融界由美国 IDG、新加坡 VERTEX 等共同投资兴建，是目前中国专为普通股民提供证券投资综合服务的专业证券网站之一，中国最具影响力的在线证券软件供应商和服务商之一，并且为全球最大的中文财经网站之一。

2004 年 10 月 15 日，金融界母公司中国金融在线集团在美国 NASDAQ 挂牌上市，是目前中国唯一一家在美国上市的财经类互联网公司。上市后，金融界相继入选权威第三方评选的“中国商业网站 100 强”“中国主流媒体市场经济地位及商业价值资讯类 10 强网站”“中国互联网 100 强”等。

为了推动我国财经信息产业的发展，充分发挥互联网的巨大作用，金融界网站凭借在财经信息领域内多年的运作经验，雄厚的人才、技术储备等多方面优势，为广大投资者提供专业、权威、及时的财经资讯信息。金融界提供的服务主要有滚动新闻、全球证券指数、综合财经查询精灵、财经热闻排行、指数走势展示、个股报价精灵、个股涨跌排行、中国概念股报价、基金搜索、基金净值排行、理财计算器等。

金融界网站还为用户提供下载版和 Web 版两种证券分析工具。其中，下载版软件包括大参考证券分析系统、大风暴证券分析系统、大浪淘沙证券分析系统、股市 X 档案；Web 版分析软件包括自选股雷达、股市快枪手、短线之王。

2．和讯网

和讯创立于 1996 年，是中国最早的专业网络内容服务商（ICP）之一。

和讯网从中国早期金融证券资讯服务商中脱颖而出，建立了第一个财经资讯垂直网站。经过 10 年的发展，和讯网逐步确立了自己在业内的优势地位和品牌影响，在各类调查与评选中屡屡获奖。截至 2010 年年底和讯网日独立访问用户达上万，日均页面浏览量超过 1 亿，成为中国深受投资者和金融机构信赖、具有广泛市场影响力的中国财经网络。

进入 21 世纪以来，和讯网将眼光瞄准正在崛起的新一代中产阶级，经过数次资源、技术、人才和运营模式的整合，发展重心从传统的大众财经服务转向代表时代特征的理性投资和消费群体。和讯网创造性地提出了“财经世界、品质人生”的口号，倡导一种全新的财经服务理念，即“以财经服务为核心，建设中国新兴中产阶级网络家园”，在和讯网上打造出中国第一个兼具财经资讯、投资理财、休闲消费功能，凸显个性化服务特性的互动平台。为此，和讯网在国内率先推出 Web 2.0 个人门户服务，以个人门户为基本单元，集交流、理财、休闲、培训于一体，融专业化、个性化、交互性、娱乐性为一身，在不断丰富完善股票、基金、银行、外汇、期货、黄金、保险等财经资讯和理财服务的同时，围绕中高端客户日益增长的多层次品质人生的需求，陆续推出房产、汽车、IT、商旅、商学院、读书、高尔夫等频道，为用户提供多元化的服务选择。

经过多年积累和历练，和讯网建立起一支优秀的采编队伍和技术开发与支持团队，同时广泛招揽了一批具有创新思想的产品与服务设计人才。历史渊源、专业背景及与联办传媒集团在业务上的密切联系，使和讯网获得强大的资源支持和众多领域中专业人士的鼎力帮助，凭借这些得天独厚的条件及专业服务的创新，和讯网已迅速成为中国第二代互联网的典型代表之一。

3. 全景网

全景网为全国性财经类门户网站。全景网旨在为投资者提供及时、权威、全面的财经证券资讯，向用户提供国内外财经信息，重点提供国内外上市公司的新闻、公告、股评、研究报告等一系列资讯。打造投资者互动第一平台，投资者与上市公司之间的网上路演已在广大的投资者中产生重要影响。同时全景网旨在建立一个和谐的投资者交流平台。全景财经论坛为投资者提供良好的交流平台，自创立以来，以其及时、权威、全面的特色受到了投资者的推崇，现已成为较有影响力的专业财经论坛，并以飞快的速度不断成长和壮大。

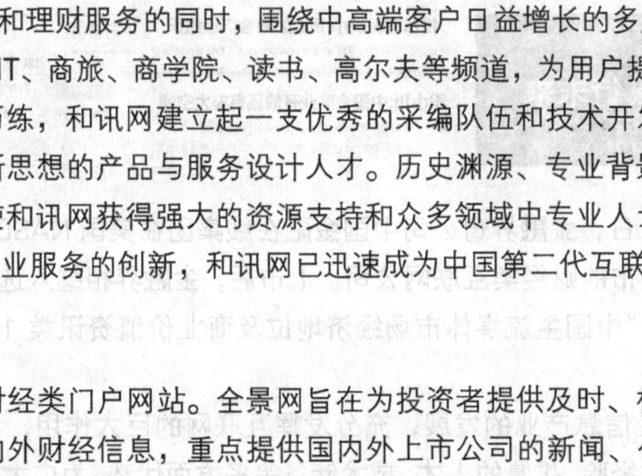

一般情况下，在和讯网、东方财富网、新浪财经等财经证券类网站上，都可以查询到相应的个股信息。这里以在新浪财经网上查询“紫金矿业”的股票信息为例，对查询个股基本信息的具体操作步骤进行介绍。

第 1 步：进入紫金矿业重点关注列表页面。

❶ 在 360 安全浏览器的地址栏里输入新浪网的网址，进入新浪网的首页。

❷ 单击新浪网首页的【财经】超级链接，进入财经页面，在其中可以看到各种股票信息。

❸ 在该页面上方的文本框中输入要查询股票的代码或简称，这里输入紫金矿业的简称“zjky”。

❹ 在弹出的股票列表中单击紫金矿业，打开【紫金矿业 _ 股票行情 _ 新浪财经 _ 新浪网】页面。

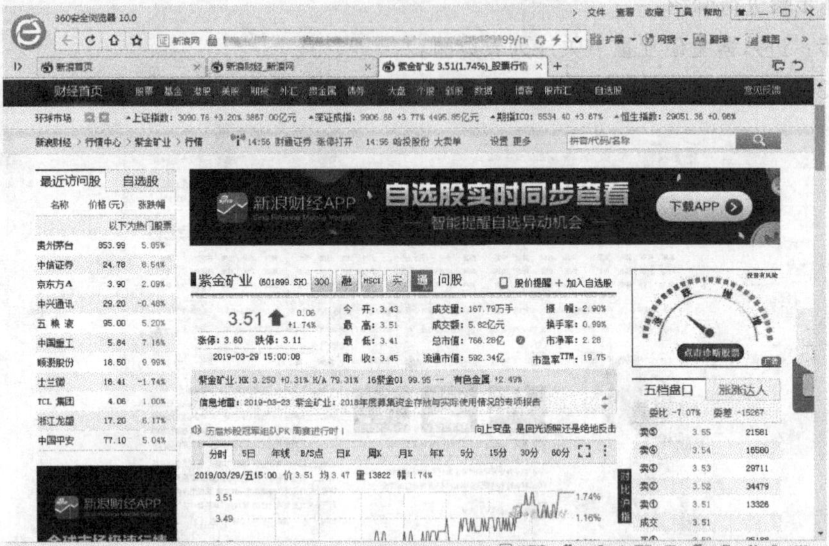

❺ 在该页面左侧区域显示了可查询的该股相关的重点关注列表，包括【技术分析】【公司资料】【发行分配】和【股本股东】等板块。

第 2 步：查看【公司资料】和【股本股东】板块信息。

❶ 单击【公司资料】板块中的【公司简介】超链接，进入到【紫金矿业 _ 公司简介 _ 新浪财经 _ 新浪网】页面。其中简要介绍了紫金矿业的基本情况。

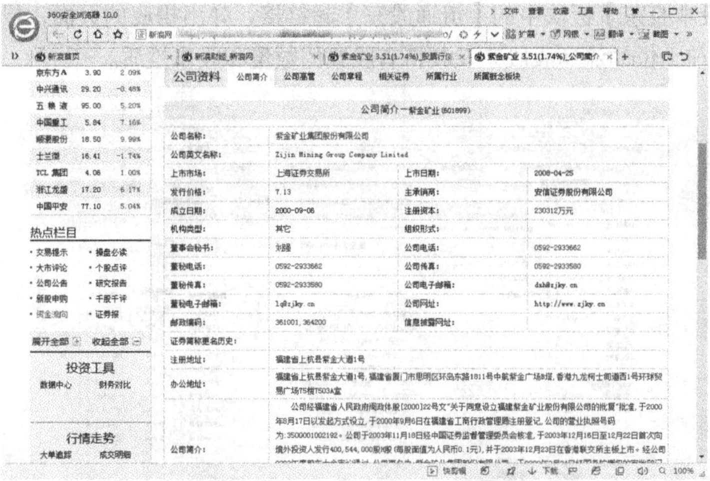

❷ 单击【股本股东】板块中的【股本结构】超链接，进入到【紫金矿业】的股本结构页面。该页面介绍了紫金矿业股本的结构、股本变化、限售股份、修改情况等内容。

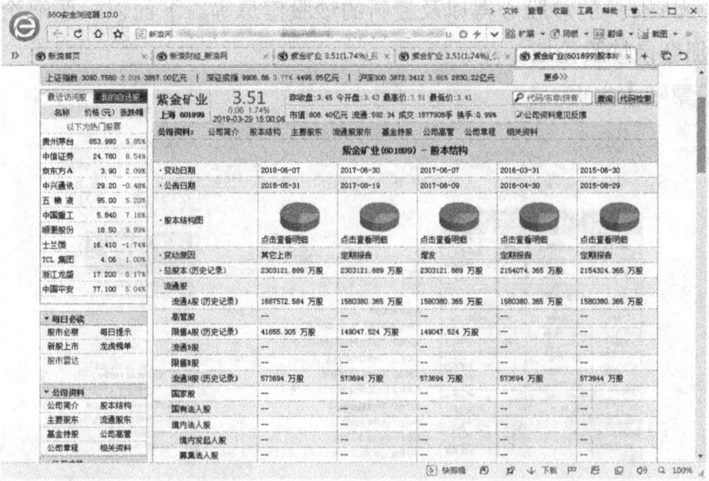

❸ 单击【股本股东】板块中的【主要股东】超链接，进入到【紫金矿业主要股东】页面中。其中显示有前十名股东的基本信息、基金持股、主要股东简介等内容。

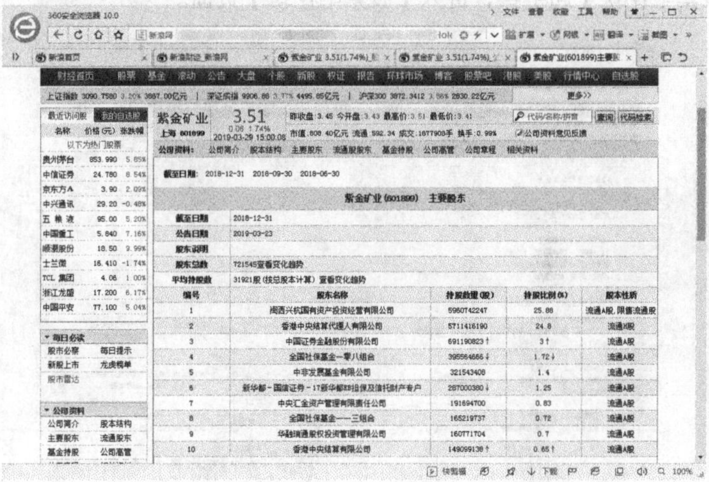

❹ 单击【股本股东】板块中的【流通股东】超链接，弹出相应的页面，显示在某个时间持有股票数量排名前十位的流通股股东及其持有股票的数量和股本性质。

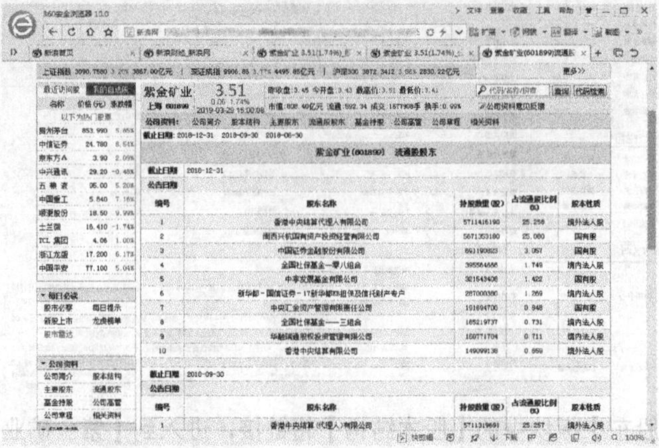

除了可以在门户财经页面中对某只股票进行详细查看外，股民还可以在炒股论坛中注册账号，在其中阅读别人有关的炒股心得以及最新的炒股信息等。下面以股票吧论坛为例，来具体介绍一下如何注册登录炒股论坛。

❺ 打开【股票吧】主页。

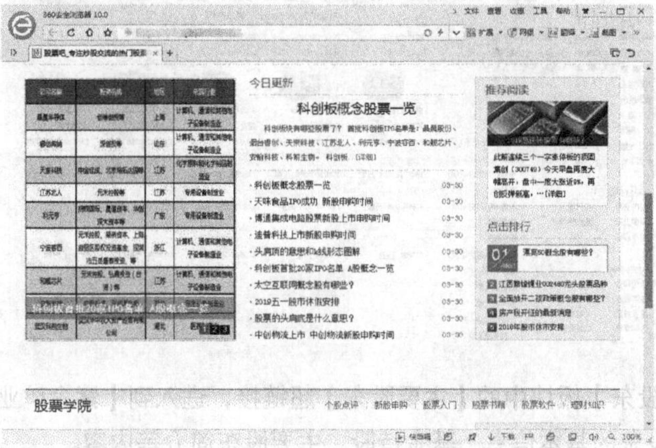

❻ 单击【股票吧论坛】超链接，进入【股票吧论坛】页面。

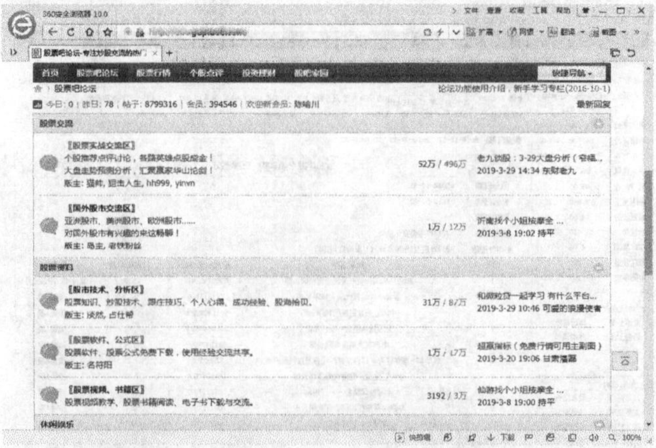

❼ 由于目前此网站只开通 QQ 注册通道。所以只能用 QQ 账号登录，并完成在此网站的注册。如果已经登录了 QQ，将会弹出 QQ 账号安全登录网页，单击头像进入注册页面。

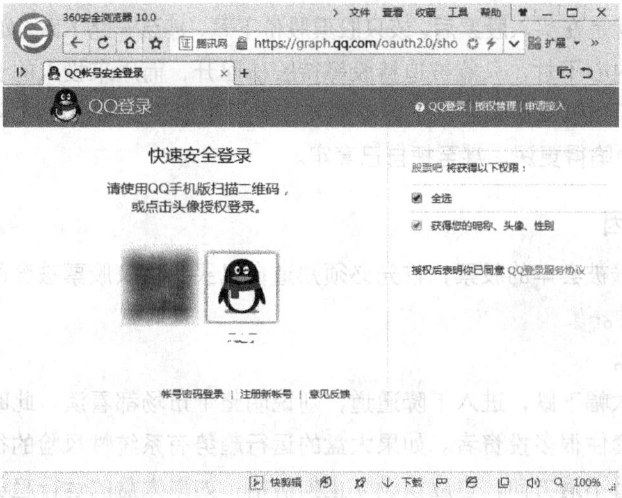

❽ 在用户名一栏中输入自己的 QQ 账号，密码一栏输入的信息符合要求，即可进入【注册成功】提示页面。最后，单击【完成，继续浏览】按钮即可进入论坛进行浏览。

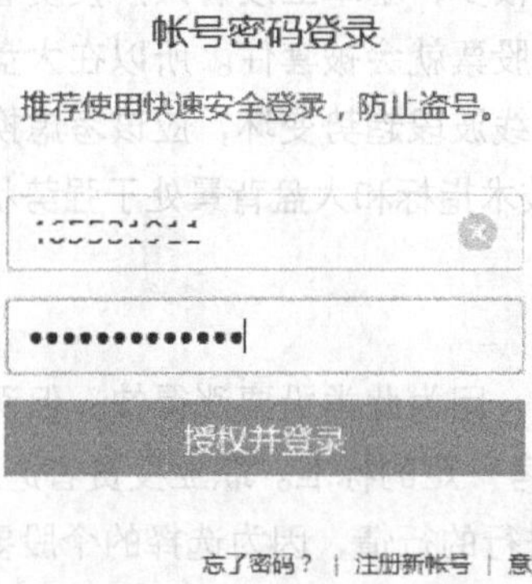

❾ 稍等片刻，进入【股票吧论坛】页面，用户可以在股票实战交流区等论坛版块与其他股友进行互动交流。

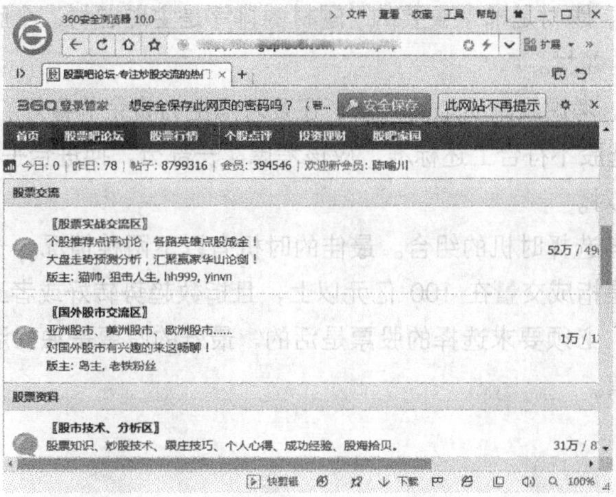

29.4 股票被套不要死扛

所谓“被套”，就是在买入股票后，该只股票股价下跌，甚至一路下跌，如果以此时价格卖出，就是赔本了，这样内心不甘，只能被迫持股等待股价回升，而原来投入的资金变成了不能动弹的股票。但是，在买错股票被套后，千万不要死扛，更不能采取所谓的摊平补仓的办法，否则将会在错误的泥潭中陷得更深，甚至把自己套牢。

1. 被套的原因

能否正确处理好被套牢的股票，首先必须知道自己买的这只股票被套的原因。股票被套的原因无外乎以下几种。

（1）大盘原因。

如果大盘指数大幅下跌，进入下降通道，则说明整个市场都看淡，此时绝大部分股票都处于下跌状态，就会套住很多投资者。如果大盘的运行趋势有系统性风险的征兆，应该果断地卖出股票；如果暂时看不清方向，也应该设立止损价格；如果大盘的运行趋势尚处于上涨或者横盘状态，则要重新分析个股的状态。

（2）个股原因。

如果选择一个冷门股，交易量很少，基本上没有大户投资者光顾或者大户已经撤出，短时间内不会有大涨的机会，买这样的股票就会被套住。所以在大盘处于非系统风险状态下，则需要分析个股的现实状态。如果是中线波段趋势变坏，应该考虑换股或者卖出；如果中线趋势还可以，则需要判断短线趋势。如果技术指标和大盘背景处于强势状态，被套的个股明显表现较弱，需要换出部分仓位。

（3）选股错误。

很多投资者都喜欢选择热门股，因为此类股票涨得快，但涨得快的股票跌得更快，一不小心就会被套。所以选择股票需要参考一定的标准。职业投资者选股的最重要标准如下。

① 市场即时热点。判断正在进行的行情，因为选择的个股要与当时的行情性质配合。不能以自己的个人喜好否定市场，甚至与市场逆反。

② 筹码主力动能。筹码集中，远离密集区的股票动能较足。在这个基础上要熟悉股票的股性、主力的股性以及趋势的必然性。

③ 股票未来题材。题材是非常重要的，题材的排序是主题题材、个股独特题材、市场常规题材、其他影响股价的题材。

④ 股票基本质地。考虑股票质地的时候，还要考虑主力资金的喜好。

如果被套的个股选股不符合上述标准，应该考虑卖一部分，换进合乎标准的股票。

（4）买股时机不对。

盈利是选股技术与选择时机的组合。最佳的时机有以下两种情况。一是大盘处于系统获利阶段（系统获利阶段是指成交量在 100 亿元以上，且指数趋势转好或者上涨的情况）；二是个股处于量能活跃阶段，必须要求选择的股票是活的，最好的股票是独立活跃的，次之是跟随活跃的，不能考虑死股票。

2. 常用解套的方法

解套是指股价回升从而使那些在高价位买进股票的人可以将手中的股票不赔本地卖出。常见股票解套的方法有被动解套和主动解套两种。被动解套就是把被套的股票放在一边，就等着大盘走好，把股票价格带上来时解套。这种方法比较消极，所以一般投资者都采取主动解套方式解套。主动解套的方法主要有以下几种。

（1）向下差价法。

股票被套后，等反弹到一定的高度，就见到短线高点了。此时应该先卖出，待其下跌一段后再买回。通过这样不断地高卖低买来降低股票的成本，最后等总资金补回了亏损，完成解套，并有盈利，再全部卖出。

（2）向上差价法。

股票被套后，先在低点买入股票，等反弹到一定的高度，在短线高点时再卖出。通过这样来回操作几次，可以降低股票的成本，弥补亏损，完成解套。

（3）降低均价法。

股票被套后，每跌一段，就加倍地买入同一只股票，降低平均的价格，这样等股票出现反弹或上涨，就解套出局，这种方法也称为金字塔法。

（4）单日 T+0 法。

因为股票的价格每天都有波动，投资者可以抓住这些波动来解套。比如，如果昨天有 100 股被套，今天可以先买 100 股，然后等股价涨了，再卖 100 股；也可以先卖 100 股，然后等股价下跌了，再买 100 股，等今天收盘，还是 100 股，但已经买卖过一个来回了。虽然到收盘时股票的数量是和昨天相同的，但是现金增加了。这样就可以降低成本，直到解套。该种方法与向下差价法、向上差价法的不同之处在于：它是在当日实施，而向下差价法、向上差价法不一定是在当日进行。

（5）换股法。

该种方法就是在自己股票没有机会上涨的情况下，换成一支与自己的股票价格差不多的有机会上涨的股票，即等价（或基本等价）换入有上涨希望的股票，让后面买入股票上涨后的利润来抵消前面买入的股票因下跌而产生的亏损。

（6）半仓滚动操作法。

该种方法与前面几种方法不同之处在于：不是全仓进出，而是半仓进出。其优势在于可以防止出错。如果判断是错误的，则手中有半仓股票半仓现金，处理起来比较灵活，进退方便。

总之，主动解套的方法多种多样，但它的关键就是要尽可能地降低成本，补回损失，直至赚钱。

29.5 乐极则易生悲

股票市场总能给人带来惊奇，这是一个没有硝烟的战场，也是胜利者的天堂，买对了股票可以说是股民最兴奋的事情，股价连涨，股民的财富也就随之增多，这种情况下最易滋生贪婪的心理，大多数股民总会抱着接下来还会涨的想法，在这种心理暗示下一直兴高采烈地持有手中的股票，只是股市行情如同风云般多变，不经意的某一刻，股价可能会骤跌，股民也会随着下跌的股市心情变得沉重，悲从中来。其实股市的起浮都是正常的，无论股市怎么变幻，股民都应该用一种平常心去对待，这样才能更理性地分析当前的形势，得到一种最适合自己的解决方案。